百衲本

南齊書

南朝梁·蕭子顯撰

國家圖書館出版社

圖書在版編目（CIP）數據

百衲本南齊書／（南朝梁）蕭子顯撰．—北京：國家圖書館出版社，2014.9

ISBN 978－7－5013－5401－6

Ⅰ.①百… Ⅱ.①蕭… Ⅲ.①中國歷史—南齊（479～502）—紀傳體 Ⅳ.①K239.120.42

中國版本圖書館 CIP 數據核字（2014）第 168613 號

書　　名　百衲本南齊書
著　　者　［南朝梁］蕭子顯撰
責任編輯　陳　卓
叢 書 名　百衲本二十四史

出　　版　國家圖書館出版社（100034 北京市西城區文津街 7 號）
（原書目文獻出版社　北京圖書館出版社）
發　　行　010—66114536　66126153　66151313　66175620
66121706（傳真），66126156（門市部）
E－mail　btsfxb@ nlc. gov. cn（郵購）
Website　www. nlcpress. com→投稿中心
經　　銷　新華書店
印　　裝　北京華藝齋古籍印務有限責任公司
版　　次　2014 年 9 月第 1 版　2014 年 9 月第 1 次印刷

開　　本　710×1000 毫米　1/16
印　　張　33.75
字　　數　300 千字

書　　號　ISBN 978－7－5013－5401－6
定　　價　120.00 圓

百衲本二十四史影印出版説明

『二十四史』是中國古代各朝被政府納爲正統的二十四部史書的總稱，其上起《史記》，下迄《明史》，記載了從傳説中的五帝時代到清朝初年約四千餘年中政治、經濟、文化等諸多方面的歷史，是我國古代最權威、最詳細的史學著作。

清代最通行的『二十四史』，是乾隆年間刊行的『欽定武英殿本二十四史』，即『殿本』。殿本版式疏朗，刻印精良，但是校勘不夠審慎，存在誤字、衍字、缺字甚至整段文字脱失的情况。而且，由於殿本的編纂官皆屬御用史官，不得不爲帝王所左右，史實記録上存在竄改等原因造成的缺憾。晚清時，又出現了由各省官書局刊刻的局本，廣爲流傳，但仍以殿本爲依據，存在不少問題。

二十世紀二十年代起，張元濟先生耗費巨資搜訪宋元善本，通過採用當時最先進的攝影製版技術，歷經多年努力，至一九三六年，終於出齊了整套影印版的『二十四史』。因各書底本多殘缺不全，不得不通過許多版本相互參校、補綴而成，猶如僧侣之『百衲衣』，故名之曰『百衲本二十四史』。其中除《舊五代史》《元史》《明史》以明清時的版本作爲底本外，均以宋元版爲主要底本。百衲本對殿本、局本中的謬誤多有匡正，其對歷史研究的功績有目共睹，影響深巨，被史學界一致公認爲『中國最佳全本正史』，是中國史學史上的一座豐碑，具有極高的版本價值、研究價值和收藏價值。

百衲本二十四史自問世以來，曾數次被影印出版，其中的宣紙綫裝本，因價格不菲，不便學者購藏利用。而縮印本則多存在質量問題，其中質量較好的，當數二十世紀五十年代北京商務印書館的精裝二十四冊本。但年代既久，流傳亦少，已屬罕見。爲滿足文史工作者的研究需求，也讓更多的文史愛好者接觸到百衲本二十四史，我社決定將之再度影印出版。

本次影印，將每部正史單獨製作，採取每頁分上下雙欄的形式印製，並爲每部正史編製了分卷目録。需要説明的是，此次我社在編製目録時，爲更好地反映百衲本原貌，充分體現其與殿本、局本等其他系統傳本的差異，原則上均依原書卷端著録，部分保留了原書中使用的簡體字、俗體字及異體字等。對原書中有目無傳或有傳無目等情況，不予變動，僅對極個别處出現的明顯衍、漏、誤字等情況進行了修改。不當之處，請讀者批評指正。

國家圖書館出版社

二〇一四年七月

百衲本南齊書目録

南齊書目録

凡五十九卷

本紀八卷

志一十一卷

列傳四十卷

本紀第一　南齊書一

高帝上

本紀第二　南齊書二

高帝下

本紀第三　南齊書三

武帝

本紀第四　南齊書四

鬱林王

本紀第五　南齊書五

海陵王

本紀第六　南齊書六

明帝

本紀第七　南齊書七

東昏侯

本紀第八　南齊書八

和帝

志第一　南齊書九

禮上

志第二　南齊書十

禮下

志第三　南齊書十一

樂

志第四　南齊書十二

天文上

志第五　南齊書十三

天文下

志第六　南齊書十四

州郡上

志第七　南齊書十五

州郡下

志第八　南齊書十六

薛淵　戴僧靜
桓康　焦度
曹虎
列傳第十二　南齊書三十一
江謐　荀伯玉
列傳第十三　南齊書三十二
王琨　張岱
褚炫　何戢
王延之　阮韜

列傳第十四　南齊書三十三
王僧虔　張緒
列傳第十五　南齊書三十四
虞玩之　劉休
沈沖　庾杲之
王諶
列傳第十六　南齊書三十五
高祖十二王
臨川獻王映　長沙威王晃

武陵昭王曅　安成恭王暠
鄱陽王鏘　桂陽王鑠
始興簡王鑑　江夏王鋒
南平王銳　宜都王鏗
晉熙王銶　河東王鉉
列傳第十七　南齊書三十六
謝超宗　劉祥
列傳第十八　南齊書三十七
到撝　劉悛

虞悰　胡諧之
列傳第十九　南齊書三十八
蕭景先　蕭赤斧 子穎胄
列傳第二十　南齊書三十九
劉瓛 弟璡　陸澄
列傳第二十一　南齊書四十
武帝十七王
竟陵文宣王子良 子昭胄
廬陵王子卿　魚復侯子響

安陸王子敬　晉安王子懋
隨郡王子隆　建安王子眞
西陽王子明　南海王子罕
巴陵王子倫　邵陵王子貞
臨賀王子岳　西陽王子文
衡陽王子峻　南康王子琳
湘東王子建　南郡王子夏

列傳第二十二　南齊書四十一

張融　周顒

列傳第二十三　南齊書四十二

王晏　蕭諶

蕭坦之　江祏

列傳第二十四　南齊書四十三

江斅　何昌寓

謝瀹　王思遠

列傳第二十五　南齊書四十四

徐孝嗣　沈文季

列傳第二十六　南齊書四十五

宗室

衡陽元王道度

始安貞王道生　遙光　遙欣　遙昌

安陸昭王緬

列傳第二十七　南齊書四十六

王秀之　王慈

蔡約　陸慧曉　顧憲之

蕭惠基

列傳第二十八　南齊書四十七

王融　謝朓

列傳第二十九　南齊書四十八

袁彖　孔稚珪

劉繪

列傳第三十　南齊書四十九

王奐　從弟繢　張沖

列傳第三十一　南齊書五十

文二王

巴陵王昭秀　桂陽王昭粲

南齊書八紀十一志四十列傳合五十九篇梁蕭子顯撰始江淹已爲十志沈約又爲齊紀而子顯自表武帝別爲此書臣等因校正其訛謬而敘其篇目曰將以是非得失興壞理亂之故而爲法戒則必得其所託而後能傳於久此史之所以作也然而所託不得其人則或失其意或亂其實或析理之不通或設辭之不善故雖有殊功韙德非常之迹將闇而不章鬱而不發而檮杌嵬瑣姦回凶慝之形可幸而揜也嘗試論之古之所謂良史者其明必足以周萬事之理其道必足以適天下之用其智必足以通難知之意其文必足以發難顯之情然後其任可得而稱也何以知其然邪昔者唐虞有神明之性有微妙之德使由之者不能知知之者不能名以爲治天下之本號令之所布法度之所設其言至約其體至備以爲治天下之具而爲二典者推而明之所記者豈獨其迹邪并與其深微無不盡也本末先後無

不白也使誦其說者如出乎其時求其指者如即乎其人是可不謂明足以周萬事之理道足以適天下之用智足以通難知之意文足以發難顯之情者乎則方是之時豈特任政者皆天下之士哉蓋執簡操筆而隨者亦皆聖人之徒也兩漢以來爲史者去之遠矣司馬遷從五帝三王既歿數千載之後秦火之餘因散絕殘脫之經以及傳記百家之說區區掇拾以集著其善惡之迹興廢之端又創己意以爲本紀世家

八書列傳之文斯亦可謂奇矣然而蔽害天下之聖法是非顛倒而采擿謬亂者亦豈少哉是豈可不謂明不足以周萬事之理道不足以適天下之用智不足以通難知之意文不足以發難顯之情者乎夫自三代以後爲史者如遷之文亦不可不謂儁偉拔出之材非常之士也然顧以謂不足以發難顯之情者何哉蓋聖賢之高致遷固有不能逮其情而見之於後者矣故不得而與之也遷之得失如此況其他邪至於

宋齊梁陳後魏後周之書蓋無以議爲也子顯之於斯文喜自馳騁其更改破析刻彫藻繢之變尤多而其文益下豈夫材固不可以強而有邪數世之史既然故其辭迹曖昧雖有隨世以就功名之君相與合謀之臣未有赫然得傾動天下之耳目播天下之口者也而一時偷奪傾危悖理反義之人亦幸而不暴著於世豈非所託不得其人故邪可不惜哉蓋史者所以明夫治天下之道也故爲之者亦必天下之材然後

其任可得而稱也豈可忽哉豈可忽哉臣恂臣寶臣穆臣藻臣洙臣覺臣彥若臣鞏謹敘目錄眛死上

本紀第一　　南齊書一

高帝上　　臣蕭子顯　撰

太祖高皇帝諱道成字紹伯姓蕭氏小諱闘將
漢相國蕭何二十四世孫也何子酇定侯延生侍
中彪彪生公府掾章章生皓皓生仰仰生御史大
夫望之望之生光祿大夫育育生御史中丞紹紹
生光祿勳閎閎生濟陰太守闡闡生吳郡太守
永永生中山相苞苞生博士周周生蛇丘長矯

矯生州從事逵逵生孝廉休休生廣陵府丞豹
豹生太中大夫裔裔生淮陰令整整生即丘令
儁儁生輔國參軍樂子宋昇明二年九月贈太
常生皇考蕭何居沛侍中彪免官居東海蘭陵
縣中都鄉中都里晉元康元年分東海爲蘭陵
郡中朝亂淮陰令整字公齊過江居晉陵武進
縣之東城里寓居江左者皆僑置本土加以南
名於是爲南蘭陵蘭陵人也皇考諱承之字嗣
伯少有大志才力過人宗人丹陽尹摹之北兖

州刺史源之竝見知重初爲建威府參軍義熙
中蜀賊譙縱初平皇考遷揚武將軍安固汶山
二郡太守善於綏撫元嘉初徙爲威烈將軍濟
南太守七年右將軍到彥之北伐大敗虜乘勝
破青部諸郡國別帥安平公乙旃眷寇濟南皇
考率數百人拒戰退之虜衆大集皇考使偃兵
開城門衆諫曰賊衆我寡何輕敵之甚皇考曰
今日懸守窮城事已危急若復示弱必爲所屠
惟當見彊待之耳虜疑有伏兵遂引去青州刺

史蕭思話欲委鎮保險皇考固諫不從思話失
據潰走明年征南大將軍檀道濟於壽張轉戰
班師滑臺陷沒兖州刺史竺靈秀抵罪宋文帝
以皇考有全城之功手書與都督長沙王義欣曰
諱理民直亦不在武幹後今擬爲兖州　檀征
南詳之皇考與道濟無素故事遂寢還輔國鎮
北中兵參軍員外郎十年蕭思話爲梁州刺史
皇考爲其橫野府司馬漢中太守氐帥楊難當
寇漢川梁州刺史甄法護棄城走思話至襄陽

不進皇考輕軍前行攻氐偽魏興太守薛健於黃金山尅之黃金山張魯舊戍南接漢川北枕驛道險固之極健既潰散皇考即據之氐偽梁秦二州刺史趙温先據州城聞皇考至退據小城薛健退屯下桃城立柴營皇考引軍與對壘相去二里健與偽馮翊太守蒲早子悉力出戰皇考大破之健等閉營自守不敢出思話繼至賊乃稍退皇考進至峨公山爲左衛將軍沙州刺史吕平大衆所圍積日建武將軍蕭汪之平

西督護段虯等至表裏奮擊大破之難當又遣息和領步騎萬餘人夾漢水兩岸援趙温攻逼皇考相拒四十餘日賊皆衣犀甲刀箭不能傷皇考命軍中斷槊長數尺以大斧搥其後賊不能當乃焚營退皇考追至南城衆軍自後而進連戰皆捷梁州平詔曰諱稟命先驅蒙險深入全軍屢剋奮其忠果可龍驤將軍隨府轉寧朔司馬太守如故入爲太子屯騎校尉文帝以平氐之勞青州缺將欲授用彭城王義康秉政皇

考不附乃轉爲江夏王司徒中兵參軍龍驤將軍南泰山太守封晉興縣五等男邑三百四十戶遷右軍將軍元嘉二十四年殂年六十四梁土民思之於峨公山立廟祭祀昇明二年贈散騎常侍金紫光祿大夫太祖以元嘉四年丁卯歲生姿表英異龍顙鍾聲鱗文遍體儒士雷次宗立學於鷄籠山太祖年十三受業治禮及左氏春秋十七年宋大將軍彭城王義康被黜鎮豫章皇考領兵防守太祖舍業南行十九年竟

陵蠻動文帝遣太祖領偏軍討沔北蠻二十一年伐索虜至丘檻山竝破走二十三年雍州刺史蕭思話鎮襄陽啓太祖自隨戍沔北討樊鄧諸山蠻破其聚落初爲左軍中兵參軍二十七年索虜圍汝南戍主陳憲憲遣寧朔將軍臧質安蠻司馬劉康祖救之文帝使太祖宣旨授節度聞虜主拓跋燾向彭城質等回軍救援至盱眙太祖與質別軍主胡宗之等五軍步騎數千人前驅燾已濟過淮卒相遇於莞山下合戰敗

續緣淮奔退宗之並皆陷没太祖還遂就質周守
爲虜所攻圍甚危急事寧還京師二十九年領
偏軍征仇池梁州西界舊有武興戍晉隆安中
没屬氐武興西北有蘭皐戍去仇池二百里太
祖擊二壘皆破之遂從谷口入關未至長安八
十里梁州刺史劉秀之遣司馬馬注助太祖攻
談堤城拔之虜僞河間公奔走虜救兵至太祖
軍力疲少又聞文帝崩乃燒城還南鄭襲爵

晉興縣五等男孝建初除江夏王大司馬參軍隨
府轉太宰遷員外郎直閤中書舍人西陵王撫
軍參軍建康令新安王子鸞爲有盛寵簡選僚佐
爲北軍中郎中兵參軍陳太后憂起爲武烈將
軍復爲建康令守兵如故景和世除後軍將軍
值明帝立爲右軍將軍時四方反叛會稽太守
尋陽王子房及東諸郡皆起兵明帝加太祖輔
國將軍率衆東討至晉陵與賊前鋒將程捍孫
曇瓘等戰一日破賊十二壘分軍定諸縣晉陵
太守袁標棄城走東境諸城相繼奔散徐州刺

史薛安都反彭城從子索兒寇淮陰山陽太守
程天祚舉城叛徐州刺史申令孫又降徵太祖
討之時太祖平東賊還又將南討出次新亭前
軍已發而索兒自睢陵渡淮馬步萬餘人擊殺
臺軍主孫耿縱兵逼前軍張永營告急明帝聞
賊渡遽追太祖往救之屯破釜索兒向鍾離永
遣寧朔將軍王寬據盱眙遏其歸路索兒擊破
臺軍主高道慶走之於石鼈將西歸王寬與軍
主任農夫先據白鵠澗張永遣太祖馳督寬索

兒東要擊太祖使不得前太祖鼓行結陣直入
寬壘索兒望見不敢發經數日索兒引軍頓石
梁太祖追之至葛冢候騎還云賊至太祖乃頓
軍引營分兩馬軍夾營外以待之俄頃賊馬步
奄至又推火車數道攻戰相持移日乃出輕兵
攻賊西使馬軍合擊其後賊衆大敗追奔獲其
器仗進屯石梁澗北索兒夜遣千人來斫營營
中驚太祖卧不起宣令左右案部曲不得動須臾
賊散太祖議欲於石梁西南高地築壘通南道

斷賊走路索兒果來爭之太祖率軍擊破之賊
馬自相踐藉死索兒走向鍾離太祖追至贑縣
而還除驍騎將軍封西陽縣侯邑六百戶遷巴
陵王衛軍司馬隨鎮會稽江州刺史晉安王子
勛遣臨川內史張淹自鄱陽嶠道入三吳臺軍
主沈思仁與僞龍驤將軍任皇鎮西參軍劉越
緒各據險相守明帝遣太祖領三千人討之時
朝廷器甲皆充南討太祖軍容寡闕乃編椶皮
爲馬具裝析竹爲寄生夜舉火進軍賊望見恐

懼未戰而走還除桂陽王征北司馬南東海太
守行南徐州事初明帝遣張永沈攸之以衆喻
降薛安都謂太祖曰吾今因此北討卿意以爲
何如太祖對曰安都才識不足狡猾有餘若長
轡緩御則必遣子入朝今以兵逼之彼將懼而
爲計恐非國之利也帝曰衆軍猛鋭何往不尅
卿每杖策幸勿多言安都見兵至果引索虜永
等敗於彭城淮南孤弱以太祖爲假冠軍將軍
持節都督北討前鋒諸軍事鎮淮陰泰始三年

沈攸之吳喜北敗於睢口諸城戍大小悉奔歸
虜遂退至淮北圍角城戍主賈法度力弱不敵
諸將勸太祖渡岸救之太祖不許遣軍主高道
慶將數百張弩浮艦淮中遥射城外虜弩一發
數百箭俱去虜騎相引避之乃命進戰城圍即
解遷督南兗徐二州諸軍事南兗州刺史持節
假冠軍督北討如故五年進督兗青冀三州六
年除黄門侍郎領越騎校尉不拜復授冠軍將
軍留本任明帝常嫌太祖非人臣相而民間流

言云蕭諱當爲天子明帝愈以爲疑遣冠軍將
軍吳喜以三千人北使令喜留軍破釜自持銀
壺酒封賜太祖太祖戎衣出門迎即酌飲之喜
還帝意乃悦七年徵還京師部下勸勿就徵太
祖曰諸卿闇於見事主上自誅諸弟爲太子稚
弱作萬歲後計何關佗族惟應速發事緩必見
疑今骨肉相害自非靈長之運禍難將興方與
卿等勠力耳拜散騎常侍太子左衛率時世祖
以功當别封贑縣太祖以一門二封固辭不受

詔許之加邑二百戶明帝崩遺詔爲右衛將軍
領衛尉加兵五百人與尚書令袁粲護軍褚淵
領軍劉勔共掌機事又別領東北選事尋解衛
尉加侍中領石頭戍軍事明帝誅戮蕃戚江州
刺史桂陽王休範以人凡獲全及蒼梧王立更
有窺窬之望密與左右閹人於後堂習馳馬招
聚亡命元徽二年五月舉兵於尋陽收略官民
數日便辦衆二萬人騎五百匹發盆口悉乘商
旅船舫大雷戍主杜道欣鵲頭戍主劉僧言期告

變朝廷惶駭太祖與護軍褚淵征北張永領軍
劉勔僕射劉秉游擊將軍戴明寶驍騎將軍阮
佃夫右軍將軍王道隆中書舍人孫千齡員外
郎楊運長集中書省計議莫有言者太祖曰昔
上流謀逆皆因淹緩至於覆敗休範必遠懲前
失輕兵急下乘我無備今應變之術不宜念遠
若偏師失律則大沮衆心宜頓新亭白下堅守
宮掖東府石頭以待賊千里孤軍後無委積求
戰不得自然瓦解我請頓新亭以當其鋒征北

可以見甲守白下中堂舊是置兵地領軍宜屯
宣陽門爲諸軍節度諸貴安坐殿中右軍諸人
不須競出我自前驅破賊必矣因索筆下議並
注同中書舍人孫千齡與休範有密契獨曰宜
依舊遣軍據梁山魯顯間右衛若不出白下則
應進頓南州太祖正色曰賊今已近梁山豈可
得至新亭既是兵衝所以欲死報國耳常日乃
可屈曲相從今不得也坐起太祖顧謂劉勔曰
領軍已同鄙議不可改易乃單車白服出新亭

加太祖使持節都督征討諸軍平南將軍加鼓
吹一部治新亭城壘未畢賊前軍已至太祖方
解衣高臥以安衆心乃索白虎幡登西垣使寧
朔將軍高道慶羽林監陳顯達員外郎王敬則
浮舸與賊水戰自新林至赤岸大破之燒其船
艦死傷甚衆賊步上新林太祖馳使報劉勔急
開大小桁撥淮中船舫悉渡北岸休範乘肩輿
率衆至壘南上遣寧朔將軍黃回馬軍主周盤
龍將步騎出壘對陣休範分兵攻壘東短兵接

戰自巳至午衆皆失色太祖曰賊雖多而亂尋
破也楊運長領三齊射手七百人引彊命中故
賊不得逼城未時張敬兒斬休範首太祖遣隊
主陳靈寶送首還臺靈寶路中遇賊軍埋首道
側臺軍不見休範首愈疑懼賊衆亦不知休範
已死別率杜黑蠡急攻壘東司空主簿蕭惠朗
數百人突入東門叫噪至堂下城上守門兵
披退太祖挺身上馬率數百人出戰賊皆推楯
而前相去數丈分兵横射太祖引滿將發左右

將戴仲緒舉楯扞之箭應手飲羽傷百餘人賊
死戰不能當乃却衆軍復得保城與黑蠡拒戰
自晡達明旦矢石不息其夜大雨鼓叫不復相
聞將士積日不得寢食軍中馬夜驚城内亂走
太祖秉燭正坐厲聲呵止之如此者數四賊帥
丁文豪設伏破臺軍於皁莢橋直至朱雀桁劉
勔欲開桁王道隆不從勔及道隆並戰沒初勔
高尚其意託造園宅名爲東山頗忽世務太祖
謂之曰將軍以顧命之重任兼内外主上春秋

未幾諸王並幼沖上流聲議遐邇所聞此是將
軍艱難之日而將軍深尚從容廢省羽翼一朝
事至雖悔可追勔竟不納賊進至杜姥宅車騎
典籤茅恬開東府納賊冠軍將軍沈懷明於石
頭奔散張永潰於白下宮内傳新亭亦陷太后
執蒼梧王手泣曰天下敗矣太祖遣軍主陳顯
達任農夫張敬兒周盤龍等從石頭濟淮間道
從承明門入衛宮闕休範既死典籤許公與詐
稱休範在新亭士庶惶惑詣壘投名者千數太

祖隨得輒燒之乃列兵登城北謂曰劉休範父
子先昨皆已即戮屍在南岡下身是蕭平南諸
君善見觀君等名皆已焚除勿有懼也臺分遣
衆軍擊杜姥宅宣陽門諸賊皆破平之太祖振
旅凱入百姓緣道聚觀曰全國家者此公也太
祖與袁粲褚淵劉秉引咎解職不許遷散騎常侍
中領軍都督南兗徐兗青冀五州軍事鎮軍將
軍南兗州刺史持節如故進爵爲公增邑二千戶
太祖欲分其功請並粲等戶叓日入直決事號

為四貴秦時有太后穰侯涇陽高陵君稱為四
貴至是乃復有焉四年加太祖尚書左僕射本
官如故休範平後蒼梧王漸行凶暴南徐州刺
史建平王景素少有令譽朝野歸心景素亦潛
為自全之計布款誠於太祖太祖拒而不納七
月羽林監袁祇奔景素便舉兵太祖出屯玄武
湖遣衆軍北討事平乃還太祖威名既重蒼梧
王深相猜忌幾加大禍陳太妃罵之曰蕭諱有
功於國今若害之後誰復為汝著力者乃止太

祖密謀廢立五年七月戊子帝微行出北湖常
單馬先走羽儀禁衛隨後追之於堤塘相蹈藉
左右張互兒馬墜湖帝怒取馬置光明亭前自
馳騎刺殺之因共屠割與左右作羌胡伎為樂
又於蠻岡賭跳除夕乃還仁壽殿東阿氈屋中
寢語左右楊玉夫伺織女度報我時殺害無常
人懷危懼玉夫與其黨陳奉伯等二十五人同
謀於氈屋中取千牛刀殺蒼梧王稱敕使廂下
奏伎因將首出與王敬則敬則送太祖太祖夜

從承明門乘常所騎赤馬入殿內驚怖既知蒼
梧王死咸稱萬歲及太祖踐阼號此馬為龍驤
將軍世謂為龍驤赤明日太祖戎服出殿庭槐
樹下召四貴集議太祖謂劉秉曰丹陽國家重
戚今日之事屬有所歸秉讓不當太祖次讓袁
粲粲又不受太祖乃下議備法駕詣東城迎立
順帝於是長刀遮粲秉等各失色而去甲午太
祖移鎮東府與袁粲褚淵劉秉各甲仗五十人
入殿丙申進位侍中司空錄尚書事驃騎大將

軍持節都督刺史如故封竟陵郡公邑五千戶
給油幢絡車班劍三十人太祖固辭上台即驃
騎大將軍開府儀同三司庚戌進督南徐州刺
史封楊玉夫等二十五人爵邑各有差十月戊
辰又進督豫司二州初荊州刺史沈攸之與太
祖於景和世同直殿省申以歡好以長女義興
公主妻攸之第三子元和攸之為郢州值明帝
晚運陰有異圖自郢州遷為荊州聚斂兵力將
吏逃亡輒討質隣伍養馬至二千餘匹皆分賦

戍邏將士使耕田而食廩財悉充倉儲荊州作
部歲送數千人仗攸之割留簿上供討四山蠻
裝治戰艦數百千艘沈之靈溪裏錢帛器械巨
積朝廷畏之高道慶家在華容假還過江陵道
慶素便馬攸之與宴飲於聽事前合馬槊道慶
槊中破攸之馬鞍攸之怒索刃槊道慶馳馬而
出還都說攸之反狀請三千人襲之朝議慮其
事難濟太祖又保持不許太祖旣廢立遣攸之
子司徒左長史元琰賫蒼梧王諸虐害器物示

之攸之未得即起兵乃上表稱慶并與太祖書
推功攸之有素書十數行常韜在裲襠角云是
明帝與巳約誓十二月遂舉兵其妾崔氏許氏
諫攸之曰官年已老那不爲百口計攸之指裲
襠角示之稱太后令召巳下都宗師恐懼乙卯
太祖入居朝堂命諸將西討平西將軍黃回爲
都督前驅前湘州刺史王蘊太后兄子少有膽
力以父楷名宦不達欲以將途自奮每撫刀曰
龍淵太阿汝知我者叔父景文誡之曰阿答汝

滅我門戶蘊曰答與童烏貴賤覺異童烏景文
子絢小字答蘊小字也蘊遭母喪罷任還至巴
陵停舟一月日與攸之密相交構時攸之未便舉
兵蘊乃下達郢州世祖爲郢州長史蘊期世祖出
弔因作亂據郢城世祖知之不出蘊還至東府前
又期太祖出太祖又不出弔再計不行外謀愈
固司徒袁粲尚書令劉秉見太祖威權稍盛慮
不自安與蘊及黃回等相結舉事殿內宿衛主
帥無不協同攸之反問初至太祖往石頭與粲

謀議粲稱疾不相見剋壬申夜起兵據石頭劉
秉恇怯晡時從丹陽郡載婦女入石頭朝廷不
知也其夜丹陽丞王遜告變秉從弟領軍韞又
直閤將軍卜伯興等嚴兵爲內應太祖命王敬
則於宮內誅之遣諸將攻石頭王蘊將數百精
手帶甲赴粲城門已閉官軍又至乃散衆軍攻
石頭斬粲劉秉走雒檐湖蘊逃鬬場並禽斬之
粲位任雖重無經世之略疎放好酒步屧白楊郊
野間道遇一士大夫便呼與酣飲明日此

人謂被知顧到門求通粲曰昨飲酒無偶聊相
要耳竟不與相見嘗作五言詩云訪迹雖中宇
循寄乃滄州蓋其志也劉秉少以宗室清謹見
知孝武世秉弟遐坐通嫡母殷氏養女殷云口
中血出衆疑行毒害孝武使秉從弟祗諷秉啓
證其事秉曰行路之人尚不應尒今日遂可一門
同盡無容奉敕衆以此稱之故爲明帝所任蒼
梧廢秉出集議於路逢弟韞韞開車迎問秉曰
今日之事固當歸兄邪秉曰吾等已讓領軍矣
三廿四 南齊紀一 十七 陸春
韞捷胷曰君肉中詎有血粲典籤莫嗣祖知粲
謀太祖召問嗣祖衷謀反何不啓聞嗣祖曰事
主義無二心雖死不敢泄也蕴嬖人張承伯藏
匿蕴太祖並赦而用之黄回頓新亭聞石頭鼓
噪率兵來赴之朱雀桁有戍軍受節度不聽夜
過會石頭已平因稱救援太祖知而不言撫之
愈厚遣回西上流涕告别太祖屯閲武堂馳結
軍旅閏月辛丑詔假黄鉞率大衆出屯新亭中
興堂治嚴築壘教曰河南稱慈諒由掩胔廣

漢流仁實存殯朽近表製兹營崇濬浚塹古
墟曩隧時有湮移深松茂草或致刋薙憑軒動
懷巡隍增愴宜並爲收改葬并設薄祀
二年正月沈攸之攻郢城不剋衆潰自經死傳
首京邑丙子太祖旋鎮東府二月癸未進太祖
太尉增封三千户都督南徐南兖徐兖青冀司
豫荆雍湘郢梁益廣越十六州諸軍事太祖解
驃騎辭都督不許乃表送黄鉞三月已酉增班
劒爲四十人甲仗百人入殿丙子加羽葆鼓吹
三百十九 南齊書紀一 十八 王春
餘並如故辛卯太祖誅鎮北將軍黄回大明泰
始以來相承奢侈百姓成俗太祖輔政罷御府
省二尚方諸飾玩至是又上表禁民閒華僞雜
物不得以金銀爲箔馬乘具不得金銀度不得
織成繡裙道路不得著錦履不得用紅色爲幡
蓋衣服不得翦綵帛爲雜花不得以綾作雜服
飾不得作鹿行錦及局脚檉柏床牙箱籠雜物
綵帛作屏鄣錦緣薦席不得私作器仗不得以
七寶餙樂器又諸雜漆物不得以金銀爲花獸

不得輙鑄金銅爲像皆須墨敕凡十七條其中
宫及諸王服用雖依舊例亦請詳衷九月丙午
進位假黄鉞都督中外諸軍事太傅領揚州牧
劒履上殿入朝不趨贊拜不名置左右長史司
馬從事中郎掾屬各四人使持節太尉驃騎大
將軍録尚書南徐州刺史如故固辭詔遣敦勸
乃受黄鉞辭殊禮甲寅給三望車
三年正月乙巳太祖表蠲百姓逋負丙辰加前
部羽葆鼓吹丁巳命太傅府依舊辟召丁卯給

太祖甲仗五百人出入殿省甲午重申前命劒履
上殿入朝不趨贊拜不名三月甲辰詔進位相
國揔百揆封十郡爲齊公備九錫之禮加璽紱
遠遊冠位在諸侯王上加相國緑綟綬其驃騎
大將軍揚州牧南徐州刺史如故太祖三讓公
卿敦勸固請乃受甲寅策相國齊公曰天地變
通莫大乎炎涼懸象著明莫崇乎日月嚴冬播
氣貞松之操自高光景時昏若華之映彌顯是
故英睿當亂而不移忠賢臨危而盡節自景和

昏虐王綱弛紊太宗受命紹開中興運屬屯難
四郊多壘蕭將軍震威華戎寔資義烈康國
濟民於是乎在朕以不造夙罹閔凶嗣君失德
書契未紀威侮五行虔劉九縣神歇靈繹海水
群飛彝器已塵宗禋誰主綴旒之殆未足爲譬
豈直小宛興刺黍離作歌而已哉天贊皇宋實
啓明宰爰登寡昧纂承大業鴻緒再維閎基重
造高勳至德振古絶倫昔保衡翼殷博陸匡漢
方斯蔑如也今將授公典禮其敬聽朕命乃者

袁劉構禍寔繁有徒子房不臣稱兵協亂跨蹈
五湖憑陵吳越浮祲虧辰沈氛晦景桴鼓振於
王畿鋒鏑交乎天邑顧瞻宫掖將成茂草言念
邦國翦爲仇讎當此之時人無固志公投袂殉
難超然奮發執金板而先馳登寅車而戒路軍
政端嚴卒乘輯睦麾鉞一臨凶黨冰泮此則霸
業之基勤王之始也安都背叛竊據徐方敢率
犬羊陵虐淮濟索兒愚悖同惡相濟天祚無象
背順歸逆北鄙黔黎奄墜塗炭均人廢職邊師

告警公受命宗初精貫朝日擁節和門氣踰霄
漢破釜之捷斬馘蔽野石梁之戰禽其渠帥保
境全民江陽即序此又公之功也張淹迷昧弗
顧本朝受自南區志圖東夏潛軍間入竊覬不
虞于時江服未夷皇塗荐阻公忠誠慷慨在險
彌亮深識九變妙察五色以寡制眾所向風偃
朝廷無東顧之憂閩越有來蘇之慶此又公之
功也匈奴野心侵掠疆場前師失律王旅崩撓
灑血成川伏尸千里醜羯偷張勢振彭泗乘勝

長驅窺覦京甸冠帶之軌將湮被髮之容行及
公奉辭伐罪戒旦晨征兵車始交氛祲時蕩弔
死撫傷弘宣皇澤俾我淮肥復沾盛化此又公
之功也自茲厥後獫狁孔熾封豕長蛇重窺上
國而世故相仍師出日老戰士無臨陣之心戎
卒有懷歸之思是以下邳精甲望風振恐角城
高壘指日淪陷公眷言王事發憤忘食躬擐甲
胄視險若夷短兵纔接巨猾鳥散分疆畫界開
創青兗此又公之功也泰始之末入參禁旅任

兼軍國事同顧命桂陽負眾輕問九鼎裂冠毀
冕拔本塞源入兵萬乘之國頓戟象魏之下烈
火焚於王城飛矢集乎君屋機變倏忽終古莫
二君后憂惶元戎無主公按劍凝神則奇謀貫
世秉旄指麾則懦夫成勇曾不崇朝新亭獻捷
信宿之間宣陽底定雲霧廓清區宇康乂此又
公之功也皇室多難釁起戚蕃邪音應韓翻為
亂敵蓮平失圖興兵內侮公又指授六師義形
乎色役未踰旬朱方寧晏此又公之功也蒼梧

肆虐諸夏糜沸淫刑以逞誰則無罪火炎崐岡
玉石俱焚黔首相悲朝不謀夕高祖之業已淪
大明之軌誰嗣公遠稽殷漢之義近遵魏晉之
典猥以眇身入奉宗祏七廟清謐九區反政此
又公之功也袁粲無質劉秉攜貳韜述相扇成
此亂階醜圖潛構危機竊發據有石頭志犯應
路公神謀內運霜鋒外舉妖沴載澄國塗悅穆
此又公之功也沈攸之苞禍歲月滋彰蜂目豺聲
阻兵安忍哀彼荆漢獨為匪民乃眷西顧緬同

異域而經綸維始九伐未申長惡不悛遂逞凶逆驅合姦回勢過虓虎朝野憂疑三軍沮氣公秉鉞出關凝威江甸正情與曒日同亮明略與秋雲競爽至義所感人百其心霆鼓一麾夏首寧謐雲梯未舉魯山剋定積年逋誅一朝顯戮沮浦安流章臺順軌此又公之功也公有濟天下之勳重之以明哲道庇生民志匡宇宙勠力肆心劬勞王室自東徂西靡有寧晏險阻艱難備嘗之矣若乃締構宗稷之勤造物資始之澤

雲布霧散光被六幽弼予一人永清四海是以秬草騰芳於郊園景星垂暉於清漢遐方款關而慕義荒服重譯而來庭洼哉邈乎無得而名焉朕聞疇庸表德前王盛典崇樹蕃伯有國攸同所以文命成功玄珪顯錫姬旦秉哲曲阜啓蕃或改王以弘風或胙土以宣化禮絕常班寵冠羣辟爰逮桓文車服異數惟公勳業超於先烈而褒賞闕於舊章古今之道何其爽歟静言欽歎良有缺然今進授相國以青州之齊郡徐州之梁郡南徐州之蘭陵魯郡琅邪東海晉陵義興揚州之吳郡會稽凡十郡封公為齊公錫茲玄土苴以白茅定爾邦家用建冢社斯實尚父故蕃世作盟主紀綱侯甸率由舊則往者周邵建國師保兼任毛畢執珪入作卿士内外之寄同規在昔命使持節兼太尉侍中中書監司空衞將軍零都縣開國侯淵授相國印綬齊公璽紱持節兼司空副守尚書令僧虔授齊公茅土金虎符第一至第五左竹使符第一至第十左

相國位揔百辟秩踰三鉉職以禮移號隨事革其以相國揔百辟去録尚書之稱送所假節侍中貂蟬中外都督太傅太尉印綬竟陵公印策其驃騎大將軍揚州牧南徐州刺史如故又加公九錫其敬聽後命以公秉禮弘律儀刑區宇遐邇一體民無異業是用錫公大輅戎輅各一玄牡二駟公崇脩南畝所寶惟穀王府充實百姓繁阜是用錫公袞冕之服赤舄副焉公居身以謙導物以義鎔鈞庶品罔不和悅是用錫公

軒縣之樂六佾之儛公翼贊王猷聲教遠洽蠻夷竭歡回首內附是用錫公朱户以居公明鑒人倫澄辨涇渭官方與能英乂克舉是用錫公納陛以登公保佑皇朝厲身化下杜漸防萌含生貪式是用錫公虎賁之士三百人公禦宄以刑禦姦以德君親無將將而必誅是用錫公鈇鉞各一公鳳舉四維龍騫八表威靈所振異域同文是用錫公彤弓一彤矢百玈弓十玈矢千公明發載懷肅恭禋祀孝敬之重義感靈祇是用

錫公秬鬯一卣珪瓚副焉齊國置丞相以下一遵舊式往欽哉其祗服朕命經緯乾坤宏亮洪業茂昭爾大德闡揚我高祖之休命太祖三讓公卿敦勸固請乃受之丁巳下令赦國內殊死以下今月十五日昧爽以前一皆原赦鰥寡孤獨不能自存者賜穀五斛府州所領亦同蕩然宋帝詔齊公十郡之外隨宜除用以齊國初建給錢五百萬布五千匹絹五千匹四月癸酉詔進齊公爵為王以豫州之南梁陳郡潁川陳留南兖

州之盱眙山陽秦郡廣陵海陵南沛十郡增封使持節司空衛將軍褚淵奉策授璽紱金虎符第一至第五左竹使符第一至第十左錫茲玄土苴白茅改立王社相國揚州牧驃騎大將軍南徐州刺史如故丙戌命齊王冕十有二旒建天子旌旗出警入蹕乘金根車駕六馬備五時副車置旄頭雲罕樂儛八佾設鍾虡宮縣王世子為太子王女王孫爵命一如舊儀辛卯宋帝禪位下詔曰惟德動天玉衡所以載序窮神知化億

兆所以歸心用能經緯乾坤彌綸宇宙闡揚鴻烈大庇生民晦往明來積代同軌前王踵武世必由之宋德湮微昏毀相襲景和悖於前元徽肆虐於後三光再霾七廟將墜璇極委馭含識知泯我文武之祚眇焉如綴靜惟此紊夕惕疚心相國齊王天誕叡聖河嶽炳靈拯傾提危澄氛靜亂匡濟艱難功均造物宏謀霜照祕筭雲回旌旆所臨一麾必捷英風所拂無思不偃表裏清夷遐邇寧謐既而光啓憲章弘宣禮教

姦宄之類覩隆威而隔情慕善之儔仰徽猷而
增厲道邁於重華勳超乎文命蕩蕩乎無得而
稱焉是以辮髮左衽之酋款關請吏木衣卉服
之長航海來庭豈惟肅慎獻楛越裳薦翬而已
哉故四奥載宅六府克和川陸效珍禎祥鱗集
卿煙玉露旦夕揚藻嘉穟芝英晷刻呈茂革運
斯炳代終彌亮負扆握樞允歸明哲固以獄訟
去宋謳歌適齊昔金政既淪水德締構天之曆
數皎焉攸徵朕雖寡昧闇于大道稽覽隆替為
日已久敢忘列代遺則人神至願乎便遜位別

宮歸禪于齊一依唐虞魏晉故事是日宋帝遜
于東邸備羽儀乘畫輪車出東掖門問今日何
不奏鼓吹左右莫有答者壬辰策命齊王曰伊
太古初陳萬物紛綸開耀靈以鑑品物立元后
以馭蒸人若夫容成大庭之世宓羲五龍之辰
靡得而詳焉自軒黃以降墳素所紀略可言者
其崇乎堯舜披金繩而握天鏡開玉匣而總地
維德之休明宸居靈極期運有終歸禪與能所

以大唐遜位謗然興歌有虞揖讓卿雲發采亮
符命之攸臻坦至公以成務懷生載懌靈祇効
祉遺風餘烈光被無垠漢魏因循弗敢失墜爰
逮晉氏亦遵前儀惟我祖宗英叡勳格幽顯從
天人而膺七政凝至德而撫四維末葉不造仍
世多故難滅星謀山淪川竭惟王聖哲淵明榮
鏡寓宙體望日之威資就雲之澤臨下以簡御
衆以寬仁育羣生義征不譓國塗荐阻弘五慮
而乂寧皇緒將湮秉六術以匡濟及至權臣內

侮蕃屏陵上兵革雲翔萬邦震駭裁之以武風
綏之以文化遐邇清夷表裏肅穆戢琱戈而事
黼黻委旌門而恭儒館聲化遠洎荒服無塵殊
類同規華戎一揆是以五光來儀於軒庭九穗
含芳於郊牧象緯昭澈布新之符已顯圖讖彪
炳受終之義既彰靈祇乃眷兆民引領朕聞至
道深微惟人是弘天命無常惟德是與所以仰
鑒玄情俯察羣望敬禪神器授帝位于爾躬四
海困窮天祿永終於戲王其允執厥中儀刑前

式以副率土之欣望命司衮而謁蒼昊奏雲門
而升圓丘時膺大禮永保洪業豈不盛歟再命
璽書曰皇帝敬問相國齊王大道之行與三代
之英朕雖闇昧而有志焉夫昏明相襲晷景之
恒度春秋遞運時歲之常序求諸天數猶且隆
替矧伊在人能無終謝是故勛華弘風於上葉
漢魏垂式於後昆昔我高祖欽明文思振民育
德皇靈眷命奄有四海晚世多難姦宄寔繁鼙
鼓宵聞元戎旦警億兆夷人啓處靡厝加以嗣

君荒怠敷虐萬方神鼎將遷寶策無主實賴英
聖匡濟艱危惟王體天則地含弘光大明竝日
月惠均雲雨國步斯梗則稜威外發王猷不造
則淵謨內昭重構閩吳再寧淮濟靜九江之洪
波卷海沂之氛沴放斥凶昧存我宗祀舊物惟
新王光改照遠至寵臣裂冠則裁以廟略荆
漢反噬則震以雷霆麾旆所臨風行草靡神筭
所指龍舉雲屬諸夏廓清戎翟思韙興文偃武
闡揚洪烈明保沖昧翱翔禮樂之揚撫柔黔首

咸濟仁壽之域自霜露所墜星辰所經正朔不
通人跡罕至者莫不踰山越海北面稱藩欵關
重譯脩其職貢是以禎祥發采左史載其奇玄
象垂文保章審其度鳳書表肆類之運龍圖顯
班瑞之期重以珠衡日角神姿特挺君人之義
在事必彰書不云乎皇天無親惟德是輔民心
無常惟惠之懷神祇之眷如彼蒼生之願如此
笙管變聲鍾石改調朕所以擁璇持衡傾佇明
哲昔金德既淪而傳祚于我有宋曆數告終寔

在茲日亦以水德而傳于齊式遵前典廣詢群
議王公卿士咸曰惟宜今遣使持節兼太保侍
中中書監司空衞將軍雩都縣侯淵兼太尉守
尚書令僧虔奉皇帝璽綬受終之禮一依唐虞
故事王其允副幽明時登元后寵綏八表以酬
昊天之休命太祖三辭宋帝王公以下固請兼太
史令將作匠陳文建奏符命曰六元位也後漢自
建武至建安二十五年一百九十六年而禪魏自
黃初至咸熙二年四十六年而禪晉晉自太始至

元熙二年一百五十六年而禪宋宋自永初元年至昇明三年凡六十年咸以六終六受六九位也驗往揆今若斯昭著敢以職任備陳管穴伏願順天時膺符瑞三朝百辟又固請尚書右僕射王儉奏被宋詔遜位臣等參議宜剋日輿駕受禪撰立儀注太祖乃許焉

史臣曰案太一九宮占推漢高五年太一在四宮主人與客俱得吉計先舉事者勝是歲高祖破楚晉元興三年太一在七宮太一爲帝天目

爲輔佐迫脅太一是年安帝爲桓玄所逼出宮大將在一宮參相在三宮格太一經言格者已立政事上下格之不利有爲安居之世不利舉動元興三年太一在七宮宋武破桓玄元嘉元年太一在六宮不利有爲徐傅廢營陽王七年太一在八宮關囚惡歲大小將皆不得立其年到彥之北伐初勝後敗客主俱不利十八年太一在二宮客主俱不利是歲氐楊難當寇梁益來年仇池破十九年大小將皆見關不立凶其

年裴方明伐仇池剋百頃明年失之泰始元年太一在二宮爲大小將奄擊之其年景和廢二年太一在三宮不利先起主人勝其年晉安王子勛反元徽二年太一在六宮先起敗是歲桂陽王休範反並伏誅四年太一在七宮先起者客西北走其年建平王景素敗昇明元年太一在七宮不利爲客安居之世舉事爲主人應發爲客袁粲沈攸之等反伏誅是歲太一在杜門臨八宮宋帝禪位不利爲客安居之世舉事爲

主人禪代之應也

本紀第一

策文難滅星謀 疑

本紀第二

撰

高帝下

建元元年夏四月甲午上即皇帝位於南郊設
壇柴燎告天曰皇帝臣諱敢用玄牡昭告皇皇
后帝宋帝陟鑒乾序欽若明命以命于諱夫肇
自生民樹以司牧所以闡極則天開元創物肆
茲大道天下惟公命不于常昔在虞夏受終上
代粤自漢魏揖讓中葉咸炳諸典謨載在方冊

水德既微仍世多故寔賴諱匡拯之功以弘濟
于厥艱大造顛墜再構區宇宣禮明刑締仁緝
義晷緯凝象川岳表靈誕惟天人罔弗和會乃
仰協歸運景屬與能用集大命于茲辭德匪嗣
至于累仍而羣公卿士庶尹御事爰及黎獻至
于百戎僉曰皇天眷命不可以固違人神無託
不可以曠主畏天之威敢不祗從鴻曆敬簡元
辰虔奉皇符升壇受禪告類上帝以永答民衷
式敷萬國惟明靈是饗禮畢大駕還宮臨太極

前殿詔曰五德更紹帝迹所以代昌三正迭隆
王度所以改耀世有質文時或因革其資元膺
曆經道振民固以異術同揆殊流共貫者矣朕
以寡昧屬值艱季推肆勤之誠藉樂治之數賢
能悉心士民致力用獲拯溺龜黽一匡天下業
未參古功殆侔昔宋氏以陵夷有徵曆數攸及
思弘樂推永鑒崇替爰集天祿于朕躬惟志菲
薄辭弗獲聆遂欽從天人式繇景命祗月正于
文祖升禋壇于上帝猥以寡德光宅四海纂革

代之蹤託王公之上若涉淵水罔知所濟寶祚
初啓洪慶惟新思俾利澤宣被億兆可大赦天
下改昇明三年為建元元年賜民爵二級文武
進位二等鰥寡孤獨不能自存者穀人五斛逋
租宿債勿復收有犯鄉論清議贓汙淫盜一皆
蕩滌洗除先注與之更始長徒敕繫之囚特皆
原遣亡官失爵禁錮奪勞一依舊典封宋帝為
汝陰王築宮丹陽縣故治行宋正朔車旗服色
一如故事上書不為表答表不稱詔宋晉熙王

夔爲陰安公江夏王鋒爲沙陽公隨王子隆爲舞
陰公新興王嵩爲定襄公建安王子眞爲荔浦公
郡公主爲縣君縣公主爲鄉君詔曰繼世象賢
列代盛典疇庸嗣美前載令圖宋氏通侯乃宜
隨運省替但欽德懷義尚表墳閭況功濟區夏
道光民俗者哉降差之典宜遵往制南康縣公
華容縣公可爲侯萍鄉縣侯可爲伯減戶有差
以繼劉穆之王弘何無忌後以司空褚淵爲司
徒吳郡太守柳世隆爲南豫州刺史詔曰宸運

肇創寶命惟新宜弘慶肴廣敷蠲汰劫賊餘口
沒在臺府者悉原放諸負釁流徙普聽還本以
齊國左衛將軍陳顯達爲中護軍中領軍王敬
則爲南兗州刺史左衛將軍李安民爲中領軍
戊戌以荆州刺史嶷爲尚書令驃騎大將軍開
府儀同三司揚州刺史冠軍將軍映爲荆州刺
史西中郎將晃爲南徐州刺史冠軍將軍垣崇
祖爲豫州刺史驃騎司馬崔文仲爲徐州刺史
斷四方上慶禮己亥詔曰自廬井毀制農桑易

業鹽鐵妨民貨鬻傷治歷代成俗流蠹歲滋援
拯遺弊革末反本使公不專利氓無失業二宮
諸王悉不得營立屯邸封略山湖太官池籞宮
停稅入優量省置庚子詔宋帝后蕃王諸陵宜
有守衛有司奏帝陵各置長一人兵有差王陵
五人妃嬪三人五月丙午進河南王吐谷渾拾
寅號驃騎大將軍詔曰宸運革命引爵改封宋
氏第秩雖宜省替其有預効屯夷宣力齊業者
一仍本封無所減降有司奏留襄陽郡公張敬

兒等六十二人除廣興郡公沈曇亮等百二十
二人改元嘉曆爲建元曆木德盛卯終未以正
月卯祖十二月未臘辛未詔曰設募取將懸賞
購士蓋出權宜非曰恒制頃世艱險浸以成俗
且長逋逸開罪山湖是爲黥刑不辱亡竄無咎
自今以後可斷衆募壬子詔封佐命文武功臣
新除司徒褚淵等三十一人進爵增戶各有差
己卯河南王吐谷渾拾寅奉表貢獻丙辰詔遣
大使分行四方遺兼散騎常侍十二人巡行以

交寧道遠不遣使已未汝陰王薨追謚爲宋順帝終禮依魏元晉恭帝故事辛酉陰安公劉燮等伏誅追封謚上兄道度爲衡陽元王道生爲始安貞王丙寅追尊皇考曰宣皇帝皇妣爲孝皇后妃爲昭皇后六月辛未詔相國驃騎中軍三府職可依資勞度二宮若職限已盈所餘可賜滿壬申以游擊將軍周山圖爲兖州刺史乙亥詔曰宋末頻年戎寇兼災疾凋損或枯骸不收毀櫬莫掩宜速宣下埋藏營卹若標題猶存

姓字可識可即運載致還本鄉有司奏遣外監典事四人周行離門外三十五里爲限其餘班下州郡無棺器標題者屬所以臺錢供市庚辰七廟主備法駕即于太廟詔諸將及客戮力艱難盡勤直衛其從還宮者普賜位一階辛巳罷荆州刺史甲申立皇太子諱斷諸州郡禮慶見刑入重者降一等并申前赦恩百日立皇子嶷爲豫章王映爲臨川王晃爲長沙王曅爲武陵王暠爲安成王鏘爲鄱陽王鑠爲桂陽王鑑爲

廣陵王皇孫長懋爲南郡王乙酉葬宋順帝于遂寧陵秋七月丁未詔曰交阯比景獨隔書朔斯乃前運方季負海不朝因迷遂往歸款莫由曲赦交州部內李叔獻一人即撫南土文武詳才選用并遣大使宣揚朝恩以試守武平太守行交州府事李叔獻爲交州刺史丙辰以虜僞茄蘆鎮主陰平公楊廣香爲沙州刺史丁巳詔南蘭陵桑梓本鄉長蠲租布武進王業所基復十年九月辛丑詔二吳義興三郡遭水減今年

田租乙巳以新除尚書令驃騎將軍豫章王嶷爲荆湘二州刺史平西將軍臨川王映爲揚州刺史丙午司空褚淵領尚書令戊申車駕幸宣武堂宴會詔諸王公以下賦詩冬十月丙子立彭城劉胤爲汝陰王奉宋帝後已卯車駕殷祠太廟辛巳詔曰朕嬰綴世務三十餘歲險阻艱難備嘗之矣末路屯夷戎車歲駕誠藉時來之運實賫士民之力宋元徽二年以來諸從軍得官者未悉蒙祿可催速下訪隨正即給才堪餘任

者訪洗量序若四州士庶本鄉淪陷簿籍不存尋校無所可聽州郡保押從實除奏荒遠闕中正者特許據軍簿奏除或戍扞邊役未由旋反聽於同軍各立五保所隸有司時爲言列汝陰太妃王氏薨追贈爲宋恭皇后十一月庚子以太子左衛率蕭景先爲司州刺史辛亥立皇太子妃裴氏甲申封功臣驃騎長史江謐等十人爵邑各有差

二年春正月戊戌朔大赦天下以司空尚書令

褚淵爲司徒中軍將軍張敬兒爲車騎將軍中領軍李安民爲領軍將軍中護軍陳顯達爲護軍將軍辛丑車駕親祠南郊癸卯詔索虜寇淮泗遣衆軍北伐內外纂嚴二月丁卯虜寇壽陽豫州刺史垣崇祖破走之置巴州壬申以三巴校尉明慧昭爲巴州刺史戊子以寧蠻校尉蕭赤斧爲雍州刺史南蠻長史崔惠景爲梁南秦二州刺史辛卯詔西境獻捷解嚴癸巳遣大使巡慰淮肥徐豫邊民尤貧遘難者刺史二千石量加賑卹甲午詔江西北民避難流徙者制遣還本屬今年租稅單貧及孤老不能自存者即聽番籍郡縣押領三月丁酉以侍中西昌侯諱爲郢州刺史戊戌以護軍將軍陳顯達爲南兖州刺史吳郡太守張岱爲中護軍己亥車駕幸樂遊宴會王公以下賦詩辛丑以征虜將軍崔思祖爲青冀二州刺史夏四月丙寅進高麗王樂浪公高璉號驃騎大將軍五月立六門都牆六月癸未詔昔歲水旱曲赦丹陽二吳義興

四郡遭水尤劇之縣元年以前三調未充虛列已畢官長局吏應共償備外詳所除宥秋七月甲寅以輔國將軍盧紹之爲青冀二州刺史戊午皇太子妃裴氏薨閏月辛巳遣領軍將軍李安民行淮泗庚寅索虜攻朐山青冀二州刺史盧紹之等破走之冬十一月戊子以氐楊後起爲秦州刺史十二月戊戌以司空褚淵爲司徒乙巳車駕幸中堂聽訟壬子以驃騎大將軍豫章王嶷爲司空揚州刺史前將軍臨川王映爲

荆州刺史
三年春正月壬戌朔詔王公卿士薦讜言丙子
以平北將軍陳顯達爲益州刺史貞陽公柳世
隆爲南兗州刺史皇子鋒爲江夏王領軍將軍
李安民等破虜於淮陽夏四月以寧朔將軍沈
景德爲廣州刺史六月壬子大赦逋租宿債除
減有差秋七月以冠軍將軍徐榮祖爲徐州刺
史冬十月戊子以河南王世子吐谷渾度易侯
爲西秦河二州刺史河南王

四年春正月壬戌詔曰夫膠庠之典彝倫攸先
所以招振才端啓發性緒弘字黎氓納之軌義
是故五禮之迹可傳六樂之容不泯朕自膺曆
受圖志闡經訓且有司羣僚奏議咸集盖以戎
車時警文教未宣思樂泮宮永言多慨今關燧
無虞時和歲稔遠邇同風華夷慕義便可式遵
前准脩建敩學精選儒官廣延國胄以江州刺
史王延之爲右光禄大夫癸亥詔曰比歲申威
西北義勇爭先殞氣冦場命盡王事戰亡𫂂復

雖有恒典主者遵用每傷簡薄建元以來戰亡
賞蠲租布二十年雜役十年其不得收屍主軍
保押亦同此例以後將軍長沙王晃爲護軍將
軍中軍將軍南郡王長懋爲南徐州刺史冠軍
將軍安成王暠爲江州刺史二月乙未以冠軍
將軍栢康爲青冀二州刺史上不豫庚辰詔原
京師囚繫有差元年以前逋責皆原除三月庚
申召司徒褚淵左僕射王儉詔曰吾本布衣素
族念不到此因藉時來遂隆大業風道沾被升

平可期遘疾彌留至于大漸公等奉太子如事
吾柔遠能邇緝和内外當今太子敦穆親戚委
任賢才崇尚節儉弘宣簡惠則天下之理盡矣
死生有命夫復何言壬戌上崩于臨光殿年五
十六四月庚寅上諡曰太祖高皇帝奉梓宮於
東府前渚升龍舟丙午窆武進泰安陵上少沈
深有大量寛嚴清儉喜愠無色博涉經史善屬
文工草隸書弈棊第二品雖經綸夷險不廢素
業從諫察謀以威重得衆即位後身不御精細

之物敕中書舍人桓景眞曰主衣中似有玉介
導此制始自大明末得泰始尤增其麗留此置
主衣政是興長疾源可即時打碎凡復有可異
物皆宜隨例也後宮器物欄檻以銅為飾者皆
改用鐵内殿施黃紗帳宮人著紫皮履華蓋除
金花爪用鐵迴釘每曰使我治天下十年當使
黃金與土同價欲以身率天下移變風俗上姓
名骨體及期運曆數並遠應圖讖數十百條歷
代所未有臣下撰録上抑而不宣盛矣

史臣曰孫卿有言聖人之有天下受之也非取
之也漢高神武駿聖觀秦氏東游蓋是雅多大
言非始自知天命光武聞少公之論讖亦特一
時之笑語魏武初起義兵所期征西之墓晉宣
不內迫曹爽豈有定霸浮橋宋氏屈起匹夫兵
由義立咸皆一世推雄卒開鼎祚宋氏正位八
君卜年五紀四絶長嫡三稱中興内難邊虞兵
革世動太祖基命之初武功潛用泰始開運大
拯時艱龍德在田見猜雲雨之迹及蒼梧暴虐
釁結朝野百姓懍懍命懸朝夕權道既行兼濟
天下元功振主利器難以假人群才勠力實懷
尺寸之望豈其天厭水行固已人希木德歸功
與能事極平此雖至公於四海而運實時來無
心於黃屋而道隨物變應而不為此皇齊所以
集大命也

贊曰於皇太祖有命自天同度宇宙合量山淵
宋德不紹神器虛傳寧亂以武黜暴資賢膺發
西疆功興北翰偏師獨克孤旅霆斷援旆東夏

職司靜亂指斧徐方時惟伐叛抗威京輦坐清
江漢文藝在躬芳塵淵塞用下以才鎮民以德
端己雄晬君臨尊默苞括四海大造家國

本紀第二 南齊書二

本紀第三　　南齊書三

臣蕭子顯撰

武帝

世祖武皇帝諱賾字宣遠太祖長子也小諱龍兒生於建康青溪宅其夜陳孝后劉昭后同夢龍據屋上故字上焉初爲尋陽國侍郎辟州西曹書佐出爲贛令江州刺史晉安王子勛反上不從命南康相沈肅之縶上於郡獄族人蕭欣祖門客桓康等破郡迎出上肅之率將吏數百

人追擊上與左右拒戰生獲肅之斬首百餘級遂率部曲百餘人舉義兵始興相殷孚將萬兵赴子勛於尋陽或勸上擊之上以衆寡不敵避屯揭陽山中聚衆至三千人子勛遣其將戴凱之爲南康相及軍主張宗之千餘人助之上引兵向郡擊凱之別軍主程超數百人於南康口又進擊宗之破斬之遂圍郡城凱之以數千人固守上親率將士盡日攻之城陷凱之奔走殺僞贛令陶沖之上即據郡城遣軍主張應期鄧

惠眞三千人襲豫章子勛遣軍主談秀之等七千人與應期相拒於西昌築營壘交戰不能決聞上將自下秀之等退散事平徵爲尚書庫部郎征北中兵參軍西陽縣子帶南東莞太守越騎校尉正員郎劉韞撫軍長史襄陽太守別封贛縣子邑三百戶固辭不受轉寧朔將軍廣興相桂陽王休範反上遣軍襲尋陽至北嶠事平除晉熙王安西諮議不拜復還郡轉司徒右長史黃門郎沈攸之在荊楚宋朝密爲之備元徽

四年以上爲晉熙王鎮西長史江夏內史行郢州事從帝立徵晉熙王燮爲撫軍揚州刺史以上爲左衞將軍輔燮俱下沈攸之事起未得朝廷處分上以中流可以待敵即據盆口城爲戰守之備太祖聞之喜曰此眞我子也上表求西討不許乃遣偏軍援郢平西將軍黃回等皆受上節度加上冠軍將軍持節昇明二年事平轉散騎常侍都督江州豫州之新蔡晉熙二郡軍事征虜將軍江州刺史持節如故封聞喜縣侯邑二千

戶其年徵侍中領軍將軍給鼓吹一部府置佐
史領石頭戍軍事尋又加持節督京畿諸軍事
三年轉散騎常侍尚書僕射中軍大將軍開府
儀同三司進爵爲公持節都督領軍如故給班
劒二十人齊國建爲齊公世子改加侍中南豫
州刺史給油絡車羽葆鼓吹增班劒爲四十人
以石頭爲世子宮官置二率以下坊省服章一
如東宮進爵王太子太祖即位爲皇太子建元
四年三月壬戌太祖崩上即位大赦征鎮州郡

令長軍屯營部各行喪三日不得擅離任都邑
城守防備幢隊一不得還乙丑稱先帝遺詔以
司徒褚淵錄尚書事尚書左僕射王儉爲尚書
令車騎將軍張敬兒爲開府儀同三司詔曰喪
禮雖有定制先旨每存簡約內官可三日一還
臨外官間一日還臨後有大喪皆如之丁卯以
右衞將軍呂安國爲司州刺史庚午以司空豫
章王嶷爲太尉癸酉詔曰城直之制歷代宜同
頃歲逋弛遂以萬計雖在憲宜懲而原心可亮

積年逋城可悉原蕩自茲以後申明舊科有違
糾裁庚辰詔曰比歲未稔貧窮不少京師二岸
多有其弊遣中書舍人優量賑卹夏四月丙午
以輔國將軍張倪爲兗州刺史辛卯追尊穆妃
爲皇后五月乙丑以丹陽尹聞喜公子良爲南
徐州刺史甲戌以新除左衞將軍垣崇祖爲豫
州刺史癸未詔曰頃水雨頻降潮流薦滿二岸
居民多所淹漬遣中書舍人與兩縣官長優量
賑卹六月甲申立皇太子長懋詔申壬戌赦恩

百日乙酉以鄱陽王鏘爲雍州刺史臨汝公子
卿爲郢州刺史甲午以寧朔將軍臧靈智爲越
州刺史丙申立皇太子妃王氏進封聞喜公子
良爲竟陵王臨汝公子卿爲廬陵王應城公子
敬爲安陸王江陵公子懋爲晉安王枝江公子
隆爲隨郡王皇子子眞爲建安王皇孫昭業爲
南郡王戊戌詔曰水潦爲患星緯乖序京都囚
繫可尅日訊決諸遠獄委刺史以時察剌建康
秣陵二縣貧民加賑賜必令周悉吳興義興遭

水縣蠲除租調癸卯以司徒褚淵爲司空驃騎
將軍秋七月庚申以衛尉蕭諱爲豫州刺史壬
戌以冠軍將軍垣榮祖爲青冀二州刺史八月
癸卯司徒褚淵薨九月丁巳以國哀故罷國子
學己巳以前軍將軍姜伯起爲秦州刺史辛未
以征南將軍王僧虔爲左光禄大夫開府儀同
三司尚書右僕射王奐爲湘州刺史冬十二月
己丑詔曰緣淮戍將久處邊勞三元行始宜沾
恩慶可遣中書舍人宣旨臨會後每歲皆如之

庚子以太子左衛率戴僧靜爲徐州刺史
永明元年春正月辛亥車駕祠南郊大赦改元
壬子詔內外羣僚各舉朕違肆心規諫又詔王
公卿士各舉所知隨方登敘詔曰經邦之寄寔
資莅民守宰禄俸蓋有恒准往以邊虞警故
沿時損益今區寓寧晏庶績咸熙念勤簡能宜
加優獎郡縣丞尉可還田秩太尉豫章王嶷領
太子太傅護軍將軍長沙王晃爲南徐州刺史
鎮北將軍竟陵王子良爲南兗州刺史庚申以

侍中蕭景先爲中領軍壬戌立皇弟銳爲南平
王鏗爲宜都王皇子子明爲武昌王子罕爲南
海王甲子爲築青溪舊宮詔樂伎贍復二月辛
巳以征虜將軍楊炅爲沙州刺史辛丑以隴西
公宕昌王梁彌機爲河源二州刺史東羌王像
舒彭爲西涼州刺史三月癸丑詔曰宋德將季
風軌陵遲列宰庶邦彌失其序遷謝遄速公私
凋弊泰運初基草昧惟始思述先範永隆治根
莅民之職一以小滿爲限其有聲績克舉厚加

甄異理務無庸隨時代黜丙辰詔曰朕自丁荼
毒奄便周忌瞻言負荷若墜淵壑而遠圖尚蔽
政刑未理星緯失序陰陽愆度思播先澤兼酬
天眚可申辛亥赦恩五十日以期訖爲始京師
囚繫悉皆原宥三署軍徒優量降遣都邑鰥
寡尤貧詳加賑恤戊寅詔四方見囚罪無輕重
及劫賊餘口長徒勑繫悉原散逋負督贓建元
四年三月以前皆特除夏四月壬午詔曰魏矜
袁紹恩洽丘墓晉亮兩王榮覃餘裔二代弘義

前載美談袁粲劉秉與先朝同獎宋室沈攸之
於景和之世特有迺心雖末節不終而始誠可
録歲月彌往宜特優降粲秉前年改葬塋兆未
修材槨可爲經理令粗足周禮攸之及其諸子
喪柩在西者可符荊州送反舊墓在所爲營葬
事五月丁酉車騎將軍張敬兒伏誅六月丙寅
詔凡坐事應覆治者在建元四年三月巳前皆
原宥秋七月戊戌新除左光祿大夫王僧虔加
特進九月己卯以荊州刺史臨川王映爲驃騎

將軍冠軍將軍廬陵王子卿爲荊州刺史吳郡
太守安陸侯緬爲郢州刺史
二年春正月乙亥以司州刺史呂安國爲南兗
州刺史征北將軍竟陵王子良爲護軍將軍兼
司徒征北長史劉悛爲司州刺史丙子以右光
祿大夫王延之爲特進三月乙亥以吳興太守
張岱爲南兗州刺史前將軍王奐爲江州刺史
平北將軍呂安國爲湘州刺史戊寅以少府趙
景翼爲廣州刺史夏四月甲辰詔揚南徐南兗

徐兗五州統內諸獄并豫江三州府州見囚江
州尋陽新蔡兩郡繫獄並部送還臺須候克日
斷枉直緣江遠郡及諸州委刺史詳察訊巳巳
以寧朔將軍程法勤爲寧州刺史六月癸卯車
駕幸中堂聽訟乙巳以安陸王子敬爲南兗州
刺史戊申以黃門侍郎崔平仲爲青冀二州刺
史秋七月癸未詔曰夫樂所自生先哲垂誥禮
不忘本積代同風是以漢光遲回於南陽魏文
般勤於譙國青溪宮體天含暉則地栖寶光定

靈源允集符命在昔期運初開經綸方遠繕築
之勞我則未暇時流事往永惟哽咽朕以寡薄
嗣奉鴻基思存締構式表王迹考星創制揆日
興功子來告畢規摹昭備宜申饗落之禮以暢
感慰之懷可克日小會甲申立皇子子倫爲巴
陵王八月丙午車駕幸舊宮小會設金石樂在
位者賦詩詔申京師獄及三署見徒量所降宥
領宮職司詳賜幣帛戊申車駕幸玄武湖講
武甲子詔曰窆枯掩骼義重前誥郵老哀癃寔

惟令典朕永思民瘼弗忘鑒寐聲慮未敷物多乖所京師二縣或有久墳毀發可隨宜掩埋遺骸未槻並加斂瘞疾病窮困不能自存者詳爲條格並加沾賚冬十月丁巳以桂陽王鑠爲南徐州刺史十一月丁亥以始興王鑑爲益州刺史

三年春正月丙辰以大司農劉楷爲交州刺史安西諮議參軍崔慶緒爲南梁秦二州刺史甲申以晉安王子懋爲南豫州刺史辛卯車駕祠

南郊大赦都邑三百里内罪應入重者降一等餘依赦制劾繫之身降遣有差賑邺二縣貧民又詔曰春秋國語云生民之有學敎猶樹木之有枝葉果行育德咸必由茲在昔開運光宅華夏方弘典謨克隆敎思命彼有司崇建庠塾甫就經始仍離屯故仰瞻徽猷歲月彌遠今遐邇一體車軌同文宜高選學官廣延冑子又詔守宰親民之要刺史案部所先宜嚴課農桑相土揆時必窮地利若耕蠶殊衆足厲浮墮者所在

即便列奏其違方驕矜佚事妨農亦以名聞將明賞罰以勸勤怠校殿最歲竟考課以申黜陟二月辛丑車駕祠北郊夏四月戊戌以新除右衛將軍豫章王世子子響爲豫州刺史輔國將軍桓敬爲兗州刺史五月乙未詔曰氓俗凋弊于兹永久雖年穀時登而歉乏比室凡單丁之身及煢獨而秩養養孤者並蠲今年田租是月省揔明觀六月庚戌進河南王度易侯爲車騎將軍秋七月辛丑詔丹陽所領及餘二百里

内見囚同集京師自此以外委州郡決斷甲戌左光祿大夫開府儀同三司王僧虔薨丁亥以驃騎中兵參軍董仲舒爲寧州刺史八月乙未車駕幸中堂聽訟丁巳以行宕昌王梁彌頡爲河涼二州刺史戊午以尚書令王儉領太子少傅太子詹事蕭諱爲領軍將軍冬十月壬戌詔曰皇太子諱講畢當釋奠王公以下可悉往觀禮十一月乙丑以冠軍將軍王文仲爲青冀二州刺史十二月丁酉詔曰九穀之重八材爲末

是故潔粢豐盛祝史無愧於辭不籍千畝周宣所以貽諫昔期運初啓庶政草昧三推之典我則未暇朕嗣奉鴻基思隆先軌載來躬親率由舊式可以開春發歲敬簡元辰鳴青鸞於東郊冕朱紘而莅事仰薦宗禋俯勗黔阜將使困庾內充遺秉外牣既富而教茲焉攸在是夏琅邪郡旱百姓芟除枯苗至秋擢潁大熟

四年春正月甲子以南琅邪彭城二郡太守隨郡王子隆爲江州刺史征虜長史張瓌爲雍州

刺史征虜將軍薛淵爲徐州刺史護軍將軍兼司徒竟陵王子良進號車騎將軍富陽人唐寓之反聚衆桐廬破富陽錢塘等縣害東陽太守蕭崇之遣宿衛兵出討伏誅丁酉冠軍將軍馬軍主陳天福坐討唐寓之燒掠百姓弃市辛卯車駕幸中堂策秀才閏月癸巳立皇子子貞爲邵陵王皇孫昭文爲臨汝公丁未以武都王楊集始爲北秦州刺史辛亥車駕籍田詔曰夫耕籍所以表敬親載所以率民朕景行前規躬執良耜千畛咸事六仞可期教義克宣誠感兼暢重以天符靈貺歲月鱗萃寶鼎開玉匣之祥嘉禾發同穗之穎甘露凝暉於垧牧神爵騫翥於蘭囿斯乃宗稷之慶豈寡薄所臻思俾休和覃茲黔阜見刑罪殊死以下悉原宥諸逋負在三年以前尤窮弊者一皆蠲除孝悌力田詳授爵位孤老貧窮賜穀十石凡欲附農而粮種闕乏者並加給貸務在優厚癸丑以始興內史劉勑爲廣州刺史甲寅以籍田禮畢車駕幸閱武堂

勞酒小會詔賜王公以下在位者帛有差戊午車駕幸宣武堂講武詔曰今親閱六師少長有禮領馭羣帥可量班賜二月己未立皇弟銶爲晉熙王鉉爲河東王庚寅以光祿大夫王玄載爲兗州刺史三月辛亥國子講孝經車駕幸學賜國子祭酒博士助教絹各有差夏四月丁亥以尚書左僕射柳世隆爲湘州刺史臨沂縣麥不登刈爲馬芻至夏更苗秀五月癸巳詔楊南徐二州今年户租三分二取見布一分取錢來

歲以後遠近諸州輸錢處並減布直匹准四百
依舊折半以爲永制丙午以吳興太守西昌侯
諱爲中領軍秋八月辛酉以鎮南長史蕭惠休
爲廣州刺史九月甲寅以征虜將軍王廣之爲
徐州刺史冬十二月乙亥以東中郎司馬崔惠
景爲司州刺史
五年春正月戊子以太尉豫章王嶷爲大司馬
車騎將軍竟陵王子良爲司徒驃騎將軍臨川
王映衛將軍王儉中軍將軍王敬則並本號開

府儀同三司都官尚書沈文季爲郢州刺史左
將軍安陸王子敬爲荊州刺史征虜將軍晉安
王子懋爲南兗州刺史輔國將軍建安王子眞
爲南豫州刺史辛卯詔曰朕昧爽丕顯思康民瘼
雖年穀亟登而飢饉代有今履端肇運陽和告
始宜協時休覃茲黎庶諸孤老貧病並賜粮饟
遣使親賦每存均普雍司二州蠻虜屢動丁酉
遣丹陽尹蕭景先出平陽護軍將軍陳顯達出
宛葉二月戊子車駕幸芳林園禊宴丁未以

護軍將軍陳顯達爲雍州刺史夏四月車駕殷
祠太廟詔繫囚見徒四歲刑以下悉原遣五年
減爲三歲京邑罪身應入重降一等六月辛酉
詔曰比霖雨過度水潦洊溢京師居民多離其
弊遣中書舍人二縣官長隨宜賑賜秋七月戊
申詔丹陽屬縣建元四年以來至永明三年所
逋田租殊爲不少京甸之内宜加優貸其非中
貲者可悉原停八月乙亥詔今夏雨水吳興義
興二郡田農多傷詳蠲租調九月己丑詔曰九

日出商飆館登高宴羣臣辛卯車駕幸商飆館
館上所立在孫陵崗世呼爲九日臺者也丙午
詔曰善爲國者使民無傷而農益勸是以十一
而稅周道克隆開建常平漢載惟穆代出昳然杲
浮汏來貢杞梓皮革必緣楚往自水德將謝喪
亂彌多師旅歲興饑饉代有貧室盡於課調泉
貝傾於絕域軍國器用動資四表不因厥產咸
用九賦雖有交貿之名而無潤私之實民咨塗
炭寔此之由昔在開運星紀未周餘弊尚重農

桑不殷於曩日粟帛輕賤於當年工商罕兼金之儲匹夫多飢寒之患良由圜法久廢上幣稍寡所謂民失其資能無匱乎凡下貧之家可蠲三調二年京師及四方出錢億萬糴米穀絲綿之屬其和價以優黔首遠邦嘗市雜物非土俗所產者皆悉停之必是歲賦攸宜都邑所乏可見直和市勿使逋刻冬十月甲申以中領軍西昌侯鸞爲豫州刺史侍中安陸侯緬爲中領軍初起新林苑

六年春正月壬午以祠部尚書安成王暠爲南徐州刺史詔二百里內獄同集京師克日聽覽自此以外委州郡訊察三署徒隷詳所原釋三月己亥以豫章王世子子響爲巴東王癸卯以光祿大夫周盤龍爲行兖州刺史五月甲午以宕昌王梁彌承爲河涼二州刺史六月甲寅以散騎常侍沈景德爲徐州刺史丙子以始興太守房法乘爲交州刺史秋七月乙巳都官尚書呂安國爲領軍將軍八月乙卯詔吳興義興水潦被水之鄉賜痼疾篤癃口二斛老落一斛小口五斗九月壬寅車駕幸琅邪城講武習水步軍冬十月庚申立冬初臨太極殿讀時令辛酉以祠部尚書武陵王曅爲江州刺史閏月乙卯詔曰北兖北徐豫司青冀八州邊接疆埸民多懸罄原永明以前所逋租調辛卯以尚書僕射王奐爲領軍將軍十一月乙卯以羽林監費延宗爲越州刺史庚申以後將軍晉安王子懋爲湘州刺史西陽王子明爲南兖州刺史

七年春正月丙午以中軍將軍王敬則爲豫州刺史中軍將軍陰智伯爲梁南秦二州刺史戊申詔曰雍州頻歲戎役兼水旱爲弊原四年以前逋租辛亥車駕祠南郊大赦京邑貧民普加賑賜又詔曰春頒秋斂萬邦所以惟懷柔遠能邇兆民所以允殖鄭渾宰邑因姓立名王濬剖符戶口殷盛今產子不育雖炳常禁比聞所在猶或有之誠復禮以貧殺抑亦情由俗淡宜節以嚴威敦以惠澤王者尋舊制詳量附定蠲恤

之宜務存優厚壬戌驃騎將軍開府儀同三司臨川王映薨戊辰詔曰晉大夫年秩隆重祿力殊薄豈所謂下車惟舊趨橋敬老可增俸詳給見役二月丙子以左衛將軍巴東王子響爲中護軍己丑詔曰宣尼誕敷文德峻極自天發輝七代陶鈞萬品英風獨舉素王誰匹功隱於當年道深於日月感麟厭世緬邈千祀川竭谷虛丘夷淵塞非但洙泗湮淪至乃饗嘗乏主前王敬仰崇脩寢廟歲月亟流鞠爲茂草今學斅興

立實宜崇洪規撫事懷人彌增欽屬可改築宗祊務在爽塏量給祭秩禮同諸侯奉聖之爵以時紹繼壬寅以丹陽尹王晏爲江州刺史癸卯以巴陵王子倫爲豫州刺史三月丁未以太子右衛率王玄邈爲兗州刺史庚戌以中護軍巴東王子響爲江州刺史中書令隨郡王子隆爲中護軍甲寅立皇子子岳爲臨賀王子峻爲廣漢王子琳爲宣城王子珉爲義安王夏四月戊寅詔曰婚禮下達人倫攸始周官設媒氏之職國

風興及時之詠四爵內陳義不期侈三鼎外列事豈存奢晚俗浮麗歷茲永久每思懲革而民未知禁乃聞同牢之費華泰尤甚膳羞方丈有過王侯富者扇其驕風貧者恥躬不逮或以供帳未具動致推遷年不再來盛時忽往宜爲節文頒之士庶並可擬則公朝方樏供設合巹之禮無虧寧儉之義斯在如故有違繩之以法五月乙巳尚書令衛將軍開府儀同三司王儉薨甲子以新除尚書左僕射柳世隆爲尚書令六

月丁亥車駕幸琅邪秋八月庚子以左衛將軍建安王子眞爲中護軍冬十月己丑詔曰三季澆浮舊章陵替吉凶奢靡動違矩則或裂錦繡以競車服之飾塗金鏤石以窮塋域之麗至班白不婚露棺累葉苟相誇衒罔顧大典可明爲條制嚴勒所在悉使畫一如復違犯依事糾奏十二月己亥以中護軍建安王子眞爲郢州刺史江州刺史巴東王子響爲荊州刺史前安西司馬垣榮祖爲兗州刺史

八年春正月庚子征西大將軍王敬則進號驃騎大將軍左將軍沈文季爲領軍將軍丹陽尹鄱陽王鏘爲江州刺史詔放遣隔城虜俘聽還其本壬辰零陵王司馬藥師薨夏四月戊辰詔公卿已下各舉所知隨才授職進得其人受登賢之賞薦非其才獲濫舉之罰秋七月辛丑以會稽太守安陸侯緬爲雍州刺史癸卯詔曰陰陽舛和緯象愆度儲貳嬰患淹歷旬晷思仰袛天戒俯紓民瘼可大赦天下癸亥詔司雍二州

比歲不稔雍州八年以前司州七年以前逋租悉原汝南一郡復限申五年八月丙寅詔京邑霖雨既過居民汎濫遣中書舍人二縣官長賑䘏乙酉以行河南王世子休留成爲秦河二州刺史壬辰以左衞將軍隨郡王子隆爲荆州刺史巴東王子響有罪遣丹陽尹蕭諱率軍討之子響伏誅冬十月丁丑詔吳興水淹過度開所在倉賑賜癸巳原建元以前逋租十一月乙卯以建武將軍伏登之爲交州刺史十二月

乙丑以振威將軍陳僧授爲越州刺史戊寅詔尚書丞郎職事繁劇郵俸未優可量增賜祿己卯皇子子建爲湘東王癸巳以監青冀二州軍行刺史事張沖爲青冀二州刺史

九年春正月甲午以侍中江夏王鋒爲南徐州刺史冠軍將軍劉悛爲益州刺史辛丑車駕祠南郊詔京師見囚繫詳量原遣三月乙卯以南中郎司馬劉楷爲司州刺史辛丑以太子左衞率劉纘爲廣州刺史夏四月乙亥有司奏舊格

一年兩過行陵三月十五日曹郎以下小行九月十五日司空以下大行今長停小行唯二州一大行詔曰可六月甲戌以尚書左僕射王奐爲雍州刺史秋九月戊辰車駕幸琅邪城講武觀者傾都普頒酒肉

十年春正月戊午詔諸責負衆逋七年以前悉原除高貲不在例孤老六疾人穀五斛内外有務衆官增祿俸以左民尚書南平王銳爲湘州刺史司徒竟陵王子良領尚書令右衞將軍王

玄邈爲北徐州刺史中軍將軍廬陵王子卿進號車騎將軍北中郎將南海王子罕爲兗州刺史輔國將軍臨汝公昭文爲南豫州刺史冠軍將軍王文和爲北兗州刺史二月壬寅鎮軍將軍陳顯達領中領軍夏四月辛丑大司馬豫章王嶷薨五月己巳司徒竟陵王子良爲揚州刺史秋八月丙申以新城太守郭安明爲寧州刺史冬十月乙丑車駕幸玄武湖講武甲午車駕殷祠太廟十一月戊午詔曰頃者霖雨樵粮稍貴京邑居民多離其弊遣中書舍人二縣官長

賑賜

十一年春正月癸丑詔京師見繫囚詳所原遣以驃騎大將軍王敬則爲司空江州刺史鄱陽王鏘爲領軍將軍鎮軍大將軍陳顯達爲江州刺史右衛將軍崔慧景爲豫州刺史丙子皇太子長懋薨二月壬午以車騎將軍廬陵王子卿爲驃騎將軍南豫州刺史撫軍將軍安陸王子敬進號車騎將軍己丑輔國將軍曹虎爲梁南

秦二州刺史癸卯以新除中書監晉安王子懋爲雍州刺史丙午以冠軍將軍王文和爲益州刺史三月乙亥雍州刺史王奐伏誅夏四月壬午詔東宮文武臣僚可悉度爲太孫官屬甲午立皇太孫昭業太孫妃何氏詔賜天下爲父後者爵一級孝子順孫義夫節婦粟帛各有差癸卯以驍騎將軍劉靈哲爲兗州刺史五月戊辰詔曰水旱成災穀稼傷弊凡三調衆逋可同申至秋登京師二縣朱方姑熟可權斷酒庚午以

輔國將軍蕭惠休爲徐州刺史丙子以左民尚書宜都王鏗爲南豫州刺史六月壬午詔霖雨既過遣中書舍人二縣官長賑賜京邑居民秋七月丁巳詔曰頃風水爲災二岸居民多離其患加以貧病六疾孤老稚弱彌足矜念遣中書舍人履行沾卹又詔曰水旱爲災實傷農稼江淮之間倉廩既虛遂草竊充斥互相侵奪依阻山湖成此逋逃曲赦南兗兗豫司徐五州南豫州之歷陽譙臨江廬江四郡三調衆逋宿債並

同原除其緣淮及青冀新附僑民復除已訖更
申五年是月上不豫徙御延昌殿乘輿始登階
而殿屋鳴吒上惡之虜侵邊戊辰遣江州刺史
陳顯達鎮雍州樊城上慮朝野憂惶乃力疾召
樂府奏正聲伎戊寅大漸詔曰始終大期賢聖
不免吾行年六十亦復何恨但皇業艱難萬機
事重不能無遺慮耳太孫進德日茂社稷有寄
子良善相毗輔思弘治道內外衆事無大小悉
與讜參懷共下意尚書中是職務根本悉委

三百五十四　南齊紀三　二十三　吳椿

王晏徐孝嗣軍旅捍邊之略委王敬則陳顯達
王廣之王玄邈沈文季張瓌薛淵等百辟庶僚各
奉爾職謹事太孫勿有懈怠知復何言又詔曰
我識滅之後身上著夏衣畫天衣純烏犀導應
諸器悉不得用寶物及織成等唯裝複袂衣各
一本通常所服身刀長短二口鐵環者隨我入
梓宮祭敬之典本在因心東鄰殺牛不如西家
禴祭我靈上慎勿以牲爲祭唯設餅茶飲干飯
酒脯而已天下貴賤咸同此制未山陵前朔望

設菜食陵墓萬世所宅意嘗恨休安陵未稱今
可用東三處地最東邊以葬我名爲景安陵喪
禮每存省約不須煩民百官停六時入臨朔望
祖日可依舊諸主六宮並不須從山陵內殿鳳
華壽昌耀靈三處是吾所治製夫貴有天下
富兼四海宴處寢息不容乃陋謂此爲奢儉之中
慎勿壞去顯陽殿玉像諸佛及供養具如別牒
可盡心禮拜供養之應有功德事可專在中自
今公私皆不得出家爲道及起立塔寺以宅爲

三百五十四　南齊紀三　二十四　陳壽

精舍並嚴斷之唯年六十必有道心聽朝賢選
序已有別詔諸小小賜乞及閤內處分亦有別
牒內外禁衛勞舊主帥左右悉付蕭諶優量驅
使之勿負吾遺意也是日上崩年五十四上剛
毅有斷爲治總大體以富國爲先頗不喜遊宴
雕綺之事言常恨之未能頓遣臨崩又詔凡諸
遊費宜從休息自今遠近薦獻務存節儉不得
出界營求相高奢麗金粟繒纊弊民已多珠玉
玩好傷工尤重嚴加禁絕不得有違准繩九月

丙寅葬景安陵

史臣曰世祖南面嗣業功參寶命雖爲繼體事實艱難御袞垂旒深存政典文武授任不革舊章明罰厚恩皆由上出義兼長遠莫不肅然外表無塵內朝多豫機事平理職貢有恒府藏內充民鮮勞役宮室苑囿未足以傷財安樂延年衆庶所同幸若夫割愛懷抱同彼甸人太祖羣昭位後諸穆昔漢武留情晚悟追恨戾園魏文侯克中山不以封弟英賢心迹臣所未詳也

贊曰武帝丕顯徽號止戈韶嶺歇祲彭派澄波威承景曆肅御金科北懷戎款南獻夷歌市朝晏逸中外寧如

南齊書三

本紀第三

本紀第四　南齊書四

臣蕭　子顯　撰

鬱林王

鬱林王昭業字元尚文惠太子長子也小名法身世祖即位封南郡王二千石永明五年十一月戊子冠於東宮崇政殿其日小會賜王公以下帛各有差給昭業扶二人七年有司奏給班劒二十人鼓吹一部高選友學十一年給皁輪三望車詔高選國官文惠太子薨立昭業爲皇

太孫居東宮世祖崩太孫即位八月壬午詔稱先帝遺詔以護軍將軍武陵王曄爲衞將軍征南大將軍陳顯達即本號竝開府儀同三司尚書左僕射西昌侯鸞爲尚書令太孫詹事沈文季爲護軍將軍癸未以司徒竟陵王子良爲太傅詔曰朕以寡薄嗣膺寶政對越靈命欽若前圖思所以敬守成規拱揖羣后哀荒在日有懵大猷宜育德振民光昭睿範凡逋三調及衆責在今年七月三十日前悉同蠲除其備償封

籍貨鬻未售亦皆還主御府諸署池田邸治與
廢訟事本施一時於今無用者詳所罷省公宜
權禁一以還民關市征賦務從優減丙戌詔曰
近北掠餘口悉充軍實刑故無小罔或攸赦撫
辜興仁事深睿範宜從蕩宥許以自新可一同
放遣還復民籍已賞賜者亦皆爲贖辛丑詔曰
往歲蠻虜協謀志擾邊服羣帥授略大殲凶醜
華城克捷及舞陰固守二處勞人未有沾爵賞
者可分遣選部往彼序用九月癸丑詔東西二

省府國長老所積財單祿寡良以矜懷選部可
甄才品能推校年月邦守邑丞隨宜量處以貧
爲先辛酉追尊文惠皇太子爲世宗文皇帝冬
十月壬寅尊皇太孫太妃爲皇太后立皇后何
氏十一月辛亥立臨汝公昭文爲新安王曲江
公昭秀爲臨海王皇弟昭粲爲永嘉王
隆昌元年春正月丁未改元大赦加太傅竟陵
王子良殊禮驍騎將軍晉熙王銶爲郢州刺史
丹陽尹安陸王子敬爲南兗州刺史征北大將

軍晉安王子懋爲江州刺史臨海王昭秀爲荊
州刺史永嘉王昭粲爲南徐州刺史征南大將
軍陳顯達進號車騎大將軍郢州刺史建安王
子眞爲護軍將軍詔百僚極陳得失又詔王公
以下各舉所知戊申以護軍將軍沈文季爲領
軍將軍己酉以前將軍曹虎爲雍州刺史右衛
將軍薛淵爲司州刺史庚戌以寧朔將軍蕭懿
爲梁南秦二州刺史輔國長史申希祖爲交州
刺史辛亥車駕祠南郊詔曰執耜暫忘懸磬比

室秉機或惰無褐終年非怠非荒雖由王道不
稂不莠實賴民和頃歲多稼無爽遺秉如積而
三登之美未臻萬斯之基尚遠且風土異宜百
民舛務刑章治緒未必同源妨本害政事非一
揆冕旒屬念無忘夙興可嚴下州郡務滋耕殖
相畝闢疇廣開地利深樹國本克阜天民又詢
訪獄市博聽謠俗傷風損化各以條聞主者詳
爲條格戊午車駕拜崇安陵己巳以新除黃門
侍郎周奉叔爲青州刺史二月辛卯車駕祠明

堂夏四月辛巳衛將軍開府儀同三司武陵王
曄薨戊子太傅竟陵王子良薨戊戌以前沙州
刺史楊炅爲沙州刺史丁酉以驃騎將軍廬陵
王子卿爲衛將軍尚書右僕射鄱陽王鏘爲驃
騎將軍竝開府儀同三司閏月乙丑以南東海
太守蕭穎胄爲青冀二州刺史丁卯鎭軍大將
軍諱即本號開府儀同三司戊辰以中軍將軍
新安王昭文爲揚州刺史六月丙寅以黃門侍
郎王思遠爲廣州刺史秋七月庚戌以中書郎

蕭遥欣爲兗州刺史東莞太守臧靈智爲交州
刺史癸巳皇太后令曰鎭軍車騎左僕射前將
軍領軍左衛衛尉八座自我皇歷啓基受終于
宋睿聖繼軌三葉重光太祖以神武創業草昧
區夏武皇以英明提極經緯天人文帝以上哲
之資體元良之重雖功未被物而德已在民三
靈之眷方永七百之基已固嗣主特鍾沴氣爰
表弱齡險戾著于綠車愚固彰於崇正狗馬是
好酒色方湎所務唯鄙事所疾唯善人世祖慈

愛曲深每加容掩冀年志稍改立守神器自入
纂鴻業長惡滋甚居喪無一日之哀縗絰爲歡
宴之服昏酣長夜萬機斯壅發號施令莫知所
從閹豎徐龍駒專總樞密奉叔珍之互執權柄
自以爲任得其人表裏緝穆邁蕭曹而愈信布
倚太山而坐平原於是恣情肆意罔顧天顯二
帝姬嬪竝充寵御二宮遺服皆納玩府内外混
漫男女無別丹屛之北爲酤鬻之所青蒲之上
開桑中之肆又微服潛行信次忘反端委以朝

虛位交戟而守空宮積旬矣宰輔忠賢盡誠奉
主誅鋤羣小冀能悛革曾無克己更深怨憾公
卿股肱以異己冝戮文武昭穆以德譽見猜放
肆醜言將行屠膾社稷危殆有過綴旒昔太宗
克光於漢世簡文代興於晉氏前事之不忘後
人之師也鎭軍居正體道家國是賴伊霍之舉
實寄淵謨便可詳依舊典以禮廢黜中軍將軍
新安王體自文皇睿哲天秀冝入嗣鴻業永寧
四海外即以禮奉迎未亡人屬此多難投筆增

慨昭業少美容止好隷書世祖勑皇孫手書不
得妄出以貴重之進對音吐甚有令譽王侯五
日一問訊世祖常獨呼昭業至幄座别加撫問
呼爲法身鍾愛甚重文惠皇太子薨昭業每臨
哭輒號咷不自勝俄尒還内歡笑極樂在世祖
喪哭泣竟入後宫嘗列胡妓二部夾閤迎奏爲南
郡王時文惠太子禁其起居節其用度昭業謂
豫章王妃庾氏曰阿婆佛法言有福德生帝王
家今日見作天王便是大罪左右主帥動見拘

執不如作市邊屠酤富見百倍矣及即位極意
賞賜動百數十萬每見錢輒曰我昔時思汝一
文不得今得用汝未朞年之間世祖齋庫儲錢
數億垂盡開主衣庫與皇后寵姬觀之給閹人
竪子各數人隨其所欲恣意輦取取諸寶器以
相剖擊破碎之以爲笑樂居嘗躶袒著紅縠褌
雜采相服好鬬雞密買雞至數千價世祖御
物甘草杖宫人寸斷用之毁世祖招婉殿乞閹
人徐龍駒爲齋龍駒尤親幸爲後閤舍人日夜

在六宫房内昭業與文帝幸姬霍氏淫通龍駒
勸長留宫内聲云度霍氏爲尼以餘人代之嘗
以邪諂自進每謂人曰古時亦有監作三公者
皇后亦淫亂齋閤通夜洞開内外淆雜無復分
别中書舍人綦毋珍之朱隆之直閤將軍曹道
剛周奉叔並爲帝羽翼高宗屢諫不納先啓誅
龍駒次誅奉叔及珍之帝並不能違既而尼媪
外入頗傳異語乃疑高宗有異志中書令何胤
以皇后從叔見親使直殿省嘗隨后呼胤爲三

父與胤謀誅高宗令胤受事胤不敢當依違杜
諫帝意復止乃謀出高宗於西州中勑用事不
復關諮高宗慮變定謀廢帝二十二日壬辰使
蕭諶坦之等於省誅曹道剛朱隆之等率兵自
尚書入雲龍門戎服加朱衣於上比入門三失
履王晏徐孝嗣蕭坦之陳顯達王廣之沈文季
係進帝在壽昌殿聞外有變使閉内殿諸房閤
令閹人登興光樓望還報云見一人戎服從數
百人急裝在西鍾樓下須臾蕭諶領兵先入宫

截壽昌閤帝走向愛姬徐氏房拔劍自刺不中以帛纏頸輿接出延德殿諶初入殿宿衛將士皆操弓楯欲拒戰諶謂之曰所取自有人卿等不須動宿衛信之及見帝出各欲自奮帝竟無一言出西弄殺之時年二十二輿尸出徐龍駒宅殯葬以王禮餘黨亦見誅

史臣曰鬱林王風華外美衆所同惑伏情隱詐難以皃求立嫡以長未知瑕舋世祖之心不變周道既而愆鄙内作兆自宮闈雖爲害未遠足

傾社稷春秋書梁伯之過言其自取亡也

贊曰十愆有一無國不失鬱林負荷棄禮亡律

本紀第四　南齊書四

東西二省府國長老一本長字作屯疑

本紀第五　南齊書五

臣蕭子顯　撰

海陵王

海陵恭王昭文字季尚文惠太子第二子也永明四年封臨汝公邑千五百戶初爲輔國將軍濟陽太守十年轉持節督南豫州諸軍事南豫州刺史將軍如故十一年進號冠軍將軍文惠太子薨還都鬱林王即位爲中軍將軍領兵置佐封新安王邑二千戶隆昌元年爲使持節都

督揚南徐二州諸軍事揚州刺史將軍如故其年鬱林王廢尚書令西昌侯諱議立昭文爲帝延興元年秋七月丁酉即皇帝位以尚書令鎮軍大將軍西昌侯諱爲驃騎大將軍錄尚書事揚州刺史宣城郡公詔曰太祖高皇帝英謀光大受命作齊世祖武皇帝宏猷冠世繼暉下武世宗文皇帝清明懿鑠四海宅心竝德漏下泉功昭上象聲教所覃無思不洽洪基式固景祚方融而天步多阻運鍾否剥嗣君昏忍暴戾滋

多釁侮天經悖滅人紀朝野重足遐邇側視民
怨神恫宗祧如綴賴忠謨肅舉霄漢廓清俾
三后之業絕而更紐七百之慶危而復安猥以
沖人入纂乾緒載懷馭朽若墜諸淵思與黎元
共綏戩福大赦改元文武賜位二等八月甲辰
以新除衛尉蕭諶爲中領軍司空王敬則進位
太尉新除車騎大將軍陳顯達爲司空尚書左
僕射王晏爲尚書令左衛將軍王廣之爲豫州
刺史驃騎大將軍鄱陽王鏘爲司徒詔遣大使

巡行風俗丁未詔曰新安國五品以上悉與滿
敘自此以下皆聽解遣其欲仕者適其所樂以
驍騎將軍河東王鉉爲南徐州刺史西中郎將
臨海王昭秀爲車騎將軍南徐州刺史永嘉王
昭粲爲荊州刺史戊申以輔國將軍王詡爲廣
州刺史中書郎蕭遙欣爲兗州刺史庚戌以車
騎板行參軍李慶綜爲寧州刺史辛亥以安西
將軍王玄邈爲中護軍新除後軍司馬蕭誕爲
徐州刺史壬子以冠軍司馬臧靈智爲交州刺

史乙卯申明織成金薄綵花錦繡履之禁九月
癸酉詔曰頃者以淮關徭戍勤瘁於行役故覃
以榮階薄酬厥勞勳狀淹留未集王府非所以
急舍爵之典趣報功之旨便可分遣使部往彼
銓用辛巳以前九真太守宋慈明爲交州刺史
癸未誅新除司徒鄱陽王鏘中軍大將軍隨郡
王子隆遣平西將軍王廣之誅南兗州刺史安
陸王子敬於是江州刺史晉安王子懋起兵遣
中護軍王玄邈討之乙未驃騎大將軍諱假黃

鉞內外纂嚴又誅湘州刺史南平王銳郢州刺
史晉熙王銶南豫州刺史宜都王鏗丁亥以衛
將軍廬陵王子卿爲司徒撫軍將軍桂陽王鑠
爲中軍將軍開府儀同三司冬十月癸巳詔曰
周設媒官趣及時之制漢務輕徭在休息之典
所以布德弘教寬俗阜民朕君制八紘志敷九
德而習俗之風爲弊未改靜言多愠無忘昬昊
督勸婚嫁宜嚴更申明必使禽幣以時摽梅息
怨正厨諸役舊出州郡徵吏民以應其數公獲

二旬私累數朔又廣陵年常遞出千人以助淮
戍勞擾為煩抑亦苞苴是育今並可長停別量
所出諸縣使村長路都防城直縣為劇尤深亦
宜禁斷丁酉解嚴進驃騎大將軍揚州刺史宣
城公諱為太傅領大將軍揚州牧加殊禮進爵
為王戊戌誅新除中軍將軍桂陽王鑠撫軍將
軍衡陽王鈞侍中祕書監江夏王鋒鎮軍將軍
建安王子真左將軍巴陵王子倫癸卯以寧朔
將軍蕭遙欣為豫州刺史新除黃門郎蕭遙昌

為郢州刺史輔國將軍蕭誕為司州刺史宣城
王輔政帝起居皆諮而後行思食蒸魚菜太官
令荅無錄公命竟不與辛亥皇太后令曰司空
後將軍丹陽尹右僕射中領軍八座夫明晦迭
來屯平代有上靈所以眷命億兆所以歸懷自
皇家淳耀列聖繼軌諸侯官方百神受職而殷
憂時啓多難薦臻隆昌失德特紊人鬼非徒四
海解體乃亦九鼎將移賴天縱英輔大臣社稷
崩基重造墜典再興嗣主幼沖庶政多昧且早

嬰疢弗克負荷所以宗正內侮戚藩外叛覬
天視地人各有心雖三祖之德在民而七廟之
危行及自非樹以長君鎮以淵器未允天人之
望寧息奸宄之謀太傅宣城王胤體宣皇鍾慈
太祖識冠生民功高造物符表夙著謳頌有在
宜入承寶命式寧宗祐帝可降封海陵王吾當
歸老別館昔宣帝中興漢室簡文重延晉祀庶
我鴻基於茲永固言念家國感慶載懷建武元
年詔海陵王依漢東海王彊故事給虎賁旄頭

畫輪車設鍾虡宮縣供奉所須每存隆厚十一
月稱王有疾數遣御師占視乃殞之給溫明祕
器衣一襲斂以袞冕之服大鴻臚監護喪事葬
給轀輬車九旒大輅黃屋左纛前後部羽葆鼓
吹挽歌二部依東海王故事謚曰恭王年十五
史臣曰郭璞稱永昌之名有二日之象而隆昌
之號亦同焉案漢中平六年獻帝即位便改元
為光熹張讓段珪誅後改元為昭寧董卓輔政
改元為永漢一歲四號也晉惠帝太安二年長

沙王乂事敗成都王穎改元爲永安穎自鄴奪河間王顒復改元爲永興一歲三號也隆昌延興建武亦三改年號故知喪亂之軌迹雖千載而必同矣

贊曰穆穆海陵因亡代興不先不後遭命是膺

本紀第五　　南齊書五

本紀第六　　南齊書六

明帝

臣蕭　子顯　撰

高宗明皇帝諱鸞字景栖始安貞王道生子也小諱玄度少孤太祖撫育恩過諸子宋泰豫元年爲安吉令有嚴能之名補武陵王左常侍不拜元徽二年爲永世令昇明二年爲邵陵王安南記室參軍未拜仍遷寧朔將軍淮南宣城二郡太守尋進号輔國將軍太祖踐阼遷侍中封

西昌侯邑千戸建元二年爲持節督郢州司州之義陽諸軍事冠軍將軍郢州刺史進号征虜將軍世祖即位轉度支尚書領右軍將軍永明元年遷侍中領驍騎將軍王子侯舊乘纏帷車高宗獨乘下帷儀從如素士公事混撓販食人擔火誤燒牛鼻豫章王白世祖世祖笑焉轉爲散騎常侍左衛將軍清道而行上甚悦二年出爲征虜將軍吳興太守四年遷中領軍常侍並如故五年爲持節監豫州郢州之西陽司州之

汝南二郡軍事右將軍豫州刺史七年爲尚書
右僕射八年加領衛尉十年轉左僕射十一年
領右衛將軍世祖遺詔爲侍中尚書令尋加鎮
軍將軍給班劍二十人隆昌元年即本号爲大
將軍給鼓吹一部親兵五百人尋又加中書監
開府儀同三司鬱林王廢海陵王立爲使持節
都督揚南徐二州軍事驃騎大將軍録尚書事
揚州刺史開府如故增班劍爲三十人封宣城
郡公二千戶鎮東府城給兵五千人錢二百萬

布千匹九江作難假黄鉞事寧表送之尋加黄
鉞都督中外諸軍事太傅領大將軍揚州牧增
班劍爲四十人給幢絡三垦車前後部羽葆鼓
吹劒履上殿入朝不趨賛拜不名置左右長史
司馬從事中郎掾屬各四人封宣城王邑五千
戶持節侍中中書監録尚書並如故未拜太后
令廢海陵王以上入纂太祖爲第三子羣臣三
請乃受命
建武元年冬十月癸亥即皇帝位詔曰皇齊受

終建極握鏡臨宸神武重輝欽明懿鑠七百攸
長盤石斯固而王度中蹇天階荐阻嗣命多違
蕃釁孔棘宏圖景曆將墜諸淵宣德皇后遠鑒
崇替憲章舊典疇咨台揆允定靈策用集寶命
于予一人猥以虛薄纘戎大業仰繫鴻丕顧臨
兆民永懷先構若履春冰寅憂夕惕罔識攸濟
思與萬國播此惟新大赦天下改元宿衛身普
轉一階其餘文武賜位二等逋租宿責換負官
物在建武元年以前悉原除劫賊餘口在臺府

者可悉原放負釁流徙並還本鄉太尉王敬則
爲大司馬司空陳顯達爲太尉尚書令王晏加
驃騎大將軍中領軍蕭諶爲領軍將軍南徐州
刺史皇子寶義爲揚州刺史中護軍王玄邈爲
南兖州刺史新除右將軍張瓌爲右光禄大夫
平北將軍王廣之爲江州刺史乙丑詔斷遠近
上禮丁卯詔自今彫文篆刻歲時光新可悉停
省蕃牧守宰或有薦獻事非任王嚴加禁斷追
贈安陸昭侯緬爲安陸王己巳以安陸侯子

寶晊爲湘州刺史詔曰頃守職之吏多違舊典
存私害公實興民蠹今商旅稅石頭後渚及夫
鹵借倩一皆停息所在凡厥公宜可即符斷主
曹詳爲其制憲司明加聽察十一月癸酉以西
中郎長史始安王遥光爲揚州刺史晉壽太守
王洪範爲青冀二州刺史尚書令王晏領太子
少傅甲戌大司馬尋陽公王敬則等十三人進
爵邑各有差詔省新林苑先是民地悉以還主
原責本直庚辰立皇子寶義爲晉安王寶玄爲

二○二十三 南齊紀六 四 張榮

江夏王寶源爲廬陵王寶寅爲建安王諱爲隨
郡王寶攸爲南平王甲申詔曰邑宰禄薄俸微
不足代耕雖任土恒貢亦爲勞費自今悉斷又
詔宣城國五品以上悉與滿敘自此以下皆聽
解遣其欲仕適所樂乙酉追尊始安貞王爲景
皇妃爲懿后丙戌以輔國將軍聞喜公遥欣爲
荆州刺史寧朔將軍豐城公遥昌爲豫州刺
史丁亥詔細作中署材官車府凡諸工可悉開
番假遞令休息戊子立皇太子寶卷賜天下

爲父後者爵一級孝子從孫義夫節婦普加甄
賜明揚表其衡閭賚以束帛己丑詔東宮肇建
遠近或有慶禮可悉斷之壬辰以新除征虜將
軍江夏王寶玄爲郢州刺史永明中御史中丞
沈淵表百官年登七十皆令致仕竝窮困私門
庚子詔曰日者百司耆齒許以自陳東西二省
猶沾微俸辭事私庭榮禄兼謝興言愛老實
有矜懷自縉紳年及可一遵永明七年以前銓
敘之科上輔政所誅諸王是月復屬籍各封子

南齊紀六 五 楊榮

爲侯十二月壬子詔曰上覽易遺下情難達是
以甘棠見美肺石流詠自月一視黃辭如有含
枉不申懷直未舉者莅民之司竝任厥失
二年春正月辛未詔京師繫囚殊死可降爲五
歲刑三署見徒五歲以下悉原散王公以下各
舉所知隨王公卿士內外羣僚各舉朕違肆心
極諫索虜寇司豫徐梁四州壬申遣鎮南將軍
王廣之督司州征討右衛將軍蕭坦之督徐州
征討尚書右僕射沈文季督豫州征討己卯詔

京師二縣有毀發墳壠隨宜脩理又詔曰食惟
民天義高姬載蠶實生本教重軒經前哲盛範
後王茂則布令審端咸必由之朕肅扆巖廊思
弘風訓深務八政永鑒在勤靜言日昃無忘寤
興守宰親民之主牧伯調俗之司宜嚴課農桑
罔令游惰揆景肆力必窮地利固脩堤防考校
殿最若耕蠶殊衆具而名聞游怠害業即便列
奏主者詳為條格乙未虜攻鍾離徐州刺史蕭
惠休破之丙申加太尉陳顯達使持節都督西

北征討諸軍事丁酉內外纂嚴三月戊申詔南
徐州僑舊民丁多充戎旅蠲今年三課己未司
州刺史蕭誕與衆軍擊虜破之詔雍豫司南兗
徐五州遇寇之家悉停今年稅調其與虜交通
不問往罪丙寅停青州麥租虜自壽春退走甲
申解嚴夏四月己亥朔三百里內獄訟同集京
師克日聽覽此以外委州郡訊察三署徒隸原
遣有差索虜圍漢中梁州刺史蕭懿拒退之己
未以新除黃門郎裴叔業為徐州刺史五月甲午

寢廟成詔監作長帥可賜位一等役身遣假一
年非役者蠲租同假限六月壬戌誅領軍將軍
蕭諶西陽王子明南海王子罕邵陵王子貞乙
丑以右衛將軍蕭坦之為領軍將軍秋七月辛
未以右將軍晉安王寶義為南徐州刺史壬申
以冠軍將軍梁王為司州刺史辛卯以氐楊馥
之為北秦州刺史仇池公八月丁未以右衛將
軍廬陵王寶源為南兗州刺史庚戌以新除輔
國將軍申希祖為兗州刺史九月己丑改封南

平王寶攸為邵陵王蜀郡王子文為西陽王廣
漢王子峻為衡陽王臨海王昭秀為巴陵王永
嘉王昭粲為桂陽王冬十月丁卯詔曰軌世去
奢事殷哲后訓物以儉理鏡前王朕屬流弊之
末襲澆浮之季雖恭己弘化刻意隆平而禮讓
未興侈華猶競永覽玄風兢言集愧思所以還
淳改俗反古移民可罷東田毀興光樓并詔水
衡量省御乘乙卯納皇太子妃褚氏大赦王公
已下班賜各有差斷四方上禮十二月丁酉詔

曰舊國都邑望之悵然況乃自經南面負扆宸居或功濟當時德覃一世而塋壠欑穢封樹不脩豈直嗟深牧豎悲甚信陵而已哉昔中京淪覆鼎玉東遷晉元締構之始簡文遺詠在民而松門夷替埏路榛蕪雖年代殊往撫事興懷晉帝諸陵悉加脩理并增守衛吳晉陵二郡失稔之鄉蠲三調有差

三年春正月丁酉以陰平王楊炅子崇祖爲沙州刺史封陰平王北中郎將建安王寶夤爲江州

刺史己巳詔申明守長六周之制乙酉詔去歲索虜寇邊緣邊諸州郡將士有臨陣及疾病死亡者並送還本土三月壬午詔車府乘輿有金銀飾校者皆剔除夏四月虜寇司州戍兵擊破之五月己巳以征虜將軍蕭懿爲益州刺史前軍將軍陰廣宗爲梁南秦二州刺史前新除寧州刺史李慶宗爲寧州刺史秋九月辛酉以冠軍將軍徐玄慶爲兗州刺史冬十月以輔國將軍申希祖爲司州刺史閏十二月戊寅皇太子冠賜王公以下帛各有差爲父後者賜爵一級斷遠近上禮又詔今歲不須光新可以見錢爲百官供給

四年春正月庚午大赦詔曰嘉肴停俎定方旨於必甘良玉在攻表珪璋於既就是以陶鈞萬品務本爲先經緯九區學斆爲大往因時康崇建庠序屯虞荐有權從省廢謳誦寂寥倏移年稔永言古昔無忘旰昃今華夏乂安要荒慕嚮締脩東序寔允適時便可式依舊章廣延國胄

弘敷景業光被後昆壬寅詔民産子者蠲其父毋調役一年又賜米十斛新婚者蠲夫役一年丙辰尚書令王奐伏誅二月甲子以左僕射徐孝嗣爲尚書令征虜將軍蕭季敞爲廣州刺史三月乙未右僕射沈文季領護軍將軍秋八月追尊景皇所生王氏爲恭太后索虜寇沔北冬十月又寇司州甲戌遣太子中庶子梁王右軍司馬張稷討之十一月丙辰以氐楊靈珍爲北秦州刺史仇池公武都王丁亥詔所在結課

屋宅田桑可詳減舊價十二月甲子以冠軍將軍裴叔業爲豫州刺史冠軍將軍徐玄慶爲徐州刺史寧朔將軍左興盛爲兗州刺史丁丑遣度支尚書崔慧景率衆救雍州

永泰元年春正月癸未朔大赦逋租宿債在四年之前皆悉原除中軍大將軍徐孝嗣即本号開府儀同三司沔北諸郡爲虜所侵相繼敗沒乙巳遣太尉陳顯達持節救雍州丁未誅河東王鉉臨賀王子岳西陽王子文衡陽王子峻南

康王子琳永陽王子珉湘東王子建南郡王子夏桂陽王昭粲巴陵王昭秀二月癸丑遣左衛將軍蕭惠休假節援壽陽辛未豫州刺史裴叔業擊虜於淮北破之辛巳平西將軍蕭遥欣領雍州刺史三月丙午蠲雍州遇虜之縣租布戊申詔曰仲尼明聖在躬允光上哲弘厥雅道大訓生民師範百王軌儀千載立人斯仰忠孝攸出玄功潛被至德彌闡雖及扶遐曠而祧薦靡闕時祭舊呂秩比諸侯頃歲以來祀典陵替俎豆寂寥牲奠莫舉豈所以克昭盛烈永隆風教者哉可式循舊典詳復祭秩使牢餼備禮欽饗兼申夏四月甲寅改元赦三署囚繫原除各有差文武賜位二等丙戌以鎮軍將軍蕭坦之爲侍中中領軍己未立武陵昭王子子坦爲衡陽王丙寅以西中郎長史劉暄爲郢州刺史丁卯大司馬會稽太守王敬則舉兵反五月壬午遣輔國將軍劉山陽率軍東討乙酉斬敬則傳首曲赦浙東吴晉陵七郡以後軍長史蕭穎胄爲南

兗州刺史丁酉以北中郎將司馬元和爲兗州刺史秋七月以輔國將軍王珍國爲青冀二州刺史癸卯以太子中庶子梁王爲雍州刺史太尉陳顯達爲江州刺史己酉帝崩正福殿年四十七遺詔曰徐令可重申八命中書監本官悉如故沈文季可左僕射常侍護軍如故江祏可右僕射江祀可侍中劉暄可衛尉軍政大事委陳太尉內外衆事無大小委徐孝嗣遥光坦之江祏其大事與沈文季江祀劉暄參懷心膂之任

可委劉悛蕭惠休崔惠景葬興安陵帝明審有吏才持法無所借制御親幸自下肅清驅使寒人不得用四幅繖大存儉約罷世祖所起新林苑以地還百姓廢文帝所起太子東田斥賣之永明中輿輦舟乘悉剔取金銀還主衣庫太官進御食有裹蒸帝曰我食此不盡可四片破之餘充晚食而世祖掖庭中宮殿服御一無所改性猜忌多慮故亟行誅戮潛信道術用計數出行幸先占利害南出則唱云西行東遊則唱

云北幸簡於出入竟不南郊上初有疾無輟聽覽祕而不傳及寢疾甚久勑臺省府署文簿求白魚以為治外始知之身衣絳衣服飾皆赤以為厭勝巫覡云後湖水頭經過宮內致帝有疾帝乃自至太官行水溝左右啓太官若無此水則不立帝決意塞之欲南引淮流會崩事寢

史臣曰高宗以支庶纂曆據猶子而為論一朝到此誠非素心遺寄所當諒不獲免夫戕夷之事懷抱多端或出自雄忍或生乎畏懾令同財之親在我而先弃進引之愛量物其必違疑怯既深猜似外入流涕行誅非云義舉事苟求安能無內愧既而自樹本根枝幹孤弱貽厥不昌終覆宗社若令壓紐之徵必委天命盤庚之祀亦繼陽甲杖運推公夫何譏爾

贊曰高宗傍起宗國之慶慕名儉德垂文法令兢兢小心察察吏政沔陽失土南風不競

本紀第六　南齊書六

臣蕭子顯　撰

東昏侯

東昏侯寶卷字智藏高宗第二子也本名明賢
高宗輔政後改焉建武元年立爲皇太子永泰
元年七月己酉高宗崩太子即位八月丁巳詔
雍州將士與虜賊死者復除有差又詔辨括選
序訪搜貧屈庚申鎮北將軍晉安王寶義進號
征北大將軍開府儀同三司南中郎將建安王

寶夤爲郢州刺史冬十月己未詔删省科律十
一月戊子立皇后褚氏賜王公以下錢各有差
永元元年春正月戊寅大赦改元詔研策秀孝
考課百司辛卯車駕祠南郊詔三品清資官以
上應食祿者有二親或祖父母年登七十並給見
錢癸卯以冠軍將軍南康王諱爲荆州刺史二
月癸丑以北中郎將邵陵王寶攸爲南兖州刺
史是月太尉陳顯達敗績於馬圈夏四月己巳
立皇太子誦大赦賜民爲父後爵一級甲戌以

寧朔將軍柳惔爲梁南秦二州刺史五月癸亥
以撫軍大將軍始安王遥光爲開府儀同三司
六月己酉新除右衛將軍崔惠景爲護軍將
軍癸亥以始興内史范雲爲廣州刺史甲子詔
原雍州今年三調秋七月丁亥京師大水死者
衆詔賜死者材器并賑卹八月乙巳蠲京邑遇
水資財漂蕩者今年調稅又詔爲馬圈戰亡將
士舉哀丙午楊州刺史始安王遥光據東府反
詔曲赦京邑中外戒嚴尚書令徐孝嗣以下屯衛

宮城遣領軍將軍蕭坦之率六軍討之戊午斬
遥光傳首己未以征北大將軍晉安王寶義爲
南徐兖二州刺史己巳尚書令徐孝嗣爲司空
右衛將軍劉暄爲領軍將軍閏月丙子以江陵
公寶覽爲始安王虜僞東徐州刺史沈陵降以
爲北徐州刺史九月丁未以輔國將軍裴叔業
爲兖州刺史征虜長史張沖爲豫州刺史壬戌
以頻誅大臣大赦天下辛未以太子詹事王瑩
爲中領軍冬十月乙未誅尚書令新除司空徐

孝嗣右僕射新除鎮軍將軍沈文季乙巳以始興内史顔翻爲廣州刺史征虜將軍沈陵爲越州刺史十一月丙辰太尉江州刺史陳顯達舉兵於尋陽乙丑護軍將軍崔慧景加平南將軍督衆軍南討事丙寅以冠軍將軍王鴻爲徐州刺史十二月癸未以前輔國將軍楊集始爲秦州刺史甲申陳顯達至京師宮城嚴警六軍固守乙酉斬陳顯達傳首丁亥以征虜將軍邵陵王寶攸爲江州刺史

二年春正月壬子以輔國將軍張沖爲南兗州刺史庚午詔討豫州刺史裴叔業二月癸未以黄門郎蕭寅爲司州刺史丙戌以衛尉蕭懿爲豫州刺史征壽春己丑裴叔業病死兄子植以壽春降虜三月癸卯以輔國將軍張沖爲司州刺史乙卯遣平西將軍崔慧景率衆軍伐壽春夏四月丁未以新除冠軍將軍張沖爲南兗州刺史崔慧景於廣陵舉兵襲京師壬子右衛將軍左興盛督京邑水步衆軍南徐州刺史江夏

王寶玄以京城納慧景乙卯遣中領軍王瑩率衆軍屯北籬門壬戌慧景至瑩等敗績甲子慧景入京師宮内據城拒守豫州刺史蕭懿起義救援癸酉慧景棄衆走斬首詔曲赦京邑南徐兗二州乙亥以新除尚書右僕射蕭懿爲尚書令丙子以晉熙王寶嵩爲南徐州刺史五月乙巳以虜僞豫州刺史王肅爲豫州刺史戊申以桂陽王寶貞爲中護軍己酉江夏王寶玄伏誅壬子大赦乙丑曲赦京邑南徐兗二州戊辰以始安王寶覽爲湘州刺史六月庚寅車駕幸樂遊苑内會如三元京邑女人放觀戊戌以新除冠軍將軍張沖爲郢州刺史守五兵尚書陸慧曉爲南兗州刺史秋七月甲辰以驃騎司馬張稷爲北徐州刺史八月丁酉以新除驃騎司馬陳伯之爲豫州刺史甲申夜宮内火冬十月己卯害尚書令蕭懿十一月辛丑以寧朔將軍張稷爲南兗州刺史甲寅西中郎長史蕭穎胄起義兵於荆州十二月雍州刺史梁王起義兵於

襄陽戊寅以冠軍長史劉繪爲雍州刺史
三年春正月丙申朔合朔時加寅漏上八刻事
畢宮人於閱武堂元會皇后正位閹人行儀帝
戎服臨視丁酉以驃騎大將軍晉安王寶義爲
司徒新除撫軍將軍建安王寶寅爲車騎將軍
開府儀同三司甲辰以寧朔將軍王珍國爲北
徐州刺史辛亥車駕祠南郊詔大赦天下百官
陳讜言二月丙寅乾和殿西廂火壬午詔遣羽
林兵征雍州中外纂嚴乙酉以威烈將軍胡元

進爲廣州刺史三月己亥以驃騎將軍沈徽孚
爲廣州刺史甲辰以輔國將軍張欣泰爲雍州
刺史丁未南康王諱即皇帝位於江陵癸丑遣
平西將軍陳伯之西征六月京邑雨水遣中書
舍人二縣官長賑賜有差蕭穎胄弟穎孚起兵
廬陵戊子曲赦江州安成廬陵二郡秋七月癸
巳曲赦荆雍二州甲午雍州刺史張欣泰前南
譙太守王靈秀率石頭文武奉建安王寶寅向
臺至杜姥宅宮門閉乃散走己未以征虜長史

程茂爲郢州刺史驍騎將軍薛元嗣爲雍州刺
史是日元嗣以郢城降義師八月丁卯以輔國
將軍申胄監豫州事辛巳光祿大夫張瓌鎮石
頭辛未以太子左率李居士總督西討諸軍事
屯新亭城九月甲辰以居士爲江州刺史新除
冠軍將軍王珍國爲雍州刺史車騎將軍建安
王寶寅爲荆州刺史以輔國將軍申胄監郢州
龍驤將軍馬仙琕監豫州驍騎將軍徐元稱監
徐州是日義軍至南州申胄軍二萬人於姑熟

奔歸戊申以後軍參軍蕭璝爲司州刺史前輔
國將軍魯休烈爲益州刺史輔國長史趙越嘗
爲梁南秦二州刺史丙辰李居士與義軍戰於
新亭敗績冬十月甲戌王珍國與義軍戰於朱
雀桁敗績戊寅寧朔將軍徐元瑜以東府城降青
冀二州刺史桓和入衛屯東宮己卯衆降光祿
大夫張瓌棄石頭還宮於是閉宮城門自守庚
辰以驍騎將軍胡虎牙爲徐州刺史左軍將軍
徐智勇爲益州刺史游擊將軍牛平爲梁南秦

二州刺史李居士以新亭降琅邪城主張木亦降義師築長圍守宮城十二月丙寅新除雍州刺史王珍國侍中張稷率兵入殿廢帝時年十九帝在東宮便好弄不喜書學高宗亦不以爲非但勗以家人之行令太子求一日再入朝發詔不許使三日一朝嘗夜捕鼠達旦以爲笑樂高宗臨崩屬以後事以隆昌爲戒曰作事不可在人後故委任羣小誅諸宰臣無不如意性重澀少言不與朝士接唯親信閹人及左右御

刀應敕等自江祏始安王遙光誅後漸便騎馬日夜於後堂戲馬與親近閹人倡伎鼓叫常以五更就卧至晡乃起王侯節朔朝見晡後方前或際闇遣出臺閣案奏月數十日乃報或不知所在二年元會食後方出朝賀裁竟便還殿西序寢自巳至申百僚陪位皆僵仆菜色比起就會匆遽而罷陳顯達事平漸出遊走所經道路屏逐居民從萬春門由東宮以東至于郊外數十百里皆空家盡室巷陌懸幔爲高障置仗人

防守謂之屏除或於市肆左側過親幸家環回宛轉周遍京邑每三四更中鼓聲四出幡戟横路百姓喧走相隨士庶莫辨出輒不言定所東西南北無處不驅人高鄣之内設部伍羽儀復有數部皆奏鼓吹羌胡伎鼓角横吹夜出晝反火光照天拜愛姬潘氏爲貴妃乘卧輿帝騎馬從後著織成袴褶金薄帽執七寶縛矟戎服急裝不變寒暑陵冒雨雪不避坑穽馳騁渴之輒下馬解取腰邊蠡器酌水飲之復上馬馳去

馬乘具用錦繡處患爲雨所沾濕織雜綵珠爲覆蒙備諸雕巧教黄門五六十人爲騎客又選無賴小人善走者爲逐馬左右五百人常以自隨奔走往來略不暇息置射雉場二百九十六處翳中帷帳及步鄣皆袷以緑紅錦金銀鏤弩牙瑇瑁帖箭郊郭四民皆廢業樵蘇路斷吉凶失時乳婦婚姻之家移產寄室或與病弃屍不得殯葬有弃病人於青溪邊者吏懼爲監司所問推置水中泥覆其面須臾便死遂失骸骨後

宮遭火之後更起仙華神仙玉壽諸殿刻畫雕綵青䄲金口帶麝香塗壁錦幔珠簾窮極綺麗縶役工匠自夜達曉猶不副速乃剔取諸寺佛刹殿藻井仙人騎獸以充足之世祖興光樓上施青漆世謂之青樓帝曰武帝不巧何不純用瑠璃潘氏服御極選珍寶主衣庫舊物不復周用貴市民間金銀寶物價皆數倍虎魄釧一隻直百七十萬京邑酒租皆折使輸金以爲金塗猶不能足下楊南徐二州橋桁塘埭丁計功

爲直斂取見錢供太樂主衣雜費由是所在塘瀆多有隳廢又訂出雉頭鶴氅白鷺縗親幸小人因緣爲姦利課一輸十郡縣無敢言者 三年夏於閱武堂起芳樂苑山石皆塗以五采跨池水立紫閣諸樓觀壁上畫男女私褻之像種好樹美竹天時盛暑者未及經日便就萎枯於是徵求民家望樹便取毀徹牆屋以移致之朝栽暮拔道路相繼花藥雜草亦復皆然又於苑中立市太官每旦進酒肉雜肴使宮人屠酤潘氏爲

市令帝爲市魁執罰爭者就潘氏決判帝有膂力能擔白虎幢自製雜色錦伎衣綴以金花玉鏡衆寶逞諸意態所寵羣小黨與三十一人黃門十人初任新蔡人徐世標爲直閤驍騎將軍凡有殺戮皆其用命殺徐孝嗣後封爲臨汝縣子陳顯達事起加輔國將軍雖用護軍崔慧景爲都督而兵權實在世標及事平世標謂人曰五百人軍主能平萬人都督世標亦知帝昏縱密謂其黨茹法珍梅蟲兒曰何世天子無

要人但阿儂貨主惡耳法珍等爭權以白帝帝稍惡其凶強以二年正月遣禁兵殺之世標拒戰而死自是法珍蟲兒用事並爲外監口稱詔敕中書舍人王咺之與相脣齒專掌文翰其餘二十餘人皆有勢力崔慧景平後法珍封餘干縣男蟲兒封竟陵縣男及義師起江郢二鎮已降帝遊騁如舊謂茹法珍曰須來至白門前當一決義師至近郊乃聚兵爲固守之計召王侯朝貴分置尚書都座及殿省又信鬼神崔慧景

事時拜蔣子文神爲假黃鉞使持節相國太宰
大將軍録尚書揚州牧鍾山王至是又尊爲皇
帝迎神像及諸廟雜神皆入後堂使所親巫朱
光尚禱祀祈福以冠軍將軍王珍國領三萬人
據大桁莫有鬬志遣左右直長閹豎王寶孫督
戰呼爲王長子寶孫切罵諸將帥直閤將軍席
豪發憤突陣死豪驍將既斃衆軍於是土崩軍
人從朱雀觀上自投及赴淮死者無數於是閉
城自守城内軍事委王珍國兗州刺史張稷入

衞京師以稷爲副實甲猶七萬人帝烏帽袴褶
備羽儀登南掖門臨望又虛設鎧馬齋仗千人
皆張弓拔白出東掖門稱蔣王出盪素好鬭軍
隊初使宮人爲軍後乃用黃門親自臨陣詐被瘡使
人輿將去至是於閱武堂設牙門軍頓每夜嚴
警帝於殿内騎馬從鳳莊門入徽明門馬被銀
蓮葉具裝鎧雜羽孔翠寄生逐馬左右衞從晝
眠夜起如平常聞外鼓叫聲被大紅袍登景陽
樓屋上望弩幾中之衆皆怠怨不爲致力募兵

出戰出城門數十步皆坐甲而歸慮城外有伏
兵乃燒城傍諸府署六門之内皆蕩盡城中閤
道西掖門内相聚爲市販死牛馬肉帝初與羣
小計議陳顯達一戰便敗崔慧景圍城退走謂
義師遠來不過旬日亦應散去敕太官辦樵米
爲百日粮而已大桁敗後衆情兇懼法珍等恐
人衆驚走故閉城不復出軍既而義師長圍既
立壍栅嚴固然後出盪屢戰不捷帝尤惜金錢
不肯賞賜法珍叩頭請之帝曰賊來獨取我邪

何爲就我求物後堂儲數百具榜啓爲城防帝
云擬作殿竟不與又催御府細作三百人精仗
待圍解以擬屏除金銀雕鏤雜物倍急於常王
珍國張稷懼禍及率兵入殿分軍又從西上閤
入後宮斷之御刀豐勇之爲内應是夜帝在含
德殿吹笙歌作女兒子卧未熟聞兵入趨出北
戶欲還後宮清曜閤已閉閹人禁防黃泰平以
刀傷其膝仆地顧曰奴反邪直後張齊斬首送
梁王宣德太后令曰皇室受終祖宗齊聖太祖

高皇帝肇基駿命膺籙受圖世祖武皇帝係明
下武高宗明皇帝重隆景業咸降年不永宮車
係晏皇祚之重允屬儲元而稟質凶愚發於稚
齒爰自保姆迄至成童忍戾昬頑觸途必著高
宗留心正嫡立嫡惟長輔以羣才閒以賢戚內
外維持冀免多難未及朞稔便逞屠戮密戚近
親元勳良輔覆族殲門旬月相係凡所任杖盡
慝窮姧皆營伍屠販容狀險醜身秉朝權手斷
國命誅戮無辜納其財產睚眦之間屠覆比屋

身居元首好是賤事危冠短服坐臥以之晨出
夜反無復已極驅斥氓庶巷無居人老細奔遑
寘身無所東邁西屏北出南驅負疾輿屍塡街
塞陌興築繕造日夜不窮晨搆夕毀朝穿暮塞
絡以隨珠方斯已陋飾以璧璫曾何足道時暑
赫曦流金鑠石移竹藝果匪日伊夜根末及植
葉已先枯畚鍤紛紜勤倦無已散費國儲專事
浮飾逼奪民財自近及遠兆庶恇恇流亡道路
府帑既竭肆奪市道工商裨販行號道泣屈此

萬乘躬事角抵昂首翹肩逞能橦木觀者如堵
曾無怍容芳樂華林竝立闤闠踐肆鼓刀手銓
輕重干戈鼓譟昬曉靡息無戎而城豈足云譬
至於居喪淫讌之愆三年載弄之醜反道違常
之釁牝雞晨鳴之慝於事已細故可得而略也
罄楚越之竹未足以言校辛癸之君豈或能匹
征東將軍忠武奮發投袂萬里光奉明聖翊成
中興乘勝席卷掃清京邑而羣小靡識嬰城自
固緩戮稽誅倏彌旬月宜速勦定寧我邦家可

潛遣閒介密宣此旨忠勇齊奮遄加蕩撲放斥
昬凶衞送外第未亡人不幸驟此百罹感念存
沒心焉如割柰何柰何又令依漢海昬侯故事
追封東昬侯茹法珍梅虫兒王咺之等伏誅豐
勇之原死

史臣曰漢宣帝時南郡獲白虎獲之者張武言
武張而猛服也東昬侯亡德橫流道歸拯亂躬
當翦戮實啓太平推闇豎之名字亦天意也

贊曰東昬慢道匹癸方辛乃隳典則乃弃彝倫

玩習兵火終用焚身

本紀第七　南齊書七

青蕪疑

本紀第八　南齊書八

臣蕭子顯　撰

和帝

和帝諱寶融字智昭高宗第八子也建武元年
封隨郡王邑二千戶三年爲冠軍將軍領石頭
戍軍事永元元年改封南康王爲持節督荊雍
益寧梁南北秦七州軍事西中郎將荊州刺史
二年十一月甲寅長史蕭穎胄殺輔國將軍巴
西梓潼二郡太守劉山陽奉梁王奉義乙卯教

纂嚴又教曰吾躬率晉陽翦此凶孽戎事方勤
宜覃澤惠所領內繫囚見徒罪無輕重殊死已
下皆原遣先有位署即復本職將吏轉一階從
征身有家口停鎮給廩食凡諸雜役見在諸軍
帶甲之身克定之後悉免爲民其功效賞報別
有科條丙辰以雍州刺史梁王爲使持節都督
前鋒諸軍事左將軍丁巳以蕭穎胄爲右將軍
都督行留諸軍事戊午梁王上表勸進十二月
乙亥羣僚勸進並不許壬辰驍騎將軍夏侯亶

自京師至江陵稱宣德太后令西中郎將南康
王宜纂承皇祚光臨億兆方俟清宮未即大號
可且封宣城南琅邪南東海東陽臨海新安尋
陽南郡竟陵宜都十郡爲宣城王相國荆州牧
加黄鉞置僚屬選百官西中郎府南康國並如
故須軍次近路主者詳依舊典法駕奉迎三年
正月乙巳王受命大赦唯梅蟲兒茹法珍等不
在赦例右將軍蕭穎胄爲左長史進號鎮軍將
軍梁王進號征東將軍甲戌以冠軍將軍楊公

則爲湘州刺史甲寅建牙于城南二月乙丑以
冠軍長史王茂先爲江州刺史冠軍將軍曹景
宗爲郢州刺史右將軍邵陵王寶攸爲荆州刺
史己巳羣僚上尊號立宗廟及南北郊甲申梁
王率大衆屯沔口郢州刺史張沖拒守三月丁
酉張沖死驍騎將軍薛元嗣等固城
中興元年春三月乙巳即皇帝位大赦改元文
武賜位二等鰥寡孤獨不能自存者穀人五斛
即永元三年也以相國左長史蕭穎胄爲尚書

令晉安王寶義爲司空廬陵王寶源爲車騎將
軍開府儀同三司建安王寶寅爲徐州刺史散
騎常侍夏侯詳爲中領軍領軍將軍蕭偉爲雍
州刺史丙午有司奏封庶人寶卷爲零陽侯詔
不許又奏爲涪陵王詔可乙酉尚書令蕭穎胄
行荆州刺史假梁王黄鉞壬子以征虜將軍柳
惔爲益寧二州刺史乙未以冠軍將軍莊丘黑
爲梁南秦二州刺史冠軍將軍鄧元起爲廣州
刺史夏四月戊辰詔曰荆雍義舉所基實始王

迹君子勞心細人盡力宜加酬奬副其乃誠凡
東討衆軍及諸嚮義之衆可普復除五月乙卯
車駕幸竹林寺禪房宴羣臣巴西太守魯休烈
巴東太守蕭惠訓子璝拒義軍秋七月東軍主
吴子陽十三軍救郢州屯加湖丁酉征虜將軍
王茂先擊破之辛亥以茂先爲中護軍丁卯魯
山城主孫樂祖以城降己未郢城主薛元嗣降
八月丙子平西將軍陳伯之降乙卯以伯之爲
江州刺史子虎牙爲徐州刺史九月乙未詔梁

王若定京邑得以便宜從事冬十一月乙未以輔國將軍李元履爲豫州刺史壬寅尚書令鎮軍將軍蕭穎胄卒以黄門郎蕭憺行荆州府州事丁巳蕭瓚魯休烈降十二月丙寅建康城平己巳皇太后令以梁王爲大司馬録尚書事驃騎大將軍揚州刺史封建安郡公依晉武陵王遵承制故事百僚致敬壬申改封建安王寶寅鄱陽王癸酉以司徒揚州刺史晉安王寶義爲太尉領司徒甲戌給大司馬錢二千萬布絹各一五

千匹乙酉以輔國將軍蕭宏爲中護軍

二年春正月戊戌宣德太后臨朝入居内殿大司馬梁王解承制致敬如先己亥以寧朔將軍蕭昺監南兗州壬寅以大司馬都督中外諸軍事加殊禮己酉以大司馬長史王亮爲守尚書令甲寅詔大司馬梁王進位相國揔百揆揚州牧封十郡爲梁公備九錫之禮加遠遊冠位在諸王上加相國緑綟綬己未以新除右將軍曹景宗爲郢州刺史二月壬戌湘東王寶晊伏誅戊辰詔進梁公爵爲梁王增封十郡三月乙未皇太后令給梁國錢五百萬布五千匹絹千匹辛丑鄱陽王寶寅奔虜邵陵王寶攸晉熙王寶嵩桂陽王寶貞伏誅甲午命梁王冕十有二旒建天子旌旗出警入蹕乘金根駕六馬備五時副車置旄頭雲罕樂舞八佾設鍾簴宮懸王子王女爵命一如舊儀庚戌以冠軍長史蕭秀爲南徐州刺史新除中領軍蔡道恭爲司州刺史車駕東歸至姑孰丙辰禪位梁王丁巳廬陵王寶源薨夏四月辛酉禪詔至皇太后遜外宮丁

卯梁王奉帝爲巴陵王宮于姑孰行齊正朔一如故事戊辰薨年十五追尊爲齊和帝葬恭安陵史臣曰夏以桀亡殷隨紂滅郊天改朔理無延世而皇符所集重興西楚神器暫來雖有冥數徽名大號斯爲幸矣

贊曰和帝晚隆掃難清宮達機睹運高揖永終

本紀第八　　南齊書八

志第一

撰

禮儀繁博與天地而爲量紀國立君人倫攸始三代遺文略在經誥蓋秦餘所亡逸也漢初叔孫通制漢禮而班固之志不載及至東京太尉用廣撰舊儀左中郎蔡邕造獨斷應劭蔡質咸綴識時事而司馬彪之書不取魏氏籍漢末大亂舊章殄滅侍中王粲尚書衛覬集創朝儀而魚豢王沈陳壽孫盛竝未詳也吳則太史令丁

孚拾遺漢事蜀則孟光許慈草建衆典晉初司空荀顗因魏代前事撰爲晉禮參考今古更其節文羊祜任愷庾峻應貞竝共刪集成百六十五篇後摯虞傅咸纘續此制未及成功中原覆沒今虞之決疑注是遺事也江左僕射刁協太常荀崧補緝舊文光祿大夫蔡謨又踵修輯朝故宋初因循改革事係群儒其前史所詳竝不重述永明二年太子步兵校尉伏曼容表定禮樂於是詔尚書令王儉制定新禮立治禮樂學

士又職局置舊學四人新學六人正書令史各一人幹一人祕書省差能書弟子二人因集前代撰治五禮吉凶賓軍嘉也文多不載若郊廟庠序之儀冠婚喪紀之節事有變革宜錄時事者備今志其輿輅旗常與往代同異者更立別篇

建元元年七月有司奏郊殷之禮未詳郊在何年復以何祖配郊殷復在何時未郊得先殷與不明堂亦應與郊同年而祭不若應祭者復有配與無配不祀者堂殿職僚毀置云何八座丞

郎通關博士議曹郎中裴昭明儀曹郎中孔逷議今年七月宜殷祠來年正月宜南郊明堂竝祭而無配殷中郎司馬憲議南郊無配饗祠如舊明堂無配宜應廢祀其殷祠同用今年十月右僕射王儉議案禮記王制天子先祫後時祭諸侯先時祭後祫春秋魯僖二年祫明年春禘自此以後五年再殷禮緯稽命徵曰三年一祫五年一禘經記所論禘祫與時祭其言詳矣初不以先殷後郊爲嫌至於郊配之重事由王迹

是故杜林議云漢業特起不因緣堯宜以高帝配天魏高堂隆議以舜配天蔣濟云漢時奏議謂堯已禪舜不得爲漢祖舜亦已禪禹不得爲魏之祖今宜以武皇帝配天晉宋因循即爲前式又案禮及孝經援神契並云明堂有五室天子每月於其室聽朔布教祭五帝之神配以有功德之君大戴禮記曰明堂者所以明諸侯尊卑也許愼五經異義曰布政之宮故稱明堂明堂盛貌也周官匠人職稱明堂有五室鄭玄云周

人明堂五室帝一室也初不聞有文王之寢鄭志趙商問云說者謂天子廟制如明堂是爲明堂即文廟邪鄭荅曰明堂主祭上帝以文王配耳猶如郊天以后稷配也袁孝尼云明堂法天之宮本祭天帝而以文王配配其父於天位則可牽天帝而就人鬼則非義也泰元十三年孫耆之議稱郊以祀天故配之以后稷明堂以祀帝故配之以文王由斯言之郊爲皇天之位明堂即上帝之廟徐邈謂配之爲言必有神主郊爲

天壇則堂非文廟史記云趙綰王臧欲立明堂于時亦未有郊配漢又祀汾陰五時即是五帝之祭亦未有郊配議者或謂南郊之日已旅上帝若又以無配而特祀明堂則一日再祭於義爲黷案古者郊本不共日蔡邕獨斷曰祠南郊祀畢次北郊又次明堂高廟世祖廟謂之五供馬融云郊天之祀咸以夏正五氣用事有休有王各以其時兆於方郊四時合歲功作相成亦以此月揔旅明堂是則南郊明堂各日之證也

近代從省故與郊同日猶無煩黷之疑何者其爲祭雖同所以致祭則異孔晁云言五帝佐天化育故有從祀之禮旅上帝是也至於四郊明堂則是本祀之所辟猶功臣從饗豈復廢其私廟且明堂有配之時南郊亦旅上帝此則不疑於共日今何故致嫌於同辰又禮記天子祭天地四方山川五祀歲徧尚書堯典咸秩無文詩云昭事上帝聿懷多福據此諸義則四方山川猶必享祀五帝大神義不可略魏文帝黃初二

年正月郊天地明堂明帝太和元年正月以武
皇帝配天文皇帝配上帝然則黃初中南郊明
堂皆無配也又郊日及牲色異議紛然郊特牲
云郊之用辛周之始郊也盧植云辛之爲言自
新絜也鄭玄云用辛日者爲人當齋戒自新絜
也漢魏以來或丁或巳而用辛常多考之典據
辛日爲允郊特牲又云郊牲幣宜以正色繆襲
據祭法云天地騂犢周家所尚魏以建丑爲正
牲宜尚白白虎通云三王祭天一用夏正所以

然者夏正得天之數也魏用異朔故牲色不同
今大齊受命建寅創曆郊廟用牲一依晉宋謂
宜以今年十月殷祀宗廟自此以後五年再殷
來年正月上辛有事南郊宜以共日還祭明堂
又用次辛饗祀北郊而並無配犧牲之色率由
舊章詔可明堂可更詳有司又奏明堂尋禮無
明文唯以孝經爲正竊尋設祀之意蓋爲文王
有配則祭無配則止愚謂既配上帝則以帝爲
主今雖無配不應闕祀徐邈近代碩儒每所折

衷其云郊爲天壇則堂非文廟此實明據內外
百司立議已定如更詢訪終無異說傍儒依史
竭其管見既聖旨惟疑羣下所未敢詳廢置之
宜仰由天鑒詔依舊
建元四年世祖即位其秋有司奏尋前代嗣位
或於前郊年或別始晉宋以來未有畫一今年
正月已郊未審明年應南北二郊祀明堂與不
依舊通關八座丞郎博士議尚書令王儉議案
秦爲諸侯雜祀諸畤始皇并天下未有定祠漢

高受命因雍四畤而起北畤始祠五帝未定郊
丘文帝六年新垣平議初起渭陽五帝廟武帝
初至雍郊見五畤後常三歲一郊祠雍元鼎四
年始立后土祠於汾陰明年立太一祠於甘泉
自是以後二歲一郊與雍更祠成帝初即位丞
相匡衡於長安定南北郊哀平之際又復甘
泉汾陰祠平帝元始五年王莽奏依匡衡議
還復長安南北二郊光武建武二年定郊祀
兆於洛陽魏晉因循率由漢典雖時或參差而

類多閒歲至於嗣位之君參差不一宜有定制
檢晉明帝太寧五年南郊其年九月崩成帝即
位明年改元即郊簡文咸安二年南郊其年七
月崩孝武即位明年改元亦郊宋元嘉三十年
正月南郊其年二月崩孝武嗣位明年改元亦
郊此則二代明例差可依放謂明年正月宜饗
祀二郊虞祭明堂自茲厥後依舊閒歲尚書領
國子祭酒張緒等十七人並同儉議詔可

永明元年當南郊而立春在郊後世祖欲遷郊尚
書令王儉啓案禮記郊特牲云郊之祭也迎長
日之至也大報天而主日也易說三王之郊一
用夏正盧植云夏正在冬至後傳曰啓蟄而郊
此之謂也然則圜丘與郊各自行不相害也鄭
玄云建寅之月晝夜分而日長矣王肅曰周以
冬至祭天於圜丘以正月又祭天以祈穀祭法稱
燔柴太壇則圜丘也春秋傳云啓蟄而郊則祈
穀也謹尋禮傳二文各有其義盧王兩說有若
合符中朝省二丘以并二郊即今之郊禮義在

報天事兼祈穀既不全以祈農何必俟夫啓蟄
史官唯見傳義未達禮旨又尋景平元年正月
三日辛丑南郊其月十一日立春元嘉十六年正
月六日辛未南郊其月八日立春此復是近世
明例不以先郊後春爲嫌若或以元日合朔爲
礙者則晉成帝咸康元年正月一日加元服二
日親祠南郊元服之重百僚備列雖在致齋行
之不疑今齋內合朔此即前准若聖心過恭寧
在嚴潔合朔之日散官備防非預齋之限者於

止車門外別立幔省若日色有異則列於省前
望實爲允謂無煩遷日從之
永明二年祠部郎中蔡履議郊與明堂本宜異日
漢東京禮儀志南郊禮畢次北郊明堂高廟世祖
廟謂之五供蔡邕所據亦然近世存省故郊堂共
日來年郊祭宜有定准太學博士王祐議來年正
月上辛宜祭南郊次辛有事明堂後辛饗祀北郊
兼博士劉蔓議漢元鼎五年以辛巳行事自後郊
日略無違異元封元年四月癸卯登封泰山坐明

堂五年甲子以高祖配漢家郊祀非盡天子之
縣故祠祭之月事有不同後漢永平以來明堂
兆於國南而郊以上丁故供修三祀得并在初
月雖郊有常日明堂猶無定辰何則郊丁社甲
有說則從經禮無文難以意造是以必算良辰
而不祭寅丑且禮之奠祭無同共者唯漢以朝
日合於報天爾若依漢書五供便應先祭北郊
然後明堂則是地先天食所未可也兼太常丞
蔡仲熊議鄭志云正月上辛祀后稷於南郊還

於明堂以文王配故宋氏創立明堂郊還即祭
是用鄭志之說也蓋爲志者失非玄意也玄之
言曰未審周明堂以何月於月令則以季秋案
玄注月令季秋大饗帝云大饗徧祭五帝又云
大饗於明堂以文武配其時秋也去啓蟄遠矣
又周禮大司樂九大祭祀宿縣尋宿縣之旨以
日出行事故也若日闇而後行事則無假預縣
果日出行事何得方侯郊還東京禮儀志不記
祭之時日而志云天郊夕牲之夜夜漏未盡八

刻進熟明堂夕牲之夜夜漏未盡七刻進熟尋
明堂之在郊前一刻而進獻奏樂方待郊還魏
高堂隆表九日南郊十日北郊十一日明堂十二
日宗廟案隆此言是審于時定制是則周禮二
漢及魏皆不共日矣禮以辛郊書以丁祀辛丁
皆合宜臨時詳擇太尉從事中郎顧憲之議春
秋傳以正月上辛郊祀禮記亦云郊之用辛尚
書獨云丁巳用牲于郊先儒以爲先甲三日辛
後甲三日丁可以接事天神之日後漢永平二

年正月辛未宗祀光武皇帝於明堂辛旣是常
郊之日郊又在明堂之前無容不郊而堂則理
應郊堂司徒西閤祭酒梁王議孝經鄭玄注云
上帝亦天別名如鄭旨帝與天亦言不殊近代
同辰良亦有據魏泰和元年正月丁未郊祀武
皇帝以配天宗祀文皇帝於明堂以配上帝此
則已行之前准驍騎將軍江淹議郊旅上天堂
祀五帝非爲一日再黷之謂無俟釐革尚書陸
澄議遺文餘事存乎舊書郊宗地近勢可共日

不共者義在必異也元始五年正月六日辛未郊高皇帝以配天二十二日丁亥宗祀孝文於明堂配上帝永平二年正月辛未宗祀五帝於明堂光武皇帝配章帝元和二年巡狩岱宗柴祭翌日祠五帝於明堂柴山祠地尚不共日郊堂宜異於例益明陳忠奏事云延光三年正月十三日南郊十四日北郊十五日明堂十六日宗廟十七日世祖廟仲遠五祀緄統五供與忠此奏皆為相符高堂隆表二郊及明堂宗廟各

一日摯虞新禮議明堂南郊閒三兆禋天饗帝共日之證也又上帝非天昔人言之已詳今明堂用日宜依古在北郊後漢唯南郊備大駕自北郊以下車駕十省其二今祠明堂不應大駕尚書令王儉議前漢各日後漢亦不共辰魏晉故事不辨同異宋立明堂唯據自郊徂宮之義未達祀天旅帝之旨何者郊壇旅天甫自詰朝還祀明堂便在日昊雖致祭有由而煩黷斯甚異日之議於理為弘春秋感精符云王者父天母地則北郊之祀應在明堂之先漢魏北郊亦皆親奉晉泰寧有詔未及遵遂咸和八年甫得營繕太常顧和秉議親奉康皇之世已經遵用宋氏因循未遑釐革今宜親祠北郊明年正月上辛祠昊天次辛瘞后土後辛祀明堂御並親奉車服之儀率遵漢制南郊大駕北郊明堂降為法駕袞冕之服諸祠咸用詔可

建武二年通直散騎常侍庾曇隆啓伏見南郊壇員兆外內永明中起瓦屋形製宏壯檢案經

史無所准據尋周禮祭天於圜丘取其因高之義兆於南郊就陽位也故以高敞貴在上昭天明旁流氣物自秦漢以來雖郊祀參差而壇域中間並無更立宮室其意何也政是質誠尊天不自崇樹兼事通曠必務開遠宋元嘉南郊至時權作小陳帳以為退息太始薄加脩廣永明初彌漸高麗往年工匠遂啓立瓦屋前代帝皇豈於上天之祀而昧營構所不為者深有情意記稱掃地而祭於其質也器用陶匏天地之性也

故至敬無文以素爲貴竊謂郊事宜擬休偃不
徯高大以明謙恭肅敬之旨庶或仰允太靈俯
愜羣望詔付外詳國子助教徐景嵩議伏尋三
禮天地兩祀南北二郊但明祭取犧牲器用陶
匏不載人君偃處之儀今棟宇之構雖殊俱非
千載成例宜務因循太學博士賀瑒議周禮王
旅上帝張氈案設皇邸國有故而祭亦曰旅氈
案以氈爲牀於幄中不聞郊所置宮宇兼左丞
王儁議掃地而祭於郊謂無築室之議並同曇

隆驍騎將軍虞炎議以爲誠愨所施止在一壇
漢之郊祀饗帝甘泉天子自竹宮望拜息殿去
壇場既遠郊奉禮畢旋幸於此瓦殿之興惟宮
謂無簡格祠部郎李撝議周禮凡祭祀張其旅
幕張尸次尸則有幄仲師云尸次祭祀之尸所
居更衣帳也凡祭之文既不止於郊祀立尸之
言理應關於宗廟古則張幕今也房省宗廟旅
幕可變爲棟宇郊祀氈案何爲不轉制檐甍曇
隆議不行

建武二年旱有司議雩祭依明堂祠部郎何佟
之議曰周禮司巫云若國大旱則帥巫而舞雩
鄭玄云雩旱祭也天子於上帝諸侯以下於上
公之神又女巫云旱暵則舞雩鄭玄云使女巫舞
旱祭崇陰也鄭衆云求雨以女巫禮記月令云命有
司爲民祈祀山川百原乃大雩帝用盛樂乃命百
縣雩祀百辟卿士有益於民者以祈穀實鄭玄云陽
氣盛而恒旱山川百原能興雲致雨者也衆水所
出爲百原必先祭其本雩吁嗟求雨之祭也雩帝

謂爲壇南郊之旁祭五精之帝配以先帝也自鞉
鞞至柷敔爲盛樂他雩用歌舞而已百辟卿士古
者上公以下謂勾龍后稷之類也春秋傳曰龍見而
雩止當以四月王肅云大雩求雨之祭也傳曰龍見
而雩謂四月也若五月六月大旱亦用雩禮於五
月著雩義也晉永和中中丞啓雩制在國之南爲
壇祈上帝百辟舞童八列六十四人歌雲漢詩皆
以孟夏得雨報太牢于時博士議舊有壇漢魏各
自討尋月令云命有司祈祀山川百原乃大雩又云

乃命百縣雩祀百辟卿士則大雩所祭唯應祭五精之帝而已勾芒等五神既是五帝之佐依鄭玄說宜配食於庭也鄭玄云雩壇在南郊壇之旁而不辨東西尋地道尊右雩壇方郊壇爲輕理應在左宜於郊壇之東營域之外築壇既祭五帝謂壇宜員尋雩壇高廣禮傳無明文案觀禮設方明之祀爲壇高四尺用珪璋等六王禮天地四方之神王者率諸侯親禮爲所以教尊尊也雩祭五帝粗可依放謂今築壇宜崇

四尺其廣輪仍以四爲度徑四丈周員十二丈而四階也設五帝之位各依其方如在明堂之儀皇齊以世祖配五精於明堂今亦宜配饗於雩壇矣古者孟春郊祀祈嘉穀孟夏雩祭祈甘雨二祭雖殊而所爲者一禮唯有冬至報天初無得雨賽帝今雖闕冬至之祭而南郊兼祈報之禮理不容別有賽荅之事也禮祀帝於郊則所尚省費周祭靈威仰若后稷各用一牲今祀五帝世祖亦宜各用一犢斯外悉如南郊之禮

也武皇遏密未終自可不奏盛樂至於旱祭舞雩蓋是呼嗟之義既非存懽樂謂此不涉嫌其餘祝史稱辭仰祈靈澤而已禮舞雩乃使無闕今之女巫竝不習歌舞方就教試恐不應速依晉朝之議使童子或時取舍之宜也司馬彪禮儀志云雩祀著皂衣蓋是崇陰之義今祭服皆緇差無所革其所歌之詩及諸供須輙勒主者申攝備辦從之

隆昌元年有司奏參議明堂咸以世祖配國子

助教謝曇濟議案祭法禘郊祖宗竝列嚴祀鄭玄注義亦據兼饗宜祖宗兩配文武雙祀助教徐景嵩光祿大夫王逡之謂宜以世祖文皇帝配祀部郎何佟之議周之文武尚推后稷以配天謂文皇宜推世祖以配帝雖事施於尊祖亦義章於嚴父爲左僕射王晏議以爲若用鄭玄祖宗通稱則生有功德沒垂尊稱歷代配帝何止於郊今殷薦上帝允屬世祖百代不毀其文廟乎詔可至永元二年佟之又建議曰案祭法

有虞氏禘黄帝而郊嚳祖顓頊而宗堯周人禘嚳而郊稷祖文王而宗武王鄭玄云禘郊祖宗謂祭祀以配食也禘謂祀昊天於圜丘也祭上帝於南郊曰郊祀五帝五神於明堂曰祖宗郊祭一帝而明堂祭五帝小德配寡大德配衆王肅云祖宗是廟不毁之名果如肅言殷有三祖三宗竝應不毁何故止稱湯契且王者之後存爲舜寧立堯頊之廟傳世祀之乎漢文以高祖配泰畤至武帝立明堂復以高祖配食一人兩

配有乖聖典自漢明以來未能反者故明堂無兼配之祀竊謂先皇宜列二帝於文祖尊新廟爲高宗竝世祖而泛配以申聖主嚴父之義先皇於武皇倫則第爲季義則經爲臣設配饗之坐應在世祖之下竝列俱西向國子博士王摛議孝經周公郊祀后稷以配天宗祀文王於明堂以配上帝不云武王又周頌思文后稷配天也我將祀文王於明堂也武王之文唯執競云祀武王此自周廟祭武王詩彌知明堂無矣佟

之又議孝經是周公居攝時禮祭法是成王反位後所行故孝經以文王爲宗祭法以文王爲祖又孝莫大於嚴父配天則周公其人也尋此旨寧施成王乎若孝經所說審是成王所行則爲嚴祖何得云嚴父邪且思文是周公祀后稷配天之樂歌我將是祀文王配明堂之樂歌若如摛議則此二篇皆應在復子明辟之後請問周公祀后稷文王爲何所歌又國語云周人禘嚳郊稷祖文王宗武王韋昭云周公時以文王

爲宗其後更以文王爲祖武王爲宗尋文王以文治而爲祖武王以武定而爲宗欲明文亦有大德武亦有大功故鄭注祭法云祖宗通言耳是以詩云昊天有成命二后受之注云二后文王武王也且明堂之祀有單有合故鄭云四時迎氣於郊祭一帝還於明堂因祭一帝則以文王配明一賓不容兩主也享五帝於明堂則泛配文武泛之爲言無的之辭其禮既盛故祖宗竝配參議以佟之爲允詔可

太祖爲齊王依舊立五廟即位立七廟廣陵府君太中府君淮陰府君即丘府君太常府君宣皇帝昭皇后爲七廟建元二年太祖親祀太廟六室如儀拜伏竟次至昭后室前儀注應倚立上以爲疑欲使廟僚行事又欲以諸王代祝令於昭后室前執爵以問彭城丞劉瓛瓛對謂若都不至昭后坐前竊以爲薄廟僚即是代上執爵饋奠耳祝令位卑恐諸王無容代之舊廟儀諸王得兼三公親事謂此爲便從之及太子穆

妃薨卒哭祔于太廟陰室永明十一年文惠太子薨卒哭祔于太廟陰室太祖崩毀廣陵府君鬱林即位追尊文帝又毀太中主止淮陰府君明帝立復舊及崩祔廟與世祖爲兄弟不爲世數

史臣曰先儒說宗廟之義據高祖已下五世親盡故親廟有四周以后稷始祖文武二祧所以云王立七廟也禹無始祖湯不先契夏五殷六其數如之漢立宗廟違經背古匡衡貢禹蔡邕之徒空有遷毀之議亘年四百竟無成典魏氏之初親廟止乎四葉吳蜀享祭失禮已多晉用王肅之談以文景爲共世上至征西其實六世尋其此意非以兄弟爲後當以立主之義可相容於七室及楊元后崩征西之廟不毀則知不以元后爲世數廟有七室數盈八主江左賀循立議以後弟不繼兄故世必限七主無定數宋臺初立五廟以臧后爲世室就禮而求亦親廟四矣義反會鄭非謂從王自此以來因仍舊制夫妻道合非世葉相承譬由下祭殤嫡無關廟

數同之祖曾義未可了若據伊尹之言必及七世則子昭孫穆不列婦人若依鄭玄之說廟有親稱妻者言齊豈或濫享且閟宮之德周七非數楊元之祀晉八無傷今謂之七廟而上唯六祀使受命之君流光之典不足若謂太祖未登則昭穆之數何繼斯故禮官所宜詳也

宋泰豫元年明帝崩博士周洽議權制諒闇之內不親奉四時祠建元四年尚書令王儉採晉中朝諒闇議奏曰權典既行喪禮斯奪事與漢

世而源由甚遠殷宗諒闇非有服之稱周王即吉唯宴樂為譏春秋之義嗣君踰年即位則預朝會聘享焉左氏云凡君即位卿出並聘踐修舊好又云諸侯即位小國聘焉以繼好結信謀事補闕禮之大者至於諒闇之内而圖婚三年未終而言禘齊歸之喪不廢蒐杞公之卒不徹樂皆致譏貶以明鑒戒自斯而談朝聘烝嘗之典卒哭而備行婚禘蒐樂之事三載而後舉通塞興廢各有由然又案大戴禮記及孔子家語

並稱武王崩成王嗣位明年六月既葬周公冠成王而朝于祖以見諸侯命祝雍作頌襄十五年十一月晉侯周卒十六年正月葬晉悼公平公既即位改服脩官烝于曲沃禮記曾子問孔子曰天子崩國君薨則取羣廟之主而藏諸祖廟禮卒卒哭成事而後主各反其廟春秋左氏傳凡君卒哭而祔祔而後特祀於主烝嘗禘於廟先儒云特祀於主者特以喪禮奉新亡者至於寢不同於古烝嘗禘於廟者卒哭成事羣廟

之主各反其廟則四時之祭皆即吉也三年喪畢吉禘於廟躋羣主以定新主也凡此諸義皆著在經誥昭乎方冊所以晉宋因循同規前典卒哭公除親奉烝嘗率禮無違因心允協爰至泰豫元年禮官立議不宜親奉乃引三年之制自天子達又據王制稱喪三年不祭唯祭天地社稷越紼而行事曾不知自天子達本在至情既葬釋除事以權奪委衰襲袞孝享宜申越紼之旨事施未葬卒哭之後何紼可越復依范

宣之難杜預譙周之論士祭並非明據晉武在喪每欲存寧戚之懷不全依諒闇之典至於四時烝嘗蓋以哀疾未堪非便頓改舊式江左以來通儒碩學所歷多矣守而弗革義豈徒然又宜即心而言公卿大夫則負扆親臨三元告始則朝會萬國雖金石輟響而簨虡充庭情深於恒哀而跡降於凡制豈曰能安國家故也宗廟烝嘗孝敬所先寧容吉事備行斯典獨廢就令必宜廢祭則應三年永闕乃復同之他故有

司攝禮進退二三彌乖典衷謂宜依舊親奉
從之
永明九年正月詔太廟四時祭薦宣帝麪起餅
鴨臛孝皇后筍鴨卵脯醬炙白肉高皇帝薦肉
膾葅羹昭皇后茗糫炙魚皆所嗜也先是世祖
夢太祖曰宋氏諸帝嘗在太廟從我求食可別
爲吾祠上乃敕豫章王妃庾氏四時還青溪宫
舊宅處内合堂奉祠二帝二后牲牢服章用家
人禮

史臣曰漢氏之廟徧在郡國求祀已瀆緣情又
跡重禮闕寢不可兼建故前儒抗議謂之遷毀
光武入纂南頓尹巳上四世別祠舂陵建武三
年幸舂陵園廟是也張衡南都賦曰清廟肅以
微微明帝至于章和每幸章陵輒荷舊宅建安
末魏氏立宗廟皆在鄴都魏文黄初二年洛廟
未成親祠武帝於建始殿甲家人禮世祖發漢
明之舊舉祀故宫孝享既申義合前典亦一時
之盛也

永明六年太常丞何諲之議今祭有生魚一頭
干魚五頭少牢饋食禮云司士升魚腊膚魚用
鮒十有五上既云腊下必是鮮其數宜同稱膚
足知鮮華無毀記云槁魚曰商祭鮮曰脡祭鄭
注商量脡直也尋商旨裁截脡義在全賓猶祭
義猶用魚十五頭今鮮頓刪約槁皆全用謂宜
鮮槁各二頭槁微斷首尾示存古義國子助教
桑惠度議記稱尚玄酒而俎腥魚玄酒不容多
鮮魚理宜約干魚五頭者以其既加人功可法

於五味以象酒之五齊也今欲鮮槁各雙義無
所法諲之議不行
十年詔故太宰褚淵故太尉王儉故司空柳世
隆故驃騎大將軍王敬則故鎮東大將軍陳顯
達故鎮東將軍李安民六人配饗太祖廟庭祠
部郎何諲之議功臣配饗累行宋世檢其遺事
題列坐位具書贈官爵謚及名文不稱主便是
設板也白虎通云祭之有主孝子以繫心也揆
斯而言升配廟廷不容有主宋時板度既不復

存今之所制大小厚薄如尚書召板爲得其衷
有司攝太廟舊人亦云見宋功臣配饗坐板與
尚書召板相似事見儀注
十一年右僕射王晏吏部尚書徐孝嗣侍中何
胤奏故太子祔太廟既無先准檢宋元后故事
太尉行禮太子拜伏與太尉俱臣等參議依擬
前典太常主廟位太尉執禮祔太孫拜伏皆與
之俱正禮既畢陰室之祭太孫宜親自進奠詔
可

建武二年有司奏景懿后遷登新廟車服之儀
祠部郎何佟之議曰周禮王之六服大裘爲上
袞冕次之五車玉輅爲上金輅次之皇后六服
褘衣爲上褕翟次之首飾有三副爲上編次之
五車重翟爲上厭翟次之上公有大裘玉輅而
上公夫人有副及褘衣是以祭統云夫人副褘
立于東房也又鄭云皇后六服唯上公夫人亦
有褘衣詩云翟茀以朝鄭以翟茀爲厭翟侯伯
夫人入廟所乘今上公夫人副褘既同則重翟

或不殊矣況景皇懿后禮崇九命且晉朝太妃
服章之禮同於太后宋代皇太妃唯無五牛旗
爲異其外侍官則有侍中散騎常侍黃門侍郎
散騎侍郎各二人分從前後部同於王者內職
則有女尚書女長御各二人麾引同於太后又
魏朝之晉王晉之宋王竝置百官擬於天朝至
於晉文王終猶稱薨而太上皇稱崩則是禮加
於王矣故前議景皇后悉依近代皇太妃之儀
則侍衛陪乘竝不得異后乘重翟亦謂非疑也

尋齊初移廟宣皇神主乘金輅皇帝親奉亦乘
金輅先往行禮畢仍從神主至新廟今所宜依
准也從之
永泰元年有司議應廟見不尚書令徐孝嗣
議嗣君即位竝無廟見之文蕃支篡業乃有虔
謁之禮左丞蕭琛議竊聞祗見厥祖義著商書
朝于武宮事光晉册豈有正位居尊繼業承天
而不虔覲祖宗格于太室毛詩周頌篇曰烈文
成王即政諸侯助祭也鄭注云新王即政必以

朝享之禮祭於祖考告嗣位也又篇曰閔予小
子嗣王朝廟也鄭注云嗣王者謂成王也除武
王之喪將始即政朝於廟也則隆周令典煥炳
經記體嫡居正莫若成王又二漢由太子而嗣
位者西京七主東都四帝其昭成哀和從五君
並皆謁廟文存漢史其惠景武元明章六君前
史不載謁事或是偶有闕文理無異說議者乃
云先在儲宮已經致敬卒哭之後即親奉時祭
則是廟見故無別謁之禮竊以為不然儲后在

宮亦從郊祀若謂前虔可兼後敬開元之始則
無假復有配天之祭矣若以親奉時祭仍為廟
見者自漢及晉支庶嗣位並皆謁廟既同有烝
嘗何為獨修繫禮且晉成帝咸和元年故號以
謁廟咸康元年加元服又更謁夫時非異主猶
不疑二禮相因況位隔君臣而追以一謁兼敬
宜遠纂周漢之盛範近黜晉宋之乖義展誠一
廟駿奔萬國奏可
永明元年十二月有司奏今月三日臘祠太社

稷一日合朔日蝕既在致齋內未審於社祠無
疑不曹檢未有前准尚書令王儉議禮記曾子
問天子嘗禘郊社五禮之祭簠簋既陳唯大喪
乃廢至於當祭之日火日蝕則停尋伐鼓用牲
由來尚矣而簠簋初陳問所不及據此而言致
齋初日仍值薄蝕則不應廢祭又初平四年士
孫瑞議以日蝕廢社而不廢郊朝議從之王者
父天親地郊社不殊此則前准謂不宜廢詔可
永明十一年兼祠部郎何佟之議案禮記郊特

牲社祭土而主陰氣也君南向於北墉下答陰
之義也鄭玄云答猶對也北墉社內北牆也王
肅云陰氣北向故君南向以答之答之為言是
相對之稱知古祭社北向設位齋官南向明矣
近代相承帝社南向太社及稷並東向而齋官
位在帝社壇北西向於神背後行禮又名稷為
稷社甚乖禮意又未知失在何時原此理當未
久竊以皇齊改物禮樂惟新中國之神莫貴於
社若遂仍前謬懼虧盛典謂二社語其義則殊

論其神則一位竝宜北向稷若北向則成相背
稷是百穀之總神非陰氣之主宜依先東向齋
官立社壇東北南向立東爲上諸執事西向立
南爲上稷依禮無兼稱今若欲尊崇正可名爲
太稷耳豈得謂爲稷社邪臘祠太社日近案奏
事御改定儀注儀曹稱治禮學士議曰郊特牲
又云君之南向荅陽也臣之北向荅君也若以
陽氣在南則位應向北陰氣向北則宜向南今
南北二郊一限南向皇帝黑瓚階東西向故知

壇墠無繫於陰陽設位寧拘於南北羣神小祠
類皆限南面薦饗之時北向行禮蓋欲申靈祇
之尊表求幽之義魏世秦靜使社稷別營稱自
漢以來相承南向漢之於周世代未遠鄗上頹
基商丘餘樹猶應尚存迷方失位未至於此通
儒達識不以爲非庾蔚之昔已有此議後徐爰
周景遠竝不同仍舊不改佟之議來難引君南
向荅陽臣北向荅君敢問荅之爲言爲是相對
爲是相背相背則社位南向君亦南向可如來

議郊特牲云臣之北向荅君復是君背臣今言
君南臣北向相稱荅則君南不得稱荅矣記何
得云祭社君南向以荅陰邪社果同向則君亦
宜西向何故在社南向在郊西向邪解則不然
記云君之南向荅陽此明朝會之時盛陽之在南
故君南向對之猶聖人南面而聽向明而治之
義耳寧是祈祀天地之日乎知祭社北向君荅
故南向祀天南向君荅宜北向矣今皇帝黑瓚
階東西向者斯蓋始入之别位兆接對之時也

案記云社所以神地之道也又云社祭土而主
陰氣又云不用命戮于社孔安國云社主陰陰
主殺傳曰日蝕伐鼓于社杜預云責羣陰也社
主陰氣之盛故北向設位以本其義耳餘祀雖
亦地祇之貴而不主此義故位向不同不得見
餘陰祀不北向便謂社應南向也案周禮祭社
南向君求幽宜北向而記云君南向荅陰之義
求幽之論不乖歟魏權漢社社稷同營共門稷
壇在社壇北皆非古制後移宮南自當如彝此

言乃是顯漢社失周法見漢世舊事介時祭社南向未審出何史籍就如議者靜所言是祭社位向仍漢舊法漢又襲周成規因而不改者則社稷三座並應南向今何改帝社南向泰社及稷並東向邪治禮又難佟之凡三往反至建武二年有司議治禮無的然顯據佟之議乃行

建武二年祠部郎何佟之奏案周禮大宗伯以蒼璧禮天黃琮禮地鄭玄又云皆有牲幣各放其器之色知禮天圜丘用玄犢禮地方澤用黃

牲矣牧人云凡陽祀用騂牲陰祀用黝牲鄭玄云騂赤黝黑也陽祀祭天南郊及宗廟陰祀祭地北郊及社稷祭法云燔柴於泰壇祭天也瘞埋於泰折祭地也用騂犢鄭云地陰祀用黝牲與天俱用犢故連言之耳知此祭天地即南北郊矣今南北兩郊同用玄牲又明堂宗廟社稷俱用赤有違昔典又鄭玄云祭五帝於明堂勾芒等配食自晉以來并圜丘於南郊是以郊壇列五帝勾芒等今明堂祀五精更闕五神之位北郊祭地祇而設重黎之坐二三乖舛懼虧盛則前軍長史劉繪議語云犂牛之子騂且角雖欲勿用山川其舍諸未詳山川合爲陰祀不若在陰祀則與黝乖矣佟之又議周禮以天地爲大祀四望爲次祀山川爲小祀周人尚赤自四望以止牲色各依其方者以其祀大宜從本也山川以下牲色不見者以其祀小從所尚也則論禮二說豈不合符參議爲允從之

永元元年步兵校尉何佟之議曰蓋聞聖帝明

王之治天下也莫不尊奉天地崇敬日月故冬至祀天於圓丘夏至祭地於方澤春分朝日秋分夕月所以訓民事君之道化下嚴上之義也故禮云王者必父天母地兄日姊月周禮典瑞云王搢大圭執鎮圭藻藉五采五就以朝日馬融云天子以春分朝日秋分夕月覲禮天子出拜日於東門之外盧植云朝日以立春之日也鄭玄云端當爲冕朝日春分之時也禮記朝事議云天子冕而執鎮圭尺有二寸率諸侯朝日於

東郊所以教尊尊也故鄭知此端爲冕也禮記
保傅云三代之禮天子春朝朝日秋暮夕月所
以明有敬也而不明所用之定辰馬鄭云用二
分之時盧植云用立春之日佟之以爲日者太
陽之精月者太陰之精春分陽氣方永秋分陰
氣向長天地至尊用其始故祭以二至日月禮
次天地敬朝以分差有理據則融玄之言得其
義矣漢世則朝朝日暮夕月魏文帝詔曰覲禮
天子拜日東門之外反禮方明朝事議曰天子

冕而執鎮圭率諸侯朝日於東郊以此言之蓋
諸侯朝天子祀方明因率朝日也漢改周法羣
公無四朝之事故不復朝於東郊得禮之變矣
然旦夕常於殿下東向拜日其禮太煩今採周
春分之禮損漢日拜之儀又無諸侯之事無所
出東郊今正殿即亦朝會行禮之庭也宜常以
春分於正殿之庭拜日其夕月文不分明其議
奏魏祕書監薛循請論云舊事朝日以春分夕
月以秋分案周禮朝日無常日鄭玄云用二分

故遂施行秋分之夕月多東潛而西向拜之背實
遠矣謂朝日宜用仲春之朔夕月宜用仲秋之
朔淳于睿駁之引禮記云祭日於東祭月於西
以端其位周禮秋分夕月竝行於上世西向拜
月雖如背實亦猶月在天而祭之於坎不復言
背月也佟之案禮器云爲朝夕必放於日月鄭
玄云日出東方月出西方又云大明生於東月
生於西此陰陽之分夫婦之位也鄭玄云大明
日也知朝日東向夕月西向斯蓋各本其位之

所在耳猶如天子東西遊幸朝堂之官及拜官
者猶北向朝拜寧得以背實爲疑邪佟之謂魏
世所行善得與奪之衷晉初弃圓丘方澤於兩
郊二至輟禮至於二分之朝致替無義江左草
創舊章多闕宋氏因循未能反古竊惟皇齊應
天御極典敎惟新謂宜使盛典行之盛代以春
分朝於殿庭之西東向而拜日秋分於殿庭之
東西向而拜月此即所謂必放日月以端其位
之義也使四方觀化者莫不欣欣而頌美摛藻

之飾蓋本天之至質也朝日不得同昊天至質之禮故玄冕三旒也近代祀天著衮十二旒極文章之義則是古今禮之變也禮天朝日既服宜有異頃世天子小朝會著絳紗袍通天金博山冠斯即今朝之服次衮冕者也竊謂宜依此拜日月甚得差降之宜也佟之任非禮局輕奏大典寔爲侵官伏追慙震從之

永明三年有司奏來年正月二十五日丁亥可祀先農即日輿駕親耕宋元嘉大明以來並用立春後亥日尚書令王儉以爲亥日藉田經記無文通下詳議兼太學博士劉蔓議禮孟春之月立春迎春又於是月以元日祈穀又擇元辰躬耕帝籍盧植說禮通辰日日甲至癸也辰子至亥也郊天陽也故以日藉田陰也故以辰陰禮畢後必居其末亥者辰之末故記稱元辰注曰吉亥又據五行之說木生於亥以亥日祭先農又其義也太常丞何諲之議鄭注云元辰蓋郊後吉亥也亥水辰也凡在墾稼咸存灑潤五

行說十二辰爲六合寅與亥合建寅月東耕取月建與日辰合也國子助教桑惠度議尋鄭玄以亥爲吉辰者陽生於子元起於亥取陽之元以爲生物亥又爲水十月所建百穀賴茲沾潤畢熟也助教周山文議盧植云元善也郊天陽也故以日藉田陰也故以辰蔡邕月令章句解元辰云日幹也辰支也有事於天用日有事於地用辰助教何佟之議少牢饋食禮云孝孫某來日丁亥用薦歲事于皇祖伯某注云丁未必亥也直舉一日以言之耳禘太廟禮日用丁亥若不丁亥則用已亥辛亥苟有亥可也鄭又云必用丁巳者取其令名自丁寧自變改皆爲謹敬如此丁亥自是祭祀之日不專施於先農漢文用此日耕藉祠先農故後王相承用之非有別義殿中郎顧暠之議鄭玄稱先郊後吉辰而不說必亥之由盧植明子亥爲辰亦無常辰之證漢世躬藉肇發漢文詔云農天下之本其開藉田斯乃草創之令未覩親載之吉也昭帝癸

亥耕于鈎盾弄田明帝癸亥耕下邳章帝乙亥耕定陶又辛丑耕懷魏之烈祖實書辛未不繫一辰徵於兩代矣推晉之革魏宋之因晉政是服膺康成非有異見者也班固序亥位云陰氣應亡射該藏萬物而雜陽閡種且亥既水辰含育爲性播厥取吉其在兹乎固序丑位云陰大旅助黃鍾宣氣而牙物序未位云陰氣受任助蕤賓君主種物使長大茂盛是漢朝迭選魏室所遷酌舊用丑實兼有據參議奏用丁亥詔可

建元四年正月詔立國學置學生百五十人其有位樂入者五十人生年十五以上二十以還取王公已下至三將著作郎廷尉正太子舍人領護諸府司馬諮議經除敕者諸州別駕治中等見居官及罷散者子孫悉取家去都二千里爲限太祖崩乃止

永明三年正月詔立學創立堂宇召公卿子弟下及員外郎之胤凡置生二百人其年秋中悉集有司奏宋元嘉舊事學生到先釋奠先聖先師禮又有釋菜未詳今當行何禮用何樂及禮器尚書令王儉議周禮春入學舍菜合舞記云始教皮弁祭菜示敬道也又云始入學必祭先聖先師中朝以來釋菜禮廢今之所行釋奠而已金石俎豆皆無明文方之七廟則輕比之五禮則重陸納車胤謂宣尼廟宜依亭侯之爵范寧欲依周公之廟用王者儀范宣謂當其爲師則不臣之釋奠日備帝王禮樂此則車陸失於過輕二范傷於大重喻希云若至王者自設禮樂則肆賞於至敬之所若欲

嘉美先師則所況非備尋其此說守附情理皇朝屈尊弘教待以師資引同上公即事惟允元嘉立學裴松之議應舞六佾以郊樂未具故權奏登歌今金石已備宜設軒縣之樂六佾之舞牲牢器用悉依上公其冬皇太子講孝經親臨釋奠車駕幸聽

建武四年正月詔立學永泰元年東昏侯即位尚書符依永明舊事廢學領國子助教曹思文上表曰古之建國君民者必教學爲先將以節其邪情

而禁其流欲故能化民裁俗習與性成也是以忠
孝篤焉信義成焉禮讓行焉尊敎宗學其致一也
是以成均煥於古典虎門炳於前經陛下體睿淳
神纘承鴻業今制書旣下而廢學先聞將恐觀國
之光者有以擬議也若以國諱故宜廢昔漢成立
學爰洎元始百餘年中未嘗暫廢其閒有國諱也
且晉武之崩又其學猶存斯皆先代不以國諱而廢
學之明文也永明以無太子故廢斯非古典也尋
國之有學本以興化致治也天子於以諮謀焉於

以行禮焉記云天子出征受命於祖受成於學
執有罪反釋奠於學又云食三老五更於太學
天子袒而割牲執爵而酳以教諸侯悌也於斯學
是天子有國之基敎也或以之所言皆太學事
也今引太學不非證也據臣所見今之國學即
古之太學晉初太學生三千人旣多猥雜惠帝
時欲辯其涇渭故元康三年始立國子學官品
第五以上得入國學天子去太學入國學以行
禮也太子去太學入國學以齒讓也太學之與

國學斯是晉世殊其士庶異其貴賤耳然貴賤
士庶皆須教成故國學太學兩存之也非有太
子故立也然繫廢興於太子者此永明之鉅失
也漢崇儒雅幾致刑厝而猶道謝三五者以其
致教之術未篤也古之教者家有塾黨有庠術
有序國有學以諷誦相摩今學非唯不宜廢而
已乃宜更崇向其道望古作規使郡縣有學鄉
閭立教請付尚書及二學詳議有司奏從之學
竟不立

永明五年十月有司奏南郡王昭業冠求儀注
未有前准尚書令王儉議皇孫冠事歷代所無
禮雖有嫡子嫡孫然而地居正體下及五世今
南郡王體自儲暉實惟國裔元服之典宜異列
蕃案士冠禮主人玄冠朝服賓加其冠贊者結
纓鄭玄云主人冠者之　父兄也尋其言父及
兄則明祖在父不爲主也大戴禮記公冠篇云公冠
自爲主四加玄冕以卿爲賓此則繼體之君
及帝之庶子不得稱子者也小戴禮記冠義云

冠於阼以著代也醮於客位三加彌尊加有成也注稱嫡子冠於阼庶子冠於房記又云古者重冠故行之於廟所以自卑而尊先祖也據此而言彌與鄭注儀禮相會是故中朝以來太子冠則皇帝臨軒司徒加冠光祿贊冠諸王則郎中加冠中尉贊冠今同於儲皇則重依於諸王則輕又春秋之義不以父命辭王父命禮父在斯爲子君在斯爲臣皇太子居臣子之節無專用之道南郡雖處蕃國非支庶之列宜稟天朝

之命微申冠阼之禮晉武帝詔稱漢魏遣使冠諸王非古正典此蓋謂庶子封王合依公冠自主之義至於國之長孫遣使惟允宜使太常持節加冠大鴻臚爲贊醮酒之儀亦歸二卿祝醮之辭附准經記别更撰立不依蕃國常體國官陪位拜賀自依舊章其日内外二品清官以上詣止車集賀并詣東宮南門通牋别日上禮宮臣亦詣門稱賀如上臺之儀既冠之後尅日謁廟以弘尊祖之義此既大典宜通關八座丞

郎并下二學詳議僕射王奐等十四人議並同并撰立贊冠醮酒二辭詔可祝辭曰皇帝使給事中太常武安侯蕭惠基加南郡王冠祝曰筮日筮賓肇加元服棄尒幼志從厥成德親賢使能克隆景福醮酒辭曰旨酒既清嘉薦既盈兄弟具在淑慎儀形永屆眉壽於穆斯寧

永明中世祖以婚禮奢費勑諸王納妃上御及六宮依禮止棗栗腶脩加以香澤花粉其餘衣物皆停唯公主降嬪則止遺舅姑也永泰元年

尚書令徐孝嗣議曰夫人倫之始莫重冠婚所以尊表成德結歡兩姓年代汙隆古今殊則繁簡之儀因時或異三加廢於王庭六禮限於天朝雖因習未久事難頓改而大典之要深宜損益案士冠禮三加畢乃醴冠者醴則唯一而已故醴辭無二若不醴則每加輒醮以酒故醮辭有三王肅云醴本古其禮重酒用時味其禮輕故也或醴或醮二三之義詳許於經文今皇王冠畢一酌而已即可擬古設禮而猶用醮辭實爲

乖衰尋婚禮實篚以四爵加以合巹既崇尚質
之理又象泮合之義故三飯卒食再酳用巹先
儒以禮成好合事終於三然後用巹合儀注先
酳巹以再以三有違旨趣又郊特牲曰三王作
牢用陶匏言太古之時無共牢之禮三王作之
而用太古之器重夫婦之始也今雖以方樏示
約而獨乖昔典又連巹以鏁蓋出近俗復別有牢
燭雕費采飾亦虧曩制方今聖政日隆聲教惟
穆則古昔以敦風存餼羊以愛禮沿襲之規有切

治要嘉禮實重宜備舊章謂自今王侯已下冠畢
一酌醴以遵古之義醴即用舊文於事爲允婚
亦依古以巹酌終酳之酒並除金銀連鏁自餘
雜器悉用埏陶堂人執燭足充爀燎牢燭華侈
亦宜停省庶斲雕可期移俗有漸衆議並同奏可
晉武太始二年有司奏故事皇后諱與帝諱俱
下詔曰禮內諱不出宮近代諱之也建元元年
太常上朝堂諱訓僕射王儉議曰后諱依舊不
立訓禮天子諸侯諱羣祖臣隸既有從敬之義

宜爲太常府君諱至於朝堂榜題本施至極既
追尊所不及禮降於在三晉之京兆宋之東安
不列榜題孫毓議稱京兆列在正廟臣下應諱
而不上榜宋初博士司馬道敬議東安府君諱
宜上榜何承天執不同即爲明據其有人名地
名犯太常府君及帝后諱者皆改宣帝諱同二
名一不偏諱所以改承明門爲北掖以榜有之字
與承並東宮承華門亦改爲宣華云
漢末蔡邕立漢朝會志竟不就秦人以十月旦

爲歲首漢初習以大饗會後用夏正饗會猶未
廢十月旦會也東京以後正旦夜漏未盡七刻
鳴鐘受賀公侯以下執贄來庭二千石以上升
殿稱萬歲然後作樂宴饗張衡賦云皇輿夙駕
登天光於扶桑然則雖云夙駕必辯色而行事矣
魏武都鄴正會文昌殿用漢儀又設百華燈後
魏文修洛陽宮室權都許昌宮殿狹小元日於
城南立氈殿青帷以爲門設樂饗會後還洛陽
依漢舊事晉武帝初更定朝會儀夜漏未盡十

刻庭燎起火羣臣集傅玄朝會賦云華燈若乎
火樹熾百枝之煌煌此則因魏儀與庭燎並設
也漏未盡七刻羣臣入白賀未盡五刻就本位
至漏盡皇帝出前殿百官上賀如漢儀禮畢罷
入羣臣坐謂之辰賀晝漏上三刻更出百官奉
壽酒大饗作樂謂之晝會別置女樂三十人於
黃帳外奏房中之歌江左多虞不復晨賀夜
漏未盡十刻開宣陽門至平旦始開殿門晝漏
上五刻皇帝乃出受賀宋世至十刻乃受賀其

餘升降拜伏之儀及置立后妃王公已下祠祀
夕牲拜授弔祭皆有儀注文多不載
三月三日曲水會古禊祭也漢禮儀志云季
春月上巳官民皆絜濯於東流水上自洗濯祓
除去宿疢爲大絜不見東流爲何水也晉中朝
云卿已下至於庶民皆禊洛水之側事見諸禊
賦及夏仲御傳也趙王倫篡位三日會天淵池
誅張林懷帝亦會天淵池賦詩陸機云天淵池
南石溝引御溝水池西積石爲禊堂跨水流杯

飲酒亦不言曲水元帝又詔罷三日弄具令相
承爲百戲之具雕弄技巧增損無常
史臣曰案禊與曲水其義參差舊言陽氣布
暢萬物訖出姑洗絜之也巳者祉也言祈介祉也
一說三月三日清明之節將脩事於水側禱祀
以祈豐年應劭云禊者絜也言自絜濯也或云
漢世有郭虞者以三月上辰生二女上巳又生
一女二日中頻生皆死時俗以爲大忌民人每
至其日皆適東流水祈祓自絜濯浮酌清流後

遂爲曲水案高后祓霸上馬融梁冀西第賦云
西北戌亥玄石承輸蝦蟇吐寫庚辛之域即曲
水之象也今據禊爲田水事應在永壽之前已
有祓除則不容在高后之後祈農之說於事
爲當
九月九日馬射或說云秋金之節講武習射像
漢立秋之禮
史臣曰案晉中朝元會設臥騎倒騎顛騎自
東華門馳皇神虎門此亦角抵雜戲之流也宋武

爲宋公在彭城九日出項羽戲馬臺至今相
承以爲舊准

志第一　南齊書九

志第二

禮下

臣蕭子顯撰

建元四年高帝山陵昭皇后應遷祔祠部疑有
祖祭及遣啓諸奠九飯之儀不左僕射王儉議
奠如大斂賀循云從墓之墓皆設奠如將葬廟
朝之禮范甯云將窆而奠雖不稱爲祖而不得
無祭從之有司又奏昭皇后神主在廟今遷祔葬
廣有虞以安神神既已處廟改葬出靈豈應虞
祭鄭注改葬云從廟之廟禮宜同從墓之墓事何
容異前代謂應無虞左僕射王儉議范甯云葬
必有魂車若不爲其歸神將安舍世中改葬即墓
所施靈設祭何得不祭而毀耶賀循云既窆設奠
於墓以終其事雖非正虞亦粗相似晉氏修復
五陵宋朝敬后改葬皆有虞今設虞非疑從之
建元二年皇太子妃薨前宮臣疑所服左僕射王
儉議禮記文王世子父在斯爲子君在斯爲臣且
漢魏以來宮僚充備臣隸之節具體在三昔庾翼妻

喪王允滕弘謂府吏宜有小君之服況臣節之
重邪宜依禮爲舊君妻齊衰三月居官之身竝
合屬假朝晡臨哭悉繫東宮今臣之未從官在遠
者於居宮之所屬寧二日半仍行喪成服遣戕
喪不得奔赴從之
太子妃斬草乘黃議建銘旌僕射王儉議禮既
塗棺祝取銘置于殯東大斂畢便應建于西階
之東
宋大明二年太子妃薨建九旒有司又議斬草

日建旒與不若建旒應幾旒及畫龍升降云何
又用幾翣僕射王儉議旒本是命服無關於凶事
今公卿以下平存不能備禮故在凶乃建耳東
宮秩同上公九命之儀妃與儲君一體義不容
異無緣未同常例別立凶旒大明舊事是不經
詳議率爾便行耳今宜考以禮典不得効尤從
失吉部伍自有桁輅凶部別有銘旌若復立旒
復置何處翣自用八從之
有司奏大明故事太子妃玄宮中有石誌參議

墓銘不出禮典近宋元嘉中顏延作王球石誌
素族無碑策故以紀德自爾以來王公以下咸
共遵用儲妃之重禮殊恒列既有哀策謂不須
石誌從之
有司奏穆妃卒哭後靈還在道遇朔望當須設
祭不王儉議既虞卒哭祭之於廟本是祭序昭
穆耳未全同卒吉四時之祭也所以有朔望殷
事蕃國不行權制宋江夏王妃卒哭以後朔望
設祭帝室既以卒哭除喪無緣方有朔望之祭

靈筵雖未升廟堂而舫中即成行廟猶如桓玄
及宋高祖長沙臨川二國竝有移廟之禮豈復
謂靈筵在途便設殷事耶推此而言朔望不復
俟祭宋懿后時舊事不及此益可知時議從之
建元三年有司奏皇太子穆妃以去年七月薨
其年閏九月未審當月數閏爲應以閏附正月
若用月數數閏者南郡王兄弟便應以此四月
晦小祥至於祥月不爲有疑不左僕射王儉議
三百六旬尚書明義文公納幣春秋致譏穀梁

云積分而成月公羊云天無是月雖然左氏謂
告朔爲得禮是故先儒咸謂三年朞喪歲數没
閏大功以下月數數閏夫閏者蓋是年之餘日
而月之異朔所以吳商云含閏以正朞允協情
理今杖朞之喪雖以十月而小祥至於祥縞必
須周歲凡厭屈之禮要取象正服祥縞相去二
月厭降小祥亦以則之又且求之名義則小祥
本以年限考於倫例則相去必應二朔今以厭
屈而先祥不得謂此事之非朞事旣同條情無

異貫没閏之理固在言先設令祥在此晦則去
縞三月依附准例益復爲礙謂應須五月晦乃
祥此國之大典宜共精詳幷通關八座丞郎研
盡同異尚書令褚淵難儉議曰厭屈之典由所
尊奪情故祥縞備制而年月不申今以十一月
而祥從朞可知旣計以月數則應數閏以成典
若猶含之何以異於縞制疑者正以祥之當閏
月數相縣積分餘閏曆象所弘計月者數閏故
有餘月計年者苞含故致盈積稱理從制有何

不可儉又荅淵難曰含閏之義通儒所難但祥
本應朞屈而不遂語事則名體具存論哀則情
無以異迹雖數月義實計年閏是年之歸餘故
宜揔而苞之朞而兩祥緣尊故屈祥則没閏象
年所申屈申兼著二塗具舉經紀之旨其在茲
乎如使五月小祥六月乃閏則祥之去縞事成
二月是爲十一月以象前朞二朔以放後歲名
有區域不得相參魯襄二十八年十二月乙未
楚子卒唯書上月初不言閏此又附上之明義

也鄭射王賀唯云朞則没閏初不復區別杖朞
之中祥將謂不俟言矣成休甫云大祥後禫有
閏別數之明杖朞之祥不得方於緦縞之末即
恩如彼就例如此淵又據舊義難儉十餘問儉
隨事解釋祠部郎中王珪之議謂喪以閏施功
衰以下小祥值閏則略而不言今雖厭祥名猶
存異於餘服計月爲數屈追慕之心以遠爲邇
日旣餘分月非正朔含而全制於情唯允僕射
儉議理據詳博謹所附同今司徒淵始雖疑難

再經往反未同僉議依舊八座丞郎通共博議
爲允以來五月晦小祥其祥禫自依常限奏御
班下內外詔可
皇太子穆妃服尚書左丞兼著作郎王逡問左
僕射王儉中軍南郡王小祥應待聞喜不穆妃
七月二十四日薨聞喜公八月發哀計十一月
之限應在六月南郡王爲當同取六月則大祥
復申一月應用八月非復正月在存親之義若
各自爲祥廬堊相聞玄素雜糅未審當有此疑

儉曰送往有已復生有節罔極非服制所申
祥縞明示終之斷相待之義經記無聞世人多
以廬室衰麻不宜有異故相去一二月者或申
以俱除此所謂任情徑行未達禮旨昔撰喪記
已嘗言之遠還之人自有爲而未祭在家之子
立何辞以不變禮有除喪而歸者此則經記之
遺文不待之明據假使應待則相去彌年亦宜
必待乃爲衰絰永服以窮生吉獨長絕於宗廟
斯不可矣苟曰非宜則旬月之間亦不容申何

者禮有倫序義無徒設令遠則不待近必相須
禮例既爭即心無取若疑兄弟同居吉凶舛雜
則古有異宮之義設無異宮則遠還之子自應
開立別門以終喪事靈筵祭奠隨在家之人再
朞而毀所以然者奔喪禮云爲位不奠鄭玄云
以其精神不存乎此也聞哀不時寔緣在遠爲
位不奠益有可安此自有爲而然不關嫡庶庶
子在家亦不待嫡矣而況儲妃正體王室中軍
長嫡之重天朝又行權制進退彌復非疑謂不

應相待中軍祥縞之日聞喜致哀而已不受弔
慰及至忌辰變除昆弟亦宜相就寫情而不對
客此國之大典宜通關八座丞郎共盡同異然
奏御司徒褚淵等二十人並同儉議爲允請以
爲永制詔可
建元三年太子穆妃薨南郡王聞喜公國臣疑
制君母服儉又議禮庶人爲國君齊衰先儒云
庶人在官若府史之屬是也又諸侯之大夫妻
爲夫人服繐衰七月以此輕微疏遠故不得盡禮

今皇孫自是蕃國之王公太子穆妃是天朝之
嫡婦宮臣得申小君之禮國官豈敢爲夫人之
敬當單衣白帢素帶哭于中門外每臨輒入與
宮官同
永明十一年文惠太子薨右僕射王晏等奏案
喪服經爲君之父長子同齊衰朞今至尊既不
行三年之典正服朞制羣臣應降一等便應大功
九月功衰是兄弟之服不可以服至尊臣等參議謂
宜重其衰裳減其月數同服齊衰三月至於太孫

三年既申南郡國臣宜備齊衰朞服臨汝曲江既非
正嫡不得禰先儲二公國臣並不得服詔依所議
又奏案喪服經雖有妾爲君之長子從君而服
二漢以來此禮久廢請因循前准不復追行詔
曰既久廢停便
又奏伏尋御服文惠太子朞內不奏樂諸王雖
本服朞而儲皇正體宗廟服者一同釋服奏樂
姻娶便應並通竊謂二等誠俱是嘉禮輕重有
異娶婦思嗣事非全吉三日不樂禮有明文宋

世朞喪降在大功者婚禮廢樂以申私戚通以
前典詔依議
又奏案禮祥除皆先於今夕易服明旦乃設祭
尋此世服臨然後改服與禮爲乖今東宮公除
日若依例皇太孫服臨方易服臣等參議謂先
哭臨竟而後祭之應公除者皆於府第變服而
後入臨行奉慰之禮詔
建武二年朝會時世祖遏密未終朝議疑作樂
不祠部郎何佟之議昔舜受終文祖義非胥堯

及放勛徂落遏密三祀近代晉康帝繼成帝于
時亦不作樂懷帝永嘉元年惠帝喪制未終于
時江充議云古帝王相承雖世及有異而輕重
同禮從之
建武二年正月有司以世祖文皇帝今二年正
月二十四日再忌日二十九日大祥三月二十
九日祥禫至尊及羣臣泄哀之儀應定准下二
學八座丞郎博士陶韶以爲名立義生自古之
制文帝正號祖宗式序昭穆祥忌禫日皇帝宜

服祭服出太極泄哀百僚亦祭服陪位太常丞李撝議曰尋尊號既追重服宜正但已從權制故苴杖不說至於鑽燧既同天地亦變容得無感乎且晉景獻皇后崩羣臣備小君之服追尊之后無違后典追尊之帝固宜同帝禮矣雖臣子一例而禮隨時異至尊龍飛中興事非嗣武理無深衣之變但王者體國亦應弔服出正殿舉哀百寮致慟一如常儀給事中領國子助教謝曇濟議夫喪禮一制限節兩分虞祔追亡之情

小祥抑存之禮斯蓋至愛可申極痛宜屈耳文皇帝雖君德早凝民化未洽追崇尊極寔緣手性今言臣則無實論已則事虛聖上馭寓更奉天眷祗禮七廟非從三后周忌祥禫無所依設太學博士崔偃同陶韶議太常沈淡同李撝議國子博士劉警等同謝曇濟議祠部郎何佟之議曰春秋之旨臣子繼君親雖恩義有殊而其禮則一所以敦資敬之情篤方喪之義主上雖仰嗣高皇嘗經北面方今聖曆御宇垂訓無窮在三之恩理不容替竊謂世祖祥忌至尊宜弔服升殿羣臣同致哀感事畢百官詣宣德宮拜表仍致哀陵園以引進遠之慕尚書令王晏等十九人同佟之議詔可

海陵王薨百官會哀時纂嚴朝議疑戎服臨會祠部郎何佟之議羔裘玄冠不以弔理不容以兵服臨喪宋泰始二年孝武大祥之日于時百寮入臨皆於宮門變戎服著衣幍入臨畢出外還襲戎衣從之

贊曰姬制孔作訓範百王三千有數四維是張損益舜典慶舉憲章戎祀軍國社廟郊庠冠婚朝會服紀凶喪存爲盛德戒在先亡

志第二 南齊書十

志第三　南齊書十一

臣蕭子顯　撰

樂

南郊樂舞歌辭二漢同用見前漢志五郊互奏之魏歌舞不見疑是用漢辭也晉武帝泰始二年郊祀明堂詔禮遵用周室肇稱殷祀之義權用魏儀後使傅玄造祠天地五郊夕牲歌詩一篇迎神歌一篇宋文帝使顏延之造郊天夕牲迎送神饗神歌詩三篇是則宋初又仍晉也建元二年有司奏郊廟

雅樂歌辭舊使學士博士撰搜簡採用請敕外凡義學者普令製立參議太廟登歌宜用司徒褚淵餘悉用黃門郎謝超宗辭超宗所撰多刪顏延之謝莊辭以為新曲備改樂名永明二年太子步兵校尉伏曼容上表宜集英儒刪纂雅樂詔付外詳竟不行

羣臣出入奏肅咸之樂

夤承寶命　嚴恭帝緒　奄受敷錫

升中拓宇　亘地稱皇　罄天作主

月域來賓　日際奉土　開元首正

禮交樂舉　六典聯事　九官列序

此下除四句皆顏辭

牲出入奏引牲之樂

皇乎敬矣　恭事上靈　昭教國祀

肅肅明明　有牲在滌　有絜在俎

以薦王衷　以答神祐此上四句顏辭

陟配在京　降德在民　奔精望夜

高燎佇晨

薦豆呈毛血奏嘉薦之樂

我恭我享　惟孟之春　以孝以敬

立我烝民　青壇奄靄　翠幙端凝

嘉俎重薦　兼籍再外　謏業詳廣

展容玉庭　肇禋配祀　克對上靈

此一篇增損謝辭

右夕牲歌並重奏

迎神奏昭夏之樂

惟聖饗帝　惟孝饗親此下除四句　禮行宗祀

敬達郊禋　金枝中樹　廣樂四陳此下除八句

月御寀節　星驅扶輪　遥興遠駕
曜曜振振　告成大報　受釐元神
皇帝入壇東門奏永至之樂
紫壇望靈　翠幙佇神　率天奉贄
罄地來賔　神貺竝介　泯祇合祉
恭昭鑒享　肅光孝祀　感藹四靈
洞曜三光　皇德全被　大禮流昌
皇帝升壇奏登歌辭
報惟事天　祭實尊靈　史正嘉兆

神宅崇禎　五時昭鬯　六宗彝序
介丘望塵　皇軒肅舉
皇帝初獻奏文德宣烈之樂
營泰畤　定天衷　思心緒　謀筮從此下除二句
田燭置　權火通　大孝昭　國禮融此一句攺餘皆
顏辭此下又除二十二句
次奏武德宣烈之樂
功燭上宙　德燿中天　風移九域
禮飾八埏　四靈晨炳　五緯宵明

膺曆締運　道茂前聲
太祖高皇帝配饗奏高德宣烈之樂此章永明
二年造奏尚書令王儉辭
饗帝嚴親　則天光大　昺奔前古
榮鏡無外　日月宣華　卿雲流靄
五漢同休　六幽咸泰
皇帝飲福酒奏嘉胙之樂
䊓嘉禮　承休錫　盛德符景緯
昌華應帝策　聖藹耀昌基　融祉暉世曆

聲正涵月軌　書文騰日迹　寶瑞昭神圖
靈貺流瑞液　我皇崇暉祚　重芬冠往籍
送神奏昭夏之樂
薦饗洽　禮樂該　神娛展　辰旆回
洞雲路　拂璇階　紫霄藹　青霄開
睠皇都　顧玉臺　留昌德　結聖懷
皇帝就燎位奏昭遠之樂
天以德降　帝以禮報　牲鐏俯陳
柴幣仰燎　事展司采　敬達瑄瑯

煙贄青昊　霞馳紫場　陳馨示策
肅志宗禋　禮非物備　福唯誠陳
皇帝還便殿奏休成之樂重奏
昭事上祀　饗薦具陳　回鑾轉翠
拂景翔宸　綴縣敷暢　鍾石昭融
羽炫深晷　籥曤行風　肆序輟度
肅禮停文　四金聳衛　六馭齊輪
右南郊歌辭
北郊樂歌辭案周頌昊天有成命郊祀天地也

昊則周漢以來祭天地皆同辭矣宋顏延之饗
地神辭一篇餘與南郊同齊北郊羣臣入奏肅
咸樂牲入奏引牲薦豆毛血奏嘉薦皇帝入壇
東門奏永至飲福酒奏嘉胙還便殿奏休成辭
並與南郊同迎送神昭夏登歌異
迎地神奏昭夏之樂
詔禮崇營　敬饗玄時　靈正丹惟
月肅紫壎　展薦登華　風縣凝鏘
神惟戾止　鬱葆遙莊　昭望歲芬

環游辰太　穆哉尚禮　横光秉藹
皇帝升壇登歌
佇靈敬享　禋肅彝文　縣動聲儀
薦絜牲芬　陰祇以貺　昭司式慶
九服熙度　六農祥正
皇帝初獻奏地德凱容之樂
繕方丘　端國陰　掩珪罍　仰靈心
詔源委　遍丘林八句　禮獻物　樂薦音
此下除二十二句餘皆顏辭

次奏昭德凱容之樂
慶圖濬邈　蘊祥秘瑤　俔天炳月
嬪光紫寶　邦化靈懋　閫則風調
儷德方儀　徽載以昭
送神奏昭夏之樂
薦神升　享序楙　淹玉俎　停金奏
賓旆轉　旒駕旋　滋素景　鬱紫躔
靈心顧　留辰睠　洽外瀛　瑞中縣
瘞埋奏隸幽之樂

后皇嘉慶　定祗玄時　承帝休圖
祗敷靈祉　篚幂周序　軒朱凝會
牲幣芬壇　精明佇蓋　調川瑞昌
警岳祥泰

石北郊歌

明堂歌辭祠五帝漢郊祀歌皆四言宋孝武使
謝莊造辭莊依五行數木數用三火數用七土
數用五金數用九水數用六案鴻範五行一曰
水二曰火三曰木四曰金五曰土月令木數八

火數七土數五金數九水數六蔡邕云東方有
木三土五故數八南方有火二土五故數七西
方有金四土五故數九北方有水一土五故數
六又納音數一言得土三言得火五言得水七
言得金九言得木若依鴻範木數用三則應水
一火二金四也若依月令金九水六則應木八
火七也當以鴻範一二之數言不成文故有取
捨而使兩義並違未詳以數立言為何依據也
周頌我將祀文王言皆四其一句五一句七謝

莊歌宋太祖亦無定句建元初詔黃門郎謝超
宗造明堂夕牲等辭并採用莊辭建武二年雩
祭明堂謝朓造辭一依謝莊唯世祖四言也

賓出入奏肅咸樂歌辭二章

彝承孝典　恭事嚴聖　淡天奉貴
璧壤齊慶　司儀且序　羽容夙章
芬枝揚烈　黼構周張　助響尊軒
酎珍充庭　璆縣凝會　埇朱竚聲
先期選禮　肅若有承　祗對靈祉

皇慶昭膺　尊事威儀　燀容昭序
迅恭明神　絜盛牲俎　蕭蕭嚴宮
藹藹崇基　皇靈降止　白紙具司
戒誠望夜　端烈承朝　依微昭旦
物色輕霄

青帝歌

參映夕　駟昭晨　靈乘震　司青春
鴈將向　桐始蕤　和風舞　暄光遲
萌動達　萬品親　潤無際　澤無垠

赤帝歌

龍精初見　大火中　朱光北至　圭景同
帝在在離　寔司衡　雨水方降　木堇榮
庶物盛長　咸殷阜　恩澤四溟　被九有

黃帝歌

履艮宅中宇　司繩捴四方　裁化徧寒燠
布政司炎涼（此下除四句）　至分乘經晷　閉啓集恒度
帝暉緝萬有　皇靈澄國步

白帝歌

百川若鏡　天地爽且明　雲沖氣舉
盛德在素精（此下除四句）　庶類收成　歲功行欲寧
浹地奉渥　罄宇承帝靈

黑帝歌

歲既暮日方馳　靈乘坎德司規
玄雲合晦鳥蹊　白雲繁亘天崖（此下除四句）
晨晷促夕漏延　大陰極微陽宜（此下除二句）
皇帝還東壁受福酒奏嘉胙樂歌辭（太廟同用）
禮薦洽　福祚昌　聖皇膺嘉祐

帝業凝休祥　居極乘景運　宅德瑞中王
澄明臨四奧　精華延八鄉　洞海同聲憓
澈宇麗乾光　靈慶纏世祉　鴻烈永無疆
送神奏昭夏樂歌辭宋謝莊辭
蘊禮容　餘樂度　靈方留　景欲暮
開九重　肅五達　鳳參差　龍已秣
雲既動　河既梁　萬里照　四空香
神之車　歸清都　琁庭寂　玉殿虛
鴻化凝　孝風熾　顧靈心　結皇思

鴻慶遐鬯　嘉薦令芳　並帝明德
永祚深光（增四字）
牲出入奏引牲樂歌詩
惟誠絜饗　維孝尊靈　敬芳黍稷
敬滌犧牲　騂繭在豢　載溢載豐
以承宗祀　以肅皇衷　蕭芳四舉
華火周傳　神鑒孔昭　嘉足參牲
薦豆呈毛血嘉薦樂歌詩二章
肇禋戒祀　禮容咸舉　六典飾文

九司炤序　牲柔既昭　犧剛既陳
恭滌惟清　敬事惟神　加籩再御
兼俎兼薦　節動軒越　聲流金縣
奕奕閟幄　亹亹嚴闈　絜誠夕鑒
端服晨暉　聖靈戾止　翊我皇則
上綏四寓　下洋萬國　永言孝饗
孝饗有容　僾僾賛列　肅肅雍雍

右夕牲辭

迎神奏昭夏樂歌辭

地紐謐　乾樞回　華蓋動　紫微開
旌蔽日　車若雲　駕六氣　乘烟熅
煒帝景　耀天邑　聖祖降　五雲集 此下除八句
懋粢盛　絜牲牷　百禮肅　羣司虔
皇德遠　大孝昌　貫九幽　洞三光
神之安　解玉鑾　景福至　萬寓歡 皆謝莊辭

皇帝升明堂奏登歌辭

雍臺辯朔　澤宮選辰　絜火夕炤
明水朝陳　六瑚賁室　八羽華庭
昭事先聖　懷濡上靈　肆夏式敬
升歌發德　永固洪基　以綏萬國 皆謝莊辭

初獻奏凱容宣烈樂歌辭 同太廟

醲醴具登　嘉俎咸薦　饗洽誠陳
禮周樂徧　祝辭罷祼　序容輟縣
蹕動端庭　鑾回嚴殿　神儀駐景
華漢高虛　八靈案衞　三代解途
翠蓋澄耀　罼帝凝晨　王鑣息節
金輅懷音　戒誠達孝　底心肅感

追馮皇鑒　思承淵範　神錫懋祉
四緯昭明　仰福帝徽　俯齊庶生

右祠明堂歌辭建元永明中奏

雩祭歌辭

清明暢　禮樂新　候龍景　選貞辰
陽律亢　陰晷伏　秏下土　荐穜稑
震儀警　王度乾　嗟雲漢　望昊天
張盛樂　奏雲儛　集五精　延帝祖
雩有諷　禜有秩　膋鬯芬　圭瓚瑟

靈之來　帝閽開　車煜燿　吹徘徊
停龍轙　徧觀此　凍雨飛　祥風靡
壇可臨　奠可歆　對泯祉　鑒皇心
右迎神歌辭 依漢來郊歌三言宋明堂迎神八解
濬哲維祖　長發其武　帝出自震
重光御㝢　七德攸宣　九疇咸敘
靜難荊舒　凝威蠡浦　昧旦丕承
夕惕刑政　化壹車書　德馨粢盛
昭星夜景　非雲曉慶　衢室成陰

璧水如鏡　禮充玉帛　樂被筦絃
於鑠在詠　陟配于天　自宮徂兆
靡愛牲牷　我將我享　永祚豐年
右歌世祖武皇帝 依廟歌四言
營翼日　鳥殷宵　凝冰泮　玄蟄昭
景陽陽　風習習　女夷歌　東皇集
樽春酒　秉青珪　命田祖　渥羣黎
右歌青帝 木生數三
惟此夏德　德恢台　兩龍既御

炎精來　火景方中　南譌秩
靡草云黃　含桃實　族雲蓊鬱
温風煽　興雨祁祁　黍苗徧
右歌赤帝 火成數七
稟火自高明　毓金挺剛克　涼燠資成化
羣方載厚德　陽季勾萌達　炎徂溽暑融
商暮百工止　歲極凌陰沖　皇流疏已清
原隰甸已平　咸言祚惟億　敦民保高京
右歌黃帝 土成數五

帝悅于兌　執矩固司藏　百川收潦
精景應徂商　嘉樹離披　榆關命賓鳥
夜月如霜　秋風方嫋嫋　商陰肅殺
萬寶咸亦遒　勞哉望歲　場功冀可收
右歌白帝 金成數九
白日短玄夜深　招搖轉移太陰　霜鍾鳴冥陵起
星回天月窮紀　聽嚴風來不息　望玄雲黝無色
曾冰冽積羽幽　飛雲至天山側　關梁閉方不巡
合國吹饗蜡賓　充微陽究終始　百禮洽萬觀臻

右歌黒帝　水成數六

敬如在　禮將周　神之駕　不少留
躍龍鑣　轉金蓋　紛上馳　雲之外
警七燿　詔八神　排閶闔　渡天津
有渰興　膚寸積　雨冥冥　又終夕
俾栖粮　惟萬箱　皇情暢　景命昌

右送神歌辭

太廟樂歌辭周頌清廟一篇漢安世歌十七章是也永平三年東平王蒼造光武廟登歌一章二十六句其辭稱述功德建安十八年魏國初建侍

中王粲作登歌安世詩說神靈鑒饗之意明帝時侍中繆襲奏安世詩本故漢時歌名今詩所歌非往詩之文襲案周禮志云安世樂猶周房中樂也往昔議者以房中歌后妃之德宜改安世名正始之樂後續漢安世歌亦說神來宴饗無有后妃之言思惟往者謂房中樂爲后妃歌恐失其意方祭祀娛神登歌先祖功德下堂詠宴享無事歌后妃之化也於是改安世樂曰饗神歌散騎常侍王肅作宗廟詩頌十二篇不入於樂晉泰始中傅玄造廟夕牲昭夏歌一篇迎送神肆夏歌詩一篇登歌七廟七篇玄云登歌歌盛德之功烈故廟異其文至於饗神猶周頌之有瞽及雍但說祭饗神明禮樂之盛七廟饗神皆用之夏侯湛又造宗廟歌十三篇宋世王韶之造七廟登歌七篇昇明中太祖爲齊王令司空褚淵造太廟登歌二章建元初詔黄門侍郎謝超宗造廟樂歌詩十六章永明二年尚書殿中

曹奏太祖高皇帝廟神室奏高德宣烈之舞未有歌詩郊應須歌辭穆皇后廟神室亦未有歌辭案傅玄云登歌廟異其文饗神十室同辭此議爲允又尋漢世歌篇多少無定皆稱事立文並多八句然後轉韻時有兩三韻而轉其例甚寡張華夏侯湛亦同前式傅玄改韻頗數更傷簡節之美近世王韶之顔延之並四韻乃轉得賒促之中顔延之謝莊作三廟歌皆各三章章八句此於序述功業詳略爲宜今宜依之郊配

之日改降尊作主禮殊宗廟穆后毋儀之化事
異經綸此二歌爲一章八句別奏事御奉行詔
可尚書令王儉造太廟二室及郊配辭
羣臣出入奏肅咸樂歌辭
絜誠底孝　孝感煙霜　夤儀飾序
肅禮綿張　金華樹藻　肅哲騰光
殷殷升奏　嚴嚴階庠　匪椒匪玉
是降是將　懋分神衷　翊祐傳昌
牲出入奏引牲樂歌辭

肇祀嚴靈　恭禮尊國　達敬敷典
結孝陳則　芬滌既肅　犧牲既整
聳誠流思　端儀選景　肆禮佇夜
綿樂望晨　崇薦皇靈　用饗明神
薦豆呈毛血奏嘉薦樂歌辭
清思𢡟𢡟　閟寢微微　恭言載感
肅若有希　芬俎且陳　嘉薦兼列
發馨煙飈　分焰星哲　睿靈式降
協我帝道　上澄五緯　下陶八表

右夕牲歌辭
迎神奏昭夏樂辭
涓辰選氣　展禮恭祇　重闈月洞
層牖煙施　載虛玉鬯　載受金枝
天歌折饗　雲舞磬儀　神惟降止
泛景凝羲　帝華永藹　泯藻方摛
戲縣惟則　姬經式序　九司聯事
皇帝入廟北門奏永至樂歌辭
八方承宇　鑾迺靜陳　緩樂具舉

凝旒若慕　傾璜載竚　振振珽衛
穆穆禮容　載藹皇步　式敷帝蹤
太祝祼地奏登歌辭
清明既鬯　大孝乃熙　天儀睟愴
皇心儼思　既芬房豆　載絜牲牲
鬱祼升禮　銷玉登聲　茂對幽嚴
式奉徽靈　以享以祀　惟感惟誠
皇祖廣陵丞府君神室奏凱容樂歌辭
國昭惟茂　帝穆惟崇　登祥緯遠

締世景融　紛綸睿緒　菴蔚王風
明進厥始　濬哲文終
皇祖太中大夫府君神室奏凱容樂歌辭
琁條員蔚　瓊源浚照　懋矣皇烈
載挺明劭　永言敬思　式恭惟敎
休途良乂　榮光有燿
皇祖淮陰令府君神室奏凱容樂歌辭
嚴宗正典　崇饗肇禋　九章既飾
三清既陳　昭恭皇祖　承假徽神

貞祐伊協　卿藹是鄰
皇曾祖即丘令府君神室奏凱容樂歌辭
肅惟嚴祀　絜事以彝　環祫像綴
緬密緜簣　明明烈祖　尚錫龍光
粵雅于姬　伊頌在商
皇祖太常卿府君神室奏凱容樂歌辭
神宮懋鄰　明寢昱晝　德凝羽綴
道邕容辭　假我帝緬　懿我皇維
昭大之載　國齊之供

皇考宣皇帝神室奏宣德凱容樂歌辭
道閔期運　義開藏用　皇矣睿祖
至哉攸縱　循規烈炤　襲矩重芬
德溢軒羲　道懋炎雲
昭皇后神室奏凱容樂歌辭
月靈誕慶　雲瑞開祥　道茂淵柔
德表徽章　粹訓宸中　儀形宙外
容蹈凝華　金羽傳藹
皇帝還東壁上福酒奏永祚樂歌辭

構宸抗宇　合軫齊文　萬靈載溢
百禮以殷　朱紘繞風　翠羽停雲
桂樽既滌　瑤俎既薰　升薦惟誠
昭禮惟芬　降祉遙裔　集慶氤氳
送神奏肆夏樂歌辭
禮既升　樂以愉　昭序溢　幽饗餘
人祇邕　敬敎數　申光動　靈駕翔
芬九垓　鏡八鄉　福無屆　祚無疆
皇帝詣便殿奏休成樂歌辭

睿孝式昭　饗敬爰徧　諦容輟序
佾文靜縣　辰儀聳蹕　宵衞浮鑾
旒帟雲舒　翠華景摶　恭惟尚烈
休明再纏　國猷遠藹　昌圖聿宣

太廟登歌辭二章

惟王建國　設廟凝靈　月薦流典
時祀暉經　瞻辰僾思　雨露追情
簡日筵晷　閟奠升文　金罍渟桂
沖幄舒薰　備僚肅列　駐景開雲

至饗攸極　睿孝惇禮　具物咸絜
聲香合體　氣昭扶幽　眇慕纏遠
迎絲驚促　送佾留晚　聖衷踐候
節改增愴　妙感崇深　英徽彌亮

太祖高皇帝神室奏高德宣烈樂歌辭

悠悠草昧　穆穆經綸　乃文乃武
乃聖乃神　動龕危亂　靜比斯民
誕應休命　奄有八夤　握機肇運
光啓禹服　義滿天淵　禮昭地軸
澤靡不懷　威無不肅　戎夷竭歡
象來致福　偃風裁化　晦日敷祥
信星含曜　秬草流芳　七廟觀德
六樂宣章　惟先惟敬　是饗是將

穆皇后神室奏穆德凱容之樂辭

大姒嬪周　塗山儷禹　我后嗣徽
重規疊矩　肅肅閟宮　翔翔雲舞
有饗德馨　無絕終古

高宗明皇帝神室奏明德凱容之樂歌辭

多難固業　殷憂啓聖　帝宗纘武
惟時執競　起柳獻祥　百堵興詠
義雖杞夏　功符受命　遠無不懷
邇無不肅　其儀濟濟　其容穆穆
赫矣君臨　昭哉嗣服　允王維后
膺此多福　禮以昭事　樂以感靈
八簋陳室　六舞充庭　觀德在廟
象德在形　四海來祭　萬國咸寧

藉田歌辭漢章帝元和元年玄武司馬班固

奏用商頌載芟之祠先農晉傅玄作祀先農先
蠶夕牲歌詩一篇八句迎送神一篇饗社稷先
農先聖先蠶歌詩三篇前一篇十二句中一篇
十六句後一篇十二句辭皆叙田農事胡道安
先農饗神詩一篇並八句樂府相傳舊歌三章
永明四年籍田詔驍騎將軍江淹造藉田歌
淹製二章不依胡傳世祖口勑付太樂歌之
祀先農迎送神升歌
羽鑾從動　金駕時遊　教騰義鏡

樂綴禮脩　率先丹耦　躬迴綠疇
靈之聖之　歲殷澤柔
饗神歌辭
瑰俎既飾　繡簋以陳　方燊嘉種
永毓胥民
元會大饗四廂樂歌辭晉泰始五年太僕傅
玄撰正旦大會行禮歌詩四章上壽酒詩一章
食舉東西廂樂十三章黃門郎張華作上壽
食舉行禮詩十八章中書監荀勗侍郎成公

綏言數各異宋黃門郎王韶之造肆夏四章
行禮二章上壽一章登歌三章食舉十章前
後舞歌二章齊微改革多仍舊辭其前後舞
二章新改其臨軒樂亦奏肆夏於鑠四章
肆夏樂歌辭
於鑠我皇　體仁苞元　齊明日月
比景乾坤　陶甄百王　稽則黃軒
訏謨定命　辰告四蕃
右一曲客入四廂奏

將將蕃后　翼翼羣僚　盛服待晨
明發來朝　饗以八珍　樂以九韶
仰祗天顏　厭猒孔昭
右一曲皇帝當陽四廂奏皇帝入
變服四廂并奏前二曲
法章既設　初筵長舒　濟濟列辟
端委皇除　歆和無盈　威儀有餘
溫恭在位　敬終如初　九功既歌
六代惟時　被德在樂　宣道以詩

穆矣大和　品物咸熙　慶積自遠
告成在兹
右二曲皇帝入變服黄鍾太蔟二廂奏
大會行禮歌辭
大哉皇齊　長發其祥　祚隆姬夏
道邁虞唐　德之克明　休有烈光
配天作極　辰居四方　皇矣我后
聖德通靈　有命自天　誕授休禎
龍飛紫極　造我齊京　光宅宇宙

赫赫明明
右二曲姑洗廂奏
上壽歌辭
獻壽爵　慶聖皇　靈祚窮二儀
休明等三光
右一曲黄鍾廂奏
殿前登歌辭
明明齊國　緝熙皇道　則天垂化
光定天保　天保既定　肆覲萬方

禮繁樂富　穆穆皇皇
沔彼流水　朝宗天池　洋洋貢職
抑抑威儀　既習威儀　亦閑禮容
一人有則　作孚萬邦
烝哉我皇　寔靈誕聖　履端惟始
對越休慶　如天斯崇　如日斯盛
介兹景福　永固洪命
右三曲別用金石太樂令跪奏
食舉歌辭

晨儀載焕　萬物咸覩　嘉慶三朝
禮樂備舉　元正肇始　典章徽明
萬方來賀　華夷充庭　多士盈九德
俯仰觀玉聲　恂恂俯仰　載爛其暉
鍾鼓震天區　禮容塞皇闈　思樂窮休慶
福履同所歸
五王既獻　三帛是薦　爾公爾侯
鳴玉華殿　皇皇聖后　降禮南面
元首納嘉禮　萬邦同欽願

休哉休哉　君臣熙宴　建五旗
列四縣　樂有文　禮無勸　融皇風
窮一變
禮至和　感陰陽　德無不柔　繫休祥
瑞徵辟　應嘉鍾　儛雲鳳　躍潛龍
景星見　甘露墜　木連理　禾同穗
玄化洽　仁釋敷　極禎瑞　窮靈符
懷荒遠　綏齊民　荷天祐
靡不賓　靡不賓　長世盛

昭明有融　繫嘉慶　繫嘉慶
熙帝載　含氣感和　蒼生欣戴
三靈協瑞　惟新皇代
王道四達　流仁德　窮理詠乾元
垂訓從帝則　靈化侔四時　幽誠通玄默
德澤被八紘　禮章軌萬國
皇猷緝　咸熙泰　禮儀煥帝庭
要荒服遐外　被髮龍纓冕　右衽回衿帶
天覆地載　澤流汪濊　聲教布濩

德光大
開元辰　畢來王　奉貢職　朝后皇
鳴珩佩　觀典章　樂王慶　悅徽芳
陶盛化　遊大康　惟昌明　永克昌
惟建元　德丕顯　齊七政　敷五典
彞倫序　洪化闡
王澤流　太平始　樹靈祇　恭明祀
仁景祚　膺嘉祉　禮有容　樂有儀
金石陳　干羽施　邁武濩　均咸池

歌南風　德永稱　文明煥　頌聲興
王道純　德彌淑　寧八表　康九服
導禮讓　移風俗　移風俗　永克融
歌盛美　告成功　詠休烈　邈無窮
右黃鍾先奏晨儀篇太蔟奏五王篇
餘八篇二廂更奏之
前舞階步歌辭　新辭
天挺聖哲　三方維綱　川岳伊寧
七耀重光　茂育萬物　衆庶咸康

道用潛通　仁施遐揚　德厚巛極
功高昊蒼　舞象盛容　德以歌章
八音既節　龍躍鳳翔　皇基永樹
二儀等長
前舞凱容歌詩 舊辭
於赫景命　天鑒是臨　樂來伊陽
禮作惟陰　歌自德富　舞由功深
庭列宮縣　陛羅瑟琴　翿籥繁會
笙磬諧音　簫韶雖古　九奏在今

導志和聲　德音孔宣　光我帝基
協靈配乾　儀形六合　化穆自宣
如彼雲漢　爲章于天　熙熙萬類
陶和當年　擊轅中韶　永世弗騫
後舞階步歌辭 新辭
皇皇我后　紹業盛明　滌拂除穢
宇宙載清　允執中和　以莅蒼生
玄化遠被　兆世軌形　何以崇德
乃作九成　妍步恂恂　雅曲芬馨

八風清鼓　應以祥禎　澤浩天下
功齊百靈
後舞凱容歌辭 舊辭
假樂聖后　寔天誕德　積美自中
王猷四塞　龍飛在天　儀形萬國
欽明惟神　臨朝淵默　不言之化
品物咸得　告成于天　銘勳是勒
翼翼厥猷　亹亹其仁　從命創制
因定和神　海外有截　九國無塵

冕旒司契　垂拱臨民　乃舞凱容
欽若天人　純嘏孔休　萬載彌新
宣烈舞執干戚郊廟奏平冕黑介幘玄衣裳白
領袖絳領袖中衣絳合幅袴絳袜朝廷則武冠
赤幘生絳袍單衣絹領袖皁領袖中衣虎文畫
合幅袴白布袜皆黑韋鞮周大武舞秦改爲五
行漢高造武德舞執干戚象天下樂已除亂校
禮云朱干玉戚冕而舞大武是則漢放此舞而
立也魏文帝改五行還爲大武而武德曰武頌

舞明帝改造武始舞晉世仍舊傳玄六代舞歌
有武辭此武舞非一也宋孝建初朝議以凱容
舞爲韶舞宣烈舞爲武舞據韶爲言宣烈即是古
之大武非武德也今世諺呼爲武王伐紂其冠
服魏明帝世尚書所奏定武始舞服晉宋承用
齊初仍舊不改宋舞名其舞人冠服見魏尚書
奏後代相承用之
凱容舞執羽籥郊廟冠委貌服如前朝廷進賢
冠黑介幘生黃袍單衣白合幅袴餘如前本舞

韶舞漢高改曰文始魏復曰大韶又造咸熙爲
文舞晉傳玄六代舞有虞韶舞辭宋以凱容繼
韶爲文舞相承用魏咸熙冠服
前舞後舞晉泰始九年造正德大豫舞傳玄
張華各爲歌辭宋元嘉中改正德爲前舞大
豫爲後舞

右朝會樂辭

舞曲皆古辭雅音稱述功德宴享所奏傳玄
歌辭云獲罪於天北徙朔方墳墓誰掃超若
流光如此十餘小曲名爲舞曲疑非宴樂之辭
然舞曲揔名起此矣

明君辭

明君創洪業　盛德在建元　受命君四海
聖皇應靈乾　五帝繼三皇　三皇世所歸
聖德應期運　天地不能違　仰之彌已高
猶天不可階　將復結繩化　静拱天下齊

右一曲漢章帝造鼙舞歌云關東有
賢女魏明帝代漢曲云明明魏皇帝傳

玄代魏曲作晉洪業篇云宣文創洪業
盛德存泰始聖皇應靈符受命君四海
今前四句錯綜其辭從五帝至不可階
六句全玄辭後二句本云將復御龍氏
鳳皇在庭栖又改易焉

聖主曲辭

聖主受天命　應期則虞唐　升旒綜萬機
端扆馭八方　盈虛自然數　揖讓歸聖明
北化陵河塞　南威越滄溟　廣德齊七政

敷教騰三辰　萬寓必承慶　百福咸來臻
聖皇應福始　昌德洞祐先

明君辭

明君御四海　揔鑒盡人靈　仰咸恩已洽
竭忠身必榮　聖澤洞三靈　德教被八鄉
草木變柯葉　川岳洞嘉祥　愉樂盛明運
舞蹈升太時　徽霜永昌命　軌心長歡怡

鐸舞歌辭

黃雲門　唐咸池　虞韶舞　夏夏殷濩

列代有五　振鐸鳴金　延大武　清歌發唱
形爲主　聲和八音　協律呂　身不虛動
手不徒舉　應節合度　周期序　時奏宮角
雜之以徵羽　樂以移風　禮相輔　安有出其所

右一曲傅玄辭以代魏太和時徵羽
除下厥衆目上從鍾鼓二句

白鳩辭

翩翩白鳩　再飛再鳴　懷我君德　來集君庭

右一曲舞叙云白符或云白符鳩舞出江南吳人所造其辭意言患孫皓虐政慕政化也其詩本云平平白符思我君惠集我金堂言白者金行符合也鳩亦合也符鳩雖異其義是同

濟濟辭

暢飛暢舞　氣流芳　追念三五　大綺黃

右一曲晉濟濟舞歌六解此是最後一解

獨祿辭

獨祿獨祿　水深泥濁　泥濁尚可　水深殺我

右一曲晉獨鹿舞歌六解此是前一解古辭明君曲後云勇安樂無慈不問清與濁清與無時濁邪交與獨祿伎錄云求祿求祿清白不濁清白尚可貪汙殺我晉歌爲鹿字古通用也疑是風刺之辭

碣石辭

東臨碣石　以觀滄海　水河淡淡
山嶋竦峙　樹木叢生　百草豐茂

秋風蕭瑟　洪波涌起　日月之行
若出其中　星漢粲爛　若出其裏
幸甚至哉　歌以言志
右一曲魏武帝辭晉以爲碣石舞歌
詩四章此是中一章
淮南王辭
淮南王　自言尊　百尺高樓　與天連
我欲渡河　河無梁　願作雙黃鵠　還故鄉
右一曲晉淮南王舞歌六解前是第一
後是第五

齊世昌辭
齊世昌　四海安樂　齊太平　人命長
當結久　千秋萬歲　皆老壽
右一曲晉杯槃歌十解第三解云舞杯
槃何翩翩舉坐翻覆壽萬年干寶云
太康中有此舞杯槃翻覆至危之像
言晉世之士苟貪飲食智不及遠其
第一解首句云晉世寧宋改爲宋世

寧惡其杯槃翻覆辭不復取齊改爲
齊世昌餘辭同後一
公莫辭
吾不見公莫時　吾何嬰公來　嬰姥時吾
思君去時　吾何零　子以耶
思君去時　思來嬰　吾去時母那
何去吾
右一曲晉公莫舞歌二十章無定句前
是第一解後是第十九二十解雜有三
句並不可曉解建武初明帝奏樂至此
曲言是似永明樂流涕憶世祖云

白紵辭
陽春白日風花香　趨步明月舞瑤堂
情發金石媚笙簧　羅袿徐轉紅袖揚
清歌流響繞鳳梁　如驚若思凝且翔
轉眄流精豔輝光　將流將引雙度行
歡來何晚意何長　明君馭世永歌昌
右五曲尚書令王儉造白紵歌周處

風土記云吳黃龍中童謠云行白者君追汝句驪馬後孫權征公孫淵浮海乘舶舶白也今歌和聲猶云行白紵焉

俳歌辭

俳不言不語　呼俳噏所　俳適一起
狼率不止　生拔牛角　摩斷膚耳
馬無懸蹄　牛無上齒　駱駼無角
奮迅兩耳

右侏儒導舞人自歌之古辭俳歌八曲此是前一篇二十二句今侏儒所歌摘取之也

角抵像形雜伎歷代相承有也其增損源起事不可詳大略漢世張衡西京賦是其始也魏世則事見陳思王樂府宴樂篇晉世則見傅玄元正篇朝會賦江左咸和中罷紫鹿跂行鱉食齊鼠齊王卷衣絕倒五案等伎中朝所無見起居注並莫知所由也泰元中苻堅敗後得關中檐橦胡伎進太樂今或有存亡案此則可知矣永明六年赤城山雲霧開朗見石橋瀑布從來所罕覩也山道士朱僧標以聞上遣主書董仲民案視以為神瑞太樂令鄭義泰案孫興公賦造天台山伎作莓苔石橋道士捫翠屏之狀尋又省焉

皇齊啓運　從瑤璣　靈鳳銜書　集紫微
和樂既洽　神所依　超商卷夏　耀英輝
永世壽昌　聲華飛

右鳳皇銜書伎歌辭蓋魚龍之流也元會日侍中於殿前跪取其書宋世辭云大宋興隆膺靈符鳳鳥感和銜素書嘉樂之美通玄虛惟新濟濟邁唐虞巍巍蕩蕩道有餘齊初詔中書郎江淹改

永平樂歌者竟陵王子良與諸文士造奏之人為十曲道人釋寶月辭頗美上常被之管絃而不列於樂官也

贊曰綜採六代和平八風般[illegible]歌功

志第三　南齊書[illegible]

志第四

臣蕭子顯撰

天文上

易曰聖人仰觀象於天俯觀法於地天文之事其來已久太祖革命受終膺集期運宋昇明三年太史令將作匠文孝建陳天文奏曰自孝建元年至昇明三年日蝕有十虧上有七占曰有亡國失君之象一曰國命絕主危亡孝建元年至昇明三年太白經天五占曰天下革民更王

異姓興孝建元年至昇明三年月犯房心四太白犯房心五占曰其國有喪宋當之孝建元年至永光元年奔星出入紫宮有四占曰國去其君有空國徙王大明二年至元徽四年天再裂占曰陽不足白虹貫日人君惡之孝建二年至大明五年月入太微太豫元年至昇明三年月又入太微孝建元年至元徽二年太白入太微各八熒惑入太微六占曰七耀行不軌道危亡之象貴人失權勢主亦衰當有王入為主孝建二年至昇明二年太白熒惑經羽林各三占曰國殘更世孝建二年四月十三日熒惑守南斗成勾已占曰天下易正更元孝建三年十二月一日塡星熒惑辰星合于南斗占曰改立王公大明二年十二月二十六日太白犯塡星于斗六年十一月十五日太白塡星合于危占曰天子失土景和元年十月八日熒惑守太微成勾已占曰王者惡之主命無期有徙主若主王天下更紀泰始三年正月十七日白氣見西南東

西半天名曰長庚六年九月二十七日白氣又見東南長二丈並形狀長大猛過彗星占曰除舊布新易主之象遠期一紀至昇明三年一紀訖泰始四年四月二十四日太白犯塡星于胃占曰主命惡之泰始七年六月十七日太白歲星塡星合于東井占曰改立王公元徽四年至昇明二年三月日有頻食占曰社稷將亡王者惡之元徽四年十月十日塡星守太微宮逆從行歷四年占曰有亡君之戒易世立王元徽五年七

月一日熒惑太白辰星合于翼占曰改立王公
昇明二年六月二十日歲星守斗建陰陽終始
之門大赦昇平之所起律歷七政之本源德星
守之天下更年五禮更興多暴貴者昇明二年
十月一日熒惑守輿鬼三年正月七日熒惑守
兩戒間成勾已占曰尊者失朝必有亡國去王
昇明三年正月十八日辰星孟効西方占曰天
下更王昇明三年四月歲星在虛危徘徊玄枵
之野則齊國有福厚爲受慶之符今所記三辰
七曜之變起建元訖于隆昌以續宋史建武世
太史奏事明帝不欲使天變外傳並祕而不出
自此闕焉

日蝕

建元二年九月甲午朔日蝕
三年七月己未朔日蝕
永明元年十二月乙巳朔日蝕
十年十月二日癸未朔加時在午之半度到未初見
日始蝕虧起西北角蝕十分之四申時光色復還

隆昌元年五月甲戌合朔巳時日蝕三分之一
午時光復還

月蝕

建元四年七月戊辰月在危宿蝕
永明二年四月丁巳月在南斗宿蝕
三年十一月戊寅月入東井曠中因蝕三分之一
五年三月庚子月在氐宿蝕
九月戊戌月在胃宿蝕
六年九月癸巳月蝕在婁宿九度加時在寅之
少弱虧起東北角蝕十五分之十一
十五日子時蝕從東北始至子時末都既到丑
時光色還復
七年八月丁亥月在奎宿蝕
十月庚辰月奄蝕熒惑
八年六月庚寅月奄蝕畢左股第一星
十年十二月丁酉月蝕在柳度加時在酉之少
弱到亥時月蝕起東角七分之二至子時光色
還復

弱到亥時月蝕起東角七分之二至子時光色
還復
永泰元年四月癸亥月蝕色赤如血三日而大
司馬王敬則舉兵衆以爲敬則禨烈所感
永元元年八月己未月蝕盡色皆赤是夜始安
王遥光伏誅
史臣曰日月代照實重天行上交下蝕同度相
掩案舊說曰日有五蝕謂起上下左右中央是
也交會舊術日蝕不從東始以月從其西東行

及日於交中交從外入内者先會後交虧西南
角先交後會虧西北角交從内出者先會後交
虧西北角先交後會虧西南角日正在交中者
則虧於西故不嘗蝕東也若日中有虧名爲西
子不名爲蝕也漢尚書令黄香曰日蝕皆從西
月蝕皆從東無上下中央者春秋魯桓三年日
蝕貫中下上竟黑疑者以爲日月正等月何得
小而見日中鄭玄云月正掩日日光從四邊出
故言從中起也王逸以爲月若掩日當蝕日西

月行既疾須臾應過西崖既復次食東崖今察
日蝕西崖缺而光已復過東崖而獨不掩逸之
此意實爲巨疑先儒難月以望蝕去日極遠誰
蝕月乎說者稱日有暗氣天有虛道常與日衡
相對月行在虛道中則爲氣所弇故月爲蝕也
雖時加夜半日月當子午正隔於地猶爲暗氣
所蝕以天體大而地形小故也暗虛之氣如以
鏡在日下其光耀魄乃見於陰中常與日衡相
對故當星星亡當月月蝕今問之曰星月同體

俱兆日耀當月之蝕星不必亡若更有所當星
未嘗蝕同稟異虧其故何也荅曰日爲陰主以
當陽位體敵勢交自招盈損星雖同類而精景
陋狹小毀皆亡無有受蝕之地纖光可滿亦不
與弦望同形又難曰日之夜蝕驗於夜星之亡
晝蝕既盡晝星何故反不見荅之曰夫言光有
所衝則有不衝之光矣言有所當亦有所不當
矣夜食度遠與所當而同没晝食度近由非衝
而得明又問太白經天實緣遠日今度近更明

於何取喻荅曰向論二蝕之體周衝不同經與
不經自由星遲疾難蝕引經恐未得也

日光色

建元四年十一月午時日色赤黃無光至暮在
箕宿
二年閏正月乙酉日黃赤無光至暮
永明五年十一月丁亥日出高三竿失色赤黃

日暈虹抱珥直背

建元元年十二月未時日暈帀黃白色至申乃

南齊書志四　七

消散
永明二年正月丁酉日交暈再重
三年二月丁卯日有半暈暈上生一闕
四年五月丙午日暈再重仍白虹貫日在東井
度
六年三月甲申日於蘭雲中薄半暈須臾過帀
日東南暈外有一直竝黃色壬辰日暈須臾日
西北生虹貫日中
八年十一月己亥日半暈南面不帀日東西帶

暈各生珥長三尺白色珥各長十丈許正衝日
久久消散背因成重暈竝青絳色
九年正月甲午日半暈南面不帀北帶暈生一
抱東西各生一珥抱北又有半暈抱珥竝黃色
北又生白虹貫日久久消散
建元元年六月甲申日南北兩珥西有抱黃白
色
永明二年十一月辛巳日東北有一背
三年十一月庚寅日西北有一背

南齊書志四　八

四年正月辛巳日南北各生一珥又生一背
十二月辛未日西北生一直黃白色戊寅日北
生一背青絳色
五年八月己卯日東南生一珥竝青絳色
六年二月丁巳日東北生黃色北有一珥黃赤
色久久竝散庚申日西有一背赤青色東西生
一直南北各生一珥竝黃白色
七年十月癸未日東北生一背青赤色須臾消
八年六月戊寅日於倉白雲中南北各生一珥

青黃絳雜色澤潤並長三尺許至巳午消
隆昌元年正月壬戌日於蘭雲中暈南北帶暈各生一直同長一丈須臾消
永元元年十二月乙酉日中有三黑子

月暈犯

建元四年十月庚寅月暈五車及參頭
永明元年正月壬辰是日至十五日月三暈太微及熒惑
三月庚申至十三日月三暈太微及熒惑
五年二月乙未自九日至是日月三暈太微
六年二月壬戌甲夜十三日甲夜十五日甲夜月並暈太微
永明元年十月己未月南北各生一珥又有一抱月犯列星

建元元年七月丁未月犯心大星北一寸丁卯月入軒轅中犯第二星
十月丙申月在心大星西北七寸
十一月壬戌月在氐東南星五寸
十二月乙酉月犯太微西蕃南頭第一星庚寅月行房道中無所犯癸巳月入南斗魁中無所犯
二年三月癸卯月犯心大星又犯後星
五月庚戌月入南斗
七月己巳月入南斗
三年二月癸巳月犯太微上將
四年二月乙亥月犯輿鬼西北星丙子月犯南斗魁第二星辛未月犯心大星又犯後星
四月壬辰月犯軒轅左民星庚子月犯箕東北星
五月丙寅月犯心後星戊寅月掩昴西北星
六月乙未月犯箕東北星
七月癸亥月行南斗魁中無所犯庚辰月犯軒轅女主

八月庚子月犯昴西南星壬寅月犯五車東南星壬申月犯軒轅少民星
九月丁巳月犯箕東北星壬辰月在營室度入羽林中二十日月入輿鬼犯積尸
十一月甲戌月犯五車南星
十二月丁酉月犯軒轅女主星又掩女御
永元元年正月己亥月犯心後星
三月乙未月犯軒轅女主星
六月癸酉月犯輿鬼西南星

八月乙丑月犯南斗第四星又犯輿鬼星
九月庚辰月犯太白左蕃度癸巳月犯東井北
轅西頭第一星
十二月丁卯月犯心前星又犯大星己巳月犯南斗第五星
二年二月甲子月犯南斗第四星又犯第三星
三月丁丑犯東井北轅北頭第一星
四月戊申月犯軒轅右角
六月丙寅月犯東井轅頭第一星
八月丙午月掩心大星戊申月犯南斗第三星

戊子月犯東井北轅西頭第一星
十一月庚辰月犯昴星丙戌月犯軒轅左角
十二月壬戌月犯心前星又犯大星
三年二月己未月犯南斗第五星
三月壬申月在東井無所犯
六月丙午月掩心前星
八月丙辰月犯東井北轅第二星
九月癸未月犯東井南轅西頭第一星
四年正月癸酉月入東井無所犯乙亥月犯輿鬼

閏月辛亥月犯房
二月丁卯月犯東井鉞
三月乙未月入東井無所犯
七月辛亥月犯東井
八月戊寅月犯東井
九月辛卯月與太白於尾合宿丙午月入東井
十一月辛丑月入東井曠中辛亥月犯房北頭
第二星
十二月己巳月犯東井北轅東頭第二星辛巳

月犯南斗第六星
五年正月丙午月犯房鈎鈐
二月癸亥月犯東井南轅西頭第二星
三月癸卯月犯南斗第二星
六月乙丑月犯南斗第六星在南斗七寸丙
寅月犯西建星北一尺
史臣曰月令昏明中星皆二十八宿箕斗之間
微爲疎闊故仲春之與孟秋建星再用與宿度
竝列亟經陵犯災之所主未有舊占石氏星經

云斗主爵祿褒賢進士故置建星以爲輔若犯
建之異不與斗同則據文求義亦宰相之占也
七月丁未月行入東井曠中無所犯
八月壬申月在畢犯左股第二星西北三寸
九月戊子月在塡星北二尺八寸爲合宿
十月戊寅月入氐犯東南星西北一尺餘
十一月戊寅月入氐
十二月戊午月在東壁度在熒惑北相去二尺
七寸爲合宿甲子月在東壁度東南九寸爲犯

癸酉月在歲星南七寸爲犯
六年正月戊戌月在角星南相去三寸
二月丁卯月在氐西南六寸
三月乙未月入氐中在歲星南一尺一寸爲合宿
四月癸丑月犯東井南轅西頭第二星壬戌月
在氐西南星東南五寸爲犯漸入氐中與歲星
同在氐度爲合宿癸亥月行在房北頭第一星
西南一尺爲犯
六月乙卯月在角星東一寸爲犯丁巳月行入

氐無所犯在歲星東三寸爲合宿
七月乙酉月入房北頭第二次相星西北八寸
爲犯庚寅月在牽牛中星南二寸爲犯庚子月
行在畢左股第一星七寸爲犯又進入畢
八月壬子月行在歲星東二尺五寸同在氐中
爲合宿
九月庚辰月在房北頭第一上相星東北一尺
爲犯又掩犯關楗閉星丁酉月行入東井甲辰
月在左角星西北九寸爲犯又在熒惑西南一

尺六寸爲合宿
十月癸酉月入氐中在西南星東北三寸爲犯
閏月壬辰月行入東井
十一月丙戌月行入羽林中無所犯乙未月行
在東井南轅西頭第二星南一尺爲犯丙寅月
在左角北八寸爲犯辛未月行在太白東北一
尺五寸同在箕度爲合宿
十二月甲申月行在畢左股第二星北七寸爲
犯乙未月行入氐西南星東北一尺爲犯丙申

月在房北頭上相星北一尺爲犯
七年正月甲寅月入東井曠中無所犯戊辰月
掩犯牽牛中星
二月辛巳月掩犯東井北轅東頭第一星
三月庚申月在歲星西北三尺同在箕度爲
合宿
四月乙酉月入氐中無所犯丙戌月犯房星北
頭第一上相星北一尺在楗閉西北四寸爲犯
六月乙酉月犯牽牛中星乙未月入畢在左股

第二星東八寸爲犯
七月丁未月入氐中無所犯戊申在楗閉星東
北一尺爲犯
八月甲戌月入氐在西南星東北一尺爲犯庚
寅月在畢右股第一星東北一尺爲犯
九月丁巳月掩犯畢右股第一星庚申月在東
井北轅東頭第一星西北八寸爲犯
十月甲申月行掩畢左股第三星丁酉月行在
楗閉星西北八寸爲犯

十二月壬午月在東井北轅東頭第一星北八
寸爲犯
八年正月丁巳月在亢南頭第二星南七寸爲
犯
二月己巳月行在畢右股第一星東北六寸爲
犯
六月甲戌月在亢南頭第二星西南七寸爲犯
八月乙亥月在牽牛中星南九寸爲犯辛卯月
在軒轅女御南八寸爲犯

九月辛酉月在太微左執法星南四寸爲犯
十月壬午月入東井曠中無所犯戊子月在太
微右執法星東南六寸爲犯
十一月戊戌月行在填星北二尺二寸
爲合宿乙卯月行在太微右執法星南
二寸爲犯
十二月庚辰月行在軒轅右角星南二寸爲犯
癸未月掩犯太微右執法
九年正月辛丑月在畢躔西星北六寸爲犯

庚申月在歲星西北二尺五寸同在須女度爲合宿
二月辛未月入東井曠中無所犯壬申月行東
井北轅東頭第一星北九寸爲犯
三月丙申月入畢在左股第二星東北六寸又
掩大星
四月庚午月在軒轅女御星南八寸爲犯癸酉
月在太微東南頭上相星南八寸爲犯癸未月
在歲星北爲犯在危度
五月庚子月行掩犯太微在執法丁未月掩犯

東建西星
七月癸巳月在太白東五寸爲犯乙未月在太
微東蕃南頭上相星西南五寸爲犯壬寅月掩
犯東建星癸卯月在牽牛南星北五寸爲犯乙
巳月在歲星北六寸爲犯
閏七月辛酉月在軒轅女御星西南三寸爲犯
八月月在軒轅左民星東八寸爲犯
九月乙丑月掩牽牛南星癸未月入太微在右
執法東北四寸爲犯甲申月掩太微東蕃南頭

上相星
十月甲午月行在塡星西北八寸爲犯在虛度
戊申月在軒轅女主星南四寸掩女御並爲犯
辛亥月入太微左執法東北七寸爲犯
十一月壬戌月行掩犯歲星己巳月在畢右股
大星東一寸爲犯辛未月在東井南轅西頭第
二星南八寸爲犯又入東井曠中丙子月入在
軒轅左民星東北七寸爲犯丁丑月行在太微
西蕃上將星南五寸爲犯

十二月庚寅　在歲星東南八寸爲犯丙午
月掩犯太微東蕃南頭上相星
十年正月庚午月在軒轅右角大民星南八寸
爲犯
二月己亥月行太微在右掖門甲辰月行入氐
中掩犯東北星壬子月行入羽林
三月己卯月行入羽林在塡星東北七寸爲犯
在危四度
四月甲午月行入太微在右掖門內丙午月行

在危度入羽林
五月己巳月掩南斗第三星甲戌月行在危度
入羽林
六月戊子月在張度在熒惑星東三寸爲犯己
丑月行入太微在右掖門丁酉月掩西建星西
丁未月行入畢犯右股大赤星
七月甲戌月行在畢躔星西北六寸爲犯丁丑
月在東井北轅東頭第二星西南九寸爲犯
八月辛卯月行西建星東一尺又在東星西四

寸爲犯壬寅月行在畢右股大赤星東北四寸
爲犯甲辰月行入東井曠中無所犯戊申月行
在軒轅女主星西九寸爲犯辛亥月入太微在
左執法星北二尺七寸爲犯
九月癸亥月行掩犯填星一寸在危度
十月辛卯月在危度入羽林無所犯癸亥月入
東井曠中無所犯
十一月甲子月入畢進右股大赤星西北五寸
爲犯壬申月入太微在右執法星東北一尺三

寸無所犯丁丑月入氐無所犯
十二月甲午月入東井曠中又進北轅東頭第
二星四寸爲犯庚子月入太微在右執法星東
北三尺無所犯
十一年正月辛酉月入東井曠中無所犯乙丑
月在軒轅女主星北八寸爲犯壬申月行在氐
星東北九寸爲犯
二月甲午月行入太微在上將星東北一尺五
寸無所犯壬寅月行掩犯南斗第六星癸卯月

掩犯西建中星又掩東星
四月乙丑月入太微在右執法西北一尺四寸
無所犯壬寅月行在危度入羽林無所犯
五月丁巳月行入太微左執法星北三尺無所
犯甲子月行在南斗第二星西七寸爲犯乙丑
月掩犯西建中星又犯東星六寸
六月辛丑月行掩犯畢左股第三星壬寅月入
畢七月壬子月入太微在左執法東三尺無所
犯丙辰月行入氐在東北星西南六寸爲犯己

未月行南斗第六星南四寸爲犯庚申月行在西建星東南一寸爲犯

九月庚寅月行在哭星西南六寸爲犯壬辰日行在營室度入羽林無所犯丁酉月入畢在右股大赤星西北六寸爲犯乙亥月入東井曠中無所犯乙巳月行大微當右掖門内在屏星西南六寸爲犯

十月壬午月行在東建中星九寸爲犯

十一月壬子月在哭星南五寸爲犯辛酉月行

在東井鉞星南八寸又在東井南轅西頭第一星南五寸竝爲犯進入井中丁卯月入太微壬申月行入氐無所犯

十二月辛巳月入羽林又入東井曠中又入東井北轅西頭第二星南六寸爲犯乙未月入太微在右執法星東北二尺無所犯乙亥月入氐無所犯

隆昌元年正月辛亥月入畢在左股第一星東南一尺爲犯

三月辛亥月在東井北轅西頭第二星東七寸爲犯甲申月入太微在屏星南九寸爲犯

六月乙丑月入畢在右股第一星東北五寸爲犯又在歲星東南一尺爲犯丁卯月入東井南轅西頭第一星東北七寸爲犯

泰元元年七月月掩心中星

志第四　南齊書十二

志第五　　南齊書十三

臣蕭　子顯　撰

天文下

史臣曰天文設象宜備內外兩宮但災之所躔不必遍行景緯五星精晷與二曜而爲七妖祥是主曆數攸司蓋有殊於列宿也若北辰不移據在杠軸衆星動流實繫天體五星從伏非關二義故徐顯思以五星爲非星麑書論之詳矣

五星相犯列宿雜災

建元元年八月辛亥太白犯軒轅大星

九月癸丑太白從行於軫犯填星

二年六月丙子太白晝見

四年二月丙戌太白晝見在午上

六年辛卯太白晝見午上庚子太白入東井無所犯

七月己未太白有光影

八月戊子太白從軒轅犯女主星甲辰太白從行犯軒轅少民星

九月己卯太白從行犯太微西蕃上將辛酉太白從行入太微在右執法星西北一尺戊辰太白從行犯太微左執法

十二月壬子太白從行犯填星在氐度丙辰太白從行犯房北頭第一星丁卯太白犯楗閉星

永明元年六月己酉太白行犯太微上將星辛酉太白行犯太微左執法

八月甲申太白犯南斗第四星

九月乙酉太白犯南斗第三星壬辰太白熒惑

合同在南斗度

十月丁卯太白犯哭星

二年正月戊戌太白晝見當午上

三月甲戌太白從行入羽林

四月丙申太白從行犯東井鉞星

六月戊辰太白熒惑合同在輿鬼度己巳太白從行輿鬼度犯歲星

三年四月丁未太白晝見癸亥太白晝見當午上

五月戊子太白犯少民星

八月丁巳太白晝見當午上
十一月壬申太白從行入氐
十二月己酉太白塡星合在箕度
四年九月壬辰太白晝見當午丙午太白犯
南斗
十一月庚子太白入羽林又犯天關
五年五月丁酉太白晝見當午上庚子太白三
犯畢左股第一星西南一尺
六月甲戌太白犯東井北轅第三星在西一尺

八月甲寅太白從行入軒轅在女主星東北一
尺二寸不爲犯戊辰太白從在太微西蕃上將
星西南五寸辛巳太白從在太微左執法星西
北四寸
六年四月辛酉太白從在熒惑北三寸爲犯並
在東井度
五月癸卯太白晝見當午上
六月己巳太白從在太微西蕃右執法星東南
四寸爲犯

七月癸巳太白在氐角星東北一尺爲犯
八月乙亥太白從行在房南第二左股次將星
西南一尺爲犯
閏八月甲午太白晝見當午
十一月戊午太白從在歲星西北四尺同在尾
度又在熒惑東北六尺五寸在心度合宿
十二月壬寅太白從行在塡星西南二尺五寸
斗度
七年二月辛巳太白從行入羽林

十月癸酉太白在歲星南相去一尺六寸從在
箕度爲合
十一月丁卯太白從行入羽林
八年正月丁未太白晝見當午上
六年戊子太白從行入東井己丑太白晝見當
午
八月庚辰太白從在軒轅女主星南七尺爲犯
九月丙申太白從行在太微西蕃上將星西南
一尺爲犯丁未太白從行入大微辛酉太白從

行在進賢西五寸爲犯
十月乙亥太白從行在亢南第二星西南一尺
爲犯甲申太白從行入氐
十一月戊戌太白從行在房北頭第二星東北
一寸又在揵閉星西南七寸並爲犯又在熒惑
西北二尺爲合宿癸卯太白從行在熒惑東北
一尺爲犯
九年四月癸未太白從歷夕見西方從疾參宿
一度比來多陰至己丑開除已見在日北當西

北維上薄昏不見宿星則爲先歷而見
六月丙子太白晝見當午上
七月辛卯太白從行入太微在西蕃上將星北
四寸爲犯
九月乙亥太白從行在南斗第四星北二寸爲
犯丁卯太白在南斗第三星西一寸爲犯
十年二月甲辰太白從行入羽林
五月辛巳太白從行入東井在軒轅西第一星
東六寸爲犯

七月乙丑太白從行在軒轅大星東八寸爲犯
十一年正月戊辰太白從行在歲星西北六寸
爲犯在奎度
二月丁丑太白從行東井北轅西頭第一星東
北一尺爲犯
四月戊子太白在五諸侯東第二星西北六寸爲犯
辛丑太白從行入輿鬼在東北星西南四寸爲犯
五月戊午太白晝見當午名爲經天癸亥太白
從行入軒轅大星北一尺二寸無所犯

九月己酉太白晝見當午上
十月丙戌太白行在進賢星西南四寸爲犯
十一月戊戌太白從行入氐丁卯太白從行在
揵閉星西北六寸爲犯
十二月壬辰太白從行在南斗第六星東南一
尺爲犯辛丑太白從行在西建東星西南一尺
爲犯
建元元年五月己未熒惑犯太微西蕃上將又
犯東蕃上將

二年十月辛酉熒惑守太微
四年六月戊子熒惑從行入東井無所犯戊戌
熒惑在東井度形色小而黃黑不明丁丑熒惑
太白同在東井度
七月甲戌熒惑從行入輿鬼犯積尸
十月癸未熒惑從行犯太微西蕃上將星丙戌
熒惑從入太微
十一月丙辰熒惑後行在太微犯右執法
永明元年正月己亥熒惑逆犯上相辛亥熒惑

守角庚子熒惑逆入太微
三月丁卯熒惑守太白
六月戊申熒惑從犯亢己巳熒惑從行犯氐東
南星
七月戊寅熒惑填星同在氐度丁亥熒惑行犯
房北頭第二星
八月乙丑熒惑從行犯天江甲戌熒惑犯南斗
第五星
十一月丙申熒惑入羽林

二年八月庚午熒惑犯太微西蕃上將癸未熒
惑犯太微右執法丁酉熒惑犯太微右執法
十月庚申熒惑犯進賢
十一月壬辰熒惑犯亢南第二星丙申熒惑犯
亢南星
十二月乙卯熒惑入氐
三年二月乙卯熒惑在房北頭第一星西北一
尺徘徊守房
四月戊戌熒惑犯

六月乙亥熒惑犯房癸亥熒惑犯天江南頭第
二星
八月丁巳熒惑犯南斗第五星
十一月丙戌熒惑從行入羽林
四年八月戊辰熒惑入太微癸酉熒惑犯太微
右執法戊子熒惑在太微
九月戊申熒惑犯歲星己酉熒惑犯歲星芒角
相接
十月丁丑熒惑犯亢南頭第一星

十一月庚寅熒惑犯氐西南星
十二月己未熒惑犯房北頭第一星庚申熒惑
入房北犯鈎鈐星
五年二月乙亥熒惑填星同在南斗度爲合宿
九月乙未熒惑從行在哭星東相去半寸
六年四月癸丑熒惑伏在參度去太白二尺五
寸辰星去太白五尺三星爲合宿甲戌熒惑在
辰星東南二尺五寸俱從行入東井曠中無
所犯

閏四月丁丑熒惑從行在氐西南星北七寸爲
犯己卯熒惑從行入氐無所犯乙巳熒惑從行
在房北頭第一上將右驂星南六寸爲犯又在
鈎鈐星西北五寸
十一月丙寅熒惑從行在歲星西相去四尺同
在尾度爲合宿
七年二月丙子熒惑從行在填星西相去二尺
同在牽牛度爲合宿
三月戊午熒惑從在泣星西北七寸戊辰熒惑

從行入羽林
八月戊戌熒惑逆入羽林
九月乙丑熒惑入羽林成句已
八年四月丙申熒惑從行入輿鬼在西北星東
南二寸爲犯
十月乙亥熒惑入氐
十一月乙未熒惑從入北落門在第一星東南
去鈎鈐三寸爲犯
九年三月甲午熒惑從在填星東七寸在歲星南

六寸同在虛度爲犯爲合宿
四月癸亥熒惑從行入羽林
閏七月辛酉熒惑從行在畢左股星西北一寸
爲犯
八月十四日熒惑歷伏在昴三度前先曆在畢
度二十一日始逆行北轉垂及玄冬熒惑囚死
之時而形色漸大於常
十年二月庚子熒惑從入東井北轅西頭第一
星西二寸爲犯

三月癸未熒惑從行在輿鬼西北七寸爲犯乙
酉熒惑從行入輿鬼
六月壬寅熒惑從行入太微
十一年二月庚戌熒惑從在鎮星西北六寸爲
犯同在營室
五月戊午熒惑從行在歲星西南六寸爲犯同
在婁度
八月辛巳熒惑從行入東井在南轅西第二星
東北一尺四寸

十一月丁巳熒惑逆行在五諸侯東星北四寸
爲犯
隆昌元年三月乙丑熒惑從行入輿鬼西北星
東一寸爲犯癸酉熒惑從行在輿鬼積尸星東
北七寸爲犯
閏三月甲寅熒惑從入軒轅
五月丁酉熒惑從入太微在右執法北二寸爲犯
建元四年正月己卯歲星太白俱從行同在婁
度爲合

六月丁酉歲星晝見
永明元年五月甲午歲星入東井
七月壬午歲星晝見
三年五月丙子歲星與太白合
六月辛丑歲星與辰星合
十月己巳歲星從入太微
十一月甲子歲星從入太微犯右執法
四年閏二月丙辰歲星犯太微上將
三月庚申歲星犯太微上將

四月己未歲星犯右執法
八月乙巳歲星犯進賢又與熒惑於軫度合宿
五年二月癸卯歲星犯進賢
六月甲子歲星晝見在軫度
十月己未歲星從在氐西南星北七寸又辰星
從入氐在歲星西四尺五寸又太白從在辰星東
相去一尺同在氐度三星爲合宿
十二月甲戌歲星晝見
六年三月甲申歲星逆行入氐宿

六月丙寅歲星晝見在氐度
八年三月庚申歲星守牽牛
九年二月壬午歲星從在填星西七寸同在虛
度爲合
閏七月辛酉歲星在泣星北五寸爲犯又守填
星九月辛卯在泣星西一尺五寸爲合
永明元年六月辰星從行入太微在太白西北
一尺
二年八月甲寅辰星於翼犯太白

九年六月丙子辰星隨太白於西方在七星度
相去一尺四寸爲合宿
十一年九月丙辰辰星依曆應夕見西方亢宿
一度至九月八日不見
隆昌元年正月丙戌辰星見危度在太白北一
尺爲犯
建元三年十月癸丑填星逆行守氐
四年七月戊辰填星從行入氐
永明元年正月庚寅填星守房心

三月甲子填星逆行犯西咸星
二年二月戊辰填星犯東咸星
四年十二月辛巳填星犯建星
七年十二月戊辰填星在須女度又辰星從在
填星西南一尺一寸爲合宿
八年三月庚申填星守哭尾
九年七月庚戌填星逆在泣西星東北七寸
爲犯
十月甲午填星從行在泣星西北五寸爲犯

流星災
建元元年十月癸酉有流星大如三升塸色白
尾長五丈從南河東北二尺出北行歷輿鬼西
過未至軒轅後星而沒沒後餘中央曲如車輪
俄頃化爲白雲久乃滅流星自下而升名曰飛星
三年十月丙午有流星大如月赤白色尾長七
丈西北行入紫宮中光照牆垣
四年正月辛未有流星大如三升塸赤色從北
極第二星北一尺出北行一丈而沒

九月壬子流星如鵝卵從柳北出入軒轅又一
枚如瓜大出西行没空中
永明元年六月己酉有流星如二升椀從紫宫
出南行没氐
二年三月庚辰有流星如二升椀從天市中出
南行在心後
四年二月乙丑有流星大如一升器戊辰有流
星大如五升器
四月丁卯有流星大如一升器從南斗東北出
西行經斗入氐

六月丙戌有流星大如鴨卵從匏瓜南出至虚
而入
八月辛未有流星大如三升塸從觜星南出西
南行入天潢没
十一月戊寅有流星大如二升塸白色從亢東
北出行入天市
十二月丁巳有流星大如三升椀白色從天市
帝座出東北行一丈而没

五年六月辛未有流星大如三升器没後有痕
九月丙申有流星大如四升器白色有光照地
十二月甲子西北有流星大如鴨卵黄白色尾
長六尺西南行一丈餘没
六年三月癸酉有流星大如鴨卵赤色無尾
四月丙辰北面有流星大如二升器白色北行
六尺而没
七月癸巳有流星大如鵝卵白色從匏瓜南出
西南行一丈没空中須臾又有流星大如五升
器白色從北河南出東北行一丈三尺没空中

十月戊寅南面有流星大如雞卵赤色在東南
行没没後如連珠
十二月壬寅有流星大如鵝卵黄白色尾長三
丈有光没後有痕從梗河北西行一丈許没空中
七年正月甲寅有流星如五升器白色尾長四
尺從坐旗星出西行入五車而過没空中
六月丁丑流星大如二升器黄赤色有光尾長
六尺許從亢南出西行入翼中而没没後如

連珠

十月乙丑有流星如三升器赤黃色尾長六尺出紫宮内北極星東南行三丈没空中壬辰流星如三升器白色有光從五車北出行入紫宮抵北極第一第二星而過落空中尾如連珠仍有音響似雷太史奏名曰天狗

八年四月癸巳有流星如二升器黃白色有光從心星南一尺許出南行二丈没没後如連珠丁巳流星如鵝白色長五丈許從角星東北二

尺出西北行没太微西蕃上將星間

六月癸未有流星如鴨卵赤色從紫宮中出西南行未至大角五尺許没

七月戊申有流星如五升器赤白色長七尺東南行二丈没空中

十月乙亥有流星如鵝卵白色從紫宮中出西北行三丈許没空中

十一月乙未有流星如鵝卵赤白色有光無尾從氐北一丈出南行入氐中没辛丑流星如鵝

卵白色從參伐出南行一丈没空中又有一流星大如三升器白色從軫中出東南行入翼中没

九年五月庚子有流星如雞子白色無尾從紫宮裏黃帝座星西二尺出南行一丈没空中丁未流星如李子白色無尾從奎東北大星東二尺出東北行至天將軍而没戊申流星如鵝卵黃白色尾長二丈從箕星東一尺出南行四丈没

七月乙卯西南有流星大如二升器白色無尾西南行一丈餘没戊午有流星如二升器黃白

色有光從天江星西出東北經天過入參中而没没後如連珠

閏七月戊辰流星如鵝卵赤色尾長二尺從文昌西行入紫宮没己巳西南有流星如二升器白色西南行一丈没

九月戊子有流星大如雞卵白色從少微星北頭出東行入太微抵帝座星而過未至東蕃次相一尺没如散珠

十年正月甲戌有流星如五升器白色從氐中

出東南行經房道過從心星南二尺没
三月癸未有流星如雞卵青白色尾長四尺從
牽牛南八寸出南行一丈没空中
十一年二月壬寅東北有流星如一升器白色
無尾北行三丈而没
四月丙申有流星如三升器白色有光尾長一
丈許從箕星東北一尺出行二丈許入斗度没
空中臨没如連珠
五月壬申有流星大如雞子黃白色從太微端

門出無所犯西南行一丈許没没後有痕
七月辛酉有流星如雞子赤色無尾從氐中出
西行一丈五尺波空中戊寅有流星如雞卵黃
白色從紫宮東蕃內出東北行一丈五尺至北
極第五星西北四尺没
九月乙酉有流星如鴨卵黃白色從婁南一尺
出東行二丈
十二月己丑西南有流星如三升器黃赤色無
尾西南行三丈許没散如遺火

永元三年夜天開黃色明照須臾有物絳色如
小甕漸漸大如倉廩聲隆隆如雷墜太湖中野
雉皆雊世人鳴爲木殃史臣案春秋緯天狗如
大奔星有聲望之如火見則四方相射漢史云
西北有三大星如日狀名曰天狗天狗出則人
相食天官云天狗狀如大鏡星又云如大流星
色黃有聲其止地類狗所墜望之如火光炎炎
衝天其上銳其下圓如數頃田見則流血千里
破軍殺將漢史又云照明下爲天狗所下兵起

血流昭明星也洛書云昭明見而霸者出運斗
樞云昭明有芒角兵徵也河圖云太白散爲天
狗漢史又云有星出其狀赤白有光即爲天狗
其下小無足所下國易政衆說不同未詳孰是
摧亂亡之運此其必天狗乎

老人星

建元元年十一月戊辰老人星見南方丙上八月
癸卯祠老人星
永明三年八月丁酉老人星見南方丙上

六年八月壬戌老人星見南方丙上
七年七月壬戌老人星見南方丙上
九年閏七月戊寅老人星見南方丙上
十年八月乙酉老人星見
十一年九月丙寅老人星見南方丙上

白虹雲氣

建元四年二月辛卯白虹貫日
永明十年七月癸酉西方有白虹須臾滅
十一年九月甲午西方有白虹南頭指申北頭

指戌上乆乆消滅
建元四年二月辛卯黑氣大小二枚東至卯西
至酉廣五丈乆乆消滅
永明二年四月丁未北斗第六第七星閒有一
白氣
四年正月辛未黃白氣長丈五尺許入太微
永明四年正月癸未南面有陣雲一丈許
五年四月己巳有雲色黑廣五尺東頭指丑西
頭指酉並至地

十一月乙巳東南有陣雲高一丈北至卯東南
至巳乆乆散漫
六年二月癸亥東西有一梗雲平天曲向西蒼
白色
三月庚辰南面有梗雲黑色廣六寸
七年十月辛未有梗雲蒼黑色東頭至寅西頭
指酉廣三尺貫紫宮乆乆消沒
八年十一月乙未有梗雲黑色六尺許東頭至
卯西頭至酉乆乆散漫

十二月庚辰南面有陣雲黑色高一丈許東頭
至巳西頭至未乆乆散漫
十一年七月丙辰東面有梗雲蒼白色廣二尺
三寸南頭指巳至地北頭指子至地乆乆漸散
漫

贊曰陽精火鏡陰靈水存有稟有射代爲明昏
垂光滿蓋列景周渾具位因田[illegible]災生
霣薄崇起飛奔弗忘人懼瑜[illegible]天道
竈亦多言

志第五　南齊書十三

志第六　南齊書十四

臣蕭子顯　撰

州郡上

揚　南徐　豫　南豫　南兗

北兗　北徐　青　冀　江

廣　交　越

揚州京輦神皐漢魏刺史鎮壽春吳置持節
督州牧八人不見揚州都督所治晉太康元年
吳平刺史周浚始鎮江南元帝爲都督渡江左
遂成帝畿望實隆重領郡如左

丹陽郡

建康　秣陵　丹陽　溧陽　永世

湖熟　江寧　句容

會稽郡

山陰　永興　上虞　餘姚　諸暨

剡　鄮　始寧　句章　鄞

吳郡

吳　婁　海虞　嘉興　海鹽

錢唐　富陽　鹽官　新城　建德
壽昌　桐廬
吴興郡
烏程　武康　餘杭　東遷　長城
於潛　臨安　故鄣　安吉　原鄉
東陽郡
長山　太末　烏傷　永康　信安
吴寧　豐安　定陽　遂昌
新安郡
始新　黟　遂安　歙　海寧

臨海郡
章安　臨海　寧海　始豐　樂安
永嘉郡
永寧　安固　松陽　橫陽　樂成
南徐州鎮京口吴置幽州牧屯兵在焉丹徒水道入通吴會孫權初鎮之爾雅曰絕高爲京今京城因山爲壘望海臨江緣江爲境似河內郡內鎮優重宋氏以來桑梓帝宅江左流寓多出膏腴領郡如左
南東海郡
郯　祝其　襄賁　利成　西隰
丹徒　武進
晉陵郡
晉陵　無錫　延陵　曲阿　暨陽
南沙　海陽
義興郡 永明二年割屬揚州後復舊
陽羨　臨津　國山　義鄉　綏安

南琅邪郡 本治金城永明徙治白下
臨沂　江乘　蘭陵　承 建武三年省
譙 建元二年平陽郡流民在臨江郡者立宣譙縣郡改爲譙永明元年省懷化一縣并屬
臨淮郡 自此以下郡無實土
海西　射陽　淩　淮陰　東陽
淮浦 建武二年省
淮陵郡
司吾　武陽 建武三年省泰山郡屬　甄城　陽樂
徐 建武三年省

南東莞郡
東莞 莒 姑幕 建武三年省
南清河郡 南徐州領冀州
東武城 清河 貝丘 繹幕 建武二年省
南彭城郡
彭城 武原 傅陽 蕃 薛
開陽 洨 僮 下邳 建武三年省
呂 建武四年省 杼秋 建武四年省 北陵 建武四年省
南高平郡 宋太始五年僑置初寄治淮陰復徙淮南當塗二縣僑屬南豫後屬南徐

金鄉 高平
南濟陰郡
城武 單父 城陽 建武三年省
南濮陽郡
廩丘 東燕 會 鄄城 建武三年省濟陽郡度屬
楡次 建武二年省
南魯郡 建武二年省
魯 樊 西安 建武二年省
南平昌郡 建武三年省

安丘 郡省屬東莞 新樂 郡省屬東莞 東武 高密
南泰山郡 建武三年省
南城 郡省度屬平昌尋又省 廣平
南濟陽郡 建武三年省
考城 郡省度屬魯尋又省
豫州晉元帝永昌元年刺史祖約避胡賊自譙還治壽春壽春淮南一都之會地方千餘里有陂田之饒漢魏以來揚州刺史所治北拒淮水禹貢云淮海惟揚州也咸和四年祖約以城降胡復以庾亮爲刺史治蕪湖蕪湖浦水南入亦

爲險奥劉備謂孫權曰江東先有建業次有蕪湖庾亮經略中原以毛寶爲刺史治邾城爲胡所覆荆州刺史庾翼領州在武昌諸郡失土荒民數千無佃業翼表移西陽新蔡二郡荒民就陂田於尋陽穆帝永和五年胡僞揚州刺史王浹以壽春降而刺史或治歷陽進馬頭及譙不復歸舊鎭也哀帝隆和元年袁眞還壽春眞爲桓溫所滅溫以子熙爲刺史戍歷陽孝武寧康

元年桓沖移姑孰以邊寇未靜分割譙梁二郡見民置之浣川立爲南譙梁郡十二年桓石虔還歷陽庾准爲刺史表省諸權置皆還如本義熙二年劉毅復鎮姑孰上表曰忝任此州地不爲曠西界荒餘密邇寇虜北垂蕭條土氣彊獷民不識義唯戰是習逋逃不逞不謀日會比年以來無月不戰實非空乏所能獨撫請輔國將軍張暢領淮南安豐梁國三郡時豫州邊荒至乃如此十二年劉義慶鎮壽春後常爲州治撫接遐荒扞禦疆埸領郡如左

南汝陰郡 建元二年罷南陳左郡二縣并

愼 汝陰 宋 安陽 和城

南頓 陽夏 宋丘永元元年地志無 樊永元志無

鄭永元志無 東宋永元志無 南陳左縣永元志無

邊水永元志無

晉熙郡

新治 陰安 懷寧 南樓煩

齊興 太湖左縣

潁川郡

臨潁 邵陵 南許昌永元志無 曲陽

汝陽郡

武津 汝陽

梁郡 永元元年地志南梁郡領睢陽新汲陳蒙崇義五縣

北譙 梁 蒙 城父永元志屬南譙

北陳郡

陽夏 西華 萇平 項

陳留郡

浚儀 小黃 雍丘

南頓郡 永元元年地志無

和城 南頓

西南頓郡 寄治州永元元年地志無

西南頓 和城 譙 平鄉

北梁郡 永元元年地志無

北蒙 北陳

西汝陰郡

樓煩 汝陰 宋 陳永元志無 平豫永元志無

固始永元志無　新蔡永元志無　汝南永元志無　安城

北譙郡

寧陵　譙　蘄永元志屬南譙

汝南郡永元元年地志無

瞿陽　安城　上蔡

北新蔡郡

鮦陽　新蔡　固始　苞信

弋陽郡

期思　南新息　弋陽　上蔡　平輿

陳郡

南陳　長平永元志無　項永元志無　西華永元志無

陽夏永元志無

安豐郡

雩婁　新化　史水　扶陽　開化

邊城　松滋永元志屬北新蔡　安豐

尢城左郡

樂安　光城　茹由

邊城郡永元元年地志無

建寧郡

陽城　建寧

齊昌郡

陽塘　保城　齊昌　永興

右三郡永明四年割郢州屬

南豫州晉寧康元年豫州刺史桓冲始鎮姑熟後遷徙見晉書宋永初二年分淮東爲南豫州治歷陽而淮西爲豫州元嘉七年省幷大明元年復置治姑熟泰始二年治歷陽三年治宣城

五年省淮西没虜七年復分淮東置南豫建元二年太祖以西豫吏民寡刻分置兩州損費甚多省南豫左僕射王儉啓愚意政以江西連接汝潁土曠民希匈奴越逸唯以壽春爲阻若使州任得才虜動要有聲聞豫設防禦此則不俟南豫假令或慮一失醜羯之來聲不先聞胡馬倏至壽陽嬰城固守不能斷其路朝廷遣軍歷陽已當不得先機戎車初戒每事草創孰與方鎮常居軍府素正臨時配助所益實少安不忘

危古之善政所以江左屢分南豫意亦可求如聞西豫力役尚優粗可今得南譙等郡民户益薄於其實益復何足云太祖不從永明二年割揚州宣城淮南豫州歷陽譙廬江臨江六郡復置南豫州四年寇軍長史沈憲啓二豫分置以桑墺子亭爲斷潁川汝陽在南譙歷陽界内悉屬西豫廬江居晉熙汝陰之中屬南豫求以潁川汝陽屬南豫廬江還西豫七年南豫州別駕殷瀰稱潁川汝陽荒殘來久流民分散在譙歷

二境多蒙復除獲有郡名租輸益微府州絶無將吏空受名領終無實益但寄治譙歷於方斷之宜實應屬南豫二豫亟經分實廬江屬南豫瀕帶長江與南譙接境民黎租帛從流送州實爲便利遠踰西豫非其所願郡領灊舒及始新左縣村竹産府州採伐爲益不少府州新創異於舊蕃資役多闕實希得廬江請依昔分置尚書參議往年應遣歷須實故啓迴換今淮泗無虞宜許所牒詔可領郡如左

淮南郡
于湖 永明八年省甬城高平下邳三縣幷　繁昌　當塗
浚遒　定陵　襄垣

宣城郡
廣德　懷安　宛陵　廣陽　石城
臨城　寧國　宣城　建元　涇
安吳

歷陽郡
歷陽　龍亢　雍丘

南譙郡
山桑　蘄　北許昌 永元志無　扶陽
曲陽　嘉平

廬江郡
舒 建元二年爲郡治　灊　始新　和城 永元志無
西華 永元志無　呂亭左縣 建元二年割晉熙屬
譙 建元二年割南譙屬

臨江郡 建元二年罷幷歷陽後復置
烏江　懷德　酇

南兖州鎭廣陵漢故王國有江都浦水魏文帝伐吳出此見江濤盛壯歎云天所以限南北也晉元帝過江建興四年揚聲北討遣宣城公裒督徐兖二州鎭廣陵其後或還江南然立鎭自此始也時百姓遭難流移此境流民多庇大姓以爲客元帝大興四年詔以流民失籍使條名上有司爲給客制度而江北荒殘不可檢實明帝太寧三年郗鑒爲兖州鎭廣陵後還京口是後兖州或治盱眙或治山陽桓玄以桓弘爲青州鎭廣陵義熙二年諸葛長民爲青州徙山陽時鮮卑接境長民表云此蕃十載釁故相襲城池崩毁荒舊散伏邊疆諸戍不聞鷄犬且犬羊侵暴抄掠滋甚乃還鎭京口晉末以廣陵控接三齊故青兖同鎭宋永初元年罷青并兖三年檀道濟始爲南兖州廣陵因此爲州鎭土甚平曠刺史每以秋月多出海陵觀濤與京口對岸江之壯闊處也永明元年刺史柳世隆奏尚書符下土斷條格并省僑郡縣凡諸流寓本無定

憩十家五落各自星處一縣之民散在州境西至淮畔東届海隅今專罷僑邦不省荒邑雜居舛止與先不異離爲區斷無革游濫謂應同省隨堺并帖若鄉屯里聚二三百家井甸可脩區域易分者别詳立於是濟陰郡六縣下邳郡四縣淮陽郡三縣東莞郡四縣以散居無實土官長無廨舍寄止民村及州治立見省民户帖屬領郡如左

廣陵郡 建元四年罷北淮陽北下邳北濟陰東莞四郡并

海陵　廣陵　高郵　江都

齊寧 元明元年置

海陵郡

建陵　寧海　如臯　臨江　蒲濤

臨澤　齊昌 永明元年置　海安 永明五年罷新郡并此縣度屬

山陽郡

東城　山陽　鹽城　左鄉

盱眙郡

考城　盱眙　陽城　直瀆　長樂

南沛郡

沛　蕭　相

北兗州鎮淮陰地理志云淮陰縣屬臨淮郡郡國志屬下邳國晉太康地記屬廣陵郡穆帝永和中北中郎將荀羨北討鮮卑云淮陰舊鎮地形都要水陸交通易以觀釁沃野有開殖之利方舟運漕無他屯阻乃營立城池宋泰始二年失淮北於此立州鎮建元四年移鎮盱眙仍領盱眙郡舊北對清泗臨淮守險有平陽石鼈田

稻豐饒所領唯平陽一郡永明七年光祿大夫呂安國啓稱北兗州民戴尚伯六十人訴舊壤幽隔飄寓失所今雖創置淮陰而陽平一郡州無實土寄山陽境內竊見司徐青三州悉皆新立並有實郡東平既是望邦衣冠所係希於山陽盱眙二界間割小戶置此郡始招集荒落使本壤族姓有所歸依臣尋東平郡既是此州本領臣賤族桑梓願立此邦見許領郡如左

陽平郡 寄治山陽

泰清　永陽　安宜　豐國

東平郡

壽張 割山陽官瀆以西三百戶置

淮安 割直瀆破釜以東淮陰鎮下流雜一百戶置

高平郡

濟北郡

泰山郡

新平郡

魯郡

右荒

北徐州鎮鍾離漢志鍾離縣屬九江郡晉太康二年起居注置淮南鍾離未詳此前所省令晉地記屬淮南郡宋泰始末年屬南兗元徽元年置州割為州治防鎮緣淮永明元年省北徐譙梁魏陽平彭城五郡領郡如左

鍾離郡

燕縣 郡治　朝歌　虞 永明元年割馬頭屬

零 永明元年割馬頭屬

馬頭郡

己吾永明元年罷譙郡屬二年刺史戴僧靜又以濟陰并之

濟陰郡

頓丘永明元年罷定陶并　睢陵　樂平永明元年割鍾離屬

濟安永明元年割鍾離屬

新昌郡

頓丘　穀熟　尉氏

沛郡

相　蕭　沛

青州宋泰始初淮北沒虜六年始治鬱州上鬱州在海中周迴數百里島出白鹿土有田疇魚鹽之利劉善明爲刺史以海中易固不峻城雉乃累石爲之高可八九尺後爲齊郡治建元初徙齊郡治瓜步以北海治齊郡故治州治如舊流荒之民郡縣虛置至於分居土著蓋無幾焉建元四年移鎮朐山後復舊領郡如左

齊郡永明元年罷秦郡并之治瓜步

臨淄永明二年省華城縣并　齊安永明元年罷　西安

宿豫　尉氏　平虜　昌國　泰

益都

北海郡

都昌宋鬱縣建元故用漢名也　廣饒　贛榆　膠東

劇　下密　平壽

東莞琅邪二郡治朐山也

即丘　南東莞永明元年以流戶置　北東莞

冀州宋元嘉九年分青州置青州領齊濟南樂安高密平昌北海東萊太原長廣九郡冀州領廣川平原清河樂陵魏郡河間頓丘高陽勃海九郡泰始初遇虜寇並荒沒今所存者泰始之後更置立也二州共一刺史郡縣十無八九但有名存案宋志自知也建元初以東海郡屬冀州全領一郡

北東海郡治連口

襄賁　僮　下邳　厚丘　曲城

江州鎮尋陽中流衿帶晉元康元年惠帝詔荆揚二州疆土曠遠有司奏割揚州之豫章鄱陽

廬陵臨川南康建安晉安爲新州新安東陽宜
城舊豫章封內豫章之東北相去懸遠可如故
屬揚州又割荆州之武昌桂陽安成幷十郡可
因江水之名爲江州宜治豫章庾亮領刺史都
督六州云以荆江爲本校二州戶口雖相去
事實覺過半江州實爲根本臨終表江州宜治
尋陽以州督豫州新蔡西陽二郡治湓城接近
東江諸郡往來便易其後庾翼又還豫章義熙
後還尋陽何無忌表竟陵去治遼遠去江陵正

三百里荆州所立綏安郡民戶參入此境郡治
常在夏口左右欲資此郡助江濱戍防以竟陵
還荆州又司州弘農揚州松滋二郡寄尋陽人
民雜居宜竝見督今九江在州鎭之北彭蠡在
其東也領郡如左

尋陽郡
柴桑 彭澤

豫章郡
南昌 新淦 艾 建城 建昌
望蔡 新吳 永脩 吳平 康樂
豫章 豐城

臨川郡
南城 臨汝 新建 永城 宜黃
南豐 東興 安浦 西豐

廬陵郡
石陽 西昌 東昌 吉陽 巴丘
興平 高昌 陽豐 遂興

鄱陽郡

鄱陽 餘干 葛陽 樂安 廣晉
上饒

安成郡
平都 新喻 永新 萍鄉 宜陽
廣興 安復

南康郡
贛 雩都 南野 寧都 平固
陂陽 虔化（永明八年罷安遠縣幷） 南康

南新蔡郡

愼　苞信　陽唐左縣　宋

建安郡

吴興　建安　將樂　邵武　建陽

綏城　沙村

晉安郡

候官　羅江　原豐　晉安　温麻

廣州鎮南海濱際海隅委輸交部雖民戶不多而俚獠猥雜皆樓居山險不肯賓服西南二江川源深遠别置督護專征討之捲握之資富兼十世尉他餘基亦有霸迹江左以其遼遠蕃戚未有居者唯宋隨王誕爲刺史領郡如左

南海郡

番禺　熙安　博羅　增城　龍川

懷化　酉平　綏寧　新豐　羅陽

高要　安遠　河源

東官郡

懷安　寶安　海安　欣樂　海豐

齊昌　陸安　興寧

義安郡

綏安　海寧　海陽　義招　潮陽

程鄉

新寧郡

博林　南興　臨沇　甘泉　新成

威平　單牒　龍潭　城陽　威化

歸順　初興　撫納　平鄉

蒼梧郡

廣信　寧新　封興　撫寧　遂城

丁留　懷熙　猛陵　廣寧　蕩康

僑寧　思安

高涼郡

安寧　羅州　莫陽　西鞏　思平

禽鄉　平定

永平郡

夫寧　安沂　畯安　盧平　員鄉

蘇平　逋寧　雷鄉　開城　毗平

武林　豐城

晉康郡
威城　都城　夫阮　元溪　安遂
晉化　永始　端溪　賓江　熙寧
樂城　武定　悅城　文招　義立
新會郡
盆允　新夷　封平　初賓　封樂
義寧　新熙　永昌　始康　招集
始成
廣熙郡

龍鄉　羅平　賓化　寧鄉　長化
定昌　永熙　寶寧
宋康郡
廣化　石門　化隆　遂度　威覃
單城　開寧　海鄰　興定　綏定
宋隆郡
平興　招興　崇化　建寧　熙穆
崇德
海昌郡

綏建郡
寧化　招懷　永建　始化　新建
新招　四會　化蒙　化注　化穆
樂昌郡
始昌　樂山　宋元　義立　安樂
鬱林郡
布山　鬱平　阿林　建安　始集
龍平　賓平　新林　綏寧　中胄
領方　懷安　歸化　晉平　威化

桂林郡
武熙　騰溪　潭平　龍岡　臨浦
中留　武豐　程安　威定　潭中
安遠　安化　龍定
寧浦郡
安廣　簡陽　平山　寧浦　興道
吳安
晉興郡
晉興　熙注　桂林　增翊　安廣

廣鬱　晉城　鬱陽

齊樂郡

希平　觀寧　臻安　宋平　綏南

封陵

齊康郡

樂康

齊建郡

初寧　永城

齊熙郡

交州鎮交阯在海漲島中揚雄箴曰交州荒遰水與天際外接南夷寶貨所出山海珍怪莫與爲比民恃險遠數好反叛領郡如左

九眞郡

移風　胥浦　松原　高安　建初

常樂　津梧　軍安　吉龐　武寧

武平郡

武定　封溪　平道　武興　根寧

南移

新昌郡

范信　嘉寧　封山　西道　臨西

吳定　新道　晉化

九德郡

九德　咸驩　浦陽　南陵　都洨

越常　西安

日南郡

西捲　象林　壽泠　朱吾　比景

盧容　無勞

交阯郡

龍編　武寧　望海　句漏　吳興

西于　朱鳶　南定　曲昜　海平

嬴𨻻

宋平郡

昌國　義懷　綏寧

宋壽郡（建元二年割越州屬）

義昌郡（永元二年改沃屯置）

越州鎮臨漳郡本合浦北界也夷獠叢居隱伏

巖嶂寇盜不賓略無編户宋泰始中西江督護陳伯紹獵北地見二青牛驚走入草使人逐之不得乃誌其處云此地當有奇祥啓立爲越州七年始置百梁隴蘇永寧安昌富昌南流六郡割廣交朱鳶三郡屬元徽二年以伯紹爲刺史始立州鎭穿山爲城門威服俚獠土有瘴氣殺人漢世交州刺史每暑月輒避處高今交土調和越瘴獨甚刺史常事戎馬唯以貶伐爲務

臨漳郡

漳平 丹城 勞石 容城 長石

都并 綏端

合浦郡

徐聞 合浦 朱盧 新安 晉始

蕩昌 朱豐 宋豐 宋廣

永寧郡

杜羅 金安 蒙 廖簡 留城

百梁郡

百梁 始昌 宋西

安昌郡

武桑 龍淵 石秋 撫林

南流郡

方度

北流郡 永明六年立無屬縣

龍蘇郡

龍蘇

富昌郡

南立 義立 歸明

高興郡

宋和 寧單 高興 威成 夫羅

南安 歸安 陳蓮 高城 新建

思築郡

鹽田郡

杜同

定川郡

興昌

隆川郡

良國

齊寧郡建元二年置割鬱林之新邑建初二縣并

開城建元二年置　延海　新邑　建初

越中郡

馬門郡　鍾吴　田羅　馬陵　思寧

封山郡　安金

吴春俚郡永明六年立無屬縣

齊隆郡先屬交州中改爲越州永泰元年改爲齊隆還屬越州

志第六　南齊書十四

志第七　南齊書十五

州郡下　臣蕭子顯　撰

荆　巴　郢　司　雍

湘　梁　秦　益　寧

荆州漢靈帝中平末刺史王叡始治江陵吴時西陵督鎮之晉太康元年平吴以爲刺史治愍帝建興元年刺史周顗避杜弢賊奔建康陶侃爲刺史治沌口王敦治武昌其後或還江陵或在夏口桓温平蜀治江陵以臨沮西界水陸紆險行逕裁通南通巴巫東南出州治道帶蠻蜒田土肥美立爲汶陽郡以處流民屬武陷襄陽桓沖避居上明頓陸遜樂鄉城上四十餘里以田地肥良可以爲軍民資實又接近三峽無西疆之虞故重戍江南輕戍江北苻堅敗後復得襄陽太元十四年王忱還江陵江陵去襄陽步道五百勢同脣齒無襄陽則江陵受敵不立故也自忱以來不復動移境域之内含帶蠻蜒土地遼落稱爲殷曠江左大鎮莫過荆揚弘農郡陜縣周世二伯揔諸侯周公主陜

東召公主陝西故稱荆州爲陝西也領郡如左

南郡

江陵　華容　枝江

臨沮　編　當陽

南平郡

孱陵　作唐　江安　安南

天門郡

零陽　澧陽　臨澧　漊中

宜都郡

夷道　佷山　夷陵　宜昌

南義陽郡

平氏　厥西

河東郡

聞喜　松滋　譙　永安

汝陽郡

僮陽　沮陽　高安

新興郡

定襄　新豐　廣牧

永寧郡

長寧　上黄

武寧郡

樂鄉　長林

巴州三峽險隘山蠻寇賊宋泰始三年議立三巴校尉以鎮之後省昇明二年復置建元二年分荆州巴東建平益州巴郡爲州立刺史而領巴東太守又割涪陵郡屬永明元年省各還本屬焉

巴東郡

魚復　朐䏰　南浦　聶陽

巴渠　新浦　漢豐

建平郡

巫　秭歸　北井　泰昌

巴郡

沙渠　新鄉

江州　枳　墊江　臨江

涪陵郡

漢平　涪陵　漢政

郢州鎮夏口舊要害也吴置督將爲魯口屯對魯山岸因爲名也晉永嘉中荆州刺史都督山簡自襄陽避賊奔夏口庾翼又爲荆州治夏口並依地險也泰元中荆州刺史桓沖移鎮上明上表言氐賊送死之日舊郢以北壁相望待以不戰江州刺史桓嗣宜進屯夏口據上下之中於事爲便義熙元年冠軍將軍劉毅以爲夏口二州之中地居形要控接湘川邊帶涢沔請并州刺史劉道規鎮夏口夏口城據黃鵠磯世傳仙人子安乘黃鵠過此上也邊江峻險樓櫓高危瞰臨沔漢應接司部宋孝武置州於此以分荆楚之勢領郡如左

江夏郡

沙陽　蒲圻　灄陽　汝南

沌陽　惠懷

竟陵郡

竟陵　雲杜　霄城　萇壽

新市　新陽

武陵郡

沅陵　臨沅　零陵　辰陽

酉陽　沅南　漢壽　龍陽

舞陽　黚陽

巴陵郡

下雋　州陵　巴陵　監利

武昌郡

武昌　鄂　陽新　義寧寄治鄂

真陽永明三年戶口簿無

西陽郡

西陵　蘄陽　西陽　孝寧

期思永明三年戶口簿無　義安左縣

希水左縣　東安左縣　蘄水左縣

齊興郡永明三年置

綏懷　齊康　茸波　綏平

齊寧　上蔡永明三年戶口簿無

東牂牁郡永明三年戶口簿云新置無屬縣

宜　南平陽　西新市　南新市
西平陽　東新市
方城左郡
城陽　歸義
北新陽郡
西新陽　安吉　長寧
義安左郡
綏安
南新陽左郡
南新陽　新興　北新陽　角陵　新安

北遂安左郡永明三年簿云五縣皆缺
東城　綏化　富城　南城　新安
新平左郡
平陽　新市　安城
建安左郡
霄城
司州鎮義陽宋景平初失河南地元嘉末僑立
州於汝南縣瓠尋罷泰始中立州於義陽郡有

三關之隘北接陳汝控帶許洛自此以來常爲
邊鎮泰始旣遷領義陽僑立汝南領三郡元
徽四年又領安陸隨安蠻三郡領郡如左
南義陽郡
孝昌　平輿　義昌　平陽
南安　平春
北義陽郡
平陽　義陽　保城　鄳
鍾武　環水

隨郡
隨　永陽　闕西　安化
安陸郡寄州治
安陸　應城　新市　新陽　宣化
汝南郡寄州治
平輿　北新息　眞陽　安城　南新息
安陽　臨汝　汝南　上蔡
齊安郡
齊安　始安　義城

南安 義昌 義安
淮南郡
閣口 平氏
宋安左郡
仰澤 樂寧 襄城
安蠻左郡
木蘭 新化 懷 中聶陽
南聶陽 安蠻
永寧左郡

中曲陵 曲陵 孝懷 安德
東義陽左郡
永寧 華音 威清 永平
東新安左郡
第五 南平林 始平 始安 平林
義昌 固城 新化 西平
新城左郡
孝懷 中曲 南曲陵 懷昌
圍山左郡

及刺 章平 北曲 洛陽
圍山 曲陵
建寧左郡
建寧 陽城
北淮安左郡
高邑
南淮安左郡
慕化 栢源
北隨安左郡

濟山 油潘
東隨安左郡
西隨 高城 牢山
雍州鎮襄陽晉中朝荊州都督所治也元帝以魏該爲雍州鎮酇城襄陽別有重戍庾翼爲荊州謀北伐鎮襄陽自永嘉亂襄陽民戶流荒咸康八年尚書殷融言襄陽石城疆埸之地對接荒寇諸荒殘寄治郡縣民戶寡少可并合之朱序爲雍州於襄陽立僑郡縣沒苻氏氏敗復還

南復用朱序襄陽左右田土肥良桑梓野澤處處
而有郗恢爲雍州于時舊民甚少新戶稍多宋
元嘉中割荆州五郡屬遂爲大鎭疆蠻帶沔阻
以重山北接宛洛平塗直至跨對樊沔爲鄢郢
北門部領蠻左故別置蠻府焉領郡如左

襄陽郡
襄陽　中盧　邔　建昌

南陽郡
宛　涅陽　冠軍　舞陰　酈
云陽　許昌

新野郡
新野　山都　池陽　穰　交木　惠懷

始平郡
武當　武陽　始平　平陽

廣平郡
酇　比陽　廣平　陽

京兆郡
鄧　新豐　杜　魏

扶風郡
筑陽　郿　汎陽

馮翊郡
鄀　蓮勺　高陸

河南郡
河南　新城　棘陽　襄鄉　河陰

南天水郡
略陽　華陰　西

義成郡
萬年　義成

建昌郡
永興　安寧

華山郡
藍田　華山　上黃

南上洛郡　建武中此以下郡皆沒虜
上洛　商

北河南郡
新蔡　汝陰　上蔡　緱氏　洛陽

新安 固始 苞信
弘農郡
邯鄲 圉 盧氏
從陽郡
南鄉 槐里 清水 丹水 鄭 從陽
西汝南郡
北上洛郡
齊安郡
齊康郡

招義郡
右五郡不見屬縣
寧蠻府領郡如左
西新安郡
新安 汎陽 安化 南安
義寧郡
筑 義寧 汎陽 武當 南陽
南襄郡
新安 武昌 建武 武平

北建武郡
東義秋 霸 北郡 高羅
西義秋 平丘
蔡陽郡
樂安 東蔡陽 西蔡陽 新化
楊子 新安
永安郡
東安樂 新安 西安樂 勞泉
安定郡

思歸 歸化 阜亭 新安
士漢 士頃
懷化郡
懷化 編 遂城 精陽
新化 遂寧 新陽
武寧郡
新安 武寧 懷寧 新城 永寧
新陽郡
東平林 頭章 新安 朗城 新市

新陽 武安 西林
義安郡
郊鄉 東里 永明 山都 義寧
西里 義安 南鄉 義清
高安郡
高安 新集
左義陽郡
南襄城郡
廣昌郡
東襄城郡
北襄城郡
懷安郡
北弘農郡
西弘農郡
析陽郡
北義陽郡
漢廣郡
中襄城郡

右十二郡沒虜
湘州鎮長沙郡湘川之奧民豐土閑晉永嘉元年分荊州置苟眺爲刺史此後三省輒復置元嘉十八年置至今爲舊鎮南通嶺表脣齒荊區領郡如左
長沙郡
臨湘 羅 湘陰 醴陵 劉陽
建寧 吳昌
桂陽郡
郴 臨武 南平 耒陽 晉寧 汝城

零陵郡
泉陵 洮陽 零陵 祁陽 觀陽
永昌 應陽
衡陽郡
湘西 益陽 湘鄉 新康 衡山
營陽郡
營道 泠道 營浦 春陵
湘東郡

茶陵　新寧　攸　臨蒸　重安　陰山
邵陵郡
都梁　邵陵　高平　武剛　建興
邵陽　扶
始興郡
曲江　桂陽　仁化　陽山　令階
含洭　靈溪　中宿　湞陽　始興
臨賀郡
臨賀　馮乘　富川　封陽　謝沐
興安　寧新　開建　撫寧

始安郡 本名始建齊改
始安　荔浦　建陵左縣　熙平
永豐　平樂
齊熙郡
梁州鎮南鄭魏景元四年平蜀所置也晉永嘉
元年蜀賊没漢中刺史張光治魏興三年還漢
中建興元年又爲氐楊難敵所没桓溫平蜀復
舊土後爲譙縱所没縱平復舊每失漢中刺史

輒鎮魏興漢中爲巴蜀扞蔽故劉備得漢中云
曹公雖來無能爲也是以蜀有難漢中輒没雖
時還復而户口殘耗宋元嘉中甄法護爲氐所
攻失守蕭思話復還漢中後氐虜數相攻擊關
隴流民多避難歸化於是民户稍實州境與氐
胡相隣亦爲威御之鎮領郡如左
漢中郡
南鄭　城固　沔陽　西鄉　西上庸
魏興郡
西城　旬陽　興晉　廣昌　南廣城 永元志無

廣城
新興郡 永元二年志無
吉陽　東關
南新城郡
房陵　綏陽　昌魏　祁鄉　閬陽　樂平
上庸郡
上庸　武陵　齊安　北巫　上廉
微陽　新豐　新安　吉陽

晉壽郡
晉壽　邵歡　興安　白水
華陽郡
宕渠　華陽　興宋　嘉昌
新巴郡
新巴　晉城　晉安
北巴西郡
閬中　安漢　宋壽　南國
西國　平周　漢昌

巴渠郡
宣漢　晉興　始興　巴梁
東關　始安　下蒲
懷安郡
懷安　義存
宋熙郡
興平　宋安　陽安　元壽
嘉昌永元志無
白水郡

晉壽　新巴　漢德　益昌　興安　平周
南上洛郡
上洛　商　流民　北豐陽　渠陽　義陽
北上洛郡
上洛　商　豐陽永元志無　流民　秬陽
陽亭　齊化　西豐陽　東鄷陽
齊寧永元志無　京兆　新寧永元志無　新附
安康郡
安康　寧都

南宕渠郡
宕渠　漢安　宣漢　宋康
懷安郡
永豐　綏成　預德
北陰平郡
陰平　平武
南陰平郡
陰平　懷舊
齊興郡

齊興(永元志無) 安昌(永元志無) 鄖鄉 錫 安冨 略陽

晉昌郡

安晉 宣漢 吉陽 葨壽 東關

新興 延壽 安樂

東晉壽郡

右一郡縣邑事亡

弘農郡

東昌魏郡

略陽郡

北梓潼郡

廣長郡

弍水郡

思安郡

宋昌郡

建寧郡

南泉郡

三巴郡

江陵郡

懷化郡

歸寧郡

東楗郡

北宕渠郡

宋康郡

南漢郡

南梓潼郡

始寧郡

江陽郡

南部郡

南安郡

建安郡

壽陽郡

南陽郡

宋寧郡

歸化郡

始安郡

平南郡

懷寧郡
新興郡
南平郡
齊兆郡
齊昌郡
新化郡
寧章郡
隣溪郡
京兆郡

義陽郡
歸復郡
安寧郡
東宕渠郡
宋安郡
齊安郡

九四十五郡荒或無民户

秦州晉武帝泰始五年置舊土有秦之富跨帶隴坂太康省惠帝元康七年復置中原亂沒胡穆帝永和八年胡僞秦州刺史王擢降仍以爲刺史尋爲苻健所破十一年桓温以氐王楊國爲秦州刺史未有民土至泰元十四年雍州刺史朱序始督秦州則孝武所置也寄治襄陽未有刺史是後雍州刺史常督之隆安二年郭銓始爲梁南秦州刺史州寄治漢中四年桓玄督七州但云秦州元興元年以苻堅子宏爲北秦州刺史自此荆州都督常督秦州梁州當帶南秦州刺史義熙三年以氐王楊國爲北秦州刺史十四年置東秦州劉義眞爲刺史郭恭

爲梁州刺史尹雅爲秦州刺史宋文帝爲荆州都督督秦州又進督北秦州州名雜出省置不見宋明郡國志秦州寄治漢中南鄭不曰南北元嘉計偕亦云秦州而荆州都督常督二秦梁南秦一刺史是則志所載秦州爲南秦氐爲北秦領郡如左

武都郡

下辯　上禄　陳倉

略陽郡
略陽 臨漢
安固郡
安固 南桓
西扶風郡
郿 武功
京兆郡
杜 藍田 鄠
南太原郡

平陶
始平郡
始平 槐里 宋熙
天水郡
新陽 河陽
安定郡
宋興 朝那
南安郡
桓道 中陶

金城郡
金城 榆中 臨洮 襄
馮翊郡
蓮勺 頻陽 下邽 萬年 高陵
隴西郡
河關 狄道 首陽 大夏
仇池郡
上辯 倉泉 白石 夷安
東寧郡
西安 北地 南漢

益州鎮成都起魏景元四年所治也開拓夷荒稍成郡縣如漢之永昌晉之雲山之類是也蜀侯煇杜以來四爲偏據故諸葛亮云益州險塞沃野天府劉頌亦謂成都宜處親子弟以爲王國故立成都王頴竟不之國三峽險阻蠻夷孔熾西通芮芮河南亦如漢武威張掖爲西域之道也方面疆鎮塗出萬里晉世以處武臣宋世亦以險遠諸王不牧泰始中成都市橋忽生

小洲始康人部碩有術數見之曰洲生近市常有貴王臨境永明二年而始興王鎭爲刺史州土壤富西方之一都焉領夷齊諸郡如左巴涪陵二郡見巴州

蜀郡 成都 郫 牛鞞 繁 永昌

廣漢郡 雒 什方 新都 郪 伍城 陽泉

晉康郡 江原 臨邛 從陽 晉樂 漢嘉

寧蜀郡 廣漢 升遷 廣都 埶江

汶山郡 都安 齊基 漫官

南陰平郡 陰平 綿竹 南鄭 南長樂

東遂寧郡 巴興 小漢 晉興 德陽

始康郡 康晉 談 新成

永寧郡 欣平 永安 宜昌

安興郡 南漢 建昌

犍爲郡 僰道 南安 資中 治官 武陽

江陽郡 江陽 常安 漢安 綿

安固郡 桓陵 臨渭 興固 南苞 清水 沔陽 南城固

懷寧郡 萬年 西平 懷道 始平

巴西郡 閬中 安漢 西充國 南充國 漢昌 平州 益昌 晉興 東關

梓潼郡
涪　梓潼　漢德　新興　萬安　西浦
東江陽郡
漢安　安樂　綿水
南晉壽郡
南晉壽　泉　南興
西宕渠郡
宕渠　宣漢　漢初　東關
天水郡
西　上邽　冀　宋興

南新巴郡永元志寄治陰平
新巴　晉熙　桓陵
北陰平郡
陰平　南陽　北桓陵　扶風
愼陽　京兆　綏歸
新城郡
下辯　略陽　漢陽　安定
扶風郡見永元三年志

武江　華陰　茂陵
南安郡見永元三年志
南安　華陽　白水　樂安　桓道
東宕渠獠郡
宕渠　平州　漢初
北部都尉
越嶲獠郡
沈黎獠郡
齊陵令無户數

甘松獠郡
始平獠郡
齊開左郡
齊通左郡
右二左郡建武三年置
寧州鎮建寧郡本益州南中諸葛亮所謂不毛之地也道遠土塉蠻夷衆多齊民甚少諸爨氏彊族恃遠擅命故數有土反之虞領郡如
左建平郡

同樂　同瀨　牧麻　新興　新定
味　同竝　萬安　昆澤　漏江
談稾　毋單　存駹

南廣郡

南廣　常遷　晉昌　新興

南朱提郡

朱提　漢陽　堂狼　南秦

南牂牁郡

且蘭　萬壽　毋斂　晉樂　綏寧　丹南

梁水郡

梁水　西隨　毋掇　勝休　新豐

建寧郡

建安　驃封
新安　永豐　綏雲　遂安　麻雅
臨江

晉寧郡

建伶　連然　滇池　俞元　穀昌
秦臧　雙栢

雲南郡

東古復　西古復　雲平　邪龍

西平郡

西平　暖江　都陽　西寧　晉綏
新城

夜郎郡

夜郎　談柏　談樂　廣談

東河陽郡

東河陽　楪榆

西河陽郡

比蘇　建安　成昌

平蠻郡

平蠻　穀邑

興古郡

西中　宛暖　律髙　句町　漏卧
南興

興寧郡

青蛉　弄棟

西阿郡
楪榆　新豐　遂
平樂郡
益寧　安寧
北朱提郡
河陽　義城
宋昌郡
江陽　安上　犍爲
永昌郡 有名無民曰空荒不立
永安　永　不建　犍瑍　雍鄉
西城　博南
益寧郡 永明五年刺史董仲舒啓置領二縣無民戶自此巳後皆然也
武陽　綿水
南犍爲郡 永明二年置
西益郡
江陽郡
犍爲郡
永興郡

永寧郡
安寧郡
右六郡隆昌元年置
東朱提郡 延興元年立
安上郡 建武三年刺史郭安明啓置
贊曰郡國既建因州而部離[illegible]合不踰九
分城列邑名號殽阜遷徙數[illegible]代有
志第七　　南齊書十五

志第八　南齊書十六

百官　臣蕭子顯撰

建官設職興自炎昊方乎隆周之冊表乎盛漢之書存改回沉備於歷代先賢往學以之雕篆者衆矣若夫胡廣舊儀事惟簡撮應劭官典殆無遺恨王朗奏議屬霸國之初基陳矯增曹由軍事而補闕今則有魏氏官儀魚豢中外官也山濤以意辯人不　荀勗欲去事煩唯論并省定制成文本之晉令後代承業案爲前准肇域官品區別階　蔚宗選簿梗槩欽明階次詳悉虞通劉寅因荀氏之作矯舊增新今古相校齊受宋禪事遵常典既有司存無所偏廢其餘散在史注多巳筌拾覽者易知不重述也

諸臺府郎令史職吏以下具見長水校尉王珪之職儀

國相

蕭曹以來爲人臣極位宋孝建用南譙王義宣至齊不用人以爲贈不

列官

太宰

宋大明用江夏王義恭以後無人齊以爲贈

太傅

太師太保太傅周舊官漢末董卓爲太師晉惠帝初衛瓘爲太保自後無太師而太保爲贈齊唯置太傅

大司馬

大將軍

宋元嘉用彭城王義康後無人齊以爲贈

太尉

司徒

司空

三公舊爲通官司徒府領天下州郡名數戶口簿籍雖無常置左右長史左西掾屬主簿祭酒令史以下晉世

王導為司徒右長史干寶撰立官府
職儀已具
特進
位從公
諸開府儀同三司
驃騎將軍
車騎將軍
衛將軍
鎮軍將軍

中軍將軍
撫軍將軍
四征將軍 東西南北
四鎮將軍
凡諸將軍加大字位從公開府儀同如
公凡公督府置佐長史司馬各一人諮
議參軍二人諸曹有錄事記室戶曹倉
曹中直兵外兵騎兵長流賊曹城局法
曹田曹水曹鎧曹集曹右戶十八曹局

曹以上署正參軍法曹以下署行參軍
各一人其行參軍無署者為長兼員其
府佐史則從事中郎二人倉曹掾戶曹
屬東西閤祭酒各一人主簿舍人御屬
二人加崇者則左右長史四人中郎掾屬
並增數其未及開府則置府亦有佐史
其數有減小府無長流置禁防參軍
四安將軍
四平將軍

左右前後將軍
征虜將軍
四中郎將
晉世荀羨王胡之並居此官宋齊以
來唯處諸王素族無為者
冠軍將軍
輔國將軍
寧朔將軍
寧遠將軍

龍驤將軍　凡諸小號亦有置府者
太常　府置丞一人五官功曹主簿九府九
史皆然領官如左
博士謂之太學博士
國子祭酒一人博士二人助教十人
建元四年有司奏置國學祭酒准諸
曹尚書博士准中書郎助教准南臺

御史選經學爲先若其人難備給事
中以還明經者以本位領其下典學
二人三品准太常主簿戶曹儀曹各
二人五品白簿治禮吏八人六品保
學醫二人威儀二人其夏國諱廢學
有司奏省助教以下永明三年立學
尚書令王儉領祭酒八年國子博士
何胤單爲祭酒疑所服陸澄等皆不
能據遂以玄服臨試月餘日博議定

乃服朱衣
總明觀祭酒一人
右太始六年以國學廢初置總明觀
玄儒文史四科科置學士各十人正
令史一人書令史二人幹一人門吏
一人典觀吏二人建元中掌治五禮
永明三年國學建省
太廟令一人丞一人
明堂令一人丞一人

太祝令一人丞一人
太史令一人丞一人
廩犧令一人丞一人
置令丞以下皆有職吏
太樂令一人丞一人
諸陵令
永明末置用三品勳置主簿戶
曹各一人六品保舉
光祿勳

府置丞一人領官如左
左右光禄大夫
位從公開府置佐史如公
光禄大夫
皆銀章青綬詔加金章紫綬者爲金紫
光禄大夫樂安任遐爲光禄就王晏乞
一片金晏乃啓轉爲金紫不行
太中大夫
中散大夫

諸大夫官皆處舊齒老年重者加親信
二十人
衛尉
府置丞一人掌宮城管籥張衡西京賦
曰衛尉八屯警夜巡晝宫城諸却敵樓
上本施鼓持夜者以應更唱太祖以鼓
多驚眠改以鐵磬云
廷尉
府置丞一人正一人監一人評一人

律博士一人
大司農
府置丞一人領官如左
太倉令一人丞一人
導官令一人丞一人
籍田令一人丞一人
少府
府置丞一人領官如左
左右尚方令各一人丞一人

鍛署丞一人（永明三年省四年復置）
御府令一人丞一人
東冶令一人丞一人
南冶令一人丞一人
平准令一人丞一人
上林令一人丞一人（亦屬尚書殿中曹）
將作大匠
太僕
大鴻臚

三卿不常置將作掌宮廟土木太僕
掌郊禮執轡鴻臚掌導護贊拜有
事權置兼官畢乃省
乘黃令一人
掌五輅安車大行凶器轀輬車
客館令
掌四方賓客
宣德衛尉少府太僕
鬱林王立文安太后即尊號以宮名

置之
大長秋
鬱林立皇后置
錄尚書
尚書令
揔領尚書臺二十曹爲內臺主行遇
諸王以下皆禁駐左右僕射分道無
令左僕射爲臺主與令同
左僕射

領殿中主客二曹事諸曹郊廟園陵
車駕行幸朝儀臺內非違文官舉補
滿敘疾假事其諸吉慶瑞應衆賀災
異賊發衆變臨軒崇拜改號格制莅
官銓選凡諸除署功論封爵貶黜八
議疑讞通關案則左僕射主右僕射
次經維是黃案左僕射右僕射署朱
符見字經都丞竟右僕射橫畫成目
左僕射畫令畫右官闕則以次并畫若
無左右則直置僕射在其中間揔左

右事
吏部尚書
領吏部刪定三公比部四曹
度支尚書
領度支金部倉部起部四曹
左民尚書
領左民駕部二曹
都官尚書

領都官水部庫部功論四曹
五兵尚書
領中兵外兵二曹
祠部尚書
右僕射通職不俱置
起部尚書
興立宮廟權置事畢省
左丞一人
掌宗廟郊祠吉慶瑞應災異立作

格制諸案彈選用除置吏補滿除遣
詳職
右丞一人
掌兵士百工補役死叛考代年老疾
病解遣其內外諸庫藏穀帛刑罪創
業諍訟田地船乘稟拘兵工死叛考
剔討補差分百役兵器諸營署人領
州郡租布人民戶移徙州郡縣併帖
城邑民戶割屬刺史二千石令長尉

被收及免贈文武諸犯削官事白案
右丞上署左丞次署黃案左丞上署
諸立格制及詳讞大事宗廟朝廷儀
體左丞上署右丞次署自令僕以下
五尚書八座二十曹各置郎中令史
以下又置都令史分領之僕射掌朝
軌尚書掌讞奏都丞任碎在彈違諸曹
緣常及外詳讞事應須命議相值者皆
郎先立意應奏黃案及關事以立意

官爲議主凡辭訴有漫命者曹緣詰
如舊若命有諮則以立意者爲議主
武庫令一人
屬庫部
車府令一人丞一人
屬駕部
公車令一人
大官令一人丞一人
大醫令一人丞一人

內外殿中監各一人
內外驊騮廄丞各一人
材官將軍一人司馬一人
屬起部亦屬領軍
侍中祭酒高功者稱之
侍中
漢世爲親近之職魏晉選用稍增華重而大意不異宋文帝元嘉中王華王曇首殷景仁等並爲侍中情在親密與帝接膝共語貂拂帝手拔貂置案上語畢復手插之孝武時侍中何偃南郊陪乘鑾輅過白門闔偃將匐帝乃接之曰朕乃陪卿齊世朝會多以美姿容者兼官永元三年東昏南郊不欲親朝士以主璽陪乘前代未嘗有也侍中呼爲門下亦置令史領
宮如左
給事黃門侍郎

亦管知詔令世呼爲小門下
散騎常侍通直散騎常侍員外散騎侍郎
舊與侍中通官其通直員外用衰老人士故其官漸替宋大明雖華選比侍中而人情久習終不見重尋復如初
散騎侍郎通直散騎侍郎員外散騎侍郎
給事中
奉朝請
駙馬都尉
集書省職置正書令史朝散用衣冠之餘人數很積永明中奉朝請至六百餘人
中書監一人令一人侍郎四人通事舍人無員
中書省職置主書令史正書以下
祕書監一人丞一人郎著作佐郎
晉祕書閣有令史掌衆書見晉令令亦置令史正書及弟子皆典教書畫
御史中丞一人

晉江左中丞司隸分督百僚傳咸所云行馬內外是也今中丞則職無不察專道而行騶輻禁呵加以聲色武將相逢輒致侵犯若有鹵簿至相毆擊宋孝建二年制中丞與尚書令分道雖丞郎下朝相值亦得斷之餘內外衆官皆受停駐

治書侍御史二人

侍御史十人

蘭臺置諸曹內外督令以下

謁者僕射一人

謁者十人

謁者臺掌朝覲賓饗

領軍將軍中領軍

護軍將軍中護軍

凡爲中小輕同一官也諸爲將軍官皆敬領護諸王爲將軍道相逢則領護讓道置長史司馬五官功曹主簿

左右二衛將軍

驍騎將軍

游擊將軍

晉世以來謂領護至驍游爲六軍十二衛置司馬次官功曹主簿以下

左右二中郎將

前軍將軍後軍將軍左軍將軍右軍將軍號四軍

屯騎步兵射聲越騎長水五校尉

虎賁中郎將

冗從僕射

羽林監

積射將軍

彊弩將軍

殿中將軍員外殿中將軍

殿中司馬督

武衛將軍

武騎常侍

自二衛四軍五校已下謂之西省而散騎爲東省

丹陽尹　位次九卿下

太子太傅

少傅　府置丞功曹五官主簿

太子詹事　府置丞一人以下

太子率更令

太子家令　置丞

太子僕

太子門大夫

太子中庶子

太子中舍人

太子洗馬

太子舍人

太子左右衛率各一

太子翊軍步兵屯騎三校尉

太子旅賁中郎將一人

太子左右積弩將軍

太子殿中將軍員外殿中將軍

太子倉官令

太子常從虎賁督

右東宮職僚

州牧刺史

魏晉世州牧隆重刺史任重者爲使持節都督輕者爲持節督起漢從帝時御史中丞馮赦討九江賊督揚徐二州軍事而何徐宋志云起魏武遣諸州將督軍王珪之職儀云起光武並非也晉太康中都督知軍事刺史治民各用人惠帝末乃并任非要州則單爲刺史州朝置別駕治中議曹文學祭酒諸曹部從事史

護南蠻校尉　府置佐史隸荆州晉宋末省建元元年復置三年省延興元年置建武省
護三巴校尉　宋置建元二年改爲刺史
寧蠻校尉　府亦置佐史隸雍州
平蠻校尉　永明三年置隸益州
鎮蠻校尉　隸寧州
護西戎校尉
護羌校尉　右四校尉亦置四夷
平越中郎將　府置佐史隸廣州
郡太守内史
縣令相

郡縣爲國者爲内史相
鎮蠻護軍
安遠護軍　晉世雜號多爲郡領之
諸王師友文學各一人
國官郎中令中尉大農爲三卿左右常侍侍郎上軍中軍下軍三軍典書典祠學官典衛四令食官廏牧長謁者以下公侯置郎中令一卿
贊曰百司分置惟皇命職雲師鳥紀各有其式

志第八　南齊書十六

臣蕭子顯　撰

輿服

昔三皇乘祇車出谷口夏氏以奚仲爲車正殷有瑞車山車垂句是也周禮匠人爲輿以象天地漢武天漢四年朝諸侯甘泉宮定輿服制班于天下光武建武十三年得公孫述葆車輿輦始具蔡邕創立此志馬彪勒成漢典晉摯虞洽禮亦議五輅制度江左之始車服多闕但有金

戎省充庭之儀太輿中太子臨國學無高蓋車元帝詔乘安車元明時屬車唯九乘永和中石虎死後舊工人奔叛歸國稍造車輿太元中苻堅敗後又得僞車輦於是屬車增爲十二乘義熙中宋武平關洛得姚輿僞車輦宋大明改脩輦輅妙盡時華始備僞氏復設充庭之制永明中更增藻飾盛於前矣案周禮以檢漢志名器不同晉宋改革稍與世異今記時事而已

玉輅漢金根也　漆畫輪金塗縱容後路受福轝　兩廂上望板前

優遊通緣金塗鏤鍱碧紋劉鏨鏤金薄帖兩廂外織成衣兩廂裹上施金塗鏤面釘瑇瑁帖望板廂上金薄帖金博山登仙紐松精優遊上和鸞鳥立花扶御鈴鑷帶瑇瑁筒瓦金塗鏤鍱刀格織成手臣金花細錦衣優遊下隱膝重施金塗鏤面釘織成文優遊橫前施瑇瑁帖金塗花釘優遊前金塗倒龍後梢鑿銀瑇瑁龜甲金塗花沓望板金塗受福望龍諸校飾抗及諸末皆螭龍首　龍汗板在車前銀帶花獸金塗受福綠裹邊鏤鍱瑇瑁織成衣裹金塗鏤面花釘外金塗博山辟邪虎鳳皇銜花諸校飾　斗蓋金塗鏤鍱二十八爪支子花黃錦斗衣複碧綃染布緣油頂絳系終織成顏茸赭舌孔雀毛複錦綠紋隱陰懸珠蚌佩金塗鈴雲朱結仙人綬准色眞孔雀氈　一轅漆畫　車衡銀花帶衡上金塗博山四和鸞鳥立花扶衡鈴所謂鸞鳥立衡也又龍首銜軛义髦插翟尾上下花沓絳綠系的望繩八枚　斿十二旒畫升龍竿首金塗龍銜火鐵幡眞氈　棨

戟織成衣金塗沓駐及受福金塗鷹鏤鍱　漆案立牀在車中錦複黃紋爲案立衣

錦複黃紋鄣泥八幅長九尺緣紅錦茸帶織成花茸的

五輅江左相承駕四馬左右騑爲六施絳系游御繩其重轂貳轄飛絡幡用赤油令有紫眞氈　左纛置左騑馬軛上

金鑁金加冠狀如三華汗在馬鬣上　方釳鐵廣數寸有三孔插翟毛其中　繁纓金塗紫皮紫眞氈橫在馬膺前　鏤鍚刻金爲馬面當顱　皆如古制世祖永明初加玉輅爲重蓋又作麒麟頭采畫以馬首戴之竟陵王子良啓曰臣聞車旗有章載自前史器必依禮服無舛法凡蓋員象天軫方法地

上無二天之儀下設兩蓋之飾末之志録恐爲
乖衷又假爲麟首加乎馬頭事不師古鮮或可
施建武中明帝乃省重蓋等
金輅制度校飾如玉輅而稍減少亦以金塗
象輅如金輅而制飾又減
木輅制飾如象輅而尤減
革輅如大輅建大麾赤旗也首施火燄幡
宋昇明三年錫齊王大輅戎輅各一乘黃五輅無大
輅戎輅左丞王逡之議大輅殷之祭車故不登

周輅之名而明堂位云大輅殷輅也注云大輅
木輅也月令中央土乘大輅注云殷輅也禮器
大輅繁纓一就注云大輅殷之祭天車也周禮
五路玉路金路象路革路木路則周之木輅殷
之大路也周革路建大白以即戎此則戎路也
意謂國之大事在祀與戎故錫以殷祭天之車
與周之即戎之路祀則以殷戎必以周者明郊
天義遠建前代之禮即戎事近故以今世之制
明堂位云魯君孟春乘大路載十有二旒日月

之章祀于帝郊天必以大輅以錫諸侯良有以
也今木路即大路也太尉左長史王儉議宜用
金輅九旒時乘黃無副借用五輅大朝臨軒權
列三輅
玉金輅建碧旂象木輅建赤旂永明初太子步
兵校尉伏曼容議以爲齊德尚青五路五牛及
五色幡旗並宜以先青爲次軍容戎事之所乘
犧牲繭握之所薦並宜悉依尚色三代服色以
姓音爲尚漢不識音故還尚其行運之色今既

無善律則大齊所尚亦宜依漢道若有善吹律
者便應還取姓尚太子僕周顒議三代姓音古
無前記裁音配尚起自曼容則是曼容善識姓
聲不復方假吹律何故能識遠代之宮商而更
迷皇朝之律呂而去當今無知吹律以定所尚
宜附漢以從闕邪皇朝本以行運爲所尚非關
不定於音氏如此設有善律之知音不宜遵聲
以爲尚散騎常侍劉朗之等十五人並議駮之
事不行

皇太子象輅枝飾如御九旒降龍旂

皇太后皇后重翟車金塗校具白地人馬錦帖廂隱膝後户白牙的帖金塗面釘漆畫輪鐵鐺金塗縱容後路輠師子轄抗檐皆施金塗螭頭及神龍雀等諸飾軛衡上施金博山又有金塗長角巴首蓋金塗瓜支子花二十八青油俠碧綃黃紋蓋漆布裏紫頰毛黃紋紫紋隨陰碧毛外上施絳紫系絡碧旂九旒棨戟宋元嘉東宮儀記云

中宮僕御重翟金根車未詳得稱爲金根也

皇太子妃厭翟車如重翟飾微減

指南車四周廂上施屋指南人衣裙襦天衣在廂中上四角皆施龍子千縣唯色真孔雀毦烏布阜複幔漆畫輪駕牛皆銅校飾

記里鼓車制如指南上施華蓋子綵衣漆畫鼓機皆在内

輦車如犢車竹蓮廂外鑿鏤金薄碧紗衣織成芼錦衣廂裏及仰項隱膝後戶金塗鏤面瑇瑁帖金塗松精登仙花紐綠四綠四望紗萌子上下前後眉鏤鍱轅枕長角龍白牙蘭瑇瑁金塗校飾漆鄣塵板在蘭前金銀花獸攫天龍師子鏤面榆花細指子摩尼炎金龍虎扶轅銀口帶龍板頭龍轅軛上金鳳皇鈴璅鎖口帶星後梢瑇瑁帖金塗香沓銀星花獸幔竿杖金塗龍牽縱橫長梱背花香柒兆床副自輦以下二官御車皆綠油幢絳系絡御所乘雙棟其公主則碧油幢云司馬法曰夏后氏輦曰余車殷曰胡奴車周曰輜車皆輦也

漢書叔孫通傳云皇帝輦出房成帝輦過後宮

此朝宴並用也輿服志云輦車具金銀丹青

采䉶雕畫蒲陶之文乘人以行信陽侯陰就見

井丹左右人進輦是爲臣下亦得乘之晉武帝

給安平獻王孚雲母輦晉中朝又有香衣輦江

左唯御所乘

臥輦校飾如坐輦不甚服用

漆畫輪車金塗校飾如輦微有減降金塗鐺縱容後輠師子副也御爲羣公舉哀臨哭所乘皇后太子妃亦乘之

漆畫牽車小形如輿車金塗縱容後路師子輠鐵鐺錦衣廂裏隱膝後戶牙蘭轅枕梢幰竿戍棟梁皆金塗校飾御及皇太子所乘即古之羊車

也晉泰始中中護軍羊琇乘羊車爲司隸校尉

劉毅所奏武帝詔曰羊車雖無制非素者所服

免官衛玠傳云總角乘羊車市人聚觀今不駕

羊猶呼牽此車者爲羊車云

輿車形如軺車柒畫金校飾錦衣兩廂後戶隱膝牙蘭皆瑇瑁帖刀格鏤面花釘幰竿成校棟梁下施八㭰金塗沓兆床副人舉之一曰小輿小行幸乘之皇太子

亦得於宮内乘之

衣畫十二乘欖榆轂輪箕子壁綠油衣廂外綠紗萌油幢絡通幰竿刺代棟梁拙檽真形龍牽支子花轅後伏神抗承泥沓金塗校具古副車之象也今亦曰

五時副車
青葫車是謂揄幰車
油絡畫安車公主王妃三公特進夫人所乘漢
制皇后貴人紫罽軿車晉皇后乘雲母油畫安
車駕六以兩轅安車駕五爲副公主畫安車駕
六以兩轅安車駕三爲副公主畫安車駕三三
夫人青交絡安車駕三皆以紫絳罽軿車駕三
爲副九嬪世婦軿車駕二王公妃特進夫人皁
交絡爲副漢賤軺車而貴軿車晉賤輜軿而貴

軺車皆行禮所乘
黃屋車建碧旂九旒 九旒鸞轄也漢輿服志云金 根車蓋黃繒爲裏謂之黃屋
今金玉輅皆以黃地錦唯此車以黃繒皆金塗校 具黃隱隨陰青毛羽二十八爪支子花絳系絡 九
命上公所乘
青蓋安車朱轓漆班輪駕一左右騑通幰車爲
副諸王禮行所乘凡車有轓者謂之軒皁蓋安
車朱轓漆班輪駕一通幰牛車爲副三公禮行
所乘
安車黑耳皁蓋馬車朱轓駕一牛車爲副國公

列侯禮行所乘
馬車駕一九卿領護二衛驍游四軍五校從郊
陵所乘晉制三公下至九卿又各安車黑耳一
乘公駕三特進駕二卿駕一復各軺車施黑耳
後戶皁輪一乘
油絡軺車尚書令僕射中書監令尚書侍中常
侍中黃門中書散騎侍郎皆駕一牛朝直所乘
晉制尚書令施黑耳後戶皁輪僕射中書監令
直施後戶皁輪尚書無後戶皆漆輪轂今猶然

安車赤屛駕一又軺車施後戶爲副太子二傅
禮行所乘
四望車 通幰油幢絡 班柒輪轂 亦曰皁輪以加禮貴臣晉武
詔給魏舒陽燧四望小車
三望車 制度如 四望 或謂之夾望亦以加禮貴臣次
四望
油幢絡車 制似三 望而減 王公加禮者之爲常乘次三望
平乘車 竹箕子壁仰櫎榆爲輪通幰竿刺代棟梁 柱櫺眞形龍牽金塗支子花紐韗頭後梢
沓伏神承泥庶人 亦然但不通幰 三公諸王所乘自四望至平乘

皆銅校飾

輼輬車四輪飾如金根四角龍首施組銜璧垂五采析羽葆流蘇前後雲氣錯畫帷裳以素爲池而黼黻駕四白駱馬太僕執轡貴臣薨亦如之羽飾駕御微有減降

虞書曰予欲觀古人之象日月星辰山龍華蟲作繢宗彝藻火粉米黼黻絺繡以五采章施于五色天子服備日月以下公山龍以下侯伯華蟲以下子男藻火以下卿大夫粉米以下天子六冕王后六服著在周官公侯以下咸有名則佩玉組綬並具禮文後代沿革見漢志晉服制

令其冠十二品見蔡邕獨斷並不復具詳宋明帝太始四年更制五輅議脩五冕朝會饗獵各有所服事見宋注舊相承三公以下冕七旒青玉珠卿大夫以下五旒黑玉珠永明六年太常丞何諲之議案周禮命數改三公八旒卿六旒尚書令王儉議依漢三公服山龍九章卿華蟲七章從之

平冕黑介幘今謂平天冠皁表朱緑裏廣七尺長尺二寸垂珠十二旒以朱組爲纓如其綬色衣皁上絳下裳前三幅後四幅衣畫而裳繡爲日月星辰山龍華蟲藻火粉米黼黻十二章素帶廣四寸朱裏以朱緑裨飾其側要中以朱垂以緑垂三尺中衣以絳緣其領袖赤皮韍絳袴襪赤舄郊廟臨朝所服也漢世冕用白玉珠爲旒魏明帝好婦人飾改以珊瑚珠晉初仍舊後乃改江左以美玉難得遂用琫珠世謂之白琁珠衮衣漢世出陳留襄邑所織宋末用繡及織成建武中明帝以織成重乃采畫爲之加飾金銀

薄世亦謂爲天衣

史臣曰黼黻之設經緯爲用故五色六章十二衣還相爲質也歷代龍衮織以成文今體不勝衣變易舊法豈致美黻冕之謂乎

通天冠黑介幘金博山顔絳紗袍皁緣中衣乘輿常朝所服舊用駮犀簪導東昏改用玉其朝服臣下皆同

黑介幘單衣無定色乘輿拜陵所服其白帢單衣謂之素服以舉哀臨喪

遠游冠太子諸王所冠太子朱纓翠羽緌珠節
諸王玄纓公侯皆同
平冕各以組爲纓王公八旒衣山龍九章卿七
旒衣華蟲七章並助祭所服皆畫皂絳繒爲之
進賢冠諸開國公侯鄉亭侯卿大夫尚書關內
侯二千石博士中書郎丞郎祕書監丞郎太子
中舍人洗馬舍人諸府長史卿尹丞下至六百
石令長小吏以三梁二梁一梁爲差事見晉令
武冠侍臣加貂蟬餘軍校武職黃門散騎太子

中庶子二率朝散都尉皆冠之唯武騎虎賁服
文衣插雉尾於武冠上
史臣曰應劭漢官釋附蟬及司馬彪志並不見侍
中與常侍有異唯言左右珥貂而已案項氏說
云漢侍中蟬刻爲蟬像常侍但爲璫而不蟬未
詳何代所改也
法冠廷尉等諸執法者冠之
高山冠謁者冠之
樊噲冠殿門衛士冠之

黑介幘冠文冠平幘冠武冠尚書令僕射尚書
納言幘後飾爲異
童子空頂幘施假髻貴賤同服
救日蝕文武官皆免冠著赤介幘對朝服赤幘
示威武也
袴褶車駕親戎中外纂嚴所服黑冠帽綴紫標
以絡帶代鞶帶中官紫標外官絳標其纂嚴戎
服不綴標行留悉同校獵巡幸從官戎服革帶
鞶帶文官不纓武官脫冠

袿襹大衣謂之褘衣皇后謁廟所服公主會見
大首髻其燕服則施嚴雜寶爲佩瑞袿襹用繡
爲衣裳加五色鏁金銀校飾
綬乘輿黃赤綬黃赤縹綠紺五采太子朱綬諸
王纁朱綬皆赤黃縹紺四采妃六同相國綠綟
綬三采綠紫紺郡公玄朱侯伯青朱子男素朱
皆三采公世子紫侯世子青鄉亭關內侯墨綬
皆二采郡國太守內史青尚書令僕中書監令
祕書監皆黑丞皆黃諸府丞亦黃皇后與乘輿

同赤貴嬪夫人貴人紫王太妃長公主封君亦
紫綬六宮青綬青白紅郡公侯夫人青綬
乘輿傳國璽秦璽也晉中原亂没胡江左初無
之北方人呼晉家爲白板天子冊閔敗璽還南
別有行信等六璽皆金爲之亦秦漢之制也皇
后金璽太子諸王金璽皆龜鈕公侯五等金章
公世子金印侯銀印貴嬪夫人金章公主王太
妃封君金印六宮以下公侯太夫人夫人銀印
其公將軍金章光祿大夫卿尹太子傅諸領護將

軍中郎將校書郡國太守內史四品五品將軍
皆銀章尚書令僕中書監令祕書丞太子二率
諸府長史卿尹丞尉中丞都水使者諸州刺史
皆銅印
三臺五省二品文官皆簪白筆王公五等及武
官不簪加內侍乃簪
百官執手板尚書令僕尚書手板頭復有白筆
以紫皮裹之名曰笏漢末仲長統謂百司皆宜
執之其肩上紫袷囊名曰契囊世呼爲紫荷

佩玉自乘輿以下與晉宋制同建元四年制王
公侯卿尹珠水精其餘用牙蜯太官宰人服離
支衣後定
贊曰文物煌煌儀品穆穆分別禮數莫過輿服

南齊志第九　　南齊書十七

漆畫索車注戊棟梁一本[illegible]輿車注戊校
棟梁一本戊校作戊枝衣[illegible]刺代棟梁平
乘車注刺代棟梁並疑

志第十　南齊書

祥瑞　臣蕭子顯撰

天符瑞命遐哉邈矣靈篇祕圖固以藴金匱而
充石室炳契決陳緯候者方策未書啓覺天人
之期扶獎帝王之運三五聖業神明大寶二謀
協贊罔不由兹夫流火赤雀實紀周祚雕雲素
靈發祥漢氏光武中興皇符爲盛魏膺當塗之
讖晉有石瑞之文史筆所詳亦唯舊矣齊氏受

命事殷前典黄門郎蘇偘撰聖皇瑞應記永明
中庾温撰瑞應圖其餘衆品史注所載今詳録
去取以爲志云
老子河洛讖曰年曆七七水滅緒風雲俱起龍
麟舉宋水德王義熙十四年元熙二年永初三
年景平一年元嘉三十年孝建三年大明八年
永光一年泰始七年泰豫元年元徽四年昇明
三年凡七十七年故曰七七也易曰雲從龍風從
虎關尹云龍不知其乘風雲而上天也

讖又曰蕭草成道德懷書備出身形法治吳出
南京上即姓諱也南京南徐州州治京口也
讖又曰壇埸河梁塞龍淵消除水災泄山川壇
埸河梁爲路也路即道也淵塞者譬路成也即
太祖諱也消水災言除宋氏患難也
讖又曰上參南斗第一星下立草屋爲紫庭神
龍之岡梧桐生鳳鳥舒翼翔且鳴南斗第一星
吳分也草屋蕭字也又蕭管之器像鳳鳥翼也
讖又曰蕭爲二士天下大樂一士主字也

讖又曰天子何在草中宿宿肅也
尚書中候儀明篇曰仁人傑出握表之象曰角
姓合音之于蘇偘云蕭角姓也又八音之器有簫
管也
史臣曰案晉光禄大夫何禎解音之于爲曹字
謂魏氏也王隱晉書云卯金音于亦爲魏也候
書章句本無銓序二家所稱既有前釋未詳偘
言爲何推據
孝經鉤命決曰誰者起視名將君者群也理物

為雄優劣相次以期興將太祖小諱也征西將
軍蕭思話見之曰此我家讖也
王子年歌曰金刀治世後遂苦帝王昏亂天神
怒災異屢見殃人主三分二叛失州土三王九
江一在吳餘悉稚小早少孤一國二主天所驅
金刀劉也三分二叛宋明帝世也三王九江者
孝武於九江興晉安王子勛雖不終亦稱大號
後世祖又於九江基霸迹此三王也一在吳謂
齊氏桑梓亦寄治南吳也一國二主謂太祖符

運潛興為宋氏驅除寇難
歌又曰三禾摻摻林茂孳金刀利刃齊刈之刈
翦也詩云實始翦商
歌又曰欲知其姓草肅肅穀中最細低頭熟鱗
身甲體永興福穀道熟成又讖也太祖體有龍
鱗斑駁成文始謂是黑歷治之甚至而文愈明
伏羲亦鱗身也
金雄記曰鑠金作刀在龍里占睡上人相須起
又云當復有作肅入草蕭字也易云聖人作之

記又云草門可憐乃當悴建號不成易運沸詩
去不時時也不成成也建號建元號也易運革
命也
讖曰周文王受命千五百歲河雒出聖人受命
於己未至丙子為十八周旅布六郡東南隅四國
安定可久留安案周滅殷後七百八十年秦四十九
年漢四百二十五年魏四十五年晉百五十年宋
六十年至建元元年千五百九年也武進縣彭山
舊塋在焉其山岡阜相屬數百里上有五色雲氣

有龍出焉宋明帝惡之遣相墓工高靈文占視
靈文先與世祖善還詭荅云不過方伯退謂世
祖曰貴不可言帝意不已遣人於墓左右校獵
以大鐵釘長五六尺釘墓四維以為厭勝太祖
後改樹表柱柱忽龍鳴響震山谷父老咸志之云
會稽剡縣刻石山相傳為名不知文字所在昇
明末縣民兒襲祖行獵忽見石上有文凡三處
苔生其上字不可識刋苔去之大石文曰此齊
者黃公之化氣也立石文曰黃天星姓蕭字某

甲得賢師天下太平小石文曰刻石者誰會稽
南山李斯刻秦望之封也
益州齊后山父老相傳其名亦不知所起昇明
三年有沙門玄暢於山丘立精舍其日太祖受
禪日也
嵩高山昇明三年四月滎陽人於山東南澗見
天雨石墜地石開有璽在其中方三寸其文曰
戊丁之人與道俱肅然入草應天符又曰皇帝
興運午諳雍州刺史蕭赤斧表獻之

史臣案昔大人見臨洮而銅人鑄臨洮生董卓
而銅人毀有卓而世亂世亂而卓亡如有似也
晉末嵩高山出玉璧三十二宋氏以爲受命之
祥今此山出璽而水德去謝終始之徵亦有領也
元徽四年太祖從南郊望氣者陳安寶見太祖
身上黃紫氣屬天安寶謂親人王洪範曰我少
來未嘗見軍上有如此氣也太祖年十七夢乘
青龍西行逐日日將薄山乃止覺而恐懼家人
問占者云至貴之象也蘇偘云青木色日暮者

宋氏末運也
泰始七年明帝遣前淮南太守孫奉伯往淮陰
監元會奉伯與太祖同寢夢上乘龍上天於下
捉龍脚不得覺謂太祖曰兖州當大庭生民弟
不見也奉伯卒於宋
清河崔靈運爲上府參軍夢天帝謂己曰蕭諱
是我第十九子我去年已授其天子位自三皇
五帝至齊受命君凡十九人也
宋泰始中童謠云東城出天子故明帝殺建安
王休仁蘇偘云後從帝自東城即位論者謂應

之乃是武進縣上所居東城里也熊襄云上舊
鄉有大道相傳云秦始皇所經呼爲天子路後
遂爲帝鄉焉案從帝實當授立猶如晉之懷愍
亦有徵符齊運既無巡幸路名或是秦舊疑不
能詳
世祖年十三夢舉體生毛髮生至足又夢人指
上所踐地曰周文王之田又夢虛空中飛又夢著
孔雀羽衣庾溫云雀爵位也又夢鳳皇從天飛

下青溪宅齋前兩翅相去十餘丈翼下有紫雲
氣及在襄陽夢著桑屐行度太極殿階庾溫云
屐者運應木也臣案桑字爲四十而二點世祖
年過此即帝位謂著屐爲木行也屐有兩齒有
聲是爲明兩之齒至四十二而行即眞矣及在郢
州夢人從天飛下頭插筆來畫上衣兩邊不言
而去庾溫釋云畫者山龍華蟲也

世祖宋元嘉十七年六月己未夜生無火婢吹
灰而火自燃

世祖於南康郡內作伎有絃無管於是空中有
篪聲調節相應

世祖爲廣興相嶺下積旱水涸不通船上部伍
至水忽暴長庾溫云易利涉大川之義也

世祖頓盆城城內無水欲鑿引江流試掘井得
伏泉九處皆湧出建元元年四月有司奏延陵
令戴景度稱所領季子廟舊有涌井二所廟祝
列云舊井北忽聞金石聲即掘深三尺得沸泉
其東忽有聲錚錚又掘得泉沸湧若浪泉中得

一銀木簡長一尺廣二寸隱起文曰廬山道人
張陵再拜謁詣起居簡木堅白而字色黃謹案
瑞應圖浪井不鑿自成王者清靜則仙人主之
孔氏世錄云叶精帝道孔書明巧當在張陵宋
均注云張陵佐封禪一云陵仙人也

元徽三年太祖在清溪宅齋前池中忽揚波起
浪湧水如山有金石響須臾有青龍從地中出
左右皆見之

昇明元年青龍見齊郡

建元四年青龍見從陽郡清水縣平泉湖中

永明七年黃龍見曲江縣黃池中一宿二日

中興二年山上雲障四塞頃有玄黃五色如龍
長十餘丈從西北升天

宋泰始末武進舊坐有獸見一角羊頭龍翼馬
足父老咸見莫之識也

永明十年鄱陽郡獻一角獸麟首鹿形龍鸞共
色瑞應圖云天子萬福允集則一角獸至

十一年白象九頭見武昌

史臣曰記云外中于天麟鳳至而龜龍格則鳳
皇巢乎阿閣麒麟在乎郊藪豈非馴之在庭擾
以成畜其爲瑞也如此今觀魏晉已來世稱靈
物不少而亂多治少史不絶書故知來儀在沼遂
非前事見而不至未辨其爲祥也
昇明三年三月白虎見歷陽龍亢縣新昌村新
昌村嘉名也瑞應圖云王者不暴白虎仁
建元四年三月白虎見安蠻虔化縣
中興二年二月白虎見東平壽張安樂村

昇明二年騶虞見安東縣五界山師子頭虎身
龍脚詩傳云騶虞義獸白虎黑文不食生物至
德則出
昇明三年太祖爲齊王白毛龜見東府城池中
建元二年休安陵獲玄龜一頭
永明五年武騎常侍唐潛上青毛神龜一頭
七年六月彭城郡田中獲青毛龜一頭
八年延陵縣前澤畔獲毫毛龜一枚
八年四月長山縣王惠獲六目龜一頭腹下有

萬歡字并有卦兆
六月建城縣昌城田獲四目龜一頭下有萬齊字
九年五月長山縣獲神龜一頭腹下有異兆卦
中興二年正月邏將潘道蓋於山石穴中獲毛
龜一頭
昇明三年世祖遣人詣宮亭湖廟還福船泊渚
有白魚雙躍入船
永明五年南豫州刺史建安王子眞表獻金色
魚一頭

建元元年八月男子王約獲白雀一頭
九月秣陵縣獲白雀一頭
二年四月白雀集郢州府館
五月白雀見會稽永興縣
永明元年五月郢州丁坡屯獲白雀一頭
三年七月安城王暠第獲白雀一頭
九月南郡江陵縣獲白雀一頭
四月七日白雀見臨汝縣
七年六月鹽官縣獲白雀一頭

八年天門臨澧縣獲白雀一頭
九年七月吳郡錢塘縣獲白雀一頭
八月豫州獲白雀一頭
十年五月齊郡獲白雀一頭
建元元年五月白烏見巴郡
永明四年三月三足烏巢南安中陶縣庭
八年四月陽羨縣獲白烏一頭
隆昌元年四月陽羨縣獲白烏一頭
建元二年江陵縣獲白鼠一頭

永明六年白鼠見芳林園
十年九月義陽郡獲白鼠一頭
永明四年丹楊縣獲白兎一頭
昇明元年六月慶雲見益都
建元元年世祖拜皇太子日有慶雲在日邊
三年華林園醴泉堂東忽有瑞雲周圓十許丈
高下輿景雲樓平五色藻密光彩映山徘徊良
久行轉南行過長船入華池
昇明二年宣城臨成縣於藉山獲紫芝一枝

永明八年五月陽城縣獲紫芝一株
隆昌元年正月襄陽縣獲紫芝一莖
昇明二年四月昌國縣徐萬年門下棠樹連理
九月豫州萬歲澗廣數丈有樹連理隔澗騰枝
相通越壑跨水爲一榦
建元二年九月有司奏上虞縣楓樹連理兩根
相去九尺雙株均聳去地九尺合成一榦
故鄣縣楓樹連理兩株相去七尺大八圍去地
一丈仍相合爲樹泯如一木

山陽縣界若邪村有一槐木合爲連理
淮陰縣建業寺梨樹連理
建康縣梨樹耀擭（一本作耀攘）五圍連理六枝
永明元年五月木連理生安成新喻縣又生南
梁陳縣閏月璿明殿外閤南槐樹連理
八月鹽官縣內樂村木連理
二年七月烏程縣陳文則家槿樹連理
七月新治縣槐栗二木合生異根連理去地數
尺中央小開上復爲一

三年正月安城縣榆樹二株連理
二月安陽縣梓樹連理
九月句陽縣之穀山槿樹連理異根雙挺共杪
爲一
十二月永寧左郡構木連理
四年二月秣陵縣高天明園中李樹連理生高
三尺五寸兩枝別生復高三尺合爲一榦
五年正月秣陵縣華僧秀園中四樹連理
六年四月江寧縣北界賴鄉齊平里三成邏門

南齊志十　十三

外路東太常蕭惠基園楥樹二株連理其高相
去二尺南大北小小者傾柯南附合爲一樹枝
葉繁茂圓密如蓋
七年江寧縣李樹二株連理兩根相去一丈五尺
八年巴陵郡樹連理四株
三月武陵白沙戍槐木連理相去五尺俱高三
尺東西二枝合而通柯
十二月柴桑縣陶委天家樹連理
永明五年山陰縣孔廣家園檉樹十二層會稽

太守隨王子隆獻之種芳林園鳳光殿西
九年秣陵縣鬬場里安明寺有古樹衆僧改架
屋宇伐以爲薪剖樹木裏自然有法大德三字
始興郡本無欓樹調味有闕世祖在郡堂屋後
忽生一株
昇明二年十月甘露降建康縣
十一月甘露降長山縣
十二月甘露降彭山松樹至九日止
建元元年九月甘露降淮南郡桃石榴二樹有

南齊志十　十四　陳天錫

司奏甘露降新汲縣王安世園樹
永明二年四月甘露降南郡桐樹
四年二月甘露降臨湘縣李樹
三月甘露降南郡桐樹
四月甘露降雎陽縣桃樹
五年四月甘露降荆州府中閤外桐樹
六年甘露降芳林園故山堂桐樹
九年八月甘露降上定林寺佛堂庭中天如雨
遍地如雪其氣芳其味甘耀日舞風至晡乃止

爾後頻降鍾山松樹四十餘日乃止
十月甘露降大安陵樹
中興二年三月甘露降茅山彌漫數里
元徽四年三月醴泉出昌國白鹿山其味甚甘
永明元年正月新蔡郡固始縣獲嘉禾一莖五穗
八月新蔡縣獲嘉禾二莖九穗一莖七穗
十一月固始縣獲嘉禾一莖九穗
二年八月梁郡睢陽縣界野田中獲嘉禾一莖
二十三穗

五年九月莒縣獲嘉禾一株
十年六月海陵齊昌縣獲嘉禾一莖六穗
十一年九月睢陽縣田中獲嘉禾一株
昇明二年九月建寧縣建昌村民採藥於萬歲
山忽聞澗中有異響得銅鍾一枚長二尺一寸
邊有古字
建元元年十月涪陵郡蜑民田健所住巖間常
留雲氣有聲響澈若龍吟求之積歲莫有見者
去四月二十七日巖數里夜忽有雙光至明

往獲古鍾一枚又有一器名淳于蜑人以爲神
物奉祠之
永明四年四月東昌縣山自比歲以來恒發異
響去二月十五日有一巖褫落縣民方元泰往
視於巖下得古鍾一枚
五年三月豫寧縣長崗山獲神鍾一枚
九年十一月寧蜀廣漢縣田所墾地入尺四寸
獲古鍾一枚形高三尺八寸圍四尺七寸縣柄長
一尺二寸合高五尺四面各九孔更於陶所泥

間見有白光窺尋無物自後夜夜輒復有
光既經旬日村民張慶宣瓦作屋又於屋間
見光照內外慶宣疑之以告孔休先乃共發
視獲玉璽一鈕璧方八分上有鼻文曰帝真
曲阿縣民黃慶宅左有園園東南廣袤四丈每
種菜輒鮮異雖加採拔隨復更生夜中恒有白
光皎質屬天狀似縣絹私疑非常請師卜筮道
士傅德占使掘之深三尺獲玉印一鈕文曰長
承萬福

永明二年正月冠軍將軍周普孫於石頭北廂
將堂見地有異光照城堞往獲玉璽一鈕方七
分文曰明玄君
十一月虜國民齊祥歸入靈丘關聞殷然有聲
仰視之見山側有紫氣如雲衆鳥回翔其間祥
往氣所獲璽方寸四分獸鈕文曰坤維聖帝永
昌送與虜太后師道人惠度欲獻虜主惠度覩
其文竊謂當今衣冠正朔在於齊國遂附道人
惠藏送京師因羽林監崔士亮獻之

三年七月始興郡民龔玄宣云去年二月忽有
一道人乞食因探懷中出篆書真經一卷六紙
又表北極一紙又移付羅漢居士一紙云從兜
率天宮下使送上天子因失道人所在今年正
月玄宣又稱神人授皇帝璽龜形長五寸廣二
寸厚二寸五分上有天地字中央蕭字下萬世
字十年蘭陵民齊伯生於六合山獲金璽一鈕
文曰年予主
世祖治盆城得五尺刀一十口永明年曆之數

昇明三年左里村人於宮亭湖得靫戟二枚傍
有古字文遠不可識
泰始中世祖於青溪宅得錢一枚文有北斗七
星雙節又有人形帶劍及治盆城又得一大錢
文曰太平百歲
永明七年齊興太守劉元寶治郡城於塹中獲
錢百萬形極大以獻臺爲瑞世祖班賜朝臣以
下各有差
十年齊安郡民王攝掘地得四文大錢一萬二

千七百十枚品製如一
建元元年郢州監利縣天井湖水色忽澄清出
綿百姓採以爲纊
永明二年護軍府門外桑樹一株立有蠶絲綿
被枝莖
史臣案漢光武時有野蠶成繭百姓得以成衣
服今則浮波幕樹其亦此之類乎
永明八年始興郡昌樂村獲白鳩一頭
二年彭澤縣獲白雉一頭

七年鬱林獲白雉一頭
十年青州洭波戍獲白雉一頭
五年望蔡縣獲白鹿一頭
九年臨湘獲白鹿一頭
六年蒲濤縣亮野村獲白麞一頭
七年荆州獲白麞一頭
八年餘干縣獲白麞一頭
九年義陽安昌縣獲白麞一頭
十年司州清激戍獲白麞一頭

十一年廣陵海陵縣獲白麞一頭
七年越州獻白珠自然作思惟佛像長三寸上起禪靈寺置刹下
七年吳郡太守江斆於錢塘縣獲蒼玉璧一枚以獻
七年主書朱靈讓於浙江得靈石十人舉乃起在水深三尺而浮世祖親投于天淵池試之刻爲佛像
三年從陽丹水縣山下得古鼎一枚
三年越州南高凉俚人海中網魚獲銅獸一頭銘曰作寶鼎齊臣萬年子孫承寶
贊曰天降地出星見先吉造物百品詳之載述

志第十　南齊書十八

刘景甫

志第十一　　南齊書十九

臣蕭子顯　撰

五行

木傳曰東方易經地上之木爲觀故木於人威儀容貌也木者春生氣之始農之本也無奪農時使民歲不過三日行什一之稅無貪欲之謀則木氣從如人君失威儀逆木行田獵馳騁不反宮室飲食沈湎不顧禮制出入無度多發繇役以奪民時作爲姦詐以奪民財則木失其性

矣蓋以工匠之爲輪矢者多傷敗故曰木不曲直宋泰豫元年京師祗洹寺皂莢樹枯死昇明末忽更生花葉京房易傳曰樹枯冬生不出二年國喪君子亡其占同宋氏禪位

建元元年朱爵航華表柱生枝葉

建元初李子生毛

二年武陵沅頭都尉治有槃樹方冬生葉京房易傳曰木冬生花天下有喪其占同後二年宮車晏駕

四年巴州城西古樓脚柏柱數百年忽生花

永明六年后子岡栢木長二尺四寸廣四寸半化爲石時里駕數游幸應本傳木失其性也

永明中大航一船無故自沈艚中無水

隆昌元年廬陵王子卿齋屋梁柱際無故出血

建武初始安王遙光治廟部取東安寺屋以直廟垣截梁水出如淚

貌傳曰失威儀之制怠慢驕恣謂之狂則不肅矣下不敬則上無威天下旣不敬又肆其驕恣

肆之則不從夫不敬其君不從其政則陰氣勝故曰厥罰常雨

永明八年四月己巳起陰雨晝或暫晴夜時見星月連雨積霖至十七日乃止

十一年四月辛巳朔去三月戊寅起而其間暫時晴從四月一日又陰雨晝或見日夜乍見月回復陰雨至七月乃止

永泰元年十二月二十九日雨至永元元年五月二十一日乃晴京房占曰冬雨天下饑春雨

有小兵時虜寇雍州餘應本傳
傳曰大雨雪猶庶徵之常雨也然有甚焉雨陰
大雨雪者陰之畜積甚也一曰與大水同象曰
攻爲雪耳
建元二年閏月己丑雨雪
三年十一月雨雪或陰或晦八十餘日至四年
二月乃止
傳曰雷於天地爲長子以其首長萬物與之出
入故雷出萬物出雷入萬物入夫雷者人君之

象入則除害出則興利雷之微氣以正月出其
有聲者以二月出以八月入其餘微者以九月
入冬三月雷無出者若是陽不閉陰則出涉危
難而害萬物也
建元元年十月壬午夜電光因雷鳴
十月庚戌電光有頃雷鳴久而止
永明五年正月戊申夜西北雷聲
六年十月甲申夜陰細雨始聞雷鳴於西北上
七年正月甲子夜陰雷鳴西南坤宫隆隆一聲
而止
八年正月庚戌夜雷起坎宫水門其音隆隆一
聲而止
九年二月丙子西北有電光因聞雷聲隆隆仍
續十聲而止
十年二月庚戌夜南方有電光因聞雷聲隆隆
相續丁亥止
十年庚子雷雷起西北
十一月丁丑西南有光因聞雷聲隱隱再聲而

止西南坤宫
十二月甲申陰雨有電光因聞西南及西北上
雷鳴頻續三聲
丙申夜聞西北上雷頻續二聲
辛亥雷雨
傳曰雨雹君臣之象也陽之氣專爲雹陰之氣
專爲霰陽專而陰脅之陰盛而陽薄之雹者陰
薄陽之象也霰者陽脅陰之符也春秋不書霰
者猶月蝕也

建元四年五月戊午朔雹
永明元年九月乙丑雹落大如蒜子須臾乃止
十一年四月辛亥雹落大如蒜子須臾滅
貌傳又曰上失節而狂下怠慢而不敬上下失道輕法侵制不顧君上因以荐飢貌氣毀故有雞旤一曰水歲雞多死及爲怪亦是也上下不相信大臣姦宄民爲寇盜故曰厥極惡一曰民多被刑或形貌醜惡風俗狂慢變節易度則爲輕剽奇怪之服故曰時則有服妖

永明中宮內服用射獵錦文爲騎射兵戈之象至建武初虜大爲寇
永明中蕭諶開博風帽後裊之製爲破後帽世祖崩後諶建廢立誅滅諸王
永明末民間制倚勸帽及海陵廢明帝之立勸進之事倚立可待也
建武中帽裊覆頂東昏時以爲裊應在下而今在上不祥斷之羣下反上之象也
永元中東昏侯自造遊宴之服綴以花采錦繡難得詳也羣小又造四種帽帽因勢爲名一曰山鵲歸林者詩云鵲巢夫人之德東昏寵嬖淫亂故鵲歸其林藪二曰兎子度坑天意言天下將有逐兎之事也三曰反縛黃離嘍黃口小鳥也反縛面縛之應也四曰鳳皇度三橋鳳王者嘉瑞三橋梁王宅處也
貌傳又曰危亂端見則天地之異生木者青故曰青眚爲惡祥凡貌傷者金沴木木沴金衝氣相通

延興元年海陵王初立文惠太子冢上有物如人長數丈青色直上天有聲如雷
火南方揚光輝出炎爚爲明者也人君向明而治蓋取其象以知人爲分讒佞旣遠羣賢在位則爲明而火氣從矣人君疑惑棄法律不誅讒邪則讒口行內閒骨肉外疎忠臣至殺世子逐功臣以妾爲妻則火失其性上災宗廟下災府榭內熯本朝外熯闕觀雖興師衆不能救也
永明三年正月甲夜西北有野火光上生精西

北有四東北有一並長七八尺黄赤色
三月庚午丙夜北面有野火光上生精長六尺
戊夜又有一枚長五尺並黄赤色
四年正月丁亥夜有火精三處
閏月丁巳夜有火精四所
十二月辛酉夜東南有野火精二枚
五年十二月丙寅夜西北有野火火上生精一
枚長三尺黄白色
六年十一月戊申夜西南及北三面有野火火

上生精九枚並長二尺黄赤色
九年二月丙寅甲夜北面有野火火生精二
枚西北又一枚並長三尺須臾消
永元二年八月宮内火燒西齋璿儀殿及昭陽
顯陽等殿北至華林牆西及秘閣凡屋三千餘
間京房易傳曰君不思道厥妖火燒宮秘閣與
春秋宣榭火同天意若曰旣無紀綱何用典文
爲也
二年冬京師民間相驚云當行火災南岸人家

往往於籬間得布火纏者云公家以此禳之
三年正月豫章郡天火燒三千餘家京房易占
曰天火下燒民屋是謂亂治殺兵作是年臺軍
與義師偏衆相攻於南江諸郡
三年二月乾和殿西廂火燒屋三十間是時西
齋旣火帝徙居東齋高宗所住殿也與燒宮占
同
傳又曰犯上者不誅則草犯霜而不死或殺不
以時事在殺生失柄故曰草妖也一曰草妖者

失衆之象也
永元中御刀黄文濟家齋前種昌蒲忽生花光
影照壁成五采其兒見之餘人不見也少時文
濟被殺
劉歆視傳有羽蟲之孽謂鷄禍也班固案易鷄
屬巽今以羽蟲之孽類是也依歆說附視傳云
建武二年有大鳥集建安形如水犢子其年郡
大水
三年大鳥集東陽郡太守沈約表云鳥身備五

采赤色居多案樂緯叶圖徵云焦朋鳥質赤至
則水之感也
永明二年四月烏巢內殿東鴟尾
三年大鳥集會稽上虞其年縣大水
傳曰維水沴火又曰赤眚赤祥
建武四年王晏子德元所居帷屏無故有血灑
之少日而散
思心傳曰心者土之象也思心不睿其過在瞀
亂失紀風於陽則爲陰於陰則爲大臣之象專

恣而氣盛故罰常風心爲五事主猶土爲五行
主也一曰陰陽相薄偏氣陽多爲風其甚也常
風陰氣多者陰而不雨其甚也常陰一曰風宵
起而晝晦以應常陰同象也
建元元年十一月庚戌風夜暴起雲雷合宜從
戌亥上來
四年十一月甲寅酉時風起小駛至二更雪落
風轉浪津
永明四年二月丙寅巳時風迅急

十一月己丑戌時風迅急從西北戌亥上來
五年五月乙酉子時風迅急從西北戌亥上來
七年正月丁卯陽徵陰賊之日時加子風起迅
急從北方子丑上來暴疾浪津寅時止
八年六月乙酉加子時風起迅急暴疾浪律發
屋折木塵沙從西南未上來因雷雨須臾風微
雨止
九年七月甲寅陽羽廉貞之日時加亥風起迅
急從東方來暴疾彭勃浪津至乙卯陰賊時漸

微名羽動羽
九月乙丑時加未雷驟雨風起迅急暴疾浪津
從西北戌上來
十月壬辰陽羽姦邪之日時加丑風起從北方
子丑上來暴疾浪津迅急塵埃五日寅時漸微
名羽動宮
十年正月辛巳陽商寬大之日時加寅風從西
北上來暴疾浪津迅急揚沙折木酉時止
二月甲辰陽徵姦邪之日時加辰風起迅急從

西北亥上來暴疾彭勃浪津至酉時止
三月丁酉陽徵廉貞之日時加未風從北方子
丑上來迅急暴疾浪津戌時止
七月庚申陰角貪狼之日時加午風從東北丑
上來迅急浪津至辛酉巳時漸微
十一年二月庚寅陽角廉貞之日時加亥風從
西北亥上來迅疾浪津丑時漸微爲角動角
七月甲寅陽羽廉貞之日時加巳風從東北寅
上來迅疾浪津發屋折木戊夜漸微爲羽動徵

己巳陽角寬大之日時加未風從戌上來暴疾
良久止爲角動商及宮
凡時無專恣疑是陰陽相薄
建昌元年三月乙酉未時風起浪津暴急從北
方上來應本傳稽亂
建武二年三年四年每秋七月八月輒大風三
吳尤甚發屋折木殺人京房占獄吏暴風害人
時帝嚴刻
永元元年七月十二日大風京師十圍樹及官
府居民屋皆拔倒應本傳
傳又曰山之於地君之象也山崩者君權損京
陵易處世將變也陵轉爲澤貴將爲賤也
建元二年夏廬陵石陽縣長溪水衝激山麓崩
長六七丈下得柱千餘口皆十圍長者一丈短
者八九尺頭題有古文字不可識江淹以問王
儉儉云江東不閑隸書此秦漢時柱也後年宮
車晏駕世變之象也
永明二年秋始興曲江縣山崩壅底溪水成陂

京房占山崩人主惡之
傳又曰雷電所擊蓋所感也皆思心有尤之
所致也
建元二年閏六月丙戌戌夜震電
四年五月五日雲雹闇都雷震于樂遊安昌
殿電火焚蕩盡
永明八年四月六日雷震會稽山陰恒山保林
寺刹上四破電火燒塔下佛面窗戶不異也
永明中震東宮南門無所傷毀殺食官一人

十一年三月震于東齋棟崩左右密欲治繕竟
陵王子良曰此豈可治留之志吾過且旌天之
愛我也明年子良薨
傳又曰土氣亂者木金水火亂之
建武二年二月丁巳地震
永元元年七月地日夜十八震
九月十九日地五震
金者西方萬物既成殺氣之始也其於王事兵
戎戰伐之道也王者興師動衆建立旗鼓仗旄

把鉞以誅殘賊止暴亂殺伐應義則金氣從工
冶鑄化革形成器也人君樂侵陵好攻戰貪城
邑輕百姓之命人民不安内外騷動則金失其
性蓋冶鑄不化水滯固堅故曰金不從革又曰
維木沴金
建武四年明帝出舊宮送豫章王第二女綏安
主降嬪還上輦輦上金翅無故自折落地
言傳曰言易之道西方曰兑爲口人君過差無
度刑法不一斂從其重或有師旅炕陽之節若

動衆勞民是言不從人君既失衆政令不從孤
陽持治下畏君之重刑陽氣勝則旱象至故曰
厥咎旱常陽也
建元二年大旱時有虜寇
永明三年大旱明年唐寓之起
建武二年大旱時虜寇方盛比皆動衆之應也
言傳曰下既悲苦君上之行又畏嚴刑而不敢
正言則必先發於歌謠歌謠口事也口氣逆則
惡言或有怪謠焉

宋泰始既失彭城江南始傳種消梨先時所無
百姓爭欲種植識者曰當有姓蕭而來者十餘
年齊受禪
元徽中童謠曰襄陽白銅蹄郎殺荆州兒後沈
攸之反雍州刺史張敬兒襲江陵殺沈攸之子
元琰等
永明元年元日有小人發白虎樽既醉與筆扎
不知所道直云憶高帝敕原其罪
世祖起青溪舊宮時人反之曰舊宮者窮廐也

爻上崩後宮人出居之
永明初百姓歌曰白馬向城啼欲得城邊草後句間云陶郎來白者金色馬者兵事三年妖賊唐寓之起言唐來勞也
世祖起禪靈寺初成百姓縱觀或曰禪者授也靈非美名所授必不得其人後太孫立見廢也
永明中宮內坐起御食之外皆爲客食世祖以客非家人名改呼爲別食時人以爲分別之象少時上晏駕

文惠太子在東宮作兩頭纖纖詩後句云磊磊落落玉山崩自此長王宰相相繼薨徂二宮晏駕
文惠太子作七言詩後句輒云愁和諦後果有和帝禪位
永明中虜中童謠云黑水流北赤火入齊尋而京師人家忽生火赤於常火熱小微貴賤爭取以治病法以此火灸桃板七炷七日皆差敕禁之不能斷京師有病癭者以火灸數日而差隣人笑曰病偶自差豈火能爲此人便覺頤間癢明日癭還如故後梁以火德興
文惠太子起東田時人反云後必有顛童果面太孫失位
齊宋以來民間語云擾攘建武上明帝初誅害蕃戚京師危駭
永元元年童謠曰洋洋千里流流翣東城頭烏馬烏皮袴三更相告訴脚跛不得起誤殺老姥子千里流者江祏也東城遙光也遙光夜舉事垣歷生者烏皮袴褶往奔之跛脚亦遙光老姥子孝字之象徐孝嗣也

永元中童謠云野豬雖嗃嗃馬子空閭渠不知龍與虎飲食江南墟七九六十三廣莫人無餘烏集傳舍頭今汝得寬休但看三八後摧折景陽樓識者解云陳顯達屬豬崔慧景屬馬非也東昏侯屬豬馬子未詳梁王屬龍蕭穎胄屬虎崔慧景攻臺頓廣莫門死時年六十三烏集傳舍即所謂瞻烏爰止于誰之屋三八二十四起建元元年至中興二年二十四年也摧折

景陽樓亦高臺傾之意也言天下將去乃得休
息也
齊宋之際民間語云和起言以和顔而爲變起
也後和帝立
崔慧景圍臺城有一五色幡飛翔在雲中半日
乃不見衆皆驚怪相謂曰幡者事尋當飜覆也
數日而慧景敗
言傳曰言氣傷則民多口舌故有口舌之痾金
者白故有白眚若有白爲惡祥

宋昇明二年飆風起建康縣南塘里吹帛一匹
入雲風上下御路紀僧眞啓太祖當宋氏禪者
其有匹夫居之
水北方冬藏萬物氣至陰也宗廟祭祀之象死
者精神放越不反者故爲之廟以收散爲之貌
以收其魂神而孝子得盡禮焉敬之至則神歆
之此則至陰之氣從則水氣從溝瀆隨而流去
不爲民害矣人君不禱祀簡宗廟廢祭祀逆天
時則霧水暴出川水逆溢壞邑軼鄉沈溺民人

故曰水不潤下
建元二年吳吳興義興三郡大水
二年夏丹陽吳二郡大水
四年大水
永明五年夏吳興義興水雨傷稼
六年吳興義興二郡大水
建武二年冬吳晉陵二郡水雨傷稼
永元元年七月濤入石頭漂殺緣淮居民應本
傳荆州城内有沙池常漏水蕭穎胄爲長史水

乃不漏及穎胄亡乃復竭
傳曰極陰氣動故有魚孽魚孽者常寒罰之符也
永明九年鹽官縣石浦有海魚乘潮來水退不
得去長三十餘丈黑色無鱗未死有聲如牛土
人呼爲海鷰取其肉食之
永元元年四月有大魚十二頭入會稽上虞江
大者近二十餘丈小者十餘丈一入山陰稱浦
一入永興江皆暍岸側百姓取食之
聽傳曰不聽之象見則妖生於耳以類相動故

曰有鼓妖也一曰聲屬鼓妖
永明元年十一月癸卯夜天東北有聲至戊夜
傳曰皇之不極是謂不建其咎在霿亂失聽故
厥咎霿霿思心之咎亦霿霧天者正萬物之始王者
正萬事之始失中則害天氣類相動也天者轉
於下而運於上雲者起於山而彌於天天氣動
則其象應故厥罰常陰王者失中臣下盛強而
蔽君明則雲陰亦衆多而蔽天光也
建元四年十月丙午日入後土霧勃勃如火煙

永明二年十一月己亥四面上霧入人眼鼻至
辛丑止
二年十一月丙子日出後及日入後四面土霧
勃勃如火煙
六年十一月庚戌丙夜土霧竟天昏塞濃厚至
六日未時小開到甲夜仍後濃密勃勃如火煙
辛慘入人眼鼻
八年十月壬申夜土霧竟天濃厚勃勃如火煙
氣入人眼鼻至九日辰時開除

九年十月丙辰晝夜恒昏霧勃勃如火煙其
氣辛慘入人眼鼻兼日色赤黃至四日甲夜開除
十年正月辛酉酉初四面土霧勃勃如火煙其
氣辛慘入人眼鼻
傳曰易曰乾爲馬逆天氣馬多死故曰有馬禍
一曰馬者兵象也將有寇戎之事故馬爲怪
建昌四年王晏出至草市馬驚走鼓步從車而
歸十餘日晏誅
建武中南岸有一蘭馬走逐路上女子女子窘

急走入人家牀下避之馬終不置發牀食女子
股脚間內都盡禁司以聞敕殺此馬是後頻有
寇賊
京房易傳曰生子二首月以上民謀其主三手以
上臣謀其主二口已上國見驚以兵三耳已上
是謂多聽國事無定二鼻以上國主久病三足
三臂已上天下有兵其類甚多蓋以象占之
永明五年吳興東遷民吳休之家女人雙生二
兒胷以下齊以上合

京房易傳曰野獸入邑其邑大虛又曰野獸無故入邑朝廷門及宮府中者邑逆且虛

永明中南海王子罕爲南兗州刺史有麞入廣陵城投井而死又有象至廣陵是後刺史安陸王子敬於鎮被害

建武四年春當郊治丘圓宿設已畢夜虎攫傷之

建武中有鹿入景皇寢廟皆爲上崩及禪代也

凡無占者皆爲不應本傳

贊曰木怪蘷魍火爲水妃[illegible]威形聲異迹影響同歸皆由[illegible]

志第十一　南齊書十九

列傳第一　南齊書二十

臣蕭子顯　撰

皇后

六宮位號漢魏以來因襲增置世不同矣建元元年有司奏置貴嬪夫人貴人爲三夫人脩華脩儀脩容淑妃淑媛淑儀婕妤容華充華爲九嬪美人中才人才人爲散職永明元年有司奏貴妃淑妃並加金章紫綬佩于寘玉淑妃舊擬九棘以淑爲温恭之稱妃爲亞后之名進同貴妃以比三司夫人之號不殊蕃國降淑媛以比九卿七年復置昭容位在九嬪建元三年太子宮置三內職良娣比開國侯保林比五等侯才人比駙馬都尉

宣孝陳皇后諱道止臨淮東陽人魏司徒陳矯後父肇之郡孝廉后少家貧勤織作家人矜其勞或止之后終不改嫁于宣帝庶生衡陽元王道度始安貞王道生后生太祖太祖年二歲乳人乏乳后夢人以兩甌麻粥與之覺而乳大出

異而說之宣帝從任在外后常留家治事教子孫有相者謂后曰夫人有貴子而不見也后歎曰我三兒誰當應之呼太祖小字曰正應是汝耳宣帝殂後后親自執勤婢使有過誤恕不問也太祖雖從官而家業本貧爲建康令時高宗等冬月猶無纊而奉膳甚厚后每撤去兼肉曰於我過足矣殂于縣舍年七十三昇明三年追贈竟陵公國太夫人璽印畫青綬祠以太牢建元元年追尊孝皇后贈外祖父肇之金紫光

祿大夫謚曰敬侯后母胡氏爲永昌縣靖君

高昭劉皇后諱智容廣陵人也祖玄之父壽之並員外郎后母桓氏夢吞玉勝生后時有紫光滿室以告壽之壽之曰恨非是男桓曰雖女亦足興家矣后每寢臥家人常見上如有雲氣焉年十餘歲歸太祖嚴正有禮法家庭肅然宋泰豫元年殂年五十歸葬宣帝墓側今泰安陵也門生王清與墓工始下鍤有白兔跳起尋之不得及墳成兔還栖其上昇明二年贈竟陵公國夫人三年贈齊國妃印綬如太妃建元元年尊謚昭皇后三年贈后父金紫光祿大夫母桓氏上都鄉君壽之子興道司徒屬文蔚豫章內史義徽光祿大夫義倫通直郎

武穆裴皇后諱惠昭河東聞喜人也祖朴之給事中父璣之左軍參軍后少與豫章王妃庾氏爲娣姒庾氏勤女工奉事太祖昭后恭謹不倦后不能及故不爲舅姑所重世祖家好亦薄焉性剛嚴竟陵王子良妃袁氏布衣時有過后加訓罰昇明三年爲齊世子妃建元元年爲皇太子妃三年后薨謚穆妃葬休安陵世祖即位追

尊皇后贈璣之金紫光祿大夫后母檀氏餘杭廣昌鄉元君舊顯陽昭陽殿太后皇后所居也永明中無太后皇后羊貴嬪居昭陽殿西范貴妃居昭陽殿東寵姬荀昭華居鳳華柏殿宮內御所居壽昌畫殿南閣置白鷺鼓吹二部乾光殿東西頭置鍾磬兩廂皆宴樂處也上數遊幸諸苑囿載宮人從後車宮內深隱不聞端門鼓

漏聲置鍾於景陽樓上宮人聞鍾聲早起裝飾
至今此鍾唯應五鼓及三鼓也車駕數幸琅邪
城宮人常從早發至湖北埭鷄始鳴吳郡韓蘭
英婦人有文辭宋孝武世獻中興賦被賞入宮
明帝世用為宮中職僚世祖以為博士教六宮
書學以其年老多識呼為韓公
文安王皇后諱寶明琅邪臨沂人也祖韶之吳
興太守父曄之太宰祭酒宋世太祖為文惠太
子納后桂陽賊至太祖在新亭傳言已沒宅復

為人所抄掠文惠太子竟陵王子良奉穆后庾
妃及后挺身送后兄冕之家事平乃出建元元
年為南郡王妃四年為皇太子妃無寵太子為
宮人製新麗衣裳及首飾而后床帷陳設故舊
釵鑷十餘枚永明十一年為皇太孫太妃鬱林
即位尊為皇太后稱宣德宮贈后父金紫光祿
大夫母桓氏豐安縣君其年十二月備法駕謁
太廟高宗即位出居鄱陽王故第為宣德宮永
元三年梁王定京邑迎后入宮稱制至禪位天

監十一年薨年五十八葬崇安陵謚曰安后兄
冕義興太守
鬱林王何妃名婧英廬江灊人撫軍將軍戢之
女也永明二年納為南郡王妃十一年為皇太
孫妃鬱林王即位為皇后嫡母劉氏為高昌縣
都鄉君所生母宋氏為餘杭廣昌鄉君將拜鏡
在床無故墮地其冬與太后同日謁太廟后禀
性淫亂為妃時便與外人奸通在後宮復通帝
左右楊珉之與同寢處如伉儷珉之又與帝相

愛褻故帝恣之迎后親戚入宮賞賜人百數十
萬以世祖耀靈殿處后家屬帝被廢后貶為王妃
海陵王王妃名韶明琅邪臨沂人太常慈女也
永明八年納為臨汝公夫人鬱林即位為新安
王妃延興元年為皇后其年降為海陵王妃
明敬劉皇后諱惠端彭城人光祿大夫道弘孫
也太祖為高宗納之建元三年除西昌侯夫人
永明七年卒葬江乘縣張山延興元年贈宣城
王妃高宗即位追尊為敬皇后贈父通直郎景

猷金紫光祿大夫母王氏平陽鄉君永泰元年
高宗崩改葬祔于興安陵
東昏褚皇后名令璩河南陽翟人太常澄女也
建武二年納爲皇太子妃明年謁敬后廟東昏
即位爲皇后帝寵潘妃后不被遇黃淑儀生太
子誦東昏廢竝爲庶人
和帝王皇后名蕣華琅邪臨沂人太尉儉孫也
初爲隨王妃中興元年爲皇后帝禪位后降爲妃
史臣曰后妃之德著自風謠義起閨房而道化

天下繅盆獻種固非耕織佩管晨興與子同
事可以光熙閫業作儷公侯孝昭二后竝有賢
明之訓不得母臨萬國寶命方昌椒庭虛位有
婦人焉空慕周興禎符顯瑞徒萃徽名若使掖
作同休陰教遠變則馬鄧風流復存乎此太祖
創命宮禁貶約毀宋明之紫極革前代之踰奢
衣不文繡色無紅采永巷貧空有同素室世祖
嗣位運藉休平壽昌前興鳳華晚搆香柏文檉
花梁繡柱雕金鏤寶頗用房帷趙瑟吳趨承閑
奏曲歲費傍恩足使充牣事由私蓄無損國儲
高宗仗數矯情外行儉陋內奉宮業曾莫云改
東昏喪道侈風大扇銷糜海內以贍浮飾哲婦
傾城同符殷夏嗚呼所以垂戒於方來
贊曰宣武孝則識有先知高昭誕武世載母儀
裴穆儲閫位亦從隮明敬典冊配在宗枝秋宮
亦遽軒景前虧文安廢主百憂已離中興秉制
揖讓弘規

列傳第一　南齊書二十

臣蕭　子顯　撰

文惠太子

文惠太子長懋字雲喬世祖長子也世祖年未弱冠而生太子爲太祖所愛姿容豐潤小字白澤宋元徽末隨世祖在郢世祖還鎮盆城拒沈攸之使太子勞接將帥親侍軍旅除祕書郎不拜授輔國將軍遷晉熙王撫軍主簿事寧世祖遣太子還都太祖方創霸業心存嫡嗣謂太子

曰汝還吾事辦矣處之府東齋令通文武賓客勑荀伯玉曰我出行日城中軍悉受長懋節度我時時履行轉祕書丞以與宣帝諱同不就改除中書郎遷黃門侍郎未拜昇明三年太祖將受禪世祖已還京師以襄陽兵馬重鎮不欲處他族出太子爲持節都督雍梁二州郢州之竟陵司州之隨郡軍事左中郎將寧蠻校尉雍州刺史建元元年封南郡王邑二千户江左未有嫡皇孫封王始自此也進號征虜將軍先是梁

州刺史范栢年誘降晉壽亡命李烏奴討平氐賊楊城蘇道熾等頗著威名沈攸之事起栢年遣將陰廣宗領軍出魏興聲援京師而候望形勢事平朝廷遣王玄邈代之烏奴勸栢年據漢中不受命栢年計未決玄邈已至栢年遲回魏興不肯下太子慮其爲變乃遣說栢年許啓爲府長史栢年乃進襄陽因執誅之栢年梓潼人徙居華陽世爲土豪知名州里宋泰始中氐寇斷晉壽道栢年以倉部郎假節領數百人慰勞

通路自益州道報命除晉壽太守討平氐賊遂爲梁州栢年彊立善言事以應對爲宋明帝所知既被誅巴西太守柳引稱啓太祖勑荅曰栢年幸可不爾爲之恨恨時襄陽有盜發古塚者相傳云是楚王塚大獲寶物玉屐玉屏風竹簡書青絲編簡廣數分長二尺皮節如新盜以把火自照後人有得十餘簡以示撫軍王僧虔僧虔云是科斗書考工記周官所闕文也是時州遣按驗頗得遺物故有同異之論會北虜南侵

上慮當出樊沔二年徵爲侍中中軍將軍置府
鎮石頭穆妃薨成服日車駕出臨喪朝議疑太
子應出門迎左僕射王儉曰尋禮記服問君所
主夫人妻太子嫡婦言國君爲此三人爲主喪
也今鑾輿臨降自以主喪而至雖因事撫慰義
不在弔南郡以下不應出門奉迎但尊極所臨
禮有變革權去杖絰移立戶外足表情敬無煩
止哭皇太子既一宮之主自應以車駕幸宮依
常奉候既當成服之日吉凶不容相干宜以衰

幘行事望拜止哭率由舊章尊駕不以臨弔奉
迎則惟常體求之情禮如爲可安解侍中上以太
子哀疾不宜居石頭山障移鎮西州四年遷使
持節都督南徐兖二州諸軍事征北將軍南徐
州刺史世祖即位爲皇太子初太祖好左氏春
秋太子承旨諷誦以爲口實既正位東儲善立
名尚禮接文士畜養武人皆親近左右布在省
闥永明三年於崇正殿講孝經少傅王儉以擿
句令太僕周顒撰爲義疏五年冬太子臨國學

親臨策試諸生於坐問少傅王儉曰曲禮云無
不敬尋下之奉上可以盡禮上之接下慈而非
敬今總同敬名將不爲昧儉曰鄭玄云禮主於
敬便當是尊卑所同太子曰若如來通則忠惠
可以一名孝慈不須別稱儉曰尊卑號稱不可悉
同愛敬之名有時相次忠惠之異誠以聖旨孝
慈互舉竊有徵據禮云不勝喪比於不慈不孝
此則其義太子曰資敬奉君資愛事親兼此二
塗唯在一極今乃移敬接下豈復在三之義儉曰

資敬奉君必同至極移敬逮下不慢而已太子
曰敬名雖同深淺既異而文無差別彌復增疑
儉曰繁文不可備設略言深淺已見傳云不忘
恭敬民之主也書云奉先思孝接下思恭此又
經典明文互相起發太子問金紫光祿大夫張
緒緒曰愚謂恭敬是立身之本尊卑所以並同
太子曰敬雖立身之本要非接下之稱尚書云
惠鮮鰥寡何不言恭敬鰥寡邪緒曰今別言之居
然有恭惠之殊總聞記首所以共同斯稱竟陵

王子良曰禮者敬而已矣自上及下愚謂非嫌太子曰本不謂有嫌正欲使言與事符輕重有別耳臨川王映曰先舉必敬以明大體尊卑事數備列後章亦當不以捴略而礙太子又以此義問諸學生謝幾卿等十一人竝以筆對太子問王儉曰周易乾卦本施天位而說卦云帝出乎震震本非天義豈相主儉曰乾健震動天以運動爲德故言帝出震太子曰天以運動爲德君自體天居位震雷爲象豈體天所出儉曰主器

者莫若長子故受之以震萬物出乎震故亦帝所與焉儉又諮太子曰孝經仲尼居曾子侍夫孝理弘深大賢方盡其致何故不授顏子而寄曾生太子曰曾生雖德慚體二而色養盡禮去物尚近接引非隔弘宣規教義在於此儉曰接引非隔弘宣雖易去聖轉遠其事彌輕既云人能弘道將恐人輕道廢太子曰理既有在不容以人廢言而況中賢之才弘上聖之教寧有壅塞之嫌臨川王映諮曰孝爲德本常是所疑德

施萬善孝由天性自然之理豈因積習太子曰不因積習而至所以可爲德本映曰率由斯至不俟明德夫孝榮親衆德光備以此而言豈得爲本太子曰孝有深淺德有小大因其分而爲本何所稍疑太子以長年臨學亦前代未有也明年上將訊丹楊所領因及南北二百里內獄詔曰獄訟之重政化所先太子立年作貳宜時詳聽此訊事委以親決太子乃於玄圃園宣猷堂錄三署囚原宥各有差上晚年好遊宴尚書

曹事亦分送太子省視太子與竟陵王子良俱好釋氏立六疾館以養窮民風韻甚和而性頗奢麗宮內殿堂皆雕飾精綺過於上宮開拓玄圃園與臺城北塹等其中樓觀塔宇多聚奇石妙極山水慮上宮望見乃傍門列脩竹內施高鄣造游牆數百間施諸機巧宜須鄣蔽須臾成立若應毀撤應手遷徙善製珍玩之物織孔雀毛爲裘光彩金翠過於雉頭矣以晉明帝爲太子時立西池乃啓世祖引前例求東田起小苑

上許之永明中二宮兵力全實太子使宮中將吏更番役築宮城苑巷制度之盛觀者傾京師上性雖嚴多布耳目太子所爲無敢啓者後上幸豫章王宅還過太子東田見其彌亘華遠壯麗極目於是大怒收監作主帥太子懼皆藏匿之由是見責太子素多疾體又過壯常在宮内簡於遨遊玩弄羽儀多所僭擬雖咫尺宮禁而上終不知十年豫章王嶷薨太子見上友于既至造碑文奏之未及鐫勒十一年春正月太子

有疾上自臨視有憂色疾篤上表曰臣地屬元良業微三善光道樹風於焉蓋闕晨宵怊懼有若臨淵攝生舛和構離痾疾大漸惟幾顧陰待謝守器難永視膳長違仰戀慈顏内懷感哽竊惟死生定分理不足悲伏願割無已之悼損既往之傷寳衛聖躬同休七百臣雖没九泉無所遺恨時年三十六太子年始過立久在儲宮得參政事内外百司咸謂旦暮繼體及薨朝野驚惋焉上幸東宮臨哭盡哀詔斂以衮冕之服謚

曰文惠葬崇安陵世祖履行東宮見太子服翫過制大怒勑有司隨事毁除以東田殿堂爲崇虚館鬱林立追尊爲文帝廟稱世宗初太子内懷惡明帝密謂竟陵王子良曰我意色中殊不悦此人當由其福德薄所致子良便苦救解後明帝立果大相誅害

史臣曰上古之世父不哭子壽夭悠悠尚嗟恒事況夫正體東儲方樹年德重基累葉載茂皇家守器之君已知耕稼雖　具美交弘盛迹

武運將終先期夙殞傳之幼少以速顛危推此而論亦有宜數矣

贊曰二象垂則三星麗天樹嫡惟長義匪求賢方爲守器植命不延

列傳第二　南齊書二十一

列傳第三　南齊書二十二

臣蕭　子顯　撰

豫章文獻王

豫章文獻王嶷字宣儼太祖第二子寬仁弘雅有大成之量太祖特鍾愛焉起家爲太學博士長城令入爲尚書左民郎錢唐令太祖破薛索兒改封西陽以先爵賜爲晉壽縣侯除通直散騎侍郎以偏憂去官桂陽之役太祖出頓新亭壘板嶷爲寧朔將軍領兵衛從休範率士卒攻壘南嶷執白虎幡督戰屢摧却之事寧遷中書郎尋爲安遠護軍武陵内史時沈攸之責賧伐荆州界内諸蠻遂及五溪禁斷魚鹽群蠻怒酉溪蠻王田頭擬殺攸之使攸之責賧千萬頭擬輸五百萬發氣死其弟婁侯簒立頭擬子田都走入獠中於是蠻部大亂抄掠平民至郡城下遺隊主張莫兒率將吏擊破之田都自獠中請立而婁侯懼亦歸附嶷誅婁侯於郡獄命田都繼其父蠻衆乃安入爲宋從帝車騎諮議參軍

府掾轉驃騎仍遷從事中郎詣司徒袁粲粲謂人曰後來佳器也太祖在領軍府嶷居清溪宅蒼梧王夜中微行欲掩襲宅内嶷左右儛刀戟於中庭蒼梧從墻間窺見以爲有備乃去太祖帶南兖州鎮軍府長史蕭諶在鎮憂危既切期渡江北起兵嶷諫曰主上狂凶人不自保單行道路易以立功外州起兵鮮有克勝物情疑惑必先人受福今於此立計萬不可失蒼梧王殞太祖報嶷曰大事已判汝明可早入從帝即位轉侍中揔宫内直衛沈攸之之難太祖入朝堂嶷出鎮東府加寇軍將軍袁粲舉兵夕丹楊丞王遜告變先至東府嶷遣帳内軍主戴元孫二千人隨薛道淵等俱至石頭焚門之功元孫預焉先是王藴薦部曲六十人助爲城防實以爲内應也嶷知藴懷貳不給其仗散處外省及難作搜檢皆已亡去遷中領軍加散騎常侍上流平後世祖自尋陽還嶷出爲使持節都督江州豫州之新蔡晉熙二郡軍事左將軍江州刺

史常侍如故給鼓吹一部以定策功改封永安縣公千五百户仍徙都督荆湘雍益梁寧南北秦八州諸軍事鎮西將軍荆州刺史持節常侍如故時太祖輔政務在省約停府州儀迎物初沈攸之欲聚衆開民相告士庶坐執役者甚衆嶷至鎮一日遣三千餘人見囚五歲刑以下不連臺者皆原遣以市税重濫更定槁格以税還民禁諸市調及苗籍二千石官長不得與人爲公宜曹吏聽分番假百姓甚悦禪讓之間世祖

欲速定大業嶷依違其事默無所言建元元年太祖即位赦詔未至嶷先下令蠲除國内昇明二年以前逋負遷侍中尚書令都督揚南徐二州諸軍事驃騎大將軍開府儀同三司揚州刺史持節如故封豫章郡王邑三千户僕射王儉牋曰舊楚蕭條仍歲多故荒民散亡實須緝理公臨莅甫爾英風惟穆江漢來蘇八州慕義自庾亮以來荆楚無復如此美政古人朞月有成而公旬日致治豈不休哉會北虜動上思爲經

略乃詔曰神牧揔司王畿誠爲治要荆楚領馭遐遠任寄弘隆自頃公私凋盡綏撫之宜尤重恒日復以爲都督荆湘雍益梁寧南北秦八州諸軍事南蠻校尉荆湘二州刺史持節侍中將軍開府如故晉宋之際刺史多不領南蠻别以重人居之至是有二府二州荆州資費歲錢三千萬布萬匹米六萬斛又以江湘二州米十萬斛給鎮府湘州資費歲七百萬布三千匹米五萬斛南蠻資費歲三百萬布萬匹綿千斤絹三

百匹米千斛近代莫比也尋給油絡俠望車二年春虜寇司豫二州嶷表遣南蠻司馬崔慧景北討又分遣中兵參軍蕭惠朗援司州屯西關虜軍濟淮攻壽春分騎當出隨鄧衆以爲憂嶷曰虜入春夏非動衆時令豫司强守過其津要彼見堅嚴自當潰散必不敢越二鎮而南也是時纂嚴嶷以荆州隣接蠻蜒慮其生心令鎮内皆緩服既而虜竟不出樊鄧於壽春敗走尋給班劍二十人其夏於南蠻園東南開館立學上

表言狀置生四十人取舊族父祖位正佐臺郎
年二十五以下十五以上補之置儒林參軍一
人文學祭酒一人勸學從事二人行釋菜禮以
穀過賤聽民以米當口錢優評斛一百義陽劫
帥張羣亡命積年鼓行爲賊義陽武陵天門南
平四郡界被其殘破沈攸之連討不能禽乃首
用之攸之起事羣從下郢於路先叛結寨於三
溪依據深險嶷遣中兵參軍虞欣祖爲義陽太
守使降意誘納之厚爲禮遣於坐斬首其黨數

百人皆散四郡獲安入爲都督揚南徐二州諸
軍事中書監司空揚州刺史持節侍中如故加
兵置佐以前軍臨川王映府文武配司空府嶷
以將還都脩治解宇及路陌東歸部曲不得齎
府州物出城發江津士女觀送數千人皆垂泣
嶷發江陵感疾至京師未瘳上深憂慮爲之大
赦三年六月壬子赦令是也疾愈上幸東府設
金石樂敕得乘輿至宮六門太祖崩嶷哀號眼
耳皆出血世祖即位進位太尉置兵佐解侍中

增班劒爲三十人建元年中世祖以事失旨太
祖頗有代嫡之意而嶷事世祖恭悌盡禮未嘗
違忤顏色故世祖友愛亦深永明元年領太子
太傅解中書監餘如故手啓上曰陛下以叡孝
纂業萬寓惟新諸弟有序臣屢荷隆愛叨授台
首不敢固辭俛仰祗寵心魂如失負重量力古
今同規臣窮生如浮質操空素任居鼎右已移
氣序自頃以來宿疾稍纏心慮恍惚表於容狀
視此根候常恐命不勝恩加以星緯屢見災祥

雖脩短有恒能不耿介比心欲從俗啓解今職
但厝辭爲鄙或貽物誚所以息意緘嘿一委時
運而可復加寵榮增其顛墜且儲傳之重實非
恒選遂使太子見臣必束帶宮臣皆再拜二三
之宜何以當此陛下同生十餘今唯臣而已友
于之愛豈當不臣鍾其隆遇別奉啓事仰祈恩
照臣近亦侍言太子告意子良具因王儉申啓
未知粗上聞未福慶方隆國祚永始若天假臣
年得預人位唯當請降貂璫以飾微軀永侍天

顏以惟畢世此臣之願也服之不衷猶爲身災
況寵爵乎殊榮厚恩必誓以命請上答曰事中
恐不得從所陳宋氏以來州郡秩俸及供給多
隨土所出無有定准嶷上表曰循革貴宜損益
資用治在風均政由一典伏尋郡縣長尉俸祿
之制雖有定科而其餘資給復由風俗東北異
源西南各緒習以爲常因而弗變緩之則莫非
通規澄之則靡不入罪殊非約法明章先令後
刑之謂也臣謂宜使所在各條公用公田秩石

迎送舊典之外守宰相承有何供調尚書精加
洗覈務令優衷事在可通隨宜開許損公侵民
一皆止却明立定格班下四方永爲恒制從之嶷
嶷不參朝務而言事密謀多見信納服闋加侍
中二年詔曰漢之梁孝寵異列蕃晉之文獻
殊恒序況乃地侔前准勳兼往式雖天倫有本
而因事增情宜廣田邑用申恩禮增封爲四千
戶宋元嘉世諸王入齋閤得白服帬帽見人主
唯出太極四廟乃備朝服自此以來此事一斷

上與嶷同生相友睦宮內曲宴許依元嘉嶷固
辭不奉敕唯車駕幸第乃白服烏紗帽以侍宴
焉啓自陳曰臣自還朝便省儀刀捉刀左右十
餘亦省唯郊外遠行或復暫有入殿亦省服身
今所牽仗二俠轂二白直共七八十人事無大
小臣必欲上啓伏度聖心脫未委曲或有言其
多少不附事實仰希即賜垂敕又啓揚州刺史
舊有六白領合扇二白拂臣脫以爲疑不審此
當云何行園苑中乘轝出籬門外乘轝鳴角皆

相仍如此非止於帶神州者未審此當云何方
有行來不可失衷上答曰儀刀捉刀不應省也
俠轂白直乃可共百四五十以還正是耳亦不
曾聞人道此吾自不使諸王無仗況復汝耶在
私園苑中乘此非疑郊外鳴角及合扇并拂先
乃有不復施用此來甚久凡在鎭自異還京師
先廣州乃立鼓吹交部遂有轝事隨時而改亦
復有可得依舊者汝若有疑可與王儉諸人量
衷但令人臣之儀無失便行也又啓曰臣拙知

自處闇於疑訪常見素姓扶詔或著布屩不意
爲異臣在西朝拜王儀飾悉依宋武陵事例有
二部扇仍此下都脫不爲疑小兒奴子並青布
袴衫臣齋中亦有一人意謂外庶所服不疑與
羊車相類曲荷慈旨今悉改易臣昔在邊鎮不
無羽衛自歸朝以來便相分遣俠轂白直格置
三百許人臣項所引不過一百常謂京師諸王
不煩牽仗若郊外遠行此所不論有仗者非臣
一人所以不容方幅啓省又因王儉備宣下情

臣出入榮顯禮容優泰第宇華曠事乖素約雖
宋之遺製恩處有在猶深非服之慙威衛之請
仰希曲照上荅曰傳詔臺家人耳不足涉嫌郭
扇吾識及以來未見故有敕耳小兒奴子本非
嫌也吾有所聞豈容不敕汝知令物致議耶吾
已有敕汝一人不省俠轂但牽之吾昨不通仗
事儉已道吾即今荅不煩有此啓須間言自更
一二又啓曰違遠侍宴將踰一紀憂苦間之始
得開顏近頻侍座不勝悲喜沾飲過量實欲仰

示恩狎今自下知見以杜游塵陛下留恩子弟
此情何異外物政自彊生閒節聲其厚薄伏度
或未上簡臣前在東田承恩過醉實思歎往秋
之謗故言啓至切亦令羣物聞之伏願已照此
心前侍幸諱（梁文帝也）宅臣依常乘車至仗後監伺
不能示臣可否便互競啓聞云臣車逼突黃屋
麾旄如欲相中推此用意亦何容易仰賴慈明
即賜垂敕不爾臣終不知闇貽此累比日禁斷
整密此自常理外聲乃云起臣在華林輒捉御

刀因此更嚴度情推理必不容爾爲復上啓知
耳但風塵易至和會實難伏願猶憶臣石頭所
啓無生間縫比閑侍無次略附茹亮口宣臣由
來華素已具上簡每欲存衷意慮不周或有乖
當且臣五十之年爲翫幾時爲此亦復不能以
理內自剝北第舊邸本自甚華臣改脩正而已
小小製置已自仰簡往歲收合得少雜材并蒙
賜故板啓榮內許作小眠齋始欲成就皆補接
爲辦無乖格製要是檉栢之華一時新淨東府

又有齋亦爲華屋而臣頓有二處住止下情竊
所未安訊訪東宮玄圃乃有栢屋製甚古拙內
中無此齋臣乃欲壞取以奉太子非但失之於
前且補接既多不可見移亦恐外物或爲異論
不審可有垂許送東府齋理否臣公家住止率
爾可安臣之今啓實無意識亦無言者太子亦
不知臣有此屋政以東宮無而臣自處之體不
宜爾爾所啓蒙允臣便當敢成第屋安之不疑
陛下若不照體臣心便當永廢不脩臣自謂今

啓非但是自處宜然實爲微臣往事伏願必垂
降許伏見以諸王舉貨屋降嚴旨少拙營生已
應上簡府州郡邸舍非臣私有今巨細所資皆
是公潤臣私累不少未知將來罷州之後或當
不能不試學營覓以自贍連年惡疾餘顧影單
回無事畜聚唯逐手爲樂耳上答曰茹亮今啓
汝所懷及見別紙汝勞疾亦復那得不動何意
爲作煩長啓事凡諸普敕此意可尋當不關汝
一人也宜有敕事吾亦必道頃見汝自更委悉

書不欲多及屋事慎勿彊厝此意白澤亦當不
解何意爾三年文惠太子講孝經畢求解太傅
不許皇孫婚竟又陳解詔曰公惟德惟行無所
厝辭且魯衛其誰與二方式範當時流聲史籍
豈容屢秉撝謙以乖期寄嶷常慮盛滿又因言宴
求解揚州授竟陵王子良上終不許曰畢汝一
世無所多言世祖即位後頻發詔拜陵不果行
遣嶷拜陵還過延陵季子廟觀沸井有水牛突
部伍直兵執牛推問不許取絹一疋橫繫牛角

放歸其家爲治存寬厚故得朝野歡心四年唐
寓之賊起啓上曰此段小寇出於凶愚天網宏
罩理不足論但聖明御世幸可不爾此藉聲聽
皆云有由而然豈得不仰啓所懷少陳心款山
海崇深臣獲保安樂公私情願於此可見齊有
天下歲月未久澤沾萬民其實未多百姓猶險
懷惡者衆陛下曲垂流愛每存優旨但頃小大
士庶每以小利奉公不顧所損者大擿籍檢工
巧督郵簡小塘藏丁匿口凡諸條制實長怨府

此目前交利非天下大計一室之中尚不可精
寓宙之内何可周視公家何嘗不知民多欺巧
古今政以不可細碎故不爲此實非乖理但識
理者百不有一陛下弟兒大臣猶不皆能伏理
況復天下悠悠萬品怨積聚黨兇迷相類止於
一處何足不除肬復多所便成紜紜久欲上啓
閑侍無因謹陳愚管伏願特留神思上荅曰欺
巧那可容宋世混亂以爲是不蚊蟻何足爲憂
已爲義勇所破官軍昨至今都應散滅吾政恨

其不辦大耳亦何時無亡命邪後乃詔聽復籍
注五年進位大司馬八年給皁輪車尋加中書
監固讓嶷身長七尺八寸善持容範文物衞從
禮冠百僚每出入殿省皆瞻望嚴肅自以地位
隆重深懷退素比宅舊有園田之美乃盛脩理
之七年啓求還第上令世子子廉代鎮東府上
數幸嶷第宋長寧陵隧道出第前路上曰我便
是入他冢墓内尋人乃徙其表闕騏驎於東崗
上騏驎及闕形勢甚巧宋孝武於襄陽致之後

諸帝王陵皆模範而莫及也永明末車駕數游
幸唯嶷陪從上出新林苑同輦夜歸至宮門嶷
下輦辭出上曰今夜行無使爲尉司所呵也嶷
對曰京輦之内皆屬臣州願陛下不垂過慮上
大笑上謀北伐以虜所獻氊車賜嶷每幸第清
除不復屏人上敕外監曰我往大司馬第是還
家耳妃庾氏常有疾瘳上幸後堂設金石樂宮
人畢至每臨幸輙極日盡歡嶷謂上曰古來言
願陛下壽偕南山或稱萬歲此殆近貌言如臣

所懷實願陛下極壽百年亦足矣上曰百年復
何可得止得東西一百於事亦濟十年上封嶷
諸子舊例千户嶷欲五子俱封啓減人五百户
其年疾篤表解職不許賜錢百萬營功德嶷又
啓曰臣自嬰今患亟降天臨醫徒術官泉開藏
府慈寵優渥備極人臣生年疾迫遽陰無幾願
陛下審賢興善極壽蒼旻彊德納和爲億兆御
臣命遣昌數奄奪恩憐長辭明世伏涕嗚咽薨
年四十九其日上再視疾至薨乃還宮詔曰嶷

明哲至親勳高業始德懋王朝道光區縣奄至薨逝痛酷抽割不能自勝柰何柰何今便臨哭九命之禮宜備其制斂以衮冕之服溫明祕器命服一具衣一襲喪事一依漢東平王故事大鴻臚持節護喪事大官朝夕送奠大司馬太傅二府文武悉停過葬竟陵王子良啓上曰臣聞春秋所以稱王母弟者以尊其所重故也是以禮秩殊品爵命崇異在漢則梁王備出警入蹕之儀在晉則齊王具殊服九命之贈江左以來

尊親是闕故致衮章之典廢而不傳寔由人缺其位非禮虧省齊王故事與今不殊締構王業功迹不異凡有變革隨時之宜者政緣恩情有輕重德義有厚薄若事籌前規禮無異則且梁齊闕令終之美猶饗襃贈之榮況故大司馬仁和著於天性孝悌終於立身節義表於勤王寬猛彰於御物奉上無艱劬之貌接下無毀傷之容淡矣止於清貞無喜慍之色悠然栖於靜默絕馳競之聲詩云靡不有初鮮克有終夫終之

者理實爲難在於今行無廢斯德東平樂於小善河間悅於詩書勳績無聞艱危不涉尚致卓爾不羣英聲萬代況今協贊皇基經綸霸始功業高顯清譽逾彰富貴隆重廉潔彌峻等古形今孰類茲美臣愚忖度未有斯例凡庶族同氣愛睦尚少豈有仰覩陛下垂友于之性若此者乎共起布衣俱登天貴生平遊處何事不同分甘均味何珍不等未常覩貌而天心不懽見形而聖儀不悅爰及臨危捨命親瞻喘息萬分

之際沒在聖目號哭動乎天地感慟驚乎鬼神乃至撤膳移寢坐泣遷旦神儀損耗隔宿改容奉瞻聖顏誰不悲悚歷古所未聞記籍所不載既有若斯之大德實不可見典服之贈不彰如其脫致虧忘追改爲煩不令千載之下物有遺恨其德不具美者尚荷嘉隆之命況事光先烈者寧可缺茲盛典臣恐有識之人容致其議且庶族近代桓溫庾亮之類亦降殊命伏度天心已當有在又詔曰寵章所以表德禮秩所以紀

幼慎終追遠前王之盛策累行疇庸列代之通
誥故使持節都督揚南徐二州諸軍事大司馬
領太子太傅揚州刺史新除中書監豫章王嶷
體道秉哲經仁緯義挺清譽於弱齡發韶風於
早日締綸霸業之初翼讚皇基之始孝睦著於
鄉閭忠諒彰乎邦邑及秉德論道揔牧神甸七
教必荷六府咸理振風潤雨無諐於時候卹民
拯物有篤於矜懷雍容廊廟之華儀形列郡之
觀神凝自遠具瞻允集朕友于之深情兼家國

方授以神圖委諸廟勝緝頌九紘陪禪五岳天
不憖遺奄焉薨逝哀痛傷惜震慟乎厥心今先
遠戒期龜謀襲吉宜加茂典以協徽猷可贈假
黃鉞都督中外諸軍事丞相揚州牧綠綟綬具
九服錫命之禮侍中太司馬太傅王如故給九
旒鸞輅黃屋左纛虎賁班劍百人轀輬車前後
部羽葆鼓吹葬送儀依東平王故事嶷臨終召
子子廉子恪曰人生在世本自非常吾年已老
前路幾何居今之地非心期所及性不貪聚自

幼所懷政以汝兄弟累多損吾暮志耳無吾欲
當共相勉厲篤睦為先才有優劣位有通塞運
有富貧此自然理無足以相陵侮若天道有靈
汝等各自脩立灼然之分無失也勤學行守基
業治閨庭尚閑素如此足無憂患聖主儲皇及
諸親賢亦當不以吾沒易情也三日施靈唯香
火槃水干飯酒脯檳榔而已朔望菜食一盤加
以甘果此外悉省葬後除靈可施吾常所乘轝
扇繖朔望時節席地香火槃水酒脯干飯檳榔

便足雖才愧古人意懷粗亦有在不以遺財為
累主衣所餘小弟未婚諸妹未嫁凡應此用本
自茫然當稱力及時其有為辦事事甚多不復
甲乙棺器及墓中勿用餘物為後患也朝服之
外唯下鐵鐶刀一口作冢勿令深一一依格莫
過度也後堂樓可安佛供養外國二僧餘皆如
舊與汝遊戲後堂船乘吾所乘牛馬送二宮及
司徒服飾衣裘悉為功德子廉等號泣奉行世
祖哀痛特至至冬乃舉樂宴朝臣上歔欷流涕

諸王邸不得起樓臨瞰宮掖上後登景陽望見樓悲感乃敕毀之薨後第庫無見錢世祖敕貨雜物服飾得數百萬起集善寺月給第見錢百萬至上崩乃省性汎愛不樂聞人過失左右有投書相告置韡中竟不視取火焚之齊庫失火燒荊州還資評直三千餘萬主局各杖數十而已群吏中南陽樂藹彭城劉繪呉郡張稷最被親禮藹與竟陵王子良牋曰道德以可久傳聲風流以浸遠揮稱雖復青簡締芳未若玉石之

不朽飛翰圖藻豈伊雕篆之無沫丞相沖粹表於天眞淵照殆乎機象經邦緯民之範體國成務之規故以業茂惟賢功高則哲神輝眇邈叡筭不追感纒奉車恨百留滯下官夙眞名節恩義軫慕望墳結哀輒欲率荊江湘三州僚吏建碑龍首庶徽猷有述茂則方存昔子香淳德留銘江介鉅平遺烈墮淚漢南況道尊前往惠積聯綿者哉下官今便反假無由躬事刋勒須至西州鳩集所資託中書侍郎劉繪營辦藹又與

右率沈約書曰夫道宣餘烈竹帛有時先朽德孚遺事金石更非後亡丞相獨秀生民傍照日月標勝丘園素履穆於忠義譽應華衮功迹著於卿諳無得而稱理絶照載若夫日用闃寂雖無取於錙銖歲功宏達諒有寄於衡石竊承貴州士民或建碑表俾我荊南閟感無地且作紀江漢道基分陜衣冠禮樂咸被後昆若其望碑盡禮我州之舊俗傾壚罷肆鄙士之遺風庶幾刋烈或不泯墜荊江湘三州策名不少並欲各

率毫釐少申景慕斯文之託歷選惟疑必待文蔚辭宗德俞茂纔非高明而誰豈能嗣無愧之辭詶式瞻之望吾西州窮士一介寂寥恩周榮譽澤遍衣食永惟道廕日月就遠緬尋遺烈觸目崩心常謂福齊南山慶鍾仁壽吾儕小人貽塵帷蓋豈圖一旦遂投此請約荅曰丞相風道弘曠獨秀生民凝猷盛烈方軌伊旦勲遺之感朝野同悲承當刋石紀功傳華千載宜須盛述實允來談郭有道漢末之匹夫非蔡伯喈不足

以偶三絶謝安石素族之台輔時無麗藻迄乃有碑無文況文獻王冠冕彝倫儀形宸内自非一世辭宗難或與此約閭閈鄙人名不入第歘酬今旨便是以禮許人聞命慙顏已不覺汗之沾背也建武中第二子子恪託約及太子詹事孔稚珪爲文子廉字景藹初疑養魚復侯子響爲世子子廉封永新侯千户子響還本子廉爲世子除寧朔將軍淮陵太守太子中書舍人前軍將軍善撫諸弟子十一年卒贈侍中謚哀世

子弟三子子操泉陵侯王侯出身官無定准素姓三公長子一人爲員外郎建武中子操解褐爲給事中自此齊末皆以爲例永泰元年南康侯子恪爲吳郡太守避王敬則難奔歸以子操爲寧遠將軍吳郡太守永元中爲黄門郎義師圍城子操與弟宜陽侯子光卒於尚書都座弟四子子行洮陽侯早卒子元琳嗣今上受禪詔曰襃隆往代義炳彝則朕當此樂推思弘前典豫章王元琳故巴陵王昭秀胄子周齊氏宗國

高武嫡胤宜祚井邑以傳世祀降新淦縣侯五百户

史臣曰楚元王高祖亞弟無功漢世東平憲王辭位永平本及光武之業梁孝惑於勝詭安平心隔晉運蕃輔貴盛地實高危持滿戒盈鮮能全德宰相之器誠有天真因心無矯率由遠度故能光賛二祖内和九族實同周氏之初周公以來則未知所匹也

賛曰堂堂烈考德邁前蹤移忠以孝植友惟恭

帝載初造我王奮庸邦家有闕我王彌縫道深日用事緝民雍愛傳餘祀聲流景鐘

列傳第三　南齊書二十二

列傳第四

南齊書二十三

臣蕭子顯 撰

褚淵 淵弟澄 徐嗣

王儉

褚淵字彥回河南陽翟人也祖秀之宋太常父湛之驃騎將軍尚宋武帝女始安哀公主淵少有世譽復尚文帝女南郡獻公主姑姪二世相繼拜駙馬都尉除著作佐郎太子舍人太宰參軍太子洗馬祕書丞湛之卒淵推財與弟唯取書數千卷襲爵都鄉侯中書郎司徒右長史吏部郎宋明帝即位加領太子屯騎校尉不受遷侍中知東宮事轉吏部尚書尋領太子右衞率固辭司徒建安王休仁南討義嘉賊屯鵲尾遣淵詣軍選將帥以下勳階得自專決事平加驍騎將軍薛安都以徐州叛虜頻寇淮泗遣淵慰勞北討衆軍淵還啟帝言盱眙以西戎備單寡宜更配衣汝陰荊亭並已圍逼安豐又已不守壽春衆力止足自保若使遊騎擾壽陽則

江外危迫歷陽瓜步鍾離義陽皆須實力重戍選有幹用者處之帝在藩與淵以風素相善及即位深相委寄事皆見從改封雩都縣伯邑五百戶轉侍中領右衞將軍尋遷散騎常侍丹陽尹出爲吳興太守常侍如故增秩千石固辭增秩明帝疾甚馳使召淵付以後事帝謀誅建安王休仁淵固諫不納復爲吏部尚書領常侍衞尉如故不受乃授右僕射衞尉如故淵以母年高羸疾晨昏須養固辭衞尉不許明帝崩遺詔以爲中書令護軍將軍加散騎常侍與尚書令袁粲受顧命輔幼主淵同心共理庶事當奢侈之後務弘儉約百姓賴之接引賓客未嘗驕倦王道隆阮佃夫用事姦賂公行淵不能禁也遭庶母郭氏喪有至性數日中毀頓不可復識朞年不盥櫛惟泣淚處乃見其本質焉詔斷哭禁弔客葬畢起爲中軍將軍本官如故元徽二年桂陽王休範反淵與衞將軍袁粲入衞宮省鎮集衆心淵初爲丹陽與從弟炤同載出道逢太

祖淵舉手指太祖車謂炤曰此非常人也出爲
吳興太祖餉物別淵又謂之曰此人材貌非常
將來不可測也及顧命之際引太祖豫焉太祖
旣平桂陽遷中領軍領南兗州增戶邑太祖固
讓與淵及衛軍袁粲書曰下官常人志不及遠
隨運推斥妄蹤非涯才輕任重夙宵冰惕近值
國危含氣同奮況在下官寧容身命履冒鋒炭
報效恒理而褒嘉之典偏見甄沐貴登端戎秩
加爵土瞻言霄衢魂神震墜下官奉上以誠率

性無矯前後忝荷未嘗固讓至若今授特深恇
迫是以銜恩先旨義兼陵闕識蔽防萌宗戚構
禍引詔歸咎旣已覥顏乃復乘災求幸藉亂取
貴斯實國家之恥非臣子所忍也且榮不可濫
寵不可昧乞蠲中侯請停增邑庶保止足輸效
淮泗如使伐匈奴凱歸反旆以此受爵不復固
辭矣淵粲答曰來告顯亮敬挹無已謙貶居心
深承非飾此誠此旨久著言外況復造膝舒衿
迂翰緒意推情顧已信足書紳但今之所宜商

搉必以輕重相推世惟多難事屬雕弊四維恇
擾邊垠未安國家費廣府藏須備北狄侵邊憂
虞交切寓內合識尚爲天下危心相與共荷任
寄若此當可稍脩廉退不求之懷抱實謂不可
了其不可理無固執且勍寇窮凶勢過原燎豐
逆倉卒終古未聞常時懼惑當慮先定結壘新
亭枕戈待敵斷決之策寔有由然鋒鏑初交元
惡送首捴律制奇判於此舉裂邑萬戶登爵槐
鼎亦何足少酬勳勞粗塞物聽今以近侍禁旅

進昇中侯乘平隨牒取此非叨濟河昔所屢牧
鎮軍秩不踰本詳校階序愧在未優就加沖損
特虧朝制奉職數載同舟無幾劉領軍峻節霜
明臨危不顧音迹未晞奄成今古迷途失偶慟
不及悲戎謨內寄恒務倍急秉操辭榮將復誰
委誠惟軍柄所期自增茂圭社誓貫朝廷匹夫
里語尚欲信厚君令必行逡巡何路凡位居物
首功在衆先進退之宜當與衆共苟殉獨善何
以處物受不自私彌見至公表裏詳究無而後

可想體殊常深思然納太祖乃受命其年淵加尚書令侍中給班劒二十人固讓令三年進爵爲侯增邑千户服闋改授中書監侍中護軍如故給鼓吹一部明年淵後嫡母吴郡公主薨毁瘠如初葬畢詔攝職固辭又以朞祭禮及觧職並不許蒼梧酷暴稍甚太祖與淵及袁粲言世事粲曰主上幼年微過易改伊霍之事非代所行縱使功成亦終無全地淵默然歸心及廢蒼梧羣公集議袁粲劉秉旣不受任淵曰非蕭公

無以了此手取書授太祖太祖曰相與不肯我安得辭事乃定順帝立改號衛將軍開府儀同三司侍中如故甲仗五十人入殿沈攸之事起袁粲懐貳太祖召淵謀議淵曰西夏釁難事必無成公當先備其内耳太祖密爲其備事平進中書監司空本官如故齊臺建淵白太祖引何曾自魏司徒爲晉丞相求爲齊官太祖謙而不許建元元年進位司徒侍中中書監如故封南康郡公邑三千户淵固讓司

徒與僕射王儉書欲依蔡謨事例儉以非所宜言勸淵受命淵終不就淵美儀皃善容止俯仰進退咸有風則每朝會百僚遠國莫不延首目送之宋明帝嘗歎曰褚淵能遲行緩步便持此得宰相矣尋加尚書令本官如故二年重申前命爲司徒又固讓是年虜動上欲發王公已下無官者爲軍淵諫以爲無益實用空致擾動上乃止朝廷機事多與諮謀每見從納禮遇甚重上大宴集酒後謂羣臣曰卿等並宋時公卿亦當不言我應得天子王儉等未及荅淵斂板曰

陛下不待言臣不早識龍顏上笑曰吾有愧文叔知公爲朱祐久矣淵涉獵談議善彈琵琶世祖在東宫賜淵金鏤柄銀柱琵琶性和雅有器度不妄舉動宅嘗失火煙焰甚逼左右驚擾淵神色怡然索轝來徐去輕薄子頗以名節譏之以淵眼多白精謂之白虹貫日言爲宋氏亡徵也太祖崩遺詔以淵爲録尚書事江左以來無單拜録者有司疑立優策尚書王儉議以爲見

居本官别拜録推理應有策書而舊事不載中
朝以來三公王侯則優策竝設官品第二策而
不優優者褒美策者兼明委寄尚書職居天官
政化之本尚書令品雖第三拜必有策録尚書
品秩不見而揔任彌重前代多與本官同拜故
不别有策即事緣情不容均之凡僚宜有策書
用申隆寄既異王侯不假優文從之尋增淵班
劒爲三十人五日一朝須之寢疾上相星連有
變淵憂之表遜位又因王儉及侍中王晏口陳

於世祖世祖不許又啓曰臣顧惟凡薄福過災
生未能以正情自安遠慙彦輔既內懷耿介便
覺晷刻難推叨職未久首歲便嬰疾篤爾來沈
痼頻經危殆彌深憂震陛下曲存遲回或謂僉
議同異此出於留慈每過愛欲其榮臣年四十
有八叨忝若此以疾陳遜豈駭聽察揔録之任
江左罕授上隣亞台升降蓋微今受禄弗辭退
紲斯顧於臣名器非曰貶少萬物耳目皎然共
見寧足仰延聖慮稍垂矜惜臣若內飾廉譽外

循譏後此則憲書行效刑綱是肅臣赤誠不能
行亦幽明所不宥區區寸心歸啓以實自吝寸
陰寬頹方倍堯世昔王引固請乃於司徒爲衛
將軍宋氏行之不疑當時物無異議以臣方之
曾何足説伏願恢闡宏猷賜開亭造則臣死之
日猶生之年乃改授司空領驃騎將軍侍中録
尚書如故上遣侍中王晏黄門郎王秀之問疾
薨家無餘財負債至數十萬詔曰司徒奄至薨
逝痛怛慟懷比雖尫瘵便力出臨哭給東園祕

器朝服一具衣一襲錢二十萬布二百疋蠟二
百斤時司空掾屬以淵未拜疑應爲吏敬不王
儉議依禮婦在塗聞夫家喪改服而入今掾屬
雖未服勤而吏節稟於天朝宜申禮敬司徒府
史又以淵既解職而未恭後授府猶應上服以
不儉又議依中朝士孫德祖從樂陵遷爲陳留
未入境樂陵郡吏依見君之服陳留迎吏依娶
女有吉日齊衰弔司徒府宜依居官制服又詔
曰大褒德所以紀民慎終所以歸厚前王習但

盛典咸必由之故侍中司徒録尚書事新除司徒領驃騎將軍南康公淵履道秉哲鑒識弘曠爰初弱齡清風夙舉登庸應務具瞻允集孝友著於家邦忠貞彰於亮采佐命先朝經綸皇化契闊屯夷綢繆終始揔録機衡四門惟穆諒以同規往古式範來今謙光彌遠屢陳降挹權從高旨用虧大猷將登上列永翼聲教天不憖遺奄焉薨逝朕用震慟于厥心其贈公太宰侍中録尚書公如故給節加羽葆鼓吹增班劒爲六

十人葬送之禮悉依宋太保王弘故事謚曰文簡先是庶姓三公轜車未有定格王儉議官品第一皆加幢絡自淵始也又詔淵妻宋故巴西主埏隧暫啓宜贈南康郡公夫人長子賁字蔚先解褐祕書郎昇明中爲太祖太尉從事中郎司徒右長史太傅戶曹屬黄門郎領羽林監齊世子中庶子領翊軍校尉建元初仍爲宮官歷侍中淵薨服闋見世祖賁流涕不自勝上甚嘉之以爲侍中領步兵校尉長史左民尚書散騎常侍祕書監不拜六年上表稱疾讓封與弟蓁世以爲賁恨淵失節於宋室故不復仕永明七年卒詔賜錢三萬布五十匹

蓁字茂緒永明中解褐爲員外郎出爲義興太守八年改封巴東郡侯明年表讓封還賁子霽詔許之建武末爲太子詹事度支尚書領軍將軍永元元年卒贈太常謚穆淵弟澄

澄字彥道初湛之尚始安公主薨納側室郭氏生淵後尚吳郡公主生澄淵事主孝謹主愛之湛

之亡主表淵爲嫡澄尚宋文帝女廬江公主拜駙馬都尉歷官清顯善醫術建元中爲吳郡太守豫章王感疾太祖召澄爲治立愈尋遷左民尚書淵薨澄以錢萬一千就招提寺贖太祖所賜淵白貂坐褥壞作裘及纓又贖淵介幘犀導及淵常所乘黄牛永明元年爲御史中丞袁彖所奏免官禁錮見原遷侍中領右軍將軍以勤謹見知其年卒澄女爲東昏皇后永元元年追贈金紫光禄大夫時東陽徐嗣醫術妙有一傖

父呤病積年重茵累褥牀下設鑪火猶不差嗣
爲作治盛冬月令伶父髁身坐石啓以百瓶水
從頭自灌初與數十瓶寒戰垂死其子弟相
守垂泣嗣令滿數得七八十瓶後舉體出氣如
雲蒸嗣令徹牀去被明日立能起行云此大熱
病也又春月出南籬門戲聞笪屋中有呻吟聲
嗣曰此病甚重更二日不治必死乃往視一姥稱
舉體痛而處處有鼆黑無數嗣還煑升餘湯
送令服之姥服竟痛愈甚跳投牀者無數須臾

所鼆處皆拔出長寸許乃以膏塗諸瘡口三日
而復云此名釘疽也事驗甚多過於澄矣
王儉字仲寶琅琊臨沂人也祖曇首宋右光禄
父僧綽金紫光禄大夫儉生而僧綽遇害爲叔
父僧虔所養數歲襲爵豫章侯拜受茅土流
涕嗚咽幼有神彩專心篤學手不釋卷丹陽尹
袁粲聞其名言之於明帝尚陽羡公主拜駙馬
都尉帝以儉嫡母武康公主同太初巫蠱事不
可以爲婦姑欲開塚離葬儉因人自陳密以死請

故事不行解褐祕書郎太子舍人超遷祕書丞
上表求校墳籍依七略撰七志四十卷上表獻
之表辭甚典又撰定元徽四部書目母憂服闋
爲司徒右長史晉令公府長史著朝服宋大明
以來著朱衣儉上言宜復舊時議不許蒼梧暴
虐儉憂懼告袁粲求出引晉新安主婿王獻
之爲吳興例補義興太守還爲黃門郎轉吏部
郎昇明二年遷長兼侍中以父終此職固讓儉
察太祖雄異先於領府衣褶太祖爲太尉引爲

右長史恩禮隆密專見任用轉左長史及太傅之
授儉所唱也少有宰相之志物議咸相推許時
大典將行儉爲佐命禮儀詔策皆出於儉褚淵
唯爲禪詔文使儉參治之齊臺建遷右僕射
領吏部時年二十八太祖從容謂儉曰我今日以
青溪爲鴻溝對曰天應民從庶無楚漢之事建
元元年改封南昌縣公食邑二千戶明年轉左
僕射領選如故上壞宋明帝紫極殿以材柱起
宣陽門儉與褚淵及叔父僧虔連名上表諫曰

臣聞德者身之基儉者德之輿春臺將立晉卿秉義北宮肇構漢臣盡規彼二君者或列國常侯或守文中主尚使諫諍在義即恍況陛下聖哲應期臣等職司隆重敢藉前誥竊乃有心陛下登庸宰物節省之教旣昭龍袞珽極簡約之訓彌遠乾華外構采椽不斵紫極故材爲宣陽門臣等未譬也夫移心疾於股肱非良醫之美畏影迹而馳騖豈靜輿之方且又三農在日千畛咸事輟望歲之勤興土木之役非所以宣昭

大猷光示遐邇若以門居官南重陽所屬年月稍久漸就淪督自可隨宜脩理而合度改作之煩於是乎息所啓謬合請付外施行上手詔酬納宋世外六門設竹籬是年初有發白虎樽者言白門三重門竹籬穿不完上感其言改立都墻儉又諫上答曰吾欲令後世無以加也朝廷初基制度草創儉識舊事問無不答上歎曰詩云維嶽降神生甫及申今亦天爲我生儉也其年儉固請解選表曰臣遠尋終古近察身

事邀恩幸藉未見其倫何者子房之遇漢后公達之逢魏君史籍以爲美談君子稱其高義二臣才堪王佐理非曲私兩主專杖威武有傷寬裕豈與庸流之人憑恩含弘之澤者同年而語哉預在有心胡寧無感如使傾宗殞元有益塵露猶當畢志驅馳仰詶萬一豈容稍在形飾以徇常事九流任要風猷所先玉石 朱素由斯而定臣亦不謂文案之間都無微解至於品裁臧否特所未閑雖存自勗識不副意兼竊而任彼此俱壅

專情本官庶幾髣髴且前代掌選未必其在代來何爲於今非臣不可傾心奉國匪復退讓之與稹同休戚寧俟位任爲親陛下若不以此理賜期豈仰望於殊眷頻冒嚴威分甘尤戾見許加侍中固讓復散騎常侍上曲宴羣臣數人各使効伎藝褚淵彈琵琶王僧虔彈琴沈文季歌子夜張敬兒舞王敬則拍張儉曰臣無所解唯知誦書因跪上前誦相如封禪書上笑曰此盛德之事吾何以堪之後上使陸澄誦孝經自仲

尼居而起儉曰澄所謂博而寡要臣請誦之乃
誦君子之事上章上曰善張子布更覺非奇
也尋以本官領太子詹事加兵二百人上崩遺
詔以儉爲侍中尚書左鎭軍將軍世祖即位給
班劒二十人永明元年進號衞軍將軍參掌選
事二年領國子祭酒丹陽尹本官如故給鼓吹
一部三年領國子祭酒叔父僧虔亡儉表解職不
許又領太子少傅本州中正解丹陽尹舊太子
敬二傅同至是朝議接少傅以賓友之禮是歲

省總明觀於儉宅開學士館悉以四部書充儉家
又詔儉以家爲府四年以本官領吏部儉長禮學
諳究朝儀每博議證引先儒罕有其例八坐丞郎
無能異者令史諮事賓客滿席儉應接銓序傍
無留滯十日一還學監試諸生巾卷在庭劒衞令
史儀容甚盛作解散髻斜插幘簪朝野慕之相
與放效儉常謂人曰江左風流宰相唯有謝安蓋自
比也世祖深委仗之士流選用奏無不可五年即
本號開府儀同三司固讓六年重申前命先是

詔儉三日一還朝尚書令史出外諮事上以往
來煩數復詔儉還尚書下省月聽十日出外儉啓
求解選不許七年乃上表曰臣比年辭選具簡天
明款言彰於侍接丹誠恭於朝野物議不以爲非
聖心未垂矜納臣聞知舊不如明時求之微躬實
允斯義妄庸之人沈浮無取命偶休泰遂踐康
衢秋葉辭條不假風飆之力太陽躋景無俟螢
爝之暉晦往明來五德遞運聖不獨治允亮采
臣逢其時而叨其位常揔端右埀管銓衡事涉

兩朝歲綿一紀盛年已老孫孺巾冠人物徂遷
逝者將半三考無聞九流寂寞能官之詠輟響
於當時大車之刺方興於來日若天珥貂衮
之貴四輔六教之華誠知匪服職務差簡端揆
雖重猶可勉勵至於品藻之任尤懼其阻夙宵
罄竭屢試無庸歲月之久近世罕比非唯悔吝
在身故乃惟塵及國方今多士盈朝羣才競爽
選衆而授古亦何人冒陳微斡必希天照至敬
無文不敢煩黷見許改領中書監參掌選事其

年疾上親臨視薨年三十八吏部尚書王晏啓
及儉喪上答曰儉年德富盛志用方隆豈意暴
疾不展救護便爲異世奄忽如此痛酷彌深其
契闊艱運義重常懷言尋悲切不能自勝痛矣
柰何往矣柰何詔衛軍文武及臺所兵仗可悉
停待葬又詔曰愼終追遠列代通規褒德紀勳
彌峻恒策故侍中中書令太子少傅領國子祭
酒衛軍將軍開府儀同三司南昌公儉體道秉
哲風宇淵曠肇自弱齡清猷自遠登朝應務

民望斯屬草昧皇基協隆鼎祚宏謨盛烈載銘
彝篆及贊朕躬徽績光茂忠圖令範造次必
彰四門允穆百揆時序宗臣之重情寄兼常方
正位論道永釐袞職弼茲景化以贊隆平天不
慭遺奄焉薨逝朕用震慟于厥心可追贈太尉
侍中中書監公如故給節加羽葆鼓吹增班劒
爲六十人葬禮依故太宰文簡公褚淵故事冢
墓材官營辦謚文憲公儉寡嗜慾唯以經國爲
務車服塵素家無遺財手筆典裁爲當時所

重少撰古今喪服集記幷文集並行於世今上
受禪下詔爲儉立碑降爵爲侯千戶儉弟遜
昇明中爲丹陽丞告劉秉事不蒙封賞建元
初爲晉陵太守有怨言儉慮爲禍因褚淵啓
聞中丞陸澄依事舉奏詔曰儉門世載德竭誠
佐命特降刑書宥遜以遠徙永嘉郡道伏誅
史臣曰褚淵袁粲俱受宋明帝顧託粲旣死節於
宋氏而淵逢興運世之非責淵者衆矣臣請論之
夫湯武之迹異乎堯舜伊呂之心亦非稷契降

此風規未足爲證也自金張世族袁楊鼎貴委
質服義皆由漢氏膏腴見重事起於斯魏氏君
臨年祚短促服褐前代宦成後朝晉氏登庸與
之從事名雖魏臣實爲晉有故主位雖改臣任
如初自是世祿之盛習爲舊準羽儀所隆人懷
羨慕君臣之節徒致虛名貴仕素資皆由門
慶平流進取坐至公卿則知殉國之感無因保家之
念宜切市朝亟革寵貴方來陵闕雖殊顧眄
如中行智伯未有異遇褚淵當泰始初運清

塗已顯數年之間不患無位既以民望而見引亦隨民望而去之夫爵祿既輕有國常選恩非己獨貴人以死斯故人主之所同謬世情之過差也

贊曰猗歟褚公德素內充民譽不爽家稱克隆從容佐世貽議匪躬文憲濟濟輔相之體稱述霸王綱維典禮期寄兩朝綢繆宫陛

列傳第四　　南齊書二十三

列傳第五　　南齊書二十四

臣蕭子顯　撰

柳世隆

張瓌

柳世隆字彥緒河東解人也祖憑馮翊太守父叔宗早卒世隆少有風器伯父元景宋大明中為尚書令獨賞愛之異於諸子言於孝武帝得召見帝曰三公一人是將來事也海陵王休茂為雍州辟世隆為迎主簿除西陽王撫軍法曹行參軍出為虎威將軍上庸太守帝謂元景曰卿昔以虎威之號為隨郡今復以授世隆使卿門世不絕公也元景為景和所殺世隆以在遠得免泰始初諸州反叛世隆以門禍獲申事由明帝乃據郡起兵遣使應朝廷引衆人劉僧驎亦聚衆應之衆合萬人奄至襄陽萬山為孔道存所破衆皆奔散僅以身免逃藏民間事平乃出還為尚書儀曹郎明帝嘉其義心發詔擢為太子洗馬出為寧遠將軍巴西梓潼太守還為

越騎校尉轉建平王鎮北諮議參軍領南泰山太守轉司馬東海太守入爲通直散騎常侍尋爲晉熙王安西司馬加寧朔將軍時世祖爲長史與世隆相遇甚懽太祖之謀渡廣陵也令世祖率衆下同會京邑世隆與長流蕭景先等戒嚴待期事不行是時朝廷疑憚沈攸之密爲之防府州器械皆有素蓄世祖將下都劉懷珍白太祖曰夏口是兵衝要地宜得其人太祖納之與世祖書曰汝旣入朝當須文武兼資人與汝

意合者委以後事世隆其人也世祖舉世隆自代轉爲武陵王前軍長史江夏内史行郢州事昇明元年冬攸之反遣輔國將軍中兵參軍孫同寧朔將軍中兵參軍武寶龍驤將軍騎兵參軍朱君拔寧朔將軍沈惠真龍驤將軍騎兵參軍王道起三萬人爲前驅又遣司馬冠軍劉攘兵領寧朔將軍外兵參軍公孫方平龍驤將軍騎兵參軍朱靈真沈僧敬龍驤將軍高茂二萬人次之又遣輔國將軍王靈秀丁珍東寧朔將

軍中兵參軍王彌之寧朔將軍外兵參軍楊景穆二千匹騎分兵出夏口據魯山攸之乘輕舸從數百人先大軍下住白螺洲坐胡床以望其軍有自驕色旣至郢以郢城弱小不足攻遣人告世隆曰被太后令當暫還都卿旣相與奉國想得此意世隆使人答曰東下之師久承聲問郢城小鎭自守而已攸之將去世隆遣軍於西渚挑戰攸之果怒令諸軍登岸燒郭邑築長圍攻道顧謂人曰以此攻城何城不尅晝夜攻

戰世隆隨宜拒應衆皆披却世祖初下與世隆别曰攸之一旦爲變焚夏口舟艦沿流而東則坐守空城不可制也雖留攻城不可卒拔卿爲其内我爲其外乃無憂耳至是世祖遣軍主桓敬陳胤叔苟元賓等八軍據西塞令堅壁以待賊疲慮世隆危急遣腹心胡元直潛使入郢城通援軍消息内外並喜尚書符曰沈攸之出自壠畝寂寥累世故司空沈公以從父宗廕愛之若子羽翼吹噓得昇官次景和昏悖猜畏柱

臣而攸之凶忍趣利樂禍請銜詔旨躬行反噬
又攸之與譚金童泰壹等暴寵狂朝並爲心
膂同功共體世號三侯當時親昵情過管鮑
仰遭革運凶黨懼戮攸之反善圖全用得自免
旣殺從父又虐良朋雖呂布販君酈寄賣友
方之斯人未足爲酷泰始開關網漏吞舟略其
凶險取其搏噬故階亂獲全因禍興福攸之
禀性空淺躁而無謀濃湖之役本非己力彭城
下邳望旗宵遁再紹王師久應肆法值先帝宥

其回溪之恥背冀有封崤之捷故得幸會推遷頻
煩顯授內端戎禁外綏萬里聖去鼎湖遠須顧
命託寄崇深義感金石而攸之始奉國諱喜形
于顔普天同哀已以爲慶累登蕃岳自郢遷荆
晉熙王以皇弟代鎮地尊望重攸之斷割候迎肆
意陵略料擇士馬簡筭器械權撥精銳並取自
隨郢城所留單丁不遺一專恣鹵奪罔顧國典踐
荆已來恒用姦數旣懷異志興造無端乃蹙迫
羣蠻驅擾山谷揚聲討伐盡戶上丁蟻聚郭邑

伺國衰盛從來積年求不解甲遂四野百縣路
無男人耕田載租皆驅女弱自古酷虐未聞於
此昔歲桂陽內奰宗廟阽危攸之任官上流兵
彊地廣勤王之舉寔宜悉行裁遣羸弱不滿三
千至郢州稟受節度欲令判否之日委罪晉熙
招誘劍客羈絆行侶竄叛入境輒加擁護逋亡
出界必遣窮追視吏若讎遇民如草峻太半之
賦暴參夷之刑鞭箠國士全用虜法一人逃亡
闔宗捕逮皇朝赦令初不遵奉曠蕩之澤長隔

彼州人懷怨望十室而九今乃舉兵內侮姦回
外熾斯寔惡熟罪成之辰決癰潰疽之日幕府
過荷朝寄義百常憤董御元戎龔行天罰今遣
新除使持節郢州司州之義陽諸軍事平西將
軍郢州刺史聞喜縣開國侯黃回貟外散騎常
侍輔國將軍驍騎將軍重安縣開國子軍主王
敬則屯騎校尉長壽縣開國男軍主王宜與
屯騎校尉陳承叔右軍將軍葛陽縣開國男
彭文之驃騎行參軍振武將軍邰宰精甲二萬

衡其首旆又遣散騎常侍游擊將軍臨湘縣開
國男呂安國持節寧朔將軍越州刺史孫曇瓘
屯騎校尉寧朔將軍崔慧景寧朔將軍左軍將
軍新亭侯任候伯龍驤將軍虎賁中郎將尹略
屯騎尉南城令曹虎頭輔國將軍驍騎將軍蕭
諱新除寧朔將軍游擊將軍下邳縣開國子垣
崇祖等舳艫二萬騎驛繼邁又遣屯騎校尉苟
元賓撫軍參軍郭文考撫軍中兵參軍程隱儁
奉朝請諸龍象光等輕艓一萬截其精要驍騎將

軍周盤龍後將軍成買輔國將軍王敕勤屯騎
校尉王洪範等鐵騎五千步道繼進先據陸路
斷其走伏持節督雍梁二州郢州之竟陵司州
之隨郡諸軍事征虜將軍寧蠻校尉雍州刺史
襄陽縣開國侯新除鎮軍將軍張敬兒志節慷
慨卷甲樊鄧水步俱馳破其巢窟持節督司州
諸軍事征虜將軍司州刺史領義陽太守范陽
縣侯姚道和義烈梗槩投袂方隅風馳電掩襲
其輜重萬里建旍四方飛旆莫不摠率衆師雲

翔雷動人神同憤遠邇并心今皇上聖明將相
仁愛約法三章寬刑緩賦年登歲阜家給人足
上有惠民之澤下無樂亂之心攸之不識天時
妄圖大逆舉無名之師驅讎怨之衆是以朝野
審其易取含識判其成禽彼土士民罹毒日久
今復相逼迫投赴鋒刃交戰之日蘭艾難分去
就在機望思先曉無使一人迷疑而九族就禍
也弘宥之典有如皎日郢城既不可攻而平西
將軍黃回軍至西陽乘三層艦作羌胡伎泝流

而進攸之素失人情本逼以威力初發江陵已
有叛者至是稍多攸之日夕乘馬歷營撫慰而
去者不息攸之大怒召諸軍主曰我被太后令
建義下都大事若克白紗帽共著耳如其不振
朝廷自誅我百口不關餘人比軍人叛散皆卿
等不以爲意我亦不能問叛身自今軍中有叛
者軍主任其罪於是一人叛遣十人追並去不
反莫敢發覺咸有異計劉攘兵射書與世隆許
降世隆開門納之攘兵燒營而去火起乃覺攸

之怒銜鬚咀之收擐兵兄子天賜女壻張平虜
斬之軍旅大散攸之渡魯山岸猶有數十匹騎
自隨宣令軍中曰荆州城中大有錢可相與還
取以為資糧郢城未有追軍而散軍畏蠻抄更
相聚結可二万人隨攸之將至江陵乃散世隆
乃遣軍副劉僧驎道追之攸之已死徵為侍中
仍遷尚書右僕射封貞陽縣侯邑二千戶出為
左將軍吳郡太守加秩中二千石丁母憂太祖
踐阼起為使持節都督南豫司二州諸軍事平

南將軍南豫州刺史進爵為公上手詔與司徒
褚淵曰向見世隆毀瘠過甚殆欲不可復識非
直使人惻然實亦世珍國寶也淵答曰世隆至
性純深哀過乎禮事陛下在危盡忠喪親居憂
杖而後起立人之本二理同極加榮增寵足以
厲俗敦風建元二年進號安南將軍是時虜寇
壽陽上敕世隆曰歷陽城大恐不可卒治正宜
斷陽之深為保固處分百姓若不將家守城單
身亦難可委信也尋又敕曰吾更歷陽外城若

有賊至即勒百姓守之故應勝割棄也垣崇祖既
破虜上欲罷併二豫敕世隆曰比思江西蕭索
二豫兩辦為難議者多云省一足一於事為便
吾謂非乃乖謬卿以為云何可具以聞尋授後
將軍尚書右僕射不拜世隆性愛涉獵啓太祖
借祕閣書上給二千卷三年出為使持節督南
兗兗徐青冀五州軍事安北將軍南兗州刺史
江北畏虜寇擾動不安上敕世隆曰比有北信
賊猶治兵在彭城年已垂盡或當未必送死然犲

狼不可以理推為備或不可懈彼郭既無關要
用宜開除使去金城三十丈政佳耳發民治之
無嫌若作三千人食者已有幾米可指牒付信
還民間若有丁多而細口少者悉令戍非疑也
又敕曰昨夜得北使啓鍾離聞賊已渡淮既審
送死便當制加剿撲卿好參候之有急令諸小
戍還鎮不可賊至不覺也賊既過淮不容遄退
散要應有處送死者定攻壽陽吾當遣援軍也
又遣軍助世隆并給軍糧虜退上欲土斷江北

又敕世隆曰呂安國近在西土斷郢司二境上雜民大佳民殆無驚恐近又令垣豫州斷其州內商得崇祖啓事已行竟近無云云殊稱前代舊意卿視兗部中可行此事不若無所擾春便就手也其見親委如此世祖即位加散騎常侍世隆善卜別龜甲價至一萬永明建號世隆題州齋壁曰永明十一年謂典籤李黨曰我不見也入爲侍中護軍將軍遷尚書右僕射領太子右率雍州大中正不拜改授散騎常侍尚書左

僕射中正如故湘州蠻動遣世隆以本官總督伐蠻衆軍仍爲使持節都督湘州諸軍事鎮南將軍湘州刺史常侍如故世隆至鎮以方略討平之在州立邸治生爲中丞庾杲之所奏詔原不問復入爲尚書左僕射領衛尉不拜仍轉尚書令世隆少立功名晚專以談義自業善彈琴世稱柳公雙璅爲士品第一常自云馬矟第一清談第二彈琴第三在朝不干世務垂簾鼓琴風韻清遠甚獲世譽以疾遜位改授侍中衛將

軍不拜轉左光祿大夫侍中如故九年卒時年五十詔給東園祕器朝服一具衣一襲錢二十万布三百匹蠟三百斤又詔曰故侍中左光祿大夫貞陽公世隆秉德居業才兼經緯少播清徽長弘美譽入參內禁出贊西牧專寄郢郊剋捍巨猾超越前勳功著一代及總任方州民頌寬德翼教崇闈朝稱元正忠謨嘉猷簡于朕心雅志素履邈不可踰將登鉉味用變鴻化奄至薨殞震慟良深贈司空班劍三十人鼓吹一部

侍中如故謚曰忠武上又敕吏部尚書王晏曰世隆雖抱疾積歲志氣未衰冀醫藥有効痊差可期不謂一旦便爲異世痛但之深此何可言其昔在郢誠心夙聞全保一蕃勳業克著尋准契闊增泣悲咽卿同在情亦當無已已耶世隆曉數術於倪塘創墓與賓客踐履十往五往常坐一處及卒墓正取其坐處焉著龜經祕要二卷行於世長子悅早卒

張瓌字祖逸吳郡吳人也祖裕宋金紫光祿大

夫父永右光禄大夫曉音律宋孝武問永以大極殿前鐘聲嘶永答鐘有銅滓乃扣鐘求其處鑿而去之聲遂清越瓌解褐江夏王太尉行參軍署外兵隨府轉爲太傅五官爲義恭所遇遷太子舍人中書郎驃騎從事中郎司徒右長史初永拒桂陽賊於白下潰散阮佃夫等欲加罪太子固申明之瓌由此感恩自結轉通直散騎常侍驍騎將軍遭父喪還吳持服昇明元年劉秉有異圖弟遐爲吳郡潛相影響因沈攸之事

難聚衆三千人治攻具太祖密遣殿中將軍卞白龍令瓌取遐諸張世有豪氣瓌宅中常有父時舊部曲數百遐召瓌瓌僞受旨與叔恕領兵十八人入郡與防郡隊主彊弩將軍郭羅雲進中齋取遐遐踰窻而走瓌部曲顧憲子手斬之郡內莫敢動者獻捷太祖以告領軍張沖沖曰瓌以百口一擲出手得盧矣即授輔國將軍吳郡太守封瓌義成縣侯邑千戶太祖故以嘉名錫之除冠軍將軍東海東莞二郡太守不拜建元元

年增邑爲二百戶尋改封平都遷侍中加領步兵校尉二年遷都官尚書領校尉如故出爲征虜將軍吳興太守三年烏程令顧昌玄有罪瓌坐不糾免官明年爲度支尚書世祖即位爲冠軍將軍鄱陽王北中郎長史襄陽相行雍州府州事隨府轉征虜長史四年仍爲持節督雍梁南北秦四州郢州之竟陵司州之隨郡軍事輔國將軍雍州刺史尋領寧蠻校尉還爲左民尚書領右軍將軍遷冠軍將軍大司馬長史十年轉太常自陳衰疾願

從閑養明年轉散騎常侍光禄大夫須之上欲復用瓌乃以爲後將軍南東海太守秩中二千石行南徐州府州事又行河東王國事到官復稱疾還爲散騎常侍光禄大夫鬱林即位加金章紫綬隆昌元年給親信二十人鬱林廢朝臣到宮門參承高宗瓌託脚疾不下海陵立加右將軍高宗疑外蕃起兵以瓌鎮石頭督衆軍事瓌見朝廷多難遂恒卧疾建武元年轉給事中光禄大夫親信如故月加給錢二萬二年虜盛詔瓌以本官假節督廣陵

諸軍事行南兖州事虜退乃還瓌居室豪富伎妾盈房有子十餘人常云其中要應有好者建武末屢啓高宗還吳見許優游自樂或有譏瓌衰暮畜伎瓌曰我少好音律老而方解平生嗜欲無復一存唯未能遣此處耳高宗疾甚防疑大司馬王敬則以瓌素著幹略授平東將軍吳郡太守以爲之備及敬則反瓌遣將吏三千人迎拒於松江聞敬則軍鼓聲一時散走瓌棄郡逃民間事平瓌復還郡爲有司所奏免官削爵

永元初爲光祿大夫尋加前將軍金章紫綬三年義師下東昏假瓌節戍石頭義師至新亭瓌棄城走還宮梁初復爲光祿天監四年卒

史臣曰文以附衆武以立威元帥之才稱爲國輔沈攸之十年治兵白首舉事荆楚上流方江東下斯驅除之巨難帝王之大敵柳世隆埶居中夏年淺位輕首抗全師孤城挑攻臨埤授策曾無汗馬勍寇乖沮力屈於高墉亂轍爭先降奔郢路陸遜之破玄德不是過也及世道清寧

出牧内佐體之以風素居之以雅德固與家之盛美也

贊曰忠武匡贊寔號兼資[illegible]
游藝善術安紘拂龜義成[illegible]

列傳第五　南齊書二十四

列傳第六　南齊書二十五

臣蕭子顯　撰

垣崇祖

張敬兒

垣崇祖字敬遠下邳人也族姓豪彊石虎世自略陽徙之於鄴曾祖敞爲慕容德僞吏部尚書祖苗宋武征廣固率部曲歸降仍家下邳官至龍驤將軍汝南新蔡太守父詢積射將軍宋孝武世死事贈冀州刺史崇祖年十四有幹

略伯父豫州刺史護之謂門宗曰此兒必大成吾門汝等不及也刺史劉道隆辟爲主簿厚遇之除新安王國上將軍景和世道隆求出爲梁州啓轉崇祖爲義陽王征北行參軍與道隆同行使還下邳召募明帝立道隆被誅薛安都反明帝遣張永沈攸之北討安都使將裴祖隆李世雄據下邳祖隆引崇祖共拒戰會青州援軍主劉珍之背逆歸降祖隆士衆沮敗崇祖與親近數十人夜救祖隆與俱走還彭城虜旣陷徐州

崇祖仍爲虜將游兵琅邪閒不復歸虜不能制密遣人於彭城迎母欲南奔事覺虜執其母爲質崇祖妹夫皇甫肅兄婦薛安都之女故虜信之肅仍將家屬及崇祖母奔朐山崇祖因將部曲據之遣使歸命太祖在淮陰板爲朐山戍主送其母還京師明帝納之朐山邊海孤險人情未安崇祖常浮舟艦於水側有急得以入海軍將得罪亡叛具以告虜虜僞圍城都將東徐州刺史成固公始得青州聞叛者說遣步騎二萬襲

崇祖屯洛要去朐山城二十里崇祖出送客未歸城中驚恐皆下船欲去崇祖還謂腹心曰賊比擬來本非大舉政是承信一說易遣誑之今若得百餘人還事必濟矣但一人情駭不可斂集卿等可急去此二里外大叫而來唱艾塘義人已得破虜須戍軍速往相助逐退船中人果喜爭上岸崇祖引入據城遣羸弱入島令人持兩炬火登山鼓叫虜參騎謂其軍備甚盛乃退崇祖啓明帝曰淮北士民力屈胡虜南向之心

日夜以冀崇祖父伯並爲淮北州郡門族布在北邊百姓所信一朝嘯咤事功何立名位尚輕不足威衆乞假名號以示遠近明帝以爲輔國將軍北琅邪蘭陵二郡太守亡命司馬從之謀襲郡崇祖討捕斬之數陳計筭欲剋復淮北時虜聲當寇淮南明帝以問崇祖崇祖因啓宜以輕兵深入出其不意進可立不世之勳退可絶其窺窬之患帝許之崇祖將數百人入虜界七百據南城固蒙山扇動郡縣虜率大衆攻之其

別將梁湛母在虜虜執其母使湛告部曲曰大軍已去獨住何爲於是衆情離阻一時奔退崇祖謂左右曰今若俱退必不獲免乃住後力戰大敗而歸以久勞封下邳縣子泰豫九年行徐州事徙戍龍沮在朐山南崇祖啓斷水清平地以絶虜馬帝以問劉懷珍云可立崇祖率將吏塞之未成虜主謂僞彭城鎮將平陽公曰龍沮若立國之恥也以死爭之數萬騎掩至崇祖馬槊陷陣不能抗乃築城自守會天雨十餘日虜

乃退龍沮竟不立歷盱眙平陽東海三郡太守將軍如故轉邵陵王南中郎司馬復爲東海太守初崇祖遇太祖於淮陰太祖以其武勇善待之崇祖謂皇甫肅曰此眞吾君也吾今逢主矣所謂千載一時遂密布誠節元徽末太祖憂慮令崇祖受旨即以家口託皇甫肅勒數百人將入虜界更聽後旨會蒼梧廢太祖召崇祖領部曲還都除游擊將軍沈攸之事平以崇祖爲持節督兗青冀二州諸軍事累遷冠軍將軍兗州

刺史太祖踐阼謂崇祖曰我新有天下夷虜不識運命必當動其蟻衆以送劉昶爲辭賊之所衝必在壽春能制此寇非卿莫可徙爲使持節監豫司二州諸軍事豫州刺史將軍如故封望蔡縣侯七百戶建元二年虜遣僞梁王郡豆眷及劉昶馬步號二十萬寇壽春崇祖召文武議曰賊衆我寡當用奇以制之當脩外城以待敵城既廣闊非水不固今欲偃肥水却淹爲三面之險諸君意如何衆曰昔佛狸侵境宋南平王

士卒完盛以郭大難守退保内城今日之事十
倍於前古來相承不築肥堰皆以地形不便積
水無用故也若必行之恐非事宜崇祖曰卿見
其一不識其二若捨外城賊必據之外脩樓櫓
内築長圍四周無礙表裏受敵此坐自爲擒守
郭築堰是吾不諫之策也乃於城西北立堰塞
肥水堰北起小城周爲深塹使數千人守之崇
祖謂長史封延伯曰虜貪而少慮必悉力攻小
城圖破此堰見塹狹城小謂一往可剋當以蟻

附攻之放水一激急踰三峽事窮奔透自然沈
溺此豈非小勞而大利邪虜衆由西道集堰南
分軍東路肉薄攻小城崇祖著白紗帽肩轝上
城手自轉式至日晡時決小史埭水勢奔下虜
攻城之衆漂墜塹中人馬溺死數千人衆皆退
走初崇祖在淮陰見上便自比韓信白起咸不
信唯上獨許之崇祖再拜奉旨及破虜啓至上
謂朝臣曰崇祖許爲我制虜果如其言其恒自
擬韓白今眞其人也進爲都督號平西將軍增

封爲千五百户崇祖聞陳顯達李安民皆增
給軍儀啓上求鼓吹横吹上勑曰韓白何可不與
衆異給鼓吹一部崇祖慮虜復冦淮北啓徙下
蔡戍於淮東其冬虜果欲攻下蔡既聞内徙乃
揚聲平除故城衆疑虜當於故城立戍崇祖曰
下蔡去鎮咫尺虜豈敢置戍實欲除此故城政
恐奔走殺之不盡耳虜軍果夷掘下蔡城崇祖
自率衆渡淮與戰大破之追奔數十百殺獲千
計上遣使入關參虜消息還勑崇祖曰卿視吾

是守江東而已邪所少者食卿但努力營田自
然平殄殘醜勑崇祖脩治芍陂田世祖即位徵
爲散騎常侍左衞將軍俄詔留本任加號安西
仍遷五兵尚書領驍騎將軍初豫章王有盛寵
世祖在東宫崇祖不自附結及破虜詔使還朝
與共密議世祖疑之曲加禮待酒後謂崇祖曰
世間流言我已豁諸懷抱自今已後富貴見付
也崇祖拜謝崇祖去後上復遣荀伯玉口勑以
邊事受旨夜發不得辭東宫世祖以崇祖心誠

不實銜之太祖崩慮崇祖爲異便令內轉永明元年四月九日詔曰垣崇祖凶詐險躁少無行業昔因軍國多虞採其一夫之用大運光啓頻煩升擢溪壑靡厭恐以彌廣去歲在西連謀境外無君之心已彰退邇特加遵養庶或悛革而猜貳滋甚志興亂階隨與荀伯玉驅合不逞窺窬非覬構扇邊荒互爲表裏寧朔將軍孫景育究悉姦計具以啓聞除惡務本刑茲罔赦便可收掩肅明憲辟死時年四十四子惠隆徙番

禺卒

張敬兒南陽冠軍人也本名苟兒宋明帝以其名鄙改焉父醜爲郡將軍官至節府參軍敬兒年少便弓馬有膽氣好射虎發無不中南陽新野風俗出騎射而敬兒尤多膂力求入隊爲曲阿戍驛將州差補府將還爲郡馬隊副轉隊主稍官寧蠻府行參軍隨同郡人劉胡領軍伐襄陽諸山蠻深入險阻所向皆破又擊湖陽蠻官軍引退蠻賊追者數千人敬兒單馬在後衝突

賊軍數十合殺數十人箭中左腋賊不能抗平西將軍山陽王休祐鎮壽陽求善騎射人敬兒自占見寵爲長史兼行參軍領白直隊泰始初除寧朔將軍隨府轉參驃騎軍事署中兵領軍討義嘉賊與劉胡相拒於鵲尾洲啓明帝乞本郡事平爲南陽太守將軍如故初王玄謨爲雍州土斷敬兒家屬舞陰敬兒至郡復還冠軍三年薛安都子柏令環龍等竊據順陽廣平略義成扶風界刺史巴陵王休若遣敬兒及新野太守劉攘兵攻討合戰破走之徙爲順陽太守將

軍如故南陽蠻動復以敬兒爲南陽太守遭母喪還家朝廷疑桂陽王休範密爲之備乃起敬兒爲寧朔將軍越騎校尉桂陽事起隸太祖頓新亭賊矢石既交休範白服乘轝往勞樓下城中望見其左右人兵不多敬兒與黃回白太祖曰桂陽所在備防寡闕若詐降而取之此必可擒也太祖曰卿若能辦事當以本州相賞敬兒相與出城南放仗走大呼稱降休範喜召至轝

側回陽致太祖密意休範信之回目敬兒敬兒奪取休範防身刀斬休範首休範左右數百人皆驚散敬兒馳馬持首歸新亭除驍騎將軍加輔國將軍太祖以敬兒人依既輕不欲便使為襄陽重鎮敬兒求之不已乃微動太祖曰沈攸之在荊州公知其欲何所作不出敬兒以防之恐非公之利也太祖笑而無言乃以敬兒為持節督雍梁二州郢司二郡軍事雍州刺史將軍如故封襄陽縣侯二千戶部伍泊沔口敬兒乘

也艑過江詣晉熙王燮中江遇風船覆左右丁壯者各泅走餘二小吏沒艑下叫呼官敬兒兩掖挾之隨船覆倪常得在水上如此翻覆行數十里方得迎接失所持節更給之沈攸之聞敬兒上遣人伺覘見雍州迎軍儀甚盛慮見掩襲密自防備敬兒至鎮厚結攸之信饋不絕得其事迹密白太祖攸之得太祖書翰論選用方伯密事輒以示敬兒以為反間敬兒終無二心元徽末襄陽大水平地數丈百姓資財皆漂沒襄陽虛

耗太祖與攸之書令賑貸之攸之竟不歷意敬兒與攸之司馬劉攘兵情款及蒼梧廢敬兒疑攸之當因此起兵密以問攘兵攘兵無所言寄敬兒馬鐙一隻敬兒乃為之備昇明元年冬攸之反遣使報敬兒敬兒勞接周至為設酒食謂之曰沈公那忽使君來君殊可命乃列仗於廳事前斬之集部曲傾攸之下當襲江陵時攸之遺太祖書曰吾聞魚相望於江湖人相忘於道術彼我可謂通之矣大明之中謬奉聖主忝同

侍衞衞存契門義著斷金乃分帛而衣等糧而食值景和昏暴怨爛形燋若斯之苦寧可言盡吾自分碎首於閤下足下亦懼滅族於舍人爾時盤石之心既固義無貳計蹴迫時難相引求全天道矜善此理不空結姻之始實關於厚交明帝龍飛諸人皆為鬼矣吾與足下得蒙大造親過夙眷遇若代臣錄其心迹復忝驅使臨崩之日吾豫在遺託加榮授寵恩深位高雖復情謝古人粗識忠節誓心仰報期之必死此誠志

竟未申遂先帝登遐微願永奪自爾已來與
足下言面殆絕非唯分張形跡自然至此脁枉一
告未常不對紙流涕豈願相誚於今哉苟有所
懷不容不自初得賢子諱疏云得家信云足下
有廢立之事安國寧民此功巍巍非吾等常人
所能信也俄奉皇太后假令云足下潛構深略
獨斷懷抱一何能壯但冠雖弊不可承足蓋共
尊高故耳足下交結左右親行殺逆以免身患
卿當謂龍逄比干癡人耳凡廢立大事不可廣

謀但袁褚遺寄劉又國之近戚數臣地籍實爲
膏腴人位並居時望若此不與議復誰可得共
披心胷者哉昏明改易自古有之豈獨大宋中
屯邪前代盛典煥盈篇史請爲足下言之羣公
共議宜啓太后奉令而行當以王禮出第足下
乃可不通大理要聽君子之言豈可罔滅天理
一何若茲孝經云資於事父以事君縱爲宗社
大計不爾寧不識有君親之意邪乃復慮以家危
啗以爵賞小人無狀遂行弒害吾雖寡識竊求

古比豈有爲臣而有近日之事邪使一旦荼毒
身首分離生自可恨死者何罪且有登齊之賞
此科出於何文凡在臣隸誰不惋駭華夷和心行
路泣血乃至不殯使流蟲在户自古以來此例有
幾衛國微小故有弘演不圖我宋獨無其人撫
膺惆悵不能自已足下與向之殺者何異人情
易反還成嗟悲爲子君者無乃難乎蹊田之譬
豈復有異管仲有言君善未嘗不諫足下諫諍
不聞 闕 崔杼之罪何惡逆之若昔大甲還位伊

不自疑昌邑之過不可稱數霍光荷託尚共議
於朝班然後廢之由有湯沐之施論者不以劾
主爲名桓溫之心未忘於篡海西失道人倫頓
盡廢之以公猶禮處之當溫疆盛誰能相抗尚
畏懼於形跡四海不愜未嘗有樂推之者伊尹
霍光名高於臣節桓氏亦得免於脅奪凡是諸
事布於書策若此易曉豈待指掌卿常言比跡
夷叔如何一旦行過桀跖邪聖明啓運蒼生重
造普天率土誰不歌抃實是披心罄節奉公忘私

之日而卿大收宮妓劫奪天藏器械金寶必充
私室稱易朝舊布置私黨被甲入殿內外宮閤
管籥悉關家人吾不知子孟孔明遺訓如此王
謝陶庾行此舉止且朱方帝鄉非親不授足下
非國戚也一旦專縱自樹云是兒守臺城父居
東府一家兩錄何以異此知卿防固重複猜畏
萬端言以禦遠實爲防內若德允物望夷貊猶
可推心共處如其失理乖道金城湯池無所用
也文長以戈戟自衛何解滅亡吳起有云義禮

不脩舟中之人皆讎也足下既無伍員之痛苟
懷貪惏而有賊宋之心吾寧捐申包之節邪聞
求忠臣者必出孝子之門卿忠孝於斯盡矣今
竊天府金帛以行姦惠盜國權爵以結人情且
授非其理合我則賞此事已復不可恒用用之
既訖恐非忠策且受者不感識者不知不能過
姦折謀誠節慨惋隔礙數千無因自對不能知
復何情顏當與足下敘平生舊款吾聞前哲絕
交不出惡言但此自陳名節於卿心因告別於

千載放筆增歎公私潸泫想不深怪往言然天
下耳目豈伊可誣抑亦當自知投杖無疆爲必
先及太祖出頓新亭報攸之書曰辱足下誚書
交道不終爲恥已足欲下便來何故多罔君子
吾結髮入仕豈期遠大蓋感子路之言每不擇
官而宦逮文帝之世初被聖明鑒賞及孝武之
朝復蒙英主顧眄因此感激未能自反及與足
下斂袂定交款著分好何嘗不勸慕古人國士
之心務重前良忠貞之節至於契闊杯酒殷勤

攜袖薦女成姻志相然諾義信之篤誰與間之
又乃景和陵虐事切憂畏明帝正位運同休顯
啓臆論心安危豈貳元徽之季聽高道慶邪言
欲相討伐發威施赦已行外內于時臣子鉗口
道路以目吾以分交義重患難宜均犯陵白刃
以相任保悖主手敕令封送相示豈不畏威念
周旋之義耳推此陰惠何愧懷抱不云足下猥
含禍詖前遣王思文所牒朝事蓋情等家國共
詳衷否虛心小大必以先輸問張雍州遷代之

日將欲誰擬本是逆論來事非欲代張乃封此
示張激使見怒若張感一言果與怨恨事負雅
素君子所不可爲况張之奉國忠亮有本情之
見與意契不貳邪又張雍州啓事稱彼中蠻動
兼民遭水患敕令足下思經拯之計吾亦有白
論國如家布情而往每思虛達事之相接恒必
猜離反謂無故遣信此乃覘察平諒之襟動則
相阻傷負心期自誰作故先時足下遣信尋盟
敦舊厲以篤終吾止附還白申罄情本契然遠

要方固金石今日舉錯定是誰忍乆言邪元徽
末德執亡禋祀足下備聞無待亟述太后惟憂
式遵前誥與毁之略事屬鄙躬黜昏樹明實惟
前則寧宗靜國何愧前脩廢立有章足下所允
冠弊之譏將以何語封爲郡王寧爲失禮景和
無名方之不愈乎龍逢自匹夫之美伊霍則社
稷之臣同異相乘非吾所受也登齋有賞壽寂
巳蒙之於前同謀獲功明皇亦行之於昔此則
接踵成事誰敢異之謂其大收宮女劫奪天藏

器械金寶必充私室必若虛設市虎亦可不翅
此言若以此詐民天下豈患無眼心茍無瑕非
所耿介甲杖之授事既舊典豈見有任鎮邦家
勲經定主而可得出入輕單不資寵衛斯之患
慮豈直身憂祇奉此恩職惟事理朱方之牧公
卿僉意吾亦謂微勲之次無忝一州且魏晉舊
事帝鄉蕃職何嘗豫州必曹司州必馬折膠受
柱在體非愧袁粲據石頭足下無不可吾之守
東府來告便謂非動容見疾頻笑入戾乃如是

乎袁粲劉秉受遇深重家國旣安不思撫鎮遂
與足下表裏潛規據城之夜豈顧社稷幸天未
長亂宗廟有靈即與楮衛軍協謀義斷以時殄
滅想足下聞之悵然孤沮小兒忝侍中代來之
澤遇直上臺便呼一家兩録發不擇言良以太
甚吾之方寸古列共言乃以陶庚往賢大見譏
責足下自省詎得以此見貽邪比蹤夷叔論吾
則可行過桀蹠無乃近誣哉謂吾不朝此則良
誨朝之與否想更問之足下受先帝之恩施擁

戎西州鼎湖之日率土載奔而宴安中流酣飲
自若即懷狼望陵侮皇朝晉熙殿下以皇弟代
鎮而斷割候迎罔篾宗子驅略士馬志以西上郢
中所遺示餘劣弱昔徵茅不入猶動義師況荆
州物產雍崏交梁之會自足下爲牧薦獻何品
良馬勁卒彼中不無良皮美罽商賂所聚前後
貢奉多少何如唯聞太官時納飲食耳桂陽之
難坐觀成敗自以雍容漢南西伯可擬賴原即
天世非望亦消又招集逋亡斷遏行侶治舟試

艦恒以朝廷爲旗的秣馬按劒常願天下有風
塵爲人臣者固若是邪至乃不遵制書敕下如
空國恩莫行命令擁隔詔除郡縣輒自板代罷
官去職禁還京師凶人出境無不千里尋躡而
反募臺將來必厚加給賞太妃遣使市馬齎寶
往蜀足下悉皆斷折以爲私財此皆遠邇共聞
暴於視聽主上叡明當璧寓縣同慶絕域奉贄
萬國通書而盤桓百日始有單騎事存送往於
此可徵不朝如此誰應受誚反以見呵非所反

側今乃勒兵以闚象館長戟以指魏闕不亦爲
忠臣孝子之所痛心疾首邪賢子元琰獲免虎
口及凌波西邁吾所發遣猶推素懷不畏嗤嗤
足下尚復滅君臣之紀況吾布衣之交乎遂事
不諫既往難咎今六師西向助足下憂之攸之
與兼長史江乂別駕傅宣等守江陵城敬兒軍
中力援因以爲別敬兒告變使至太祖大喜進
號鎮軍將軍加散騎常侍改爲都督給鼓吹一
部攸之於郢城敗走其子元琰軍至白水元琰

聞城外鶴唳謂是叫聲心懼欲走其夜乂宣開
門出奔城潰元琰奔寵洲見殺百姓既相抄敓
敬兒至江陵誅攸之親黨沒入其財物數十萬
悉以入私攸之於湯渚村自經死居民送首荆
州敬兒使楯擊之蓋以青繖徇諸市郭乃送京
師進號征西將軍爵爲公增邑爲四千戶敬兒
於襄陽城西起宅聚財貨又欲移羊叔子墮淚
碑於其處立臺綱紀諫曰羊太傅遺德不宜遷
動敬兒曰太傅是誰我不識也敬兒弟恭兒不

肯出官常居上保村中與居民不異敬兒呼納
之甚厚恭兒月一出視敬兒輒復去恭兒本名
猪兒隨敬兒改名也初敬兒既斬沈攸之使報
隨郡太守劉道宗聚衆得千餘人立營頓司州
刺史姚道和不殺攸之使密令道宗罷軍及攸
之圍郢道和遣軍頓堇城爲郢援事平依例蒙
爵賞敬兒具以啓聞建元元年太祖令有司奏
道和罪誅之道和字敬邕羌主姚興孫也父萬
壽僞鎭東大將軍降宋武帝卒於散騎侍郎道

和出身爲孝武安北行佐有世名頗讀書史常
謂人云祖天子父天子身經作皇太子元徽中
爲游擊將軍隨太祖新亭破桂陽賊有功爲撫
軍司馬出爲司州疑怯無斷故及於誅三年徵
敬兒爲護軍將軍常侍如故敬兒武將不習朝
儀聞當内遷乃於密室中屏人學揖讓答對空
中俯仰如此竟日妾侍竊窺笑焉太祖即位授
侍中中軍將軍以敬兒秩窮五等一仍前封建
元二年遷散騎常侍車騎將軍置佐史太祖崩

敬兒於家竊泣曰官家大老天子可惜太子年
少向我所不及也遺詔加敬兒開府儀同三司將拜
謂其妓妾曰我拜後應開黃閤因口自爲鼓聲既
拜王敬則戲之呼爲褚淵敬兒曰我馬上所得
終不能作華林閣勳也敬則甚恨敬兒始不識書
晚既爲方伯乃習學讀孝經論語於新林慈姥
廟爲妾乞兒呪神自稱三公然而意知滿足初
得鼓吹羞便奏之初娶前妻毛氏生子道文後
娶尚氏尚氏有美色敬兒弃前妻而納之尚氏

猶居襄陽宅不自隨敬兒慮不復外出乃迎家
口悉下至都啓世祖不蒙勞門敬兒心疑及垣
崇祖死愈恐懼妻謂敬兒曰昔時夢手熱如火
而君得南陽郡元徽中夢半身熱而君得本州
今復夢舉體熱矣有闇人聞其言說之事達世
祖敬兒又遣使與蠻中交關世祖疑其有異志
永明元年敕朝臣華林八關齋於坐收敬兒敬
兒左右雷仲顯知有變抱敬兒而泣敬兒脫冠
貂投地曰用此物誤我少日伏誅詔曰敬兒蠢

茲邊裔昏迷不脩屬值宋季多難頗獲野戰之力拔迹行伍超登非分而愚躁無已矜伐滋深往莅本州久苞異志在昔含弘庶能懲革位班三槐秩窮五等懷音靡聞姦回屢構去歲迄今嫌貳滋甚鎮東將軍敬則丹陽尹安民每侍接之日陳其凶狡必圖反噬朕猶謂恩義所感本質可移頃者已來釁戾遂著自以子弟在西足動殊俗招扇群蠻規擾樊夏假託妖巫用相震惑妄設徵祥潛圖問鼎履霜於開運之辰堅冰

於嗣業之世此而可忍孰不可容天道禍淫逆謀顯露建康民湯天獲商行入蠻備覩姦計信驛書翰證驗炳明便可收掩式正刑辟同黨所及特皆原宥子道文武陵內史道暢征虜功曹道固弟道休竝伏誅少子道慶見宥後數年上與豫章王嶷三日曲水內宴舴艋船流至御坐前覆沒上由是言及敬兒悔殺之恭兒官至員外郎在襄陽聞敬兒敗將數十騎走入蠻中收捕不得後首出上原其罪

史臣曰平世武臣立身有術若非愚以取信則宜智以自免心迹無阻乃見優容崇祖恨結東朝敬兒情疑鳥盡嗣運方初委骨嚴憲若情非發憤事無感激功名之閒不足爲也

贊曰崇祖爲將志懷馳逐規播淮部立勳豫牧敬兒莅雍深心防楚豈不劬勞實興師旅烹犬藏弓同歸異緒

列傳第六　南齊書二十五

賴原即大世　疑

臣蕭　子顯　撰

王敬則

陳顯達

王敬則晉陵南沙人也母爲女巫生敬則而胞衣紫色謂人曰此兒有鼓角相敬則年長兩腋下生乳各長數寸夢騎五色師子年二十餘善拍張補刀戟左右景和使敬則跳刀高與白虎幢等如此五六接無不中補俠轂隊主領細鎧

左右與壽寂之同斃景和明帝即位以爲直閤將軍坐捉刀入殿啓事繫尚方十餘日乃復直閤除奮武將軍封重安縣子邑三百五十戶敬則少時於草中射獵有蟲如烏豆集其身擿去乃脫其處皆流血敬則惡之詣道士卜道士曰不須憂此封侯之瑞也敬則聞之喜故出都自効至是如言泰始初以敬則爲龍驤將軍軍主隨寧朔將軍劉懷珍征壽春殷琰遣將劉從築四壘於死虎懷珍遣敬則以千人繞後直出橫

塘賊衆驚退除奉朝請出補東武暨陽令敬則初出都陸主山下宗侶十餘船同發敬則船獨不進乃令弟入水推之見一烏漆棺敬則曰爾非凡器若是吉善使船速進吾富貴當改葬爾船須臾去敬則既入縣收此棺葬之軍荒之後縣有一部劫逃紫山中爲民患敬則遣人致意劫帥可悉出首當相申論治下廟神甚酷烈百姓信之敬則引神爲誓必不相負劫帥既出敬則於廟中設會於座收縛曰吾先啓神若負

誓還神十牛今不違誓即殺十牛解神并斬諸劫百姓悅之遷員外郎元徽二年隨太祖拒桂陽賊於新亭敬則與羽林監陳顯達寧朔將軍高道慶乘舸艒於江中迎戰大破賊水軍焚其舟艦事寧帶南泰山太守右俠轂主轉越騎校尉安城王車騎參軍蒼梧王狂虐左右不自保敬則以太祖有威名歸誠奉事每下直輒往領府夜著青衣扶匐道路爲太祖聽察蒼梧去來太祖命敬則於殿內伺機未有定日既而楊

王夫等危急殞帝敬則時在家王夫將首投敬
則敬則馳詣太祖太祖慮蒼梧所誑不開門敬
則於門外大呼曰是敬則耳門猶不開乃於牆
上投進其首太祖索水洗視視竟乃戎服出敬
則從入宮至承明門門郎疑非蒼梧還敬則慮
人覘見以刀環塞窐孔呼開門甚急衛尉丞顔
靈寶窺見太祖乘馬在外竊謂親人曰今若不
開內領軍天下會是亂耳門開敬則隨太祖入
殿明旦四貴集議敬則拔白刃在床側跳躍曰

官應處分誰敢作同異者昇明元年遷員外散
騎常侍輔國將軍驍騎將軍領臨淮太守增封
爲千三百户知殿內宿衛兵事沈攸之事起進
敬則號冠軍將軍太祖入守朝堂袁粲起兵夕
領軍劉韞直閤將軍卜伯興等於宮內相應戒
嚴將發敬則開關掩襲皆殺之殿內竊發盡平
敬則之力也遷右衛將軍常侍如故增封爲二
千五百户尋又加五百户又封敬則子元遷爲
東鄉侯邑三百七十户齊臺建爲中領軍太祖

將受禪材官薦易太極殿柱從帝欲避土不肯
出宮遜位明日當臨軒帝又逃宮內敬則將轝入
迎帝啓譬令出帝拍敬則手曰必無過慮當餉
輔國十萬錢建元元年出爲使持節散騎常侍
都督南兗兗徐青冀五州軍事平北將軍南兗
州刺史封尋陽郡公邑三千戶加敬則妻懷氏
爵爲尋陽國夫人二年進號安北將軍虜寇淮
泗敬則恐委鎮還都百姓皆驚散奔走上以其
功臣不問以爲都官尚書撫軍尋遷使持節散

騎常侍安東將軍吳興太守郡舊多剽掠有十
數歲小兒於路取遺物殺之以殉自此道不拾遺
郡無劫盜又録得一偷召其親屬於前鞭之令
偷身長掃街路久之乃令偷舉舊偷自代諸偷
恐爲其所識皆逃走境內以清出行從市過見
屠肉枅歎曰吳興昔無此枅是我少時在此所
作也遷護軍將軍常侍如故以家爲府三年以
改葬去職詔贈敬則母尋陽公國太夫人改授
侍中撫軍將軍太祖遺詔敬則以本官領丹陽

尹尋遷爲使持節散騎常侍都督會稽東陽新
安臨海永嘉五郡軍事鎮東將軍會稽太守永
明二年給鼓吹一部會土邊帶湖海民丁無士
庶皆保塘役敬則以功力有餘悉評斂爲錢送
臺庫以爲便宜上許之竟陵王子良啓曰伏尋
三吳內地國之關輔百度所資民庶彫流日有
困殆蠶農罕獲饑寒尤甚富者稍增其饒貧者
轉鍾其弊可爲痛心難以辭盡頃錢貴物賤殆
欲兼倍凡在觸類莫不如茲稼穡難劬斛直數

今機杼勤苦匹裁三百所以然者實亦有由年
常歲調既有定期僮卹所上咸是見直東間錢
多剪鑿鮮復完者公家所受必須員大以兩代
一困於所貿鞭捶質繫益致無聊臣昔忝會稽
粗閑物俗塘丁所上本不入官良由陂湖宜壅
橋路須通均夫訂直民自爲用若甲分毀壞則
年一脩改若乙限堅完則終歲無役今郡通課
此直悉以還臺租賦之外更生一調致令塘路
崩蕪湖源泄散害民損政實此爲劇建元初狡

虜游魂軍用殷廣浙東五郡丁稅一千乃有質
賣妻兒以充此限道路愁窮不可聞見所逋尚
多收上事絕臣登具啓聞即蒙蠲原而此年租
課三分逋一明知徒足擾民實自弊國愚謂塘
丁一條宜還復舊在所逋卹優量原除凡應受
錢不限大小仍令在所折市布帛若民有雜物
是軍國所須者聽隨價准直不必其應送錢於
公不虧其用在私實荷其渥昔晉氏初遷江左
草創絹布所直十倍於今賦調多少因時增減

永初中官布一匹直錢一千而民間所輸聽爲
九百漸及元嘉物價轉賤私貨則東直六千官
受則匹准五百所以每欲優民必爲降落今入官
好布匹堪百餘其四民所送猶依舊制昔爲刻上
今爲刻下氓庶空儉豈不由之救民拯弊莫過
減賦時和歲稔尚爾虛乏儻值水旱寧可熟念
且西京熾強實基三輔東都全固寔賴三河歷
代所同古今一揆石頭以外裁足自供府州方
山以東深關朝廷根本夫股肱要重不可不卹

宜蒙寬政少加優養略其目前小利取其長
久大益無患民貲不殷國財不阜也宗臣重
寄咸云利國竊如愚管未見可安上不納三年
進號征東將軍宋廣州刺史王翼之子妾路氏
剛暴數殺婢翼之子法明告敬則敬則付山陰
獄殺之路氏家訴爲有司所奏山陰令劉岱坐
棄市刑敬則入朝上謂敬則曰人命至重是誰
下意殺之都不啓聞敬則曰是臣愚意臣知何
物科法見背後有節便言應得殺人劉岱亦引

罪上乃赦之敬則免官以公領郡明年遷侍中
中軍將軍尋與王儉俱即本號開府儀同三司
儉既固讓敬則亦不即受七年出爲使持節散
騎常侍都督豫州郢州之西陽司州之汝南二
郡軍事征西大將軍豫州刺史開府如故進號
驃騎十一年遷司空常侍如故世祖崩遺詔改
加侍中高宗輔政密有廢立意隆昌元年出敬
則爲使持節都督會稽東陽臨海永嘉新安五
郡軍事會稽太守本官如故海陵王立進位太

尉敬則名位雖達不以富貴自遇危拱傍遑略
不嘗坐接士庶皆吳語而殷勤周悉初爲散騎
使虜於北館種楊柳後員外郎虞長耀北使還
敬則問我昔種楊柳樹今若大小長耀曰虜中
以爲甘棠敬則笑而不答世祖御座賦詩敬則
執紙曰臣幾落此奴度內世祖問此何言敬則
曰臣若知書不過作尚書都令史耳那得今日
敬則雖不大識書而性甚警黠臨州郡令省事
讀辭下教判決皆不失理明帝即位進大司馬

增邑千户臺使拜授日雨大洪注敬則文武皆
失色一客在傍曰公由來如此者拜丹陽吳興
時亦然敬則大悅曰我宿命應得雨乃列羽儀
備朝服道引出聽事拜受意猶不自得吐舌久
之至事竟帝既多殺害敬則自以高武舊臣心
懷憂恐帝雖外厚其禮而內相疑備數訪問敬
則飲食體幹堪宜聞其衰老且以居內地故得
少安三年中遣蕭坦之將齋仗五百人行武進
陵敬則諸子在都憂怖無計上知之遣敬則世

子仲雄入東安慰之仲雄善彈琴當時新絕江左有蔡邕焦尾琴在主衣庫上敕五日一給仲雄仲雄於御前鼓琴作懊儂曲歌曰常歎負情儂郎今果行許帝愈猜愧永泰元年帝疾屢經危殆以張瓌爲平東將軍吳郡太守置兵佐密防敬則內外傳言當有異處分敬則聞之竊曰東今有誰秖是欲平我耳諸子怖懼第五子幼隆遣正員將軍徐嶽密以情告徐州行事謝朓爲計若同者當往報敬則朓執嶽馳啓之敬則城

局參軍徐庶家在京口其子密以報庶庶以告敬則五官王公林公林敬則族子常所委信公林勸敬則急送啓賜兒死單舟星夜還都敬則令司馬張思祖草啓既而曰若爾諸郎在都要應有信且忍一夕其夜呼僚佐文武樗蒲賭錢謂衆曰卿諸人欲令我作何計莫敢先荅防閤丁興懷曰官秖應作耳敬則不作聲明旦召山陰令王詢臺傳御史鍾離祖願敬則横刀跂坐問詢等發丁可得幾人傳庫見有幾錢物詢荅

縣丁卒不可上祖願稱傳物多未輸入敬則怒將出斬之王公林又諫敬則曰官是事皆可悔惟此事不可悔官詎不更思敬則唾其面曰小子我作事何關汝小子乃起兵上詔曰謝朓啓事騰徐嶽列如右王敬則稟質凶猾本謝人綱直以宋季多艱頗有膂力之用驅獎所至遂升榮顯皇運肇基預聞末議功非匡國賞實震主爵冠執珪身登衣衮故以風雅作刺縉紳側目而溪谷易盈鴟梟難改猜心内駭醜辭外

布永明之朝履霜有漸隆昌之世堅冰將著從容附會朕有力焉及景歷惟新推誠盡禮中使相望軒冕成陰迺嫌跡愈興禍圖茲構收合亡命結黨聚羣外候邊釁内伺國隙元還兄弟中萃淵藪茲契潛通將謀竊發朓即姻家嶽又邑子取據匪他昭然以信方邵之美未聞韓彭之豐已積此而可容孰寄刑典便可即遣收掩肅明國憲大辟所加其父子而已凡諸詿誤一從蕩滌收敬則子員外郎世雄記室參軍季哲太

子洗馬幼隆太子舍人少安等於宅殺之長子
黃門郎元遷爲寧朔將軍領千人於徐州擊虜
敕徐州刺史徐玄慶殺之敬則招集配衣二三
日便發欲劫前中書令何胤還爲尚書令長史
王弄璋司馬張思祖止之乃率實甲萬人過浙
江謂思祖曰應須作檄思祖曰公今自還朝何
用作此敬則乃止朝廷遣輔國將軍前軍司馬
左興盛後軍將軍直閤將軍崔恭祖輔國將軍
劉山陽龍驤將軍直閤將軍馬軍主胡松三千

餘人築壘於曲阿長岡右僕射沈文季爲持節
都督屯湖頭備京口路敬則舊將舉事百姓擔
篙荷鍤隨逐之十餘万衆至晉陵南沙人范脩
化殺縣令公上延孫以應之敬則至武進陵口
慟哭乘肩轝而前遇興盛山陽二砦盡力攻之
興盛使軍人遙告敬則曰公兒死已盡公持許
底作官軍不敢欲退而圍不開各死戰胡松領
馬軍突其後白丁無器仗皆驚散敬則軍大敗
敬則索馬再上不得上興盛軍容袁文曠斬之

傳首是時上疾已篤敬則倉卒東起朝廷震懼
東昏侯在東宮議欲叛使人上屋望見征虜亭
失火謂敬則至急裝欲走有告敬則者敬則曰
檀公三十六策走是上計汝父子唯應急走耳
敬則之來聲勢甚盛裁少日而敗時年七十餘
封左興盛新吳縣男崔恭祖遂興縣男劉山陽
湘陰縣男胡松沙陽縣男各四百户賞平敬則
也又贈公上延孫爲射聲校尉
陳顯達南彭城人也宋孝武世爲張永前軍幢

主景和中以勞歷驅使太始初以軍主隷徐州
刺史劉懷珍北征累至東海王板行參軍員外
郎泰始四年封彭澤縣子邑三百户歷馬頭義
陽二郡太守羽林監濮陽太守隷太祖討桂陽
賊於新亭壘劉勔大桁敗賊進杜姥宅及休範
死太祖欲還衛宮城或諫太祖曰桂陽雖死賊
黨猶熾人情難固不可輕動太祖乃止遣顯達
率司空參軍高敬祖自查浦渡淮緣石頭北道
入承明門屯東堂宮中恐動得顯達乃至稍定

顯達出杜姥宅大戰破賊矢中左眼拔箭而鏃不出地黃村潘嫗善禁先以釘釘柱嫗禹步作氣釘即時出乃禁顯達目中鏃出之封豐城縣侯邑千戶轉游擊將軍尋為使持節督廣交越三州湘州之廣興軍事輔國將軍平越中郎將廣州刺史進號冠軍沈攸之事起顯達遣軍援臺長史到遁司馬諸葛導謂顯達曰沈攸之擁衆百万勝負之勢未可知不如保境蓄衆分遣信驛密通彼此顯達於座手斬之遣表疏歸心太祖進使持節左將軍軍至巴丘而沈攸之平除散騎常侍左衞將軍轉前將軍太祖太尉左司馬齊臺建為散騎常侍左衞將軍領衞尉太祖即位遷中護軍增邑千六百戶轉護軍將軍顯達啓讓上荅曰朝廷爵人以序卿忠發萬里信誓如期雖屠城殄國之勳無以相加此而不賞典章何在若必未宜爾吾終不妄授於卿數士意同家人豈止於君臣邪過明與王李俱祗召也上即位後御膳不宰牲顯達上熊烝一

盤上即以充飯建元二年虜寇壽陽淮南江北百姓搔動上以顯達為使持節散騎常侍都督南兗兗徐青冀五州諸軍事平北將軍南兗州刺史之鎮虜退上敕顯達曰虜經破散後當無復犯關理但國家邊防自應過存備豫宋元嘉二十七年後江夏王作南兗徙鎮盱眙沈司空亦以孝建初鎮彼政當以淮上要於廣陵耳卿謂前代此處分云何今僉議皆云卿應據彼地吾未能決乃當以擾動文武為勞若是公計不得憚之事竟不行遷都督益寧二州軍事安西將軍益州刺史領宋寧太守持節常侍如故世祖即位進號鎮西益部山險多不賓服大度村獠前後刺史不能制顯達遣使責其租賧獠帥曰兩眼刺史尚不敢調我遂殺其使顯達分部將吏聲將出獵夜往襲之男女無少長皆斬之自此山夷震服廣漢賊司馬龍駒據郡反顯達又討平之永明二年徵為侍中護軍將軍顯達累任在外經太祖之憂及見世祖流涕悲咽上

亦泣心甚嘉之五年荒人桓天生自稱桓玄宗
族與雍司二州界蠻虜相扇動據南陽故城上
遣顯達假節率征虜將軍戴僧靜等水軍向宛
葉雍司衆軍授顯達節度天生率虜衆萬餘人
攻舞陰舞陰戍主輔國將軍殷公愍擊殺其副
張麒麟天生被瘡退走仍以顯達爲使持節散
騎常侍都督雍梁南北秦郢州之竟陵司州之
隨郡軍事鎮北將軍領寧蠻校尉雍州刺史顯
達進據舞陽城遣僧靜等先進與天生及虜再

戰大破之官軍還數月天生復出攻舞陰殷公
愍破之天生還竄荒中萃城平民曰土三城賊
稍稍降散八年進號征北將軍其年仍還侍中
鎮軍將軍尋加中領軍出爲使持節散騎常侍
都督江州諸軍事征南大將軍江州刺史給鼓
吹一部顯達謙厚有智計自以人微位重每遷
官常有愧懼之色有子十餘人誡之曰我本志
不及汝此等勿以富貴陵人家既豪富諸子與
王敬則諸兒並精車牛麗服飾當世快牛稱陳

世子青王三郎烏呂文顯折角江瞿曇雲白鼻
顯達謂其子曰麈尾扇是王謝家許汝不須捉此
自逐十一年秋虜動詔屯樊城世祖遺詔即本
號開府儀同三司隆昌元年遷侍中車騎將軍
開府如故置兵佐隨廢鬱林之勳延興元年爲
司空進爵公增邑千戶甲仗五十人入殿高宗
即位進太尉侍中如故改封鄱陽郡公邑三千
戶加兵二百人給油絡車建武二年虜攻徐司
詔顯達出頓往來新亭白下以爲聲勢上欲悉

除高武諸孫微言問顯達荅曰此等豈足介慮
上乃止顯達建武世心懷不安深自貶匿車乘
朽故導從鹵簿皆用羸小不過十數人侍宴酒
後啓上曰臣年已老富貴已足唯少枕枕死特
就陛下乞之上失色曰公醉矣以年禮告退不
許是時虜頻寇雍州衆軍不捷失沔北五郡永
泰元年乃遣顯達北討詔曰晉氏中微宋德將
謝蕃臣外叛要荒內侮天未悔禍左衽亂華巢
穴神州逆移年載朕嗣膺景業踵武前王靜言

隆替思乂區夏但多難甫夷恩化肇洽興師擾
衆非政所先用戢遠圖權緩北略冀戎夷知義
懷我好音而凶醜剽狡專事侵掠驅扇異類蟻
聚西偏乘彼自來之資撫其天亡之會軍無再
駕民不重勞傳檄以定三秦一麾而臣禹迹在
此舉矣且中原士庶久望皇威乞師請援結軌
馳道信不可失時豈終朝宜分命方嶽因茲大
號侍中太尉顯達可蹔輟槐陰指授羣帥中外
纂嚴加顯達使持節向襄陽永元元年顯達督

平北將軍崔慧景衆軍四萬圍南鄉堺馬圈
城去襄陽三百里攻之四十日虜食盡噉死人肉
及樹皮外圍既急虜突走斬獲千計官軍競取
城中絹不復窮追顯達入據其城遣軍主莊丘
黑進取南鄉縣故從陽郡治也虜主元宏自領
十餘萬騎奄至顯達引軍渡水西據鷹子山築
城人情沮敗虜兵甚急軍主崔恭祖胡松以烏
布幔盛顯達數人檐之逕道從分磧山出均水
口臺軍緣道奔退死者三万餘人左軍將張千

戰死追贈游擊將軍顯達素有威名著於蠻虜
至是大損喪焉御史中丞范岫奏免顯達官朝
議優詔荅曰昔衞霍出塞往往無功馮鄧入關
有時虧喪況公規謨肅舉期寄兼深見可知難
無損威略方振遠圖廓清朔土雖執憲有常非
所得議顯達表解職不許求降號又不許以顯
達爲都督江州軍事江州刺史鎮盆城持節本
官如故初王敬則事起始安王遙光啓明帝慮
顯達爲變欲追軍還事尋平乃寢顯達亦懷危

怖及東昏立彌不樂還京師得此授甚喜尋加
領征南大將軍給三望車顯達聞京師大相殺
戮又知徐孝嗣等皆死傳聞當遣兵襲江州顯
達懼禍十一月十五日舉兵令長史庾弘遠司馬
徐虎龍與朝貴書曰諸君足下我太祖高皇帝
叡哲自天超人作聖屬彼宋季綱紀自頓應禪
從民搆此基業世祖武皇帝昭略通遠克纂洪
嗣四關罷險三河靜塵鬱林海陵頓孤負荷明
帝英聖紹建中興至乎後主行悖三才琴横由

席繡積麻筵淫犯先宮穢興闈闥皇陛爲市廛
之所雕房起征戰之門任非華尚寵必寒廝江
僕射兄弟忠言屬薦正諫繁興覆族之誅於斯
而至故乃犴噬之刑四剽於海路家門之釁一起
於中都蕭劉二領軍竝升御座共禀遺詔宗戚
之苦諒不足談渭陽之悲何辜至此徐司空歷
葉忠榮清簡流世匡翼之功未著傾宗之罰已
彰沈僕射年在懸車將念机杖歡歌園藪絕影
朝門忽招陵上之罰何万古之傷哉遂使紫臺

之路絕縉紳之儔纓組之閤罷金張之胤悲哉
蟬冕爲賤寵之服嗚呼皇陛列劫豎之坐且天
人同怨乾象變錯往歲三州流血今者五地目
動昔漢池異色晉王因之見廢吳郡蹔震步生
以爲姦倖況事隆於往怪疊倍於前虐此而未
廢孰不可興王僕射王領軍崔護軍中維簡正
逆念剖心蕭衛尉蔡詹事沈左衛各負良家共
傷時嶮先朝遺舊志在名節同列丹書要同義
舉建安殿下秀德沖遠寔允神器昏明之舉往

聖流言今忝役戎驅亟請乞路須京塵一静西
迎大駕歌舞太平不亦佳哉裴豫州宿遣誠言
久懷慷慨計其勁兵已登淮路申司州志節堅
明分見迎合㧾勤偏率殿我而進蕭雍州房僧
寄竝已纂邁旌鼓將及南兗州司馬崔恭祖壯
烈超群嘉驛屢至所聽烽諜共成脣齒荆郢行
事蕭張二賢莫不案劒飡風橫戈待節關畿蕃
守之儔孰非義侶我太尉公體道合聖杖德脩
文神武橫於七伐雄略震於九綱是乃從彼英

亭還抗社稷本欲鳴笳細錫無勞戈刃但忠黨
有心節義難遣信次之間森然十萬飛旍咽於
九派列艦迷於三川此蓋捧海澆螢烈火消凍
耳吾子其擇善而從之無令竹帛空爲後人笑
也朝廷遣後軍將軍胡松驍騎將軍李叔獻
水軍據梁山左衛將軍左興盛假節加征虜
將軍督前鋒軍事屯新亭輔國將軍驍騎將
軍徐世摽領兵屯杜姥宅顯達率衆數千人發
尋陽與胡松戰於採石大破之京邑震恐十二

月十三日顯達至新林築城壘左興盛率衆軍爲拒戰之計其夜顯達多置屯火於岸側潛軍渡取石頭北上襲宮城遇風失曉十四日平旦數千人登落星岡新亭軍望火謂顯達猶在既而奔歸赴救屯城南宮掖大駭閉門守備顯達馬矟從步軍數百人於西洲前與臺軍戰再合大勝手殺數人矟折官軍繼至顯達不能抗退走至西州從烏榜村爲騎官趙潭注矟刺落馬斬之於籬側血湧湔籬似淳于伯之被刑也時

年七十三顯達在江州遇疾不治尋而自差意甚不悅是冬連大雪梟首於朱雀而雪不集之諸子皆伏誅

史臣曰光武功臣所以能終其身名者非唯不任職事亦以繼奉明章心尊正嫡君安乎上臣習乎下王陳拔迹奮飛則建元永明之運身極鼎將則建武永元之朝勳非往時位踰昔等禮授雖重情分不交加以主猜政亂危亡慮及舉手扞頭人思自免干戈既用誠淪犯上之跡敵國起於同舟況又疏於此者也

贊曰糾糾敬則臨難不惑功[illegible]賊顯達孤根應義南蕃威揚[illegible]河兖陳挫襄樊

列傳第七　南齊書二十六

嗚笳細錫　疑

列傳第八

南齊書二十七

臣蕭子顯撰

劉懷珍

李安民

王玄載 弟玄邈

劉懷珍字道玉平原人漢膠東康王後也祖昶
宋武帝平齊以爲青州治中至員外常侍伯父
奉伯宋世爲陳南頓二郡太守懷珍幼隨奉伯
至壽陽豫州刺史趙伯符出獵百姓聚觀懷珍
獨避不視奉伯異之曰此兒方興吾宗本州辟
主簿元嘉二十八年亡命司馬順則聚黨東陽
州遣懷珍將數千人掩討平之宋文帝召問破
賊事狀懷珍讓功不肯當親人怪問焉懷珍曰
昔國子尼恥陳河間之級吾豈能論邦域之捷
哉時人稱之江夏王義恭出鎮盱眙道遇懷珍
以應對見重取爲驃騎長兼墨曹行參軍尋除
振武將軍長廣太守孝建初爲義恭大司馬參
軍直閤將軍懷珍北州舊姓門附殷積啓上門

生千人充宿衛孝武大驚召取青冀豪家私附
得數千人士人怨之隨府轉太宰參軍大明二
年虜圍泗口城青州刺史顏師伯請援孝武遣
懷珍將步騎數千赴之於麋溝湖與虜戰破七
城拜建武將軍樂陵河間二郡太守賜爵廣晉
縣侯明年懷珍啓求還孝武荅曰邊維須才未
宜陳請竟陵王誕反郡豪家民王弼勸懷珍應之
懷珍斬弼以聞孝武大喜除豫章王子尚車騎
參軍加龍驤將軍泰始初除寧朔將軍東安東
莞二郡太守李龍驤將軍王敬則姜產步騎五
千討壽陽盧江太守王仲子南奔賊遣僞盧江
太守劉道蔚五千人頓建武澗築三城懷珍遣
軍主段僧愛等馬步三百餘人掩擊斬之引軍
至晉熙僞太守閻湛拒守劉子勛遣將王仲虬
步卒萬人救之懷珍遣馬步三千人襲擊仲虬
大破之於莫邪山遂進壽陽又遣王敬則破殷
琰將劉從等四壘於橫塘死虎懷珍等乘勝逐
北頓壽春長邏門宋明帝嘉其功除羽林監屯

騎校尉將軍如故懷珍請先平賊辭讓不受建
安王休仁濃湖與賊相持久未決明帝召懷珍
還拜前將軍加輔國將軍領軍向青山助擊劉
胡事平除游擊將軍輔國將軍如故青州刺史
沈文秀拒命明帝遣其弟文炳宣喻使懷珍領
馬步三千人隨文炳俱行未至薛安都引虜徐
兗已沒張永沈攸之於彭城大敗劉懷珍步從
盱眙自淮陰濟淮救永等而官軍爲虜所逐相
繼奔歸懷珍乃還三年春敕懷珍權鎮山陽先

是明帝遣青州刺史明僧暠北征僧暠遣將於
王城築壘以逼沈文秀塹壁未立爲文秀所破
仍進攻僧暠帝使懷珍率龍驤將軍王廣之五
百騎步卒二千人泛海救援至東海而僧暠已
退保東萊懷珍進據朐城衆心恟懼或欲且保
郁州懷珍謂衆曰卿等傳文秀厚賂胡師規爲
外援察其徒黨何能必就左衽齊土庶見於民
義積業聲介一馳東萊可飛書而下何容阻軍
緩適止於此邪遂進至黔陬僞高密平昌二郡

太守濆走懷珍達朝廷意送致文炳文秀終不
從命焚燒郭邑百姓聞懷珍至皆喜僞長廣太
守劉桃根領數十人戍不其城懷珍引軍次洋
水衆皆曰文秀今遊騎境內宜堅壁伺隙懷珍
曰今衆少糧單我懸彼固政宜簡精銳掩其不
備耳遣王廣之將百騎襲陷其城桃根走僞東
萊太守鞠延僧數百人據城劫留高麗獻使懷
珍又遣寧朔將軍明慶符與廣之擊降延僧遣
高麗使詣京師文秀聞諸城皆敗乃遣使張靈

碩請降懷珍乃還其秋虜遂侵齊圍歷城梁鄒
二城游騎至東陽擾動百姓冀州刺史崔道固
兗州刺史劉休賓告急休賓懷珍從弟也朝廷
以懷珍爲使持節都督徐兗二州軍事輔國將
軍平胡中郎將徐州刺史封艾縣侯邑四百戶
督水步四十餘軍赴救二城既沒乃止改授寧
朔將軍竟陵太守轉巴陵王征西司馬領南義
陽太守建平王景素爲荆州仍徙右軍司馬遷
南郡太守加寧朔將軍明帝手詔懷珍曰卿性

忠讜平所葬賴在彼與年少共事不可深存學益景素而乃佳但不能接物頗亦隳事卿每諫之懷珍奉旨帝寢疾又詔懷珍曰卿不應乃作景素佐才舊所寄今徵卿參二衛直會帝崩乃爲安成王撫軍司馬領南高平太守朝廷疑桂陽王休範中書舍人道隆宣旨以懷珍爲冠軍將軍豫章太守懷珍曰休範雖有禍萌安敢便發若終爲寇必請奉律吞之今者賜使恐成猜迫固請不就乃除黃門郎領虎賁中郎將青州

大中正桂陽反加懷珍前將軍守石頭爲使持節督豫司二州郢州之西陽軍事冠軍將軍豫州刺史建平王景素反懷珍遣子靈哲領兵赴京師昇明元年進號征虜將軍沈攸之在荊楚朝議疑惑懷珍遣冗從僕射張護使郢致誠於世祖并陳計策及攸之起兵衆謂當泝流直下懷珍謂僚佐曰攸之矜躁夙著虐加楚服必當阻兵中流聲劫幼主不敢長驅決勝明矣遣子靈哲領馬步數千人衛京師攸之遣使許天保

說結懷珍懷珍斬之送首於太祖太祖送示攸之進號左將軍徙封中宿縣侯增邑六百戶攸之圍郢城懷珍遣建寧太守張謨游擊將軍裴仲穆蠻漢軍萬人出西陽破賊前鋒公孫方平軍數千人收其器甲進平南將軍增督南豫北徐二州增邑爲千戶初孝武世太祖爲舍人懷珍爲直閤相遇早舊懷珍假還青州上有白驄馬齧人不可騎送與懷珍別懷珍報上百匹絹或謂懷珍曰蕭君此馬不中騎是以與君耳君

報百匹不亦多乎懷珍曰蕭君局量堂堂寧應負人此絹吾方欲以身名託之豈計錢物多少太祖輔政以懷珍內資未多二年冬徵爲都官尚書領前軍將軍以第四子寧朔將軍晃代爲豫州刺史或疑懷珍不受代太祖曰我布衣時懷珍便推懷投款況在今日寧當有異晃發經日而疑論不止上乃遣軍主房靈民領百騎追送晃謂靈民曰論者謂懷珍必有異同我期之有素必不應爾卿是其鄉里故遣卿行非唯

衛新亦以迎故也懷珍還仍授相國右司馬建
元元年轉左衛將軍加給事中改胥城侯邑二
百戸明年加散騎常侍虜寇淮肥以本官加平
西將軍假節西屯巢湖爲壽春勢援虜退乃還
懷珍年老以禁旅辛勤求爲閑職轉光禄大夫
常侍如故其冬虜寇朐山授使持節安北將軍
本官如故領兵救援未至事寧解安北持節四
年疾篤上表解職上優詔答許別量所授其夏
卒年六十三遺言薄葬世祖追贈散騎常侍鎮

北將軍雍州刺史謚曰敬侯子靈哲字文明解
褐王國常侍行參軍尚書直郎齊臺步兵校尉
建元初歷寧朔將軍臨川王前軍諮議廬陵內
史齊郡太守前軍將軍靈哲所生母嘗病靈哲
躬自祈禱夢見黃衣老公曰可取南山竹筍食之
疾立可愈靈哲驚覺如言而疾瘳嫡母崔氏及
兄子景焕泰始中没虜靈哲爲布衣不聽樂及
懷珍卒當襲爵靈哲固辭以兄子在虜中存亡
未測無容越當茅土朝廷義之靈哲傾產私贖

嫡母及景焕累年不能得世祖哀之令北使告
虜主虜主送以還南襲懷珍封爵靈哲永明初
歷護軍長史東中郎諮議領中直兵出爲寧朔
將軍巴西梓橦二郡太守西陽王左軍司馬隆
昌元年卒年四十九

李安民蘭陵承人也祖嶷衛軍參軍父欽之殿
中將軍補薛令安民隨父之縣元嘉二十七年没
虜率部曲自拔南歸太祖初逆使安民領支軍
降義師板建威將軍補魯爽左軍及爽反安民

遁還京師除領軍行參軍還左衛殿中將軍大
明中虜侵徐兗以安民爲建威府司馬無鹽令
除殿中將軍領軍討漢川互蠻賊晉安王子勛
反明帝除安民武衛將軍領水軍補建安王司
徒城局參軍擊赭圻湖白荻浦獺窟皆捷除積
射將軍軍主張興世據錢溪糧盡爲賊所逼安
民率舟乘數百越賊五城送米與興世僞軍主
沈仲王張引軍自鑽口欲斷江安民進軍合戰
破之又擊鵲尾江城皆有功事平明帝大會

新亭勞接諸軍主樗蒲官賭安民五擲皆盧帝
大驚目安民曰卿面方如田封侯狀也安民少時
貧寠有一人從門過相之曰君後當大富貴與
天子交手共戲至是安民尋此人不知所在從
張永沈攸之討薛安都於彭城軍敗安民在後
拒戰還保下邳除寧朔將軍戍淮陽城論饋口
功封邵武縣子食邑四百戶復隨吳喜沈攸之
擊虜達睢口戰敗還保宿豫淮北既沒明帝敕
留安民戍角城除寧朔將軍冗從僕射戍泗口

領舟軍緣淮游防至壽春虜遣偽長社公遼營
十餘里寇汝陰豫州刺史劉勔擊退之虜荊亭
戍主帛乞奴棄城歸降安民率水軍攻前破荊
亭絕其津逕遷寧朔將軍冠軍司馬廣陵太守
行南兗州事太祖在淮安民遙相結事明帝以
為疑徙安民為劉韞冠軍司馬寧遠將軍京兆
太守又除寧朔將軍司州刺史領義陽太守並
不拜重除本職又不拜改授寧朔將軍山陽太
守泰始末淮北民起義欲南歸以安民督前鋒

軍事又請援援不克還除越騎校尉復為寧朔
將軍山陽太守三巴擾亂太守張澹棄涪城走
以安民假節都督討蜀軍事輔師將軍五獠亂
漢中敕安民回軍至魏興事寧還至夏口元徽
初除督司州軍事司州刺史領義陽太守假節
將軍如故別敕安民曰九江須防邊備宜重今
有此授以增鄳郢之勢無所致辭也及桂陽王
休範起事安民出頓遣軍援京師徵左將軍加
給事中建平王景素作難冠軍黃回游擊將軍

高道慶輔國將軍曹欣之等皆密遣致誠而游
擊將軍高道慶領衆出討太祖慮其有變使安
民及南豫州刺史段佛榮行以防之安民至京
破景素軍於葛橋景素誅留安民行南徐州事
城局參軍王迥素為安民所親盜絹二匹安民
流涕謂之曰我與卿契闊備嘗今日犯王法此
乃卿負我也於軍門斬之厚為斂祭軍府皆震
服授冠軍將軍驍衛將軍不拜轉征虜將軍東
中郎司馬行會稽郡事安民將東太祖與別宴

語奄留日夜安民密陳宋運將盡曆數有歸蒼
梧縱虐太祖憂迫無計安民白太祖欲於東奉
江夏王躋起兵太祖不許乃止蒼梧廢太祖徵
安民爲使持節督北討軍事冠軍將軍南兖州
刺史沈攸之反太祖召安民以本官鎭白下治
城隍加征虜將軍進軍西討又進前將軍行至
盆城沈攸之平仍授督郢州司州之義陽諸軍
事郢州刺史持節將軍如故昇明三年遷左衛
將軍領衛尉太祖即位爲中領軍封康樂侯邑

三壹 南齊傳八 十一 李忠

千戶宋泰始以來內外頻有賊寇將帥已下各
募部曲屯聚京師安民上表陳之以爲自非淮
北常備其外餘軍悉皆輸遣若親近宜立隨身
者聽限人數上納之故詔斷衆募時王敬則以
勳誠見親至於家國密事上唯與安民論議謂
安民曰署事有卿名我便不復細覽也尋爲領
軍將軍虜寇壽春至馬頭詔安民出征加鼓吹
一部虜退安民泝淮進壽春先是宋世亡命王
元初聚黨六合山僭號自云垂手過膝州郡討

不能擒積十餘年安民遣軍偵候生禽元初斬
建康市加散騎常侍其年虜又南侵詔安民持
節履行緣淮清泗諸戍屯軍虜攻朐山連口甬
城安民頓泗口分軍應赴三年引水步軍入清
於淮陽與虜戰破之虜退安民知有伏兵乃遣
族弟馬軍主長文二百騎爲前驅自與軍副周
盤龍崔文仲係其後分軍隱林及長文至宿豫
虜見衆少數千騎遮之長文且退且戰引賊向
大軍安民率盤龍等趣兵至合戰於孫溪渚戰

南齊傳八 十二 王信

父彎側虜軍大敗赴清水死不可勝數虜遣其
菟頭公送攻車材至布丘左軍將軍孫文顯擊
破走之燒其車材淮北四州聞太祖受命咸欲
南歸至是徐州人桓摽之兖州人徐猛子等合
義衆數萬柴險求援太祖詔曰青徐泗州義舉
雲集安民可長轡遐馭指授羣帥安民赴救留
遲虜急兵攻摽之等皆沒上甚責之太祖崩遺
詔加侍中世祖即位遷撫軍將軍丹陽尹永明
二年遷尚書左僕射將軍如故安民時屢啓密

謀見賞又善結尚書令王儉故世傳儉啓有此
授尋上表以年疾求退改授散騎常侍金紫光
祿大夫將軍如故四年爲安東將軍吳興太守
常侍如故卒官年五十八賻錢十萬布百匹吳
興有項羽神護郡聽事太守不得上太守到郡
必須祀以軛下牛安民奉佛法不與神牛著屐
上聽事又於聽上八關齋俄而牛死葬廟側今
呼爲李八公牛冢及安民卒世以神爲祟詔曰安
民歷位內外庸績顯著自忠亮之誠每簡朕心歎
政近畿方申任寄奄至殞喪痛傷于懷贈鎮東
將軍鼓吹一部常侍太守如故謚曰肅侯

王玄載字彥休下邳人也祖宰僞北地太守父
蕤東莞太守玄載解褐江夏王國侍郎太宰行
參軍泰始初爲長水校尉隨張永征彭城臺軍
大敗玄載全軍據下邳城拒虜假冠軍將軍官
軍新敗人情恐駭以玄載士望板爲徐州刺史
持節監徐州豫州梁郡軍事寧朔將軍平胡中
郎將尋又領山陽東海二郡太守五年督青兗

二州刺史將軍東海郡如故七年復爲徐州督
徐兗二州鍾離太守將軍郎將如故遷左軍將
軍仍爲寧朔將軍歷陽太守改持節都督二豫
冠軍將軍南豫州刺史太守如故還撫軍司馬
出爲持節督梁南北秦三州軍事冠軍將軍西
戎校尉梁秦二州刺史進號征虜將軍尋徙督
益寧二州益州刺史建寧太守將軍持節如故
沈攸之難玄載起義送誠進號後軍將軍封鄂
縣子徵散騎常侍領後軍未拜建元元年爲左

民尚書鄂縣子如故會虜動南兗州刺史王敬
則奔京師上遣玄載領廣陵加平北將軍假節
行南兗州事本官如故事寧爲光祿大夫員外
散騎常侍永明四年爲持節監兗州緣淮諸軍
事平北將軍兗州刺史六年卒時年七十六謚
烈子玄載夷雅好玄言脩士操在梁益有清績
西州至今思之從弟玄謨子瞻宋明帝世爲黃
門郎素輕世祖世祖時在大牀寢瞻謂豫章王曰帳
中物亦復隨人寢興世祖銜之未嘗形色建元元年

爲冠軍將軍永嘉太守詣闕跪拜不如儀爲尋
寺所列有司以啓世祖世祖召瞻入東宮仍送
付廷尉殺之遣左右口啓上曰父辱子死王瞻
傲慢朝廷臣輒以收治太祖曰語郎此何足計
既聞瞻已死乃默無言瞻兄寬宋世與瞻並爲
方伯至是瞻雖坐事而寬位待如舊也寬泰始
初爲隨郡值西方反父玄謨在都寬棄郡歸明
帝加賞使隨張永討薛安都寬辭以母猶存在
西爲賊所執請得西行遂襲破隨郡斬僞太守

劉師念拔其母事平明帝嘉之使圖畫寬形建
元初爲散騎常侍光祿大夫領前軍將軍永明
元年爲太常坐於宅殺牛免官後爲光祿大夫
三年卒
玄載弟玄邈字彥遠初爲驃騎行軍參軍太宰
左積弩將軍射聲校尉泰始初遷輔國將軍清
河廣平二郡太守幽州刺史青州刺史沈文秀
反玄邈欲向朝廷慮見掩襲乃詣文秀求安軍
頓文秀令頓城外玄邈即立營壘至夜拔軍南

奔赴義比曉文秀追不復及明帝以爲持節都
督青州青州刺史將軍如故太祖鎮淮陰爲帝
所疑遣書結玄邈玄邈長史房叔安勸玄邈不
相答和罷州還太祖以經途人要之玄邈雖許
既而嚴軍直過還都啓帝稱太祖有異謀太祖
不恨也昇明中太祖引爲驃騎司馬冠軍將軍
太山太守玄邈甚懼而太祖待之如初遷散騎
常侍驍騎將軍冠軍如故出爲持節都督梁南
秦二州軍事征虜將軍西戎校尉梁南秦二州

刺史兄弟同時爲方伯封河陽縣侯建元元年
進號右將軍侯如故亡命李烏奴作亂梁部陷
白馬戍玄邈率東從七八百人討之不克慮不
自保乃使人僞降烏奴告之曰王使君兵衆羸
弱棄伎妾於城內攜愛妾二人去已數日矣烏
奴喜輕兵襲州城玄邈設伏擊破之烏奴挺身
走太祖聞之曰玄邈果不負吾意遇也還爲征
虜將軍長沙王後軍司馬南東海太守遷都官
尚書世祖即位轉右將軍豫章王太尉司馬出

爲冠軍將軍臨川內史秩中二千石還爲前軍
司徒司馬散騎常侍太子右率永明七年爲持
節都督兗州緣淮軍事平北將軍兗州刺史未
之任轉大司馬加後將軍八年轉太常遷散騎
常侍右衛將軍出爲持節監徐州軍事北平將
軍徐州刺史十一年建康蓮華寺道人釋法智與
州民周盤龍等作亂四百人夜攻州城西門登
梯上城射殺城局參軍唐穎遂入城內軍主耿
虎徐思慶董文定等拒戰至曉玄邈率百餘人

登城便門奮擊生擒法智盤龍等玄邈坐免官
鬱林即位授撫軍將軍還使持節安西將軍歷
陽南譙二郡太守延興元年加散騎常侍尋轉
中護軍高宗使玄邈往江州殺晉安王子懋玄
邈苦辭不行及遣王廣之往廣陵取安陸王子
敬玄邈不得已奉旨給鼓吹置佐建武元年遷
持節都督南兗兗徐青冀五州軍事北平將軍
南兗州刺史轉護軍將軍加散騎常侍四年卒
年七十二贈安北將軍雍州刺史謚曰壯侯同

族王文和宋鎮北大將軍仲德兄孫也景和中
爲義陽王昶征北府主簿昶於彭城奔虜部曲
皆散文和獨送至界上昶謂之曰諸人皆去卿
有老母何不去邪文和乃去昇明中爲巴陵內
史沈攸之事起文和斬其使馳白世祖告變棄
郡奔郢城永明中歷青冀兗益四州刺史平北
將軍

史臣曰宋氏將季離亂日兆家懷逐鹿人有異
圖故蕃岳阻兵之機州郡覬覦之會此數子皆

宿將舊勳與太祖比肩爲方伯年位高下或爲
先輩而薦誠君側奉義萬里以此知樂推之非
妄信民心之有歸玄載兄弟門從世秉誠烈不
爲道家所忌斯今之耿氏也

贊曰胥城報馬分義先推靈哲守讓方軌丁韋
李佐東土謀發天機王爲清政其風不衰玄邈
簡朕早背同歸

列傳第八　齊書二十七

列傳第九　南齊書二十八

臣蕭子顯　撰

崔祖思

劉善明

蘇侃

垣榮祖

崔祖思字敬元清河東武城人崔琰七世孫也祖諲宋冀州刺史父僧護州秀才祖思少有志氣好讀書史初州辟主簿與刺史劉懷珍於堯廟祠神廟有蘇侯像懷珍曰堯聖人而與雜神爲列欲去之何如祖思曰蘇峻今日可謂四凶之五也懷珍遂令除諸雜神太祖在淮陰祖思聞風自結爲上輔國主簿甚見親待參豫謀議除奉朝請安成王撫軍行參軍員外正員郎冀州中正宋朝初議封太祖爲梁公祖思啓太祖曰讖書云金刀利刃齊刈之今宜稱齊實應天命從之轉爲相國從事中郎遷齊國內史建元元年轉長兼給事黃門侍郎上初即位祖思啓

陳政事曰禮誥者人倫之襟冕帝王之樞柄自古開物成務必以教學爲先世不習學民忘志義悖競因斯而興禍亂是焉而作故篤俗昌治莫先道教不得以吏禍革慮偸泰移業今無員之官空受祿力三載無考績之效九年闕登黜之序國儲以之虛匱民力爲之凋散能否無章涇渭混流宜大廟之南引脩文序司農以北廣開武校臺州國限外之職問其所樂依方課習各盡其能月供僮幹如先充給若有廢隋遣還

故郡殊經奇藝待以不次士脩其業必有異等民識其利能無勉勵又曰漢文集上書囊以爲殿帷身衣弋綈以韋帶劍愼夫人衣不曳地惜中民十家之產不爲露臺劉備取帳鉤銅鑄錢以充國用魏武遣女皁帳婢十人東阿婦以繡衣賜死王景興以淅米見誚宋武節儉過人張妃房唯碧綃蚊幬三齊苮席五盞盤桃花米飯殷仲文勸令畜伎答云我不解聲仲文曰但畜自解又答畏解故不畜歷觀帝王未嘗不以約

素與後麗士也伏惟陛下體唐成儉踵虞爲樸
寢殿則素木卑構膳器則陶瓢充御瓊簪玉筯
碎以爲塵珍裘繡服焚之如草斯實風高上代
民偃下世矣然教信雖孚氓染未革宜加甄明
以速歸厚詳察朝士有柴車蓬館高以殊等雕
牆華輪卑其稱謂馳禽荒色長違清編嗜音酣
酒守官不徙物識義方且懼且勸則調風變俗
不俟終日又曰憲律之重由來尚矣故曹參去
齊唯以獄市爲寄餘無所言路溫舒言秦有十

失其一尚在治獄之吏是也寔宜清置廷尉茂
簡三官寺丞獄主彌重其選研習律令刪除繁
苛詔獄及兩縣一月三訊觀貌察情欺枉必達
使明慎用刑無忝大易寧失不經靡愧周書漢
來治律有家子孫並世其業聚徒講授至數百
人故張于二氏絜譽文宣之世陳郭兩族流稱
武明之朝決獄無冤慶昌枝裔槐衮相襲蟬紫
傳輝今廷尉律生乃令史門戶族非咸弘庭缺
于訓刑之不措抑此之由如詳擇篤　之士使

習律令試簡有徵擢爲廷尉僚屬苟官世其家
而不美其績鮮矣廢其職而欲善其事未之有
也若劉累傳守其業庖人不乏龍肝之饌斷可
知矣又曰樂者動天地感鬼神正情性立人倫
其義大矣按前漢編戶千萬太樂伶官方八百
二十九人孔光等奏罷不合經法者四百四十
一人正樂定員唯置三百八十八人今戶口不
能百萬而太樂雅鄭元徽時校試千有餘人後
堂雜伎不在其數糜廢力役傷敗風俗今欲撥

邪歸道莫若罷雜伎王庭唯置鍾虡羽戚登歌
而已如此則官充給養國反淳風矣又曰論儒
者以德化爲本談法者以刻削爲體道教治世
之粱肉刑憲亂世之藥石故以教化比雨露名
法方風霜是以有恥且格敬讓之樞紐令行禁
止爲國之關楗然則天下治者賞罰而已矣賞
不事豐所病於不均罰不在重所困於不當如
令甲勳少乙功多賞甲而捨乙天下必有不勸
矣丙罪重丁眚輕罰丁而赦丙天下必不悛矣

是賞罰空行無當乎勸沮將令見罰者寵習之
臣受賞者仇讎之士戮一人而萬國懼賞匹夫
而四海悅又曰籍稅以厚國國虛民貧廣田以
實廩國富民贍堯資用天之儲實極懷山之數
湯憑分地之積以勝流金之運近代魏置典農
而中都足食晉開汝潁而汴河委儲令將掃辟
咸華題鏤龍漢宜簡役敦農闢田廣稼時罷山
池之威禁深抑豪右之兼擅則兵民優贍可以
出師又曰古者左史記言右史記事故君舉必

書畫直筆而不汙上無妄動知如絲之成綸令
者著作之官起居而已述事之徒褒諱為體世
無董狐書法必隱時闕南史直筆未聞又廢諫
官聽納靡依雖課勵朝僚徵訪芻輿莫若推舉
質直職思其憂夫越任于事在言為難當官而
行匪躬或易物議既以無言望已已亦當以吞
默懲人中丞雖謝咸玄未有全廢劾簡廷尉誠
非釋之寧容都無訊牒故知與其謬人寧不廢
職目前之明効也漢徵貢禹為諫大夫矢言先策

夏侯勝狂直拘繫出補諷職伐柯非遐行之即善
又曰天地無心賦氣自均寧得誕秀往古而獨寂
寥一代將在知與不知用與不用耳夫有賢而不
知知賢而不用用賢而不委委賢而不信此四
者古今之通患也今誠重郭隗而招劇辛任鮑
叔以求夷吾則天下之士不待召而自至矣上
優詔報答尋遷寧朔將軍冠軍司馬領齊郡太
守本官如故是冬虜動遷冠軍將軍軍主屯淮
上二年進號征虜將軍軍主如故仍遷假節督

青冀二州刺史將軍如故少時卒上歎曰我方
欲用祖思不幸可惜詔賻錢三萬布五十匹祖
思宗人文仲初辟州從事秦始初為薛安都平
北主簿拔難歸國元徽初從太祖於新亭拒桂
陽賊著誠効除游擊將軍沈攸之事起助豫章
王鎮東府歷驃騎諮議出為徐州刺史建元初
封建陽縣子三百戶二年虜攻鍾離仲文擊破
之又遣軍主崔孝伯等過淮攻拔虜茬眉戍殺
戍主龍得侯及僞陽平太守郭杜粯館陶令張

德濮陽令王明時虜攻殺馬頭太守劉從上曰
破荏眉足相補文仲又遣軍主陳靖攻虜竹邑
戍主白仲都又遣軍主崔延叔攻僞淮陽太守
梁惡並殺之三年淮北義民桓磊磈於抱犢固
與虜戰大破之仲文馳啓上敕曰北間起義者
衆深恐良會不再至卿善獎沛中人若能一時攘
袂當遣一佳將直入也文仲在政爲百姓所憚
除黃門郎領越騎校尉改封隨縣嘗獻太祖纏
鬃繩一枚上爲納受永明元年爲太子左率累

至征虜將軍冠軍司馬汝陰太守四年卒贈後
將軍徐州刺史謚襄子
劉善明平原人鎮北將軍懷珍族弟也父懷民
宋世爲齊北海二郡太守元嘉末青州飢荒人
相食善明家有積粟躬食饘粥開倉以救鄉里
多獲全濟百姓呼其家田爲續命田少而靜處
讀書刺史杜驥聞名候之辭不相見年四十刺
史劉道隆辟爲治中從事父懷民謂善明曰我
已知汝立身復欲見汝立官也善明應辟仍舉

秀才宋孝武見其對策強直甚異之泰始初徐
州刺史薛安都反青州刺史沈文秀應之時州
治東陽城善明家在郭內不能自拔伯父彌之
詭說文秀求自効文秀使領軍主張靈慶等五
千援安都彌之出門密謂部曲曰始免禍坑矣
行至下邳起義背文秀善明從伯懷恭爲北海
太守據郡相應善明密契收集門宗部曲得三
千人夜斬關奔北海族兄乘民又聚衆渤海以
應朝廷而彌之尋爲薛安都所殺明帝贈輔國

將軍青州刺史以乘民爲寧朔將軍冀州刺史
善明爲寧朔長史北海太守除尚書金部郎乘
民病卒仍以善明爲綏遠將軍冀州刺史文秀
既降除善明爲屯騎校尉出爲海陵太守郡境
邊海無樹木善明課民種榆檟雜果遂獲其利
還爲後軍將軍直閤五年青州沒虜善明母陷
北虜移置桑乾善明布衣蔬食哀戚如持喪明
帝每見爲之歎息時人稱之轉寧朔將軍巴西
梓潼二郡太守善明以母在虜中不願西行涕

近固請見許朝廷多哀善明心事元徽初遣北使朝議令善明舉人善明舉州鄉北平田惠紹使虜贖得母還幼主新立羣公秉政善明獨結事太祖委身歸誠二年出為輔國將軍西海太守行青冀二州刺史至鎮表請北伐朝議不同善明從弟僧副與善明俱知名於州里泰始初虜暴淮北僧副將部曲二千人東依海島太祖在淮陰壯其所為召與相見引至安成王撫軍參軍蒼梧肆暴太祖憂恐常令僧副微行伺察聲

論使僧副密告善明及東海太守垣崇祖曰多人見勸北固廣陵恐一旦動足非為長筭今秋風行起卿若能與垣東海微共動虜則我諸計可立善明曰宋氏將亡愚智所辨故胡虜若動反為公患公神武世出唯當靜以待之因機奮發功業自定不可遠去根本自貽猖蹶遣部曲健兒數十人隨僧副還詣領府太祖納之蒼梧廢徵善明為冠軍將軍太祖驃騎諮議南東海太守行南徐州事沈攸之反太祖深以為憂善

明獻計曰沈攸之控引八州縱情蓄斂收衆聚騎營造舟仗苞藏賊志於焉十年性既險躁才非持重而起逆累旬遲回不進豈應有所待也一則闇於兵機二則人情離怨三則有掣肘之患四則天奪其魄本慮其剽勇長於一戰疑其輕速掩襲未備今六師齊奮諸侯同舉昔謝晦失理不鬬自潰盧龍乖道雖衆何施且袁粲劉秉賊之根本根本既滅枝葉豈久此是已籠之鳥耳事平太祖召善明還都謂之曰卿策沈

攸之雖復張良陳平適如此耳仍遷散騎常侍領長水校尉黃門郎領後軍將軍太尉右司馬齊臺建為右衛將軍辭疾不拜司空褚淵謂善明曰高尚之事乃卿從來素意今朝廷方相委待詎得便學松喬邪善明曰我本無宦情既逢知己所以勠力驅馳願在申志今天地廓清朝盈濟濟鄙懷既申不敢昧於富貴矣太祖踐阼以善明勳誠欲與善明祿召謂之曰淮南近畿國之形勢自非親賢不使居之卿為我卧治也代

高宗爲征虜將軍淮南宣城二郡太守遣使拜授封新塗伯邑五百戶善明至郡上表陳事曰周以三聖相資冉駕篤乃就漢值海內無主累敗方登魏挾主行令實踰二紀晉廢立持權遂歷四世景祚攸集如此之難者也陛下凝暉自天照湛神極睿周萬品道洽無垠故能高嘯閑軒鯨鯢自翦垂拱雲帝九服載晏靡一戰之勞無半辰之棘苞池江海籠苑嵩岱神祇樂推普天歸奉二三年間允膺寶命胄臨皇曆正位宸居

開闢以來未有若斯之盛者也夫常勝者無憂恒成者好怠故雖休勿休姬旦作誥安不忘危尼父垂範今皇運草創萬化始基乘宋季葉政多澆苛億兆倒懸仰齊蘇振臣早蒙殊養志輸肝血徒有其誠曾闕埃露夙宵慙戰如墜淵谷不識忌諱謹陳愚管瞽言芻議伏待斧鉞所陳事凡十一條其一以爲天地開創人神慶仰宜存問遠方宣廣慈澤其二以爲京師浩大遠近所歸宜遣醫藥問其疾苦年九十以上及六疾不能自存者隨宜量賜其三以爲宋氏赦令蒙原者寡愚謂下赦書宜令事實相副其四以爲匈奴未滅劉昶猶存秋風揚塵容能送死境上諸城宜應嚴備特簡雄略以待事機資實所須皆宜豫辦其五以爲宜除宋氏大明太始以來諸苛政細制以崇簡易其六以爲凡諸土木之費且可權停其七以爲帝子王姬宜崇儉約其八以爲宜詔百官及府州郡縣各貢讜言以弘唐虞之美其九以爲忠貞孝悌宜擢以殊階清

儉苦節應授以民政其十以爲革命惟始天地大慶宜時擇才辨北使匈奴其十一以爲交州險夐要荒之表宋末政苛遂至怨叛今大化創始宜懷以恩德未應遠勞將士搖動邊氓且彼土所出唯有珠寶實非聖朝所須之急討伐之事謂宜且停又撰賢聖雜語奏之託以諷諫上答曰省所獻雜語竝列聖之明規衆智之深軌卿能憲章先範纂鏤情識忠款既昭淵誠肅著當以周旋無忘聽覽也又諫起宣陽門表陳宣

明守宰賞罰立學校制齊禮廣開賓館以接荒
民上又答曰具卿忠讜之懷夫賞罰以懲守宰
飾館以待遐荒皆古之善政吾所宜勉更撰新
禮或非易制國學之美已敕公卿宣陽門今敕
停寡德多闕思復有聞善明身長七尺九寸質
素不好聲色所居茅齋斧木而已牀榻机案不
加刻削少與崔祖思友善祖思出爲青冀二州
善明遺書曰昔時之遊于今邈矣或攜手春林
或負杖秋澗逐清風於林杪追素月於園垂如

何故人徂落殆盡足下方擁旄北服吾剖竹南
甸相去千里間以江山人生如寄來會何時嘗
覽書史數千年來略在眼中矣歷代參差萬理
同異夫龍虎風雲之契亂極必夷之幾古今豈
殊此實一揆日者沈攸之擁長蛇於外粲秉　識
所祖唯有京鎮創爲聖基遂乃擢吾爲首佐授
吾以大郡付吾闗中委吾留任既不辦有抽劒
兩城之用橫槊搴旗之能徒以挈瓶小智名參
佐命常恐朝露一下深恩不酬憂深責重轉不

可棟還視生世倍無次緒藿羹布被猶篤鄙
好惡色憎聲暮齡尤甚出蕃不與台輔別入國
不與公卿遊孤立天地之間無猜無託唯知奉
主以忠事親以孝臨民以潔居家以儉足下今
鳴笳舊鄉衣繡故國宋季荼毒之悲已蒙蘇泰
河朔倒懸之苦方須救援遺遊辯之士爲鄉導
之使輕裝啓行經營舊壤令泗上歸業稷下還
風君欲誰讓邪聊送諸心敬申貧贈建元二年
卒年四十九遺命薄殯贈錢三萬布五十匹又

詔曰善明忠誠夙亮幹力兼宣豫經夷險勤績
昭著不幸殞喪痛悼于懷贈左將軍豫州刺史
謚烈伯子滌嗣善明家無遺儲唯有書八千卷
太祖聞其清貧賜滌家葛塘屯穀五百斛善明
從弟僧副官至前將軍封豐陽男三百戶永明
四年爲巴西梓潼二郡太守卒
蘇侃字休烈武邑人也祖護本郡太守父端州
治中侃涉獵書傳出身正負將軍補長城令薛
安都反引侃爲其府參軍使掌書記安都降虜

佀自拔南歸除積射將軍遇太祖在淮上便自委結上鎮淮陰以佀詳密取爲冠軍録事參軍是時張永沈攸之反後新失淮北始遣上北戍不滿千人每歲秋冬閒邊淮騷動恒恐虜至上廣遣偵候安集荒餘又營緣城府上在兵中久見疑於時乃作塞客吟以喻志曰寶緯紊宗神經越序德晦河晉力宣江楚雲雷兆壯天山繇武直髮指秦關凝精越漢渚秋風起寒草衰鵰鴻思邊馬悲平原千里顧但見轉蓬飛星嚴海淨

月澈河明清輝映幕素液凝庭金笳夜厲羽轊晨征斡晴潭而悵泗枻松洲而悼情蘭涵風而瀉豔菊籠泉而散英曲繞首燕之歎吹軫絶越之聲歆園琴之孤弄想庭藿之餘馨青關望斷白日西斜恬源靚霧龍首暉霞戒旋鷁躍還波情綿綿而方遠思裊裊而遂多粤兮擊秦中之筑因爲塞上之歌歌曰朝發兮江皋日夕兮陵山驚飆兮瀄汨淮流兮潺湲胡埃兮雲聚楚旆兮星懸愁墉兮思宇惻愴兮何言定寰中之逸鑒

審雕陵之迷泉悟樊籠之或累悵遐心以栖玄佀達上此旨更自勤勵委以府事深見知待元徽初巴西人李承明作亂太祖議遣佀銜使慰勞還除羽林監加建武將軍桂陽之難上復以佀爲平南録事領軍主從頓新亭使分金銀賦賜諸將事寧除步兵校尉出爲綏虜將軍山陽太守清脩有治理百姓懷之進號龍驤將軍除前軍將軍沈攸之事起除佀游擊將軍還太祖驃騎諮議領録事除黃門郎復爲太祖太尉諮

議佀事上既久備悉起居乃與丘巨源撰蕭太尉記載上征伐之功以功封新建縣侯五百戶齊臺建爲黃門郎領射聲校尉任以心膂上即位佀撰聖皇瑞命記一卷奏之建元元年卒年五十三上惜之甚至追贈輔國將軍梁南秦二州刺史謚質侯弟烈字休文初爲東莞令張

鎮軍中兵累至山陽太守寧朔將軍游擊將軍隶粲起事太祖先遣烈助防城仍隨諸將平石頭封吉陽縣男建元中爲假節督巴州軍

事巴州刺史巴東太守寧朔將軍如故永明中
至平西司馬陳留太守卒官
桓榮祖字華先下邳人五兵尚書崇祖從父兄
也父諒之宋壯中郎府參軍榮祖少學騎馬及
射或謂之曰武事可畏何不學書榮祖曰昔曹
操曹丕上馬橫槊下馬談論此於天下可不負
飲食矣君輩無自全之伎何異犬羊乎宋孝建
中州辟主簿後軍參軍伯父豫州刺史護之子襲
祖爲淮陽太守宋孝武以事從之嶺南護之不食

而死帝疾篤又遣使殺襲祖襲祖臨死與榮祖
書曰弟常勸我危行言遜今果敗矣明帝初即
位四方反除榮祖冗從僕射遣還徐州說刺史
薛安都曰天之所廢誰能興之使君今不同八
百諸侯如民所見非計中也安都曰天命有在今
京都無百里地莫論攻圍取勝自可拍手笑殺且
我不欲負孝武榮祖曰孝武之行足致餘殃今
雖天下雷同正是速死無能爲也安都曰不知
諸人云何我不畏此大蹄馬在近急便作計榮

祖被拘不得還因收集部曲爲安都將領假署
冠軍將軍安都引虜入彭城榮祖攜家屬南奔
朐山虜遣騎追之不及榮祖懼得罪乃逃遁淮
上太祖在淮陰榮祖歸附上保持之及明帝崩
太祖書送榮祖詣僕射褚淵除寧朔將軍東海
太守淵謂之曰蕭公稱卿幹略故以此郡相處
榮祖善彈彈鳥毛盡而鳥不死海鵠羣翔榮祖
登城西樓彈之無不折翅而下除晉熙王征虜
安成王車騎中兵左軍將軍元徽末太祖欲渡

廣陵榮祖諫曰領府去臺百步公走人豈不知
若單行輕騎廣陵人一旦閉門不相受公欲何
之公今動足下牀便恐即有扣臺門者公事去
矣及蒼梧廢除寧朔將軍淮南太守進輔國將
軍除游擊將軍太祖驃騎諮議輔國將軍西中
郎司馬汝陰太守除冠軍將軍給事中驍騎將
軍預佐命勳封將樂縣子三百戶[illegible]以太祖舊封
封之出爲持節督青冀二州刺史冠軍如故遷
黃門郎永明二年爲冠軍將軍尋陽相南新蔡

太守作大形棺材盛仗使鄉人田天生王道期
載渡江北監奴有罪告之有司奏免官削爵付
東冶寔驗無實見原爲安陸王平西諮議帶江
陵令仍遷司馬河東內史遷持節督緣淮諸軍
事冠軍將軍兗州刺史領東平太守兗州大中
正巴東王子響事方鎭皆啓稱子響爲逆榮祖
曰此非所宜言政應云劉寅等孤負恩獎逼迫
巴東使至於此時諸啓皆不得通事平後上乃
省視以榮祖爲知言九年卒年五十七子閎宋

孝建初爲威遠將軍汝南新蔡太守據梁山拒
丞相義宣賊以功封西都縣子累遷龍驤將軍
司州刺史義嘉事起明帝使閎出守盱眙領兵
北討薛道樹破之封樂鄉縣男三百戶昇明初
爲散騎常侍領長水校尉與豫章王對直殿省
遷右衞將軍太祖即位以心誠封爵如舊加給
事中領驍騎將軍累遷金紫光祿大夫年七十
六永明五年卒謚定子榮祖從弟歷生亦爲驍
騎將軍宋泰始初薛安都反以女婿裴祖隆爲
下邳太守歷生時請假還北誅殺祖隆舉城應
朝廷事發奔走歷官太子右率性苛暴好行鞭
捶與始安王遙光同反伏誅

史臣曰太祖作牧淮兗始基霸業恩威北被感
動三齊青冀豪右崔劉望族先覩人雄希風結
義夫諫江都之略似任光之言雖議不獨興理
成合契蓋帷幄之臣也

贊曰淮鎭北州獲在崔劉獻書上議委誠忠謀
侃奉潛躍皇瑞是鳩垣方帶[illegible]

列傳第九　南齊書二十八

列傳第十　南齊書二十九

臣蕭子顯撰

呂安國
周山
周盤龍
王廣之

呂安國廣陵廣陵人也宋大明末安國以將領見任隱重有幹局爲劉勔所稱泰始二年勔征殷琰於壽春安國以建威將軍爲勔軍副衆軍

擊破琰長史杜叔寶軍於横塘安國抄斷賊粮道燒其運車多所傷殺琰衆奔退勔遣安國追之先至壽春琰閉門自守安國與輔國將軍垣閎屯據城南於是衆軍繼至安國勲第一封彭澤縣男未拜明年改封鍾武縣加邑爲四百戶累至寧朔將軍義陽太守四年又改封湘南縣男虜陷汝南司州失守以安國爲督司州諸軍事寧朔將軍司州刺史六年ㄧ義陽立州治仍領義陽太守稍遷右軍將軍假輔師將軍元徽二

年爲晉熙王征虜司馬輔師將軍如故轉游擊將軍三年出爲持節都督青兗冀三州緣淮前鋒諸軍事輔師將軍兗州刺史明年進號冠軍將軍還爲游擊將軍加散騎常侍征虜將軍沈攸之事起太祖以安國爲湘州刺史征虜將軍如故先是王蘊罷州南中郎將南陽王翽未之鎮蘊寧朔長史庾佩玉權行州事朝廷先遣南中郎將中兵參軍臨湘令韓幼宗領軍防州沈攸之難二人各相疑阻佩玉輒殺幼宗平西將

軍黄回至郢州遣軍主任候伯行湘州事又殺佩玉候伯與回同軍袁粲謀石頭事回令候伯水軍乘舸往赴會衆軍已至不得入太祖令安國至鎮收候伯誅之尋進號前將軍太元元年進爵增邑六百戶轉右衛將軍加給事中二年虜寇邊上遣安國出司州安集民戶詔曰郢司之間流雜繁廣宜並加區判定其隸屬參詳兩州事無專任安國可暫往經理以本官使持節揔荆郢諸軍北討事屯義陽西關虜未至安國

移屯沔口以俟應接改封湘鄉世祖即位授使
持節散騎常侍平西將軍司州刺史領義陽太
守永明二年徙都督南兗兗徐青冀五州諸軍
事平北將軍南兗州刺史仍爲都督湘州刺史
四年湘川蠻動安國督州兵討之有疾徵爲光
祿大夫加散騎常侍安國欣有文授謂其子曰
汝後勿作袴褶驅使單衣猶恨不稱當爲朱衣
官也上遣中書舍人茹法亮敕安國曰吾恒憂
卿疾病應有所須勿致難也明年遷都官尚書

領太子左率六年遷領軍將軍安國累居將率
在朝以宿舊見遇尋遷散騎常侍金紫光祿大
夫兗州中正給扶上又敕茹法亮曰吾見呂安
國疾狀自不宜勞且脚中既恒惡扶人至吾前
於禮望殊成有虧吾難敕之其人甚諱病卿可
作私意向其若好差不復須扶人依例入幸勿
牽勉八年卒年六十四贈使持節鎮北將軍南
兗州刺史常侍如故給鼓吹一部謚肅侯時舊
將帥又有吳郡全景文字弘達少有氣力與沈

攸之同載出都引奔牛埭於岸上息有人相之
君等皆方伯人行當富貴也景文謂攸之曰富
貴或可一人耳今言皆然此殆妄言也景文仍
得將領爲軍主孝建初爲竟陵王驃騎行參軍
以功封漢水侯除員外郎積射將軍泰始二年
爲假節寧朔將軍宂從僕射軍主隨前將軍劉
亮討破東賊於晉陵除長水校尉假輔國將軍
北討薛索兒於破釜領水軍斷賊糧運仍隨太
祖於葛冢石梁再戰皆有功南賊相持未決敕

景文隸劉亮拒劉胡攻圍力戰身被數十創除
前軍將軍封孝寧縣侯邑六百戶除寧朔將軍
游擊將軍假輔師將軍高平太守鎮軍安西二
府司馬驍騎將軍元徽末出爲南豫州刺史歷
陽太守輔國將軍如故遷征虜將軍南瑯邪濟
陰二郡太守軍主尋加散騎常侍建元元年以
不預佐命國除授南瑯邪太守常侍將軍如故遷
光祿大夫征虜將軍臨川王征西司馬南郡太
守還累遷爲給事中光祿大夫永明九年卒

周山圖字季寂義興義鄉人也少貧微傭書自
業有氣幹爲吳郡晉陵防郡隊主宋孝武伐太
初山圖豫勳賜爵關中侯兖州刺史沈僧榮鎮
瑕丘與山圖有舊以爲己建武府參軍竟陵王
誕據廣陵反僧榮遣山圖領二百人詣沈慶之
受節度事平論勳爲中書舍人戴明寶所抑泰
始初爲殿中將軍四方反叛僕射王彧舉山圖
將領呼與語甚悅使領百舸爲前驅舉軍主佼
長生等攻破賊湖白赭圻二城除員外郎加振武

將軍豫平濃湖追賊至西陽還明帝賞之賜死
西宅一區鎮軍將軍張永征薛安都於彭城山
圖領二千人迎運至武原爲虜騎所追合戰多
所傷殺虜圍轉急山圖據城自固然後更結陣
死戰突圍出虜披靡不能禁衆稱其勇呼爲武
原將及永軍大敗山圖收散卒得千餘人守下
邳城還除給事中冗從僕射直閤將軍山圖好
酒多失明帝數加怒誚後遂自改出爲錢唐新
城戍是時豫州淮西地新沒虜更於歷陽立鎮

五年以山圖爲龍驤將軍歷陽令領兵守城初
臨海亡命田流自號東海王逃竄會稽鄞縣邊
海山谷中立屯營分布要害官軍不能討明帝
遣直後聞人襲說降之授流龍驤將軍流受命
將黨與出行達海鹽放兵大掠而反是冬殺鄞
令耿猷東境大震六年敕山圖將兵東屯浹口
廣設購募流爲其副暨挈所殺別帥杜連梅洛
生各擁衆自守至明年山圖分兵掩討皆平之
豫章賊張鳳聚衆康樂山斷江劫抄臺軍主李

雙蔡保敗遣軍攻之連年不禽至是軍主毛寄
生與鳳戰於豫章江大敗明帝復遣山圖討之
山圖至先羸兵偃衆遣幢主龐嗣厚遺鳳要出
會聚聽以兵自衞鳳信之行至望蔡山圖設伏
兵於水側擊斬鳳首衆百餘人東首降除寧朔
將軍漣口戍主山圖遏漣水築西城斷虜騎路
并以溉田元徽三年遷步兵校尉加建武將軍
轉督高平下邳淮陽淮西四郡諸軍事寧朔將
軍淮南太守盜發桓溫冢大獲寶物客竊取以

遺山圖山圖不受簿以還官遷左中郎將太祖
輔政山圖密啓曰沈攸之久有異圖公宜深爲
之備太祖笑而納之武陵王贊爲郢州太祖令
山圖領兵衛送世祖與晉熙王燮自郢下以山
圖爲後防攸之事起世祖爲西討都督啓山圖
爲軍副世祖留據盆城衆議以盆城城小難固
不如還都山圖曰今據中流爲四方勢援大衆
致力川岳可爲城隍小事不足難也世祖使城
局參軍劉皆陳淵委山圖以處分事山圖斷取

行旅船板以造樓艣立水柵旬日皆辦世祖甚
嘉之授前軍將軍加寧朔將軍進號輔國將軍
攸之攻郢城世祖令山圖量其形勢山圖曰攸
之見與隣鄉亟同征伐悉其爲人性度險刻無
以結固士心如頓兵堅城之下適所以爲離散
之漸耳攸之旣敗平西將軍黃回乘輕舸從白
服百餘人在軍前下緣流叫盆城中恐須臾知
是回凱歸乃安世祖謂山圖曰周公前言可謂
明於見事矣還都太祖遣山圖領部曲鎮京城

鎮戍諸軍悉受節度遷游擊將軍輔國如故建
元元年封廣晉縣男邑三百戶出爲假節督兗
青冀三州徐州東海朐山軍事寧朔將軍兗州
刺史百姓附之二年進號輔國將軍其秋虜動
上策虜必不出淮陰乃敕山圖曰知卿綏邊撫
戎甚有次第應變籌略悉以相委恐列醜未
必能送死卿丈夫無可藉手耳虜果寇朐山爲
元玄度盧紹之所破虜於淮陽是時淮北四州
起義上使山圖自淮入清倍道應赴救山圖

曰卿當盡相帥馭理毋存全重天下事唯同心
力山岳可摧然用兵當使背後無憂慮若後冷
然無橫來處閉目痛打無不摧碎吾政應鑄金
待卿成勳耳若不藉此平四州非丈夫也努力
自運勿令他人得上功會義衆已爲虜所沒山
圖拔三百家還淮陰表移東海郡治漣口又於
石鱉立陽平郡皆見納世祖踐阼遷竟陵王鎮
北司馬帶南平昌太守將軍如故以盆城之舊
出入殿省甚見親信義鄉縣長風廟神姓鄧先

經爲縣令死遂發靈山圖啓乞加神位輔國將軍上答曰足狗肉便了事何用階級爲轉黃門郎領羽林四廂直衛山圖於新林立墅舍晨夜往還上謂之曰卿罷萬人都督而輕行郊外自今往墅可以仗身自隨以備不虞及疾上手敕參問遣醫給藥永明元年卒年六十四詔賜朝服一具衣一襲

周盤龍北蘭陵蘭陵人也宋世土斷屬東平郡盤龍膽氣過人尤便弓馬泰始初隨軍討赭圻

賊躬自鬬戰陷陣先登累至龍驤將軍積射將軍封晉安縣子邑四百戶元徽二年桂陽賊起盤龍時爲冗從僕射騎官主領馬軍主隨太祖頓新亭與屯騎校尉黃回出城南與賊對陣尋引還城中合力拒戰事寧除南東莞太守加前軍將軍稍至驍騎將軍昇明元年出爲假節督交廣二州軍事征虜將軍平越中郎將廣州刺史未之官預平石頭二年沈攸之平司州刺史姚道和懷貳被徵以盤龍督司州軍事司州刺

節將軍如故改封沌陽縣太祖即位進號將軍建元二年虜寇壽春以盤龍爲軍主假節助豫州刺史垣崇祖決水漂潰盤龍率輔國將軍張倪馬步軍於西澤中奮擊殺傷數萬人獲牛馬輜重上聞之喜詔曰醜虜送死敢寇壽春崇祖盤龍正勤義勇乘機電奮水陸斬擊塡川蔽野師不淹晨西蕃剋定斯實將率用命之功文武爭之之力凡厥勳勤宜時銓序可符列言盤龍愛妾杜氏上送金釵鑷二十枚手敕

曰餉周公阿杜轉太子左率改授持節軍主如故明年虜寇淮陽圍角城先是上遣軍主成買戍角城謂人曰我今作角城戍我兒當得一子或問其故買曰角城與虜同岸危險具多我豈能使虜不敢南向我若不沒虜則應破虜兒不作孝子便當作世子也至虜圍買數重上遣領軍將軍李安民爲都督救之敕盤龍曰角城漣口進西道便是無賊卿可率馬步下淮陰軍鍾離船少政可致衣仗數日糧軍人

扶淮步下也買與虜拒戰手所傷殺無數晨朝
早起手中忽見有數升血其日遂戰死盤龍子
奉叔單馬率二百餘人陷陣虜萬餘騎張左右
翼圍繞之一騎走還報奉叔已没盤龍方食棄
筯馳馬奮矟直奔虜虜素畏盤龍驍名即時披靡
時奉叔已大殺虜得出在外盤龍不知乃衝東
擊西奔南突北賊衆莫敢當奉叔見其父久不
出復躍馬入陣父子兩匹騎縈攪數萬人虜衆
大敗盤龍父子由是名播北國形甚羸訥而臨

軍勇果諸將莫逮承明元年遷征虜將軍南琅
邪太守三年遷右衛將軍加給事中五年轉大
司馬加征虜將軍濟陽太守世祖數講武帝令
盤龍領軍校尉騎騁矟後以疾爲光祿大夫尋
出爲持節都督兗州緣淮諸軍事平北將軍兗
州刺史進爵侯角城戍將張蒲與虜潛相構結
因大霧乘船入清中採樵載虜二十餘人藏仗
笋下直向城東門防門不禁仍登岸拔白爭門
戍主皇甫仲賢率軍主孟靈寶等三十餘人

於門拒戰斬三人賊衆被創赴水而虜軍馬步
至城外已三千餘人阻塹不得進淮陰軍主王
僧虔等領五百人赴救虜衆乃退坐爲有司所
奏詔白衣領職八座尋奏復位加領東平太守
盤龍表年老才弱不可鎮邊求解職見許還爲
散騎常侍光祿大夫世祖戲之曰卿著貂蟬何
如兜鍪盤龍曰此貂蟬從兜鍪中出耳十一年
病卒年七十九贈安北將軍兗州刺史子奉叔
勇力絶人隨盤龍征討所在爲暴掠世祖使領

軍東討唐寓之奉叔畏上威嚴檢勤部下不敢
侵斥爲東宮直閤鬱林在西州奉叔密得自進
及即位與直閤將軍曹道剛爲心膂道剛驍騎
將軍加冠軍將軍奉叔游擊將軍加輔國將軍
並監殿内直衛少日仍遷道剛爲黄門郎高宗
固諫不納奉叔善騎馬帝從其學騎射尤見親
寵得入後宮尋加領淮陵太守兗州中正道剛
加南濮陽太守隆昌元年除黄門郎未拜仍出
爲持節都督青冀二州軍事冠軍將軍青州刺

史時帝謀誅宰輔故出奉叔爲外援除道剛中軍司馬青冀二州中正本官如故奉叔就帝求千戶侯許之高宗輔政以爲不可封曲江縣男三百戶奉叔大怒於衆中攘刀厲目高宗說喻之乃受奉叔辭畢將之鎮部伍已出高宗慮其一出不可復制與蕭諶謀稱敕召奉叔於省內殺之勇士數人拳擊久之乃死啓帝云奉叔慢朝廷帝不獲已可其奏高宗廢帝之日道剛直閤省蕭諶先入戶若欲論事兵人隨後奄進以

刀刺之洞胷死同進宮內廢帝奉叔弟世雄永元中爲西江督護陳顯達事後世雄殺廣州刺史蕭季敞稱季敞同逆送首京師廣州刺史顏翻討殺之

王廣之字林之沛郡相人也少好弓馬便捷有勇力初爲馬隊主宋大明中以功補本縣令殿中龍驤強弩將軍驃騎中兵南譙太守泰始初除寧朔將軍軍主隸寧朔將軍劉懷珍征殷琰於壽春琰將劉從築壘拒守臺軍相守移日琰

遣長史杜叔寶領五千人運車五百乘援從懷珍遣廣之及軍主辛慶祖黃回千道連等要擊於橫塘寶結營拒戰廣之等肉薄攻營自晡至日沒大敗之殺傷千餘人遂退燒其運車從間之棄壘奔走時合肥城反官軍前後受敵都督劉勔名諸軍主會議廣之曰請得將軍所乘馬往平之勔以馬與廣之廣之去三日攻尅合肥賊仍隨懷珍討淮北時明帝遣青州刺史明僧暠北征至三城爲沈文秀所攻廣之將步騎三

千餘人緣海救之俱引退廣之又進軍襲文秀所置長廣太守劉桃根桃根棄城走軍還封安壘縣子三百戶尋改蒲圻除建威將軍南陽太守不之官除越騎校尉龍驤將軍鍾離太守遷爲左軍將軍加寧朔將軍高平太守又除游擊將軍寧朔如故加給事中冠軍將軍討宋建平先登京口改封寧都縣子五百戶太祖廢蒼梧出廣之爲假節督徐州軍事徐州刺史鍾離太守冠軍如故沈攸之事起廣之留京師豫平石

頭仍從太祖頓新亭推號征虜將軍太祖誅黃
回回弟駟及從弟馬兄子奴亡逸太祖與廣之
書曰黃回雖有微勳而罪過轉不可容近遂啓
請御大小二輿爲刺史服飾吾乃不惜爲其啓
聞政恐得輿復求畫輪車此外罪不可勝數弟
自悉之今啓依法令廣之於江西搜捕駟等建
元元年爵縣侯食邑爲千戶轉散騎常侍左軍將
軍北虜動明年詔假廣之節出淮上廣之家在
彭沛啓上求招誘鄉里部曲北取彭城上許之

以廣之爲使持節都督淮北軍事平北將軍徐
州刺史廣之引軍過淮無所剋獲坐免官尋除
征虜將軍加散騎常侍太子右率世祖即位遷
長沙王鎮軍司馬南東海太守司徒司馬尋陽
栢南新蔡二太守安陸王北中郎左軍司馬廣陵
太守將軍如故出爲持節都督徐州諸軍事徐
州刺史將軍如故還爲光祿大夫左將軍司徒
司馬遷右衞將軍轉散騎常侍前將軍世祖見
廣之子珍國應堪大用謂廣之曰卿可謂老蜂

也廣之曰臣不敢辭上大笑除游擊將軍不拜
十一年虜動假廣之節招募隆昌元年遷給事
中左衞將軍時豫州刺史崔慧景密與虜通有
異志延興元年以廣之爲持節督豫州郢州之
西陽司州之汝南二郡軍事平西將軍豫州刺
史預廢鬱林勳增封三百戶高宗誅害諸王遣
廣之征安陸王子敬於江陽給鼓吹一部事平
仍改授使持節散騎常侍都督江州諸軍事鎮
南將軍江州刺史進封應城縣公食邑二千戶

建武二年虜圍司州遣廣之持節督司州征討
解圍廣之未至百餘里虜退乃還明年遷侍中
鎮軍將軍給扶四年卒年七十三追贈散騎常侍
車騎將軍謚曰莊公
史臣曰公侯扞城守國之所資也必須久習兵
事非一戰之力安國等致効累朝聲勤克舉並
識時變咸知附託盤龍驍勇獨冠三軍匈奴之
憚飛將曾不若也壯矣哉
贊曰安國崔尉將協同遷社同禪九江翊從中夏

盤龍殺敵洞開胡馬廣之末年旌旄驟把

列傳第十　　南齊書二十九

列傳第十一　　南齊書三十

臣蕭子顯　撰

薛淵

戴僧靜

桓康　尹略

焦度

曹虎

薛淵河東汾陰人也宋徐州刺史安都從子本名道淵避太祖偏諱改安都以彭城降虜親族皆入北太祖鎮淮陰淵遁來南委身自結果幹有氣力太祖使領部曲備衛帳內從征伐元徽末以勳官至輔國將軍右軍將軍驍騎將軍軍主封竟陵侯沈攸之難起太祖入朝堂豫章王嶷代守東府使淵領軍屯司徒左府分備京邑袁粲據石頭豫章王嶷夜登西門遥呼淵淵驚起率軍赴難先至石頭焚門攻戰事平明旦眾軍還集杜姥宅街路皆滿宮門不開太祖登南掖門樓處分眾軍各還本頓至食後城門開

淵方得入見太祖且喜且泣太祖即位增邑爲二千五百戶除淮陵太守加寧朔將軍驍騎將軍如故尋爲直閤將軍冠軍將軍仍轉太子左率虜遣僞將薛道標寇壽春太祖以道標淵之親近敕齊郡太守劉懷慰曰聞道標分明來其兒婦並在都與諸弟無復同生者凡此類無爲不多方悞之縱不全信足使豺狼疑惑令爲淵書與道標示購之之意虜得書果追道標遣他將代之世祖即位遷左衞將軍初淵南奔母索氏

不得自拔改嫁長安楊氏淵私遣購贖梁州刺史崔慧景報淵云索在界首遣信拘引已得拔難淵表求解職至界上迎之見許改授散騎常侍征虜將軍淵母南歸事竟無實永明元年淵上表解職送貂蟬詔曰遠隔殊方聲問難審淵憂迫之深固辭朝列昔東關舊典猶通婚宦況毋出有差音息時至依附前例不容申許便可斷表速還章服淵以贖母既不得又表陳解職詔不許後虜使至上爲淵致與母書車駕幸安

樂寺淵從駕乘虜橋先是勑羌虜橋不得入伏爲有司所奏免官見原四年出爲持節督徐州諸軍事徐州刺史將軍如故明帝遷右軍司馬將軍如故轉大司馬濟陽太守將軍如故七年爲給事中右衞將軍以疾解職歸家不能乘車去車脚使人轝之而去爲有司所糾見原八年爲右將軍大司馬領軍討巴東王子響子響軍主劉超之被捕急以眼褥雜物十餘種賂淵自逃淵匿之軍中爲有司所奏詔原十年爲散騎

常侍將軍如故世祖崩朝廷慮虜南寇假淵節軍主本官如故尋加驍騎將軍假節本官如故隆昌元年出爲持節督司州軍事司州刺史右將軍如故延興元年進號平北將軍未拜卒明帝即位方有詔賻錢五萬布五百匹尅日舉哀

戴僧靜會稽永興人也祖飾宋景平中與富陽孫法先謀亂伏法家口徙青州僧靜少有膽力便弓馬事刺史沈文秀俱沒虜後將家屬叛還淮陰太祖撫畜之常在左右僧靜於都載錦出

爲歐陽戍所得繫兗州獄太祖遣薛淵餉僧靜
酒食以刀子置魚腹中僧靜與獄吏飲酒既醉
以刀刻械手自折鏁發屋而出歸太祖匿之齊
內以其家貧年給穀千斛虜圍角城遣僧靜戰
盪數捷補帳內軍主隨還京師勳階至積射將
軍羽林監沈攸之事起太祖入朝堂僧靜爲軍
主從袁粲據石頭太祖遣僧靜將腹心先至石
頭時蘇烈據倉城僧靜射書與烈夜縋入城粲
登城西南門列燭火處分臺軍至射之火乃滅
回登東門其黨輔國將軍孫曇瓘驍勇善戰每
盪一合輒大殺傷官軍死者百餘人軍主王天
生殊死拒戰故得相持自亥至丑有流星赤色
照地墜城中僧靜率力攻倉門身先士卒衆潰
僧靜手斬粲於是外軍燒門入初粲大明中與
蕭惠開周朗同車行逢大桁開駐車共語惠開
取鏡自照曰元年可仕朗執鏡良久曰視死如
歸粲最後曰當至三公而不終也僧靜以功除
前軍將軍寧朔將軍將士戰亡者太祖爲歛祭

焉昇明二年除游擊將軍沈攸之平論封諸將
以僧靜爲興平縣侯邑千户太祖即位增邑千
二百户除南濟陰太守本官如故除輔國將軍
改封建昌建元二年遷驍騎將軍加員外常侍
轉太子左衛率世祖踐阼出爲持節督徐州諸
軍事冠軍將軍北徐州刺史買牛給貧民令耕
種甚得荒情遷給事中太子右率尋加通直常
侍永明五年隸護軍陳顯達討荒賊桓天生於
比陽僧靜與平西司馬韓孟度華山太守康元
隆前進未至比陽四十里頓深橋天生引虜步
騎十萬奄至僧靜合戰大破之殺獲萬計天生
退還比陽僧靜進圍之天生軍出城外僧靜又
擊破之天生閉門不復出僧靜力疲乃退除征
虜將軍南中郎司馬淮南太守八年巴東王子
響殺僚佐世祖召僧靜使領軍向江陵僧靜面
啓上曰巴東王年少長史捉之太急忿不思難
故耳天子兒過誤殺人有何大罪官忽遣軍西
上人情惶懼無所不至僧靜不敢奉敕上不荅

而心善之徙爲廬陵王中軍司馬高平太守將
軍如故九年卒詔曰僧静志懷貞果誠著艱難
剋殄西墉勳彰運始奄致殞喪惻愴傷懷賻錢
五萬布百匹諡壯侯僧静同郡餘姚人陳胤叔
本名承叔避宣帝諱改彊辯果捷便刀楯初爲
左夾轂隊將泰始初隨太祖東討遂歸身隨從
征伐小心慎事以功見賞封當陽縣子官至太
子左率啓世祖以鍛箭鏃用鐵多不如鑄作東
冶令張候伯以鑄鏃鈍不合用事不行永明三

年卒
桓康北蘭陵承人也勇果驍悍宋大明中隨太
祖爲軍容從世祖在贛縣泰始初世祖起義爲
郡所繫衆皆散康裝擔一頭貯穆后一頭貯文
惠太子及竟陵王子良自負置山中與門客蕭
欣祖楊琢之皐分喜潛三奴向思奴四十餘人
相結破郡獄出世祖郡追兵急康等死戰破之
隨世祖起義摧堅陷陣膂力絶人所經村邑恣
行暴害江南人畏之以其名怖小兒畫其形以

辟瘧無不立愈見擢爲世祖冠軍府參軍除殿
中將軍武騎常侍出補襄賁令桂陽事起康棄
縣還都就太祖會事平除員外郎元徽五年七
月六日夜少帝微行至領軍府帝左右人曰一
府人皆眠何不緣牆入帝曰我今夕欲一處作
適待明日夜康與太祖所養健兒盧荒向黑於
門間聽得其語明夕王敬則將帝首至扣門康
謂是變與荒黑曉下拔白欲出仍隨入宫太祖
鎮東府除康武陵王中兵寧朔將軍帶蘭陵太

守常衛左右太祖誅黄回回時將爲南兗州部
曲數千遣收恐爲亂名入東府停外齋使康將
數十人數回罪然後殺之回初與屯騎校尉王
宜興同石頭之謀太祖隱其事猶以重兵付回
而配以腹心宜興拳捷善舞刀楯回嘗使十餘
人以水交灑不能著既慮宜興反已乃先撤其
軍將宜與不與回發怒不從處分擅斬之諸將
因此白太祖以回握彊兵必遂反覆康請獨往刺
之太祖曰卿等何疑其使無能爲也及回被召上

車愛妾見赤光冠其頭至足苦捉留回不肯止時人爲之語曰欲侜張問桓康除後軍將軍直閤將軍南濮陽太守寧朔如故建元元年封吴平縣伯五百戶轉輔國將軍左軍將軍游擊將軍太守如故太祖謂康曰卿隨我日久未得方伯亦當未解我意政欲與卿先共滅虜耳虜動遣康行假節尋進冠軍將軍三年春於淮陽與虜戰大破之進兵攻陷虜樊諧城太祖喜敕康迎淮北義民不剋明年以康爲持節督青冀二

州東徐之東莞琅邪二郡朐山戍北徐之東海漣口戍諸軍事青冀二州刺史冠軍如故世祖即位轉驍騎將軍復前軍郡其年卒詔曰康昔預南勳義兼常懷倍深惻愴凶事所須厚加料理年五十七淮南人尹略少伏事太祖晚習騎射以便捷見使爲將昇明中爲虎賁中郎越騎校尉建元初封平固男三百戶永明八年爲游擊將軍討巴東王子響見害贈輔國將軍梁州刺史

焦度字文續南安氐人也祖文珪避難至寓襄陽宋元嘉中僑立天水郡略陽縣乃屬焉度以歸國補北館客孝武初青州刺史顔師伯出鎮臺差度領幢主送之索虜寇青州師伯遣度領軍與虜戰於沙溝杜梁度身破陣大捷師伯板爲己輔國府參軍虜遣清水公拾賁敕文寇清口度又領軍救援刺虜騎將豹皮公墮馬獲其具裝鎧矟手殺數十人師伯啓孝武稱度氣力弓馬並絶人帝召還充左右見度身形黑壯謂師

伯曰眞健物也除西陽王撫軍長兼行參軍補晋安王子勛夾轂隊主隨鎮江州子勛起兵以度爲龍驤將軍領三千人爲前鋒屯赭圻每與臺軍戰常自排突所向無不勝事敗逃宮亭湖中爲寇賊朝廷聞其勇甚憂患之使江州刺史王景文誘降度等將部曲出首景文以爲己鎮南參軍尋領中直兵厚待之隨景文還都常在府州內景文被害夕度大怒勸景文拒命景文不從明帝不知也度武勇補晋熙王燮防閤除

征虜鎧曹行參軍隨鎮夏口武陵王贊代變爲郢州度仍留鎮爲贊前軍沈攸之事起轉度中直兵加寧朔將軍軍主太祖又遣使假度輔國將軍屯騎校尉攸之大衆至夏口將直下都留偏兵守郢城而已度於城樓上肆言罵辱攸之至自發露故攸之怒改計攻城度親力戰攸之衆蒙楯將登度令投以穢器賊衆不能冒至今呼此樓爲焦度樓事寧度功居多轉後軍將軍封東昌縣子東宮直閤將軍爲人朴澀欲就太祖

求州比及見意色甚變竟不得一語太祖以其不閑民事竟不用建元四年乃除淮陵太守本官如故度見朝廷貴賤說郢城事宣露如初好飲酒醉輒暴怒上常使人節之年雖老而氣力如故尋除游擊將軍永明元年卒年六十一贈輔國將軍梁秦二州刺史子世榮永明中爲巴東王防閤子響事世榮避奔雍州世祖嘉之以爲始興中兵參軍

曹虎字士威下邳下邳人也本名虎頭宋明帝末爲直廂桂陽賊起隨太祖出新亭壘出戰先斬一級持還由是識太祖太祖爲領軍虎許勳補防殿隊主直西齋蒼梧廢明日虎欲出外避難遇太祖在東中華門問虎何之虎因曰故欲仰覓明公耳仍留直衞太祖鎮東府以虎與戴僧靜各領白直三百人累至屯騎校尉帶南城令豫平石頭封羅江縣男除前軍將軍上受禪增邑爲四百戶直閤將軍領細仗主尋除寧朔將軍東莞太守建元元年冬虎啓乞度封侯官

尚書奏侯官戶數殷廣乃改封監利縣二年除游擊將軍本官如故及彭沛義民起遣虎領六千人入渦沈攸之橫吹一部京邑之絕虎啓以自隨義民久不望虎乃攻虜別營破之將士食取俘執反爲虜所敗死亡二千人世祖即位除員外常侍遷南中郎司馬加寧朔將軍南新蔡太守永明元年徙爲安成王征虜司馬餘官如故明年江州蠻動敕虎領兵戍尋陽板輔國將軍伐蠻軍主又領尋陽相尋除游擊將軍輔國

軍主如故世祖以虎頭名鄙敕改之六年四月荒賊桓天生復引虜出據隔城遣虎督數軍討之虎令輔國將軍朱公恩領騎百匹及前行踏伏值賊遊軍因合戰破之遂進至隔城賊黨拒守虎引圍柵絕其走路須臾候騎還報虜援已至尋而天生率馬步萬餘人迎戰虎奮擊大敗之獲二千餘人明日遂攻隔城拔之斬偽虎威將軍襄城太守帛烏祝復殺二千餘人賊棄平氏城退走十一年遷冠軍將軍驍騎如故明年

遷太子左率轉西陽王冠軍司馬廣陵太守上敕虎曰廣陵須心腹非吾意可委者不可得處此任隨郡王子隆代巴東王子響為荊州備軍容西上以虎為輔國將軍鎮西司馬南平內史十一年收雍州刺史王奐敕領步騎數百步道取襄陽乃除持節督梁南北秦沙四州諸軍事西戎校尉梁南秦二州刺史將軍如故尋進號征虜將軍鬱林即位進號前將軍隆昌元年遷督雍州郢州之竟陵司州之隨郡軍事冠軍將

軍雍州刺史建武元年進號右將軍二年進督為監進號平北將軍爵為侯增邑三百戶四年虜寇沔北虎聚軍襄陽與南陽太守房伯玉不協不急赴救末乃移頓樊城虜主元宏遺虎書曰皇帝謝偽雍州刺史神運兆中皇居闡洛化總元天方融八表而南有未賓之吳治為兩主之隔幽顯含嗟人靈雍泰且漢北江邊密邇乾縣故先動鳳駕整我神邑卿進無陳平歸漢之智退闕關羽殉節之忠嬰閉窮城憂頓長沔機

勇兩缺何其嗟哉朕比乃欲造卿逼宂未果且還新都饗厭六戎入彼春月遲遲揚旆善脩爾略以俟義臨虎使人答書曰自金精失道皇居徙縣喬木空存茂草方鬱七狄交侵五胡代起顧瞻中原每用弔焉知棄皇蘭隨水瀍澗伊川之象求在茲日古人有云匪宅是卜而鄰是卜樊漢無幸咫尺殊風折曆入塞乘秋犯邊覬覦窮於斬殺士女困於虔劉與彼姦左共為唇齒仁義弗聞苛暴先露乃復改易氈裘妄自尊大

我皇開運光宅區夏而式亂逋逃棄同即異每欲出車鞠旅以征不庭所冀干戚兩階叛命來格遂復遊魂不戢乾沒孔熾孤揔連率任屬方邵組甲十萬雄戟千羣以此戡難何往不克主上每矜率土哀彼民黎使不戰屈敵兵無血刃故部勒小戎閉壁清野抗威遵養庶能懷音若遂迷復知進忘退當金鉦戒路雲旗北掃長驅燕代併羈名王使少卿忽諸頭曼不祀兵交無遠相爲憫然永泰元年遷給事中右衛將軍持

節隸都督陳顯達停襄陽伐虜度支尚書崔慧景於鄧地大敗虜追至沔北元宏率十萬衆從羽儀華蓋圍樊城虎閉門固守虜去城數里立營頓設氈屋復再圍樊城臨沔水望襄陽岸乃去虎遣軍主田安之等十餘軍出逐之頗相傷殺東昏即位遷前將軍鎮軍司馬永元元年始安王遙光反虎領軍屯青溪中橋事寧轉散騎常侍右衛將軍虎形幹甚毅善於誘納日食荒客常數百人晚節好貨賄吝嗇在雍州得見錢五千萬伎女食酱菜無重肴每好風景輒開庫拍張向之帝疑虎舊將兼利其財新除未及拜見殺時年六十餘和帝中興元年追贈安北將軍徐州刺史

史臣曰解厄鴻門資舞陽之氣納降饗旅仗虎矦之力觀茲猛毅藉以風威未必投車挾輈然後勝敵故桓康之聲所以震懾江蠡也

贊曰薛辭親愛歸身淮泗戴類千秋興言帝子桓勇焦壯爪牙之士虎守西邊功虧北鄙

列傳第十一 南齊書三十

列傳第十二　　南齊書三十一

臣蕭子顯　撰

江謐

荀伯玉

江謐字令和濟陽考城人也祖秉臨海太守宋世清吏父徽尚書都官郎吳令爲太初所殺謐繫尚方孝武平京邑乃得出解褐奉朝請輔國行參軍于湖令強濟稱職宋明帝爲南豫州謐傾身奉之爲帝所親待即位以爲驃騎參軍弟

蒙貌醜帝常召見狎侮之謐轉尚書度支郎俄遷右丞兼比部郎泰始四年江夏王義恭第十五女卒年十九未笄禮官議從成人服諸王服大功左丞孫敻重奏禮記女子十五而笄鄭云年應許嫁者也其未許嫁者則二十而笄射慈云十九猶爲殤禮官違越經典於禮無據博士太常以下結免贖論謐坐杖督五十奪勞百日謐又奏敻先不研辨混同謬議准以事例亦宜及咎敻又結免贖論詔可出爲建平王景素冠

軍長史長沙內史行湘州事政治苛刻僧遵道人與謐情款隨謐蒞郡犯小事餓繫郡獄僧遵裂三衣食之既盡而死爲有司所奏徵還明帝崩遇赦得免爲正員郎右軍將軍太祖領南兗州謐爲鎮軍長史廣陵太守入爲游擊將軍性流俗善趨勢利元徽末朝野咸屬意建平王景素謐深自委結景素事敗僅得免禍蒼梧王廢後物情尚懷疑惑謐獨竭誠歸事太祖以本官領尚書左丞昇明元年遷黃門侍郎左丞如故

沈攸之事起議加太祖黃鉞謐所建也事平遷吏部郎稍被親待遷太尉諮議領錄事參軍齊臺建爲右衛將軍建元元年遷侍中出爲臨川王平西長史冠軍將軍長沙內史行湘州留事先遣之鎮既而驃騎豫章王嶷領湘州以謐爲長史將軍內史知州留事如故封永新縣伯四百戶三年爲左民尚書諸皇子出閤用文武主帥皆以委謐尋敕曰江謐寒士誠當不得競等華儕然甚有才幹堪爲委遇可遷掌吏部謐才

長刀筆所在事辦太祖崩謚稱疾不入衆頗疑
其怨不豫顧命也世祖即位謚又不遷官以此
怨望時世祖不豫謚詣豫章王嶷請間曰至尊
非起疾東宮又非才公今欲作何計世祖知之
出謚爲征虜將軍鎮北長史南東海太守未發
上使御史中丞沈冲奏謚前後罪曰謚少懷輕
躁長習諂薄交無義合行必利動特以弈世更
局見擢宋朝而阿諛内外貨賂公行咎盈憲簡
戻彰朝聽輿金輦寶取容近習以沈攸之地勝

兵强終當得志委心託身歲暮相結以劉景素
親屬望重物應樂推獻誠薦子窺窬非望時艱
綱漏得全首領太祖匡飭天地方知遠圖薄其
艱洗之瑕許其革音之効加以非分之寵推以
不次之榮列迹勳良比肩朝德以往者微勤刀
筆小用賞廁河山任忝出入輕險之性在貴彌
彰含貪昧之情雖富無滿重莅湘部顯行斷盜及
居銓衡肆意受納連席同乘皆詖黷舊侶密筵
閑讌必貨賄常容理合升進者以爲己惠事宜

彰退者並稱中旨謂販鬻威權姦自不露欺主
罔上奸議可掩先帝寢疾彌留人神憂震謚病
私含智無變容國諱經旬甫暫入殿參訪遺詔
覘伺時旨以身列朝流宜蒙兼帶先顧不逮舊
位無加遂崇飾惡言肆醜縱悖譏誹朝政訕毀
皇猷遍耋忠賢歷詆台相至於藩岳入授列代
恒規勳戚出撫前王彝則而謚妄發樞機坐構
譎論復敢輿謗儲后不顧辭端毀折宗王每窮
舌杪皆云誥誓非禮崇樹失宜仰指天俯畫地

希幸災故以申積憤犯上之跡既彰反噬之情
已著請免官削爵土收送廷尉獄治罪詔賜死
時年五十二子介建武中爲吳令治亦深切民
間榜死人髑髏爲謚首棄官而去
荀伯玉字弄璋廣陵人也祖永南譙太守父闡
之給事中伯玉少爲柳元景撫軍板行參軍南
徐州祭酒晉安王子勛鎮軍行參軍泰始初子
勛舉事伯玉友人孫沖爲將帥伯玉隷其驅使
封新亭侯事敗伯玉還都賣卜自業建平王景

素聞而招之伯玉不往太祖鎮淮陰伯玉歸身
結事爲太祖冠軍刑獄參軍太祖爲明帝所疑
及徵爲黃門郎深懷憂慮伯玉勸太祖遣數十
騎入虜界安置標榜於是虜游騎數百履行界
上太祖以聞猶懼不得留令伯玉卜伯玉斷卦
不成行而明帝詔果復太祖本任由是見親待
從太祖還都除奉朝請令伯玉看宅知家事世
祖罷廣興還立別宅遣人於大宅掘樹數株伯
玉不與馳以聞太祖曰卿執之是也轉太祖平

南府晉熙王府參軍太祖爲南兗州伯玉轉爲
上鎮軍中兵參軍帶廣陵令除羽林監不拜初
太祖在淮南伯玉假還廣陵夢上廣陵城南樓
上有二青衣小兒語伯玉云草中肅九五相追
逐伯玉視城下人頭上皆有草泰始七年伯玉
又夢太祖乘船在廣陵北渚見上兩掖下有翅
不舒伯玉問何當舒上曰却後三年伯玉夢中
自謂是呪師向上唾呪之凡六呪有六龍出兩
掖下翅皆舒還而復斂元徽二年而太祖破桂

陽威名大震五年而廢蒼梧太祖謂伯玉曰卿
時乘之夢今且効矣昇明初仍爲太祖驃騎中
兵參軍除步兵校尉不拜仍帶濟陽太守中兵
如故霸業既建伯玉忠勤盡心常衛左右加前
軍將軍隨太祖太尉府轉中兵將軍太守如故
建元元年封南豐縣子四百戶轉輔國將軍武
陵王征虜司馬太守如故徙爲安成王冠軍司
馬轉豫章王司空諮議太守如故世祖在東宮
專斷用事頗不如法任左右張景眞使領東宮

主衣食官穀帛賞賜什物皆御所服用景眞於
南澗寺捨身齋有元徽紫皮袴褶餘物稱是於
樂遊設會伎人皆著御衣又度絲錦與崐崘舶
營貨輒使傳令防送過南州津世祖拜陵還景
眞白服乘畫舴艋坐胡牀觀者咸疑是太子內
外祇畏莫敢有言伯玉謂親人曰太子所爲官
終不知豈得顧死蔽官耳目我不啓聞誰應啓
者因世祖拜陵後密啓之上大怒檢校東宮世
祖還至方山日暮將泊豫章王於東府乘飛鷰

東迎具白上怒之意世祖夜歸上亦停門籥待之二更盡方入宮上明日遣文惠太子聞喜公子良宣敕以景眞罪狀示世祖稱太子令收景眞殺之世祖憂懼稱疾月餘日上怒不解晝臥太陽殿王敬則直入叩頭啓上曰官有天下日淺太子無事被責人情恐懼願官往東宮解釋之太祖乃幸宮召諸王以下於玄圃園爲家宴致醉乃還上嘉伯玉盡心愈見親信軍國密事多委使之時人爲之語曰十敕五令不如荀伯

玉命世祖深怨伯玉上臨崩指伯玉謂世祖曰此人事我忠我身後人必爲其作口過汝勿信也可令往東宮長侍白澤小却以南兗州處之伯玉遭父憂除冠軍將軍南濮陽太守未拜除黃門郎本官如故世祖轉爲豫章王太尉諮議太守如故俄遷散騎常侍太守如故伯玉憂懼無計上聞之以其與垣崇祖善慮相扇爲亂加意撫之伯玉乃安永明元年垣崇祖誅伯玉并伏法初善相墓者見伯玉家墓謂其父曰當出

暴貴而不久也伯玉後聞之曰朝聞道夕死可矣死時年五十

史臣曰君老不事太子義烈之遺訓也欲夫專心所奉在節無貳雖人子之親尚宜自別則偏黨爲論豈或榜啓察江荀之行也雖異術而同亡以古道而居今世難乎免矣

贊曰讒口禍門荀言亟盡[illegible]同殞

列傳第十二　　南齊書三十一

列傳第十三　南齊書

臣蕭子顯撰

王琨

張岱

褚炫

何戢

王延之

阮韜

王琨琅邪臨沂人也祖薈晉衞將軍父懌不慧

二百八　南齊傳十三　二

侍婢生琨名爲昆侖懌後娶南陽樂玄女無子改琨名立以爲嗣琨少謹篤爲從伯司徒謐所愛宋永初中武帝以其娶桓脩女除郎中駙馬都尉奉朝請元嘉初從兄侍中華有權寵以門戶衰弱待琨如親數相稱薦爲尚書儀曹郎州治中累至左軍諮議領錄事出爲宣城太守司徒從事中郎義興太守歷任皆廉約還爲北中郎長史黃門郎寧朔將軍東陽太守孝建初遷廷尉卿竟陵王驃騎長史加臨淮太守轉吏部

郎吏曹選局貴要多所屬請琨自公卿下至士大夫例爲用兩門生江夏王義恭甞屬琨用二人後復遣屬琨答不許出爲持節都督廣交二州軍事建威將軍平越中郎廣州刺史南土沃實在任者常致巨富世云廣州刺史但經城門一過便得三千万也琨無所取納表獻祿俸之半州鎮舊有鼓吹又啓輸還及罷任孝武知其清問還資多少琨曰臣買宅百三十萬餘物稱之帝悅其對爲廷尉加給事中轉寧

大三百廿四　南齊傳十三　二

朔將軍長史歷陽內史上以琨忠實徙爲寵子新安王東中郎長史加輔國將軍遷右衞將軍度支尚書出爲永嘉王左軍始安王征虜二府長史加輔國將軍廣陵太守皆孝武諸子泰始元年遷度支尚書尋加光祿大夫初從兄華孫長襲華爵爲新建侯嗜酒多愆失琨上表曰臣門姪不休從孫長是故左衞將軍嗣息少資常猥猶冀晚進頃更昏酣業身無檢故衞將軍華忠肅奉國善及世祀而長負釁承封將傾基緒

嗣小息佟閑立保退不乖素風如蒙拯立則存亡荷榮私禄更攀出爲冠軍將軍吳郡太守遷中領軍坐在郡用朝舍錢三十六萬營餉二宮諸王及作絳襖奉獻軍用遷光禄大夫尋加太常及金紫加散騎常侍廷尉虞龢議社稷合爲一神琨案舊糾駁時龢深被親寵朝廷多琨強正明帝臨崩出爲督會稽東陽新安臨海永嘉五郡軍事左軍將軍會稽太守常侍如故坐誤竟囚降號冠軍元徽中遷金紫光禄引訓太

僕常侍如故本州中正加特進從帝即位進右光禄大夫常侍餘如故從帝遜位琨陪位及辭廟皆流涕太祖即位領武陵王師加侍中給親信二十人時王儉爲宰相屬琨用東海郡迎吏琨謂信人曰語郎三臺五省皆是郎用人外方小郡當乞寒賤省官何　復奪之遂不過其事琨性既古慎而儉嗇過甚家人雜事皆手自操執公事朝會必夙夜早起簡閱及裝料數冠幘如此數四世以此笑之尋解王師建元四年太

祖崩琨聞國諱牛不在宅去臺數里遂步行入宮朝士皆謂琨曰故宜待車有損國望琨曰今日奔赴皆應爾遂得病卒贈左光禄大夫餘如故年八十四

張岱字景山吳郡吳人也祖敞晉度支尚書父茂度宋金紫光禄大夫岱少與兄太子中舍人寅新安太守鏡征北將軍永弟廣州刺史辨俱知名謂之張氏五龍鏡少與光禄大夫顏延之鄰居顏談議飲酒喧呼不絕而鏡靜翳無言聲

後延之於籬邊聞其與客語取胡床坐聽辭義清玄延之心服謂賓客曰彼有人焉由此不復酣叫寅鏡名最高永辨岱不及也郡舉岱上計掾不行州辟從事累遷南平王右軍主簿尚書水部郎出補東遷令時殷沖爲吳興謂人曰張東遷親貧須養所以栖遲下邑然名器方顯終當大至隨王誕於會稽起義以岱爲建威將軍輔國長史行縣事事平爲司徒左西曹母年八十籍注未滿岱便去官從實還養有司以岱違

制將欲糾舉宋孝武曰觀過可以知仁不須案也累遷撫軍諮議參軍領山陰令職事閑理巴陵王休若爲北徐州未親政事以岱爲冠軍諮議參軍領彭城太守行府州國事後臨海王爲征虜廣州豫章王爲車騎揚州晉安王爲征虜南兗州岱歷爲三府諮議三王行事與典籤主帥共事事舉而情得或謂岱曰主王既以執事多門而每能緝和公私云何致此岱曰古人言一心可以事百君我爲政端平待物以禮悔吝

之事無由而及明闇短長更是才用之多少耳入爲黃門郎遷驃騎長史領廣陵太守新安王子鸞以盛寵爲南徐州割吳郡屬焉高選佐史孝武帝召岱謂之曰卿美效夙著兼資宦已多今欲用卿爲子鸞別駕總刺史之任無謂小屈終當大伸也帝崩累遷吏部郎明帝初四方反帝以岱堪幹舊才除使持節督西豫州諸軍事輔國將軍西豫州刺史尋徙爲冠軍將軍北徐州刺史都督北討諸軍事並不之官泰始末爲

吳興太守元徽中遷使持節督益寧二州軍事冠軍將軍益州刺史數年益土安其政徵侍中領長水校尉度支尚書領左軍遷吏部尚書王儉爲吏部郎時專斷曹事岱每相違執及儉爲宰相以此頗相善兄子瓌弟恕誅吳郡太守劉遐太祖欲以恕爲晉陵郡岱曰恕未閑從政美錦不宜濫裁太祖曰恕爲人我所悉且又與瓌同勳自應有賞岱曰若以家貧賜祿此所不論語功推事臣門之恥尋加散騎常侍建元元年

出爲左將軍吳郡太守太祖知岱歷任清直至郡未幾手敕岱曰大邦任重乃未欲回換但總戎務殷宜須望實今用卿爲護軍加給事中岱拜竟詔以家爲府陳疾明年遷金紫光祿大夫領鄱陽王師世祖即位復以岱爲散騎常侍吳興太守秩中二千石岱晚節在吳興更以寬恕著名遷使持節監南兗兗 青冀五州諸軍事後將軍南兗州刺史常侍如故未拜卒年七十一岱初作遺命分張家財封置箱中家業張減

隨復改易如此十數年贈本官諡貞子
褚炫字彥緒河南陽翟人也祖秀之宋太常父
法顯鄱陽太守兄炤字彥宣少秉高節一目眇
官至國子博士不拜常非從兄淵身事二代聞
淵拜司徒歎曰使淵作中書郎而死不當是一
名士德不昌遂令有期頤之壽炫少清簡爲從
舅王景文所知從兄淵謂人曰從弟廉勝獨立
乃十倍於我也宋義陽王昶爲太常板炫補五
官累遷太子舍人撫軍車騎記室正員郎從宋

明帝射雉至日中無所得帝甚猜羞召問侍臣
曰吾旦來如皐遂空行可笑座者莫荅炫獨曰今
節候雖適而雲露尚凝故斯翬之禽驕心未警
但得神駕游豫羣情便爲載懽帝意解乃於雉
場置酒遷中書侍郎司徒右長史昇明初炫以
清尚與劉俣謝朏江斆入殿侍文義號爲四友
遷黃門郎太祖驃騎長史遷侍中復爲長史齊
臺建復爲侍中領步兵校尉以家貧建元初出
補東陽太守加秩中二千石還復爲侍中領步

兵凡三爲侍中出爲竟陵王征北長史加輔國
將軍尋徙爲冠軍長史江夏內史將軍如故永
明元年爲吏部尚書炫居身清立非吊問不雜
交遊論者以爲美及在選部門庭蕭索賓客罕
至出行左右捧黃紙帽箱風吹紙剝僅盡罷江
夏還得錢十七万於石頭并分與親族病無以
市藥表自陳解改授散騎常侍領安成王師國
學建以本官領博士未拜卒無以殯斂時年四
十一贈太常諡曰貞子

何戢字慧景廬江灊人也祖尚之宋司空父偃
金紫光祿大夫被遇於宋武選戢尚山陰公主
拜駙馬都尉解褐祕書郎太子中舍人司徒主
簿新安王文學祕書丞中書郎景和世山陰主
就帝求吏部郎褚淵入內侍巳淵見拘逼終不
肯從與戢同居止月餘日由是特申情好明帝
立遷司徒從事中郎從建安王休仁征赭圻板
轉戢司馬除黃門郎出爲宣威將軍東陽太守
吏部郎元徽初褚淵參朝政引戢爲侍中時年

二十九戩以年未三十苦辭內侍表疏屢上時議許之改授司徒左長史太祖爲領軍與戩來往數置歡讌上好水引餅戩令婦女躬自執事以設上焉久之復爲侍中遷安成王車騎長史加輔國將軍濟陰太守行府州事出爲吳郡太守以疾歸爲侍中祕書監仍轉中書令太祖相國左長史建元元年遷散騎常侍太子詹事尋改侍中詹事如故上欲轉戩領選問尚書令褚淵以戩資重欲加常侍淵曰宋世王球從侍中

中書令單作吏部尚書資與戩相似頃選職方昔小輕不容頓加常侍聖旨每以蟬冕不宜過多臣與王儉既已左珥若復加戩則八座便有三貂若帖以驍游亦爲不少乃以戩爲吏部尚書加驍騎將軍戩美容儀動止與褚淵相慕時人呼爲小褚公家業富盛性又華侈衣被服飾極爲奢麗三年出爲左將軍吳興太守上頗好畫扇宋孝武賜戩蟬雀扇善畫者顧景秀所畫時陸探微顧彥先皆能畫歎其巧絕戩因王

晏獻之上令晏厚酬其意四年卒時年三十六贈散騎常侍撫軍太守如故謚懿子女爲鬱林王后又贈侍中光祿大夫

王延之字希季琅邪臨沂人也祖裕宋左光祿儀同三司父昇之都官尚書延之出繼伯父秀才粲之延之少而靜默不交人事州辟主簿不就舉秀才北中郎法曹行參軍轉署外兵尚書外兵部司空主簿並不就除中軍建平王主簿記室仍度司空北中郎二府轉祕書丞西陽王

撫軍諮議州別駕尋陽王冠軍安陸王後軍司馬加振武將軍出爲安遠護軍武陵內史不拜宋明帝爲衛軍延之轉爲長史加宣威將軍司徒建安王休仁征諸圻轉延之爲左長史加寧朔將軍延之清貧居宇穿漏褚淵往候之見其如此具啓明帝帝即敕材官爲起三間齋屋遷侍中領射聲校尉未拜出爲吳郡太守罷郡還家產無所增益除吏部尚書侍中領右軍並不拜復爲吏部尚書領驍騎將軍出爲後軍將軍

吳興太守遷都督浙東五郡會稽太守轉侍中祕書監晉熙王師遷中書令師如故未拜轉右僕射昇明二年轉左僕射宋德既衰太祖輔政朝野之情人懷彼此延之與尚書令王僧虔中立無所去就時人爲之語曰二王持平不送不迎太祖以此善之三年出爲使持節都督江州豫州之新蔡晉熙二郡諸軍事安南將軍江州刺史建元二年進號鎮南將軍延之與金紫光祿大夫阮韜俱宋領軍劉湛外甥並有早譽湛

甚愛之曰韜後當爲第一延之爲次也延之甚不平每致餉下都韜與朝士同例太祖聞其如此與延之書曰韜云卿未嘗有別意當緣劉家月旦故邪在州祿俸以外一無所納獨處齋內吏民罕得見者四年遷中書令右光祿大夫本州大中正轉左僕射光祿中正如故尋領竟陵王師永明二年陳疾解職世祖許之轉特進右光祿大夫王師中正如故其年卒年六十四追贈散騎常侍右光祿大夫特進如故謚簡子延

之家訓方嚴不妄見子弟雖節歲問訊皆先克日子倫之見兒子亦然永明中爲侍中世祖幸琅邪城倫之與光祿大夫全景文等二十一人坐不參承爲有司所奏詔倫之親爲陪侍之職而同外情慢免官景文等贖論建武中至侍中領前軍將軍都官尚書領游擊將軍卒

阮韜字長明陳留人晉金紫光祿大夫裕玄孫也韜少歷清官爲南兖州別駕刺史江夏王劉義恭逢求資費錢韜曰此朝廷物執不與宋孝

武選侍中四人並以風貌王彧謝莊爲一雙韜與何偃爲一雙常充兼假泰始末爲征南江州長史桂陽王休範在鎮數出行遊韜性方峙未嘗隨從至散騎常侍金紫光祿大夫領始興王師永明二年卒

史臣曰內侍樞近世爲華選金璫頌耀朝之麗服久忘儒藝專授名家加以簡擇少姿眷貌冠冕基蔭所通後才先親事同謁者以形骸爲官斯違舊矣辟強之在漢朝幼有妙察仲宣之處

魏國見貶容陋何戢之讓雖未能深識前古之
美與夫尸官靦服者何等級哉
贊曰萬石祗慎琨既爲倫五龍一氏張亦繼荀
炫清褚族戢遺何姻延之居簡名峻王臣

列傳第十三　　南齊書三十二

列傳第十四　　南齊書三十三

臣蕭　子顯　撰

王僧虔
張緒

王僧虔琅邪臨沂人也祖珣晉司徒伯父太保弘宋元嘉世爲宰輔賓客疑所諱弘曰身家諱與蘇子高同父曇首右光祿大夫曇首兄弟集會諸子孫弘子僧達下地跳戲僧虔年數歲獨正坐採蠟燭珠爲鳳凰弘曰此兒終當爲長者僧虔弱冠弘厚善隸書宋文帝見其書素扇歎

曰非唯跡逾子敬方當器雅過之除祕書郎太子舍人退默少交接與袁淑謝莊善轉義陽王文學太子洗馬遷司徒左西屬兄僧綽爲太初所害親賓咸勸僧虔逃僧虔涕泣曰吾兄奉國以忠貞撫我以慈愛今日之事苦不見及耳若同歸九泉猶羽化也孝武初出爲武陵太守兄子儉於中途得病僧虔爲廢寢食同行客慰喻之僧虔曰昔馬援處兒姪之閒一情不異鄧攸

於弟子更逾所生吾實懷其心誠未異古亡兄之胤不宜忽諸若此兒不救便當回舟謝職無復遊官之興矣還爲中書郎轉黃門郎太子中庶子孝武欲擅書名僧虔不敢顯跡大明世常用掘筆書以此見容出爲豫章王子尚撫軍長史遷散騎常侍復爲新安王子鸞北中郎長史南東海太守行南徐州事二蕃皆帝愛子也尋遷豫章內史入爲侍中遷御史中丞領驍騎將軍甲族向來多不居憲臺王氏以分枝居烏衣者位官微減僧虔爲此官乃曰此是烏衣諸郎坐處我亦可試爲耳復爲侍中領屯騎校尉泰始中出爲輔國將軍吳興太守秩中二千石王獻之善書爲吳興郡及僧虔工書又爲郡論者稱之徙爲會稽太守秩中二千石將軍如故中書舍人阮佃夫在會下請假東歸客勸僧虔以佃夫要倖宜加禮接僧虔曰我立身有素豈能曲意此輩彼若見惡當拂衣去耳佃夫言於宋明帝使御史中丞孫敻奏僧虔前莅吳興多有謬命

檢到郡至遷凡用功曹五官主簿至二禮吏署三傳及度與弟子合四百四十八人又聽民何係先等一百十家爲舊門委州檢削坐免官尋以白衣兼侍中出監吳郡太守遷使持節都督湘州諸軍事建武將軍行湘州事仍轉輔國將軍湘州刺史所在以寬惠著稱巴峽流民多在湘土僧虔表割益陽羅縣湘西三縣緣江民立湘陰縣從之元徽中遷吏部尚書高平檀珪罷沅南令僧虔以爲征北板行參軍訴僧虔求祿不得與僧虔書曰五常之始文武爲先文則經緯天地武則撥亂定國僕一門雖謝文通乃忝武達羣從姑叔三媾帝室祖兄二世糜軀奉國而致子姪餓死草壤去冬今春頻荷二敕既無中人屢見蹉奪經涉五朔踰歷四晦書牘十二接覲六七遂不荷潤反更曝鰓九流繩平自不宜獨苦一物蟬腹龜腸爲日已久飢虎能嚇人遠與肉餓麟不噬誰爲落毛去冬乞豫章丞爲馬超所爭今春蒙敕南昌縣爲史偃所奪二子勳

蔭人才有何見勝若以貧富相奪則分受不如
雖孤微百世國士姻媾位宦亦不後物尚書同
堂姊爲江夏王妃檀珪同堂姑爲南譙王妃尚
書婦是江夏王女檀珪祖姑嬪長沙景王尚書
伯爲江州檀珪祖亦爲江州尚書從兄出身爲
後軍參軍檀珪父釋褐亦爲中軍參軍僕於尚
書人地本懸至於婚宦不肯殊絕今通塞雖異
猶忝氣類尚書何事乃爾見苦泰始之初八表
同逆一門二世粉骨衛主殊勳異績已不能甄

常階舊途復見侵抑僧虔報書曰征北板比歲
處遇小優殷主簿從此府入崇禮何儀曹即代
殷亦不見訴爲苦足下積屈一朝超升政自小
難泰始初勤苦十年自未見其賞而頓就求稱
亦何可遂吾與足下素無怨憾何以相侵苦直
是意有佐佑耳珪又書曰昔荀公達漢之功臣晉
武帝方爵其玄孫夏侯惇魏氏勳佐金德初融
亦始就甄顯方賞其孫封樹近族羊叔子以晉
泰始中建策伐吳至咸寧末方加褒寵封其兄

子卞望之以咸和初殞身國難至興寧末方崇
禮秩官其子孫蜀郡主簿田混黃初末死故君
之難咸康中方擢其子孫似不以世代遠而被
棄年世疎而見遺檀珪百罹六極造化罕比五
喪停露百口轉命存亡披迫本希小禄無意階
榮自古以來有沐食侯近代有王官府佐非沐
食之職參軍非王官之謂質非匏瓜實羞空懸
殷何二生或是府主情味或是朝廷意旨豈與
悠悠之人同口而語使僕就此職尚書能以郎

見轉不若使日得五升禄則不恥執鞭僧虔乃
用爲安城郡丞珪宋安南將軍韶孫也僧虔尋
加散騎常侍轉右僕射昇明元年遷尚書僕射
尋轉中書令左僕射二年爲尚書令僧虔好文
史解音律以朝廷禮樂多違正典民間競造新
聲雜曲時太祖輔政僧虔上表曰夫懸鍾之器
以雅爲用凱容之禮八佾爲儀今總章羽佾音
服舛異又歌鍾一肆克諧女樂以歌爲務非雅
器也大明中即以宮懸合和鞞拂節數雖會慮

乖雅體將來知音或譏聖世若謂鍾舞已諧重
違成憲更立歌鍾不參舊例四縣所奏謹依雅
條即義沿理如或可附又今之清商實由銅爵
三祖風流遺音盈耳京洛相高江左彌貴諒以
金石干羽事絕私室桑濮鄭衛訓隔紳冕中庸
和雅莫復於斯而情變聽移稍復銷落十數年
間亡者將半自頃家競新哇人尚謠俗務在噍
殺不顧音紀流宕無崖未知所極排斥正曲崇
長煩淫士有等差無故不可去樂禮有攸序長

幼不可共聞故喧醜之制日盛於廛里風味之
響獨盡於衣冠宜命有司務勲功課緝理遺逸
迭相開曉所經漏忘悉加補綴曲全者祿厚藝
妙者位優利以動之則人思刻厲反本還源庶
可跂踵事見納建元元年轉侍中撫軍將軍丹
陽尹二年進號左衛將軍固讓不拜改授左光
祿大夫侍中尹如故郡縣獄相承有上湯殺囚
僧虔上疏言之曰湯本以救疾而實行寃暴或
以肆忿若罪必入重自有正刑若去惡宜疾則

應先啓豈有死生大命而潛制下邑愚謂治下
囚病必先刺郡求職司與醫對共診驗遠縣家
人省視然後處理可使死者不恨生者無怨上
納其言僧虔留意雅樂昇明中所奏雖微有釐
改尚多遺失是時上始欲通使僧虔與兄子儉
書曰古語云中國失禮問之四夷計樂亦如將
堅敗後東始備金石樂故知不可全誣也北國
或有遺樂誠未可便以補中夏之闕且得知其
存亡亦一理也但鼓吹舊有二十一曲今所能

者十一而已意謂北使會有散役得今樂署一
人粗別同異者充此使限雖復延州難追其得知
所知亦當不同若謂有此理者可得申吾意上
聞否試爲思之事竟不行太祖善書及即位篤
好不已與僧虔賭書畢謂僧虔曰誰爲第一僧
虔曰臣書第一陛下亦第一上笑曰卿可謂善
自爲謀矣示僧虔古迹十一袠就求能書人名
僧虔得民間所有袠中所無者吳大皇帝景帝
歸命侯書桓玄書及王丞相導領軍洽中書令

瑕張芝索靖衛伯儒張翼十二卷奏之又上羊
欣所撰能書人名一卷其年冬遷持節都督湘
州諸軍征南將軍湘州刺史侍中如故清簡無
所欲不營財產百姓安之世祖即位僧虔以風
疾欲陳解會遷侍中左光禄大夫開府儀同三
司僧虔少時群從宗族並會客有相之者云僧
虔年位最高仕當至公餘人莫及也及授僧虔
謂兄子儉曰汝任重於朝行當有八命之禮我
若復此授則一門有二台司實可畏懼乃固辭

不拜上優而許之改授侍中特進左光禄大夫
客問僧虔固讓之意僧虔曰君子所憂無德不
憂無寵吾衣食周身榮位已過所慙庸薄無以
報國豈容更受高爵方貽官謗邪兄子儉爲朝
宰起長梁齋制度小過僧虔視之不悅竟不入
戶儉即毀之永明三年薨僧虔頗解星文坐見
豫章分野當有事故時僧虔子慈爲豫章內史
慮其有公事少時僧虔薨慈棄郡奔赴僧虔
時年六十追贈司空侍中如故謚簡穆其論書

曰宋文帝書自云可比王子敬時議者云天然
勝羊欣功夫少於欣王平南廙右軍叔過江之
前以爲最云曾祖領軍書右軍云弟書遂不減
吾變古制今唯右軍領軍不爾至今猶法鍾張
云從祖中書令書子敬云弟書如騎騾駸駸恒
欲度驊騮前庾征西翼書少時與右軍齊名右
軍後進庾猶不分在荆州與都下人書云小兒
輩賤家雞皆學逸少書須吾下當比之張翼王
右軍自書表晉穆帝令翼寫題後答右軍當時

不別久後方悟云小人幾欲亂真張芝索靖韋
誕鍾會二衛並得名前代無以辨其優劣唯見
其筆力驚異耳張澄當時亦呼有意郗愔章草
亞於右軍郗嘉賓草亞於二王緊媚 其父桓
玄自謂右軍之流論者以比孔琳之謝安亦入
能書錄亦自重爲子敬書嵇康詩羊欣書見重
一時親受子敬行書尤善正乃不稱名孔琳之
書天然放縱極有筆力規矩恐在羊欣後丘道
護與羊欣俱面受子敬故當在欣後范曅與蕭

思話同師羊欣後小叛既失故步爲復小有意耳蕭思話書羊欣之影風流趣好殆當不減筆力恨弱謝綜書其舅云緊生起是得賞也恨少媚好謝靈運乃不倫遇其合時亦得入流賀道力書亞丘道護庾昕學右軍亦欲亂眞矣又著書賦傳於世第九子寂字子玄性迅動好文章讀范滂傳未常不歎挹王融敗後賓客多歸之建武初欲獻中興頌兄志謂之曰汝膏粱年少何患不達不鎮之以靜將恐貽譏寂乃止初爲

祕書郎卒年二十一僧虔宋世嘗有書誡子曰知汝恨吾不許學欲自悔厲或以闔棺自欺或更擇美業且得有慨亦慰窮生但亟聞斯唱未覩其實請從先師聽言觀行冀此不復虛身吾未信汝非徒然也往年有意於史取三國志聚置床頭百日許復徙業就玄自當小差於史猶未近彷彿曼倩有云談何容易見諸玄志爲之逸腸爲之抽專一書轉誦數十家注自少至老手不釋卷尚未敢輕言汝開老子卷頭五尺許

未知輔嗣何所道平叔何所說馬鄭何所異指例何所明而便盛於麈尾自呼談士此最險事設令袁令命汝言易謝中書挑汝言莊張吳興叩汝老端可復言未嘗看邪談故如射前人得破後人應解不解即輸賭矣且論注百氏荆州八袠又才性四本聲無哀樂皆言家口實如客至之有設也汝皆未經拂耳瞥目豈有庖廚不脩而欲延大賓者哉就如張衡思侔造化郭象言類懸河不自勞苦何由至此汝曾未窺其題

目未辨其指歸六十四卦未知何名莊子衆篇何者內外八袠所載凡有幾家四本之稱以何爲長而終日欺人人亦不受汝欺也由吾不學無以爲訓然重華無嚴父放勳無令子亦各由已耳汝輩竊議亦當云何日不學在天地間可嬉戲何忽自課謫幸及盛時逐歲暮何必有所減汝見其一耳不全爾也設令吾學如馬鄭亦必甚勝復倍不如今亦必大減致之有由從身上來也今壯年自勲數倍許勝劣及吾耳世中

比例舉眼是汝足知此不復具言吾在世雖乏德素要復推排人間數十許年故是一舊物人或以比數汝等耳即化之後若自無調度誰復知汝事者舍中亦有少負令譽弱冠越超清級者于時王家門中優者則龍鳳劣者猶虎豹失蔭之後豈龍虎之議況吾不能為汝蔭政應各自努力耳或有身經三公蔑爾無聞布衣寒素卿相屈體或父子貴賤殊兄弟聲名異何也體盡讀數百卷書耳吾今悔無所及欲以前車誡

爾後乘也汝年入立境方應從宦兼有室累牽役情性何處復得下帷如王郎時邪為可作世中學取過一生耳試復三思勿諱吾言猶捶撻志輩冀脱万一未死之間望有成就者不知當有益否各在爾身已切身豈復關吾邪鬼唯知愛深松茂柏寧知子弟毀譽事因汝有感故略叙胷懷矣

張緒字思曼吴郡吴人也祖茂度會稽太守父寅太子中舍人緒少知名清簡寡欲叔父鏡謂人曰此兒今之樂廣也州辟議曹從事舉秀才建平王護軍主簿右軍法曹行參軍司空主簿撫軍南中郎二府功曹尚書倉部郎都令史諮郡縣米事緒蕭然直視不以經懷除巴陵王文學太子洗馬北中郎參軍太子中舍人本郡中正車騎從事中郎中書郎州治中黃門郎宋明帝每見緒輒歎其清淡轉太子中庶子本州大中正遷司徒左長史吏部尚書袁粲言於帝曰臣觀張緒有正始遺風宜為宮職復轉中庶子

領翊軍校尉轉散騎常侍領長水校尉尋兼侍中遷吏部郎參掌大選元徽初東宮罷選曹擬舍人正儉格外記室緒以儉人地兼美宣轉祕書丞從之緒又遷侍中中郎如故緒忘情榮禄朝野皆貴其風嘗與客閑言一生不解作諸時袁粲褚淵秉政有人以緒言告粲淵者即出緒為吴郡太守緒初不知也遷為祠部尚書復領中正遷太常加散騎常侍尋領始建王師昇明二年遷太子太傅長史加征虜將軍齊臺建轉

散騎常侍世子詹事建元元年轉中書令常侍
如故緒善言素望甚重太祖深加敬異僕射王
儉謂人曰北士中覓張緒過江未有人不知陳
仲弓黃叔度能過之不耳車駕幸莊嚴寺聽僧
達道人講座遠不聞緒言上難移緒乃遷僧達
以近之尋加驍騎將軍欲用緒爲右僕射以問
王儉儉曰南士由來少居此職褚淵在座啓上
曰儉年少或不盡憶江左用陸玩顧和皆南人
也儉曰晉氏衰政不可以爲准則上乃止四年

初立國學以緒爲太常卿領國子祭酒常侍中
正如故緒既遷官上以王延之代緒爲中書令時
人以此選爲得人比晉朝之用王子敬王季琰
也緒長於周易言精理奧見宗一時常云何平
叔所不解易中七事諸卦中所有時義是其一
也世祖即位轉吏部尚書祭酒如故永明元年
遷金紫光祿大夫領太常明年領南郡王師加
給事中太常如故三年轉太子詹事師給事如
故緒每朝見世祖目送之謂王儉曰緒以位尊

我我以德貴緒也遷散騎常侍金紫光祿大夫
師如故給親信二十人復領中正長沙王晃屬
選用吳興聞人邕爲州議曹緒以資籍不當執
不許晃遣書佐固請之緒正色謂晃信曰此是
身家州鄉殿下何得見逼七年竟陵王子良領
國子祭酒世祖敕王晏曰吾欲領司徒辭祭酒
以授張緒物議以爲云何子良竟不拜以緒領
國子祭酒光祿師中正如故緒口不言利有財
輒散之清言端坐或竟日無食門生見緒飢爲

之辨餐然未嘗求也卒時年六十八遺命作蘆
葭轜車靈上置杯水香火不設祭從弟融敬重
緒事之如親兄齎酒於緒靈前酌飲慟哭曰阿
兄風流頓盡追贈散騎常侍特進金紫光祿大
夫謚簡子子克蒼梧世正員郎險行見寵坐廢
錮克弟允永明中安西功曹淫通殺人伏法允
兄充永明元年爲武陵王友坐書與尚書令王
儉辭旨激揚爲御史中丞到撝所奏免官禁錮論
者以爲有恨於儉也案建元初中詔序朝臣欲以

右僕射擬張岱褚淵謂得此過優若別有忠誠特進升引者別是一理仰由裁照詔更量說者旣異今兩記焉

史臣曰王僧虔有希聲之量兼以藝業戒盈守滿發自容方執諸公實平世之良相張緒凝衿素氣自然標格搢紳端委朝宗民望夫如緒之風流者豈不謂之名臣

贊曰簡穆長者其義恢恢聲律草隸變理三台思曼廉靜自絕風埃遊心文藝物允清才

列傳第十四　南齊書三十三

列傳第十五　南齊書三十四

臣蕭子顯　撰

虞玩之

劉休

沈沖

庾杲之

王諶

虞玩之字茂瑤會稽餘姚人也祖宗晉庫部郎父玫通直常侍玩之少閑刀筆汎涉書史解褐東海王行參軍烏程令路太后外親朱仁彌犯罪依法錄治怨訴孝武坐免官泰始中除晉熙國郎中令尚書起部郎通直郎元徽中爲右丞時太祖參政與玩之書曰張華爲度支尚書事不徒然今漕藏有闕吾賢居右丞已覺金粟可積也玩之上表陳府庫錢帛器械役力所懸轉多興用漸廣慮不支歲月朝議優報之遷安成王車騎錄事轉少府太祖鎮東府朝野致敬玩之猶躡屐造席太祖取屐視之訛黑斜銳蒵斷以芒接之問曰卿此屐已幾載

玩之曰初釋褐拜征北行佐買之著已二十年貧士竟不辦易太祖善之引爲驃騎諮議參軍霸府初開賓客輻湊太祖留意簡接玩之與樂安任遐俱以應對有席上之美齊名見遇遐字景遠好學有義行兼與太祖素游褚淵王儉並見親愛官至光祿大夫永元初卒玩之遷驍騎將軍黃門郎領本部中正上患民間欺巧及即位敕玩之與驍騎將軍傅堅意檢定簿籍建元二年詔朝臣曰黃籍民之大紀國之治端自頃

氓俗巧僞爲日已久至乃竊注爵位盜易年月增損三狀貿襲萬端或戶存而文書已絕或人在而反託死叛停私而云隸役身強而稱六疾編戶齊家少不如此皆政之巨蠹教之深疵比年雖卻籍改書終無得實若約之以刑則民僞已遠若綏之以德則勝殘未易卿諸賢並深明治體可各獻嘉謀以振澆化又臺坊訪募此制不近優劇素定閑劇有常宋元嘉以前茲役恒滿大明以後樂補稍絕或緣寇難頻起軍蔭易

多民庶從利投坊者寡然國經未變朝紀恒存相承而言隆替何速比急病之洪源畧景之切患以何科算革斯弊耶玩之上表曰宋元嘉二十七年八條取人孝建元年書籍衆巧之所始也元嘉中故光祿大夫傅隆年出七十猶手自書籍躬加隱校隆何必有石建之愼高柔之勤蓋以世屬休明服道脩身故耳今陛下日旰忘食未明求衣詔逮幽愚謹陳妄說古之共治天下唯良二千石今欲求治取正其在勤明令長

凡受籍縣不加檢合但封送州州檢得實方卻歸縣吏貪其賂民肆其姧姧彌深而卻彌多賂愈厚而答愈緩自泰始三年至元徽四年揚州等九郡四號黃籍共卻七萬一千餘戶于今十一年矣而所正者猶未四萬神州奧區尚或如此江湘諸部倍不可念愚謂宜以元嘉二十七年籍爲正民惰法既久今建元元年書籍宜更立明科一聽首悔迷而不反依制必戮使官長審自檢校必令明洗然後上州永以爲正若有

虛昧州縣同咎今戶口多少不減元嘉而板籍頓闕弊亦有以自孝建已來入勳者衆其中操干戈衛社稷者三分殆無一焉勳簿所領而詐注辭籍浮遊世要非官長所拘錄復爲不少尋蘇峻平後庾亮就溫嶠求勳簿而嶠不與以爲陶侃所上多非實錄尋物之懷私無世不有宋末落紐此巧尤多又將位既衆舉卹爲祿實潤甚微而人領數萬如此二條天下合役之身已據其太半矣又有改注籍狀詐入仕流苦爲人

役者今反役人又生不長髮便謂爲道填街溢巷是處皆然或抱子并居竟不編戶遷徙去來公違土斷屬役無滿流亡不歸寧喪終身疾病長臥法令必行自然競反又四鎮戍將有名寡實隨才部曲無辨勇懦署位借給巫媪比肩彌山滿海皆是私役行貨求位其塗甚易募役卑劇何爲投補坊吏之所以盡百里之所以單也今但使募制明信滿復有期民無遷路則坊可立表而盈矣爲治不患無制患在不行不患不

行患在不久上省玩之表納之乃別置板籍官置令史限人一日得數巧以防懈怠於是貨賂因緣籍注雖正猶強推卻以充程限至世祖永明八年謫巧者戍緣淮各十年百姓怨望世祖乃詔曰夫簡貴賤辨尊卑者莫不取信於黃籍豈有假器濫榮竊服非分故所以澄革虛妄式允舊章然釁起前代過非近失既往之愆不足追咎自宋昇明以前皆聽復注其有謫役邊疆各許還本此後有犯嚴加翦治玩之以久官年

疾上表告退曰臣聞負重致遠力窮則困竭誠事君智盡必傾理固然也四十仕進七十懸車壯則驅馳老宜休息臣生於晉長於宋老於齊世歷三代朝市再易臣以宋元嘉二十八年爲王府行佐於茲三十年矣自頃以來衰耗漸篤爲性不嬾惰而倦怠頓來耳目本聰明而聾瞶轉積脚不支身喘不緒氣景刻不推朝晝不保大功兄弟四十有二人通塞壽夭唯臣獨存朝露未光寧堪長久且知足不辱臣已足矣稟命飢

寒不求富貴銅山由命臣何恨焉久甘之矣直
道事人不免縲紲屬遇聖明知其非罪臣之幸
厚矣授命於道消之晨効節於百揆之日臣忠
之効也慶降於文明之初荷澤於天飛之運臣
命之偶也不謀巧宦而位至九卿德慙李陵而
忝居門下堯舜無窮臣亦通矣年過六十不爲
夭矣榮期之三樂東平之一善臣俱盡之矣經
昬踐亂涉艱履危仰聖德以求全憑賢輔以申
節未嘗猒屈於勳權畏溺於狐鼠臣立身之本

於斯不虧在其壯也當官不讓及其衰矣豪露
靡因伏願慈臨賜臣骸骨非爲希高慕古愛好
泉林特以丁運孤貧養禮多闕風樹之感夙自
纏心庶天假其辰得二三年間掃守丘墓以此
歸全始終之報遂矣上省玩之表許之玩之於
人物好臧否宋末王儉舉員外郎孔逷使虜玩
之言論不相饒逷儉並恨之至是玩之東歸儉
不出送朝廷無祖餞者玩之歸家起大宅數年
卒其後員外郎孔瑄就儉求會稽五官儉方盥

投皂莢於地曰卿鄉俗惡虞玩之至死治人孔
逷字世遠玩之同郡人好典故學與王儉至交
昇明中爲齊臺尚書儀曹郎太祖謂之曰卿儀
曹才也儉爲宰相逷常謀議帷幄每及選用頗
失鄉曲情儉從容啓上曰臣有孔逷猶陛下之
有臣也永明中爲太子家令卒時人呼孔逷何
憲爲王儉三公憲字子思廬江人也以強學見
知毋鎭北長史王敷之女聰明有訓識憲爲本
州別駕永明十年使于虜中

劉休字引明沛郡相人也祖徽正員郎父超九
真太守休初爲駙馬都尉奉朝請宋明帝東國
常侍好學諳憶不爲帝所知龔祖封南鄉侯友
人陳郡謝儼同丞相義宣反休坐匿之被繫尚
方七年孝武崩乃得出隨弟歆爲羅縣太始初
諸州反休筮明帝當勝靜處不預異謀數年還
投吳喜爲輔師府錄事參軍喜稱其才進之明
帝得在左右板桂陽王征北參軍帝頗有好尚
尤嗜飲食休多藝能爰及鼎味問無不解後宮

孕者帝使筮其男女無不如占帝素肥痿不能御內諸王妓妾懷孕使密獻入宮生子之後閉其母於幽房前後十數從帝桂陽王休範子也蒼梧王亦非帝子陳太妃先爲李道兒妾故蒼梧微行嘗自稱爲李郎焉帝憎婦人妬尚書右丞榮彥遠以善棊見親婦妬傷其面帝曰我爲卿治之何如彥遠率爾應曰聽聖旨其夕遂賜藥殺其妻休妻王氏亦妬帝聞之賜休妾敕與王氏二十枚令休於宅後開小店使王氏親賣

掃箒皂莢以辱之其見親如此尋除員外郎領輔國司馬中書通事舍人帶南城令除尚書中兵郎給事中舍人令如故除安城王撫軍參軍出爲都水使者南康相善言治體而在郡無異績還爲正員郎邵陵王南中郎錄事建威將軍新蔡太守隨轉左軍府加鎮蠻護軍將軍太守如故還諮議司馬進寧朔將軍鎮蠻護軍太守如故徙尋陽太守將軍司馬如故後遷長史沈攸之難世祖挾晉熙邵陵二王軍府鎮盆城休承

奉軍費事寧仍還邵陵王安南長史除黃門郎寧朔將軍前軍長史齊臺散騎常侍建元初爲御史中丞頃之休啓曰臣自塵榮南憲星歲亟春謬聞弱奏劾無空月豈唯不能使蕃邦斂手豪右屏氣乃遣聽已暴之辜替網觸羅之鳥而猶以此理失鄉黨之和朝絕比肩之顧覆背騰其喉脣武人厲其觜吻怨之所聚勢難久堪議之所裁孰懷其允臣竊尋宋世載祀六十歷職斯任者五十有三校其年月不過盈歲於臣

叨濫宜請骸骨上曰卿職當國司以威裁爲本而忽憚世誚卿便應辭之事始何可獲情晚節邪宋末上造指南車以休有思理使與王僧虔對共監試元嘉世羊欣受子敬正隸法世共宗之右軍之體微古不復見貴休始好此法至今此體大行四年出爲豫章內史加冠軍將軍卒年五十四

沈沖字景綽吳興武康人也祖宣新安太守父懷文沖解褐衛尉五官轉揚州主簿宋大明中

懷文有文名沖亦涉獵文義轉西陽王撫軍法
曹參軍尋舉秀才還爲撫軍正佐兼記室及
懷文得罪被繫沖兄弟行謝情及貌若見者傷
之柳元景欲救懷文言於帝曰沈懷文三子塗
炭不可見願陛下速正其罪帝竟殺之元景爲
之歎息沖兄弟以此知名泰始初以母老家貧
啓明帝得爲永興令遷巴陵王主簿除尚書殿
中郎元徽中出爲晉安王安西記室參軍還爲
司徒主簿山陰令轉司徒録事參軍世祖爲江

州沖爲征虜長史尋陽太守甚見委遇世祖還
都使沖行府州事遷領軍長史建元初轉驃騎
諮議參軍領録事未及到任轉黄門郎仍遷太
子中庶子世祖在東宮待以恩舊及即位轉御
史中丞侍中冠軍廬陵王子卿爲郢州以沖爲
長史輔國將軍江夏内史行府州事隨府轉爲
安西長史南郡内史行荆州府事將軍如故永
明四年徵爲五兵尚書沖與兄淡淵名譽有優
劣世號爲腎鼓兄弟淡淵並歷御史中丞兄弟

三人皆爲司直晉宋未有也中丞案裁之職被
憲者多結怨淵永明中彈吳興太守袁彖建武
中彖從弟昂爲中丞到官數日奏彈淵子績父
在儆白幰車免官禁錮沖母孔氏在東隣家失
火疑爲人所焚歎大呼曰我三兒皆作御史中
丞與人豈有善者世祖方欲任沖沖西下至南
州而卒時年五十一上甚惜之喪還詔曰沖喪
柩至止惻愴良深以其昔在南蕃特兼憫悼車
駕出臨沖喪詔曰沖貞詳閑理志局淹正誠著

蕃朝績彰出内不幸早世朕甚悼之追贈太保
謚曰恭子

庾杲之字景行新野人也祖深之雍州刺史父
粲司空參軍杲之少而貞立學涉文義起家奉
朝請巴陵王征西參軍郢州舉秀才除晉熙王
鎮西外兵參軍世祖征虜府功曹尚書駕部郎
清貧自業食唯有韭葅瀹韭生韭雜菜或戲之
曰誰謂庾郎貧食鮭常有二十七種言三九也
仍爲世祖撫軍中軍記室遷員外散騎常侍正

員郎遷中書郎領荆湘二州中正轉尚書左丞
常侍領中正如故出爲王儉衛軍長史時人呼
儉府爲入芙蓉池儉謂人曰昔袁公作衛軍欲
用我爲長史雖不獲就要是意向如此今亦應
須如我輩人也乃用杲之遷黄門郎兼御史中
丞尋即正杲之風範和潤善音吐世祖令對虜
使兼侍中上每歎其風器之美王儉在座曰杲
之爲蟬冕所照更生風采陛下故當與其即眞
帝意未用也永明中諸王年少不得妄與人接

敕杲之與濟陽江淹五日一詣諸王使申遊好
尋又遷廬陵王中軍長史遷尚書吏部郎叅大
選事轉太子右衛率加通直常侍九年卒臨終
上表曰臣昨夜及旦更增氣疾自省綿痼頃刻
危殆無容復卧任居隆顯玷塵明世乞解所忝
侍終私庭臣以凡庸謬徼昌運奬擢之厚千載
難逢且年踰知命志事榮顯脩大有分無所暦
言若天鑒微誠暫是借餘曆傾宗殞元陳力無遠
仰違庭闕伏枕鯁戀送貂蟬及章詔不許杲之

歷在上府以文學見遇上造崇虛館使爲碑文
卒時年五十一上甚惜之謚曰貞子時會稽孔
廣字淹源亦美姿制歷州治中卒
王諶字仲和東海郯人也祖万慶員外常侍父
元閔護軍司馬宋大明中沈曇慶爲徐州辟諶
爲迎主簿又爲州迎從事湘東王國常侍鎭北
行叅軍州國府主皆宋明帝也除義陽王征北
行叅軍又除度明帝衛軍府諶有學義累爲帝
蕃佐及即位除司徒叅軍帶薛令兼中書舍人

見親遇常在左右諶見帝所行慘僻屢諫不從
請退坐此見怒繫尚方少日出尋除尚書殿中
郎從記室叅軍正員郎薛令如故遷兼中書郎
晋平王驃騎板諮議出爲湘東太守秩中二千
石未拜坐公事免復爲桂陽王驃騎府諮議叅
軍中書郎明帝好圍棊置圍棊州邑以建安王
休仁爲圍棊州都大中正諶與太子右率沈勃
尚書水部郎庾珪之彭城丞王抗四人爲小中
正朝請褚思莊傅楚之爲清定訪問出爲臨

川内史還爲尚書左丞尋以本官領東觀祭酒即明帝所置摠明觀也遷黄門轉正員常侍輔國將軍江夏王右軍長史冠軍將軍轉給事中廷尉卿未拜建元中武陵王曅爲會稽以諶爲征虜長史行事冠軍如故永明初遷豫章王太尉司馬將軍如故世祖與諶相遇於宋明之世欲委任爲輔國將軍晉安王南中郎長史淮南太守行府州事五年除黄門郎領驍騎將軍遷太子中庶子驍騎如故諶貞正和謹朝庭稱爲

善人多與之厚八年轉冠軍將軍長沙王車騎長史徙廬陵王中軍長史將軍如故西陽王子明在南兗州長史沈憲去職上復徙諶爲征虜長史行南兗府州事將軍如故諶少貧嘗自紡績及通貴後每爲人說之世稱其志達九年卒年六十九

史臣曰鶉居鷇飲栽樹司牧板籍之起尚未分民所以愛字之義深納隍之意重也季世以後務盡民力量財品賦以自奉養下窮而上不卹世澆而事僞變故有竊名簿閱忍賊肌膚生濫死乖趨避繩網積虛累謬已數十年欺蔽相容官民共有爲國之道良宜矯革若令優役輕傜則斯詐自弭明糾羣吏則茲僞不行空閱舊文徒成民幸是以崔琰之識魏武謝安之論京師斷民之難豈直遠在周世

贊曰玩之止足爲論未光[illegible]沖獲時譽杲信珪璋諶[illegible]

列傳第十五　南齊書三十四

列傳第十六　　南齊書三十五

臣蕭子顯撰

高祖十二王

高帝十九男昭皇后生武帝豫章文獻王嶷謝
貴嬪生臨川獻王映長沙威王晃羅太妃生武
陵昭王曅任太妃生安成恭王暠陸脩儀生鄱
陽王鏘晉熙王銶袁脩容生桂陽王鑠何太妃
生始興簡王鑑宜都王鏗區貴人生衡陽王鈞
張淑妃生江夏王鋒河東王鉉李美人生南平
王銳第九第十三第十四第十七皇子早亡衡
陽王鈞出繼元王後

臨川獻王映字宣光太祖第三子也宋元徽四
年解褐著作佐郎遷撫軍行參軍南陽王文學
沈攸之事難太祖時領南徐州以映爲寧朔將
軍鎮京口事寧除中軍諮議從事中郎輔國將
軍淮南宣城三郡太守並不拜仍爲假節都督
南兖兖徐青冀五州諸軍事行兖州刺史將軍
如故尋除給事黃門侍郎領前軍將軍仍復爲

冠軍將軍南兖州刺史假節都督復爲監軍督
五州如故齊臺建宋帝詔封映及弟晃曅暠鏘
鑠鑑並爲開國縣公各千五百戶未及定土宇
而太祖踐阼以映爲使持節都督荆湘雍益梁
寧南北秦八州諸軍事平西將軍荆州刺史封
臨川王食邑例二千戶又領湘州刺史豫章王
嶷既留鎮陝西映亦不行改授散騎常侍都督
揚南徐二州諸軍事前將軍揚州刺史持節如
故國家初創映以年少臨神州吏治聰敏府州
曹局皆重足以奉禁令自宋彭城王義康以後
未之有也出爲都督荆湘雍益梁巴寧南北秦
九州諸軍事鎮西將軍荆州刺史持節常侍如
故給鼓吹一部以國憂解散騎常侍進號征西
永興元年入爲侍中驃騎將軍二年給油絡車
五年卽本號開府儀同三司七年薨映善騎射
解聲律工左右書左右射應接賓客風韻韶美
朝野莫不惋惜焉時年三十二詔賜東園祕器
朝服一具衣一襲贈司空九子皆封侯長子子

晉歷東陽吳興二郡太守祕書監領後軍將軍永元初爲侍中遷左民尚書坐從妹祖日不拜爲有司所奏事留中子晉遂不復拜梁王定京邑猶服侍中服入梁爲輔國將軍高平太守第二子子游州陵侯解褐員外郎太子洗馬歷琅邪晉陵二郡太守黃門侍郎好音樂解絲竹雜藝梁初坐閨門淫穢及殺人爲有司所奏請議禁錮子晉謀反兄弟並伏誅

長沙威王晃字宣明太祖第四子也少有武力爲太祖所愛宋世解褐祕書郎邵陵王反不拜昇明二年代兄映爲寧朔將軍淮南宣城二郡太守初沈攸之事起晃便弓馬多從武容燻赫都街時人爲之語曰煥煥蕭四繖其年還爲持節監豫司二州之西陽諸軍事西中郎將豫州刺史太祖踐祚晃欲用政事輒爲典籤所裁晃執殺之上大怒手詔賜杖尋還使持節都督南徐兗二州諸軍事後將軍南徐州刺史世祖爲皇太子拜武進陵於曲阿後湖鬬隊使晃御馬

軍上聞之又不悅入爲侍中護軍將軍以國憂解侍中加中軍將軍太祖臨崩以晃屬世祖處以輦轂近蕃勿令遠出永明元年上遷南徐州刺史竟陵王子良爲南兗州以晃爲使持節都督南徐兗二州諸軍事鎮軍將軍南徐州刺史入爲散騎常侍中書監諸王在京都唯置捉刀左右四十人晃愛武飾罷徐州還私載數百人仗還都爲禁司所覺投之江水世祖禁諸王畜私仗上聞之大怒將糾以法豫章王嶷於御前稽首流涕曰晃罪誠不足宥陛下當憶先朝念白象晃小字也上亦垂泣太祖大漸時誡世祖曰宋氏若不骨肉相圖他族豈得乘其衰弊汝深戒之故世祖終無異意然晃亦不見親寵當時論者以世祖優於魏文減於漢明尋加晃鎮軍將軍轉丹陽尹常侍將軍如故又爲侍中護軍將軍鎮軍如故尋進號車騎將軍侍中如故給油絡車鼓吹一部八年薨年三十一賜東園祕器朝服一具衣一襲即本號贈開府儀同三

司世祖嘗幸鍾山晃從駕以馬矟刺道邊枯蘖
上令左右數人引之銀纏皆卷聚而矟不出乃
令晃復馳馬拔之應手便去每遠州獻駿馬上
輒令晃於華林中調試之太祖常曰此我家任
城也世祖緣此意故謚曰威
武陵昭王曅字宣照太祖第五子也母羅氏從
太祖在淮陰以罪誅故曅見愛初除冠軍將軍
轉征虜將軍曅剛穎儁出工弈棊與諸王共作
短句詩學謝靈運體以呈上報曰見汝二十字

諸兒作中最爲優者但康樂放蕩作體不辯有
首尾安仁士衡深可宗尚顏延之抑其次也建
元三年出爲持節都督會稽東陽新安永嘉臨
海五郡軍事會稽太守將軍如故上遣儒士劉
瓛往郡爲曅講五經世祖即位進號左將軍入爲
中書令將軍如故轉散騎常侍太常卿又爲中
書令遷祠部尚書常侍並如故曅無寵於世祖
未嘗處方嶽數以語言忤旨世祖幸豫章王嶷
東田宴諸王獨不召曅嶷曰風景殊美今日甚

憶武陵上乃呼之曅善射屢發命中顧謂四坐
曰手何如上神色甚怪嶷曰阿五常日不爾今
可謂仰藉天威帝意乃釋後於華林賭射上敕
曅疊破凡放六箭五破一皮賜錢五萬又於御
席上舉酒勸曅曅曰陛下嘗不以此處許臣上
回面不答久之出爲江州刺史常侍如故上以
曅方出外鎮求曅宅給諸皇子曅曰先帝賜臣
此宅使臣歌哭有所陛下欲以州易宅臣請以
宅易州至鎮百餘日典籤趙渥之啓曅得失於

是徵還爲左民尚書俄轉前將軍太常卿累不
得志冬節問訊諸王皆出曅獨後來上已還便
殿聞曅至引見問之曅稱牛羸不能取路上敕
車府給副御牛一頭敕主客自今諸王來不隨
例者不得復爲通以公事還過竟陵王子良宅
冬月道逢乞人脫襦與之子良見曅衣單薦襦
於曅曅曰我與向人亦復何異尚書令王儉詣
曅曅留儉設食柈中菘菜絕魚而已又名後堂
山爲首陽蓋怨貧薄也尋爲丹陽尹常侍將軍

如故始不復置行事得自親政轉侍中護軍將
軍給油絡車又給扶二人世祖臨崩遺詔爲衛
將軍開府儀同三司給鼓吹一部大行在殯竟
陵王子良在殿内太孫未立衆論喧疑羣衆中
言曰若立長則應在我立嫡則應在太孫鬱林
既立甚見憑賴隆昌元年年二十八薨賜東園
祕器朝服贈司空侍中如故給節班劒二十人
安成恭王暠字宣曜太祖第六子也建元二年
除冠軍將軍鎮石頭戍領軍事四年出爲使持

節督江州豫州之晉熙諸軍事南中郎將江州
刺史永明元年進號征虜將軍明年爲左衛將
軍尋遷侍中領步兵校尉轉中書令五年遷祠
部尚書領驍騎將軍六年出爲南徐州刺史九
年遷散騎常侍祕書監領石頭戍事暠性清和
多疾其夏薨年二十四贈撫軍將軍常侍如故
鄱陽王鏘字宣韶太祖第七子也建元四年世
祖即位以鏘爲使持節督雍梁南北秦四州郢
州之竟陵司州之隨郡軍事北中郎將寧蠻校

尉雍州刺史永明二年進號征虜將軍四年爲
左衛將軍遷侍中領步兵校尉七年轉征虜將
軍丹陽尹尋加散騎常侍進號撫軍出爲江州
刺史常侍如故九年始親府州事加使持節督
江州諸軍事安南將軍置佐史常侍如故先是
二年省江州府至是乃復十一年爲領軍常侍
如故鏘和悌美令有寵於世祖領軍之授齊室
諸王所未爲鏘在官理事無壅當時稱之車駕
遊幸常甲仗衛從恩待次豫章王嶷其年給油

絡車隆昌元年轉尚書右僕射常侍如故俄遷
侍中驃騎將軍開府儀同三司領兵置佐鏘雍
容得物情爲鬱林王所依信鬱林心疑高宗諸
王問訊獨留鏘謂之曰公聞諱於法身何如鏘
曰臣諱於宗戚最長且受寄先帝臣等年皆尚
少朝廷之幹唯諱一人願陛下無以爲慮鬱林
退謂徐龍駒曰我欲與公共計取諱公既不同
我不能獨辦且復小聽及鬱林廢鏘竟不知廷
興元年進位司徒侍中驃騎如故高宗鎮東府

權勢稍異鏘每往高宗常屣履至車迎鏘語及
家國言淚俱下鏘以此推信之而宮臺內皆屬
意於鏘勸鏘入宮發兵輔政制局監謝粲說鏘
及隨王子隆曰殿下但乘油壁車入宮出天子
置朝堂二王夾輔號令粲等閉城門上仗誰敢
不同東城人政共縛送蕭令耳子隆欲定計鏘
以上臺兵力既悉度東府且慮事難捷意甚猶
豫馬隊主劉巨世祖時舊人詣鏘請間叩頭勸
鏘立事鏘命駕將入復回還內與母陸太妃別
日暮不成行數日高宗遣二千人圍鏘宅害鏘
謝粲等皆見殺鏘時年二十六凡諸王被害皆
以夜遣兵圍宅或斧關排牆叫噪而入家財皆
見封籍焉

桂陽王鑠字宣朗太祖第八子也永明二年出
為南徐州刺史鎮京口歷代鎮府鑠出蕃始省
軍府四年加散騎常侍六年遷中書令度支尚
書七年轉中書令加散騎常侍時鄱陽王鏘好
文章鑠好名理時人稱為鄱桂十年遷太常常

侍如故鑠清羸有冷疾常枕臥世祖臨視賜
床帳衾褥隆昌元年加前將軍給油絡車并給
扶侍二人海陵立轉侍中撫軍將軍領兵置佐
鄱陽王見害鑠遷中軍將軍開府儀同三司鑠
不自安至東府詣高宗還謂左右曰向錄公見接
殷勤流連不能已而貌有慙色此必欲殺我三
更中兵至見害時年二十五

始興簡王鑑字宣徹太祖第十子也初封廣興
王後國隨郡改名永明二年世祖始以鑑為持
節都督益寧二州軍事前將軍益州刺史廣漢
什邡民段祖以錞于獻鑑古禮器也高三尺六
寸六分圍二尺四寸圓如筩銅色黑如漆甚薄
上有銅馬以繩縣馬令去地尺餘灌之以水又
以器盛水於下以芒莖當心跪注錞于以手振
芒則其聲如雷清響良久乃絕古所以節樂也
五年鑑獻龍角一枚長九尺三寸色紅有文八
年進號安西將軍明年為散騎常侍祕書監領
石頭戍事上以與鑑久別車駕幸石頭宴會賞

賜尋還左衛將軍不拜遇疾上為南康王子琳
起青陽巷第新城車駕與後宮幸第樂飲其日
鑑疾甚上遣騎問疾相繼為之詔止樂薨年二
十一遺贈中軍將軍本官新除悉如故
江夏王鋒字宣穎太祖第十三子永明五年為
輔國將軍南彭城平昌二郡太守轉散騎常侍
七年遷左衛將軍仍轉侍中領石頭戍事九年
出為徐州刺史鬱林即位加散騎常侍隆昌元
年入為侍中領驍騎將軍尋加祕書監鋒好琴

書有武力高宗殺諸王鋒遺書誚責左右不為
通高宗深憚之不敢於第收鋒使兼祠官於太
廟夜遣兵廟中收之鋒出登車兵人欲上車防
勒鋒以手擊却數人皆應時倒地於是敢近者
遂逼害之時年二十
南平王銳字宣毅太祖第十五子也永明七年
為散騎常侍尋領驍騎將軍明年為左民尚書
朝直勤謹未嘗屬疾上嘉之十年出為持節都
督湘州諸軍事南中郎將湘州刺史以此賞銳

鬱林即位進號前將軍延興元年害諸王遣裴
叔業平尋陽仍進湘州銳防閤周伯玉勸銳拒
叔業而府州力弱不敢動銳見害年十九伯玉
下獄誅
宜都王鏗字宣嚴太祖第十六子也初除遊擊
將軍永明十年遷左民尚書十一年為持節都
督南豫司二州軍事冠軍將軍南豫州刺史鎮
姑熟時有盜發晉大司馬桓溫女冢得金蠶銀
繭及珪璧鬱林即位進號征虜將軍延興元年

見害年十八
晉熙王銶字宣攸太祖第十八子也永明十一
年除驍騎將軍隆昌元年出為持節督郢司二
州軍事冠軍將軍郢州刺史延興元年進號征
虜將軍尋見害年十六
河東王鉉字宣胤太祖第十九子也隆昌元年
為驍騎將軍出為徐州刺史遷中書令高宗誅
諸王以鉉年少才弱故未加害建武元年轉為
散騎常侍鎮軍將軍置兵佐建武之世高武子

孫憂危鉉每朝見常鞠躬俯僂不敢平行直視
尋遷侍中衛將軍鉉年稍長四年誅王晏以謀
立鉉爲名免鉉官以王還第禁不得與外人交
通永泰元年上疾暴甚遂害鉉時年十九二子
在孩抱亦見殺太祖諸王鉉獨無後衆竊寃之
乃使揚州刺史始安王遙光臨川王子晉竟陵
王昭胄太尉陳顯達尚書令徐孝嗣右僕射沈
文季尚書沈淵沈約王亮奏論鉉帝答不許再
奏乃從之

史臣曰陳思王表云權之所存雖踈必重勢之
所去雖親必輕若夫六代之興亡曹冏論之當
矣分珪命社實寄宗城就國之典既隨世革卿
士入朝作貴藩輔皇王託體同稟尊極仕無常
資秩有恒數禮地兼隆易生推擬世祖顧命情
深尊嫡淵圖遠算意在無遺豈不以羣王少弱
未更多難高宗清謹同起布衣故韶末命於近
親寄重權於踈戚子弟布列外有強大之勢踈
親中立可息覬覦之謀表裏相維足固家國曾
不慮機能運衡寡以制衆曹植之言信之矣

贊曰高十二王始建封植獻昭機警威江才力
恭簡恬和鄱桂清識四王少盛同規謹敕

列傳第十六　南齊書三十五

臣蕭　子顯　撰

謝超宗
劉祥

謝超宗陳郡陽夏人也祖靈運宋臨川內史父鳳元嘉中坐靈運事同徙嶺南早卒超宗元嘉末得還與慧休道人來往好學有文辭盛得名譽解褐奉朝請新安王子鸞孝武帝寵子超宗以選補王國常侍王母殷淑儀卒超宗作誄奏

之帝大嗟賞曰超宗殊有鳳毛恐靈運復出轉新安王撫軍行參軍泰始初爲建安王司徒參軍事尚書殿中郎三年都令史駱宰議策秀才考格五問竝得爲上四三爲中二爲下一不合與第超宗議以爲片辭折獄寸言挫衆魯史襃貶孔論興替皆無俟繁而後秉裁夫表事之淵析理之會豈必委牘方切治道非患對不盡問患以恒文弗奇必使一通峻正寧劣五通而常與其俱奇必使一亦宜採詔從宰議遷司徒主

簿丹陽丞建安王休仁引爲司徒記室正員郎兼尚書左丞中郎以直言忤僕射劉秉左遷通直常侍太祖爲領軍數與超宗共屬文愛其才翰衛將軍袁粲聞之謂太祖曰超宗開亮迴悟善可與語取爲長史臨淮太守粲旣誅太祖以超宗爲義興太守昇明二年坐公事免詣東府門自通其日風寒慘厲太祖謂四座曰此客至使人不衣自暖矣超宗旣坐飲酒數甌辭氣橫出太祖對之甚歡板爲驃騎諮議及卽位轉黃

門郎有司奏撰立郊廟歌敕司徒褚淵侍中謝朏散騎侍郎孔稚珪太學博士王咺之總明學士劉融何法冏何曇秀十人竝作超宗辭獨見用爲人仗才使酒多所陵忽在直省常醉上召見語及北方事超宗曰虜動來二十年矣佛出亦無如何以失儀出爲南郡王中軍司馬超宗怨望謂人曰我今日政應爲司驢爲省司所奏以怨望免官禁錮十年司徒褚淵送湘州刺史王僧虔閣道壞墜水僕射王儉嘗牛驚跳下車

超宗撫掌笑戲曰落水三公隳車僕射前後言
誚稍布朝野世祖即位使掌國史除竟陵王征
北諮議參軍領記室愈不得志超宗娶張敬兒
女爲子婦上甚疑之永明元年敬兒誅超宗謂
丹陽尹李安民曰往年殺韓信今年殺彭越尹
欲何計安民具啓之上積懷超宗輕慢使兼中
丞袁彖奏曰風聞征北諮議參軍謝超宗根性
浮險率情躁薄仕近聲權務先諂狎人裁疎黜
亟便詆賤卒然面譽旋而背毀疑閒台賢每窮

詭舌訕貶朝政必聲凶言腹誹口謗莫此之甚
不敬不諱罕與爲二輒攝白從王永先到臺辨
問超宗有何罪過詣諸貴皆有不遜言語並依
事列對永先列稱主人超宗恒行來詣諸貴要
每多觸忤言語怨懟與張敬兒周旋許結姻好
自敬兒死後惋歎忿慨今月初詣李安民語論
張敬兒不應死安民道敬兒書跡墨迹炳然卿
何忽作此語其中多有不遜之言小人不悉盡
羅縷諳憶如其辭列則與風聞符同超宗罪自

已彰宜附常准超宗少無行檢長習民慝狂狡
之跡聯代所疾迷傲之釁累朝點觸刻容掃轍
久理世表屬聖明廣愛忍禍舒慈捨之憲外許
以改過野心不悛在宥方驕才性無親處恩彌
戾遂遘扇非端空生怨懟恣詈毒於京輔之門
揚凶悖於卿守之席此而不翦國章何寄此而
可貸孰不可容請以見事免超宗所居官解領
記室輒勒外收付廷尉法獄治罪超宗品第未
入簡奏臣輒奉白簡以聞世祖雖可其奏以彖

言辭依違大怒使左丞王逡之奏曰臣聞行父
盡忠無禮斯疾農夫去草見惡必耘所以振纓
稱良登朝著績未有尸位存私而能保其榮名
者也今月九日治書侍御史臣司馬侃啓彈征
北諮議參軍事謝超宗稱根性昏動率心險放
悖議爽眞詈辭犯實親朋忍聞衣冠掩目輒收
付廷尉法獄治罪處劾雖重文辭簡略事入主
書被却還外其晚兼御史中丞臣袁彖改奏白
簡始粗詳備厥初隱衛寔彖之由尋超宗植性

險戾稟行凶詖豺狼野心久暴遐邇張敬兒潛
圖反噬罰未塞愆而稱怨痛枉形于言貌協附
姦邪疑間勳烈構扇異端譏議時政行路同忿
有心咸疾而阿昧苟容輕文略奏又彈事舊體
品第不簡而豐戾殊常者皆命議親奏以彰深
愆況超宗罪愈四凶過窮南竹雖下輒收而文
止黃案沈浮牙見輕重相乖此而不糾憲綱將
替彖才識疎淺質幹無聞憑戚昇榮因慈荷任
不能克己厲情少酬恩獎撓法容非用申私惠

何以糾正邦違式明王度臣等參議請以見事
免彖所居官解兼御史中丞輒攝曹依舊下禁
止視事如故治書侍御史臣司馬侃雖承稟有
由而初無疑執亦合及咎請杖督五十奪勞百
日令史卑微不足申盡啟可奉行侃奏彈之始
臣等並即經見加推糾案入主書方被却檢疎
謬之愆伏追震悚詔曰超宗豈同大逆罪不容
誅彖匿情欺國愛朋罔主事合極法特原收治
免官如案禁錮十年超宗下廷尉一宿髮白皓

首詔徙越州行至豫章上敕豫章內史虞悰曰
謝超宗令於彼賜自盡勿傷其形骸明年超宗
門生王永先又告超宗子才卿死罪二十餘條
上疑其虛妄以才卿付廷尉辯以不實見原永
先於獄自盡

劉祥字顯徵東莞莒人也祖式之吳郡太守父
敳太宰從事中郎祥宋世解褐爲巴陵王征西
行參軍歷驃騎中軍二府太祖太尉東閤祭酒
驃騎主簿建元中爲冠軍征虜功曹爲府主武

陵王曄所遇除正員外祥少好文學性韻剛疎
輕言肆行不避高下司徒褚淵入朝以腰扇鄣
日祥從側過曰作如此舉止羞面見人扇鄣何
益淵曰寒士不遜祥曰不能殺袁劉安得免寒
士永明初遷長沙王鎮軍板諮議參軍撰宋書
譏斥禪代尚書令王儉密以啟聞上銜而不問
歷鄱陽王征虜豫章王大司馬諮議臨川王驃
騎從事中郎祥兄整爲廣州卒官祥就整妻求
還資事聞朝廷於朝士多所貶忽王奐爲僕射

祥與奐子融同載行至中堂見路人驅驢祥曰
驢汝好爲之如汝人才皆已令僕著連珠十五
首以寄其懷辭曰蓋聞興教之道無尚必同拯
俗之方理貴袪弊故揖讓之禮行乎堯舜之朝
干戈之功盛於殷周之世清風以長物成春素
霜以凋嚴戒節蓋聞鼓鼙懷音待揚桴以振
響天地涵靈資昏明以垂位是以俊乂之臣借
湯武而隆英達之君假伊周而治蓋聞懸饑在
歲式羨藜藿之飽重炎灼體不念狐白之温故

才以偶時爲劭道以調俗爲尊蓋聞習數之功
假物可尋探索之明循時則缺故班匠日往繩
墨之伎不衰大道常存機神之智永絶蓋聞理
定於心不期俗賞情貫於時無悲世辱故芬芳
各性不待汨渚之哀明白爲寶無假荆南之哭
蓋聞百仞之臺不挺陵霜之木盈尺之泉時降
夜光之寶故理有大而乖權物有微而至道蓋
聞忠臣赴節不必在朝列士臣時義存則幹故
包胥垂涕不荷肉食之謀王歇投身不主廟堂

之筭蓋聞智出乎身理無或困聲係於物才有
必窮故陵波之羽不能淨浪盈岫之木無以輟
風蓋聞良寶遇拙則奇文不顯達士逢讒則英
才滅耀故墜葉垂蔭明月爲之隔輝堂宇留光
蘭燈有時不照蓋聞跡慕近方必勢遺於遠大
情係驅馳固理忘於肥遯是以臨川之士時結
羨網之悲負肆之氓不抱屠龍之歎蓋聞數之
所隔雖近則難情之所符雖遠則易是以陟歎
流霜時獲感天之誠泣血從刑而無悟主之智

蓋聞妙盡於識神遠則遺功接於人情微則著
故鍾鼓在堂萬夫傾耳大道居身有時不遇蓋
聞列草深岫不改先冬之悴植松澗底無奪後
凋之榮故展禽三黜而無下愚之譽千秋一時
而無上智之聲蓋聞希世之寶違時則賤偉俗
之器無聖必淪故鳴玉黜於楚岫章甫窮於越
人蓋聞聽絶於聰非疾響所握神閑於明非盈
光所燭故破山之雷不發聾夫之耳朗夜之輝
不開矇叟之目有以祥連珠啓上者上令御史

中丞任遐奏曰祥少而狡異長不悛徙請謁絶於私館反脣彰於公庭輕議乘輿歷貶朝望肆醜無避縱言自若厥兄浮槻天倫無一日之悲南金弗獲嫂姪致其輕絶孤舟負反存没相捐遂令暴客掠奪骸柩行路流歎有識傷心攝祥門生孫狼兒列祥頃來飲酒無度言語闌逸道説朝廷亦有不遜之語實不避左右非可稱紙墨兄整先爲廣州於職喪亡去年啓求迎喪還至大雷聞祥與整妻孟爭計財物瞋忿祥仍委

前還後未至鵲頭其夜遭劫内人並爲凶人所淫略如所列與風聞符同請免官付廷尉上別遣勑祥曰卿素無行檢朝野所悉輕弃骨肉侮蔑兄嫂此是卿家行不足乃無關他人卿才識所知蓋何足論位涉清途於分非屈何意輕肆口喙詆目朝士造席立言必以貶裁爲口實冀卿年齒已大能自感厲日望悛革如此所聞轉更增甚譴議朝廷不避尊賤肆口極辭彰暴物聽近見卿影連珠寄意悖慢彌不可長卿不見

謝超宗其才地二三故在卿前事殆是百分不一我當原卿性命令卿萬里思愆卿若能改革當令卿得還獄鞫祥辭祥對曰被問少習狡異長而不悛頃來飲酒無度輕議乘輿歷貶朝望每肆醜言無避尊賤迕答奉旨囚出身入官二十餘年沈悴草萊無明天壤皇運初基便蒙抽擢叅酒主簿並皆先朝相府聖明御寓榮渥彌隆諮議中郎一年再澤廣筵華宴必參未例朝半問訊時奉天暉囚雖頑愚豈不識恩有何怨

望敢生譏議囚歷府以來伏事四王武陵功曹凡涉二載長沙諮議故經少時奉隷大司馬並被恩拂驃騎中郎親職少日臨川殿下不遺蟲蟻賜參辭華司徒殿下文德英明四海傾屬囚不涯卑遠隨例問訊時節拜覲亦沾眄議目餘令王未被祗拜既不經伏節理無厚薄勑旨製書令有疑則啓囚以天日懸遠未敢塵穢私之疑事衞將軍臣儉宰輔聖朝令望當世囚自斷才短密以諮儉儉爲折衷紙迹猶存未解此理

云何敢爲歷貶朝望云因輕議乗輿爲向誰道
若向人道則應有主甲豈有事無髣髴空見羅
誇因性不耐酒親知所悉強進一升便已迷醉
其餘事事自申乃徙廣州祥至廣州不得意終
日縱酒少時病卒年三十九祥從祖兄彪祥曾
祖穆之正胤建元初降封南康縣公虎賁中郎
將永明元年坐廟墓不脩削爵後爲羽林監九
年又坐與亡弟母楊别居不相料理楊死不殯
葬崇聖寺尼慧首剃頭爲尼以五百錢爲買棺

材以泥洹轝送葬劉墓爲有司所奏事寢不出
史臣曰魏文帝云文人不護細行古今之所同
也由自知情深在物無競身名之外一槩可蔑
旣徇斯道其弊彌流聲裁所加取忤人世向之
所以貴身翻成害已故通人立訓爲之而不
恃也
贊曰超宗蘊文粗構餘芬劉祥慕異言亦不羣
違朝失典流放南濱

列傳第十七　南齊書三十六

列傳第十八　南齊書三十七

臣蕭　撰

到撝
劉悛
虞悰
胡諧之

到撝字茂謙彭城武原人也祖彥之宋驃騎將
軍父仲度驃騎從事中郎撝襲爵建昌公起家
爲太學博士除奉車都尉試守延陵令非所樂

去官除新安王北中郎行參軍坐公事免除新
安王撫軍參軍未拜新安王子鸞被殺仍除長
兼尚書左民郎中明帝立欲收物情以爲功臣
後擢爲太子洗馬除王景文安南諮議參軍撝
資籍豪富厚自奉養宅宇山池京師第一妓
妾姿藝皆窮上品才調流贍善納文遊庖廚豐
腆多致賓客愛妓陳玉珠明帝遣求不與逼奪
之撝頗怨望帝令有司誣奏撝罪付廷尉將殺
之撝入獄數宿鬚鬢皆白免死繫尚方奪封與

弟賁擒由是屏斥聲玩更以貶素自立帝除擒
爲羊希恭寧朔府參軍徙劉韞輔國王景文鎮
南參軍並辭疾不就尋板假明威將軍仍除桂
陽王征南參軍轉通直郎解職帝崩後弟賁表
讓封還擒朝議許之遷司徒左西屬又不拜居
家累年弟遁元徽中爲寧遠將軍輔國長史南
海太守在廣州昇明元年沈攸之反刺史陳顯
達起兵以應朝廷遁以猶預見殺遁家人在都
從野夜歸見兩三人持至刷其家門須臾滅明

日而遁死問至擒遑懼詣太祖謝即板爲世祖
中軍諮議參軍建元初遷司徒右長史出爲永
嘉太守爲黃門郎解職世祖即位遷太子中庶
子不拜又除長沙王中軍長史司徒左長史宋
世上數遊會擒家同從明帝射雉郊野渴倦擒
得早青瓜與上對剖食之上懷其舊德意眄良
厚至是一歲三遷永明元年加輔國將軍轉御
史中丞車駕幸丹楊郡宴飲擒恃舊酒後狎侮
同列言笑過度爲左丞庾杲之所糾贖論三年

復爲司徒左長史轉左衛將軍隨王子隆帶彭
城郡擒問訊不修民敬爲有司所舉免官久之
白衣兼御史中丞轉臨川王驃騎長史司徒左
長史遷五兵尚書出爲輔國將軍廬陵王中軍
長史母憂去官服未終八年卒年五十八弟賁
初爲衛尉主簿奉車都尉升明初爲中書郎太
祖驃騎諮議建元中爲征虜司馬卒賁弟坦解
褐本州西曹昇明二年亦爲太祖驃騎參軍歷
豫章王鎮西驃騎二府諮議坦美鬚髯與世祖

豫章王有舊坦仍隨府轉司空太尉　出爲
晉安內史還又爲大司馬諮議中書郎卒
劉悛字士操彭城安上里人也彭城劉同出楚
元王分爲三里以別宋氏帝族祖穎之汝南新
蔡二郡太守父勔司空劉延孫爲南徐州初辟
悛從事隨父勔征竟陵王誕於廣陵以功拜駙
馬都尉轉宗慤寧蠻府主簿建安王司徒騎兵
參軍復隨父勔征殷琰於壽春於橫塘死虎累
戰皆勝歷遷員外郎太尉司徒二府參軍代世

祖爲尚書庫部郎遷振武將軍蜀郡太守未之
任復從父勔征討假寧朔將軍拜鄱陽縣侯世
子轉桂陽王征北中兵參軍與世祖同直殿内
爲明帝所親待由是與世祖款好遷通直散騎
侍郎出爲安遠護軍武陵内史郡南江古堤久
廢不緝悛脩治未畢而江水忽至百姓弃役奔
走悛親率厲之於是乃立漢壽人邵榮與六世
同爨表其門閭悛强濟有世調善於流俗蠻王
田僮在山中年垂百餘歲南譙王義宣爲荆州

僮出謁至是又出謁悛明帝崩表奔赴敕帶郡
還都吏民送者數千人悛人人執手係以涕泣
百姓感之贈送甚厚仍除散騎侍郎桂陽難加
寧朔將軍助守石頭父勔於大桁戰死悛時疾
病扶伏路次號哭求勔屍項後傷缺悛割髮補
之持哭墓側冬月不衣絮太祖代勔爲領軍素
與勔善書譬悛曰承至性毀瘵轉之危慮深以
酸怛終哀全生先王明軌豈有去縗纊徹温席
以此悲號得終其孝性邪當深顧往旨少自抑

勉建平王景素反太祖揔衆軍出頓玄武湖悛
初免喪太祖欲使領支軍召見悛兄弟皆羸削
改貌於是乃止除中書郎行宋南陽八王事轉
南陽王南中郎司馬長沙内史行湘州事未發
霸業初建悛先致誠節沈攸之事起加輔國將
軍世祖鎮盆城上表西討求悛自代世祖既不
行悛除黃門郎行吴郡事尋轉晉熙王撫軍中
軍二府長史行揚州事出爲持節督廣州廣州
刺史將軍如故襲爵鄱陽縣侯世祖自尋陽還

遇悛於舟渚間歡宴敘舊停十餘日乃下遣文
惠太子及竟陵王子良攝衣履脩父友之敬太
祖受禪國除進號冠軍將軍平西記室參軍夏
侯恭叔上書以柳元景中興功臣劉勔殞身王
事宜存封爵詔曰與運隆替自古有之朝議已
定不容復厝意也初謂悟廢太祖集議中華門
見悛謂之曰君昨直耶悛答曰僕昨乃正直而
言急在外至是上謂悛曰功名之際人所不忘
卿昔於中華門答我何其欲謝世事悛曰臣世

受宋恩門荷齊眷非常之勳非臣所及進不遠怨前代退不孤負聖明敢不以實仰答遷太子中庶子領越騎校尉時世祖在東宮再幸悛坊閑言至夕賜屛風帷帳世祖即位改領前軍將軍中庶子如故征北竟陵王子良帶南兖州以悛爲長史加冠軍將軍廣陵太守轉持節都督司州諸軍事司州刺史將軍如故悛父勔討殷琰平壽陽無所犯害百姓德之爲立碑祀悛步道從壽陽之鎮過勔碑拜敬泣涕初義陽人夏

伯宜殺剛陵戍主叛渡淮虜以爲義陽太守悛設討購誘之虜　州刺史謝景殺伯宜兄弟北襄城太守李榮公歸降悛於州治下立學校得古禮器銅罍銅甑山罍樽銅豆鍾各二口獻之遷長兼侍中車駕數幸悛宅宅盛治山池造甕牖世祖著鹿皮冠被悛菟皮衾於牖中宴樂以冠賜悛至夜乃去後悛從駕登蔣山上數歎曰貧賤之交不可忘糟糠之妻不下堂顧謂悛曰此况卿也世言富貴好改其素情吾雖有四海

今日與卿盡布衣之適悛起拜謝遷冠軍將軍司徒左長史尋以本官行北兖州緣淮諸軍事徙始興王前軍長史平蠻校尉蜀郡太守將軍如故行益州府州事郡尋改爲内史隨府轉安西悛治事嚴辦以是會旨宋代太祖輔政有意欲鑄錢以禪讓之際未及施行建元四年奉朝請孔覬上鑄錢均貨議辭證甚博其略以爲食貨相通理勢自然李悝曰糴甚貴傷民甚賤傷農民傷則離散農傷則國貧甚賤與甚貴其傷

一也三吴國之關閫比歲被水潦而糴不貴是天下錢少非穀穰賤此不可不察也鑄錢之弊在輕重屢變重錢患難用而難用爲累輕輕錢弊盜鑄而盜鑄爲禍深民所盜鑄嚴法不禁者由上鑄錢惜銅愛工也惜銅愛工者謂錢無用之器以通交易務欲令輕而數多使省工而易成不詳慮其爲患也自漢鑄五銖錢至宋文帝歷五百餘年制度世有廢興而不變五銖錢者明其輕重可法得貨之宜以爲宜開置泉府方

收貢金大興鎔鑄錢重五銖一依漢法府庫已實國用有儲乃量奉祿薄賦稅則家給民足頃盜鑄新錢者皆效作翦鑿不鑄大錢也摩澤淄染始皆類故交易之後渝變還新良民弗皆淄染不復行矣所鬻賣者皆徒失其物盜鑄者復賤買新錢淄染更用反覆生詐循環起姦此明主尤所宜禁而不可長也若官鑄已布於民使嚴斷翦鑿小輕破缺無周郭者悉不得行官錢細小者稱合銖兩銷以為大利貧良之民塞姦

巧之路錢貨既均遠近若一百姓樂業市道無爭衣食滋殖矣時議者多以錢貨轉少宜更廣鑄重其銖兩以防民姦太祖使諸州郡大市銅會晏駕事寢永明八年悛啟世祖曰南廣郡界蒙山下有城名蒙城可二頃地有燒鑪四所高一丈廣一丈五尺從蒙城渡水南百許步平地掘土深二尺得銅又有古掘銅坑深二丈幷居宅處猶存鄧通南安人漢文帝賜嚴道縣銅山鑄錢今蒙山近青衣水南青衣在側並是故秦

之嚴道地青衣縣又改名漢嘉且蒙山去南安二百里案此必是通所鑄近喚蒙山獠出云甚可經略此議若立潤利無極幷獻蒙山銅一片又銅石一片平州鐵刀一口上從之遣使入蜀鑄錢得千餘萬功費多乃止悛仍代始興王鑑為持節監益寧二州諸軍事益州刺史將軍如故悛既藉舊恩尤能悅附人主承迎權貴賓客閨房供費奢廣罷廣司二州傾資貢獻家無留儲在蜀作金浴盆餘金物稱是罷任以本號還

都欲獻之而世祖晏駕鬱林新立悛奉獻減少鬱林知之諷有司收悛付廷尉將加誅戮高宗啟救之見原禁錮終身雖見廢黜而賓客日至悛婦弟王法顯同宋桂陽事遂啟別居終身不復見之海陵王即位以白衣除兼左民尚書尋除正高宗立加領驍騎將軍復故官駙馬都尉建武二年虜主侵壽陽詔悛以本官假節出鎮漅湖還散騎常侍右衛將軍虜寇既盛悛又以本官出屯新亭悛歷朝皆見恩遇太祖為鄱陽

王鏘納悛妹爲妃高宗又爲晉安王寶義納悛
女爲妃自此連姻帝室王敬則反悛出守琅邪
城轉五兵尚書領太子左衛率未拜明帝崩東
昏即位改授散騎常侍領驍騎將軍尚書如故
衛送山陵卒年六十一贈太常常侍都尉如故
謚曰敬
虞悰字景豫會稽餘姚人也祖嘯父晉左民尚
書父秀之黄門郎悰少而謹敕有至性秀之於
都亡悰東出奔喪水漿不入口州辟主簿建平

王參軍尚書儀曹郎太子洗馬領軍長史正員
郎累至州治中別駕黄門郎初世祖始從官家
尚貧薄悰推國士之眷數相分與每行必呼上
同載上甚德之昇明中世祖爲中軍引悰爲諮
議參軍遣吏部郎江謐持手書謂悰曰今因江
吏郎有白以君情顧意欲相屈建元初轉太子
中庶子遷後軍長史領爲太子中庶子領步兵
校尉鎮北長史寧朔將軍南東海太守尋爲豫
章内史將軍如故悰治家富殖奴婢無游手雖

在南土而會稽海味無不畢致焉遷輔國將軍
始興王長史平蠻校尉蜀郡太守轉司徒司馬
將軍如故悰善爲滋味和齊皆有方法豫章王
嶷盛饌享賓謂悰曰今日肴羞寧有所遺不悰
曰恨無黄頷䑋何曾食疏所載也遷散騎常侍
太子右率永明八年大水百官戎服救太廟悰
朱衣乘車鹵簿於宣陽門外行馬内驅打人爲
有司所奏見原上以悰布衣之舊從容謂悰曰
我當令卿復祖業轉侍中朝廷咸驚其美拜遷

祠部尚書世祖幸芳林園就悰求扁米粣悰獻
粣及雜肴數十轝太官鼎味不及也上就悰求
諸飲食方悰秘不肯出上醉後體不快悰乃獻
醒酒鯖鮓一方而已出爲冠軍將軍車騎長史
轉度支尚書領步兵校尉鬱林立改領右軍將
軍揚州大中正兼大匠卿起休安陵於陵所受
局下牛酒坐免官隆昌元年以白衣領職鬱林
廢悰竊歎曰王徐遂縛袴廢天子天下豈有此
理邪延興元年復領右軍明帝立悰稱疾不陪

位帝使尚書令王晏賫廢立事示悰以悰舊人
引參佐命悰謂晏曰主上聖明公卿勠力寧假
朽老以匡贊惟新乎不敢聞命朝議欲糾之僕
射徐孝嗣曰此亦古之遺直衆議乃止悰稱疾
篤還東上表曰臣族陋海區身微稽屬屬興
運荷竊稠私徒越星紀終慚報答衛養乖方抱
疾嬰固寢瘵以來倏踰旬朔頻加醫治曾未瘳
損惟此朽頓理難振復乞解所職盡療餘辰詔
賜假百日轉給事中光祿大夫尋加正員常侍

永元元年卒時年六十五悰性敦實與人知識
必相存訪親疎皆有終始世以此稱之從弟衮
失志不仕王敬則反取衮監會稽郡而軍事悉
付寒人張靈寶郡人攻郡殺靈寶衮以不豫
事得全

胡諧之豫章南昌人也祖廉之治書侍御史父
翼之州辟不就諧之初辟州從事主簿臨賀王
國常侍員外郎撫軍行參軍晉熙王安西中兵
參軍南梁郡太守以器局見稱徙邵陵王南中

郎中兵領汝南太守不拜除射聲校尉州別駕
除左軍將軍不拜仍除邵陵王左軍諮議世祖
頓盆城使諧之守尋陽城及爲江州復以諧之
爲別駕委以事任文惠太子鎮襄陽世祖以諧
之心腹出爲北中郎征虜司馬扶風太守爵關
內侯在鎮毗贊甚有心力建元二年還爲給事
中驍騎將軍本州中正轉黃門郎領羽林監永
明元年轉守衛尉中正如故明年加給事中三
年遷散騎常侍太子右率五年遷左衛將軍加

給事中中正如故諧之風形瓌潤善自居處兼
以舊恩見遇朝士多與交遊六年遷都官尚書
上欲遷諧之嘗從容謂諧之曰江州有幾侍中
邪諧之答曰近世唯有程道惠一人而已上曰
當令有二後以語尚書令王儉儉意更異乃以
爲太子中庶子領左衛率諧之兄謨之亡諧之
上表曰臣私門罪釁早備荼苦兄弟三人共相
撫鞠嬰孩抱疾得及成人長兄臣諶之復早殞
没與亡第二兄臣謨之銜戚家庭得蒙訓長情

同極蔭何圖一旦奄見弃放吉凶分違不獲臨
奉乞解所識詔不許改衛尉中庶子如故八年
上遣諧之率禁兵討巴東王子響於江陵兼長
史行事臺軍爲子響所敗有司奏免官權行軍
事如故復爲衛尉領中庶子本州中正諧之有
識計每朝廷官缺及應遷代密量上所用人皆
如其言虞悰以此稱服之十年轉度支尚書領
衛尉明年卒年五十一贈右將軍豫州刺史謚
曰肅

史臣曰送錢羸兩言此無忘一笥之懷報以都
尉千金可失貴在人心夫謹而信汎愛衆其爲
利也博矣況乎先覺潛龍結厚於布素隨才致
位理固然也
贊曰到藉豪華晚懷虛素[illegible]遒度
劉實朝交胡乃蕃故頓顏[illegible]步

列傳第十八　南齊書三十七

列傳第十九　臣蕭[illegible]撰

蕭景先

蕭赤斧 子穎胄

蕭景先南蘭陵蘭陵人太祖從子也祖爰之員
外郎父敬宗始興王國中軍景先少遭父喪有
至性太祖嘉之及從官京邑常相提携解褐爲
海陵王國上軍將軍補建陵令還爲新安王國
侍郎桂陽國右常侍太祖鎮淮陰景先以本官

領軍主自隨防衛城内委以心腹除後軍行參
軍邛縣令員外郎與世祖款暱世祖爲廣興郡
啓太祖求景先同行除世祖寧朔府司馬自此
常相隨逐世祖爲鎮西長史以景先爲鎮西長
流參軍除寧朔將軍隨府轉撫軍中兵參軍尋
除諮議領中兵如故昇明初爲世祖征虜府司
馬領新蔡太守隨上鎮盆城沈攸之事平還都
除寧朔將軍驍騎將軍仍爲世祖撫軍中軍二
府司馬兼左衛將軍建元元年遷太子左衛率

封新吴縣伯邑五百戶景先本名道先乃改避
上諱出爲持節督司州軍州事寧朔將軍司州
刺史領義陽太守是冬虜出淮泗增司部邊戍
兵義陽人謝天蓋與虜相構扇景先言於督府
驃騎豫章王遣輔國將軍中兵參軍蕭惠朗二
千人助景先惠朗依山築城斷塞關隘討天蓋
黨與虜尋遣僞南部尚書頞跋屯汝南洛州刺
史昌黎王馮莎屯清丘景先嚴備待敵豫章王
又遣寧朔將軍王僧炳前軍將軍王應之龍驤

將軍莊明三千人屯義陽關外爲聲援虜退進
號輔國將軍景先啓稱上德化之美上荅曰風
淪俗敗二十餘年以吾當之豈得頓掃幸得數
載盡力救蒼生者必有功於萬物也治天下者
雖聖人猶須良佐汝等各各自竭不憂不治也
世祖即位徵爲侍中領左軍將軍尋兼領軍將
軍景先事上盡心故恩寵特密初西還上坐景
陽樓召景先語故舊唯豫章王一人在席而已
轉中領軍車駕射雉郊外行游景先常甲仗從

廉察左右尋進爵爲侯領太子詹事本官如故
遭母喪詔超起爲領軍將軍遷征虜將軍丹楊
尹五年荒人桓天生引蠻虜於雍州界上司部
以北人情騷動上以景先諳究司土詔曰得雍
州刺史張瓌啓事蠻虜相扇容或侵軼蜂蠆有
毒宜時剿蕩可遣征虜將軍丹陽尹景先捴率
步騎直指義陽可假節司州諸軍皆受節度景
先至鎮屯軍城北百姓乃安牛酒來迎軍未還
遇疾遺言曰此度疾病異於前後自省必無起

理但夙荷深恩今謬充戎寄闇弱每事不稱上
勑慈旨便長違聖世悲哽不知所言可爲作啓
事上謝至尊粗申愚心毅雖成長素闕訓範貞
等幼稚未有所識方以仰累聖明非殘息所能
陳謝自丁荼毒以來妓妾已多分張所餘醜猥
數人皆不似事可以明月佛女桂支佛兒玉女
美玉上臺美滿豔華奉東宮私馬有二十餘
匹牛數頭可簡好者十匹牛二頭上臺馬五匹
牛一頭奉東宮大司馬司徒各奉二匹驃騎鎮

軍各奉一匹應私仗器亦悉輸臺六親多未得
料理可隨宜溫卹微申素意所賜宅曠大恐非
毅等所居須喪服竟可輸還臺劉家前宅久聞
其貨可合率市之直若短少啓官乞足三處田
勤作自足供衣食力少更隨宜買麤猥奴婢充
使不須餘營生周旋部曲還都理應分張其久
舊勞勤者應料理隨宜啓聞乞恩卒時年五十
上傷惜之詔曰西信適至景先奄至喪逝悲懷
切割自不勝任今便舉哀賻錢十萬布二百匹

景先喪還詔曰故假節征虜將軍丹陽尹新吳
侯景先器懷開亮幹局通敏綢繆少長義兼勳
戚誠著夷險績茂所司方外寵榮用申任寄奄
至喪逝悲痛良深可贈侍中征北將軍南徐州
刺史給鼓吹一部假節侯如故謚曰忠侯子毅
以勳戚子少歷清官太子舍人洗馬隨王友永
嘉太守大司馬諮議參軍南康太守中書郎建
武初為撫軍司馬遷北中郎司馬虜動領軍守
琅邪城毅性奢豪好弓馬為高宗所疑忌王晏

事敗并陷誅之遣軍圍宅毅時會賓客奏伎聞
變索刀未得收人突進挾持毅入與母別出便
殺之

蕭赤斧南蘭陵人太祖從祖弟也祖隆子
衛軍録事參軍父始之冠軍中兵參軍赤斧
歷官為奉朝請以和謹為太祖所知宋大明初
竟陵王誕反廣陵赤斧為軍主隸沈慶之圍廣
陵城攻戰有勳事寧封永安亭侯食邑三百七
十戶除車騎行參軍出補晉陵令員外郎丹楊
令還除晉熙王撫軍中兵參軍出為建威將軍

錢唐令遷正員郎赤斧治政為百姓所安吏民
請留之時議見許改除寧朔將軍太祖輔政以
赤斧為輔國將軍左軍會稽司馬輔鎮東境遷
黃門郎淮陵太守從帝遜位於丹陽故治立宮
上令赤斧輔送至薨乃還建元初遷武陵王冠
軍長史驃騎司馬南東海太守輔國將軍並如
故遷長兼侍中祖母喪去職起為冠軍將軍寧
蠻校尉出為持節督雍梁南北秦四州郢州之

竟陵司州之隨郡軍事雍州刺史本官如故在州不營產利勤於奉公遷散騎常侍左衛將軍世祖親遇與蕭景先相比封南豐縣伯邑四百戶遷給事中太子詹事赤斧夙患渴利永明三年會世祖使甲仗衛三廂赤斧不敢辭疾甚數日卒年五十六家無儲積無絹爲衾上聞之愈加惋惜詔賻錢五萬上材一具布百匹蠟二百斤追贈金紫光祿大夫謚曰懿伯子穎胄襲爵

穎胄字雲長弘厚有父風起家祕書郎太祖謂

赤斧曰穎胄輕朱被身覺其趨進轉美足慰人意遷太子舍人遭父喪感腳疾數年然後能行世祖有詔慰勉賜醫藥除竟陵王司徒外兵參軍晉熙王文學穎胄好文義弟穎基好武勇世祖登烽火樓詔羣臣賦詩穎胄詩合旨上謂穎胄曰卿文弟武宗室便不乏才除明威將軍安陸內史遷中書郎上以穎胄勳戚子弟除左將軍知殿內文武事得入便殿出爲新安太守吏民懷之隆昌元年永嘉王昭粲爲南徐州以穎胄爲南東海太守行南徐州事轉持節督青冀二州軍事輔國將軍青冀二州刺史不行除黃門郎領四廂直遷衛尉高宗廢立穎胄從容不爲同異乃引穎胄預功建武二年進爵侯增邑爲六百戶賜穎胄以常所乘白輸牛上慕儉欲鑄壞太官元日上壽銀酒鎗尚書令王晏等咸稱盛德穎胄曰朝廷盛禮莫過三元此一器既是舊物不足爲侈帝不悅後預曲宴銀器滿席穎胄曰陛下前欲壞酒鎗恐宜移在此器也帝

甚有慚色冠軍江夏王寶玄鎮石頭以穎胄爲長史行石頭戍事復爲衛尉出爲冠軍將軍廬陵王後軍長史廣陵太守行南兗州府州事是年虜動揚聲當飲馬長江帝懼敕穎胄移居民入城百姓驚恐席卷欲南渡穎胄以賊勢尚遠不即施行虜亦尋退仍爲持節督南兗徐青冀荆五州諸軍事輔國將軍南兗州刺史和帝爲荆州以穎胄爲冠軍將軍西中郎長史南郡太守行荆州府州事東昏侯誅戮羣公委任廝小

崔陳敗後方鎮各懷異計永元二年十月尚書
令臨湘侯蕭懿及弟衛尉暢見害先遣輔國將
軍巴西梓潼二郡太守劉山陽領三千兵受旨
之官就穎胄共襲雍州雍州刺史梁王將起義
兵慮穎胄不識機變遣使王天虎詣江陵聲云
山陽西上并襲荊雍書與穎胄或勸同義舉穎
胄意猶未決初山陽出爲南州謂人曰朝廷以
白虎幡追我亦不復還矣席卷妓妾盡室而行
至巴陵遲回十餘日不進梁王復遣天虎齎書

與穎胄陳設其略是時或云山陽謀殺穎胄以
荊州同義舉穎胄乃與梁王定契斬王天虎首
送示山陽發百姓車牛聲云起步軍征襄陽十
一月十八日山陽至江津單車白服從左右數
十人詣穎胄穎胄使前汶陽太守劉孝慶前永
平太守劉熙曅鎧曹參軍蕭文照前建威將軍
陳秀輔國將軍孫朮伏兵城內山陽入門即於
車中亂斬之副軍主李元履收餘衆歸附遣使
蔡道猷馳驛送山陽首於梁王乃發教纂嚴分

部驛募東昏聞山陽死發詔討荊雍贈山陽寧
朔將軍梁州刺史穎胄有器局既唱大事虛心
委己衆情歸之加穎胄右將軍都督行留諸軍
事置佐史本官如故西中郎司馬夏侯詳加征
虜將軍遣寧朔將軍王法度向巴陵穎胄獻錢
二十萬米千斛鹽五百斛諮議宗塞別駕宗史
獻穀二千斛牛二頭換借富貲以助軍費長沙
寺僧業富沃鑄黃金爲龍數千兩埋土中歷相
傳付稱爲下方黃鐵莫有見者乃取此龍以充

軍實十二月移檄西中郎府長史都督行留諸
軍事右軍將軍南郡太守南豐縣開國侯蕭穎
胄司馬征虜將軍新興太守夏侯詳告京邑百
官諸州郡牧守夫運不常夷有時而陂數無恒
剝否極則亨昔商邑中微彭韋投袂漢室方昏
虛牟効節故風聲永樹卜世長久者也昔我太
祖高皇帝德範生民功格天地仰緯彤雲俯臨
紫極世祖嗣興增光前業雲雨之所沾被日月
之所出入莫不舉踵來王交臂納貢鬱林昏迷

顛覆厥序俾我大齊之祚翦焉將墜高宗明皇帝建道德之盛軌垂仁義之至蹤紹二祖之鴻基繼三五之絕業昧旦丕顯不明求衣故奇士盈朝異人輻湊若乃經禮緯樂之文定鼎作洛之制非雲如醴之祥白質黑章之瑞諒以則天比大無德稱焉而嗣主不綱窮肆陵暴十愆昌行三風咸襲喪初而無哀貌在感而有喜容酣酒嗜音罔懲其侮讒賊狂邪是與比周遂令親賢嬰荼毒之誅宰輔受葅醢之戮江僕射蕭劉

領軍徐司空沈僕射曹右衛或外戚懿親或皇室令德或時宗民望或國之虎臣並勳彰中興功比申邵秉鈞贊契受遺先朝咸以名重見疑正直貽斃害加黨族虐及嬰孺曾無渭陽追遠之情不顧本枝殲落之痛信必見疑忠而獲罪百姓業業罔知攸暨崔慧景內逼淫刑外不堪命驅土崩之民爲免死之計倒戈回刃還指宮闕城無完守人有異圖賴蕭令君勳濟宗祐業拯茲倉氓四海蒙一匡之德億兆憑再造之功江

夏王拘迫威強牽制巨力迹屈當時迺心可亮竟不能內恕探情顯加鴆毒蕭令自以親惟族長任實宗臣至誠苦言朝夕獻入讒醜交構漸見疎疑浸潤成災奄離怨酷用人之功以寧社稷刈人之身以騁淫濫台輔既誅姦小競用梅蟲兒茹法珍妖忍愚戾窮縱醜惡販鬻主威以爲家勢營惑嗣主恣其妖虐宮女千餘裸服宣婬孽臣數十袒裼相逐帳飲闤肆之間宵遊街陌之上提挈群豎以爲歡笑劉山陽潛受凶旨

規肆狂逆天誘其衷即就梟翦夫天生蒸民樹之以君使司牧之勿使失性豈有尊臨寓縣毒遍黔首絕親戚之恩無君臣之義功重者先誅勳高者速斃九族內離四夷外叛封境日蹙戎馬交馳帑藏既空百姓已竭不卹不憂慢遊是好民怨於下天懲於上故熒惑襲月孽火燒宮妖水表災震蝕告沴七廟阽危三才莫紀大懼我四海之命永淪于地南康殿下體自高宗天挺英懿食菜之徵著於弱年當璧之祥兆乎綺

歲億兆顒顒咸思戴奉且勢居上游任摠連帥
家國之否寧濟是當莫府身備皇宗忝荷顧託
憂深責重誓清時難今命冠軍將軍西中郎諮
議領中直兵參軍軍主王揚公則寧朔將軍領中
兵參軍軍主王法度冠軍將軍諮議參軍軍主龐
亹輔國將軍諮議參軍領別駕軍主宗夬輔國
將軍諮議參軍軍主樂藹等領勁卒三萬陵波
電邁逕造秣陵冠軍將軍領諮議中直兵參軍
軍主蔡道恭輔國將軍中直兵參軍右軍府司

馬軍主席闡文輔國將軍中直兵參軍軍主任
漾之寧朔將軍中直兵參軍軍主韓孝仁寧朔
將軍中直兵參軍軍主朱斌中直兵參軍軍主
宗冰之建威將軍中直兵參軍軍主朱景舒寧
朔將軍中直兵參軍軍主庾域寧遠將軍軍主
庾略等被甲二萬直指建業輔國將軍武寧太
守軍主鄧元起輔國將軍前軍將軍軍主王世
興等鐵騎一萬分趨白下征虜將軍領司馬新
興太守夏侯詳寧朔將軍諮議參軍軍主柳忱

寧朔將軍領中兵參軍軍主劉孝慶建威將軍
軍主江陵令江詮等帥組甲五萬駱驛繼發雄
劍高麾則五星從流長戟遠指則雲虹變色天
地為之矞皇山淵以之崩沸莫府親貫甲冑授
律中權董帥熊羆之士十有五萬征鼓紛沓雷
動荊南寧朔將軍南康王友蕭穎達領虎旅三
萬抗威後拒蕭雍州勳業蓋世謀猷淵肅既痛
家禍兼憤國難泣血枕戈誓雪怨酷精卒十萬
巳出漢川張郢州節義慷慨悉力齊奮江州邵

陵王湘州張行事王司州皆遠近懸契不謀而
同並勒驍猛指景風驅舟艦魚麗萬里蓋水車
騎雲屯平原霧塞以同心之士伐倒戈之衆盛
德之師救危亡之國何征而不服何誅而不克
哉今兵之所指唯在梅蟲兒茹法珍二人而已
諸君德載累世勳著先朝屬無妄之時居道消
之運受迫羣豎念有危懼大軍近次當各思拔
迹來赴軍門檄到之日有能斬送蟲兒法珍首
者封二千戶開國縣侯若迷惑凶黨敢拒軍鋒

刑茲無赦戮及宗族賞罰之信有如皦日江水
在此余不食言遣冠軍將軍楊公則向湘州王
法度不進軍免官公則進剋巴陵仍向湘川遣
寧朔將軍劉坦行湘州事穎胄遣人謂梁王曰
時月未利當須來年二月今便進兵恐非良策
梁王曰今坐甲十萬糧用自竭況藉以義心一
時驍銳且太白出西方杖義而動天時人謀無
有不利昔武王伐紂行逆太歲豈復待年月邪
穎胄乃從遣西中郎參軍鄧元起率衆向夏口

三年正月和帝爲相國穎胄領左長史進號鎮
軍將軍於是始選用方伯梁王屢表勸和帝即
尊號梁州刺史柳惔竟陵太守曹景宗並勸進
穎胄使別駕宗史撰定禮儀上尊號改元於江
陵立宗廟南北郊州府城門悉依建康宮置尚
書五省以城南射堂爲蘭臺南郡太守爲尹建
武中荆州大風雨龍入柏齋中柱壁上有爪足
處刺史蕭遙欣恐畏不敢居之至是以爲嘉祐
殿中興元年三月穎胄爲侍中尚書令假節都

督如故尋領吏部尚書監八州軍事行荆州刺
史本官如故左丞樂藹奏曰敕旨以軍旅務殷
且停朝直竊謂匪懈于位義昭夙興國容舊典
不可頓闕與兼右丞江詮等參議八座丞郎以
下宜五日一朝有事郎坐侍下鼓無事許從實
還外奏可梁王義師出沔口郢州刺史張沖據
城拒守楊公則定湘州行事張寶積送江陵率
軍會夏口巴西太守魯休烈巴東太守蕭惠訓
遣子璝拒義師穎胄遣汶陽太守劉孝慶進峽

口與巴東太守任漾之宜都太守鄭法紹衛之
時軍旅之際人情未安穎胄府長史張熾從絳
衫左右三十餘人入千秋門城内驚恐疑有同
異御史中丞奏彈熾詔以贖論穎胄弟穎孚在
京師廬陵人脩靈祐竊將南上於西昌縣山中
聚兵二千人襲郡内史謝篡奔豫章穎孚靈祐
據郡求援穎胄遣寧朔將軍范僧簡入湘州南
道援之僧簡進尅安成仍以爲輔國將軍安成
内史拜穎孚爲冠軍將軍廬陵内史合二郡

兵出彭蠡口東昏侯遣軍主彭盆劉希祖三千
人受江州刺史陳伯之節度南討二郡義兵仍
進取湘州南康太守王丹保郡應盆等穎孚聞
兵至望風奔走前內史謝纂復還郡劉希祖至
安成攻戰七日城陷范僧簡見殺希祖仍爲安
成內史穎孚收散卒據西昌謝纂又遣軍攻之
衆敗奔湘州以穎孚爲督湘東衡陽零陵桂陽
營陽五郡湘東內史假節將軍如故尋病卒後
脩靈祐又合餘衆攻纂纂復敗走豫章劉希祖

亦以郡降湘東內史王僧粲亦拒義自稱平西
將軍湘州刺史以南平鎮軍主周敷爲長史率
前軍襲湘州去州百餘里楊公則長史劉坦守
州城遣軍主尹法略拒之屢戰不勝及聞建康
城平僧粲散走乃斬之南康太守王丹亦爲郡
人所殺郢城降義師衆軍東下八月魯休烈蕭
璝破汶陽太守劉孝慶等於峽口巴東太守任
漾之見殺遂至上明江陵大震穎胄恐馳告梁
王曰劉孝慶爲蕭璝所敗宜遣楊公則還援根

本梁王曰公則今泝流上荊鞭長之義且蕭璝
魯休烈烏合之衆尋自退散政須荊州少時持
重良須兵力兩弟在雍指遣往徵不爲難至穎
胄乃追贈任漾之輔國將軍梁州刺史遣軍主
蔡道恭假節屯上明拒蕭璝時梁王已平郢江
二鎮穎胄輔帝出居上流有安重之勢素能飲
酒噉白肉鱠至三升既聞蕭璝等兵相持不決
憂慮感氣十二月壬寅夜卒遺表曰臣疹患數
日不謂便至困篤氣息綿微待盡而已臣雖庸

薄忝籍宗盟過受先朝殊常之眷循寵礪心誓
生以死屬値皇業中否天地分崩揔率諸侯翼奉
明聖賴社稷靈長大明在運故兵之所臨無思
不服令四海垂平干戈行戢方希陪翠華奉法
駕反東都觀舊物不幸遘疾奄辭明世懷此深
恨永結泉壤竊惟王業至重萬機甚大登之實
難守之未易陛下富於春秋當遠尋祖宗創業
艱難殷鑒季末顛覆歛緒思所以念始圖終康
此兆庶征東大將軍臣諱元勳上德光贊天

下陛下垂拱仰成則風流日化臣雖萬沒無所
遺恨時年四十和帝出臨哭詔贈侍中丞相本
官如故前後部羽葆鼓吹班劍三十人轀輬車
黄屋左纛梁王圍建康城住在石頭和帝密詔
報穎胄凶問祕不發喪及城平識者聞之知天
命之有在矣梁天監元年詔曰念功惟德歷代
所同追遠懷人彌與事篤齊故侍中丞相尚書
令穎胄風格峻遠器宇淵邵清猷盛業問望斯
歸締構義始肇基王迹契闊屯夷載形心事朕

膺天改於光宅區宇望岱瞻河永言增慟可封
巴東郡公邑三千戶本官如故喪還今上車駕
臨哭渚次詔曰齊故侍中丞相尚書令穎胄葬
送有期前代所加殊禮依晉王導齊豫章王故
事可悉給諡曰獻武范僧簡贈交州刺史
史臣曰魏氏基於用武夏侯諸曹並以戚族而
爲將相夫股肱爲義既有常然肺腑之重兼存
宗寄豐沛之間貴人滿市功臣所出多在南陽
夫貞幹所以成務非虛言也

贊曰新吳事武簡在帝心南豐治政迹顯亡衾
鎮軍茂績機識弘深荆南立主嚮義漢陰

列傳第十九　南齊書三十八

列傳第二十　　南齊書三十九

臣蕭　子顯　撰

劉瓛 弟璡

陸澄

劉瓛字子珪沛國相人晉丹陽尹惔六世孫也祖引之給事中父惠治書御史瓛初州辟祭酒主簿宋大明四年舉秀才兄璲亦有名先應州舉至是別駕東海王元曽與瓛父惠書曰此歲賢子充秀州閭可謂得人除奉朝請不就少篤

學博通五經聚徒教授常有數十人丹陽尹袁粲於後堂夜集瓛在座粲指庭中柳樹謂瓛曰人謂此是劉尹時樹每想高風今復見卿清德可謂不衰矣薦爲祕書郎不見用除邵陵王郡主簿安陸王國常侍安成王撫軍行參軍公事免瓛素無宦情自此不復仕除車騎行參軍南彭城郡丞尚書祠部郎並不拜袁粲誅瓛微服往哭并致賻助太祖踐阼召瓛入華林園談語謂瓛曰吾應天革命物議以爲何如瓛對曰陛

下誡前軌之失加之以寬厚雖危可安若循其覆轍雖安必危矣既出帝顧謂司徒褚淵曰方直乃爾學士故自過人敕瓛使數入而瓛自非詔見未嘗到宮門上欲用瓛爲中書郎使吏部尚書何戢喻旨戢謂瓛曰上意欲以鳳池相處恨君資輕可且就前除少日當轉國子博士便即後授瓛曰平生無榮進意今聞得中書郎而拜豈本心哉後以母老闕養重拜彭城郡丞謂司徒褚淵曰自省無廊廟之才所願唯保彭城

丞耳上又以瓛兼揔明觀祭酒除豫章王驃騎記室參軍丞如故瓛終不就武陵王曅爲會稽太守上欲令瓛爲曅講除會稽郡丞學徒從之者轉衆永明初竟陵王子良請爲征北司徒記室瓛與張融王思遠書曰奉教使恭召會當停公事但念生平素抱有乖恩顧吾性拙人間不習仕進昔嘗爲行佐便以不能及公事免黜此皆眷者所共知也量已審分不敢期榮夙嬰貧困加以疎懶衣裳容髮有足駭者中以親老供

養褰裳徒步脫爾逮今三代一紀先朝使其更
目脩正勉厲於階級之次見其繿縷或復賜以
衣裳袁褚諸公咸加勸勵終不能自反也一不
復爲安可重爲哉昔人有以冠一免不重加於
首每謂此得進止之儀古者以賢制爵或有秩
滿而辭老以庸制祿或有徐令上文長者求贍
前良在已何若又上下年尊益不顧居官次廢
晨昏也先朝爲此曲申從許故得連年不拜榮
授而帶帖薄祿既習此歲久又齒長疾侵豈宜

攝齋河間之聽廁迹東平之僚本無絕俗之操
亦非能偃蹇爲高此又諸賢所當深察者也近
奉初教便自希得託迹於客遊之末而固辭榮
級其故何耶以古之王侯大人或以此延四方
之士甚美者則有輻湊燕路慕君王之義驤鑣
魏闕高公子之仁繼有追申白而入楚羨鄒枚
而遊梁吾非敢叨夫曩賢庶欲從九九之遺蹤
既於聞道集泮不殊而幸無職司拘礙可得奉
溫凊展私計志在此爾除步兵校尉並不拜瓛

姿狀纖小儒學冠於當時京師士子貴遊莫不
下席受業性謙率通美不以高名自居遊詣故
人唯一門生持胡床隨後主人未通便坐問答
仕在檀橋瓦屋數間上皆穿漏學徒敬慕不敢
指斥呼爲青溪焉竟陵王子良親往脩謁七年
表世祖爲瓛立館以揚烈橋故主第給之生徒
皆賀瓛曰室美爲人災此華宇豈吾宅邪幸可
詔作講堂猶恐見害也未及徙居遇病子良遣
從瓛學者彭城劉繪從陽范縝將廚於瓛宅營

齋及卒門人受學並弔服臨送時年五十六瓛
有至性祖母病疽經年手持膏藥漬指爲爛母
孔氏甚嚴明謂親戚曰阿稱便是今世曾子阿
稱瓛小名也年四十餘未有婚對建元中太祖
與司徒褚淵爲瓛娶王氏女王氏椓壁挂履土
落孔氏牀上孔氏不悅瓛即出其妻及居父喪
不出廬足爲之屈杖不能起今上天監元年下詔
爲瓛立碑謚曰貞簡先生所著文集皆是禮義行
於世初瓛講月令畢謂學生嚴植曰江左以來陰

陽律數之學廢矣吾今講此曾不得其髣髴時
濟陽蔡仲熊禮學博聞謂人曰凡鍾律在南不
容復得調平昔五音金石本在中土今既來南
土氣偏陂音律乖爽仲熊歷安西記室尚書左
丞瓛弟璡璡字子璥方軌正直宋泰豫中爲明
帝挽郎舉秀才建平王景素征北主簿深見禮
遇邵陵王征虜安南行參軍建元初爲武陵王
曅冠軍征虜參軍曅與僚佐飲自割鵝炙璡曰
應刃落俎膳夫之事殿下親執鸞刀下官未敢

安席因起請退與友人孔澈同舟入東澈留目觀
岸上女子璡舉席自隔不復同坐豫章王太尉板行
佐兄瓛夜隔壁呼璡共語璡不答方下牀著衣立
然後應瓛問其久璡曰向束帶未竟其立操如此
文惠太子召璡入侍東宮每上事輒削草尋署
中兵兼記室參軍大司馬軍事射聲校尉卒官
陸澄字彥淵吳郡吳人也祖邵臨海太守父瑗
州從事澄少好學博覽無所不知行坐眠食手
不釋卷起家太學博士中軍衞軍府行佐太宰

參軍補太常丞郡主簿北中郎行參軍宋泰始初
爲尚書殿中郎議皇后諱及下外皆依舊稱姓
左丞徐爰案司馬孚議皇后不稱姓春秋逆王
后于齊澄不引典據明而以意立議坐免官白
衣領職郎官舊有坐杖有名無實澄在官積前
後罰一日并受千杖轉通直郎兼中書郎尋轉
兼左丞泰始六年詔皇太子朝賀服袞冕九章
澄與儀曹郎丘仲起議服冕以朝實著經文秦
除六冕漢明還備魏晉以來不欲令臣下服袞

冕故位公者加侍官今皇太子禮絕群后宜遵
聖王盛典革近代之制尋轉著作正員郎兼官
如故除安成太守轉劉韞撫軍長史加綏遠將
軍襄陽太守並不拜仍轉劉秉後軍長史東海
太守遷御史中丞建元元年驃騎諮議沈憲等
坐家奴客爲劫子弟被劾憲等晏然左丞任遐
奏澄不糾請免澄官澄上表自理曰周稱舊章漢
言故事爰自河雒降速淮海朝之憲度動尚先准
若乃任情違古率意專造豈謂酌諸故實擇其

茂典寀遐啓彈新除諮議參驃騎大將軍軍事
沈憲太子庶子沈曠幷弟息敕付建康而憲被
使曠受假俱無歸罪事狀臣以不糾憲等爲失
伏尋晉宋左丞案奏不乏於時其及中丞者從
來殆無王獻之習違朝章近代之宗其爲左丞
彈司徒屬王濛憚罰自解屬疾遊行初不及中丞
桓祕不奔山陵左丞鄭襲不彈祕直彈中丞孔
欣時又云別攝蘭臺檢校此徑彈中丞之謂唯
左丞庾登之奏鎮北檀道濟北伐不進致虎牢

陷沒蕃岳宰臣引咎謝侃言而責帥之劾曾莫奏
聞請收治道濟免中丞何萬歲夫山陵情敬之
極北伐專征之大祕霸季之貴道濟元勳之盛
所以咎及南司事非常憲然祕事猶非及中丞
也今若以此爲例恐人之貴賤事之輕重物有
其倫不可相方左丞江奧彈段景文又彈裴方
明左丞甄法崇彈蕭珍又彈杜驥又彈段國又
彈范文伯左丞羊玄保又彈蕭汪左丞殷景熙
彈張仲仁兼左丞何承天彈呂萬齡並不歸罪

皆爲重劾凡茲十彈差是憲曠之比悉無及中
丞之議左丞荀萬秋劉藏江謐彈王僧朗王雲
之陶寶度不及中丞最是近例之明者謐彈在
今龕邑之後事行聖照遠取十奏近徵二案自
宜依以爲體豈得捨而不遵臣竊此人乏謬奉
國憲今遐所糾既行一時若默而不言則向爲
來准後人被繩方當追請素飧之責貽塵千載
所以備舉顯例引通國典雖有愚心不在微躬
請出臣表付外詳議若所陳非謬裁由天鑒詔

委外詳議尚書令褚淵奏宋世左丞荀伯子彈
彭城令張道欣等坐界劫累發不禽免道欣等
官中丞王準不糾亦免官左丞羊玄保彈豫州
刺史管義之譙梁羣盜免義之官中丞傅隆不
糾亦免隆官左丞羊玄保又彈兗州刺史鄭從
之濫上布及加課租綿免從之官中丞傅隆不
糾免隆官左丞陸展彈建康令丘珍孫丹陽尹
孔山士劫發不禽免珍孫山士官中丞何勗不
糾亦免勗官左丞劉睩彈青州刺史劉道隆失

火燒府庫免道隆官中丞蕭惠開不糾免惠開
官左丞徐爰彈右衛將軍薛安都屬疾不直免
安都官中丞張永糾免澄護闡虜見貽撓後昆
上掩皇明下籠朝識請以見事免澄所居官詔
曰澄表據多謬不足深劾可白衣領職明年轉
給事中祕書監遷吏部四年復爲祕書監領國
子博士遷都官尚書出爲輔國將軍鎮北鎮軍
二府長史廷尉領驍騎將軍永明元年轉度支
尚書尋領國子博士時國學置鄭王易杜服春

秋何氏公羊麋氏穀梁鄭玄孝經澄謂尚書令
王儉曰孝經小學之類不宜列在帝典乃與儉
書論之曰易近取諸身遠取諸物彌天地之道
通萬物之情自商瞿至田何其間五傳年未爲
遠無訛雜之失秦所不焚無崩壞之弊雖有異
家之學同以象數爲宗數百年後乃有王弼王
濟云弼所悟者多何必能頓廢前儒若謂易道
盡於王弼方須大論意者無乃仁智殊見四道
無體不可以一體求屢遷不可以一遷執

也晉太興四年太常荀崧請置周易鄭玄注博
士行乎前代于時政由王庾皆儁神清識能言
玄遠捨輔嗣而用康成豈其妄然泰元立王肅
易當以在玄弼之間元嘉建學之始玄弼兩立
逮顏延之爲祭酒黜鄭置王意在貴玄事成敗
儒今若不大弘儒風則無所立學衆經皆儒惟
易獨玄玄不可棄儒不可缺謂宜並存所以合
無體之義且弼於注經中已舉繫辭故不復別
注今若專取弼易則繫說無注左氏泰元取服

虔而兼取賈逵經服傳無經雖在注中而傳又
有無經者故也今留服而去賈則經有所闕案
杜預注傳王弼注易俱是晚出並貴後生杜之
異古未如王之奪實祖述前儒特舉其違又釋
例之作所引惟深穀梁泰元舊有麋信注顏益
以范甯麋猶如故顏論閏分范注當以同我者
親常謂穀梁劣公羊爲注者又不盡善竟無及
公羊之有何休恐不足兩立必謂范善便當除
麋世有一孝經題爲鄭玄注觀其用辭不與注

書相類寀立自序所注衆書亦無孝經儉答曰易體微遠寔貫群籍施孟異聞周韓殊旨豈可專據小王便為該備依舊存鄭高同來說元凱注傳超邁前儒若不列學官其可廢矣賈氏注經世所罕習穀梁小書無俟兩注存麋略范率由舊式凡此諸義竝同雅論疑孝經非鄭所注僕以此書明百行之首實人倫所先七略藝文竝陳之六藝不與蒼頡凡將之流也鄭注虛實前代不嫌意謂可安仍舊立置儉自以博聞多

識讀書過澄澄曰僕年少來無事唯以讀書為業且年已倍令君令君少便鞅掌王務雖復一覽便諳然見卷軸未必多僕儉集學士何憲等盛自商略澄待儉語畢然後談所遺漏數百千條皆儉所未覩儉乃歎服儉在尚書省出巾箱机案雜服飾令學士隸事事多者與之人人各得一兩物澄後來更出諸人所不知事復各數條并奪物將去轉散騎常侍秘書監吳郡中正光祿大夫加給事中中正如故尋領國子祭酒

以竟陵王子良得古器小口方腹而底平可將七八升以問澄澄曰北名服匿單于以與蘇武子良後詳視器底有字髣髴可識如澄所言隆昌元年以老疾轉光祿大夫加散騎常侍未拜卒年七十謚靖子當世稱為碩學讀易三年不解文義欲撰宋書竟不成王儉戲之曰陸公書廚也家多墳籍人所罕見撰地理書及雜傳死後乃出澄弟鮮得罪宋世當死澄於路見舍人王道隆叩頭流血以此見原揚州主簿顧測以

兩奴就鮮質錢鮮死子暐誣為賣券澄為中丞測與書相往反後又牋與太守蕭緬云澄欲子弟之非未近義方之訓此趣販所不為況搢紳領袖儒宗勝達乎測遂為澄所排抑世以此少之時東海王摛亦史學博聞歷尚書左丞竟陵王子良校試諸學士唯摛問無不對永明中天忽黃色照地衆莫能解摛云是榮光世祖大悅用為永陽郡

史臣曰儒風在世立人之正道聖哲微言百代

之通訓洙泗既往義乖七十稷下橫論屈服千
人自後專門之學興命氏之儒起石渠朋黨之
事白虎同異之説六經五典各信師言嗣守章
句期乎勿失西京儒士莫有獨擅東都學術鄭
賈先行康成主炎漢之季訓義優洽一世孔門
襃成並軌故老以爲前脩後生未之敢異而王
肅依經辯理與碩相非爰興聖證據用家語外
戚之尊多行晉代江左儒門參差互出雖於時
不絶而罕復專家晉世以玄言方道宋氏以文

章閑業服膺典藝斯風不純二代以來爲教衰
矣建元肇運戎警未夷天子少爲諸生端拱以
思儒業載戢干戈遽詔庠序永明纂襲克隆均
校王儉爲輔長於經禮朝廷仰其風胄子觀其
則由是家尋孔教人誦儒書執卷欣欣此焉彌
盛建武繼立因循舊緒時不好文輔相無術學
校雖設前軌難追劉瓛成馬鄭之異時學徒以
爲師範虎門初闢法駕親臨待問無五更之禮
充庭闕蒲輪之御身終下秩道義空存斯故進

賢之責也其餘儒學之士多在卑位或隱世辭
榮者別見他篇云

贊曰儒宗義肆紛綸子珪升堂[illegible]越關西
璡居闇室立操無攜彥淵書史[illegible]

徐令上文 疑

列傳第二十　南齊書三十九

臣蕭子顯撰

武十七王

武帝二十三男穆皇后生文惠太子竟陵文宣王子良張淑妃生廬陵王子卿魚復侯子響周淑儀生安陸王子敬建安王子真阮淑媛生晉安王子懋衡陽王子峻王淑儀生隨郡王子隆蔡婕妤生西陽王子明樂容華生南海王子罕傅充華生巴陵王子倫謝昭儀生邵陵王子

貞江淑儀生臨賀王子岳庾昭容生西陽王子文荀昭華生南康王子琳顏婕妤生永陽王子珉宮人謝生湘東王子建何充華生南郡王子夏第六十二十五二十二皇子早亡子珉建武中繼衡陽元王後

竟陵文宣王子良字雲英世祖第二子也初沈攸之難隨世祖在盆城板寧朔將軍仍為宋邵陵王左軍行參軍轉主簿安南記室參軍邵陵王友王名友不廢此官遷安南長史昇明三年爲使持節都督會稽東陽臨海永嘉新安五郡輔國將軍會稽太守宋世元嘉中皆責成郡縣孝武徵求急速以郡縣遲緩始遣臺使自此公役勞擾太祖踐阼子良陳之曰前臺使督逋切調恒聞相望於道及臣至郡亦殊不疎凡此輩使人既非詳慎勲順或貪險崎嶇要求此役朝辭禁門情態即異暮宿村縣威福便行但令朱鼓裁完鈹槊微具顧眄左右叱咤自專擿宗斷族排軽斥運脅遏津埭恐喝傳郵破崗水逆商

旅半引逼令到下先過已船浙江風猛公私畏渡脫舫在前驅令俱發呵蹴行民固其常理侮折守宰出變無窮既瞻郭望境便飛下嚴符但稱行臺未顯所督先訶彊寺刼攝群曹開亭正榜便振荆革其次絳標寸紙一日數至徵村切里俄刻十催四鄉所召莫辨枉直孩老士庶具令付獄或尺布之逋曲以當匹百錢餘稅且增爲千或誑應質作尚方寄繫東冶萬姓駭迫人不自固遂漂衣敗力競致兼漿值今夕酒諧肉

飫即許附申　格明日禮輕貨薄便復不入恩
科筐貢微闕總撻肆情風塵毁謗隨忿而發及
其杝蒜轉積鵝栗漸盈遠則分鬻他境近則託
貿吏民反請郡邑助民由緩回刺言臺推信在
所如聞頃者令長守牧離此每實非復近歲愚
謂凡諸檢課宜停遣使密畿州郡則指賜勑遥
外鎮宰明下條源既各奉別旨人競自罄雖復
臺使盈湊會取正屬所徒相疑憤反更淹懈凡
預衣冠荷恩盛世多以闇緩貽譽少爲欺猾入

罪若類以宰牧乖政則觸事難委不容課逋上
綱偏覺非才但賒促差降各限一期如乃事速
應緩自依違糾坐之坐之科不必須重但令必
行期在可肅且兩裝之船充擬千緒三坊寡役
呼訂萬計每一事之發彌晨方辦粗計近遠率
遣一部職散人領無減二十舟船所資皆復稱
是長江萬里費固倍之較略一年脱得省者息
船優役寔爲不少兼折姦減竊遠近輯安封聞
喜縣公邑千五百户子良敦義愛古郡民朱百

年有至行先卒賜其妻米百斛蠲一民給其薪
蘇郡閤下有虞翻舊牀罷任還乃致以歸後於
西邸起古齋多聚古人器服以充之夏禹廟盛
有禱祀子良曰禹泣辜表仁菲食旌約服翫果
粽足以致誠使歲獻扇簟而已建元二年穆妃
薨去官仍爲征虜將軍丹陽尹開私倉賑屬縣
貧民明年上表曰京尹雖居都邑而境壤兼跨
廣袤周輪幾將千里縈原抱隰其處甚多舊遏
古塘非唯一所而民貧業廢地利久蕪近啓遣

五官殷瀰典籤劉僧瑗到諸縣循履得丹陽溧
陽永世等四縣解并村耆辭列堪墾之田合計
荒熟有八千五百五十四頃脩治塘遏可用十
一萬八千餘夫一春就功便可成立上納之會
遷官事寢是年始制東宮官僚以下官敬子良
世祖即位封竟陵郡王邑二千户爲使持節都
督南徐兗二州諸軍事鎮北將軍南徐州刺史
永明元年徙爲侍中都督南兗兗徐青冀五州
征北將軍南兗州刺史持節如故給油絡車明

年入爲護軍將軍兼司徒領兵置佐侍中如故鎮西州三年給鼓吹一部四年進號車騎將軍子良少有清尚禮才好士居不疑之地傾意賓客天下才學皆遊集焉善立勝事夏月客至爲設瓜飲及甘果著之文教士子文章及朝貴辭翰皆發教撰録是時上新親政水旱不時子良密啓曰臣思水潦成患良田沃壤變爲汙澤農政告祥因高肆務播植既周繼以旱虐黔庶呼嗟相視褫氣夫國資於

民民資於食匪食匪民何以能政臣每一念此寢不便席本始中郡國大旱宣帝下詔除民租今聞所在逋餘尚多守宰嚴期兼夜課切新稅力尚無從故調於何取給政當相驅爲盜耳愚謂逋租宜皆原除少降停恩微紓民命自宋道無章王風陵替竊官假號駢門連室今左民所檢動以萬數漸漬之來非徙始適一朝洗正理致沸騰小人之心罔思前咎之以威反怨後罰獸窮則觸事在匪輕齊有

天下日淺恩洽未布一方或飢當加優養愚謂自可依源削除未宜便充猥役且部曹檢校誠存精密令史姧黠鮮不容情情既有私理或枉謬耳目有限群狡無極變易是非居然可見詳而後取於事未遲明詔深矜獄圄恩文累墜今科網嚴重稱爲峻察負罪離愆充積牢戶暑時鬱蒸加以金鐵聚憂之氣足感天和民之多怨非國福矣頃土木之務甚爲殷廣雖役未及民勤費已積炎旱致災或由於此皇明載遠書

軌未一緣淮帶江數州地耳以魏方漢猶一郡之譬以今比古復爲遠矣何得不愛其民緩其政救其危存其命哉湘區奥密蠻寇熾彊如聞南師未能挫戮百姓齊民積年塗炭疽食侵淫邊虞方重交州敻絶一垂宜是惟荒服恃遠後賓固亦恒事自青德啓運款關受職置之度外不足紆言今縣軍遠伐經途萬里衆寡事殊客主勢異以逸待勞全勝難必又緣道調兵以足軍力民丁烏合事乖習鋭廣州積歲無年

越州兵糧素乏加以發借必致恇擾愚謂叔獻所請不宜聽從取亂侮亡更俟後會雖緩歲月必有可禽之理差息發動費役之勞劉楷見甲以助湘中威力既舉蟻寇自服詔折租布二分取錢

子良又啓曰臣亡月入朝六登玟陛廣殿稠人裁奉顏色縱有所懷豈敢自達比天旹亟見地孽亟臻民下妖訛好生噂𠴲穀價雖和比室飢嗛緤纊雖賤駢門躶質臣一念此每入心骨三吳奧區地惟河輔百度所資罕不自出宜在蠲優使其全富而守宰相繼務在裒克圍桑品屋以准貲課致令斬樹發瓦以充重賦破民財產要利一時東郡使民年無常限在所相承准令上直每至州臺使命切求懸急應充猥役必由窮困乃有畏失嚴期自殘軀命亦有斬絕手足以避傜役生育弗起殆爲恒事守長不務先富民而唯言益國豈有民貧於下而國富於上邪又泉鑄歲遠類多翦鑿江東大錢十不一在公家所受必須輪郭遂買本一千加子七百猶求請無

地棰革相繼尋完者爲用既不兼兩回復遷貿會非委積縱令小民毋嬰困苦且錢帛相半爲制永久或聞長宰須令輸直進違舊科退容姦利入屬近縣既在京畿發借徵調是煩他邑民特尤貧連年失稔草衣藿食稍有流亡今農政就興宜蒙賑給若逋課未上許以申原兗豫二藩雖曰舊鎮往屬兵虞累棄鄉土密邇寇庭下無安志編草結菴不違涼暑扶淮聚落靡有生向俱稟人靈獨絕溫飽而賦斂多少尚均沃實謂凡在荒民應加蠲減又司市之要自昔所難頃來此役不由才舉並條其重貲許以賈衒前人增估求俠後人加稅請代如此輪回終何紀極兼復交關津要共相脣齒愚野未閑必加陵誑罪無大小橫沒貲載凡求試穀帛類非廉謹未解在事所以開容夫獄訟惟平畫一在制雖恩家得罪必宜申憲鼎姓貽侃言最合從網若罰典惟加賤下辟書必蠲世族懼非先王立理之本尚書列曹上應乾象如聞命議所出

先諮於都都旣下意然後付郎謹寫関行愚謂
郎官允宜推擇宋運告終戎軍屢駕寄名軍牒
動竊數等故非分充朝資奉殺積廣越邦宰梁
益郡邑參差調補寔充事機且此徒宄雜罕遵
王憲嚴加廉視隨違彈斥一二年間可減太半
五年正位司徒給班劒二十人侍中如故移居
雞籠山邸集學士抄五經百家依皇覽例爲四
部要略千卷招致名僧講語佛法造經唄新聲
道俗之盛江左未有也世祖好射雉子良諫曰

鑾轝亟動天蹕屢巡陵犯風烟驅馳野澤萬乘
至重一羽甚微從甚微之懽忽至重之誡頃郊
郛以外科禁嚴重匪直芻牧事罷遂乃窀掩殆
廢且田月向登桑時告至士女呼嗟易生噂議
棄民從欲理未可安曩時巡幸必盡威防領軍
景先詹事赤斧堅甲利兵左右屯衛令馳騖外
野交侍蹕閣晨出晚還頓遺清道此實愚臣最
所震迫狡虜玩威甫獲款関二漢全富猶加曲
待如聞使臣類亦怨望前會東宮遂形言色昔

宋氏遣使舊列階下劉纘銜使始登朝殿今旣
反命宜賜優禮伏謂中堂雲構實惟峻絕檐陛
深嚴事隔凉暑而別爲一室如或有疑邊帶廣
途訛言孔熾毀立之易過於轉圓若依舊制通
敞實允觀聽頃市司驅扇租估過刻吹毛求瑕
廉察相繼被以小罪責以重備愚謂宜勑有司
更詳優格臣年方朝賢齒未相及以管窺天猶
知失得廊廟之士豈闇是非未聞一人開一說爲
陛下憂國家非但面從亦畏威耳臣若不啓陛

下於何聞之先是六年左衛殿中將軍邯鄲超上
書諫射雉世祖爲止久之超竟被誅永明末上
將射雉子良諫曰忽聞外議伏承當更射雉臣
下情震越心懷憂悚猶謂疑妄事不必然伏
度陛下以信心明照故所以傾金寶於禪靈仁愛
廣洽得使禽魚養命於江澤豈惟國慶民懽
乃以翱翔治樂夫衞生保命人獸不殊重軀愛
體彼我無異故禮云聞其聲不食其肉見其生
不忍其死且萬乘之尊降同匹夫之樂夭殺無

辜傷仁害福之本菩薩不殺壽命得長施物安
樂自無恐怖不惱衆生身無患苦臣見功德有
此果報所以日夜劬懃厲身奉法實願聖躬康
御若此每至寢夢脫有異見不覺身心立就燋
爛陛下常日捨財脩福臣私心顒顒尚恨其少
豈可今日見此事一損福業追悔便難臣此啓
聞私心實切若是大事不可易改亦願陛下照
臣此誠曲垂三思況此嬉遊之間非關當否而
動輙傷生實可深慎臣聞子孝奉君臣忠事主

莫不靈祇通感徵祥證登臣近段仰啓賜希受
戒天心洞遠誠未達勝善之途而聖恩遲疑尚
未垂履曲降尊極豈可今月復隨此事臣不隱
心即實上啓雖不盡納而深見寵愛又與文惠
太子同好釋氏甚相友悌子良敬信尤篤數於
邸園營齋戒大集朝臣衆僧至於賦食行水或
躬親其事世頗以爲失宰相體勸人爲善未甞
厭倦以此終致盛名尋代王儉領國子祭酒辭
不拜八年給三望車九年京邑大水吴興偏劇

子良開倉賑救貧病不能立者於第北立廨收
養給衣及藥十年領尚書令尋爲使持節都督
揚州諸軍事揚州刺史本官如故尋解尚書令
加中書監文惠太子薨世祖檢行東宫見太子
服御羽儀多過制度上大怒以子良與太子善
不啓聞頗加嫌責世祖不豫詔子良甲仗入延
昌殿侍醫藥子良啓進沙門於殿户前誦經
世祖爲感夢見優曇鉢華子良按佛經宣旨使
御府以銅爲華插御床四角日夜在殿内太孫間

日入參承世祖暴漸内外惶懼百僚皆已變服
物議疑立子良俄頃而蘇問太孫所在因召東
宫器甲皆入遺詔使子良輔政高宗知尚書事
子良素仁厚不樂世務乃推高宗詔云事無大
小悉與鸞參懷子良所志也太孫少養於子
良妃袁氏甚著慈愛既懼前不得立自此深忌
子良大行出太極殿子良居中書省帝使虎賁
中郎將潘敞領二百人仗屯太極西階防之成服
後諸王皆出子良乞停至山陵不許進位太

傳增班劒爲三十人本官如故解侍中隆昌元
年加殊禮劒履上殿入朝不趨贊拜不名進督
南徐州其年疾篤謂左右曰門外應有異遣人
視見淮中魚萬數皆浮出水上向城門尋薨時
年三十五帝常慮子良有異志及薨甚悅詔給
東園温明秘器斂以衮冕之服東府施喪位大
鴻臚持節監護太官朝夕送祭又詔曰褒崇明
德前王令典追遠尊親沿情所隆故使持節都
督揚州諸軍事中書監太傅領司徒揚州刺史

竟陵王新除督南徐州體睿履正神鑒淵邈道
冠民宗具瞻允集肇自弱齡孝友光備爰及贊
契協升景業變曜台陛五教克宣敷奏端朝百
揆惟穆寄重先顧任均負圖諒以齊暉二南同
規往哲方憑保祐永翼雍熙天不憖遺奄焉薨
逝哀慕抽割震于厥心今龜謀襲吉先遠戒期
宜崇嘉制式引風烈可追崇假黃鉞侍中都督
中外諸軍事太宰領大將軍揚州牧綠綟綬備
九服錫命之禮使持節中書監王如故給九旒

故給九旒鸞輅黃屋左纛轀輬車前後部羽葆
鼓吹挽歌二部虎賁班劒百人葬禮依晉安平王
孚故事初豫章王嶷葬金牛山文惠太子葬
夾石子良臨送望祖硎山悲感歎曰北瞻吾叔前
望吾兄死而有知請葬兹地既薨遂葬焉所
著内外文筆數十卷雖無文采多是勸戒建
武中故吏范雲上表爲子良立碑事不行子
昭冑嗣
昭冑字景胤泛涉有父風永明八年自竟陵王

世子爲寧朔將軍會稽太守欝林初爲右衛
將軍未拜遷侍中領右軍將軍建武三年復爲
侍中領驍騎將軍轉散騎常侍太常以封境邊
虜建元元年改封巴陵王先是王敬則事起南
康侯子恪在吳郡高宗慮有同異召諸王侯入
官晉安王寶義及江陵公寶覽等住中書省高
武諸孫住西省勑人各兩左右自隨過此依軍法
孩抱者乳母隨入其夜太醫煮藥都水辦數
十具棺材須三更當悉殺之子恪奔歸二更達

建陽門刺啓時刻已至而帝眠不起中書舍人沈徽孚與帝所親左右單景儁共謀少留其事須臾帝覺景儁啓子恪已至驚問曰未邪景儁具以事荅明日悉遣王侯還第建武以來高武王侯居常震怖朝不保夕至是尤甚及陳顯達起事王侯復入宮昭胄懲往時之懼與弟永新侯昭穎逃奔江西變形爲道人崔慧景舉兵昭胄兄弟出投之慧景事敗昭胄兄弟首出投臺軍主胡松各以王侯還第不自安謀爲身

計子良故防閤桑偃爲梅蟲兒軍副結前巴西太守蕭寅謀立昭胄昭胄許事克用寅爲尚書左僕射護軍將軍以寅有部曲大事皆委之時胡松領軍在新亭寅遣人說之法須昏人出寅等便率兵奉昭胄入臺閉城號令昏人必還就將軍將軍但閉壘不應則三公不足得也松又許諾會東昏新起芳樂苑月許日不復出遊偃等議募健兒百餘人從萬春門入突取之昭胄以爲不可偃同黨王山沙慮事久無成以事告御刀

徐僧重寅遣人殺山沙於路吏於麝幐中得其事迹昭胄兄弟與同黨皆伏誅昭穎官至寧朔將軍彭城太守梁王定京邑追贈昭胄散騎常侍撫軍將軍昭穎黃門郎梁受禪降封昭胄子周監利侯

廬陵王子卿字雲長世祖第三子也建元元年封臨汝縣公千五百戶兄弟四人同封世祖即位爲持節都督郢州司州之義陽軍事冠軍將軍郢州刺史永明元年徙都督荆湘益寧梁南

北秦七州安西將軍荆州刺史持節如故始與王鑑爲益州子卿解督子卿在鎮營造服飾多違制度上敕之曰吾前後有敕非復一兩過道諸王不得作乖體格服飾汝何意都不憶吾敕邪忽作瑇瑁乘具何意已成不須壞可速送下純銀乘具乃復可爾何以作鐙亦是銀可即壞之忽用金薄裹箭腳何意亦速壞去凡諸服章自今不啓吾知復專輒作者後有所聞當復得痛杖又曰汝比在都讀學不就年轉成長吾日

冀汝美勿得勑如風過耳使吾失氣五年入爲侍中撫軍將軍未拜仍爲中護軍侍中如故六年遷秘書監領右衞將軍尋遷中軍將軍侍中並如故十年進號車騎將軍俄遷使持節都督南豫司三州軍事驃騎將軍南豫州刺史侍中如故子卿之鎮道中戲部伍爲水軍上聞之大怒殺其典籤遣宜都王鏗代之子卿還第至崩不與相見鬱林即位復爲侍中驃騎將軍隆昌元年轉衞將軍開府儀同三司置兵佐鄱陽王鏘見害以子卿代爲司徒領兵置佐尋復見殺時年二十七

魚復侯子響字雲音世祖第四子也豫章王嶷無子養子響後有子表留爲嫡世祖即位爲輔國將軍南彭城臨淮二郡太守見諸王不致敬子響勇力絶人關弓四斛力數在園池中帖騎馳走竹樹下身無虧傷既出繼車服異諸王每入朝輒忿怒拳打車壁世祖知之令車服與皇子同永明三年遷右衞將軍仍出爲使持節都督豫州郢州之西陽汝南二郡軍事冠軍將軍豫州刺史明年進號右將軍進南豫州之歷陽淮南潁川汝陽四郡入爲散騎常侍右衞將軍六年有司奏子響體自聖明出繼宗國大司馬臣嶷昔未有胤所以因心鞠養陛下弘天倫之愛臣嶷深猶子之恩遂乃繼體扶疏世祚垂改茅蔣菴蔚冢嗣莫移誠欣惇睦之風實虧立嫡之教臣等參議子響宜還本乃封巴東郡王還中護軍常侍如故尋出爲江州刺史常侍如故七年遷使持節都督荆湘雍梁寧南北秦七州軍事鎮軍將軍荆州刺史子響少好武在西豫時自選帶仗左右六十人皆有膽幹至鎮數在內齋殺牛置酒與之聚樂令內人私作錦袍絳襖欲餉蠻交易器仗長史劉寅等連名密啓上勑精檢寅等懼欲秘之子響聞臺使至不見勑召寅及司馬席恭穆諮議參軍江愈殷曇粲中兵參軍周彥典籤吳脩之王賢宗魏景淵於琴臺下詰問之寅等無言脩之曰既以降

勑旨政應方便答塞景淵曰故應先檢校子響
大怒執寅等於後堂殺之以啓無江愈名欲釋
之而用命者已加戮上聞之怒遣衛尉胡諧之
游擊將軍尹略中書舍人茹法亮領齋仗數百
人檢捕羣小勑子響若束首自歸可全其性命
諧之等至江津築城燕尾洲遣傳詔石伯兒入
城慰勞子響曰我不作賊長史等見負今政當
受殺人罪耳乃殺牛具酒饌餉臺軍而諧之等
疑畏執録其吏子響怒遣所養數十人收集府

州器仗令二千人從靈溪西渡克明旦與臺軍
對陣南岸子響自與百餘人袍騎將萬鈞弩三
四張宿江堤上明日凶黨與臺軍戰子響於堤
上放弩亡命王充天等蒙楯陵城臺軍大敗尹
略死之宮軍引退上又遣丹陽尹蕭諱領兵繼
至子響部下恐懼各逃散子響乃白服降賜死
時年二十二臨死啓上曰劉寅等入齋檢仗具
如前啓臣罪既山海分甘斧鉞奉勑遣胡諧之
茹法亮賜重勞其等至竟無宣旨便建旗入津

對城南岸築城守臣累遣書信喚法亮渡乞
白服相見其永不肯羣小懼怖遂致攻戰此臣之
罪也臣此月二十五日束身投軍希還天闕停
宅一月臣自取盡可使齊代無殺子之譏臣免
逆父之謗既不遂心今便命盡臨啓哽塞知復
何陳有司奏絕子響屬籍削爵土收付廷尉法
獄治罪賜為蛸氏諸所連坐別下考論賜劉寅
侍中席恭穆輔國將軍益州刺史江愈愍郡雲榮
黃門郎周彥驍騎將軍寅字昱景欒高平人

也有文義而學不閑世務席恭穆安定烏氏人
闞巃豪族上憐子響死後遊華林園見猿對
跳子鳴嘯上留目久之因嗚咽流涕豫章王嶷
上表曰臣聞將而必戮炳自春秋釁于甸人著於
經禮猶懷不忍之言尚有如倫之痛豈不事
因法往情以恩留故庶人蛸子響識懷靡樹見
淪不逞肆憤一朝取陷凶德遂使迹隣非孝事
近無君身膏草野未云塞釁但報矢倒戈歸
罪司戮即理原心亦既迷而知返釁骨不收辜

寃莫赦撫事惟往載傷心目昔閔榮伏虔愴
動墳園思荆就辟側懷丘墓皆兩臣釁結於
明時二王議加於盛世積　周之為美歷史不
以去非伏願一下天矜爰詔蛸氏使得安兆末
郊旋窆之餘麓微列甚旱轜之容薄申封樹之
禮豈伊窮骸被德之實且天下歸仁臣屬忝
皇枝偏留友睦以臣繼別未安子響言承出
命提攜鞠養俯見成人雖輟胤蕃條歸體旋
葬循執之念不移傅訓之憐何已敢冒宸嚴

布此悲乞上不許先是貶為魚復侯
安陸王子敬字雲端世祖第五子也初封應城
縣公永明二年出為持節監南兗兗徐青冀五
州北中郎將南兗州刺史四年進號右軍明年
徙都督荆湘梁雍南北秦六州軍事平西將軍
荆州刺史持節如故尋進號安西將軍七年徵
侍中護軍將軍十年轉散騎常侍撫軍將軍
丹陽尹十一年進車騎將軍尋給鼓吹一部隆昌
元年遷使持節都督南兗兗徐青冀五州征

北大將軍南兗州刺史延興元年加侍中高宗除
諸蕃王遣中護軍王玄邈征九江王廣之襲殺子
敬時年二十三
晉安王子懋字雲昌世祖第七子也初封江陵
公永明三年為持節都督南豫豫司三州南中郎
將南豫州刺史魚復侯子響見為豫州子懋解
督四年進號征虜將軍南豫新置力役寡少加子
懋領宣城太守明年為監南兗兗徐青冀五
州軍事後將軍南兗州刺史持節如故六年徙

監湘州平南將軍湘州刺史明年加持節都督
八年進號鎮南將軍撰春秋例苑三十卷奏之
世祖嘉之敕付秘閣九年親府州事十年入為
侍中領右衛將軍十一年遷散騎常侍中書監
未拜仍為使持節都督雍梁南北秦四州郢州
之竟陵司州之隨郡軍事征北將軍雍州刺史
給鼓吹一部豫章王喪服未畢上以邊州須威
望許得奏之鬱林即位即本號為大將軍子懋
見幼主新立密懷自全之計令作部造器仗陳顯

達時爲征虜屯襄陽欲脅取以爲將帥顯達
密啓高宗徵顯達還隆昌元年遷子懋爲都
督江州刺史留西楚部曲助鎮襄陽單將白直
俠轂自隨顯達入朝子懋謂曰朝廷令身單身
而反身是天王豈可過爾輕率今猶欲將二三
千人自隨公意何如顯達曰殿下若不留部曲
便是大違敕旨其事不輕且此間人亦難可收
用子懋默然顯達因辭出便發去子懋計未
立還鎮尋陽延興元年加侍中聞鄱陽隨郡二

王見殺欲起兵赴難母阮在都遣書欲密迎上
阮報　其兄于瑤之爲計瑤之馳告高宗於是纂
嚴遣平西將軍王廣之南北討使軍主裴叔業
與瑤之先襲尋陽聲云爲郢州行司馬子懋知
之遣三百人守湓城叔業泝流下上至夜回下襲
湓城城局參軍樂賁開門納之子懋率府州兵
力先已具船於稽亭渚聞叔業得湓城乃據州
自衛子懋部曲多雍土人皆踴躍願奮叔業畏
之遣于瑤之說子懋曰今還都必無過憂政當

作散官不失富貴也懋既不出兵攻叔業衆情
稍沮中兵參軍于琳之瑤之兄也說子懋重賂
叔業子懋使琳之往琳之因說叔業請取子懋
叔業遣軍主徐玄慶將四百人隨琳之入州城
僚佐皆奔散琳之從二百人拔白入齋子懋罵
曰小人何忍行此事琳之以袖鄣面使人害之
時年二十三初子懋鎮雍世祖敕以邊略曰吾
比連得諸處啓所說不異虜必無敢送死理然
爲其備不可懈今秋犬羊輩越逸者其亡

滅之徵吾只今亦行密纂集須有分明指的便當
有大處分今普敕鎮守並部偶民丁有事即使
應接運已敕更遣想行有至者汝共諸人量
覓可使人數往南門舞陰諸要處參覘糧食
最爲根本更不憂人伏當行視驛亭馬不可
有廢闕并約語諸州當其境皆嚴不如法即問
事又曰吾敕荆郢二鎮各作五千人陣本擬應
接彼耳賊若送死者更即呼取之已敕子眞魚
繼宗殷公愍至鎮可以公愍爲城主三千人配

之便足汝可好以階級在意勿得人求或超五
三階及文章詩筆乃是佳事然世務彌爲根本
可常憶之汝所啓仗此悉是吾左右御仗也云
何得用之品格不可乖吾自當優量覓送先是
啓求所好書上又曰知汝常以書讀在心足爲
深欣也賜子懋杜預手所定左傳及古今善言
隨郡王子隆字雲興世祖第八子也有文才初
封枝江公永明三年爲輔國將軍南琅邪彭城
二郡太守明年遷江州刺史未拜唐寓之賊平

遷爲持節督會稽東陽新安臨海永嘉五郡東
中郎將會稽太守遷長兼中書令子隆娶尚書
令王儉女爲妃上以子隆能屬文謂儉曰我家
東阿也儉曰東阿重出實爲皇家蕃屏未及拜
仍遷中護軍轉侍中左衞將軍八年代魚復侯
子響爲使持節都督荊雍梁寧南北秦六州鎮
西將軍荊州刺史給鼓吹一部其年始與王鑑
罷益州進號督益州九年親府州事十一年
晉安王子懋爲雍州子隆復解督鬱林立進

號征西將軍隆昌元年爲侍中撫軍將軍領兵
置佐延興元年轉中軍大將軍侍中如故子隆
年二十一而體過充壯常服蘆茹丸以自銷損
高宗輔政謀害諸王世祖諸子中子隆最以才皃
見憚故與鄱陽王鏘同夜先見殺文集行於世
建安王子眞字雲仙世祖第九子也永明四年爲
輔國將軍南琅邪彭城二郡太守遷持節督
南豫司二州軍事冠軍將軍南豫州刺史領宣
城太守進號南中郎將六年以府州稍實表

解領郡七年進號右將軍遷丹陽尹將軍如故轉
左衞將軍七年遷中護軍仍出爲持節都督郢
司二州軍事平西將軍郢州刺史鬱林立進號
安西將軍隆昌元年爲散騎常侍護軍將軍
延興元年轉鎮軍將軍領兵置佐常侍如故其
年見殺年十九
西陽王子明字雲光世祖第十子也永明元年
封武昌王三年失國璽改封西陽六年爲持節
都督南兗兗徐青冀五州軍事冠軍將軍南兗

州刺史八年進號征虜將軍十年進左將軍仍
爲督會稽東陽臨海永嘉新安五郡軍事會
稽太守將軍如故子明風姿明淨士女觀者咸
嗟嘆之鬱林初進號平東將軍隆昌元年爲右
將軍中書令延興元年遷侍中領驍騎將軍右
軍如故建武元年轉撫軍將軍領兵置佐二年
誅蕭諶誣子明及弟子罕子貞與諶同謀見
害年十七
南海王子罕字雲華世祖第十一子也永明六

年爲北中郎將南琅邪彭城二郡太守上初以白
下地帶江山徙琅邪郡自金城治之子罕始鎮
此城十年爲持節都督南兗兗徐青冀五州
軍事征虜將軍南兗州刺史鬱林即位進號
後將軍隆昌元年遷散騎常侍右衛將軍建
武元年轉護軍將軍二年見殺年十七
巴陵王子倫字雲宗世祖第十三子也永明七
年爲持節都督南豫司二州軍事南中郎將南
豫州刺史十年遷北中郎將南琅邪彭城刺史二

郡太守鬱林即位以南彭城祿力優厚奪子倫
與中書舍人綦毋珍之更以南蘭陵代之隆昌
元年遷散騎常侍左將軍延興元年遣中書舍
人茹法亮殺子倫子倫正衣冠出受詔曰鳥之
將死其鳴也哀人之將死其言也善先朝昔滅
劉氏今日之事理數固然君是身家舊人今銜
此使當由事不獲已法亮不敢答而退年十六
邵陵王子貞字雲松世祖第十四子也永明十
年爲東中郎將吳郡太守鬱林即位進號征

虜將軍還爲後將軍建武二年見誅年十五
臨賀王子岳字雲嶠世祖第十六子也永明七
年封高宗誅世祖諸子唯子岳及弟六人在後
世呼爲七王朔望入朝上還後宮輒歎息曰我
及司徒諸兒子皆不長高武子孫日長大永泰
元年上疾甚絕而復蘇於是誅子岳等延興
建中凡三誅諸王每一行事高宗輒先燒香火
嗚咽涕泣衆以此輒知其夜當相殺戮也子岳
死時年十四

西陽王子文字雲儒世祖第十七子也永明七年封蜀郡王建武中改封西陽王永泰元年見殺年十四

衡陽王子峻字雲嵩世祖第十八子也永明七年封蜀漢郡王建武中改封永泰元年見殺年十四

南康王子琳字雲璋世祖第十九子也母荀氏盛寵子琳鍾愛永明七年封宣城王明年上改南康公褚蓁以封子琳永泰元年見殺年十四

湘東王子建字雲立世祖第二十一子也母謝氏無寵世祖度爲尼高宗即位使還母子建永泰元年見殺年十三

南郡王子夏字雲廣世祖第二十三子也上春秋高子夏最幼寵愛過諸子初世祖夢金翅鳥下殿庭搏食小龍無數乃飛上天永泰元年子夏誅年七歲

史臣曰民之勞逸隨所遭遇習以成性有識斯同帝王子弟生長尊手薪禽之道未知富厚之圖已極齠年稚齒養器深宮習趨拜之儀受文句之學坐躡搢紳傍絕交友情僞之事不經耳目憂懼之道未涉胸衿雖卓爾天悟自得懷抱孤寡爲識所陋猶多朝出閨闈暮司方岳帝子臨州親民尚小年序次第宜屏皇家防驕剪逸積代恒典平允之情操捶貽慮故輔以上佐簡自帝心勞舊左右用爲主帥州國府第先令後行飲食遊居動應聞啓端拱守祿遵承法度張弛之要莫敢厝言行事執其權典籤掣其

財苟利之義未申專違之咎已及處地雖重行已莫由威不在身恩未接下倉卒一朝艱難總集望其釋位扶危不可得矣路温舒云秦有十失其一尚存斯宋氏之餘風在齊而彌弊也

贊曰武十七王文宣令望愛才悅古仁信温良宗英是寄遺惠未忘廬陵犯色安陸括囊晉安早悟隨郡雕章建賀湘海二陵二陽幼蕃盛寵南郡南康

列傳第二十一　南齊書四十

列傳第二十二　南齊書四十一

臣蕭　子顯　撰

張融

周顒

張融字思光吳郡吳人也祖禕晉琅邪王國郎中令父暢宋會稽太守融年弱冠道士同郡陸脩靜以白鷺羽麈尾扇遺融曰此旣異物以奉異人宋孝武聞融有早譽解褐爲新安王北中郎參軍孝武起新安寺僚佐多儭錢帛融獨儭

百錢帝曰融殊貧當序以佳祿出爲封溪令從叔永出後渚送之曰似聞朝旨汝尋當還融曰不患不還政恐還而復去廣越嶂嶮獠賊執融將殺食之融神色不動方作洛生詠賊異之而不害也浮海至交州於海中作海賦曰蓋言之用也情矣形乎使天形寅內敷情敷外寅者言之業也吾遠職荒官將海得地行闌入浪宿渚經波傳懷樹觀長滿朝夕東西無里南北如天反覆懸烏表重遝蒐色壯哉水之奇也奇哉水

之壯也故古人以之頌其所見吾問翰而賦之焉當其濟興絶感豈覺人在我外木生之作君自君矣分渾始地判氣初天作成萬物爲山爲川揔川振會導海飛門爾其海之狀也之相也則窮區沒渚萬里藏岸控會河濟朝揔江漢回混浩潰巓倒發濤浮天振遠灌日飛高摐(麤江)撞則八紘摧噴鼓怒則九紐折裂擠(於活)長風以舉波漷(音郭)天地而爲勢瀲(音斂)潗(子及)㴔(音沓)洽(音合)來往相辛(麤合)汩(子突)湥(音突)潡(於渤)渤窣(奸狀)石戍窟西

衝虞淵之曲東振湯谷之阿若木於是乎倒覆折扶桑而爲渣(在牙)濩(音藥)㵍(音門)渾涫(於官)㴑(於和)碨(於罪)雍渤(非勃)淬(音卒)淪(音倫)灒(音尊)瀾淺龍從(子拱)㵿轉則日月似驚浪動而星河如覆旣烈太山與崑崙相壓而共潰又盛雷車震漢破天以折轂滉(於負)漣漪(於卯)瀨(於懶)輾轉縱橫揚珠起玉流鏡飛明是其回堆曲浦欹關弱渚之形勢也沙嶼相接洲島相連東西南北如滿于天梁禽楚獸胡木漢草之所生焉長風動路深雲暗道之所經焉若

若蔕蔕宜翳翳晨烏宿(音秀)於東隅落河浪
其西界茫沆(于剛)汴(無河) 汨(于突)硍(于磊)漫(無官)桓
㔟踞委岳横竦危巒重彰岌岌欑嶺聚立
嵂(吕兀)碒(音崟)崊(吕今)嶔(欽) 架石相陰蔭嵿(徒罪)陒陒
横出㔟入嵬嵬(支罪)磊磊若相追而下及峯勢縱
横岫形參錯或如前而未進乍非遷而已却天
抗暉於東曲日倒麗於西阿嶺集雪以懷鏡
巖照春而自華江洚(許江)洦洦(許百)淼(子曷)嶻巖拍(芬百)嶺
觸山礫石汗澪(于各)湶(音寒)況(于朗)硍(於磊)泱(於朗)潩泂(音阿)流

三·四十一　南齊傳二十二　三　王成

柴礋(五反)嵅(五感)峞(五廆)頓浪低波砮(苦降)砭(苦交)硄(苦江)折
嶺挫峯窂浪碨(音郎)菈朋山相磕(苦合)萬里藹藹
極路天外電戰雷奔倒地相礚斸門象逸魚路
鯨奔水遽龍魄陸振虎嵬却瞻無後向望行
前長尋高眺唯水與天若乃山横蹴浪風倒摧
波磊硌若驚山竭嶺以竦石鬱若飛煙奔雲以
振霞連瑶光而交綵接玉繩以通華爾乎夜
滿深霧晝密長雲高河滅景萬里無文山門
幽曖岫戶㟧嶝九天相掩玉地交氛汪汪横横(音皇)

沆沆(于剛)浩浩(音害)淬(麤賁)潰大人之表決(於朗)蕩君子
之外風沫相排日閇雲開浪散波合岳起山隤
若乃漉沙構白敖波出素積雪中春飛霜暑
路爾其奇名出録詭物無書高岸乳鳥横門
産魚䲁何䱱(音羅)鱅(音容)鮨(音詣)鯡(音非)魜(音人)鰈(音果)鮹(音滑)㖴
日吐霞吞河漱月氣開地震聲動天發噴灑
嵗(於月)噫(於戒)流雨而揚雲喬髗壯脊架岳而飛墳
踑(音挺)動崩五山之勢瞯(矣蔺)睔(矣般)煥七曜之文蟕蠵
瑁蚌綺貝繡螺玄珠互綵緑紫相華遊風秋瀨

閏　南齊書傳二十二　四　沈定

泳景登春伏鱗漬綵昇魵洗文若乃春代秋
緒歲去　歸柔風麗景晴雲積暉起龍塗
於靈步翔螭道之神飛浮微雲之如蔓落輕
雨之依依觸巧塗而磩(紺去)遠抵欒木以激揚浪
相礴(傍各)而起千狀波獨湧乎驚萬容蘋藻留映
荷芰提陰扶容曼綵秀遠華深明藕移玉
清蓮代金耶芬芳於遥渚汎灼爍於長潯浮
艫雜軸遊舶交艘　軒帳席方遠連高入驚
波而箭絶振排天之雄飆越湯谷以逐景渡

虞淵以追月徧萬里而無時浹天地於揮忽雕隼飛而未半鯤龍趠貪教而不逮舟人未及復其喘已周流宇宙之外矣陰鳥陽禽春毛秋羽遠翅風遊高翮雲舉翔歸棲去連陰日路瀾漲波渚陶玄浴素長紘而斷平表九絕雉翥成霞鴻飛起雪合聲鳴侶並翰翻羣飛闌溢繡流浦照文爾夫人微亮氣小白如淋涼空澄遠增漢無陰照天容於鮷　鏡河色於魦潯括蓋餘以進廣浸夏洲以洞深形每驚而義維靜跡有事

而道無心於是乎山海藏陰雲塵入岫天英徧華日色盈秀則若士神中琴高道外袖輕羽以衣風逸玄裾於雲帶蹀秋月於源潮帳春霞於秀瀨曬蓬萊之靈岫望方壺之妙闕樹遏日以飛柯嶺回峯以蹴月空居無俗素館何塵谷門風道林路雲眞若乃幽崖陒於夾隘倉夾隈隩之窮駿波虎浪之氣激勢之所不攻有舟有木爲灌爲叢絡糅綱維結葉相籠通雲交拂連韻共風蕩洲磝去角岸而千里若崩衝崖沃島其萬國如戰

振駭氣以擺雷飛雄光以倒電若夫增雲不氣流風做聲瀾文㕣以動波色還驚明月何遠沙裏分星至其積珍全遠架寶諭深瓊池玉壑珠岫珂岑合日開夜舒月解陰珊瑚開縝瑠璃竦華丹文鏡色雜照冰霞洪洪潰潰浴于日月淹漢星墟滲河天界風何本而自生雲無從而空滅　麗色以拂烟鎖懸曄以照雪爾乃方員去我混然落情氣暄而濁化靜自清心無終故不滯志不敗而無成既覆舟而載舟固以死而以生弘貎

狗於人獸道尊至本以充形雖萬物之日用諒何緯其何經道湛天初機茂形外亡有所以而有非膠有於生末亡無所以而無信無心以入太不動動是使山岳相崩不聲聲故能天地交泰行藏虛於用含應感亮於圓會仁者見之謂之仁達者見之謂之達咕者幾於上善吾信哉其爲大矣融文辭詭激獨與衆異後還京師以示鎮國將軍顧凱之凱之曰卿此賦實超玄虛但恨不道鹽耳融即求筆注之曰漉沙構白熬

波出素積雪中春飛霜暑路此四句後所足也
凱之與融兄有恩好凱之卒融身負墳土在南
與交阯太守卞展有舊展於嶺南爲人所殺融
挺身奔赴舉秀才對策中第爲尚書殿中郎不
就爲儀曹郎泰始五年明帝取荆郢湘雍四州
射手叛者斬亡身及家長者家口沒奚官元徽
初郢州射手有叛者融議家人家長罪所不及
亡身刑五年尋請假奔叔父喪道中罰幹錢敬
道鞭杖五十寄繫延陵獄大明五年制二品清

官行僮幹杖不得出十爲左丞孫緬所奏免官
尋復位攝祠倉部二曹領事劉勔戰死祠曹議
上應哭勔不融議宜哭於是始舉哀倉曹又以
正月俗人所忌太倉爲可開不融議不宜拘束
小忌尋兼掌正廚融見宰殺回車徑去自
表解職爲安成王撫軍倉曹參軍轉南陽
王友融父暢先爲丞相長史義宣事難暢
爲王玄謨所錄將殺之玄謨子瞻爲南陽
王前軍長史融啓求去官不許融家貧願

祿初與從叔征北將軍永書曰融昔稱幼學早
訓家風雖則不敏率以成性布衣葦席弱年所
安簞食瓢飲不覺不樂但世業清貧民生多待
榛栗棗脩女贄既長束帛禽鳥男禮已大勉身
就官十年七仕不欲代耕何至此事昔求三吴
一丞雖屢舛錯今聞南康缺守願得爲之融不
知階級階級亦可不知融政以求丞不得所以
求郡求郡不得亦可復求丞又與吏部尚書王
僧虔書曰融天地之逸民也進不辨貴退不知

賤兀然造化忽如草木實以家貧累積孤寡
傷心八姪俱孤二弟頗弱撫之而感古人以悲
豈能山海陋祿申融情累阮籍愛東平土風融亦
欣晉平閑外時議以融非治民才竟不果辟
太祖太傅掾歷驃騎豫章王司空諮議參軍遷
中書郎非所好乞爲中散大夫不許融風止詭
越坐常危膝行則曳步翹身仰首意制甚多隨
例同行常稽遲不進太祖素奇愛融爲太尉時
時與融款接見融常笑曰此人不可無一不可有

上即位後手詔賜融衣曰見卿衣服麤故誠乃素懷有本交爾藍縷亦虧朝望今送一通故衣意謂雖故乃勝新是吾所著已令裁減稱卿之體并履一量融與吏部尚書何戢善往詣戢誤通尚書劉澄融下車入門乃曰非是至戶外望澄又曰非是既造席視澄曰都自非是乃去其爲異如此又爲長沙王鎮軍竟陵王征北諮議並領記室司徒從事中郎永明二年揔明觀講勑朝臣集聽融扶入就榻私索酒飲之難問既畢

乃長嘆曰嗚呼仲尼獨何人哉爲御史中丞到撝所奏免官尋復融形貌短醜精神清澈王敬則見融革帶垂寬殆將至骼謂之曰革帶太急融曰既非步吏急帶何爲融假東出世祖問融住在何處融答曰臣陸處無屋舟居非水後日上以問融從兄緒緒曰融近東出未有居止權牽小船於岸上住上大笑虜中聞融名上使融接北使李道固就席道固顧之而言曰張融是宋彭城長史張暢子不融嚬蹙久之曰先君

不幸名達六夷豫章王大會賓僚融食炙始畢行炙人便去融欲求鹽蒜口終不言方搖食指半日乃息出入朝廷皆拭目驚觀之八年朝臣賀眾瑞公事融扶入拜起復爲有司所奏見原遷司徒右長史竟陵張欣時爲諸曁令坐罪當死欣時父興世宋世討南譙王義宣官軍欲殺融父暢興世以袍覆暢而坐之以此得免興世卒融著高屐負土成墳至是融啓竟陵王子良乞代欣時死子良答曰此乃是長史美事恐朝

有常典不得如長史所懷遷黃門郎太子中庶子司徒左長史融有孝義忌月三旬不聽樂事嫂甚謹宋丞相起事父暢以不同將見殺司馬竺超民諫免之暢臨終謂諸子曰昔丞相事難吾緣竺司馬得活爾等必報其子弟後超民孫微冬月遭母喪居貧融往弔之悉脫衣以爲膊披牛被而反常以兄事微豫章王嶷竟陵王子良薨融自以身經佐吏哭輒盡慟建武四年病卒年五十四遺令建白旌無旒不設祭令人捉麈

尾登屋復魄曰吾生平所善自當凌雲一笑三
千買棺無製新衾左手執孝經老子右手執小
品法華經妾二人哀事畢各遣還家又曰以吾
平生之風調何至使婦人行哭失聲不須暫停
閨閤融玄義無師法而神解過人白黑談論鮮
能抗拒永明中遇疾爲門律自序曰吾文章之
體多爲世人所驚汝可師耳以心不可使耳爲
心師也夫文豈有常體但以有體爲常政當使
常有其體丈夫當删詩書制禮樂何至因循寄

人籬下且中代之文道體闕變尺寸相資彌縫
舊物吾之文章體亦何異何嘗顛溫涼而錯
寒暑綜哀樂而橫歌哭哉政以屬辭多出比
事不羈不阡不陌非途非路耳然其傳音振
逸鳴節竦韻或當未極亦已極其所矣汝若復
别得體者吾不拘也吾義亦如文造次乘我顛沛
非物吾無師無友不文不句頗有孤神獨逸耳義
之爲用將使性入清波塵洗猶沐無得釣聲同
利舉價如高俾是道場險成軍路吾昔嗜僧

言多肆法辯此盡遊乎言笑而汝等無幸又云
人生之口正可論道說義惟飲與食此外如樹銅
爲吾每以不爾爲恨爾曹當振綱也臨卒又
戒其子曰手澤存焉父書不讀況父音情婉在
其韻吾意不然别遺爾音吾文體英絕變而屢
奇既不能遠至漢魏故無取嗟晉宋豈吾天挺
蓋不隤家聲汝若不看父祖之意欲汝見也可
號哭而看之融自名集爲玉海司徒褚淵問玉
海名融答玉以比德海崇上善文集數十卷行

於世張氏知名前有敷演鏡暢後有充融卷稷
周顒字彥倫汝南安城人晉左光禄大夫顗七
世孫也祖虎頭員外常侍父恂歸鄉相顒少爲
族祖朗所知解褐海陵國侍郎益州刺史蕭惠
開賞異顒携入蜀爲厲鋒將軍帶肥鄉成都二
縣令轉惠開輔國府參軍將軍令如故仍爲府
主簿常謂惠開性太險俊每致諫惠開不悅答
顒曰天險地險王公設險但問用險何如耳隨惠
開還都宋明帝頗好言理以顒有辭義引入殿

內親近宿直帝所爲慘毒之事顒不敢顯諫輒
誦經中因緣罪福事帝亦爲之小止轉安成王
撫軍行參軍元徽初出爲剡令有恩惠百姓思
遠還歷邵陵王南中郎三府參軍太祖輔政引
接顒顒善尺牘沈攸之送絕交書太祖口授令
顒裁荅轉齊臺殿中郎建元初爲長沙王參
軍後軍參軍山陰令縣舊訂滂民以供雜使顒
言之於太守聞喜公子良曰竊見滂民之困困
實極矣役命有常祗應轉竭蹙迫驅催莫安

其所險者或竄避山湖困者自經溝瀆爾亦有
摧臂斮手苟自殘落販傭貼子權赴急難每至
滂使發動遵赴常促輒有柤杖被錄稽顙階垂
泣涕告哀不知所振下官未嘗不臨食罷箸當
書偃筆爲之久之愴不能已交事不濟不得不
就加捶罰見此辛酸時不可過山陰邦治事倍
餘城然略聞諸縣亦處處皆蹟唯上虞以百戶
一滂大爲優足過此列城不無凋罄宜應有以普
救倒懸設流開便則轉患爲功得之何遠還爲

文惠太子中軍錄事參軍隨府轉征北文惠在
東宮顒還正員郎始與王前軍諮議直侍殿省
復見賞遇顒音辭辯麗出言不窮宮商朱紫
發口成句汎涉百家長於佛理著三宗論立空假
名立不空假名設不空假名難空假名設空假
名難不空假名假名空難二宗又立假名空西涼
州智林道人遺顒書曰此義旨趣似非始開妙聲
中絕六七十載貧道年二十時便得此義竊每歎
喜無與共之年少見長安耆老多云關中高勝

乃舊有此義當法集盛時能深得斯趣者本無
多人過江東略是無一貧道捉麈尾來四十餘年
東西講說謬重一時餘義頗見宗錄唯有此塗
白黑無一人得者爲之發病非意此音猥來入耳
始是眞實行道第一功德其論見重如此顒於
鍾山西立隱舍休沐則歸之轉太子僕兼著作
撰起居注遷中書郎兼著作如故常遊侍東宮
少從外氏車騎將軍臧質家得衛恒散隸書
法學之甚工文惠太子使顒書玄圃茅齋壁

國子祭酒何胤以倒薤書求就顒換之顒笑而荅
曰天下有道丘不與易也每賓友會同顒虛席
晤語辭韻如流聽者忘倦兼善老易與張融
相遇輒以玄言相滯彌日不解清貧寡欲終日
長蔬食雖有妻子獨處山舍衛將軍王儉謂顒
曰卿山中何所食顒曰赤米白鹽綠葵紫蓼文
惠太子問顒菜食何味最勝顒曰春初早韭秋
末晚菘時何胤亦精信佛法無妻妾太子又問
顒卿精進何如何胤顒曰三塗八難共所未免

然各有其累太子曰所累伊何對曰周妻何肉
其言辭應變皆如此也轉國子博士兼著作如
故太學諸生慕其風爭事華辯後何胤言斷
食生猶欲食肉白魚䱇脯糖蟹以為非見生物疑
食蚶蠣使學生議之學生鍾岏曰䱇之就脯驟
於屈伸蟹之將糖躁擾彌甚仁人用意深懷如
但至於車螯蚶蠣眉目內闕慙渾沌之奇礦殼
外緘非金人之愼不悴不榮曾草木之不若無
馨無臭與瓦礫其何算故宜長充庖廚永為口

實竟陵王子良見岏議大怒胤兄點亦遁節
清信顒與書勸令菜食曰丈人之所以未極遐蹈
或在不近全菜邪脫灑離析之討鼎俎網罟之
興載策 其來寔遠誰敢干議觀聖人之設膳
脩仍復為之品節蓋以茹毛飲血與生民共始縱
而勿裁將無厓畔善為士者豈不以恕己為懷
是以各靜封疆罔相陵軼況乃變之大者莫過
死生生之所重無踰性命性命之於彼極切滋
味之在我可賒而終身朝晡資之以永彼就冤

殘莫能自列我業久長吁哉可畏且區區微卵
脆薄易矜歡彼弱麑顧步宜愍觀其飲啄
飛沉使人憐悼況可心心撲褫加復恣忍吞
嚼至乃野牧盛羣閉豢重圈量肉揣毛以俟
枝剝如土委地僉謂常理百為愴息事豈一塗
若云三世理誣則幸矣良快 如使此道果然而
形未息則一往一來 一生一死 常事雜報
如家人天如客遇客日尠在家日多吾儕信
業未足長免則傷心之慘行亦息念丈人於

血氣之類雖無身踐至於晨鳧夜鯉不能不
取備屠門財貝之經盜手猶爲廉士所棄生
性之一啓鸞刀寧復慈心所忍騶虞雖飢非
自死之草不食聞其風豈不使人多愧衆生
之稟此形質以畜肌膂皆由其積壅癡迷沈
流莫反報受穢濁歷苦酸長此甘與肥皆無
明之報聚也何至復引此滋腴自汙腸胃丈人
得此有素聊復寸言發起耳顒卒官時會皇儉
講孝經未畢舉曇濟自代學者榮之官爲給
事中

史臣曰弘毅存容至仁表貌汲黯剛贛崔琰
聲姿然後能不憚雄殊亟成譏犯張融標心
託旨全等塵外吐納風雲不論人物而干君會
友敦義納忠誕不越檢常在名教若夫奇偉
之稱則虞翻陸績不得獨擅於前也

贊曰思光矯矯萬里干仞[illegible]
擯務在連衡不謀銷印[illegible]
白馬橫擔雲搼獨振

列傳第二十二　南齊書四十一

張融海賦文多脫誤諸本同

臣蕭子顯撰

王晏
蕭諶
蕭坦之
江祏

王晏字士彥琅邪臨沂人也祖弘之通直常侍父普曜秘書監晏宋大明末起家臨賀王國常侍員外郎巴陵王征北板參軍安成王撫軍板

刑獄隨府轉車騎晉熙王燮爲郢州晏爲安西主簿世祖爲長史與晏相遇府轉鎮西板晏記室諮議沈攸之事難鎮西職僚皆隨世祖鎮盆城上時權勢雖重而衆情猶有疑惑晏便專心奉事軍旅書翰皆委焉性甚便僻漸見親侍乃留爲上征虜撫軍府板諮議領記室從還都遷領軍司馬中軍從事中郎常在上府參議機密建元初轉太子中庶子世祖在東宮專斷朝事多不聞啓晏慮及罪稱疾自疎尋領射聲校尉不拜世祖即位轉長兼侍中意任如舊永明元年領步兵校尉遷侍中祭酒校尉如故遭母喪起爲輔國將軍司徒左長史晏父普曜藉晏勢官多歷通官晏尋遷左衞將軍加給事中未拜而普曜卒居喪有稱起冠軍將軍司徒左長史濟陽太守未拜遷衞尉將軍如故四年轉太子詹事加散騎常侍六年轉丹陽尹常侍如故晏位任親重朝夕進見言論朝事自豫章王嶷尚書令王儉皆降意以接之而晏每以疎漏被上

呵責連稱疾久之上以晏須祿養七年轉爲江州刺史晏固辭不願出外見許留爲吏部尚書領太子右衞率終以舊恩見寵時令王儉雖貴而疎晏既領選權行臺閣與儉頗不平儉卒禮官議謚上欲依王導謚爲文獻晏啓上曰導乃得此謚但宋以來不加素族出謂親人曰平頭憲事已行矣八年改領右衞將軍陳疾自解上欲以高祖代晏領選手敕問之晏啓曰譚清幹有餘然不諳百氏恐不可居此職上乃止明年

遷侍中領太子詹事本州中正又以疾辭十年改授散騎常侍金紫光禄大夫給親信二十人中正如故十一年遷右僕射領太孫右衛率世祖崩遺旨以尚書事付晏及徐孝嗣令久於其職鬱林即位轉左僕射中正如故隆昌元年加侍中高宗謀廢立晏便響應推奉延興元年轉尚書令加後將軍侍中中正如故封曲江縣侯邑千戶給鼓吹一部甲仗五十人入殿高宗與晏宴於東府語及時事晏抵掌曰公常言晏怯

今定何如建武元年進號驃騎大將軍給班劍二十人侍中令中正如故又加兵百人領太子少傅進爵爲公增邑爲二千戶以虜動給兵千人晏爲人篤於親舊爲世祖所稱至是自謂佐命惟新言論常非薄世祖故事衆始怪之高宗雖以事際須晏而心相疑斥料簡世祖中詔得與晏手敕三百餘紙皆是論國家事以此愈猜薄之初即位始安王遙光便勸誅晏帝曰晏於我有勳且未有罪遙光曰晏尚不能爲武帝安能

爲陛下帝默然變色時帝常遣心腹左右陳世範等出塗巷採聽異言由是以晏爲事晏輕淺無防慮望開府數呼相工自視云當大貴與賓客語好屏人清閑上聞之疑晏欲反遂有誅晏之意傖人鮮于文粲與晏子德元往來密探朝旨告晏有異志世範等又啓上云晏謀因四年南郊與世祖故舊主帥於道中竊發會虎犯郊壇帝愈懼未郊一日敕停行元會畢乃召晏於華林省誅之下詔曰晏閭閻凡伍少無持操階

緣人乏班齒官途世祖在蕃搜揚擢用棄略疵瑕遂升要重而輕跳險銳在貴彌著猜忌反覆觸情多端故以兩宮所弗容十手所共指既內愧于心外懼憲牘掩迹陳痾多歷年載頻授蕃任輒辭請不行事以謙虛情實詭伏隆昌以來運集艱難匡贊之功頗有心力遷爵冠通侯位登元輔綢繆恩寄朝莫均焉谿壑可盈無厭將及視天畫地遂懷異圖廣求卜相取信巫覡論薦黨附遍滿臺府令大息德元淵藪亡命同惡

相濟劔客成群弟詡凶愚遠相脣齒信驛往來密通要契去歲之初奉朝鮮于文粲備告姦謀朕以信必由中義無與貳推誠委任覬能悛改而長惡易流構扇彌大與北中郎司馬蕭毅臺隊主劉明達等剋期竊發以河東王鉉識用微弱可爲其主得志之日當守以虛器明達諸辭列炳然具存昔漢后以反脣致討魏臣以虯鬚爲戮況無君之心既彰陵上之迹斯著此而可容誰寘刑辟並可收付廷尉肅明國典晏未敗數日於北山廟荅賽夜還晏既醉部伍人亦飲酒羽儀錯亂前後十餘里中不復相禁制識者云此勢不復久也晏子德元有意尚至車騎長史德元初名湛世祖謂晏曰劉湛江湛並不善終此非佳名也晏乃改之至是與弟晉安王友德和俱被誅晏弟詡永明中爲少府卿六年敕位未登黃門郎不得畜女妓詡與射聲校尉陰玄智坐畜妓免官禁錮十年敕特原詡禁錮後出爲輔國將軍始興內史廣州刺史劉纘爲奴

所殺詡率郡兵討之延興元年授詡持節廣州刺史詡亦篤舊晏誅上又遣南中郎司馬蕭季敞襲詡殺之

蕭諶字彥孚南　陵蘭陵人也祖道清員外郎父仙伯桂陽國參軍諶初爲州從事晉熙國侍郎左常侍諶於太祖爲絶服族子元徽末世祖在郢州欲知京邑消息太祖遣諶就世祖宣傳謀計留爲腹心昇明中爲世祖中軍刑獄參軍東莞太守以勳懃封安復縣男三百戶建元初爲武陵王冠軍臨川王前軍參軍除尚書都官郎建威將軍臨川王鎮西中兵世祖在東宮諶領宿衛太祖殺張景眞世祖令諶口啓乞景眞命太祖不悅諶懼而退世祖即位出諶爲大末令未之縣除步兵校尉領射陽令轉帶南濮陽太守領御仗主永明二年爲南蘭陵太守建威將軍如故復除步兵校尉太守如故世祖齋內兵仗悉付之心膂密事皆使參掌除正員郎轉左中郎將後軍將軍太守如故世祖卧疾延昌殿敕

諶在左右宿直上崩遺敕諶領殿內事如舊鬱
林即位深委信諶諶每請急出宿帝通夕不得
寐諶還乃安轉衛軍司馬兼衛尉加輔國將軍
丁母憂敕還復本任守衛尉高宗輔政有所匡
諫帝既在後宮不出唯遣諶及蕭坦之遥進乃
得聞達諶回附高宗勸行廢立密召諸王典籤
約語之不許諸王外接人物諶親要日久衆皆
憚而從之鬱林被廢日初聞外有變猶密爲手
敕呼諶其見信如此諶性險進無計略及廢帝

日領兵先入後宮齋內仗身素隸服諶莫有動
者海陵立轉中領軍進爵爲公二千戶甲仗五
十人入直殿內月十日還府建武元年轉領軍
將軍左將軍南徐州刺史給特進爵衡陽郡公
食邑三千戶高宗初許事克用諶爲揚州及有
此授諶恚曰見炊飯熟推以與人王晏聞之曰
誰復爲蕭諶作塢筯者諶恃勳重干豫朝政諸
有選用輒命議尚書使爲申論上新即位遣左
右要人於外聽察具知諶言深相疑阻二年六

月上幸華林園宴諶及尚書令王晏等數人盡
歡坐罷留諶晚出至華林閤仗身執還入省上
遣左右莫智明數諶曰隆昌之際非卿無有今
日今一門二州兄弟三封朝廷相報政可極此
卿恒懷怨望乃云炊飯已熟合甑與人邪今賜
卿死諶謂智明曰天去人亦復不遠我與至尊
殺高武諸王是君傳語來去我今死還取卿於
省殺之至秋而智明死見諶爲祟詔曰蕭諶擢
自凡庸識用輕險因藉倖會早預驅馳永明之

季曲頒恩紀鬱林昏悖頗立誠効寵靈優渥期
遇兼隆內揔戎柄外暢蕃威兄弟榮貴震灼朝
野曾不感佩殊荷少荅萬一自以勳高伊霍事
均難賞才冠當時恥居物後矯制王權專奪由
已空懷疑懼坐構嫌猜覘候宮掖希覬非望藏
上罔下之心誣君不臣之跡固以彰暴民聽喧
聒遐邇遂潛散金帛招集不逞交結盜竊互爲
脣齒密契戚邸將肆姦逆朕以其任寄既重爵
列河山每加彌縫弘以大信庶能懷音翻然悛

旼而犲狼其性凶謀滋甚夫無將必戮陽秋明義況釁積禍盈若斯之大可收付廷尉速正刑書罪止元惡餘無所問諶好左道吳興沈文猷相諶云相不減高宗諶喜曰感卿意無爲人言也至是文猷伏誅諶兄誕字彥偉初爲殿中將軍永明中爲建康令與秣陵令司馬迪之同乘行車前導四平左丞沈昭略奏凡有鹵簿官共乘不得兼列騶寺請免誕等官詔贖論延興元年自輔國徐州爲持節督司州刺史將軍如故

明帝立封安德侯五百戶進號冠軍建武二年春虜攻司州誕盡力拒守虜退增封四百戶徵左衛將軍上欲殺諶以誕在邊鎮拒虜故未及行虜退六旬諶誅遣黃門郎梁王爲司州別駕使誅誕束身受戮家口繫尚方諶弟誄與諶同豫廢立爲寧朔將軍東莞太守轉西中郎司馬建武初封西昌侯千戶轉太子左率領軍解司州圍還同伏誅諶伯父仙民官至太中大夫卒

蕭坦之南蘭陵蘭陵人也祖道濟太中大夫父欣祖有勳於世祖至武進令坦之與蕭諶同族初爲殿中將軍累至世祖中軍板刑獄參軍以宗族見驅使除竟陵王鎮北征北參軍東宮直閤以懃直爲世祖所知除給事中淮陵令又除蘭陵令給事中如故尚書起部郎司徒中兵參軍世祖崩坦之隨太孫文武度上臺除射聲校尉令如故未拜除正員郎南魯郡太守少帝以坦之世祖舊人親信不難得入內見皇后於宮中及出後堂雜戲狡獪坦之皆得在側或值醉

後裸袒坦之輒扶持諫諭見帝不可奉乃改計附高宗密爲耳目除晉安王征北諮議隆昌元年追錄坦之父勳封臨汝縣男食邑三百戶從征南諮議高宗謀廢少帝既與蕭諶及坦之定謀帝腹心直閤將軍曹道剛疑外間有異密有處分諶未能發始興內史蕭季敞南陽太守蕭穎基還都諶欲待二蕭至藉其勢力以舉事高宗慮事變以告坦之坦之馳謂諶曰廢天子古來大事比聞曹道剛朱隆之等轉已猜疑衞尉

明日若不就事無所復及弟有百歲母豈能坐聽禍敗政應作餘計耳諶遑遽明日遂廢帝坦之力也海陵即位除黃門郎兼衛尉卿進爵伯增邑爲六百戶建武元年遷散騎常侍右衛將軍進爵侯增邑爲千五百戶明年虜動假坦之節督徐州征討軍事虜圍鍾離春斷淮洲坦之擊破之還加領太子中庶子未拜遷領軍將軍永泰元年爲侍中領軍東昏立爲侍中領軍將軍永元元年遭母喪起復職加右將軍置府江祏

兄弟欲立始安王遙光密謂坦之坦之曰明帝取天下已非次第天下人至今不服今若復作此事恐四海瓦解我其不敢言持喪還宅宅在東府城東遙光起事遣人夜掩取坦之坦之科頭著褌踰牆走從東冶僦渡南渡間道還臺假節督衆軍討遙光屯湘宮寺事平遷尚書右僕射丹陽尹右軍如故進爵公增邑千戶坦之肥黑無鬚語聲嘶時人號爲蕭瘂剛佷專執羣小畏而憎之遙光事平二十餘日帝遣延明主帥黃

文濟領兵圍坦之宅殺之子賞秘書郎亦伏誅坦之從兄翼宗爲海陵郡將發坦之謂文濟曰從兄海陵宅故應無他文濟曰海陵宅在何處坦之告文濟曰應得罪仍遣收之檢家赤貧唯有質錢帖子數百還以啓帝原死繫尚方和帝中興元年追贈坦之中將軍開府儀同三司

江祏字弘業濟陽考城人也祖遵寧朔參軍父德隣司徒右長史祏姑爲景皇后少爲高宗所親恩如兄弟宋末解褐晉熙國常侍太祖徐州

西曹員外郎高宗冠軍參軍帶濡陽令竟陵王征北參軍尚書水部郎高宗爲吳興以祏爲郡丞加宣威將軍廬陵王中軍功曹記室安陸王左軍諮議領錄事帶京兆太守除通直郎補南徐州別駕高宗輔政委以心腹隆昌元年自正員郎補丹陽丞中書郎高宗爲驃騎鎮東府以祏爲諮議參軍領南昌太守與蕭諶對直東府省內時新立海陵人情未服高宗胛上有赤誌常祕不傳祏勸帝出以示人晉壽太守王洪範

罷任還上袒示之曰人皆謂此是日月相卿幸
無泄言洪範曰公曰月之相在軀如何可隱轉
當言之公卿上大悅會直後張伯尹瓚等屢謀
竊發祏謀憂虞無計每夕輒託事外出及入纂
議定加祏寧朔將軍高宗爲宣城王大史密奏
圖緯云一號當得十四年祏入帝喜以示祏曰
得此復何所望及即位遷守衛尉將軍如故封
安陸縣侯邑千户祏祖道以后父贈金紫光祿
大夫父德隣以帝舅亦贈光祿大夫建武二年

遷右衛將軍掌甲仗廉察四年轉太子詹事祏
以外戚親要勢冠當時遠致餉遺或取諸王第
名書好物然家行甚睦待子姪有恩意上寢疾
永泰元年轉祏爲侍中中書令出入殿省上崩
遺詔轉右僕射祏弟衛尉祀爲侍中敬皇后弟
劉暄爲衛尉東昏即位參掌選事高宗雖顧命
羣公而意寄多在祏兄弟至是更直殿内動止
關諮永元元年領太子詹事劉暄遷散騎常侍
右衛將軍祏兄弟與暄及始安王遙光尚書令

徐孝嗣領軍蕭坦之六人更日帖敕時呼爲六
貴帝稍欲行意孝嗣不能奪坦之雖時有異同
而祏堅意執制帝深忿之帝失德既彰祏議欲
立江夏王寶玄劉暄初爲寶玄郢州行事執事
過刻有人獻馬寶玄欲看之暄曰馬何用看妃
索煑肫帳下諮暄暄曰且已煑鵞不煩復此寶
玄恚曰舅殊無渭陽之情暄聞之亦不悅至是
不同祏議欲立建安王寶寅密謀於遙光遙光
自以年長屬當鼎命微旨動祏祏弟祀以少主

難保勸祏立遙光暄以遙光若立已失元舅之
望不肯同故祏遲疑久不決遙光大怒遣左右
黄曇慶於清溪橋道中刺殺暄曇慶見暄部伍
人多不敢發事覺暄告祏謀帝處分收祏兄弟
祀時直在内殿疑有異遣信報祏曰劉暄似有
異謀今作何計祏曰政當静以鎮之耳俄而召
祏入見停中書省初直齋袁文曠以王敬則勳
當封祏執不與帝使文曠取祏以刀環築其心
曰復能奪我封否祏祀同日見殺祀字景昌初

爲南郡王國常侍歷高祖驃騎東閤祭酒祕書丞晉安王鎮北長史南東海太守行府州事治下有宣尼廟久廢不脩祀更開掃構立祀弟禧居喪早卒有子歊字偉卿年十二聞收至謂家人曰伯既如此無心獨存赴井死後帝於後堂騎馬致適顧謂左右曰江祏若在我當復能騎此不暄字士穆出身南陽國常侍遥光起事以討暄爲名事平暄遷領軍將軍封平都縣侯千戶其年又見殺和帝中興元年贈祏衛將軍暄散騎常侍撫軍將軍並開府儀同三司祀散騎常侍太常卿

史臣曰士死知己蓋有生所共情雖愚智之品有二而逢迎之運唯一夫懷可知之才受知人之眄無慙外物此固天理其猶藏在中心銜恩念報況乎義早藩僚道同遇合踰越勝己顧邁先流棄子如遺曾微舊德使狗之喻人致前譏慙包疚心我無其事嗚呼陸機所以賦豪士也

贊曰王蕭提契世祖基之樂羊食子里克無辭江劉后戚明嗣是維廢興異論終用乖疑

列傳第二十三　南齊書四十二

列傳第二十四　南齊書四十二

臣蕭子顯撰

江斅

何昌㝢

謝瀹

王思遠

江斅字叔文濟陽考城人也祖湛宋左光祿大夫儀同三司父恁著作郎爲太祖所殺斅母文帝女淮陽公主幼以戚屬召見孝武謂謝莊曰

此小兒方當爲名器少有美譽桂陽王休範臨州辟迎主簿不就尚孝武女臨汝公主拜駙馬都尉除著作郎太子舍人丹陽丞時袁粲爲尹見斅歎曰風流不墜政在江郎數與晏賞留連日夜遷安成王撫軍記室祕書丞中書郎斅庶祖母王氏老疾斅視膳嘗藥七十餘日不解衣及累居內官每以侍養陳請朝廷優其朝直尋轉安成王驃騎從事中郎初湛娶褚秀之女被遣褚淵爲衛軍重斅爲人先通音意引爲長史

加寧朔將軍從帝立隨府轉司空長史領臨淮太守將軍如故轉太尉從事中郎齊臺建爲吏部郎太祖即位斅以祖母久疾連年臺閣之職求解溫清啓乞自解初宋明帝勅斅出繼從叔愻爲從祖淳後於是僕射王儉啓禮無從小宗之文近世緣情皆由父祖之命未有既孤之後出繼宗族也雖復臣子一揆而義非天屬江忠簡胤嗣所寄唯斅一人傍無眷屬斅宜還本若不欲江愻絕後可以斅小兒繼愻爲孫尚書參

議謂間世立後禮無其文荀顗無子立孫墜禮之始何琦又立此論義無所據於是斅還本家詔使自量立後者出爲寧朔將軍豫章內史還除太子中庶子領驍騎將軍未拜門客通贓利世祖遣信檢覈斅藏此客而躬自引咎上甚有怪色王儉從容啓上曰江斅若能治郡此便是具美耳上意乃釋永明初仍爲豫章王太尉諮議領錄事遷南郡王友竟陵王司徒司馬斅好文辭圍棊第五品爲朝貴中最遷侍中領本州

中正司徒左長史中正如故五年遷五兵尚書
明年出爲輔國將軍東海太守加秩中二千石
行南徐州事七年徙爲侍中領驍騎將軍尋轉
都官尚書領驍騎將軍王晏啓世祖曰江斅今
重登禮閣兼掌六軍慈渥所覃寔有優忝但語
其事任殆同閑輩天旨既欲外其名位愚謂以
侍中領驍騎望實清顯有殊納言上曰斅常啓
吾爲其鼻中惡今既以何胤王瑩還門下故有
此回換吳鬱林即位遷掌吏部隆昌元年爲侍

中領國子祭酒鬱林廢朝臣皆被召入宮斅至
雲龍門託藥醉吐車中而去明帝即位改領祕
書監又改領晉安王師建武二年卒年四十四
遺令儉約葬不受賻贈詔賻錢三萬布百匹子
蒨啓遵斅令讓不受詔曰斅貽厥之訓送終以
儉立言歸善益有嘉傷可從所請贈散騎常侍
太常謚曰敬子

何昌㝢字儼望廬江灊人也祖叔度吳郡太守
父佟之太常昌㝢少而淹厚爲伯父司空尚之

所遇宋建安王休仁爲揚州辟昌㝢州主簿遷
司徒行參軍太傅五官司徒東閤祭酒尚書儀
曹郎建平王景素爲征北南徐州昌㝢又爲府
主簿以夙素見重毋老求祿出爲湘東太守加
秩千石爲太祖驃騎功曹昌㝢在郡景素被誅
昌㝢痛之至是啓太祖曰伏尋故建平王因心
自遠忠孝基性徽和之譽早布國言勝素之情
夙洽民聽世祖綢繆太宗眷異朝中貴人野外
賤士雖聞見有殊誰不悉斯事者元徽之間政

闞羣小構扇異端共令傾覆懇懃之非古人所
悼況蒼梧將季能無衒惑一年之中藉者再三
有必巔之危無蹔立之安行路寒心往來跼蹐
而王夷慮坦然委之天命惟謙惟敬專誠奉國
閨無執戟之衞門闕衣介之夫此五尺童子所
見不假闊曲言也一論疑似身名頓滅寃結淵
泉酷貫穹昊時經隆替歲改三元曠蕩之惠亟
申被枉之澤未流俱沐温光獨酸霜露明公鋪
天地之施散雲雨之潤物無巨細咸被慶渥若

今日不蒙照滌則為萬代寃魂昌寓非敢慕慷
慨之士激揚當世實義切於心痛入骨髓瀝腸
紓憤仰希神照辯明枉直亮王素行使還名帝
籍歸靈舊塋死而不泯豈忘德於黃壚分軀碎
首不足上謝又與司空褚淵書曰天下之可哀
者有數而埋寃於黃泉者為甚焉何者百年之
壽同於朝露揮忽去留寧足道哉政欲闔棺之
日不隕令名竹帛傳芳烈鐘石紀清英是以昔
賢甘心於死所者也若懷忠抱義而負枉冥冥

三刀三十一 南齊傳二十四 五

之下時主未之矜卿相不為言良史濡翰將被
以惡名豈不痛哉豈不痛哉竊尋故建平王地
屬親賢德居宗望道心惟沖睿性天峻散情風
雲不以塵務嬰衿明發懷古惟以琴書娛志言
忠孝行惇慎二公之所深鑒也前者阮楊連黨
構此紛紜雖被明於朝貴愈結怨於羣醜覘察
繼蹤疑防重著小人在朝詩史所歎一清識
飲涕王每永言終日氣淚交橫既推信以期物
故日去其備衞朱門蕭條示存典刑而已求解

徐州以避北門要任苦乞會稽負處東甌閑務
此並彰於事迹與公道味相求期心有素方共
經營家國劬勞王室何圖時不我與契闊屯昏
忠誠弗亮罹此百殃歲朔亟流已經四載皇命
惟新人沾天澤而幽然深酷未蒙照明封殯卑
雜窮魂莫寄昭穆不序松栢無行事傷行路痛
結幽顯吾等叩心泣血實有望於聖時公以德
佐世欲物得其所豈可令建平王枉直不分邪
田叔不言梁事袁絲諫止淮南以兩國疊禍尚

三刀三十一 南齊傳二十四 六

回帝意豈非親親之義寧從敦厚而令疑以未
辨為世大戮若使王心跡得申亦示海內理寃
枉明是非存亡國繼絕世周漢之通典有國之
所急也昔叔向之理恃祁大夫而獲亮戾太子
之寃資車丞相而見察幽靈有知豈不眷眷於
明顧碎首抽脅自謂不殞淵答曰追風古人良
以嘉歎但事既昭晦理有逆從建平初阻元徽
未恃尊欲委咎阮楊彌所致疑于時正亦謬參
此機若審如高論其愧特深太祖嘉其義轉為

記室遷司徒左西太尉户曹屬中書郎王儉衛
軍長史儉謂昌寓曰後任朝事者非卿而誰永
明元年竟陵王子良表置友學官以昌寓爲竟
陵王文學以清信相得意好甚厚轉揚州别駕
豫章王又善之遷太子中庶子出爲臨川内史
除廬陵王中軍長史未拜復爲太子中庶子領
屯騎校尉遷吏部郎轉侍中臨海王昭秀爲荆
州以昌寓爲西中郎長史輔國將軍南郡太守
行荆州事明帝遣徐玄慶西上害蕃鎮諸王玄

慶至荆州欲以便宜從事昌寓曰僕受朝廷意
寄翼輔外蕃何容以殿下付君一介之使若朝
廷必須殿下還當更聽後旨昭秀以此得還京
師建武二年爲侍中領長水校尉轉吏部尚書
復爲侍中領驍騎將軍四年卒年五十一贈太
常謚簡子昌寓不雜交遊通和汎愛歷郡皆清
白士君子多稱之

謝瀹字義潔陳郡陽夏人也祖弘微宋太常父
莊金紫光禄大夫瀹四兄颺朏顥從世謂謝莊
名兒爲風月景山水顥字仁悠少簡靜解褐祕
書郎累至太祖驃騎從事中郎建元初爲吏部
郎至太尉從事中郎永明初高選友學以顥爲
竟陵王友至北中郎長史卒瀹年七歲王彧見
而異之言於宋孝武孝武召見於稠人廣衆之
中瀹舉動閑詳應對合旨帝甚悦詔尚公主值
景和敗事寢僕射褚淵聞瀹年少清正不惡以
女結婚厚爲資送解褐車騎行參軍遷祕書郎
司徒祭酒丹陽丞撫軍功曹世祖爲中軍引爲

記室齊臺建遷太子中舍人建元初轉桂陽王
友以母老須養出爲安成内史還爲中書郎衛
軍王儉引爲長史雅相禮遇除黄門郎兼掌吏
部尋轉太子中庶子領驍騎將軍轉長史兼侍
中瀹以晨昏有廢固辭不受世祖勑令速拜别
停朝直遷司徒左長史出爲吴興太守長城縣
民盧道優家遭劫誣同縣殷孝悌等西人爲劫
瀹收付縣獄考正孝悌母駱詣登聞訴稱孝悌
爲道優所誹謗横劾爲劫一百七十三人連名保

徵在所不爲申理瀹聞孝悌毋訴乃啓建康獄
覆道優理窮款首依法斬刑有司奏免瀹官瀹
又使典藥吏煑湯失火燒郡外齋南廂屋五間
又輒鞭除身爲有司所奏詔竝贖論在郡稱爲
美績每喪去官服闋爲吏部尚書高宗廢鬱林
領兵入殿左右驚走報瀹瀹與客圍棊每下子
輒云其當有意竟局乃還齋卧竟不問外事也
明帝即位瀹又屬疾不視事後上讌會功臣上
酒尚書令王晏等興席瀹獨不起曰陛下受命

應天從民王晏妄叨天功以爲巳力上大笑解
之座罷晏呼瀹共載還令省欲相撫悅瀹又正
色曰君巢窟在何處晏初得班劒瀹謂之曰身
家太傅裁得六人君亦何事一朝至此晏甚憚
之加領右軍將軍兄朏在吳興論啓公齊稽晚
瀹輒代爲啓上見非其手迹被問見原轉侍中
領太子中庶子豫州中正永泰元年轉散騎常
侍太子詹事其年卒年四十五贈金紫光祿大
夫謚簡子初兄朏爲吳興瀹於征虜渚送別朏

指瀹口曰此中唯宜飲酒瀹建武之初專以長
酣爲事與劉瑱沈昭略以觴酌交飲各至數斗
世祖嘗問王儉當今誰能爲五言詩儉對曰謝
朏得父膏腴江淹有意上起禪靈寺勑瀹撰碑文
王思遠琅邪臨沂人尚書令晏從弟也父羅雲
平西長史思遠八歲父卒祖弘之及外祖新安
太守羊敬元竝栖退高尚故思遠少無仕心宋
建平王景素辟爲南徐州主簿深見禮遇景素
被誅左右離散思遠親視殯葬手種松栢與廬

江何昌寓沛郡劉璡上表理之事感朝廷景素
女廢爲庶人思遠分衣食以相資贍年長爲備
笄總訪求素對傾家送遣除晉熙王撫軍行參
軍安成王車騎參軍建元初爲長沙王後軍主
簿尚書殿中郎出補竟陵王征北記室參軍府
遷司徒仍爲錄事參軍遷太子中舍人文惠太
子與竟陵王子良素好士竝蒙賞接思遠求出
爲遠郡除建安內史長兄思玄卒思遠友于甚
至表乞自解不許及祥日又固陳世祖乃許之

除中書郎大司馬諮議世祖詔舉士竟陵王子
良薦思遠及吳郡顧暠之陳郡殷叡邵陵王子
貞爲吳郡世祖除思遠爲吳郡丞以本官行郡
事論者以爲得人以疾解職還爲司徒諮議參
軍領録事轉黄門郎出爲使持節都督廣交越
三州諸軍事寧朔將軍平越中郎將廣州刺史
高宗輔政不之任仍遷御史中丞臨海太守沈
昭略贓私思遠依事劾奏高宗及思遠從兄晏
昭略叔父文季請止之思遠不從案事如故建

武中遷吏部郎思遠以從兄晏爲尚書令不欲
竝居内臺權要之職上表固讓曰近頻煩歸啓
實有微槩陛下矜遇之厚古今罕儔臣若孤恩
誰當勠力既自誓輕命不復以塵黷爲疑正以
臣與晏地惟密親必不宜俱居顯要慺慺丹赤
守之以死臣實庸鄙無足獎進陛下甄拔之旨
要是許其一節臣果不能以理自固有乖則哲
之明犯冒之尤誅責在己謬賞之私惟塵聖鑒
權其輕重寧守福心且亦緣陛下以德御下故

臣可得以禮進退伏願思垂拯宥不使零墜今
若祗膺所忝三公不足爲泰犯忤之後九泉未
足爲劇而臣苟求刑戮自棄富榮愚夫不爲臣
亦庶免此心此志可怜可矜如其上命必行請
罪非理聖恩方置之通塗而臣固求擯壓自愍
自悼不覺涕流謹冒鈇鉞悉心以請窮則呼天
仰斯一照上知其意乃改授司徒左長史初高
宗廢立之際思遠與晏閑言謂晏曰兄荷世祖
厚恩今一旦贊人如此事彼或可以權計相須

未知兄將來何以自立若及此引決猶可不失
後名晏不納及拜驃騎集會子弟謂思遠兄思
徵曰隆昌之末阿戎勸吾自裁若從其語豈有
今日思遠遽應曰如阿戎所見猶未晚也及晏
敗故得無他思遠清脩立身簡潔衣服牀筵窮
治素淨賓客來通輒使人先密覘視衣服垢穢
方便不前形儀新楚乃與促膝雖然既去之後
猶令二人交帚拂其坐處上從祖弟季敞性甚
豪縱上心非之謂季敞曰卿可數詣王思遠上

旣誅晏遷爲侍中掌優策及起居注永元二年
遷度支尚書未拜卒年四十九贈太常謚貞子
思遠與顧暠之友善暠之卒後家貧思遠迎其
兒子經卹甚至暠之字士明少孤好學有義行
初舉秀才歷官府閤永明末爲太子中舍人兼
尚書左丞隆昌初爲安西諮議兼著作與思遠
並屬文章建武初以疾歸家高宗手詔與思遠
曰此人殊可惜就拜中散大夫卒年四十九思
微永元中爲江州長史爲陳伯之所殺

史臣曰德成爲上藝成爲下觀夫二三子之治
身豈直清體雅業取隆基搆行禮蹈義可以勉
物風規云君子之居世所謂美矣
贊曰江斆世業有聞時陂何申舊主辭出乎義
謝獻書詩觿載色載刺思遠退食冲心篤寄

列傳第二十四　南齊書四十三

列傳第二十五　南齊書四十四

臣蕭子顯　撰

徐孝嗣

沈文季

徐孝嗣字始昌東海郯人也祖湛之宋司空父
聿之著作郎並爲太祖所殺孝嗣在孕得免幼
而挺立風儀端簡八歲襲爵枝江縣公見宋孝
武升階流涕迄于就席帝甚愛之尚康樂公
主泰始二年西討解嚴車駕還宫孝嗣登殿
不著韎爲治書御史蔡准所奏罰金二兩拜駙

馬都尉除著作郎母喪去官爲司空太尉二府
參軍安武王文學孝嗣姑適東莞劉舍舍兄藏
爲尚書左丞孝嗣往詣之藏退語舍曰徐郎是
令僕人三十餘可知矣汝宜善自結昇明中遷太
祖驃騎從事中郎帶南彭城太守隨府轉爲太
尉諮議參軍太守如故齊臺建爲世子庶子建
元初國除出爲晉陵太守還爲太子中庶子領
長水校尉未拜爲寧朔將軍聞喜公子良征虜

長史遷尚書吏部郎太子右衛率轉長史善趨
步閑容止與太宰褚淵相埒世祖深加待遇尚
書令王儉謂人曰徐孝嗣將來必爲宰相轉充
御史中丞世祖問儉曰誰可繼卿者儉曰臣東
都之日其在徐孝嗣乎出爲吳興太守儉贈孝
嗣四言詩曰方軌叔茂追清彥輔柔亦不吐剛
亦不茹時人以比蔡子尼之行狀也在郡有能名
會王儉亡上徵孝嗣爲五兵尚書其年上敕儀
曹令史陳淑王景之朱玄真陳義民撰江左以
來儀典令諮受孝嗣明年遷太子詹事從世祖
幸方山上曰朕經始此山之南復爲離宮之所
故應有邁靈丘靈丘山湖新林苑也孝嗣答曰
繞黃山款牛首乃盛漢之事今江南未曠民亦
勞止願陛下少更留神上竟無所脩立竟陵王
子良甚善之子良好佛法使孝嗣及廬江何胤
掌知齋講及衆僧轉吏部尚書尋加右軍將軍
轉領太子左衛率臺閣事多以委之世祖崩遺
詔轉右僕射隆昌元年遷散騎常侍前將軍丹

陽尹高宗謀廢鬱林以告孝嗣孝嗣奉旨無所
釐替高宗入殿孝嗣戎服隨後鬱林既死高宗須
太后令孝嗣於袖中出而奏之高宗大悅以廢立
功封枝江縣侯食邑千戶給鼓吹一部甲仗五十
人入殿轉左僕射常侍如故明帝即位加侍中中
軍大將軍定策勲進爵爲公增封二千戶給
班劍二十人加兵百人舊拜三公乃臨軒至是帝
特詔與陳顯達王晏並臨軒拜授北虜動詔
孝嗣假節頓新亭時王晏爲令民情物望
不及孝嗣也晏誅轉尚書令領本州中正餘悉
如故孝嗣愛好文學賞託清勝器量弘雅
不以權勢自居故見容建武之世恭己自保朝
野以此稱之初孝嗣在率府晝臥齋北壁下夢兩
童子遽云移公床孝嗣驚起聞壁有聲行數步
而壁崩壓床建武四年即本號開府儀同三司孝
嗣聞有詔斂容謂左右曰吾德慚古人位登袞職
將何以堪之明君可以理奪必當死請若不
獲命正當角巾丘園待罪家巷耳固讓不受

是時連年虜動軍國虛乏孝嗣表立屯田曰
有國急務兵食是同一夫輟耕於事彌切故井
陌壃里長轂盛於周朝屯田廣置勝戈富於漢
室降此以還詳略可見但求之自古爲論則賒
即以當今宜有要術竊尋緣淮諸鎮皆取給京
師費引既殷漕運艱澀聚糧待敵每若不周利
害之基莫此爲急臣比訪之故老及經彼宰守
淮南舊田觸處極目陂遏不脩咸成茂草平原
陸地彌望尤多今邊備既嚴戍卒增衆遠資

餽運近廢良疇士多飢色可爲嗟歎愚欲使刺
史二千石躬自履行隨地墾闢精尋灌漑之源
善商肥确之異州郡縣戍主帥以下悉分番附
農今水田雖晚方事菽麥菽麥二種益是北土
所宜彼人便之不減粳稻開創之利宜在及時
所啓允合請即使至徐兗司豫爰及荊雍各當
境規度勿有所遺別立主曹專司其事田器耕
牛臺詳所給歲終言殿最明其刑賞此功克舉
庶有弘益若緣邊足食則江南自豐權其所饒

略不可計事御見納時帝已寢疾兵事未已竟
不施行帝疾甚孝嗣入居禁中臨崩受遺託重
申開府之命加中書監永元初輔政自尚書下省
出住宮城南宅不得還家帝失德稍彰孝嗣不
敢諫諍及江祏見誅內懷憂恐然未嘗表色始
安王遙光反衆情遑惑見孝嗣入宮內乃安羣
小用事亦不能制也進位司空固讓求解丹陽
尹不許孝嗣文人不顯同異名位雖大故得未
及禍虎賁中郎將許准有膽力領軍隸孝嗣陳

說事機勸行廢立孝嗣遲疑久之謂必無用干
戈理須少主出遊閉城門召百僚集議廢之雖
有此懷終不能決群小亦稍憎孝嗣勸帝召百僚
集議因誅之冬召孝嗣入華林省遣茹法珍賜
藥孝嗣容色不異少能飲酒藥至斗餘方卒乃
下詔曰周德方熙三監迷叛漢歷載昌宰臣構
戾皆身膏斧鉞族同煙燼殷鑒上代垂戒後昆
徐孝嗣憑藉世資早蒙殊遇階緣際會遂登台
鉉臣翼之誠無聞謟黷之迹屢著沈文季門世

原闕

祕書郎以慶之勳董大明五年封文季爲山陽
縣五等伯轉太子舍人新安王北中郎主簿西
陽王撫軍功曹江夏王太祖東曹掾遷中書郎
慶之爲景和所殺兵仗圍宅收捕諸子文季長
兄文叔謂文季曰我能死爾能報遂自縊文季
揮刀馳馬去收者不敢追遂得免明帝立起文
季爲寧朔將軍遷太子右衛率建安王司徒
司馬赭圻平爲宣威將軍廬江王太尉長史出
爲寧朔將軍征北司馬廣陵太守轉黄門郎領

長水校尉明帝宴會朝臣以南臺御史賀臧爲
柱下史糾不醉者文季不肯飲酒被驅下殿晉
平王休祐爲南徐州帝問褚淵須幹事人爲上
佐淵舉文季轉寧朔將軍驃騎長史南東海太
守休祐被殺雖用薨禮僚佐多不敢至文季獨
往省墓展哀出爲臨海太守元徽初遷散騎常侍
領後軍將軍轉祕書監出爲吳興太守文季飲
酒至五斗妻王氏王錫女飲酒亦至三斗文季
與對飲竟日而視事不廢昇明元年沈攸之反

太祖加文季爲冠軍將軍督吴興錢塘軍事攸
之先爲景和衛使殺慶之至是文季收殺攸之
弟新安太守登之誅其宗族加持節進號征虜
將軍改封略陽縣侯邑千戶明年遷丹陽尹將
軍如故齊國初建爲侍中領祕書監建元元年
轉太子右衛率侍中如故改封西豐縣侯食邑
千二百戶文季風采稜岸善於進止司徒褚淵
當世貴望頗以門戶裁之文季不爲之屈世祖
在東宮於玄圃宴會朝臣文季數舉酒勸淵淵

甚不平啓世祖曰沈文季謂淵經爲其郡數加
淵酒文季曰惟桑與梓必恭敬止豈如明府亡
國失土不識枌榆遂言及虜動淵曰陳顯達沈
文季當今將略足要委以邊事文季諱稱將門
因是發怒啓世祖曰褚淵自謂是忠臣未知身
死之日何面目見宋明帝世祖笑曰沈率醉也
中丞劉休舉其事見原後豫章王北宅後堂集
會文季與淵立善琵琶酒闌淵取樂器爲明君
曲文季便下席大唱曰沈文季不能作伎兒豫

章王嶷又解之曰此故當不損仲容之德淵顏
色無異曲終而止文季尋除征虜將軍侍中如
故遷散騎常侍左衛將軍征虜如故世祖即位
轉太子詹事常侍如故永明元年出爲左將軍
吳郡太守三年進號平東將軍四年遷會稽太
守將軍如故是時連年檢籍百姓怨望富陽人
唐寓之僑居桐廬父祖相傳圖墓爲業寓之自
云其家墓有王氣山中得金印轉相誑惑三年
冬寓之聚黨四百人於新城水斷商旅黨與分

布近縣新城令陸赤奮桐廬令王天愍棄縣走
寓之向富陽抄略人民縣令何洵告魚浦子邏
主從係公發魚浦村男丁防縣永興遣西陵戍
主夏侯曇羨率將吏及戍左右埭界人起兵
赴救寓之遂陷富陽會稽郡丞張思祖遣臺使
孔矜王萬歲張繇等配以器仗將吏白丁防衛
永興等十屬文季亦遣器仗將吏救援錢塘寓
之至錢塘錢塘令劉彪戍主聶僧貴遣隊主張
玗於小山拒之力不敵戰敗寓之進抑浦登岸

焚郭邑彪棄縣走文季又發吳嘉興海鹽鹽官民丁救之賊分兵出諸縣鹽官令蕭元蔚諸暨令陵琚之並逃走餘杭令樂琰戰敗乃奔是春寓之於錢塘僭號置太子以新城戍爲天子宮縣解爲太子宮弟紹之爲揚州刺史錢塘富人柯隆爲尚書僕射中書舍人領太官令獻鋌數千口爲寓之作仗加領尚方令分遣其黨高道度徐寇東陽東陽太守蕭崇之長山令劉國重拒戰見害崇之字茂敬太祖族弟至是臨難

貞正果烈追贈冠軍將軍太守如故賊遂據郡又遣僞會稽太守孫泓取山陰時會稽太守王敬則朝正故寓之謂乘虛可襲泓至浦陽江郡丞張思祖遣浹口戍主湯休武拒戰大破之上在樂遊苑聞寓之賊謂豫章王起曰宋明初九州同反鼠輩但作看蕭公雷汝頭遣禁兵數千人馬數百匹東討賊衆烏合畏馬官軍至錢塘一戰便散禽斬寓之進兵平諸郡縣臺軍乘勝百姓頗被抄奪軍還上聞之收軍主前軍將軍

陳天福棄市左軍將軍中宿縣子劉明徹免官削爵付東治天福上寵將也既伏誅內外莫不震肅天福善馬矟至今諸將法之御史中丞徐孝嗣奏曰風聞山東群盜剽掠列城雖匪日而殄要斬是于王略郡縣闕攻守之宜倉府多侵耗之弊舉善懲惡應有攸歸吳郡所領鹽官令蕭元蔚桐廬令王天愍新城令陸赤奮等縣爲百劫破掠並不經格戰委職故是元蔚天愍還臺赤奮不知所在又錢塘令劉彪富陽令何洵乃

率領吏民相戰不敵未委歸臺餘建德壽昌在劫斷上流不知被劫掠不吳興所領餘杭縣被劫破令樂琰乃率吏民徑戰不敵委走出都會稽所領諸暨縣爲劫所破令陵琚之不經格戰委城奔走不知所在案元蔚等妄藉天私作司近服昧斯隱慝職啓虔劉會稽郡丞張思祖謬因承乏揔任是尸消誠劬劾終焉無紀平東將軍吳郡太守文季征虜將軍吳興太守西昌侯諱任屬關河威懷是寄輒下禁止彪琰洵思祖

文季視事如故諱等結贖論詔元蔚等免思祖
諱文季原文季固讓會稽之授轉都官尚書加
散騎常侍出爲持節督郢州司州之義陽諸軍
事左將軍郢州刺史還爲散騎常侍領軍將軍
世祖謂文季曰南士無僕射多歷年所文季對
曰南風不競非復一日文季雖不學發言必有
辭采當世稱其應對尤善籌及彈棊棊用五子
以疾遷金紫光祿大夫加親信二十人常侍如故
轉侍中領太子詹事遷中護軍侍中如故以家

爲府隆昌元年復爲領軍將軍侍中如故豫廢
鬱林高宗欲以文季爲江州遣左右單景儁宣
旨文季口自陳讓稱年老不願外出因問右執
法有人未景儁還具言之延興元年遷尚書右
僕射明帝即位加領太子詹事增邑五百戶尚
書令王晏嘗戲文季爲吳興僕射文季荅曰琅
邪執法似不出卿門尋加散騎常侍僕射如故
建武二年虜寇壽春豫州刺史豐城公遙昌嬰
城固守數遣輕兵相抄擊明帝以爲憂詔文季

領兵鎭壽春文季入城止游兵一聽出洞開城
門嚴加備守虜軍尋退百姓無所傷損增封
爲千九百戶尋加護軍將軍僕射常侍如故王
敬則反詔文季領兵屯湖頭備京路永元元年
轉侍中左僕射將軍如故始安王遙光反其夜
遣三百人於宅掩取文季欲以爲都督而文季
已還臺明日與尚書令徐孝嗣守衞宮城戎服
共坐南掖門上時東昏已行殺戮孝嗣深懷憂
慮欲與文季給世事文季輒引以他辭終不得

及事寧加鎭軍將軍置府侍中僕射如故文季
見世方昏亂託以老疾不豫朝機兄子昭略謂
文季曰阿父年六十爲員外僕射欲求自免豈
可得乎文季笑而不荅見孝嗣被害其日先被
召見文季知敗舉動如常登車顧曰此行恐往
而不反也於華林省死時年五十八朝野冤之
中興元年贈侍中司空謚忠憲兄子昭略有剛
氣昇明末爲相國西曹太祖賞之及即位謂
王儉曰南士中有沈昭略何職處之儉曰臣已

有擬奏轉前軍將軍上不欲違可其奏尋遷
爲中書郎永明初歷太尉大司馬從事中郎驃
騎司馬黃門郎南郡王友學華選以昭略爲友
尋兼左丞元年出爲臨海太守御史中丞昭略
建武世嘗酒酣與謝瀹善　累遷侍中冠軍將
軍撫軍長史永元元年始安王遙光起兵東府
執昭略於城內昭略文季俱被召入華林省茹
法珍等進藥酒昭略怒罵徐孝嗣曰廢昏立明
古今令典宰相無才致有今日以甌擲面破曰

作破面鬼死時年四十餘弟昭光聞收至家人
勸逃去昭光不忍捨母遂見獲殺之中興元年
贈昭略太常昭光廷尉

史臣曰爲邦之訓食惟民天足食足兵民之信
矣屯田之略實重戰守若夫充國耕殖用殄羌
戎韓浩棗祗亦建華夏置典農之官興大佃
之議金城布險峻壘綿疆飛芻輓粒事難支
繼一夫不耕或鍾飢饉緣邊戍卒坐甲千羣故
宜盡收地利因兵務食緩則躬耕急則從戰歲
有餘糧則紅食可待前世達治言之已詳江左
以來不暇遠策王旅外出未嘗宿飽四郊嬰守
懼等松芻縣兵所救經歲引日淩風泙水轉漕
艱長傾窖底之儲盡倉敖之粟流馬木牛尚深
前弊田積之要唯在江淮郡國同興遠不周急
故吳氏列戍南濱屯農水右魏世淮北大佃而
石橫開漕皆輔車相資易以待敵孝嗣當蹙境
之晨薦希行之計王無外略民困首領觀機而
動斯議殆爲空陳惜矣

贊曰文忠作相器範先標宥密[illegible]立朝
豐城歷仕音儀孔昭爲舟[illegible]消

列傳第二十五　南齊書四十四

列傳第二十六　[illegible]撰

宗室

衡陽元王道度

始安貞王道生 遙光 遙昌 遙欣

安陸昭王緬

衡陽元王道度太祖長兄也與太祖俱受學雷次宗宣帝問二兒學業次宗答曰其兄外朗其弟內潤皆良璞也隨宣帝征伐仕至安定太守卒於宋世建元二年追加封謚無子太祖以第十一子鈞繼道度後鈞字宣禮永明四年爲江州刺史加散騎常侍母區貴人卒居喪盡禮六年還爲征虜將軍八年還驍騎將軍常侍如故仍轉左衛將軍鈞有好尚爲世祖所知兄弟中意遇次鄱陽王鏘十年轉中書令領石頭戍事遷散騎常侍秘書監領驍騎如故不拜隆昌元年改加侍中給扶海陵立轉撫軍將軍侍中如故尋遇害年二十二明帝即位以永陽王子珉

仍本國繼元王爲孫子珉字雲璵世祖第二十子也永明七年封義安王後改永陽永泰元年見害年十四復以武陵昭王曄第三子子坦奉元王後

始安貞王道生字孝伯太祖次兄也宋世爲奉朝請卒建元元年追封謚建武元年追尊爲景皇妃江氏爲后立寢廟於御道西陵曰脩安生子鳳高宗安陸昭王緬鳳字景慈官至正員郎卒於宋世謚靖世子明帝建武元年贈侍中驃騎將軍開府儀同三司始安靖王改華林鳳莊門爲望賢門太極東堂書鳳鳥題爲神鳥而改鸞鳥爲神雀子遙光嗣

遙光字元暉生有躄疾太祖謂不堪奉拜祭祀欲封其弟世祖諫乃以遙光襲爵初爲員外郎轉給事郎太孫洗馬轉中書郎豫章內史不拜高宗輔政遙光好天文候道密懷規贊隆昌元年除驍騎將軍冠軍將軍南東海太守行南徐州事仍除南彭城太守將軍如故又除輔國將

軍吳興太守高宗廢鬱林又除冠軍將軍南蠻
校尉西平中郎長史南郡太守一歲之內頻五
除竝不拜是時高宗欲即位誅賞諸事唯遥光
共謀議建武元年以爲持節都督揚南徐二州
諸軍事前將軍揚州刺史晉安王寶義爲南徐
州遥光求解督見許二年進號撫軍將軍加散
騎常侍給通幰車鼓吹遥光好吏事稱爲分明
頗多慘害足疾不得同朝例常乘輿自望賢門
入每與上久清閑言畢上索香火明日必有所

誅殺上以親近單少憎忌高武子孫欲并誅之
遥光計畫參議當以次施行永泰元年即本位
爲大將軍給油絡車帝不豫遥光數入侍疾帝
漸甚河東王鉉等七王一夕見殺遥光意也帝
崩遺詔加遥光侍中中書令給扶永元元年給
班劒二十人即本號開府儀同三司遥光既輔
政見少主即位潛與江祏兄弟謀自樹立弟遥
欣在荆楚擁兵居上流密相影響遥光當據東
府號令使遥欣便星速急下潛謀將發而遥欣

病死江祏被誅東昏侯召遥光入殿告以祏罪
遥光懼還省便陽狂號哭自此稱疾不復入臺
先是遥光行還入城風飄儀繖出城外遥光弟
遥昌先卒壽春豫州部曲皆歸遥光及遥欣喪
還葬武進停東府前荆州衆力送者甚盛帝誅
江祏後慮遥光不自安欲轉爲司徒還第召入
喻旨遥光慮見殺八月十二日晡時收集二州
部曲於東府門聚人衆街陌頗怪其異莫知指趣
也遥光召親人丹陽丞劉渢及諸傖楚欲以討劉

暄爲名夜遣數百人破東冶出囚尚方取仗又
召驍騎將軍垣歷生歷生隨信便至勸遥光令率
城內兵夜攻臺輦荻燒城門公但乘轝隨後反掌
可得遥光意疑不敢出天稍曉遥光戎服出聽事
停輿處分上仗登城行賞賜歷生復勸出軍遥光
不肯望臺內自有變至日中臺軍稍至尚書符遥
光曰逆從之數晈然有徵干紀亂常刑茲罔赦蕭
遥光宗室蚩庸才行鄙薄緹裙可望天路何階受
遇自昔恩加猶子禮絶帝體寵越皇季旗章車服窮

千乘之尊闉隍爽闓踰百雉之制及聖后在天
親受顧託話言在耳德音猶存侮蔑天明罔畏
不義無君之心履霜有日遂乃稱兵内犯竊發
京畿自古巨釁莫斯爲甚今便分命六師弘宣
九伐皇上當親御戎軒弘此廟略信賞必罰有
如大江於是戒嚴曲赦京邑領軍蕭坦之屯湘
宫寺鎮軍司馬曹虎屯清溪大橋太子右衛率
左興盛屯東府東籬門衆軍圍東城三面燒司
徒二府遥光遣垣歷生從西門出戰臺軍屢北

殺軍主桑天愛初遥光起兵問諮議參軍蕭暢
暢正色拒折不從十五日暢與撫軍長史沈昭略
潜自南出濟淮還臺人情大沮十六日垣歷生從
南門出戰因弃矟降曹虎軍虎命斬之遥光大
怒於牀上自竦踊使殺歷生兒其晚臺軍射火
箭燒東北角樓至夜城潰遥光還小齋帳中著
衣帢坐秉燭自照令人反拒齋閤皆重關左右
竝踰屋散出臺軍主劉國寶時當伯等先入遥
光聞外兵至吹滅火扶匐下牀軍人排閤入於

暗中牽出斬首時年三十二遥光未敗一夕城
内皆夢羣蚰緣城四出各各共說之咸以爲異
臺軍入城焚燒屋宇且盡遥光府佐司馬端爲
掌書記曹虎謂之曰君是賊非端曰僕荷始安
厚恩今死甘心虎不殺執送還臺徐世摽殺之
劉渢遁走還家園爲人所殺端河内人渢南陽
人事繼母有孝行弟溓事渢亦謹詔斂葬遥光
屍原其諸子追贈桑天愛輔國將軍梁州刺史
以江陵公寶覽爲始安王奉靖王後永元二年

爲持節督湘州輔國將軍湘州刺史
遥欣字重暉宣帝兄西平太守奉之無後以遥
欣繼爲曾孫除祕書郎太子舍人巴陵王文學
中書郎延興元年高宗樹置以遥欣爲持節督
兖州緣淮軍事寧朔將軍兖州刺史仍爲督豫
州之西陽司州之汝南二郡輔國將軍豫州刺
史持節如故未之任建武元年進號西中郎將
封聞喜縣公遷使持節都督荆雍益寧梁南北
秦七州軍事右將軍荆州刺史改封曲江公高

宗子弟弱小晉安王寶義有廢疾故以遙光爲
揚州居中遙欣居陜西在外權勢并在其門遙
欣好勇聚畜武士以爲形援四年進號平西將
軍永泰元年以雍州虜冠詔遙欣本官領刺史
寧蠻校尉移鎮襄陽虜退不行永元元年卒年
三十一贈侍中司空謚康公葬用王禮
遙昌字季暉解褐祕書郎太孫舍人給事中祕
書丞與元元年除黃門侍郎未拜仍爲持節督
郢司二州軍事寧朔將軍郢州刺史建武元年

進號冠軍將軍封豐城縣公千五百户未之鎮
徙督豫州郢州之西陽司州之汝南二郡軍事征
虜將軍豫州刺史持節如故二年虜主元宏寇
壽春遣使呼城内人遙昌遣參軍崔慶遠朱選
之詣宏慶遠曰旌蓋飄飆遠涉淮泗風塵慘烈
無乃上勞宏曰六龍騰躍倏忽千里經途未遠
不足爲勞慶遠曰川境既殊遠勞軒駕屈完有
言不虞君之涉吾地也何故宏曰故當有故卿
欲使我含瑕依違爲欲指斥其事慶遠曰君包

荒之德本施北政未承來議無所含瑕宏曰朕
本欲有言會卿來問齊主廢立有其例不慶遠
曰廢昏立明古今同揆中興克昌豈唯一代主
上與先武帝非唯昆季有同魚水武皇臨崩託
以後事嗣孫荒迷廢爲鬱林功臣固請爰立明
聖上逼太后之嚴令下迫羣臣之稽顙俯從億
兆踐登皇極未審聖旨獨何疑怪宏曰聞卿此
言殊解我心但哲婦傾城何足可用果如所言
武帝子弟今皆何在慶遠曰七王同惡皆伏管

蔡之誅其餘列蕃二十餘國内外清階外典方
牧哲婦之戒古人所惑然十亂盈朝實唯文母
宏曰如我所聞靡有孑遺卿言美而乖實未之
全信宏又曰雲羅所掩六合宜一故往年與齊
武有書言今日之事書似未達齊主命也南使
反情有愴然朕亦保兵此段猶是本意不必專
爲問罪若如卿言便可釋然慶遠曰見可而進
知難而退聖人奇兵今旨欲憲章聖人不失美
無豈不善哉宏曰卿爲欲朕和親爲欲不和慶

遠曰和親則二國交歡甚蒼生再賴不和則二國
交怨蒼生塗炭和與不和裁由聖衷宏曰朕來
爲復遊行鹽境北去洛都率爾便至亦不攻城
亦不伐焉卿勿以爲慮宏設酒及羊炙雜果又
謂慶遠曰聽卿主克黜凶嗣不違忠孝何以不
立近親如周公輔成王而苟欲自取慶遠答曰
成王有亞聖之賢故周公得輔而相之今近蕃
雖無悖德未有成王之賢霍光亦捨漢蕃親而
遠立宣帝宏曰若爾霍光嚮自立爲君當復得

爲忠臣不慶遠曰此非其類乃可言宣帝立與不
立義當云何皇上豈得與霍光爲匹若爾何以
不言武王伐紂何意不立微子而輔之苟貪天
下宏大笑明日引軍向城東遣道登道人進城
內施衆僧絹五百匹慶遠還之各袴褶絡帶遙
昌永泰元年卒上愛遙昌兄弟如子甚痛惜之
贈車騎將軍儀同三司帝以問徐孝嗣孝嗣曰
豐城本資尚輕贈以班台如爲小過帝曰卿乃
欲存萬代准則此我孤兒子不得與計論憲公

安陸昭王緬字景業善容止初爲祕書郎宋邵
陵王文學中書郎建元元年封安陸侯邑千戶
轉太子中庶子遷侍中世祖即位遷五兵尚書
領前軍將軍仍出爲輔國將軍吳郡太守少時
大著風績竟陵王子良與緬書曰竊承下風數
十年來未有此政世祖嘉之不能轉持節都督郢
州司州之義陽軍事冠軍將軍郢州刺史永明
五年還爲侍中領驍騎將軍仍遷中領軍明年
轉散騎常侍太子詹事出爲會稽太守常侍如

故遷使持節都督雍梁南北秦四州荊州之竟
陵司州之隨郡軍事左將軍寧蠻校尉雍州
刺史緬留心辭訟親自隱卹劾抄度口皆赦遣
許以自新再犯乃加誅爲百姓所畏愛九年卒
詔賻錢十萬布二百匹喪還百姓緣沔水悲泣
設祭於峴山爲立祠贈侍中衛將軍持節都督
刺史如故給鼓吹一部諡昭侯年三十七高宗
少相友愛時爲僕射領衛尉表求解衛尉私第
展哀詔不許每臨緬靈輒慟哭不成聲建武元

年贈侍中司徒安陸王邑二千戶子寶晊嗣爲持節督湘州軍事輔國將軍湘州刺史弟寶覽爲江陵公寶宏汝南公邑各千五百戶二年寶晊進號冠軍將軍三年寶宏改封甯城永元元年以安陸郡邊虜寶晊改封湘東王進號征虜將軍二年爲左衛將軍高宗兄弟一門皆尚吏事寶晊粗好文章義師下寶晊在城内東昏廢寶晊望物情歸已坐待法駕既而城内送首詣梁王宣德太后臨朝以寶晊爲太常寶晊不自

安謀反兄弟皆伏誅

史臣曰太祖膺期御世二昆夙殞慶命傍流追序蕃胙安陸王緬以宗子戚屬弱年進仕典郡臨州去有餘迹遺愛在民蓋因情而可感學以從政夫豈必然

贊曰太祖二昆追樹雙蕃元託繼胤貞興子孫竝用威福自取亡存安陸稱美事表西魂

列傳第二十六　南齊書四十五

列傳第二十七　南齊書四十六

臣蕭子顯　撰

王秀之

王慈

蔡約

陸慧曉　顧憲之

蕭惠基

王秀之字伯奮琅邪臨沂人也祖裕宋左光祿大夫儀同三司父瓚之金紫光祿大夫秀之幼時裕愛其風采起家著作佐郎太子舍人父卒爲菴舍於墓下持喪服闋復職吏部尚書褚淵見秀之正潔欲與結婚秀之不肯以此頻轉爲兩府外兵參軍遷太子洗馬司徒左西屬桂陽王司空從事中郎秀之知休範將反辭疾不就出爲晉平太守至郡朞年謂人曰此邦豐壤祿俸常充吾山資已足豈可久留以妨賢路上表請代時人謂王晉平恐富求歸還爲安成王驃騎諮議轉中郎又爲太祖驃騎諮議昇明二年

轉左軍長史尋陽太守隨府轉鎮西長史南郡
太守府主豫章王嶷既封王秀之遷爲司馬河
東太守辤郡不受加寧朔將軍改除黃門郎未
拜仍遷豫章王驃騎長史於荆州立學以秀之
領儒林祭酒遷寧朔將軍南郡王司馬復爲黃
門郎領羽林監遷長沙王中軍長史世祖即位
爲太子中庶子吏部郎出爲義興太守遷侍中
祭酒轉都官尚書初秀之祖裕性貞正徐羡之
傅亮當朝裕不與來往及致仕隱吳興與子瓚

之書曰吾欲使汝處不競之地瓚之歷官至五
兵尚書未嘗詣一朝貴江湛謂何偃曰王瓚之
今便是朝隱及柳元景顏師伯令僕貴要瓚之
竟不候之至秀之爲尚書又不與令王儉款接
三世不事權貴時人稱之轉侍中領射聲校尉
出爲輔國將軍隨王鎮西長史南郡內史州西
曹苟平遺秀之交知書秀之拒不答平乃遺書
曰僕聞居謙之位既刋於易傲不可長禮明其
文是以信陵致夷門之義燕丹收荆卿之節皆

以禮而然矣丈夫處世豈可寂漠恩榮空爲後
代一丘土足下業潤重光聲居朝右不脩高世
之績將何隔於愚夫僕耿介當年不通羣品饑
寒白首望物咨來成人之美春秋所善薦我寸
長開君尺短故推風期德規於相益實非碌碌
有求於平原者也僕與足下同爲四海國士夫
盛衰迭代理之恒數名位參差運之通塞豈品
德權行爲之者哉第五之號既無易於驃騎西
曹之名復何推於長史足下見答書題久之以

君若此非典何宜施之於國士如其循禮禮無
不答謹以相還亦何犯於鱗哉君子處人以德
不以位相如不見屈於澠池毛遂安受辱於郢門
造敵臨事僕必先於二子未知足下之貴足下之威
孰若秦楚兩王僕以德爲寶足下以位爲寶各寶
其寶於此敬宜常聞古人交絶不泄惡言僕謂
之鄙無以貽離故薦貧者之贈平・穎川人豫章
王嶷爲荆州時平獻書令減損奢麗豫章王
優教酬答尚書令王儉當世平又與儉書曰足

下建高世之名而不顯高世之迹將何以書於
齊史哉至是南郡綱紀啓隨王子隆請罪不爭
上書自申秀之尋徵侍中領游擊將軍未拜仍
爲輔國將軍吴興太守秀之常云位至司徒左
長史可以止足矣吴興郡隱業所在心願爲之
到郡脩治舊山移置輜重隆昌元年卒官年五
十三謚曰簡子秀之宗人僧祐太尉從祖兄也
父遠光禄勳宋世爲之語曰王遠如屏風屈曲
從俗能蔽風露而僧祐負氣不羣儉常候之辭

不相見世祖數閱武僧祐獻講武賦儉借觀僧
祐不與竟陵王子良聞僧祐善彈琴於座取琴
進之不肯從命永明末爲太子中舍人在直屬
疾代人未至僧祐委出爲有司所奏贖論官至
黄門郎時衛軍掾孔逭亦抗直著三吴決録
不傳

王慈字伯寶琅邪臨沂人司空僧虔子也年八
歲外祖宋太宰江夏王義恭迎之内齋施寶物
恣聽所取慈取素琴石研義恭善之少與從弟

儉共書學除祕書郎太子舍人安成王撫軍主
簿轉記室遷祕書丞司徒左西屬右長史試守
新安太守黄門郎太子中庶子領射聲校尉安
成王冠軍豫章王司空長史司徒左長史兼侍
中出爲輔國將軍豫章内史父憂去官起爲建
武將軍吴郡太守遷寧朔將軍大司馬長史重
除侍中領步兵校尉慈以朝堂諱榜非古舊制
上表曰夫帝后之德綢繆天地君人之亮蟬聯
月至於名族不著昭自方策號謚聿宣載册篇

籍所以魏臣據中以建議晉主依經以下詔朝堂
榜誌諱字懸露義非綿古事殷中世空失資敬
之情徒乖嚴配之道若乃式功鼎臣贊庸元吏
或以勳崇或由姓表故孔悝見銘謂標叔舅子
孟應圖稱題霍氏况以處一之重列尊名以止
仁無二之貴黄冲文而止敬昔東平即世孝章
巡宫而灑泣新野云終和熹見似而流涕感循
舊類尚或深心矧觀徽跡能無惻隱今扃禁嚴
邃動延車蓋若使鑾駕紆覽四時臨閱豈不

重增聖慮用感宸衷愚謂空彪簡第無益於
匪躬直日朝堂寧虧於夕惕伏惟陛下保合萬
國齊聖羣生當删前基之弊躬啓皇齊之孝則
詔付外詳議博士李撝議據周禮凡有新令必
奮鐸以警衆乃退以憲之于王宫注憲表懸之
也太常丞王僴之議尊極之名宜率土同諱目
可得覩口不可言口不可言則知之者絶知之
者絶則犯觸必衆儀曹郎任昉議據取證明之
文僴之即情惟允直班諱之典爰自漢世降及

有晉歷代無爽今之諱榜兼明義訓邦之字國
實爲前事之徵名諱之重情敬斯極故懸諸朝
堂搢紳所聚將使起伏晨昏不違耳目禁避之
道昭然易從此乃敬恭之深旨何情典之或廢
尊稱霍氏理例乖方居下以名故以不名爲重
在上必諱故以班諱爲尊因心則理無不安即
事則習行已久謂宜式遵無所創革慈議不
行慈患脚世祖敕王晏曰慈在職未久既有
微疾不堪朝又不能騎馬聽乘車在仗後

江左來少例也以疾從閑任轉冠軍將軍司徒
左長史慈妻劉秉女子觀尚世祖長女吳縣公
主脩婦禮姑未嘗交答江夏王鋒爲南徐州妃
慈女也以慈爲冠軍將軍東海太守加秩中二
千石行徐州府事還爲冠軍將軍廬陵王中軍
長史未拜永明九年卒年四十一謝超宗嘗謂
慈曰卿書何當及虔公慈曰我之不得仰及猶
雞之不及鳳也時人以爲名答追贈太常謚懿子
蔡約字景撝濟陽考城人也祖廓宋祠部尚書

父興宗征西儀同約少尚宋孝武女安吉公主
拜駙馬都尉祕書郎不拜從帝車騎驃騎行參
軍通直郎不就遷太祖司空東閤祭酒太尉主
簿齊臺建爲世子中舍人仍隨度東宮轉鄱陽
王友竟陵王鎮北征北諮議領記室中書郎司
徒右長史黄門郎領本州中正出爲新安太守
復爲黄門郎領射聲校尉通直常侍領驍騎將
軍太子中庶子領屯騎校尉永明八年八月合
朔約脱武冠解劍於省眠至下鼓不起爲有司

所奏贖論太孫立領校尉如故出爲宜都王冠
軍長史淮南太守行府州事世祖謂約曰今用卿
爲近蕃上佐想副我所期約曰南豫密邇京師
不治自理臣亦何人爝火不息時諸王行事多相
裁割約在任主佐之間穆如也遷司左長史高
宗爲録尚書輔政百僚屣履到席約躡屐
不改帝謂江祏曰蔡氏故是禮度之門故自可
悅祏曰大將軍有揖客復見於今建武元年
遷侍中明年遷西陽王撫軍長史加冠軍將

軍徙廬陵王右軍長史將軍如故轉都官尚
書遷邵陵王師加給事中江夏王車騎長
史加征虜將軍並不拜好飲酒夷淡不與
世雜遷太子詹事永明二年卒年四十四
贈太常
陸慧曉字叔明吳郡吳人也祖萬載侍中父子
眞元嘉中爲海陵太守時中書舍人秋當親幸
家在海陵假還葬父子眞不與相聞當請發民
治橋又以妨農不許彭城王義康聞而賞焉自
臨海太守眼疾歸爲中散大夫卒慧曉清介正
立不雜交游會稽內史同郡張暢見慧曉童幼
便嘉異之張緒稱之曰江東裴樂也初應州郡
辟舉秀才衞尉史歷諸府行參軍以母老還家
侍養十餘年不仕太祖輔政除爲尚書殿中郎
鄰族來相賀慧曉舉酒曰陸慧曉年踰三十婦
父領選始作尚書郎卿輩乃復以爲慶邪太祖
表禁奢侈慧曉撰答詔草爲太祖所賞引爲太
傅東閤祭酒建元初仍遷太子洗馬武陵王曅

守會稽上爲精選僚吏以慧曉爲征虜功曹與
府參軍沛國劉璡同從述職行至吳璡謂人曰
吾聞張融與陸慧曉並宅其間有水此水必有
異味遂往酌而飲之廬江何點薦慧曉於豫章
王嶷補司空掾加以恩禮轉長沙王鎭軍諮議
參軍安陸侯緬爲吳郡復禮異慧曉慧曉求補
緬府諮議參軍遷始興王前將軍安西諮議領
冠軍録事參軍轉司徒從事中郎遷右長史時
陳郡謝朏爲左長史府公竟陵王子良謂王融

曰我府二上佐求之前世誰可爲比融曰兩賢
同時便是未有前例子良於西邸抄書令慧曉
參知其事尋遷西陽王征虜巴陵王後軍臨汝
公輔國三府長史行府州事復爲西陽王左軍
長史領會稽郡丞行郡事隆昌元年徙爲晉熙
王冠軍長史江夏内史行郢州事慧曉歷輔五
政治身清肅僚佐以下造詣趣起送之或謂慧曉
曰長史貴重不宜妄自謙屈答曰我性惡人無
禮不容不以禮處人未嘗卿士大夫或問其故

慧曉曰貴人不可卿而賤者可卿人生何容立
輕重於懷抱終身常呼人位建武初除西中郎
長史行事内史如故俄徵黄門郎未拜遷吏部
郎尚書令王晏選門生補内外要局慧曉爲用
數人而止晏恨之送女妓一人欲與申好慧曉不
納吏曹都令史歷政以來諮執選事慧曉任己
獨行未嘗與語帝遣左右單景雋以事誚問
慧曉謂景雋曰六十之年不復能諂都令史爲
吏部郎也上若謂身不堪便當拂衣而退帝甚

憚之後欲用爲侍中以形短小乃止出輔國將
軍晉安王鎮北司馬征北長史東海太守行府
州事入爲王兵尚書行揚州事崔惠景事平領
右軍將軍出監南徐州少時仍遷持節督南兗
兗徐青冀五州軍事輔國將軍南兗州刺史至
鎮俄爾以疾歸卒年六十二贈太常
同郡顧憲之字士思宋鎮南將軍凱之孫也性
尤清直永明六年爲隨王東中郎長史行會稽
郡事時西陵戍主杜元懿啓吴興無秋會稽豐

登商旅往來倍多常歲西陵牛埭稅官格日三千
五百元懿如即所見日可一倍盈縮相兼略計年
長百萬浦陽南北津及柳浦四埭乞爲官領攝
一年格外長四百許萬西陵戍前檢稅無妨戍
事餘三埭自舉腹心世祖敕示會稽郡此詎是
事宜可訪察即啓憲之議曰尋始立牛埭之
意非苟逼僦以納稅也當以風濤迅險人力不
捷屢致膠溺濟急利物耳既公私是樂所以輸
直無怨京師航渡即其例也而後之監領者不

違其本各務已功互生理外或禁遏別道或空
稅江行或撲船倍價或力周而猶責凡如此類
不經埭煩牛者上詳被報格外十條並蒙停寢
從來諠訴始得暫弭案吳興頻歲失稔今茲尤
饉去之從豐良由饑棘或徵貨貿粒還拯親累
或攜老弱陳力餬口埭司責稅依格弗降舊格
新減尚未議登格外加倍將以何術皇慈恤隱
振廩蠲調而元懿幸災榷利重增困瘼人而不
仁古今共疾且比見加格置市者前後相屬非

惟新加無贏並皆舊格猶闕愚恐元懿今啓亦
當不殊若事不副言懼貽譴詰便百方侵苦爲
公賈怨元懿稟性苛刻已彰往効任以物土譬
以狼將羊其所欲舉腹心亦當虎而冠耳書云
與其有聚斂之臣寧有盜臣此言盜公爲損蓋
微斂民所害乃大也今雍熙在運草木含澤其
非事宜仰如聖旨然掌斯任者應簡廉平廉則
不竊於公平則無害於民矣愚又以便宜者蓋
謂便於公宜於民也竊見頃之言便宜者非能

於民力之外用天分地者率皆即日不宜於民
方來不便於公名與實反有乖政體凡如此等
誠宜深察山陰一縣課戶二萬其民貲不滿三
千者殆將居半刻又刻之猶且三分餘一凡有貲
者多是士人復除其貧極者悉皆露戶役民三
五屬官蓋惟分　百端輸調又則常然比衆局
檢校首尾尋續橫相質累者亦復不少一人被
攝十人相追一緒裁萌千蘖互起蠶事弛而農
業廢賤取庸而貴舉責應公贍私日不暇給

欲無爲非其可得乎死且不憚矧伊刑罰身且
不愛何況妻子是以前檢未窮後巧復滋網辟
徒峻猶不能悛竊尋民之多僞實由宋季軍旅
繁興役賦殷重不堪勤劇倚巧祈優積習生常
遂迷忘反四海之大黎庶之衆心用參差難卒澄
一化宜以漸不可疾責誠存不擾藏疾納汙實
增崇曠務詳寬簡則稍自歸淳又被符簡病前後
年月久遠具事不存符旨既嚴不敢闇信縣簡
送郡郡簡呈使殊形詭狀千變萬源聞者忽不

經懷見者實足傷駭兼親屬里伍流離道路時
轉寒涸事方未已其士人婦女彌難厝衷不簡
則疑其有巧欲簡復未知所安愚謂此條宜緩
簡保舉其綱領略其 乃囊漏不出貯中庶
嬰疾沈痼者重荷生造之恩也又永興諸塈離
唐寓之寇擾公私殘盡彌復特甚儻值水旱實
不易念俗諺云會稽打鼓送卹吳興步擔令史
會稽舊稱沃壤今猶若此吳興本是塉土事在
可循餘弊誠宜改張訟元懿今瞽敢陳管見卅

祖竝從之由是深以方直見委仍行南豫南兗
二州事籤典咨事未嘗與色動遵法制歷黃門
郎吏部郎永元中爲豫章內史
蕭惠基南蘭陵蘭陵人也祖源之宋前將軍父
思話征西將軍儀同三司惠基幼以外戚見江夏
王義恭歎其詳審以女結婚解褐著作佐郎征
北行參軍尚書水部左民郎出爲湘東內史除
奉車都尉撫軍車騎主簿泰始初兄益州刺史
惠開拒命明帝遣惠基奉使至蜀宣旨慰勞惠

開降而益州土人反引氐賊圍州城惠基於外宣
示朝廷威賞於是氐人邵虎郝天賜等斬賊
帥馬興懷以降還爲太子中舍人惠基西使千
餘部曲竝欲論功惠基毀除勳簿競無所用或
問其此意惠基曰我若論其此勞則驅馳無已
豈吾素懷之本邪出爲武陵內史中書黃門郎
惠基善隸書及弈棊太祖與之情好相得早相
器遇桂陽之役惠基妹爲休範妃太祖謂之曰
卿家桂陽遂復作賊太祖頓新亭壘以惠基爲

軍副惠基弟惠朗親爲休範攻戰惠基在城內
了不自疑出爲豫章太守還爲吏部郎遷長兼
侍中袁粲劉秉起兵之夕太祖以秉是惠基妹
夫時直在侍中省遣王敬則觀其指趣見惠基
安靜不與秉相知由是益加恩信討沈攸之加
惠基輔國將軍徙頓新亭事寧解軍號領長水
校尉母憂去官太祖即位爲征虜將軍衛尉惠
基就職少時累表陳解見許服闋爲征虜將軍
東陽太守加秩中二千石凡歷四郡無所蓄聚

還爲都官尚書轉掌吏部永明三年以父疾徙爲侍中領驍騎將軍尚書令王儉朝宗貴望惠基同在禮閣非公事不私覿焉五年遷太常加給事中自宋大明以來聲伎所尚多鄭衛淫俗雅樂正聲鮮有好者惠基解音律尤好魏三祖曲及相和歌每奏輒賞悅不能已當時能棊人琅邪王抗第一品吳郡褚思莊會稽夏赤松並第二品赤松思速善於大行思莊思遲巧於鬬棊宋文帝世羊玄保爲會稽太守帝遣思莊入

東與玄保戲因製局圖還於帝前覆之太祖使思莊與王抗交賭自食時至日暮一局始竟上倦遣還省至五更方決抗睡於局後思莊達曉不寐世或云思莊所以品第致高緣其用思深久人不能對也抗思莊並至給事中永明中敕抗品棊竟陵王子良使惠基掌其事初思話先於曲阿起宅有閑曠之致惠基常謂所親曰須婚嫁畢當歸老舊廬立身退素朝廷稱爲善士明年卒年五十九追贈金紫光祿大夫弟惠休

永明四年爲廣州刺史罷任獻奉傾貲上敕中書舍人茹法亮曰可問蕭惠休吾先使卿宣敕答其勿以私祿足充獻奉今段殊覺其下情厚於前後人問之故當不侵私邪吾欲分受之也十一年自輔國將軍南海太守爲徐州刺史鬱林即位進號冠軍將軍建武二年虜圍鍾離惠休拒守虜遣使仲長文眞謂城中曰聖上方脩文德何故完城拒命參軍羊倫答曰獫狁孔熾我是用急虜攻城惠休拒戰破之遷侍中領步

兵校尉封建安縣子五百戶永元元年徙吳興太守徵爲右僕射吳興郡項羽神舊酷烈世人云惠休事神謹欲得美遷二年卒贈金紫光祿大夫惠休弟惠朗善騎馬同桂陽賊叛太祖赦之復加序用永明九年爲西陽王征虜長史行南兗州事典籤何益孫贓罪百萬棄市惠朗坐免官

史臣曰長揖上宰廷折公卿古稱遺直希之未過若夫根孤地危峻情不屈則其道雖行其身

永廢故多借路求容遜辭自貶高流世業不待
旁通直繩揚鑣莫能夭閼王秀之世守家風不
降節於權輔美矣哉
贊曰秀處邦朝清心直己[illegible]
約守先業觀進知止[illegible]
惠和時之選士

列傳第二十七　　南齊書四十六

列傳第二十八　　南[illegible]

臣蕭[illegible]

王融

謝朓

王融字元長琅邪臨沂人也祖僧達中書令曾
高竝台輔僧達答宋孝武云亡父亡祖司徒司
空父道琰廬陵內史母臨川太守謝惠宣女惇
敏婦人也教融書學融少而神明警惠博涉有
文才舉秀才晉安王南中郎板行參軍坐公事
免竟陵王司徒板法曹行參軍遷太子舍人融
以父官不通弱年便欲紹興家業啓世祖求自
試曰臣聞春庚秋蟀集候相悲露木風榮臨年
共悅夫唯動植且或有心況在生靈而能無感臣
自奉望宮闕沐浴恩私拔迹庸虛參名盛列纓
紱紫褫趨步丹墀歲時歸來誇榮邑里然無勲
而官昔賢曾議不任而祿有識必譏臣所用懷
慨憤懣不遑自寧誠以深恩鮮報聖主難逢蒲
柳先秋光陰不待貪及明時展悉愚効以酬陛

下不世之仁若微誠獲信短才見序文武之法
唯所施用夫君道含弘臣術無隱今首歸乃居中
自是充國曰莫若老臣竊景前脩敢蹈輕節以
冒不媒之鄙式罄奉公之誠抑又唐堯在上不
參二八管夷吾耻之臣亦耻之願陛下裁覽遷
祕書丞從叔儉初有儀同之授融贈詩及書儉
甚奇憚之笑謂人曰穰侯印詎便可解尋遷丹
陽丞中書郎虜使遣求書朝議欲不與融上疏
曰臣側聞僉議疑給虜書如臣愚情切有未喻

夫虜人面獸心狼猛蜂毒暴悖天經虧違地義
逋竄燭幽去來沙朔綿周漢而不悛歷晉宋其
踰梗豈有愛敬仁智恭讓廉脩懃犬馬之馴心
同鷹虎之反目設稾秣有儲筋竿足用必以草
竊關燧冠擾邊疆寧容款塞卑辭承衣請朔陛
下務存遵養不時侮亡許其膜拜之誠納裘之
貢況復願同文軌儻見款遣恩奉聲教方致精
拒將使舊邑遺逸未知所寘其義胡餘嗛或能自
推一令蔓草難鉏涓流泛酌豈直疥癬輕痾容

爲心腹重患抑孫武之言也困則數罰窘則多
賞先暴而後畏其衆者虜之謂乎前中原士庶
雖淪懾殊俗至於婚葬之晨猶巾構爲禮而禁
令苛刻動加誅轢于時獯粥初遷犬羊尚結卽
心徒然困懼成逃自其將卒奔離資待銷闕比
畏勍蠕西逼南胡民背如崩勢絕防斷於是曲
從物情僞竊章服歷年將絕隱蔽無聞旣南向
而泣者日夜以覬北顧而辭者江淮相屬凶謀歲
窘淺慮無方於是稽顙郊門問禮求樂若來之

以文德賜之以副書漢家軌儀重臨畿輔司隸
傳節復入關河無待八百之師不期十萬之衆固
其提漿佇俟揮戈願倒三秦大同六漢一統又
虜前後奉使不專漢人必介以匈奴備諸覘獲
且設官分職彌見其情抑退舊苗扶任種戚師
保則后族馮晉國揔録則邽姓直勤渴侯台鼎
則丘頽苟仁端執政則目凌鉗耳至於東都羽
儀西京簪帶崔孝伯程虞虯久在著作李元和
郭季祐上于中書李思沖飾虜清官游明根

汎居顯職今經典遠被詩史北流馮李之徒必
欲遵尚直勒等類居致乖阻何則匈奴以氈騎
爲帷牀馳射爲糇糧冠方帽則犯沙陵雪服左
衽則風驤鳥逝若衣以朱裳戴之玄頍節其揖
讓教以翔趨必同艱桎梏等懼冰淵婆娑蹁蹮
困而不能前已及夫春草水生阻散馬之適秋
風木落絕驅禽之歡息沸脣於桑墟別醍乳於
冀俗聽韶雅如聾聵臨方丈若爰居馮李之徒
固得志矣虜之凶族其如病何於是風土之思

深愎戾之情動拂衣者連裾抽鋒者比鏃部落
爭手下酋渠危於上我一舉而兼吞卞莊之勢
必也且棘寶具薦虜吾疆彌盛大鍾出智宿氏以
亡帝略遠乎無思不服鑾光幸岱匪暮斯朝臣
請收籍伊瀍茲書復掌猶取之內府藏之外篇贏
於理有愜即事何損若狂言足採請決敕施行
世祖荅曰吾意不異卿今所啓比相見更委悉
事竟不行永明末世祖欲北伐使毛惠秀畫漢
武北伐圖使融掌其事融好功名因此上疏曰

曰臣聞情慉自中事符則感象構於始機動
斯彰莊敬之道可宗會揖讓其彌肅勇烈之士
足貴應鞞鐸以增思肇植生民厥詳既緬降及
輿運維道有徵莫不有所因循而升皇業者也
若夫膏腴既稱天乙知五方之富皮幣已列帝
劉測四海之尊異封禪之文則升中之典攸皂
嘆輿地之圖乃席卷之庸是立伏惟陛下窮神
盡聖揔極居中偶化兩儀均明二耀拯玄綱於
頹絕反至道於澆漓可謂區寓儀形齊民先覺

者也臣亦遭逢生此嘉運鑿飲耕食自幸唐年
而識用昏霾經術疎淺將邁且軸豈蔽與稸皇
鑒燭幽天高聽下賞片言之或善矜一物之失
時瀾拂塵蒙露飾光價拔足草廬厠身朝序復
得拜賀歲時瞻望日月於臣心願曾已畢矣但
千祀一逢休明難再思策鈆鴑樂陳涓壒竊習
戰陣攻守之術農桑牧藝之書申商韓墨之權
伊周孔孟之道常願待詔朱闕俯對青蒲請閑
宴之私談當世之務位賤人微徒深傾慕方今

九服清怡三靈和晏木有附枝輪無異轍東鞮
獻舞南辮傳歌羌僰踰山秦屠越海舌象翫委
體之勤輶譯厭瞻巡之數固將開桂林於鳳山
創金城於西守而蠢爾獯狄敢亂大邦假息關
河竊命函谷淪故京之爽塏變舊邑而荒涼息
反坫之儒衣久伊川之被髮北地殘氓東都遺
老莫不茹泣吞悲傾耳戴目翹心仁政延首王
風若試馳咫尺之書具甄戎旅之卒徇其墮城
納其降虜可弗勞弦鏃無待干戈具皇王之兵

征而不戰者也臣乞以執殳先邁式道中原澄
瀚清之恬流掃狼山之積霧係單于之頸屈左
賢之膝習呼韓之舊儀拜鑾輿之巡幸然後天
移雲動勒封岱宗咸五登三追蹤七十百神肅警
萬國具僚瓊弁星離玉帛雲聚集三燭於蘭席
聆萬歲之禎聲豈不盛哉豈不韙哉昔桓公志
在伐莒郭牙審其幽趣魏后心存去漢德祖究
其深言臣愚昧忖誠不足以知微然伏揆聖心
規模弘遠既圖載其事必克就其功臣不勝歡

喜圖成上置琅邪城射堂壁上遊幸輒觀視焉
九年上幸芳林園禊宴朝臣使融爲曲水詩序
文藻富麗當世稱之上以融才辯十一年使兼
主客接虜使房景高宋弁弁見融年少問主客
年幾融曰五十之年久踰其半因問在朝聞主
客作曲水詩序景高又云在北聞主客此製勝
於顏延年實願一見融乃示之後日宋弁於瑤
池堂謂融曰昔觀相如封禪以知漢武之德今
覽王生詩序用見齊王之盛融曰皇家盛明豈

直比蹤漢武更慙鄙製無以遠匹相如上以虜
獻馬不稱使融問曰秦西冀北實多駿驥而魏
主所獻良馬乃駑駘之不若求名檢事殊爲未
孚將旦旦信誓有時而爽駉駉之牧不能復嗣
宋弁曰不容虛僞之名當是不習土地融曰周
穆馬跡徧於天下若騏驥之性因地而遷則造
父之策有時而躓弁曰王主客何爲懃懃於千里
融曰卿國既異其優劣聊復相訪若千里日至聖
上當駕鼓車弁曰向意既須必不能駕鼓車

也融曰買死馬之骨亦郭隗之故弁不能荅融
自恃人地三十內望爲公輔直中書省夜歎曰
鄧禹笑人行逢大䘙開喧湫不得進又歎曰車
前無八騶卒何得稱爲丈夫朝廷討雍州刺史
王奐融復上䟽曰臣每覽史傳見憂國忘家捐生
報德者未曾不撫卷歎息以爲今古共情也然
或以片言微感一飡小惠參國士之眄同布素
之遊耳豈有如臣獨拔無聞之伍過超非分之
位名器雙假榮祿兩升而宴安昃罷之晨優游

旰食之日所以敢布丹懇仰聞宸聽今議者或
以西夏爲念臣竊謂之不爾其故何哉陛下聖
明羣臣悉力從以制逆上而御下指開賞黜之
言微示生死之路方域之人皆相爲敵旣兵威
遠臨人不自保雖窮鳥必啄固等命於梁鶡困
獸斯驚終並懸於廚鹿凱師勞歛固不待晨臣
之寸心獨有微願自揆扰荐食荒侮伊瀍天道
禍淫危亡日至母后內難粮力外虛謠言物情屬
當今會若藉巫漢之歸師騁士卒之餘憤取函

谷如反掌陵關塞若摧枯但士非素蓄無以即
用不教民戰是實棄之特希私集部曲豫加習
校若蒙垂許乞隷監省拘食人身權備石頭防
衛之數臣少重名節早習軍旅若試而無績伏
受面欺之誅用且有功仰訓知人之哲會虜動
竟陵王子良於東府募人板融寧朔將軍軍主
融文辭辯捷尤善倉卒屬綴有所造作援筆可
待子良特相友好情分殊常晚節大習騎馬才
地旣華兼藉子良之勢傾意賓客勞問周款文

武翕習輻湊之招集江西傖楚數百人並有幹
用世祖疾篤暫絶子良在殿內太孫未入融戎
服絳衫於中書省閤口斷東宮仗不得進欲立
子良上旣蘇太孫入殿朝事委高宗融知子良
不得立乃釋服還省歎曰公誤我鬱林深忿疾
融卽位十餘日收下廷尉獄然後使中丞孔稚
珪倚爲奏曰融姿性剛險立身浮競動迹驚羣
抗言異類近塞外徼塵苦求將領遂招納不逞
扇誘荒傖狡筭聲勢專行權利反覆脣齒之

間傾動頰舌之內威福自己無所忌憚誹謗朝
政歷毀王公謂己才流無所推下事曝遠近使
融依源據答融辭曰囙是頑蔽觸行多猖但夙
恭門素得奉教君子爰自總髮迄將立年州閭
鄉黨見許愚慎朝廷衣冠謂無釁咎過蒙大行
皇帝獎育之恩又荷文皇帝識擢之重司徒公
賜預士林安陸王曲垂眄接既身被國慈必欲
以死自効前後陳伐虜之計亦仰簡先朝今段犬
羊乍擾紀僧真奉宣先敕賜語北邊動靜令囚

草撰符詔于時即因啓聞希侍鑾輿及司徒宣
敕招募同例非一實以戎事不小不敢承教續
蒙軍號賜使招集銜敕而行非敢虛扇且格取
亡叛不限傖楚狡竿聲勢應有形迹專行權利
又無贓賄反覆唇齒之間未審悉與誰言輕動
頰舌之內不容都無主此但聖主膺教實所沐
浴自上甘露頌及銀甕啓三日詩序接虜語辭
竭思稱揚得非誹謗且王公百司唯賢是與高
下之敬等秩有差不敢踰濫豈應詆毀因才分

本劣謬被策用慷怍之情夙宵兢惕未嘗誇示
里閭彰暴遠邇自循自省並愧流言良由緣淺寡
虞致貽囂謗伏惟明皇臨宇普天蒙澤戊寅赦恩
輕重必宥百日曠期始蒙旬日一介罪身獨嬰憲
劾若事實有徵爰對有在九死之日無恨泉壤詔
於獄賜死時年二十七臨死歎曰我若不爲百
歲老母當吐一言融意欲指斥帝在東宮時
過失也融被收朋友部曲參問北寺相繼於道
融請救於子良子良憂懼不敢救融文集行於世

謝朓字玄暉陳郡陽夏人也祖述吳興太守父緯
散騎侍郎朓少好學有美名文章清麗解褐豫
王太尉行參軍度隨王東中郎府轉王儉衛
軍東閤祭酒太子舍人隨王鎮西功曹轉文
學子隆在荊州好辭賦數集僚友朓以文才尤
被賞愛流連晤對不捨日夕長史王秀之以朓
年少相動密以啓聞世祖敕曰侍讀虞雲自宜
恒應侍接朓可還都朓道中爲詩寄西府曰常
恐鷹隼擊秋菊委嚴霜寄言罻羅者寥廓

已高翔還新安王中軍記室朓牋辭子隆曰朓
聞潢汙之水思朝宗而每竭駑蹇之乘希沃若
而中疲何則皐壤搖落對之惆悵岐路東西或
以嗚悒乃服義徒擁歸志莫從邈若墜雨飃似秋
蔕朓實庸流行能無算屬天地休明山川受納
褒採一介搜揚小善捨耒場圃奉筆菟園東亂
三江西浮七澤契闊戎旃從容讌語長裾日曳
後乘載脂榮立府廷恩加顏色沐髮晞陽未測
涯涘撫臆論報早誓肌骨不悟滄溟未運波臣

自蕩渤澥方春旅翮先謝清切藩房寂寞舊華
輕舟反泝弔影獨留白雲在天龍門不見去德
滋永思德滋深唯待青江可望候歸艎於春渚
朱邸方開効蓬心於秋實如其簪履或存衽席
無改雖復身填溝壑猶望妻子知歸攬涕告辭
悲來橫集尋以本官兼尚書殿中郎隆昌初敕
朓接北使朓自以口訥啓讓不當不見許高宗
輔政以朓為驃騎諮議領記室掌霸府文筆又掌中
書詔誥除祕書丞未拜仍轉中書郎出為宣城太守

以選復為中書郎建武四年出為晉安王鎮北
諮議南東海太守行南徐州事啓王敬則反謀
上甚嘉賞之遷尚書吏部郎朓上表三讓中書
疑朓官未及讓以問祭酒沈約約曰宋元嘉中
范曄讓吏部朱脩之讓黃門蔡興宗讓中書並
三表詔答具事宛然近世小官不讓遂成恒俗
恐此有乖讓意王藍田劉安西並貴重初不自
讓今豈可慕此不讓邪孫興公孔覬並讓記室
今豈可三署皆讓邪謝吏部今授超階讓別有 李

意豈關官之大小撝讓之美本出人情若大官
必讓便與詣闕章表不異例既如此謂都自非
疑朓又啓讓上優答不許朓善草隸長五言詩
沈約常云二百年來無此詩也敬皇后遷祔山
陵朓撰哀策文齊世莫有及者東昏失德江祏
欲立江夏王寶玄末更回惑與弟祀密謂朓曰
江夏年少輕脫不堪負荷神器不可復行廢立
始安年長入纂不乖物望非以此要富貴政是
求安國家耳遙光又遣親人劉渢密致意於朓

欲以爲肺腑眺自以受恩高宗非瘋所言不肯
答少日遥光以眺兼知衛尉事眺懼見引即以
祏等謀告左興盛興盛不敢發言祏聞以告遥
光遥光大怒乃稱敕見眺仍回車付廷尉與徐
孝嗣祏暄等連名啓誅眺曰謝眺資性險薄大
彰遠近王敬則往構凶逆微有誠効自爾昇擢
超越倫伍而谿壑無厭著於觸事比遂扇動内
外處處姦説妄貶乘輿竊論宫禁間謗親賢
輕議朝宰醜言異計非可具聞無君之心既著

共棄之誅宜及臣等參議宜下北里肅正刑書
詔公等啓事如此眺資性輕險久彰物議直以
彫蟲薄伎見齒衣冠昔在渚宫構扇蕃邸日夜
縱諛仰窺俯畫及還京師翻自宣露江漢無波
以爲己功素論於茲而盡縉紳所以側目去夏
之事頗有微誠賞擢曲加踰邁倫序感悦未聞
陵競彌著遂復矯構風塵妄惑朱紫詆貶朝政
疑間親賢巧言利口見醜前志消流纖孽作戒
遠圖宜有少正之刑以申去害之義便可收付

廷尉肅明國典又使御史中丞范岫奏收眺下
獄死時年三十六眺初告王敬則敬則女爲眺
妻常懷刀欲報眺眺不敢相見及爲吏部郎沈
昭略謂眺曰卿人地之美無忝此職但恨今日
刑于寡妻眺臨敗歎曰我不殺王公王公由我
而死

史臣曰晉世遷宅江表人無北歸之計英霸作
輔芟定中原彌見金德之不競也元嘉再略河
南師旅傾覆自此以來攻伐寢議雖有戰爭事

存保境王融生遇永明軍國寧息以文敏才華
不足進取經略心旨殷勤表奏若使宫車未晏
有事邊關融之報効或不易限夫經國體遠許
久爲難而立功立事信居物右其賈誼終軍之
流亞乎

賛曰元長頴脱拊翼將飛時來運往身没志違
高宗始業乃顧玄暉逢昏屬亂先蹈禍機

列傳第二十八

列傳第二十九　南齊書四十八

臣蕭子顯　撰

袁彖

孔稚珪

劉繪

袁彖字偉才陳郡陽夏人也祖洵吳郡太守父覬武陵太守彖少有風氣好屬文及玄言舉秀才歷諸王府參軍不就覬臨終與兄顗書曰史公才識可嘉足懋先基矣史公彖之小字也服未闋顗在雍州起事見誅宋明帝投顗尸江中不聽斂葬彖與舊奴一人微服潛行求尸四十餘日乃得密瘞石頭後岡身自負土懷其父集未嘗離身明帝崩後乃改葬顗從叔司徒粲外舅征西將軍蔡興宗並器之除安成王征虜參軍主簿尚書殿中郎出為廬陵內史豫州治中太祖太傅相國主簿祕書丞議駁國史檀超以天文志紀緯序位度五行志載當時祥沴二篇所記事用相懸日蝕為災宜居五行超欲立處

士傳彖曰夫事關業用方得列其名行今栖遁之士排斥皇王陵轢將相此偏介之行不可長風移俗故遷書未傳班史莫編一介之善無緣頓略宜列其性業附出他篇遷始興王友固辭太祖使吏部尚書何戢宣旨令就遷中書郎兼太子中庶子又以中書兼御史中丞轉黃門郎兼中丞如故坐彈謝超宗簡奏依違免官尋補安西諮議南平內史除黃門未拜仍轉長史南郡內史行荊州事還為太子中庶子本州大中正出為冠軍將軍監吳興郡事彖性剛嘗以微言忤世祖又與王晏不協世祖在便殿用金柄刀子治瓜晏在側曰外間有金刀之言恐不宜用此物世祖愕然窮問所以晏曰袁彖為臣說之上銜怒良久彖到郡坐逆用祿錢免官付東冶世祖遊陵望東冶曰中有一好貴囚數日車駕與朝臣幸冶履行庫藏因宴飲賜囚徒酒肉敕見彖與語明日釋之尋白衣行南徐州事司徒諮議衛軍長史遷侍中彖形體充腴有異於

衆每從車駕射雉在郊野數人推扶乃能徒步
㓜而母卒養於伯母王氏事之如親閨門中甚
有孝義隆昌元年卒年四十八謚靖子
孔稚珪字德璋會稽山陰人也祖道隆位侍中
父靈產泰始中罷晉安太守有隱遁之懷於禹
井山立館事道精篤吉日於靜屋四向朝拜涕
泗滂沲東出過錢塘北郭輒於舟中遥拜杜子
恭墓自此至都東向坐不敢背側元徽中為中
散太中大夫頗解星文好術數太祖輔政沈攸

之起兵靈產密白太祖曰攸之兵衆雖彊以天
時冥數而觀無能為也太祖驗其言擢遷光禄
大夫以簏盛靈產上靈臺令其占候餉靈產白
羽扇素隱几曰君性好古故遺君古物稚珪少
學涉有美譽太守王僧虔見而重之引為主簿
州舉秀才解褐宋安成王車騎法曹行參軍轉
尚書殿中郎太祖為驃騎以稚珪有文翰取為
記室參軍與江淹對掌辭筆遷正員郎中書郎
尚書左丞父憂去官與兄仲智還居父山舍仲

智妻李氏驕妬無禮稚珪白太守王敬則殺之
服闋為司徒從事中郎州治中别駕從事史本
郡中正永明七年轉驍騎將軍復領左丞遷黄
門郎左丞如故轉太子中庶子廷尉江左相承
用晉世張杜律二十卷世祖留心法令數訊囚徒
詔獄官詳正舊注先是七年尚書删定郎王植
撰定律章表奏之曰臣尋晉律文簡辭約旨
通大綱事之所質取斷難釋張斐杜預同注一
章而生殺永殊自晉泰始以來唯斟酌參用是

則吏挾威福之勢民懷不對之怨所以温舒獻
辭於失政絳侯忼慨而興歎皇運革祚道冠前
王陛下紹興光開帝業下車之痛每惻上仁滿
堂之悲有矜聖思爰發德音删正刑律敕臣集
定張杜二注謹礪愚蒙盡思詳撰削其煩害録
其允衷取張注七百三十一條杜注七百九十
一條或二家兩釋於義乃備者又取一百七條
其注相同者取一百三條集為一書凡一千五
百三十二條為二十卷請付外詳校擿其違謬

從之於是公卿八座參議考正舊注有輕重處
竟陵王子良下意多使從輕其中朝議不能斷
者制旨平決至九年稚珪上表曰臣聞匠萬物
者以繩墨爲正馭大國者以法理爲本是以古
之聖王臨朝思理遠防邪萌深杜姦漸莫不資
法理以成化明刑賞以樹功者也伏惟陛下躡
曆登皇乘圖踐帝天地更築日月再張五禮裂
而復縫六樂穨而爰緝乃發德音下明詔降恤
刑之文申慎罰之典敕臣與公卿八座共删注

律謹奉聖旨諮審司徒臣子良稟受成規創立
條緒使兼監臣宋躬兼平臣王植等抄撰同異
定其去取詳議八座裁正大司馬臣嶷其中洪
疑大議衆論相背者聖照玄覽斷自天筆始就
成立律文二十卷錄敘一卷凡二十一卷今以
奏聞請付外施用宣下四海臣又聞老子仲尼
曰古之聽獄者求所以生之今之聽獄求所以
殺之與其殺不辜寧失有罪是則斷獄之職自
古所難矣今律文雖定必須用之用失其平不異無

律律書精細文約例廣疑似相傾故誤相亂一
乖其綱枉濫橫起法吏無解既多謬僻監司不
習無以相斷則法書徒明於帙裏冤魂猶結於
獄中今府州郡縣千有餘獄如令一獄歲枉一
人則一年之中枉死千餘矣冤毒之死上干和
氣聖明所急不可不防致此之由又非但律吏
之咎列邑之宰亦亂其經或以軍勳餘力或以
勞吏暮齒獷情濁氣忍并生靈昏心狠態吞剥
氓物虐理殘其命曲文被其罪冤積之興復緣

斯發獄吏雖良不能爲用使于公哭於邊城孝
婦冤於遐外陛下雖欲宥之其已血濺九泉矣
尋古之名流多有法學故釋之定國聲光漢臺
元帝文惠績映魏閣今之士子莫肯爲業縱有
習者世議所輕良由空勲永歲不逢一朝之賞
積學當年終爲閭伍所蚩將恐此書永墜下走
之手矣今若弘其爵賞開其勸慕課業宦流班
習冑子拔其精究使處内局簡其身良以居外
仕方岳咸選其能邑長並擢其術則皐繇之謀

指掌可致杜鄭之業鬱焉何遠然後姦邪無所逃其刑惡吏不能藏其詐如身手之相驅若弦栝之相接矣臣以踈短謬司大理陛下發自聖衷憂矜刑網御延奉訓遠照民瘼臣謹仰述天官伏奏雲陛所奏繆允者宜寫律上國學置律助教依五經例國子生有欲讀者策試上過高第即便擢用使處法職以勸士流詔報從納事竟不施行轉御史中丞遷驍騎長史輔國將軍建武初遷冠軍將軍平西長史南郡太守稚珪

以虜連歲南侵征役不息百姓死傷乃上表曰匈奴為患自古而然雖三代智勇兩漢權奇筭略之要二塗而已一則鐵馬風馳奮威沙漠二則輕車出使通驛虜庭權而言之優劣可覩今之議者咸以丈夫之氣恥居物下況我天威寧可先屈吳楚勁猛帶甲百萬截彼鯨鯢何往不碎請和示弱非國計也臣以為戎狄獸性本非人倫鴟鳴狼踞不足喜怒蜂目蠆尾何關美惡唯宜勝之以深權制之以遠筭弘之以大度處之以蟊

賊豈足肆天下之忿捐蒼生之命發雷電之怒爭蟲鳥之氣百戰百勝不足稱雄橫尸千里無益上國而蟻聚蠶攢窮誅不盡馬足毛羣難與競逐漢高橫威海表窘迫長圍孝文國富刑清事屈陵辱宣帝撫納安靜朔馬不驚光武卑辭厚禮寒山無霧是兩京四主英濟中區輸寶貨以結和遣宗女以通好長轡遠馭子孫是賴豈不欲戰惜民命也唯漢武藉五世之資承六合之富驕心奢志大事匈奴遂連兵積歲轉戰千

里長驅瀚海飲馬龍城雖斬獲名王屠走凶羯而漢之棄甲十亡其九故衛霍出關千隊不反貳師入漢百旅頓降李廣敗於前鋒李陵沒於後陣其餘奔北不可勝數遂使國儲空懸戶口減半好戰之功其利安在戰不及和相去何若自西朝不綱東晉遷鼎羣胡沸亂羌狄交橫荊棘攢於陵廟豺虎咆於宮闈山淵反覆黔首塗地逼迫崩騰開闢未有是時得失略不稍陳近至元嘉多年無事末路不量復挑彊敵遂迺連

城覆從虜馬飲江青徐州之際草木爲人耳
建元之初胡塵犯塞永明之始復結通和十
餘年間邊候且息陛下張天造曆駕日登皇
聲雷寓宙勢壓河岳而封豕殘魂未屠劍首
長蛇餘喘偷窺外甸烽亭不靜五載於斯昔
歲蟻壞瘻食樊漢今茲蟲毒浸淫未已興師
十萬日費千金五歲之費寧可貲計陛下何
惜匹馬之驛百金之賂數行之詔誘此凶頑
使河塞息肩關境全命蓄甲養民以觀彼弊

我策若行則爲不世之福若不從命不過如
戰失一隊耳或云遣使不受則爲辱命夫以
天下爲量者不計細恥以四海爲任者寧顧
小節一城之沒尚不足惜一使不反曾何取
慙且我以權取貴得我略行何嫌其恥所謂
尺蠖之屈以求伸也臣不言遣使必得和自有
可和之理猶如欲戰不必勝而有可勝之機耳
今宜早發大軍廣張兵勢徵犀甲於岷峨命樓
船於浦海使自青徂豫候騎星羅沿江入漢雲

陣萬里據險要以奪其魄斷糧道以折其膽多
設疑兵使精悉而計亂固列金湯使神茹而慮
屈然後發衷詔馳輕驛辯辭重幣陳列吉凶北
虜頑而愛奇貪而好古畏我之威喜我之賂畏
威喜賂願和必矣陛下用臣之啓行臣之計何
憂玉門之下而無款塞之胡哉彼之言戰既慇
懃臣之言和亦慊闊伏願察兩塗之利害檢二
事之多少聖照玄省灼然可斷所表謬奏希下
之朝省使同博議臣謬荷殊恩奉佐侯岳敢肆

瞽直伏奏千里帝不納徵侍中不行留本任稚
珪風韻清踈好文詠飲酒七八斗與外兄張融
情趣相得又與琅邪王思遠廬江何點點弟胤
並款交不樂世務居宅盛營山水憑机獨酌傍
無雜事門庭之內草萊不剪中有蛙鳴或問之
曰欲爲陳蕃乎稚珪笑曰我以此當兩部鼓吹
何必期效仲舉永元元年爲都官尚書遷太子
詹事加散騎常侍三年稚珪疾東昏屏除以牀
轝走因此疾甚遂卒年五十五贈金紫光祿大夫

劉繪字士章彭城人太常悛弟也父勔宋末權貴門多人客使繪與之共語應接流暢勔喜曰汝後若束帶立朝可與賓客言矣解褐著作郎太祖太尉行參軍太祖見而歎曰劉公爲不亡也豫章王嶷爲江州以繪爲左軍主簿隨鎮江陵轉鎮西外兵曹參軍驃騎主簿繪聰警有文義善隸書數被賞召進對華敏僚吏之中見遇莫及琅邪王詡爲功曹以吏能自進嶷謂僚佐曰吾雖不能得應嗣陳蕃然閤下自有二騏也復

爲司空記室録事轉太子洗馬大司馬諮議領録事時豫章王嶷與文惠太子以年秩不同物論謂宮府有疑繪苦求外出爲南康相郡事之暇專意講說上左右陳洪請假南還問繪在郡何似既而閒之曰南康是三州喉舌應須治幹豈可以年少講學處之邪徵還爲安陸王護軍司馬轉中書郎掌詔誥敕助國子祭酒何胤撰治禮儀永明末京邑人士盛爲文章談義皆湊竟陵王西邸繪爲後進領袖機悟多能時張融周顒並有言工融音旨緩韻顒辭致綺捷繪之言吐又頓挫有風氣時人爲之語曰劉繪貼宅別開一門言在二家之中也魚復侯子響誅後豫章王嶷欲求葬之召繪言其事使爲表繪求紙筆須臾便成嶷足八字云提攜鞠養俯見成人乃歎曰禰衡何以過此後北虜使來繪以辭辯敕接虜使事畢當撰語辭繪謂人曰無論潤色未易但得我語亦難矣事兄悛恭謹與人語呼爲使君隆昌中悛坐罪將見誅繪伏闕請代兄死

高宗輔政救解之引爲鎮軍長史轉黃門郎高宗爲驃騎以繪爲輔國將軍諮議領録事典筆翰高宗即位遷太子中庶子出爲寧朔將軍撫軍長史安陸王寶晊爲湘州以繪爲冠軍長史長沙內史行湘州事將軍如故寶晊妃悛女也寶晊愛其侍婢繪奪取具以啓聞寶晊以爲恨與繪不協遭母喪去官有至性持喪墓下三年食麁糲服闋爲寧朔將軍晉安王征北長史南東海太守行南徐州事繪雖豪俠常惡武事雅

善博射未嘗跨馬兄悛之亡朝議贈平北將軍雍州刺史詔書已出繪請尚書令徐孝嗣改之及梁王義師起朝廷以繪爲持節督雍梁南北秦四州郢州之竟陵司州之隨郡諸軍事輔國將軍領寧蠻校尉雍州刺史固讓不就衆以朝廷昏亂爲之寒心繪終不受東昏改用張欣泰繪轉建安王車騎長史行府國事義師圍城南兗州刺史張稷摠城内軍事與繪情款異常將謀廢立閑語累夜東昏殞城内遣繪及國子博

士范雲等送首詣梁王於石頭轉大司馬從事中郎中興二年卒年四十五繪撰能書人名自云善飛白言論之際頗好矜知弟瑱字士溫好文章飲酒奢逸不吝財物滎陽毛惠遠善畫馬瑱善畫婦人世並爲第一官至吏部郎先繪卒

史臣曰刑禮相望勸戒之道淺識言治莫辯後先故宰世之堤防御民之羈絆端簡爲政貴在畫一輕重屢易手足無從律令之本文約旨曠據典行罰各用情求舒慘之意既殊寬猛之利亦異辭有出沒義生增損舊尹之事政非一途後主所是即爲成用張弛代積稍至遷訛故刑開二門法有兩路刀筆之態深舞弄之風起承喜怒之機隙挾千金之姦利剪韭復生寧失有罪抱木牢户未必非冤下吏上司文簿從事辯聲察色莫用矜府申枉理讞急不在躬案法隨科幸無咎悔至於郡縣親民百務萌始以情矜過曾不待獄以律定罪無細非僭蓋由網密憲煩文理相背夫懲耻難窮盜賊長有欲求猛勝

事在或然掃墓髙門爲利孰遠故永明定律多用優寬治物不患仁心見累於弘厚爲令貴在必行而惡其舛雜也

贊曰彖徇厥戚猶子爲情稚珪夷遠奏諫罷兵士章機悟立行砥名

列傳第二十九　南齊書四十八

列傳第三十　南齊書四十九

臣蕭　子顯　撰

王奐 從弟繢

張沖

王奐字彦孫琅邪臨沂人也祖僧朗宋左光祿儀同父粹黄門郎奐出繼從祖中書令球故字彦孫解褐著作佐郎太子舍人安陸王冠軍主簿太子洗馬本州別駕中書郎桂陽王司空諮議黄門郎元徽元年爲晉熙王征虜長史江夏内史遷侍中領步兵校尉復出爲晉熙王鎭西長史加冠軍將軍江夏武昌太守徵祠部尚書轉掌吏部昇明初遷冠軍將軍丹陽尹初王晏父普曜爲沈攸之長史常慮攸之舉事不得還時奐爲吏部轉普曜爲内職晏深德之及晏仕世祖府奐從弟藴反世祖謂晏曰王奐宋家外戚王藴親同逆黨既其羣從豈能無異意我欲具以啓聞晏叩頭曰王奐脩謹保無異志晏父母在都請以爲質世祖乃止出爲吳興太守秩

中二千石將軍如故尋進號征虜將軍建元元年進號左將軍明年遷太常領鄱陽王師仍轉侍中祕書監領驍騎將軍又遷征虜將軍臨川王鎭西長史領南蠻校尉南郡内史奐一歲三遷上表固讓南蠻曰今天地初闢萬物載新荆蠻來威巴濮不擾但使邊民樂業有司脩務本府舊州日就殷阜臣昔遊西土較見盈虚兼比者戎燼之後痍毀難復雖復緝以善政未及來蘇今復割撤太府制置偏校崇望不足以助強語實安能以相弊且資力既分職司增廣衆勞務倍文案滋煩非獨臣見其難竊以爲國計非允見許於是罷南蠻校尉官進號前將軍世祖即位徵右僕射仍轉使持節監湘州軍事前將軍湘州刺史永明二年徙爲散騎常侍江州刺史初省江州軍府四年遷右僕射本州中正奐無學術以事幹見處遷尚書僕射中正如故校籍郎王植屬吏部郎孔琇之以校籍令史俞公喜求進署籍稱奐意植坐免官六年遷散騎常侍領軍將軍奐欲請車駕幸府上晚信佛法御膳

不宰牲使王晏謂奐曰吾前去年爲斷殺事不
復幸詣大臣已判無容欻爾也王儉卒上用奐
爲尚書令以問王晏晏位遇已重與奐不能相
推荅上曰柳世隆有動望恐不宜在奐後乃轉
爲左僕射加給事中出爲使持節散騎常侍都
督雍梁南北秦四州郢州之竟陵司州之隨郡
軍事鎮北將軍雍州刺史上謂王晏曰奐於釋
氏實自專至其在鎮或以此妨務卿相見言次
及之勿道吾意也上以行北諸戍士卒多襤褸

送袴褶三千具令奐分賦之十一年奐輒殺寧
蠻長史劉興祖上大怒使御史中丞孔稚珪奏
其事曰雍州刺史王奐啓錄小府長史劉興祖
虛稱興祖扇動山蠻規生逆謀誑言誹謗言辭
不遜敕使送興祖下都奐慮所啓欺妄於獄打
殺興祖詐啓稱自經死止今體傷楗蒼驗事暴
聞聽攝興祖門生劉倪到臺辨問列興祖與奐
共事不能相和自去年朱公恩領軍征蠻失利
興祖啓聞以啓呈奐奐因此便相嫌恨若云興

祖有罪便應事在民間民間恬然都無事迹去
十年九月十八日奐使仗身三十人來稱敕錄
興祖付獄安定郡蠻先在郡贓私興祖既知其
取與即牒啓奐不問興祖後執錄奐仍令蠻領
仗身於獄守視興祖未死之前於獄以物畫漆
柈子中出密報家道無罪令啓乞出都一辨萬
死無恨又云奐駐興祖嚴禁信使欲作方便殺
以除口舌又云奐意乃可奐第三息彪隨奐在
州凡事是非皆干豫扇構密除興祖又云興祖

家餉糜中下藥食兩口便覺回乞獄子食者皆
大利興祖大叫道糜中有藥近獄之家無人不
聞又云奐治著興祖日急判無濟理十一月二十
一日奐使獄吏來報興祖家道興祖於獄自
經死尸出家人共洗浴之見興祖頸下有傷肩
胛烏黷陰下破碎實非興祖自經死家人及門
義共見非是一人重攝檢雍州都留田文喜列
與倪符同狀興祖在獄嘆苦望下既蒙降旨欣
願始遂豈容於此方復自經敕以十九日至興

祖以三十一日死推理檢迹灼然矯假尋敕使
送下奐輒拒詔所謗諸條悉出奐意毀故丞相
若陳顯達誹訕朝事莫此之深彪私隨父之鎮
敢亂王法罪竝合窮戮上遣中書舍人呂文顯
直閤將軍曹道剛領齊仗五百人收奐敕鎮西司
馬曹虎從江陵步道會襄陽奐子彪素凶剽奐
不能制女婿殷叡懼禍謂奐曰曹呂今來既不
見眞敕恐爲姧變政宜錄取馳啓聞耳奐納之
彪輒令率州內得千餘人開鎮庫取仗配衣甲

出南堂陳兵閉門拒守奐門生鄭羽叩頭啓奐
乞出城迎臺使曰我不作賊欲先遣啓自申政
恐曹呂輩小人相陵藉故且閉門自守耳彪遂
出與虎軍戰其黨范虎領二百人降臺軍彪敗
走歸土人起義攻州西門彪登門拒戰却之奐
司馬黃瑤起寧蠻長史裴叔業於城內起兵攻
奐奐聞兵入還內禮佛未及起軍人遂斬之年
五十九執彪及弟爽弼殷叡皆伏誅詔曰逆賊
王奐險詖之性自少及長外飾廉勤內懷凶慝

貽厥卿伍取二棄衣冠拔其文筆之用擢以顯任
出牧樊阿政刑弛亂第三息彪矯弄威權父子
均埶故寧蠻長史劉興祖忠於奉國每事匡執
奐忿其異已誣以訕謗肆怒囚錄然後奏聞朕
察奐愚詐詔送興祖還都乃懼姦謀發露潛加
殺害欺罔既彰中使辯覈遂授兵登陴逆捍王
命天威電掃義夫咸奮曾未浹辰罪人斯獲方
隅克殄漢南肅清自非犯官兼預同逆謀爲一
時所驅逼者悉無所問奐長子太子中庶子融

融弟司徒從事中郎琛於都棄市餘孫皆原宥殷
叡字文子陳郡人晉太常融七世孫也宋元嘉
末祖元素坐染太初事誅叡遺腹亦當從戮外
曾祖王僧朗啓孝武救之得免叡解義有口才
司徒褚淵甚重之謂之曰諸殷自荊州以來無
出卿右者叡斂容荅曰殷族衰悴誠不如昔若
此旨爲虛故不足降此旨爲實彌不可聞奐爲
雍州啓叡爲府長史叡族父恒字昭度與叡同
承融後宋司空景仁孫也恒及父道矜竝有古

風以是見嗤於世其事非一恒宋泰始初爲度
支尚書坐屬父疾及身疾多爲有司所奏明帝
詔曰殷道矜有生便病比更無橫病恒因愚習
情久妨清叙左遷散騎常侍領校尉恒歷官清
顯至金紫光祿大夫建武中卒與弟佃女爲長
沙王晃妃世祖詔曰與自陷逆節長沙王妃男
女並長且與又出繼前代或當有準可特不離
絶與從弟繢
繢字叔素宋車騎將軍景文子也弱冠爲祕書

郎太子舍人轉中書舍人景文以此授超階令
繢經年乃受景文封江安侯繢襲其本爵爲始
平縣五等男遷祕書丞司徒右長史元徽末除
寧朔將軍　平王征北長史南東海太守黃門
郎寧朔將軍東陽太守世祖爲撫軍吏部尚書
張岱選繢爲長史呈選牒太祖笑謂岱曰此可
謂素望遷散騎常侍驍騎將軍出補義興太守
輒録郡吏陳伯喜付陽羡獄欲殺之縣令孔逭
不知何罪不受繢敎爲有司所奏繢坐白衣領

職遷太子中庶子領驍騎轉長史兼侍中世祖
出射雉繢信佛法稱疾不從駕轉左民尚書以
母老乞解職改授寧朔將軍大司馬長史淮陵
太守出爲宣城太守秩中二千石隆昌元年遷
輔國將軍大傅長史不拜仍爲冠軍將軍豫章
内史進號征虜又坐事免官除冠軍將軍司徒
左長史散騎常侍隨王師除征虜將軍驃騎長
史遷散騎常侍太常永元元年卒年五十三謚
靖子繢女適安陸王子敬世祖寵子永明三年

納妃脩外舅姑之敬世祖遣文惠太子相隨往
繢家置酒設樂公卿皆冠冕而至當世榮之
張沖字思約吳郡吳人父柬通直郎沖出繼從
伯侍中景脩小名查父邵小名梨宋文帝戲景
脩曰查何如梨景脩荅曰梨是百果之宗查何
敢及沖亦少有至性辟州主簿隨從叔永爲將
帥除綏遠將軍盱眙太守永征彭城遇寒雪軍
人足脛凍斷者十七八沖足指皆墮除尚書駕
部郎桂陽王征南中兵振威將軍歷驃騎太尉

南中郎參軍不拜遷征西從事中郎通直郎武
陵王北中郎直兵參軍長水校尉除寧朔將軍
本官如故遷左軍將軍加寧朔將軍輔國將軍
沖少從戎事朝廷以幹力相待故歷處軍校之
官出爲馬頭太守徙盱眙太守輔國將軍如故
永明六年遷西陽王冠軍司馬八年爲假節
監青冀二州刺史事將軍如故沖父初卒遺命曰
祭我必以鄉土所産無用牲物沖在鎮四時還
吳園中取果菜流涕薦焉仍轉刺史鬱林即

位進號冠軍將軍明帝即位以晉壽太守王洪
範代沖除黃門郎加征虜將軍建武二年虜寇淮
泗假沖節都督青冀二州北討諸軍事本官如
故虜幷兵攻司州除青右出軍分其兵勢沖遣
軍主桑係祖由渣口攻拔虜建陵驛馬厚丘三
城多所殺獲又與洪範遣軍主崔季延襲虜紀
城據之沖又遣軍主杜僧護攻拔虜虎坑馮時
即丘三城驅生口輜重還至溘溝虜救兵至緣
道要擊僧護力戰大破之其年遷廬陵王北中

郎司馬加冠軍將軍未拜豐城公遙昌爲豫州上
慮寇未已徙沖爲征虜長史南梁郡太守永泰
元年除江夏王前軍長史東昏即位出爲建安王
征虜長史輔國將軍江夏內史行郢州府州事永
元元年遷持節督豫州軍事豫州刺史代裴叔業
竟不行明年遷督南兗兗徐青冀五州輔國將
軍南兗州刺史持節如故會司州刺史申希祖
卒以沖爲督司州軍事冠軍將軍司州刺史裴
叔業以壽春降虜又遷沖爲督南兗兗徐青冀

五州南兗州刺史持節將軍如故並未拜崔慧
景事平徵建安王寶寅還都以沖爲督郢司二
州郢州刺史持節將軍如故一歲之中頻授四州
至此受任其冬進征虜將軍封定襄侯食邑千
戸梁王義師起東昏遣驍騎將軍薛元嗣制局
監暨榮伯領兵及糧運百四十餘船送沖使拒
西師元嗣等懲劉山陽之敗疑沖不敢進停住
夏口浦聞義師將至元嗣榮伯相率入郢城時
竟陵太守房僧寄被代還至郢東昏敕僧寄留

守魯山除驍騎將軍僧寄謂沖曰臣雖未荷朝廷深恩實蒙先帝厚澤蔭其樹者不折其枝實欲微立塵効沖深相許諾共結盟誓乃分部拒守遣軍主孫樂祖數千人助僧寄據魯山岸立城壘明年二月梁王出沔口圍魯山城遣軍主曹景宗等過江攻郢城未及盡濟沖遣中兵參軍陳光靜等開門出擊爲義師所破光靜戰死沖固守不出景宗於是據石橋浦連軍相續下至加湖東昏遣軍主巴西梓潼二郡太守吳子

陽光子衿李文釗陳虎牙等十三軍援郢至加湖不得進乃築城舉烽城内亦舉火應之而内外各自俀不能相救沖病死元嗣榮伯與沖子孜及長史江夏内史程茂固守東昏詔贈沖散騎常侍護軍將軍假元嗣子陽節江水暴長加湖城淹潰義師乘高艦攻之子陽等大敗散魯山城乏粮軍人於磯頭捕細魚供食密治輕船將奔夏口梁王命偏軍斷其取路防備越逸房僧寄病死孫樂祖窘以城降郢城被圍二百餘日士庶病死者七八百家魯山既敗程茂及元嗣等議降使孜爲書與梁王沖故吏青州治中房長瑜謂孜曰前使君忠貫昊天操逾松竹郎君但當端坐畫一以荷析薪若天運不與幅巾待命以下從使君今若隨諸人之計非唯郢州士女失高山之望亦恐彼所不取也魯山陷後二日元嗣等以郢城降東昏以程茂爲督郢司二州輔國將軍郢州刺史元嗣爲督雍梁南北秦四州郢州之竟陵司州之隨郡冠軍將軍雍

州刺史並持節時郢魯二城以降死者相積竟無叛散時以沖及房僧寄比臧洪之被圍也贈僧寄益州刺史時新蔡太守席謙永明中爲中書郎王融所薦父恭穆鎮西司馬爲魚復侯所害至是謙鎮盆城聞義師東下曰我家世忠貞殞死不二爲陳伯之所殺

史臣曰石碏棄子弘滅親之戒鮑永晚降知事新之節王奐誠在靡貳迹允嚴科張沖未達天心守迷義運致危之理異爲亡之事一也

贊曰王居北牧子未克家終成干紀覆此胄華
張壘窮守死如亂麻爲悟既晩辯見方賒

列傳第三十　南齊書四十九　除青右疑

列傳第三十一　南齊書五十

臣蕭子顯撰

文二王

明七王

文惠太子四男安皇后生鬱林王昭業宮人許氏生海陵恭王昭文陳氏生巴陵王昭秀褚氏生桂陽王昭粲

巴陵王昭秀字懷尚太子第三子也永明中封曲江公千五百戶十年爲寧朔將軍濟陽太守鬱林即位封臨海郡王二千戶隆昌元年爲使持節都督荊雍益寧梁南北秦七州軍事西中郎將荊州刺史延興元年徵爲車騎將軍衞京師以永嘉王昭粲代之明帝建武二年通直常侍庾曇隆啓曰周定雒邑天子置畿內之民漢都咸陽三輔爲社稷之衞中晉南遷事移威弛近郡名邦多有國食宋武創業依擬古典神州部內不復別封而孝武末年分樹寵子苟申私愛有乖訓准隆昌之元特開母弟之貴

竊謂非古聖明御寓禮舊爲先畿內限斷宜遵
昔制賜茅授土一出外州詔付尚書詳議其冬
改封昭秀爲巴陵王永泰元年見殺年十六
桂陽王昭粲太子第四子也鬱林立以皇弟封
永嘉郡王南徐州刺史延興元年出爲使持節
都督荊雍益寧梁南北秦七州軍事西中郎
將荊州刺史明帝立欲以聞喜公遙欣爲荊州
轉昭粲爲右將軍中書令建武二年改封桂陽
王四年遷太常將軍如故永泰元年見殺年八歲

明帝十一男敬皇后生東昏侯寶卷江夏王寶
玄鄱陽王寶寅和帝殷貴嬪生巴陵隱王寶義
晉熙王寶嵩袁貴妃生廬陵王寶源管淑妃
生邵陵王寶攸許淑媛生桂陽王寶貞餘皆早夭
巴陵隱王寶義字智勇明帝長子也本名明基
建武元年爲持節都督揚南徐州軍事前將
軍揚州刺史封晉安郡王三千戶寶義少有廢
疾不堪出入間故止加除授仍以始安王遙光
代之轉寶義爲右將軍領兵置佐鎮石頭二年

出爲使持節都督南徐州軍事鎮北將軍南徐
州刺史東昏即位進征北大將軍開府儀同三
司給仗永元元年給班劒二十人始安王遙光
誅爲都督揚南徐二州軍事驃騎大將軍揚
州刺史持節如故東府被兵火屋宇燒殘帝方
營宮殿不暇脩葺寶義鎮西州三年進位司
徒和帝西臺建以爲侍中司空使持節都督刺
史如故梁王定京邑宣德太后令以寶義爲太
尉領司徒詔云不言之化形于自遠時人皆云此
寶錄也梁受禪封謝沐縣公尋封巴陵郡王奉

齊後天監中薨
江夏王寶玄字智深明帝第三子也建武元年
爲征虜將軍領石頭戍事封江夏郡王仍出爲
持節都督郢司二州軍事西中郎將郢州刺史
永泰元年還爲前將軍領石頭戍事未拜東
昏即位進號鎮軍將軍永元元年又進車騎將
軍代晉安王寶義爲使持節都督南徐兗二
州軍事南徐兗二州刺史將軍如故寶玄娶尚

書令徐孝嗣女爲妃孝嗣被誅離絶少帝選
少姬二人與之寶玄恨望密有異計明年崔慧
景舉兵還至廣陵遣使奉寶玄爲主寶玄
斬其使因是發將吏防城帝遣馬軍主戚平
外監黄林夫助鎮京口慧景將渡江寶玄密
與相應殺司馬孔矜典籤呂承緒及平林夫開
門納慧景使長史沈佚之諮議柳燈分部軍
衆乗八掆輿手執絳麾幡隨慧景至京師住
東城百姓多往投集慧景敗收得朝野投寶

玄及慧景軍名帝令燒之曰江夏尚爾豈復可
罪餘人寶玄逃奔數日乃出帝召入後堂以步鄣
裹之令羣小數十人鳴鼓角馳繞其外遣人謂
寶玄曰汝近圍我亦如此少日乃殺之
廬陵王寶源字智淵明帝第五子也建武元
年爲北中郎將鎮琅邪城封廬陵郡王遷右將
軍領石頭戍事仍出爲使持節都督南兗兗
徐青冀五州軍事後將軍南兗州刺史王敬則
伏誅徙寶源爲都督會稽東陽臨海永嘉新

安五郡軍事會稽太守將軍如故永元元年進
號安東將軍和帝即位以爲侍中車騎將軍開
府儀同三司都督太守如故未拜中興二年薨
鄱陽王寶夤字智亮明帝第六子也建武初
封建安郡王三年爲北中郎將鎮琅邪城明年
出爲持節都督江州軍事南中郎將江州刺史
東昏即位爲使持節都督郢司二州軍事征虜
將軍郢州刺史尋進號前將軍永元二年徵爲
撫軍領石頭戍事未拜三年爲車騎將軍開

府儀同三司鎮石頭其秋雍州刺史張欣泰等
謀起事於新亭殺臺内諸主帥事在欣泰傳
難作之日前南譙太守王靈秀奔往石頭率城
内將吏見力去車腳載寶夤向臺城百姓數千
人皆空手隨後京邑騷亂寶夤至杜姥宅日
已欲暗城門閉城上人射之衆棄寶夤逃走寶
夤逃亡三日戎服詣草市尉尉馳以啓帝帝迎
寶夤入宮問之寶夤涕泣稱爾日不知何人逼
使上車仍將去制不自由帝笑乃復爵位和帝

立西臺以寶寅爲使持節都督南徐兖二州軍事衛將軍南徐州刺史少帝以爲使持節都督荆益寧雍梁北南秦七州軍事荆州刺史將軍如故宣德太后臨朝梁王爲建安公改封寶寅爲鄱陽王中興二年謀反誅

邵陵王寶攸字智宣明帝第九子也建武元年封南平郡王三年改封三年爲北中郎將鎮琅邪城永元元年爲持節都督南北徐南兖青兾五州軍事南兖州刺史郎將如故未拜遷征

虜將軍領石頭戍事丹楊尹戍事如故陳顯達事平出爲持節督江州軍事左將軍江州刺史以本號還京師授中將軍祕書監中興二年謀反宣德太后令賜死

晉熙王寶嵩字智靖明帝第十子也永元二年爲冠軍將軍丹楊尹仍遷持節都督南徐兖二州軍事南徐州刺史將軍如故中興元年和帝以爲中書令明年謀反伏誅

桂陽王寶貞字智朗帝第十一子也永元二年爲中護軍北中郎將領石頭戍事中興二年謀反伏誅

史臣曰春秋書鄭伯克段于鄢兄弟之恩離君臣之義正夫逆從有勢況親兼一體道窮數盡或容觸咳而寶玄自尋干戈欣受家難曾不悟執柯所指跗蕚相從以此而圖萬全未知其髣髴也

贊曰文惠二王于嗟夭殤明子七國終弗寧居

列傳第三十一　南齊書五十

列傳第三十二　　　　蕭子顯　撰

裴叔業
崔慧景
張欣泰

裴叔業河東聞喜人晉冀州刺史徽後也徽子
游擊將軍黎遇中朝亂子孫沒涼州仕於張氏
黎玄孫先福義熙末還南至滎陽太守叔業父
祖晚渡少便弓馬有武幹宋元徽末累官爲羽
林監太祖驃騎行參軍建元元年除屯騎校尉
虜侵司豫二州以叔業爲軍主征討本官如故
上初即位羣下各獻讜言二年叔業上疏曰成
都沃壤四塞爲固古稱一人守隘萬夫赼趄雍
齊亂於漢世譙李寇於晉代成敗之迹事載前
史頃世以來綏馭乖術地惟形勢居之者異姓
國實武用鎮之者無兵致寇掠充斥賧稅不斷
宜遣帝子之尊臨撫巴蜀揔益梁南秦爲三州
刺史率 文武萬人先啓岷漢分遣郡戍皆配精

力搜盪山源糺虔姦蠹威令既行民夷必服除
寧朔將軍軍主如故永明四年累至右軍將軍
東中郎諮議參軍高宗爲豫州叔業爲右軍司
馬加建威將軍軍主領陳留太守七年爲王敬
則征西司馬將軍軍主如故隨府轉驃騎在壽
春爲佐數年九年爲寧蠻長史廣平太守雍州
刺史王奐事難叔業率部曲於城內起義上以
其有幹用仍留爲晉安王征北諮議領中兵扶
風太守遷晉熙王冠軍司馬延興元年加寧朔
將軍司馬如故叔業早與高宗接事高宗輔政
厚任叔業以爲心腹使領軍掩襲諸蕃鎮叔業
盡心用命建武二年虜圍徐州叔業以軍主隷
右衛將軍蕭坦之救援叔業攻虜淮柵外二城
剋之賊衆赴水死甚衆除黃門侍郎上以叔業
有勳誠封武昌縣伯五百戶仍爲持節督徐州
軍事冠軍將軍徐州刺史四年虜主寇沔北上
令叔業援雍州叔業啓北人不樂遠行唯樂侵
伐虜堺則雍司之賊自然分張無勞動民向遠

也上從之叔業率軍攻虹城獲男女四千餘人徙督豫州輔國將軍豫州刺史持節如故永泰元年叔業領東海太守孫令終新昌太守劉思効馬頭太守李僧護等五萬人圍渦陽虜南兗州所鎮去彭城百二十里僞兗州刺史孟表固守拒戰叔業攻圍之積所斬級高五丈以示城內又遣軍主蕭璝成寶眞分攻龍亢戍即虜馬頭郡也虜閉城自守僞徐州刺史廣陵王率二萬人騎五千匹至龍亢璝等拒戰不敵叔業三

萬餘人助之數道攻虜虜新至營未立於是大敗廣陵王與數十騎走官軍追獲其節虜又遣僞將劉藻高聰繼至叔業率軍迎擊破之再戰斬首萬級獲生口三千人器仗驢馬絹布千萬計虜主聞廣陵王敗遣僞都督王肅大將軍楊大眼步騎十餘萬救渦陽叔業見兵盛夜委軍遁走明日官軍奔潰虜追之傷殺不可勝數日暮乃止叔業還保渦口上遣使慰勞高宗崩叔業還鎮少主即位誅大臣京師屢有變發叔業登

壽春城北望肥水謂部下曰卿等欲富貴乎我言富貴亦可辦耳永元元年徙督南兗兗徐青冀五州軍事南兗州刺史將軍持節如故叔業見時方亂不樂居近藩朝廷疑其欲反叔業亦遣使參察京師消息於是異論轉盛叔業兄子植颺並爲直閤殿內驅使慮禍至棄母奔壽陽說叔業以朝廷必見掩襲徐世標等慮叔業外叛遣其宗人中書舍人裴長穆宣旨許停本任叔業猶不自安而植等說之不已叔業憂懼問計

於梁王梁王令遣家還都自然無患叔業乃遣子芬之等還質京師明年進號冠軍將軍傳叔業反者不已芬之愈懼復奔壽春於是發詔討叔業遣護軍將軍崔慧景征虜將軍豫州刺史蕭懿督水陸衆軍西討頓軍小峴叔業病困植請救魏虜送芬之爲質叔業尋卒虜遣大將軍李醜楊大眼二千餘騎入壽春初虜主元宏建武二年至壽春其下勸攻城宏曰不須攻後當降也植等皆還洛陽

崔慧景字君山河東武城人也祖構奉朝請父系之州別駕慧景初爲國子學生宋泰始中歷位至員外郎稍遷長水校尉寧朔將軍太祖在淮陰慧景與宗人祖思同時自結太祖欲北渡廣陵使慧景具船於陶家後渚事雖不遂以此見親除前軍沈攸之事平仍出爲武陵王安西司馬河東太守使防扞陝西昇明三年豫章王爲荆州慧景留爲鎮西司馬兼諮議太守如故太祖受禪封樂安縣子三百户豫章王遣慧景奉

表稱慶還京師太祖召見加意勞接轉平西府司馬南郡内史仍遷爲南蠻長史加輔國將軍内史如故先是蠻府置佐資用甚輕至是始重其選建元元年虜動豫章王遣慧景三千人頓方城爲司州聲援虜退梁州賊李烏奴未平以慧景爲持節都督梁南北秦沙四州軍事西戎校尉梁南秦二州刺史將軍如故敕荆州資給發遣配以實甲千人步道從襄陽之鎮初烏奴屢爲官軍所破走氐中乘間出擾動梁漢據關

城遣使詣荆州請降豫章王不許遣中兵參軍王圖南率益州軍從劒閣掩討大摧破之烏奴還保武興慧景發漢中兵衆進頓白馬遣支軍與圖南腹背攻擊烏奴大敗遂奔于武興世祖即位進號冠軍將軍在州蓄聚多獲珍貨永明三年以本號還遷黄門郎領羽林監明年遷隨王東中郎司馬加輔國將軍出爲持節督司州軍事冠軍將軍司州刺史毋喪詔起復本任慧景每罷州輒資獻奉動數百萬世祖以此嘉之

九年以本號徵還轉太子左率加通直常侍明年遷右衛將軍加給事中是時虜將南侵上出慧景爲持節督豫州郢州之西陽司州之汝南二郡諸軍事冠軍將軍豫州刺史鬱林即位進號征虜將軍慧景以少主新立密與虜交通朝廷疑懼高宗輔政遣梁王至壽春安慰之慧景遣密啓送誠勸進徵還爲散騎常侍左衛將軍建武二年虜寇徐豫慧景以本官假節向鍾離受王玄邈節度尋加冠軍將軍四年遷度支尚

書領太子左率冬虜主攻沔北五郡假慧景節率衆二萬騎千匹向襄陽雍州衆軍並受節度永泰元年慧景至襄陽五郡已没加慧景平北將軍置佐史分軍助戍樊城慧景頓渦口村與太子中庶子梁王及軍主前寧州刺史董仲民劉山陽裴颺傅法憲等五千餘人進行鄧城前參騎還稱虜軍且至須臾望數萬騎俱來慧景據南門梁王據北門令諸軍上城上時慧景等蓐食輕行皆有饑懼之色軍中北館客三人走

投虜具告之虜偽都督中軍大將軍彭城王元勰分遣偽武衞將軍元蚪趣城東南斷慧景歸路偽司馬孟斌向城東偽右衞將軍播正屯城北交射城内梁王欲出戰慧景曰虜不夜圍人城待日暮自當去也既而虜衆轉盛慧景於南門拔軍衆軍不相知隨後奔退虜軍從北門入劉山陽與部曲數百人斷後死戰虜遣鎧馬百餘匹突取山陽山陽使射手射之三人倒馬手殺十餘人不能禁且戰且退慧景南出過鬧溝

軍人蹈藉橋皆斷壞虜軍夾路射之軍主傅法憲見殺赴溝死者相枕山陽取襖杖填溝乘之得免虜主率大衆追之晡時虜主至沔北圍軍主劉山陽山陽據城苦戰至暮虜乃退衆軍恐懼其夕皆下船還襄陽東昏即位改領右衞將軍平北假節如故未拜永元元年遷護軍將軍尋加侍中陳顯達反加慧景平南將軍都督衆軍事屯中堂時輔國將軍徐世檦專勢號令慧景備員而已帝既誅戮將相舊臣皆盡慧景自

以年宿位重轉不自安明年裴叔業以壽春降虜改授慧景平西將軍假節侍中護軍如故率軍水路征壽陽軍頓白下將發帝長圍屏除出琅邪城送之帝戎服坐城樓上召慧景單騎進圍内無一人自隨者裁交數言拜辭而去慧景既得出甚喜子覺爲直閤將軍慧景密與期四月慧景至廣陵覺便出奔慧景過廣陵數十里召會諸軍主曰吾荷三帝厚恩當顧託之重幼主昏狂朝廷壞亂危而不扶責在今日欲與諸

君共建大功以安宗社何如衆皆響應於是回軍還廣陵司馬崔恭祖守廣陵城開門納之帝聞變以征虜將軍右衛將軍左興盛假節督京邑水陸衆軍慧景停二日便收衆濟江集京口江夏王寶玄又爲内應合二鎮兵力奉寶玄向京師臺遣驍騎將軍張佛護直閤將軍徐元稱屯騎校尉姚景珍西中郎參軍徐景智游盪主董伯珍騎官桓靈福等據竹里爲數城寶玄遣信謂佛護曰身自還朝君何意苦相斷遏佛護

荅曰小人荷國重恩使於此創立小戍殿下還朝但自直過豈敢干斷遂射慧景軍因合戰慧景子覺及崔恭祖領前鋒皆傖楚善戰又輕行不爨食以數舫緣江載酒肉爲軍糧每見臺軍城中煙火起輒盡力攻擊臺軍不復得食以此饑困元稱等議欲降佛護不許十二日恭祖等復攻之城陷佛護單馬走追得斬首徐元稱降餘軍主皆死慧景至臨沂令李玉之發橋斷路慧景收殺之臺遣中領軍王瑩都督衆軍據湖

頭築壘上帶蔣山西巖實甲數萬慧景至查硎竹塘人萬副兒善射獵能捕虎投慧景曰今平路皆爲臺軍所斷不可議進唯宜從蔣山龍尾上出其不意耳慧景從之分遣千餘人魚貫緣山自西巖夜下鼓叫臨城中臺軍驚恐即時奔散帝又遣右衛將軍左興盛率臺内三萬人拒慧景於北籬門望風退走慧景引軍入樂遊恭祖率輕騎十餘匹突進北掖門乃復出宮門皆閉慧景引衆圍之於是東府頭石白下新亭諸

城皆潰左興盛走不得入宮逃淮渚荻舫中慧景擒殺之宮中遣兵出盪不尅慧景燒蘭臺府署爲戰場守衛尉蕭暢屯南掖門處分城内隨方應擊衆心以此稍安慧景稱宣德太后令廢帝爲吳王時巴陵王昭胄先逃民間出投慧景慧景意更向之故猶豫未知所立竹里之捷子覺與恭祖爭勳慧景不能決恭祖勸慧景射火箭燒北掖樓慧景以大事垂定後若更造費用功力不從其計性好談義兼解佛理頓法輪寺

對客高談恭祖深懷怨望先是衛尉蕭懿爲征虜將軍豫州刺史自歷陽步道征壽陽帝遣密使告之懿率軍主胡松李居士等數千人自採石濟岸頓越城擧火臺城中鼓叫稱慶恭祖先勸慧景遣二千人斷西岸軍令不得渡慧景以城旦夕降外救自然應散至是恭祖請擊義師又不許乃遣子覺將精手數千人渡南岸義師昧旦進戰數合士皆致死覺大敗赴淮死者二千餘人覺單馬退開桁阻淮其夜崔恭祖與驍

將劉運詣城降慧景衆情離壞乃將腹心數人潛去欲北渡江城北諸軍不知猶爲拒戰城內出盪殺數百人義軍渡北岸慧景餘衆皆奔慧景圍城凡十二日軍旅散在京師不爲營壘及走衆於道稍散單馬至蟹浦爲漁父所斬以頭内鰌魚籃擔送至京師時年六十三追贈張佛護爲司州刺史左興盛豫州刺史竝征虜將軍徐景智桓靈福屯騎校尉董伯珍員外郎李玉之給事中其餘有差恭祖者慧景宗人驍果便馬

稍氣力絕人頻經軍陣討王敬則與左興盛軍容袁文曠爭敬則首訴明帝曰恭祖禿馬絳衫手刺倒賊故文曠得斬其首以死易勳而見枉奪若失此勳要當刺殺左興盛帝以其勇使謂興盛曰何容令恭祖與文曠爭功遂封二百戶慧景平後恭祖繫尚方少時殺之覺亡命爲道人見執伏法臨刑與妹書曰捨逆旅歸其家以爲大樂況得從先君遊太清乎古人有力扛周鼎而有立錐之歎以此言死亦復何傷平生素

心士大夫皆知之矣既不得附驥尾安得施名於後世慕古竹帛之事今皆亡矣慧景妻女亦頗知佛義覺弟偃爲始安内史藏竄得免和帝西臺立以爲寧朔將軍中興元年詣公車門上書曰臣竊惟太祖高宗之孝子忠臣而昏主之賊臣亂子者江夏王與陛下先臣與鎮軍是也臣聞堯舜之心常以天下爲憂而不以位爲樂彼孑然之舜壟畝之人猶尚若此況祖業之重家國之切江夏既行之於前陛下又蹈之於後

雖成敗異術而所由同方也陛下初登至尊與
天合符天下纖介之屈尚望陛下申之絲髮之
寃尚望陛下理之況先帝之子陛下之兄所行
之道即陛下所由哉如此尚弗恤其餘何幾哉
陛下德侔造化仁育羣生雖在昆蟲草木有不
得其所者覽而傷焉而況乎友愛天至孔懷之
深夫豈不懷將以事割此實左右不明未之或
詳惟陛下公聽並觀以詢之芻蕘羣臣有以臣
言爲不可乞使臣廷辯之則天人之意塞四海

之疑釋必若不然僥小民之無識耳使其曉然
知此相聚而逃陛下以責江夏之寃朝廷將何
以應之哉若天聽沛然回光發惻愴之詔而使
東牟朱虛東褒儀父之節則何戈之士誰不盡
死愚贛之言萬一上合事乞留中事寢不報偃
又上疏曰近冒陳江夏之寃定承聖詔已有褒
贈此臣狂踈之罪也然臣所以諮問者不得其
實罪在萬没無所復云但愚心所恨非敢以父
子之親骨肉之閒而僥幸曲陛下之法傷至公

之義誠不曉聖朝所以然之意何則狂主雖狂
而實是天子江夏雖賢實是人臣先臣奉人臣
逆人君以爲不可申明詔得矣然未審陛下亦
是人臣不而鎮軍亦復奉人臣逆人君今之嚴
兵勁卒方指於象魏者其故何哉臣所不死苟
存視息非有他故所以待皇運之開泰申寃魂
之枉屈今皇運既已開泰矣而死於社稷盡忠
反以爲賊臣何用此生陛下世矣臣聞王臣之
節竭智盡公以奉其上居股肱之任者申理寃

滯薦達羣賢凡此衆臣夙興夜寐心不嘗須臾
之間而不在公故萬物無不得其理而頌聲作
焉臣謹案鎮軍將軍臣穎冑宗室之親股肱之
重身有伊霍之功荷陛下稷旦之任中領軍臣
諱受帷幄之寄副宰相之尊皆所以棟梁朝
廷社稷之臣天下所當遑遑匪懈盡忠竭誠
欲使萬物得理而頌聲大興者豈復宜踰此哉
而同知先臣股肱江夏臣濟王室天命未遂王
亡與亡而不爲陛下瞥然一言知而不言是不

忠之臣不知而言乃不智之臣此而不知將何所
知如以江夏心異先臣受制臣力則江夏同致
死斃聽可昏政濫刑見殘無道然江夏之異以
何爲明孔吕二人誰以爲戮手御麾幡言輙任
公同心共志心若膠漆而以爲異臣竊惑焉如
以先臣遣使江夏斬之則征東之驛何爲見戮
陛下斬征東之使寔詐山陽江夏違先臣之請
實謀孔矜天命有歸故事業不遂耳夫唯聖人
乃知天命守忠之臣唯知盡死安顧成敗詔稱

江夏遭時屯故跡屈行令內恕探情無玷純節
令之旨又何以褒鎮軍哉臣所言畢矣乞就
湯鑊然臣雖萬沒猶願陛下必申先臣何則惻
愴而申之則天下伏不惻愴而申之天下之人
北面而事陛下者徒以力屈耳先臣之忠有識
所知南史之筆千載可期亦何待陛下屈申而
爲褒貶然小臣惓惓之愚爲陛下計耳臣之所
言非孝於父實忠於君唯陛下孰察少留心焉
臣頻觸宸嚴而不彰露所以每上封事者非自

爲戇地猶以春秋之義有隱諱之意也臣雖淺
薄然今日之事斬足斷頭殘身滅形何所不能
爲陛下耳臣聞生人之死肉人之骨有識之士
未爲多感公聽並觀申人之寃秉德任公理人
之屈則普天之人爭爲之死何則理之所不可
以已也陛下若引臣寃免臣兄之罪收往失發
惻愴之詔懷可報之意則桀之犬實可吠堯跖
之客實可刺由又何況由之犬堯之客臣非矜
生實爲陛下重此名於天下已成之基可惜之

寶莫復是加寢明寢且不可不循寢微寢滅不
可不愼惟陛下孰察詳擇其衷若陛下猶以爲
疑鎮軍未之允決乞下征東共詳可否無以向
隅之悲而傷陛下滿堂之樂何則陛下昏主之
弟江夏亦昏主之弟鎮軍受遺託之恩先臣亦
荷顧命之重情節無異所爲皆同殊者唯以成
敗仰資聖朝耳臣不勝愚忠請使羣臣廷辯者
臣乞專令一人精賜本語儻幸萬一天聽昭然
則軻沈七族離燔妻子人以爲難臣豈不易詔

報曰具卿冤切之懷卿門首義而旌德未彰亦追以慨然今當顯加贈謚偃尋下獄死

張欣泰字義亨竟陵人也父興世宋左衛將軍欣泰少有志節不以武業自居好隷書讀子史年十餘詣吏部尚書褚淵淵問之曰張郎弓馬多少欣泰答曰性怯畏馬無力牽弓淵甚異之辟州主簿歷諸王府佐元徽中興世在家擁雍州還資見錢三千萬蒼梧王自領人劫之一夜垂盡興世憂懼感病卒欣泰兄欣華時任安成郡欣泰悉封餘財以待之建元初歷官寧朔將軍累除尚書都官郎世祖與欣泰早經款遇及即位以爲直閤將軍領禁旅除豫章王太尉參軍出爲安遠護軍武陵內史還復爲直閤步兵校尉領羽林監欣泰通涉雅俗交結多是名素下直輒遊園池著鹿皮冠衲衣錫杖挾素琴有以啓世祖者世祖曰將家兒何敢作此舉止後從車駕出新林敕欣泰甲仗廉察欣泰停仗於松樹下飲酒賦詩制局監呂文度過見啓世祖

世祖大怒遣出外數日意稍釋召還謂之曰卿不樂爲武職驅使當處卿以清貫除正員郎永明八年出爲鎮軍中兵參軍南平內史巴東王子響殺僚佐上遣中庶子胡諧之西討使欣泰爲副欣泰謂諧之曰今太歲在西南逆歲行軍兵家深忌不可見戰戰必見危今段此行勝既無名負誠可恥彼凶狡相聚所以爲其用者或利賞逼威無由自潰若且頓軍夏口宣示禍福可不戰而禽也諧之不從進屯江津尹略等見殺事平欣泰徙爲隨王子隆鎮西中兵改領河東內史子隆深相愛納數與談宴州府職局多使關領意遇與謝朓相次典籤密以啓聞世祖怒召還都屏居家巷置宅南岡下面接松山欣泰負弩射雉恣情閑放衆伎雜藝頗多閑解明帝即位爲領軍長史遷諮議參軍上書陳便宜二十條其一條言宜毀廢塔寺帝並優詔報答建武二年虜圍鍾離城欣泰爲軍主隨崔慧景救援欣泰移虜廣陵侯曰聞攻鍾離是子之深

策可無謬哉兵法云城有所不攻地有所不爭
豈不聞之乎我國家舟舸百萬覆江横海所以
案甲于今不至欲以邊城疲魏士卒我且千里
運糧行留俱弊弃一時霖雨川谷涌溢然後乘帆
渡海百萬齊進子復奚以御之乃令魏主以萬
乘之重攻此小城是何謂歟攻而不拔誰之恥
邪假令能拔子守之我將連舟千里舳艫相屬
西過壽陽東接滄海仗不再請糧不更取士卒
偃卧起而接戰乃魚鱉不通飛鳥斷絶偏師淮

左其不能守皎可知矣如其不拔吾將假法于
魏之有司以請子之過若盡兵夷衆攻不卒下
驅士塡隍拔而不能守則魏朝名士其當別有
深致乎吾所未能量昔魏之大武佛狸傾一國
之衆攻十雉之城死亡太半僅以身返既智屈
於金墉亦雖拔而不守皆筭失所爲至今爲笑
前鑒未遠已恐之乎和門邑邑戲載往意虜既
爲徐州軍所挫更欲於邵陽洲築城慧景慮爲
大患欣泰曰虜所以築城者外示姱大實懼我

躡其後耳今若説之以彼此各願罷兵則其患
自息慧景從之遣欣泰至虜城下具述此意及
虜引退而洲上餘兵萬人求輸五百匹馬假道
慧景欲斷路攻之欣泰説慧景曰歸師勿遏古
人畏之死地之兵不可輕也勝之既不足爲武
敗則徒喪前功不如許之慧景乃聽虜過時領
軍蕭坦之亦援鍾離還啓明帝曰邵陽洲有死
賊萬人慧景欣泰放而不取帝以此皆不加賞
四年出爲永陽太守永元初還都崔慧景圍城

欣泰入城内領軍守備事寧除輔國將軍廬陵
王安東司馬義師起以欣泰爲持節督雍梁南
北秦四州郢州之竟陵司州之隨郡軍事雍州
刺史將軍如故時少帝昏亂人情咸伺事隙欣
泰與弟前始安内史欣時密謀結太子右率胡
松前南譙太守王靈秀直閣將軍鴻選含德主
帥苟勵直後劉靈運等十餘人並同契會帝遣
中書舍人馮元嗣監軍救郢茹法珍梅蟲兒及
太子右率李居士制局監楊明泰等十餘人相

送中興堂欣泰等使人懷刀於座斫元嗣頭墜
果柈中又斫明泰破其腹蟲兒傷刺數瘡手指
皆墮居士踰牆得出茹法珍亦散走還臺靈秀
仍往石頭迎建安王寶寅率文武數百唱警蹕
至杜姥宅欣泰初聞事發馳馬入宮冀法珍等
在外城內處分必盡見委表裏相應因行廢立
旣而法珍得反處分閉門上仗不配欣泰兵鴻
選在殿內亦不敢發城外衆尋散少日事覺詔
收欣泰胡松等皆伏誅欣泰少時有人相其當

得三公而年裁三十後屋瓦墮傷額又問相者
云無復公相年壽更增亦可得方伯耳死者年
四十六

史臣曰崔慧景宿將老臣憂危昏運回董御之
威舉晉陽之甲乘機用權內襲少主因樂亂之
民藉淮楚之剽騎將授首群帥委律鼓鼙讙於
官寢戈戟跱於城隍陵埤負戶士喪氣竭屢發
銅虎之兵未有釋位之援勢等易京魚爛待盡
征虜將軍投袂以先國急束馬旅師橫江競濟
風驅電掃制勝轉丸越城之戰旗獲蔽野津航
之捷馘俘象魏瞻塵望烽窮壘重闢戮帶定襄
曾未及此盛矣哉桓文異世也

贊曰叔業外叛淮肥失險慧景倒戈宮門晝掩
欣泰倉卒霜刃不染實起時昏堅冰互漸

列傳第三十二　南齊書五十一

臣蕭子顯撰

文學

丘靈鞠吳興烏程人也祖系祕書監靈鞠少好學善屬文與上計仕郡爲吏州辟從事詣領軍沈演之演之曰身昔爲州職詣領軍謝晦賓主坐處政如今日卿將來或復如此也舉秀才爲州主簿累遷員外郎宋孝武殷貴妃亡靈鞠獻

挽歌詩三首云雲橫廣階闇霜深高殿寒帝擿句嗟賞除新安王北中郎參軍出爲剡烏程令不得志泰始初坐東賊黨錮數年褚淵爲吳興謂人曰此郡才士唯有丘靈鞠及沈勃耳乃啓申之明帝使著大駕南討紀論久之除太尉參軍轉安北記室帶扶風太守不就爲尚書三公郎建康令轉通直郎兼中書郎昇明中遷正員郎領本郡中正兼中書郎如故時方禪讓太祖使靈鞠參掌詔策建元元年轉中書郎中正如故敕知東宮手筆尋又掌知國史明年出爲鎮南長史尋陽相遷尚書左丞世祖即位轉通直常侍尋領東觀祭酒靈鞠曰人居官不願數遷使我終身爲祭酒不恨也永明二年領驍騎將軍靈鞠不樂武位謂人曰我應還東掘顧榮冢江南地方數千里士子風流皆出此中顧榮忽引諸傖渡妨我輩塗轍死有餘罪改正員常侍靈鞠好飲酒臧否人物在沈淵座見王儉詩淵曰王令文章大進靈鞠曰何如我未進此言達儉靈

鞠宋世文名甚盛入齊頗減蓬髮弛縱無形儀
不治家業王儉謂人曰丘公仕宦不進才亦退
矣遷長沙王車騎長史太中大夫卒著江左文
章錄序起太興訖元熙文集行於世
檀超字悅祖高平金鄉人也祖弘宋南琅邪太
守超少好文學放誕任氣解褐州西曹嘗與別
駕蕭惠開共事不爲之下謂惠開曰我與卿俱
起一老姥何足相誇蕭太后惠開之祖姑長沙
王道憐妃超祖姑也舉秀才孝建初坐事徙梁

州板宣威府參軍孝武聞超有文章敕還直東
宮除驃騎參軍寧蠻主簿鎮北諮議超累佐蕃
職不得志轉尚書度支郎車騎功曹桂陽內史
入爲殿中郎兼中書郎零陵內史征北驃騎記
室國子博士兼左丞超嗜酒好言詠舉止和靡
自比晉郗超爲高平二超謂人曰猶覺我爲優
也太祖賞愛之遷驍騎將軍常侍司徒右長史
建元二年初置史官以超與驃騎記室江淹掌
史職上表立條例開元紀號不取宋年封爵各

詳本傳無假年表立十志律曆禮樂天文五行
郊祀刑法藝文依班固朝會輿服依蔡邕司馬
彪州郡依徐爰百官依范曄合州郡班固五星
載天文日蝕載五行改日蝕入天文志以建元
爲始帝女體自皇宗立傳以備甥舅之重又立
處士列女傳詔內外詳議左僕射王儉議金粟
之重八政所先食貨通則國富民實宜加編錄
以崇務本朝會志前史不書蔡邕稱先師胡廣
說漢舊儀此乃伯喈一家之意曲碎小儀元煩

錄宜立食貨省朝會洪範九疇一曰五行五行
之本先乎水火之精是爲日月五行之宗也今
宜憲章前軌無所改革又立帝女傳亦非淺識
所安若有高德異行自當載在列女若止於常
美則仍舊不書詔日月災隸天文餘如儉議超
史功未就卒官江淹撰成之猶不備也時豫章
熊襄著齊典上起十代其序云尚書堯典謂之
虞書則附所述故通謂之齊名爲河洛金匱
卞彬字士蔚濟陰冤句人也祖嗣之中領軍父

延之有剛氣爲上虞令郴才操不群文多指刺州辟西曹主簿奉朝請員外郎宋元徽末四貴輔政郴謂太祖曰外間有童謠云可憐可念尸著服孝子不在日代哭列管暫鳴死滅族尸著服褚字邊衣也孝除子以日代者謂褚淵也列管蕭也郴退太祖笑曰郴自作此齊臺初建郴又曰誰謂宋遠跂予望之太祖聞之不加罪也除右軍參軍家貧出爲南康郡丞郴頗飲酒擯棄形骸作蚤虱賦序曰余居貧布衣十年不制

一袍之縕有生所託資其寒暑無與易之爲人多病起居甚疎縈寢敗絮不能自釋兼攝性懈惰嬾事皮膚澡刷不謹澣沐失時四體𦏁𦏁加以臭穢故葦席蓬纓之間蚤虱猥流淫癢渭濩無時恕肉探揣擭撮日不替手虱有謗言朝生暮孫若吾之虱者無湯沐之慮絕相弔之憂宴聚乎久襟爛布之裳服無改換掐齧不能加脫略緩嬾復不懃於捕討孫孫息息三十五歲焉其略言皆實錄也除南海王國郎中令尚書北部

郎安吉令車騎記室郴性飲酒以瓠壺瓢勺杬皮爲肴著帛冠十二年不改易以大瓠爲火籠什物多諸詭異自稱卞田居婦爲傅蠶室或諫曰卿都不持操名器何由得升郴曰擲五木子十擲輒鞬豈復是擲子之拙吾好擲政極此耳永元中爲平越長史綏建太守卒官郴又目禽獸云羊性淫而狠豬性卑而率鵝性頑而傲狗性險而出皆指斥貴勢其蝦蟆賦云紆青拖紫名爲蛤魚世謂比令僕也又云科斗唯唯群浮

闇水維朝繼夕聿役如鬼比令史諮事也文章傳於閭巷永明中琅邪諸葛勗爲國子生作雲中賦賦祭酒以下皆有形似之目坐繫東冶作東冶徒賦世祖見赦之又有陳郡袁嘏自重其文謂人云我詩應須大材迮之不爾飛去建武末爲諸暨令被王敬則所殺

丘巨源蘭陵蘭陵人也宋初土斷屬丹陽後屬蘭陵巨源少舉丹陽郡孝廉爲宋孝武所知大明五年敕助徐爰撰國史帝崩江夏王義恭取

掌書記明帝即位使參詔誥引在左右自南臺
御史爲王景文鎮軍參軍寧喪還家元徽初桂
陽王休範在尋陽以巨源有筆翰遣船迎之餉
以錢物巨源因太祖自啓敕板起巨源使留京
都桂陽事起使於中書省撰符檄事平除奉朝
請巨源望有封賞既而不獲乃與尚書令袁粲
書曰民信理推心闇於量事庶謂丹誠感達賞
報孱期豈虞寂寥忽焉三稔議者必云筆記賤
伎非殺活所待開勸小說非否判所寄然則先

聲後實軍國舊章七德九功將名當世仰觀
天緯則右將而左相俯察人序則西武而東文
固非胥祝之倫伍巫匠之流匹矣去昔奇兵變
起呼吸雖凶渠即勦而人情更迷茅恬開城千
齡出叛當此之時心膂胡越奉迎新亭者士庶
塡路投名朱雀者愚智空閭人惑而民不惑人
畏而民不畏其一可論也臨機新亭獨能抽刃
斬賊者唯有張敬兒而中書省獨能奮筆弗顧
者唯有丘巨源文武相方誠有優劣就其死亡

以決成敗當崩天之敵抗不測之禍請問海內
此膽何如其二可論也又爾時顛沛普喚文士
黃門中書靡不畢集摛翰振藻非爲乏人朝廷
洪筆何故假手凡賤若以此賊彊盛勝負難測
羣賢怯不染豪者則民宜以勇獲賞若云羽檄
之難必須筆傑羣賢推能見委者則民宜以才
賜外其三可論也竊見桂陽賊賞不赦之條凡
二十五人而李恒鍾爽同在此例戰敗後出罪
竝釋然而吳邁遠族誅之罰則操筆大禍而操

戈无害論以賞科則武人超越而文人埋沒其
四可論也且邁遠置辭無乃侵慢民作符檄肆
言詈辱放筆出手即就齏粉若使桂陽得志民
若不轘裂軍門則應罯斬都市嬰孩脯膾伊
可熟念其五可論也往年戎旅萬有餘甲十分
之中九分冗隸可謂衆矣攀龍附驥翻焉雲翔
至若民狂夫可謂寡矣徒闗敕旨空然泥沈詎
其荷戲麈末皆是白起操牘事始必非魯連邪
民値國筭迅足馳烽旆之機帝擇逸翰赴尉羅

之會既能陵敵不殿爭先無負宜其微賜存在
少沾飲齕遂乃棄之溝間如蜉如蟻擲之言外
如土如灰絓隸帖戰無拳無勇並隨資峻級矣
凡豫臺內不文不武已坐拱清階矣撫骸如此
瞻例如彼既非草木何能弭聲巨源竟不被申
歷佐諸王府轉羽林監建元元年爲尚書主客
郎領軍司馬越騎校尉除武昌太守拜竟不樂
江外行世祖問之巨源曰古人云寧飲建業水
不食武昌魚臣年已老寧死於建業以爲餘杭

令沈攸之事太祖使巨源爲尚書符荆州巨源
以此又望賞異自此意常不滿高宗爲吳興巨
源作秋胡詩有譏刺語以事見殺

王智深字雲才琅邪臨沂人也少從陳郡謝超
宗學屬文好飲酒拙澀乏風儀宋建平王景素
爲南徐州作觀法篇智深和之見賞辟爲西曹
書佐貧無衣未到職而景素敗後解褐爲州祭
酒太祖爲鎮軍時丘巨源薦之於太祖板爲府
行參軍除豫章王國常侍遷太學博士豫章王

大司馬參軍兼記室世祖使太子家令沈約撰
宋書擬立袁粲傳以審世祖世祖曰袁粲自是
宋家忠臣約又多載孝明帝諸鄙瀆事上遣左
右謂約曰孝武事迹不容頓爾我昔經事宋明
帝卿可思諱惡之義於是多所省除又敕智深
撰宋紀召見芙蓉堂賜衣服給宅智深告貧於
豫章王王曰須卿書成當相論以祿書成三十
卷世祖後召見智深於璿明殿令拜表奏上表
未奏而世祖崩隆昌元年敕索其書智深遷爲

竟陵王司徒參軍坐事免江夏王鋒衡陽王鈞
竝善待之初智深爲司徒袁粲所接及撰宋紀
意常依依粲幼孤祖母名其爲愍孫後慕荀粲
自改名會稽賀乔譏之智深於是著論家貧無
人事嘗餓五日不得食掘莧根食之司空王僧
虔及子志分其衣食卒於家先是陳郡袁炳字
叔明有文學亦爲袁粲所知著晉書未成卒頴
川庾銑善屬文見賞豫章王引至大司馬記室
參軍卒

陸厥字韓卿吳郡吳人揚州別駕閑子也厥少
有風槩好屬文五言詩體甚新變永明九年詔
百官舉士同郡司徒左西掾顧暠之表薦焉州
舉秀才王晏少傅主簿遷後軍行參軍永明末
盛為文章吳興沈約陳郡謝朓琅邪王融以氣
類相推轂汝南周顒善識聲韻約等文皆用宮
商以平上去入為四聲以此制韻不可增減世呼
為永明體沈約宋書謝靈運傳後又論宮商厥
與約書曰范詹事自序性別宮商識清濁特能

適輕重濟艱難古今文人多不全了斯處縱有
會此者不必從根本中來沈尚書亦云自靈均
以來此祕未覩或闇與理合匪由思至張蔡曹
王曾無先覺潘陸顏謝去之彌遠大旨鈞使宮
羽相變低昂舛節若前有浮聲則後須切響一
簡之內音韻盡殊兩句之中輕重悉異辭既美
矣理又善焉但觀歷代眾賢似不都闇此處而
云此祕未覩近於誣乎案范云不從根本中來尚
書云匪由思至斯可謂揣情謬於玄黃擿句差

其音律也范又云時有會此者尚書云或闇與
理合則美詠清謳有辭章調韻者雖有差謬亦
有會合推此以往可得而言夫思有合離前哲
同所不免文有開塞即事不得無之子建所以
好人譏彈士衡所以遺恨終篇既曰遺恨非盡
美之作理可詆訶君子執其詆訶便謂合理為
闇豈如指其合理而寄詆訶為遺恨邪自魏文
屬論深以清濁為言劉楨奏書大明體勢之致
岨峿妥怗之談操末續顛之說興玄黃於律呂

比五色之相宣苟此祕未覩茲論為何所指邪
故愚謂前英已早識宮徵但未屈曲指的若今
論所申至於掩瑕藏疾合少謬多則臨淄所云
人之著述不能無病者也非知之而不改謂不
改則不知斯曹陸又稱竭情多悔不可力彊者
今許以有病有悔為言則必自知無悔無病之
地引其不了不合為闇何獨誣其一合一了之
明乎意者亦質文時異古今好殊將急在情物
而緩於章句情物文之所急美惡猶且相半章

句意之所綏故合少而謬多義兼於斯必非不知明矣長門上林殆非一家之賦洛神池鴈便成二體之作孟堅精正詠史無虧於東主平子惔富羽獵不累於憑虛王粲初征他文未能稱是楊脩敏捷暑賦彌日不獻率意寡尤則事促乎一日翳翳愈伏而理賒於七步一人之思遲速天懸一家之文工拙壤隔何獨宮商律呂必責其如一邪論者乃可言未窮其致不得言曾無先覺也約荅曰宮商之聲有五文字之別累

萬以累萬之繁配五聲之約高下低昂非思力所舉又非止若斯而已也十字之文顛倒相配字不過十巧歷已不能盡何況復過於此者乎靈均以來未經用之於懷抱固無從得其髣髴矣若斯之妙而聖人不尚邪此蓋曲折聲韻之巧無當於訓義非聖哲立言之所急也是以子雲譬之雕蟲篆刻云壯夫不爲自古辭人豈不知宮羽之殊商徵之別雖知五音之異而其中參差變動所昧實多故鄙意所謂志祕未

覩者也以此而推則知前世文士便未悟此處若以文章之音韻同弦管之聲曲則美惡妍蚩不得頓相乖反譬由子野操曲安得忽有闡緩失調之聲以洛神比陳思他賦有似異手之作故知天機啓則律呂自調六情滯則音律頓舛也士衡雖云炳若縟錦寧有濯色江波其中復有一片是衛文之服此則陸生之言即復不盡者矣韻與不韻復有精麤輪扁不能言老夫亦不盡辨此永元元年始安王遙光反厥父開被

誅厥坐繫尚方尋有赦令厥恨父不及感慟而卒年二十八文集行於世會稽虞炎永明中以文學與沈約俱爲文惠太子所遇意眄殊常官至驍騎將軍

崔慰祖字悅宗清河東武城人也父慶緒永明中爲梁州刺史慰祖解褐奉朝請父喪不食鹽母曰汝既無兄弟又未有子胤毀不滅性政當不進肴羞耳如何絕鹽吾今亦不食矣慰祖不得已從之父梁州之資家財千萬散與宗族漆

器題爲曰字曰字之器流乎遠近料得父時假
貫文疏謂族子紘曰彼有自當見還彼無吾何
言哉悉火焚之好學聚書至萬卷隣里年少好
事者來從假借日數十袠慰祖親自取與未常
爲辭爲始安王撫軍墨曹行參軍轉刑獄兼記
室遥光好棊數召慰祖對戲慰祖輒辭拙非朔
望不見也建武中詔舉士從兄慧景舉慰祖及
平原劉孝標竝碩學帝欲試以百里慰祖辭不
就國子祭酒沈約吏部郎謝朓嘗於吏部省中

賓友俱集各問慰祖地理中所不悉十餘事慰
祖口吃無華辭而酬據精悉一座稱服之朓歎
曰假使班馬復生無以過此慰祖賣宅四十五
萬買者云寧有減不吝曰誠慙韓伯休何容二
價買者又曰君但責四十六萬一萬見與慰祖
曰是即同君欺人豈是我心乎少與侍中江祀
款及祀貴常來候之而慰祖不往也與丹陽丞
劉渢素善遥光據東府反慰祖在城內城未潰
一日渢謂之曰卿有老母宜其出矣命門者出

之慰祖詣闕自首繫尚方病卒慰祖著海岱志
起太公迄西晉人物爲四十卷半未成臨卒與
從弟緯書云常欲更注遷固二史採史漢所漏
二百餘事在廚簏可檢寫之以存大意海岱志
良未周悉可寫數本付護軍諸從事人一通及
友人任昉徐寅劉洋裴揆又令以棺親土不須
塼勿設靈座時年三十五
王逡之字宣約琅邪臨沂人也父祖皆爲郡守
逡之少禮學博聞起家江夏王國常侍大司馬

行參軍章安令累至始安內史不之官除山陽
王驃騎參軍兼治書御史安成國郎中吳令昇
明末右僕射王儉重儒術逡之以著作郎兼尚
書左丞參定齊國儀禮初儉撰古今喪服集記
逡之難儉十一條更撰世行五卷轉國子博士
國學久廢建元二年逡之先上表立學又兼著
作撰永明起居注轉通直常侍驍騎將軍領博
士著作如故出爲寧朔將軍南康相太中光祿
大夫加侍中逡之率素衣裘不澣机案塵黑年

老手不釋卷建武二年卒從弟珪之有史學撰
齊職儀永明九年其子中軍參軍顥上啓曰臣
亡父故長水校尉珪之藉素爲基依儒習性以
宋元徽二年被敕使纂集古設官歷代分職凡
在墳策必盡詳究是以等級掌司咸加編錄黜
陟遷補該研記述章服之差兼冠佩之飾屬值
啓運軌度惟新故太宰臣淵奉宣敕旨使速洗
正刊定未畢臣私門凶禍不揆庸微謹冒啓上
凡五十卷謂之齊職儀仰希永升天閣長銘祕

府詔付祕閣
祖沖之字文遠范陽薊人也祖昌宋大匠卿父
朔之奉朝請沖之少稽古有機思宋孝武使直
華林學省賜宅宇車服解褐南徐州迎從事公
府參軍宋元嘉中用何承天所制歷比古十一
家爲密沖之以爲尚踈乃更造新法上表曰臣
博訪前墳遠稽昔典五帝躔次三王交分春秋
朔氣紀年薄蝕談遷載述彪固列志魏世注歷
晉代起居探異今古觀要華戎書契以降二千

餘稔日月離會之徵星度踈密之驗專功耽思
咸可得而言也加以親量圭尺躬察儀漏目盡
毫氂心窮籌筭考課推移又曲備其詳矣然
而古曆踈舛類不精密羣氏糾紛莫審其會
尋何承天所上意存改革而置法簡略今已乖
遠以臣校之三覩厥謬日月所在差覺三度二
至晷景幾失一日五星見伏至差四旬留逆進
退或移兩宿分至失實則節閏非正宿度違天
則伺察無準臣生屬聖辰逮在運敢率愚瞽

更創新曆謹立改易之意有二設法之情有三
改易者一以舊法一章十九歲有七閏閏數爲
多經二百年輒差一日節閏既移則應改法曆
紀屢遷寔由此條今改章法三百九十一年有
一百四十四閏令却合周漢則將來永用無復
差動其二以堯典云日短星昴以正仲冬以此
推之唐世冬至日在今宿之左五十許度伐之
初即秦曆冬至日在牽牛六度漢武改立太初
曆冬至日在牛初後漢四分法冬至日在斗二

十二晉世姜岌以月蝕檢日知冬至在斗十七今
參以中星課以蝕望冬至之日在斗十一通而
計之未盈百載所差二度舊法並令冬至日有
定處天數既差則七曜宿度漸與舛訛乖謬既著
輒應改易僅合一時莫能通遠遷革不已又由
此條今令冬至所在歲歲微差卻檢漢注並皆
審密將來久用無煩屢改又設法者其一以子
爲辰首位在正北爻應初九升氣之端虛爲北方
列宿之中元氣肇初宜在此次前儒虞喜備

論其義今曆上元日度發自虛一其二以日辰
之號甲子爲先曆法設元應在此歲而黃帝以
來世代所用凡十一曆上元之歲莫值此名今
曆上元歲在甲子其三以上元之歲曆中衆條
並應以此爲始而景初曆交會遲疾元首有差
又承天法日月五星各自有元交會遲疾亦並
置差裁得朔氣合而已條序紛錯不及古意今
設法日月五緯交會遲疾悉以上元歲首爲始
羣流共源　若夫測以定形據以實效

懸象著明尺表之驗可推動氣幽微寸管之候
不忒今臣所立易以取信但綜覈始終大存緩
密革新變舊有約有繁用約之條理不自懼用
繁之意顧非謬然何者夫紀閏參差數各有分
分之爲體非不細密臣是用深惜毫釐以全求
妙之准不辭積累以成永定之制非爲思而莫
知悟而弗改也若所上萬一可採伏願頒宣羣
司賜垂詳究事奏孝武令朝士善曆者難之不
能屈會帝崩不施行出爲婁縣令謁者僕射初

宋武平關中得姚興指南車有外形而無機巧
每行使人於內轉之昇明中太祖輔政使沖之
追修古法沖之改造銅機圓轉不窮而司方如
一馬均以來未有也時有北人索馭驎者亦云
能造指南車太祖使與沖之各造使於樂遊苑
對共校試而頗有差僻乃毀焚之永明中竟陵
王子良好古沖之造欹器獻之文惠太子東宮
見沖之曆法啓世祖施行文惠尋薨事又寢轉
長水校尉領本職沖之造安邊論欲開屯田廣

農殖建武中明帝使沖之巡行四方興造大業
可以利百姓者會連有事事竟不行沖之解鍾
律博塞當時獨絕莫能對者以諸葛亮有木牛
流馬乃造一器不因風水施機自運不勞人力
又造千里船於新亭江試之日行百餘里於樂
遊苑造水碓磨世祖親自臨視又特善筭永元
二年沖之卒年七十二著易老莊義釋論語
孝經注九章造綴述數十篇
賈淵字希鏡平陽襄陵人也祖弼之晉員外郎

父匪之驃騎參軍世傳譜學孝武世青州人發
古冢銘云青州世子東海女郎帝問學士鮑照
徐爰蘇寶生並不能悉淵對曰此是司馬越女
嫁苟晞兒檢訪果然由是見遇敕淵注郭子太
始初辟丹陽郡主簿奉朝請太學博士安成王
撫軍行參軍出為丹徒令昇明中太祖嘉淵世
學取為驃騎參軍武陵王國郎中令補餘姚令
未行仍為義興郡丞永明初轉尚書外兵郎歷
大司馬司徒府參軍竟陵王子良使淵撰見客

譜出為句容令先是譜學未有名家淵祖弼之
廣集百氏譜記專心治業晉太元中朝廷給弼
之令史書吏撰定繕寫藏祕閣乃遷左民曹淵
父及淵三世傳學凡十八州士族譜合百袠七
百餘卷該究精悉當世莫比永明中衛軍王儉
抄次百家譜與淵參懷撰定建武初淵遷長水
校尉荒傖人王泰寶買襲琅邪譜尚書令王晏
以啓高宗淵坐被求當極法子棲長謝罪稽顙
流血朝廷哀之免淵罪數年始安王遙光板撫

軍諮議不就仍為北中郎參軍中興元年卒年
六十二撰氏族要狀及人名書並行於世
史臣曰文章者蓋情性之風標神明之律呂也
蘊思含毫遊心內運放言落紙氣韻天成莫不
稟以生靈遷乎愛嗜機見殊門賞悟紛雜若子
桓之品藻人才仲治之區判文體陸機辨於文
賦李充論於翰林張眎摘句褒貶顏延圖寫情
興各任懷抱共為權衡屬文之道事出神思感
召無象變化不窮俱五聲之音響而出言異句

等萬物之情狀而下筆殊形吟詠規範本之雅什流分條散各以言區若陳思代馬羣章王粲飛鸞諸製四言之美前超後絕少卿離辭五言才骨難與爭鶩桂林湘水平子之華篇飛館玉池魏文之麗篆七言之作非此誰先卿雲巨麗升堂冠冕張左恢廓登高不繼賦貴披陳未或加矣顯宗之述傅毅簡文之摛彥伯分言制句多得頌體裴頠內侍元規鳳池子章以來章表之選孫綽之碑嗣伯喈之後謝莊之誄起安仁之塵顏延楊瓚自比馬督以多稱貴歸莊爲允王褒僮約束皙發蒙滑稽之流亦可奇瑋五言之製獨秀衆品習玩爲理事久則瀆在乎文章彌患凡舊若無新變不能代雄建安一體典論短長互出潘陸齊名機岳之文永異江左風味盛道家之言郭璞舉其靈變許詢極其名理仲文玄氣猶不盡除謝混情新得名未盛顏謝竝起乃各擅奇休鮑後出咸亦標世朱藍共妍不相祖述今之文章作者雖衆總而爲論略有三體

一則啓心閑繹託辭華曠雖存巧綺終致迂回宜登公宴本非准的而疏慢闡緩膏肓之病典正可採酷不入情此體之源出靈運而成也次則緝事比類非對不發博物可嘉職成拘制或全借古語用申今情崎嶇牽引直爲偶說唯覩事例頓失清采此則傅咸五經應璩指事雖不全似可以類從次則發唱驚挺操調險急雕藻淫豔傾炫心魂亦猶五色之有紅紫八音之有鄭衛斯鮑照之遺烈也三體之外請試妄談若夫委自天機參之史傳應思悱來勿先構聚言尚易了文憎過意吐石含金滋潤婉切雜以風謠輕脣利吻不雅不俗獨中胷懷輪扁斲輪言之未盡文人談士罕或兼工非唯識有不周道實相妨談家所習理勝其辭就此求文終然翳奪故兼之者鮮矣

贊曰學亞生知多識前仁文成筆下芬藻麗春

列傳第三十三　南齊書五十二

列傳第三十四　　臣蕭子顯撰

良政

傅琰
虞愿
劉懷慰
裴昭明
沈憲
李珪之
孔琇之

太祖承宋氏奢縱風移百城輔立幼主思振民瘼爲政未朞擢山陰令傅琰爲益州刺史乃損華反樸恭已南面導民以躬意存勿擾以山陰大邑獄訟繁滋建元三年別置獄丞與建康爲比永明繼運垂心治術杖威善斷猶多漏網長史犯法封刃行誅郡縣居職以三周爲小滿水旱之災輒加賑䘏明帝自在布衣曉達吏事君臨億兆專務刀筆未嘗枉法申恩守宰以之肅震永明之世十許年中百姓無雞鳴犬吠之警都邑之盛士女富逸歌聲舞節袨服華粧桃花綠水之間秋月春風之下蓋以百數及建武之興虜難猋急征役連歲不遑啓居軍國糜耗從此衰矣齊世善政著名表績無幾焉位次遷升非直止乎城邑今取其清察有迹者餘則隨以附焉

傅琰字季珪北地靈州人也祖邵員外郎父僧祐安東錄事參軍琰美姿儀解褐寧蠻參軍本

州主簿寧蠻功曹宋永光元年補諸暨武康令廣威將軍除尚書左民郎又爲武康令將軍如故除吳興郡丞泰始六年遷山陰令山陰東土大縣難爲長官僧祐在縣有稱琰尤明察又著名其年爵新亭侯元徽初遷尚書右丞遭母喪居南岸鄰家失火延燒琰屋琰抱柩不動鄰人競來赴救乃得俱全琰股髀之間已被煙焰服闋除邵陵王左軍諮議江夏王錄事參軍太祖輔政以山陰獄訟煩積復以琰爲山陰令賣針

賣糖老姥爭團絲來詣琰琰不辨覈縛團絲於柱鞭之密視有鐵屑乃罰賣糖者二野父爭鷄琰各問何以食一人云粟一人云豆乃破鷄得粟罪言豆者縣內稱神明無敢復爲偷盜琰父子並著奇績江左鮮有世云諸傳有治縣譜子孫相傳不以示人昇明二年太祖擢爲假節督益寧二州軍事建威將軍益州刺史宋寧太守建元元年進號寧朔將軍四年徵驍騎將軍黃門郎永明二年遷建威將軍安陸王北中郎長

史改寧朔將軍明年徙廬陵王安西長史南郡內史行荆州事五年卒琰喪西還有詔出臨臨淮劉玄明亦有吏能爲山陰令大著名績琰子翽問玄明曰我臨去當告卿將別謂之曰作縣唯日食一升飰而莫飲酒

虞愿字士恭會稽餘姚人也祖賚給事中監利侯父望之早卒賚中庭橘樹冬熟子孫競來取之愿年數歲獨不取賚及家人皆異之元嘉末爲國子生再遷湘東王國常侍轉潯陽王府墨曹參軍明帝立以愿儒吏學涉兼蕃國舊恩意遇甚厚除太常丞尚書祠部郎通直散騎侍郎領五郡中正祠部郎如故帝性猜忌體肥憎風夏月常箸皮小衣拜左右二人爲司風令史風起方面輒先啓聞星文災變不信太史不聽外奏勑靈臺知星二人給愿常直內省有異先啓以相檢察帝以故宅起湘宮寺費極奢侈以孝武莊嚴刹七層帝欲起十層不可立分爲兩刹各五層新安太守巢向之罷郡還見帝曰卿至

湘宮寺未我起此寺是大功德愿在側曰陛下起此寺皆是百姓賣兒貼婦錢佛若有知當悲哭哀愍罪高佛圖有何功德尚書令袁粲在坐爲之失色帝乃怒使人驅下殿愿徐去無異容以舊恩少日中已復召入帝好圍碁甚拙去格七八道物議共欺爲第三品與第一品王抗圍碁依品賭戲抗每饒借之曰皇帝飛碁臣抗不能斷帝終不覺以爲信然好之愈篤愿又曰堯以此教丹朱非人主所宜好也雖數忤旨而蒙

賞賜猶異餘人遷兼中書郎帝寢疾愿常侍醫藥帝素能食尤好逐夷以銀鉢盛蜜漬之一食數鉢謂揚州刺史王景文曰此是奇味卿頗足不景文曰臣夙好此物貧素致之甚難帝甚悦食逐夷積多胷腹痞脹氣將絶左右啓飲數升酢酒乃消疾大困一食汁滓猶至三升水患積久藥不復効大漸日正坐呼道人合掌便絶愿以侍疾久轉正員郎出爲晉平太守在郡不治生産前政與民交關質錄其兒婦愿遣人於道

奪取將還在郡立學堂教授郡舊出髯蛇膽可爲藥有餉愿蛇者愿不忍殺放二十里外山中一夜蛇還床下復送四十里外山經宿復還故處愿更令遠乃不復歸論者以爲仁心所致也海邊有越王石常隱雲霧相傳云清廉太守乃得見愿往觀視清徹無隱蔽後琅邪王秀之爲郡與朝士書曰此郡承虞公之後善政猶存遺風易遵差得無事以母老解職除後軍將軍褚淵常詣愿不在見其眠床上積塵埃有書數袠

淵歎曰虞君之清一至於此令人掃地拂床而去遷中書郎領東觀祭酒兄季爲上虞令卒愿從省步還家不待詔便歸東除驍騎將軍遷廷尉祭酒如故愿嘗事宋明帝齊初宋神主遷汝陰廟愿拜辭流涕建元元年卒年五十四愿著五經論問撰會稽記文翰數十篇

劉懷慰字彦泰平原平原人也祖奉伯元嘉中爲冠軍長史父乘民冀州刺史懷慰初爲桂陽王征北板行參軍乘民死於義嘉事難懷慰持

喪不食醯醬冬月不絮衣養孤弟妹事寡叔母皆有恩義復除邵陵王南中郎參軍廣德令尚書駕部郎懷慰宗從善明等太祖心腹懷慰亦豫焉沈攸之有舊令爲書戒喻攸之太祖省之稱善除步兵校尉齊國建上欲置齊郡於京邑議者以江右土沃流民所歸乃治瓜步以懷慰爲輔國將軍齊郡太守上謂懷慰曰齊邦是王業所基吾方以爲顯任經理之事一以委卿又手勑曰有文事者必有武備今賜卿玉環刀一

口懷慰至郡修治城郭安集居民墾廢田二百頃決沈湖灌溉不受禮謁民有餉其新米一斛者懷慰出所食麥飯示之曰旦食有餘幸不煩此因著廉吏論以達其意太祖聞之手勅褒賞進督秦沛二部妻子在都賜米三百斛兖州刺史柳世隆與懷慰書曰膠東渕化潁川致美以今方古曾何足云在郡二年遷正員郎領青冀二州中正懷慰本名聞慰世祖即位以與舅氏名同勑改之出監東陽郡爲吏民所安還兼安

陸王北中郎司馬永明九年卒年四十五明帝即位謂僕射徐孝嗣曰劉懷慰若在朝廷不憂無清吏也懷慰與濟陽江淹陳郡袁彖善亦著文翰永明初獻皇德論云

裴昭明河東聞喜人宋太中大夫松之孫也父駰南中郎參軍昭明少傳儒史之業泰始中爲大學博士有司奏太子婚納徵用玉璧虎皮未詳何所准據昭明議禮納徵儷皮爲庭實鹿皮也晉太子納妃注以虎皮二太元中公主納徵虎豹皮各一豈其謂婚禮不詳王公之差故取虎豹文蔚以尊其事虎豹雖文而徵禮所不言熊羆雖古而婚禮所不及珪璋雖美或爲用各異今宜准的經誥凡諸僻謬一皆詳正於是有司參議加珪璋豹熊羆皮各二元徽中出爲長沙郡丞罷任刺史王蘊謂之曰卿清貧必無還資湘中人士有須一禮之命者我不愛也昭明曰下官忝爲邦佐不能光益上府豈以鴻都之事仰累清風歷祠部通直郎永明三年使虜世

祖謂之曰以卿有將命之才使還當以一郡相賞還爲始安內史郡民龔玄宣云神人與其玉印玉板書不須筆吹紙便成字自稱龔聖人以此惑衆前後郡守敬事之昭明付獄治罪及還甚貧罄世祖曰裴昭明罷郡還遂無宅我不諳書不知古人中誰比遷射聲校尉九年復遣北使建武初爲王玄邈安北長史廣陵太守明帝以其在事無所啓奏代還責之昭明曰臣不欲競執關楗故耳昭明歷郡皆有勤績常謂人曰

人生何事須聚蓄一身之外亦復何須子孫若
不才我聚彼散若能自立則不如一經故終身
不治產業中興二年卒從祖弟顗字彥齊少有
異操泰始中於揔明觀聽講不讓劉秉席秉用
爲參軍昇明末爲奉朝請齊臺建世子裴妃須
外戚譜顗不與遂分籍太祖受禪上表誹謗掛
冠去伏誅
沈憲字彥璋吳興武康人也祖說道巴西梓潼
二郡太守父璞之北中郎行參軍憲初應州辟
爲主簿少有幹局歷臨首餘杭令巴陵王府佐
帶襄令除駕部郎宋明帝與憲棊謂憲曰卿廣
州刺史才也補烏程令甚著政績太守褚淵歎
之曰此人方負可施除通直郎都水使者長於
吏事居官有績除正員郎補吳令尚書左丞昇
明二年西中郎將晃爲豫州太祖擢憲爲晃
長史南梁太守行州事遷豫章王諮議未拜坐
事免官復除安成王冠軍武陵王征虜參軍遷
少府卿少府管掌市易與民交關有吏能者皆

更此職遷王儉鎮軍長史武陵王曄爲會稽以
憲爲左軍司馬太祖以山陰戶衆難治欲分爲
兩縣世祖啟曰縣豈不可治但用不得其人耳
乃以憲帶山陰令政聲大著孔稚珪請假東歸
謂人曰沈令料事特有天才加寧朔將軍王敬
則爲會稽憲仍留爲鎮軍長史令如故遷爲冠
軍長史行南豫州事晉安王後軍長史廣陵太
守西陽王子明代爲南兗州憲仍留爲冠軍長
史太守如故頻行州府事永明八年子明典籤
劉道濟取府州五十人役自給又役子明左右
及船仗贓私百萬爲有司所奏世祖怒賜道濟
死憲坐不糾免官尋復爲長史輔國將軍以疾
去官除散騎常侍未拜卒當世稱爲良吏憲同
郡丘仲起先是爲晉平郡清廉自立褚淵歎曰
見可欲心能不亂此楊公所以遺子孫也仲起
字子震少爲憲從伯領軍寅之所知宋元徽中
爲太子領軍長史官至廷尉卒
李珪之字孔璋江夏鍾武人也父祖皆爲縣令

遷鎮西中郎諮議右軍將軍兼都水使者珪之歷職稱爲清能除游擊將軍兼使者如故轉兼少府卒先是四年滎陽毛惠素爲少府卿吏才強而治事清刻敕市銅官碧青一千二百斤供御畫用錢六十萬有讒惠素納利者世祖怒敕尚書評賈貴二十八萬餘有司奏之伏誅死後家徒四壁上甚悔恨

孔琇之會稽山陰人也祖季恭光祿大夫父靈運著作郎琇之初爲國子生舉孝廉除衛軍行

參軍員外郎尚書三公郎出爲烏程令有吏能還遷通直郎補吳令有小兒年十歲偷刈鄰家稻一束琇之付獄治罪或諫之琇之曰十歲便能爲盜長大何所不爲縣中皆震肅遷尚書左丞又以職事知名轉前軍將軍兼少府遷驍騎將軍少府如故出爲寧朔將軍高宗冠軍征虜長史江夏內史還爲正員常侍兼左民尚書廷尉卿出爲臨海太守在任清約罷郡還獻乾薑二十斤世祖嫌少及知琇之清乃歎息除武陵王前軍長史未拜仍出爲輔國將軍監吳興郡尋拜太守治稱清嚴高宗輔政防制諸蕃致密旨於上佐隆昌元年遷琇之爲寧朔將軍晉熙王冠軍長史行郢州事江夏內史琇之辭不許未拜卒

史臣曰琴瑟不調必解而更張也魏晉爲吏稍與漢乖苛猛之風雖衰而仁愛之情亦減局以峻法限以常條以必世之仁未及宣理而朞月之望已求治術先公後私在已未易割民奉國

於物非難期之救過所利苟免且目見可欲嗜好方流貪以敗官取與違義吏之不臧罔非由此擿姧辯僞誠俟異識垂名著績唯有廉平今世之治民未有出於此也

贊曰蒸蒸小民吏職長親棼亂須理卹隱歸仁枉直交瞀寬猛代陳伊何導物貴在清身

列傳第三十四　南齊書五十三

列傳第三十五　南齊書五十四

臣蕭子顯　撰

高逸

易有君子之道四焉語默之謂也故有入廟堂而不出徇江湖而永歸隱避紛紜情迹萬品若道義內足希微兩亡藏景窮巖蔽名愚谷解桎梏於仁義永形神於天壤則名教之外別有風猷故堯封有非聖之人孔門謬雞黍之客次則揭獨性之高節重去就之虛名激競違貪與世為異或慮全後悔事歸知殆或道有不申行岑出澤咸皆用宇宙而成心借風雲以為戒果志遠道未或非然含貞養素文以藝業不然與樵者之在山何殊別哉故樊英就徵不稱李固之望馮恢下節見陋張華之語期之塵外庶以弘多若今十餘子者仕不求聞退不譏俗全身

幽履服道儒門斯逸民之軌操故綴為高逸篇云爾

褚伯玉字元璩吴郡錢唐人也高祖含始平太守父邈征虜參軍伯玉少有隱操寡嗜欲年十八父為婚婦入前門伯玉從後門出遂往剡居瀑布山性耐寒暑時人比之王仲都在山三十餘年隔絕人物王僧達為吴郡苦禮致之伯玉不得已停郡信宿裁交數言而退寧朔將軍丘珍孫與僧達書曰聞褚先生出居貴館此子滅景

雲樓不事王侯抗高木食有年載矣自非折
節好賢何以致之昔文舉棲冶城安道入昌門
於玆而三焉夫却粒之士飡霞之人乃可暫致
不宜久羈君當思遂其高步成其羽化望其還
策之日暫紆清塵亦願助爲譬說僧達答曰
褚先生從白雲遊舊矣古之逸民或留慮兒女
或使華陰成市而此子索然唯朋松石介於孤
峯絕嶺者積數十載近故要其來此冀慰日夜
比談討芝桂借訪荔蘿若已窺煙液臨滄洲矣

知君欲見之輒當申譬宋孝建二年散騎常侍
樂詢行風俗表薦伯玉加徵聘本州議曹從事
不就太祖即位手詔吳會二郡以禮迎遣又辭
疾上不欲違其志敕於剡白石山立太平館居
之建元元年卒年八十六常居一樓上仍葬樓
所孔稚珪從其受道法爲於館側立碑
明僧紹字承烈平原鬲人也祖玩州治中父略
給事中僧紹宋元嘉中再舉秀才明經有儒
術永光中鎮北府辟功曹竝不就隱長廣郡嶗

山聚徒立學淮北沒虜乃南渡江明帝泰始六
年徵通直郎不就昇明中太祖爲太傅教辟僧
紹及顧歡臧榮緒以旍幣之禮徵爲記室參軍
不至僧紹弟慶符爲青州僧紹乏粮食隨慶符
之鬱洲住弇榆山棲雲精舍欣玩水石竟不一
入州城建元元年冬詔曰朕側席思士載懷塵
外齊郡明僧紹標志高栖躭情墳素幽貞之操
宜加賁飾徵爲正員外郎稱疾不就其後與崔
思祖書曰明居士標意可重吾前旨竟未達邪

小涼欲有講事卿可至彼具述吾意令與慶符
俱歸又曰不食周粟而食周薇古猶發議在今
寧得息談邪聊以爲笑慶符罷任僧紹隨歸住
江乘攝山太祖謂慶符曰卿兄高尚其事亦堯
之外臣朕雖不相接有時通夢遺僧紹竹根如
意筍籜冠僧紹聞沙門釋僧遠風德往候定林
寺太祖欲出寺見之僧遠問僧紹曰天子若來
居士若爲相對僧紹曰山藪之人政當鑿坏以
遁若辭不獲命便當依戴公故事耳永明元年

世祖敕召僧紹稱疾不肯見詔徵國子博士不就卒子元琳字仲璋亦傳家業僧紹長兄僧胤能玄言宋世爲冀州刺史弟僧暠亦好學宋孝武見之迎頌其名時人以爲榮泰始初爲青州刺史慶符建元初爲黄門僧胤子惠照元徽中爲太祖平南主簿從拒桂陽累至驃騎中兵與荀伯玉對領直建元元年爲巴州刺史綏懷蠻蜑上許爲益州未遷卒

顧歡字景怡吳郡鹽官人也祖赳晉隆安末避亂徙居歡年六七歲畫甲子有簡三篇歡析計遂知六甲家貧父使驅田中雀歡作黃雀賦而歸雀食過半父怒欲撻之見賦乃止鄉中有學舍歡貧無以受業於舍壁後倚聽無遺忘者八歲誦孝經詩論及長篤志好學母年老躬耕誦書夜則燃糠自照同郡顧顗之臨縣見而異之遣諸子與遊及孫憲之並受經句歡年二十餘更從豫章雷次宗諮玄儒諸義母亡水漿不入口六十日廬于墓次遂隱遁不仕於剡天台山開館聚徒受業者常近百人歡早孤每讀詩至哀哀父母輒執書慟泣學者由是廢蓼莪篇不復講太祖輔政悅歡風教徵爲揚州主簿遣中使迎歡及踐阼乃至歡稱山谷臣顧歡上表曰臣聞舉網提綱振裘持領綱領既理毛目自張然則道德綱也物勢目也上理其綱則萬機時序下張其目則庶官不曠是以湯武得勢師道則祚延秦項忽道任勢則身戮夫天門開闔自古有之四氣相新絺衆代進今火澤易位三

靈改憲天樹明德對時育物搜揚仄陋野無伏言是以窮谷愚夫敢露偏管謹刪撰老氏獻治綱一卷伏願稽古百王斟酌時用不以芻蕘棄言不以人微廢道則率土之賜也微臣之幸也幸賜一覽則上下交泰雖不求民而民悅不祈天而天應應天悅民則皇基固矣臣志盡幽深無與榮勢自足雲霞不須祿養陛下既遠見尋求敢不盡言言既盡矣請從此退是時員外郎劉思効表陳讜言曰宋自大明以來漸見凋弊

徵賦有增於往天府尤貧於昔兼軍警屢興
傷夷不復戍役殘丁儲無半菽小民嗷嗷無樂生
之色貴勢之流貨室之族車服伎樂爭相奢麗
亭池第宅競趣高華至于山澤之人不敢採飲
其水草貧富相輝捐源尚末陛下宜發明詔吐
德音布惠澤禁邪僞薄賦斂省傜役絕奇麗之
賂塞鄭衛之倡變曆運之化應質文之用不亦
大哉又彭汴有鴟梟之巢青丘為狐兔之窟虐
害踰紀殘暴日滋鬼泣舊泉人悲故壤童孺視

編髮而慙生耆老看左衽而恥沒陛下宜仰答
天人引領之望下弔黔黎傾首之勤授鉞衛霍
之將遣蕭張之師萬道俱前窮山蕩谷此
即恒山不足指而傾渤海不足飲而竭豈徒殘
寇塵滅而已哉上詔曰朕夙旦惟夤思弘治道
佇夢巖濱垂精管庫旰食舊懷其勤至矣吳
郡顧歡散騎郎劉思効或至自丘園或越在宂
位並能獻書金門薦辭鳳闕辨章治體有協朕
心今出其表外可詳擇所宜以時敷奏歡近已

加旍賁思効可付選銓序以顯讜言歡東歸上
賜麈尾素琴永明元年詔徵歡為太學博士同
郡顧黯為散騎郎黯字長孺有隱操與歡俱不
就徵歡晚節服食不與人通每旦出戶山鳥集
其掌取食事黃老道解陰陽書為數術多効驗
初元嘉末出都寄住東府忽題柱云三十年二
月二十一日因東歸後太初弒逆果是此年月
自知將終賦詩言志云精氣因天行遊魂隨物
化剋死日卒於剡山身體柔軟時年六十四還

葬舊墓木連理出墓側縣令江山圖表狀世祖
詔歡諸子撰歡文議三十卷佛道二家立教既
異學者互相非毀歡著夷夏論曰夫辨是與非
宜據聖典尋二教之源故兩標經句道經云老
子入關之天竺維衛國國王夫人名曰淨妙老
子因其晝寢乘日精入淨妙口中後年四月八
日夜半時剖左腋而生墜地即行七步於是佛
道興焉此出玄妙內篇佛經云釋迦成佛有塵
劫之數出法華无量壽或為國師道士儒林之

宗出瑞應本起歡論之曰五帝三皇莫不有師
國師道士無過老莊儒林之宗孰出周孔若孔
老非佛誰則當之然二經所說如合符契道則
佛也佛則道也其聖則符其跡則反或和光以
明近或曜靈以示遠道濟天下故無方而不入
智周萬物故無物而不爲其入不同其爲必異
各成其性不易其事是以端委搢紳諸華之容
翦髮曠衣羣夷之服擎跽磬折侯甸之恭狐蹲
狗踞荒流之肅棺殯槨葬中夏之制火焚水沈

西戎之俗全形守禮繼善之教毀貌易性絕惡
之學豈伊同人爰及異物鳥王獸長往往是佛
無窮世界聖人代興或昭五典或布三乘在鳥
而鳥鳴在獸而獸吼教華而華言化夷而夷語
耳雖舟車均於致遠而有川陸之節佛道齊乎
達化而有夷夏之別若謂其致既均其法可換
者而車可涉川舟可行陸乎今以中夏之性效
西戎之法既不全同又不全異下育妻孥上廢
宗禮嗜欲之物皆以禮伸孝敬之典獨以法屈

悖禮犯順曾莫之覺弱喪忘歸孰識其舊且理
之可貴者道也事之可賤者俗也捨華效夷義
將安取若以道邪道固符合矣若以俗邪俗則
大乖矣屢見刻舷沙門守株道士交諍小大互
相彈射或域道以爲兩或混俗以爲一是牽異
以爲同破同以爲異則乖爭之由淆亂之本也
尋聖道雖同而法有左右始乎無端終乎無末
泥洹仙化各是一術佛號正眞道稱正一一歸
無死眞會無生在名則反在實則合但無生之

教賒無死之化切切法可以進謙弱賒法可以
退夸強佛教文而博道教質而精精非麤人所
信博非精人所能佛言華而引道言實而抑抑
則明者獨進引則昧者競前佛經繁而顯道
經簡而幽幽則妙門難見顯則正路易遵此二
法之辨也聖匠無心方圓有體器既殊用教亦
異施佛是破惡之方道是興善之術興善則自
然爲高破惡則勇猛爲貴佛跡光大宜以禮物
道跡密微利用爲己優劣之分大略在茲夫蹲

夷之儀婁羅之辯各出彼俗自相矜解猶蟲讙
鳥聒何足述効歡雖同二法而意黨道教宋司
徒袁粲託爲道人通公駁之其略曰白日停光恒
星隱照誕降之應事在老先似非入關方炳斯
瑞又老莊周孔有可存者依日末光憑釋遺法
盜牛竊善反以成蠹檢究源流終異吾黨之爲
道耳西域之記佛經之說俗以膝行爲禮不慕
蹲坐爲恭道以三繞爲虔不尚踞傲爲肅豈專
戎土爰亦茲方襄童謁帝膝行而進趙王見周

三環而止今佛法在華乘者常安戒善行交蹈
者恒通文王造周大伯創吳華化戎夷不因舊
俗豈若舟車理無代用佛法垂化或因或革清
信之士容衣不改息心之人服貌必變變本從
道不遵彼俗教風自殊無患其亂孔老釋迦其
人或同觀方設教其道必異孔老治世爲本釋
氏出世爲宗發軫既殊其歸亦異符合之唱自
由臆說又仙化以變形爲上泥洹以陶神爲先
變形者白首還緇而未能無死陶神者使塵惑

日損湛然常存泥洹之道無死之作乖詭若此何
謂其同歡答曰案道經之作著自西周佛經之
來始乎東漢年踰八百代懸數十若謂黃老雖
久而盜在釋前是呂尚盜陳恒之齊劉季竊王
莽之漢也經云戎氣強獷乃復略人頰車邪又
夷俗長跽法與華異翹左跂右全是蹲踞故周
公禁之於前仲尼戒之於後又舟以濟川車以
征陸佛起於戎豈非戎俗素惡邪道出於華豈
非華風本善邪今華風既變惡同戎狄佛來

破之民有以矣佛道實貴故戒業可遵戎俗實
賤故言貌可棄今諸華士女民族弗革而露首
編踞濫用夷禮云於翦落之徒全是胡人國有
舊風法不可變又若觀風流教其道必異佛非
東華之道道非西戎之法魚鳥異淵永不相關
安得老釋二教交行八表今佛既東流道亦西
邁故知世有精麤教有文質然則道教執本以
領末佛教救末以存本請問所異歸在何許若
以翦落爲異則胥靡翦落矣若以立像爲異

則俗巫立像矣此非所歸歸在常住常住之象
常道孰異神仙有死權便之說神仙是大化之
揔稱非窮妙之至名至名無名其有名者二十
七品仙變成眞眞變成神或謂之聖各有九品
品極則入空寂無爲無名若服食茹芝延壽萬
億壽盡則死藥極則枯此修考之士非神仙之
流也明僧紹正二教論以爲佛明其宗老全其
生守生者蔽明宗者通今道家稱長生不死名
補天曹大乖老莊立言本理文惠太子竟陵王

子良並好釋法吳興孟景翼爲道士太子召入
玄圃園衆僧大會子良使景翼禮佛景翼不
肯子良送十地經與之景翼造正一論大略曰
寶積云佛以一音廣說法老子云聖人抱一以
爲天下式一之爲妙空玄絕於有景神化贍於
無窮爲萬物而無爲處一數而無數莫之能名
強號爲一在佛曰實相在道曰玄牝道之大象
即佛之法身以不守之守守法身以不執之執
執大象但物有八萬四千行說有八萬四千法

法乃至於無數行亦逮於無央等級隨緣須導
歸一歸一曰回向向正即無邪邪觀既遣億善
日新三五四六隨用而施獨立不改絕學無憂
曠劫諸聖共遵斯一老釋未始於嘗分迷者分
之而未合億善遍修修遍成聖雖十號千稱終
不能盡終不能盡豈可思議司徒從事中郎張
融作門律云道之與佛逗極無二吾見道士與
道人戰儒墨道人與道士獄是非昔有鴻飛天
首積遠難亮越人以爲鳧楚人以爲乙人自楚

越鴻常一耳以示太子僕周顒顒難之曰虛無
法性其寂雖同位寂之方其旨則別論所謂逗
極無二者爲逗極於虛無當無二於法性耶足
下所宗之本一物爲鴻乙耳驅馳佛道無免二
末未知高鑒緣何識本輕而宗之其有旨乎往
復文多不載歡口不辯善於著筆著三名論甚
工鍾會四本之流也又注王弼易二繫學者傳
之始興人盧度亦有道術少隨張永北征永敗
虜追急阻淮水不得過度心誓曰若得免死從

今不復殺生酒更見兩楯流來接之得過後隱
居西昌三顧山鳥獸隨之夜有鹿觸其壁度曰
汝壞我壁鹿應聲去屋前有池養魚魚次第來
取食乃去逆知死年月與親友别永明末以壽
終初永明三年徵驃騎參軍顧惠脩為司徒主
簿惠脩宋鎮軍將軍覬之弟子也閑居養志不
應徵辟
臧榮緒東莞莒人也祖奉先建陵令父庸民國
子助教榮緒幼孤躬自灌園以供祭祀母喪後

乃著嫡寢論掃灑堂宇置筵席朔望輒拜席甘
珍未嘗先食純篤好學括東西晉為一書紀
録志傳百一十卷隱居京口教授南徐州辟西
曹舉秀才不就太祖為揚州徵榮緒為主簿不
到司徒褚淵少時嘗命駕尋之建元中啓太祖
曰榮緒朱方隱者昔臧質在宋以國戚出牧彭
岱引為行佐非其所好謝疾求免蓬廬守志漏
濕是安灌蔬終老與友關康之沈深典素追古
著書撰晉史十袠贊論雖無逸才亦足彌綸一

代目歲時往京口與之遇近報其取書始方
送出庶得備錄渠閣採異甄善上答曰公所道
臧榮緒者吾甚志之其有史翰欲令入天禄甚
佳榮緒惇愛五經謂人曰昔吕尚奉丹書武王
致齋降位李釋教誡並有禮敬之儀因甄明至
道乃著拜五經序論常以宣尼生庚子日陳五
經拜之自號被褐先生又以飲酒亂德言常為
誡永明六年卒年七十四初榮緒與關康之俱
隱在京口世號為二隱康之字伯愉河東人世

居丹徒以墳籍為務四十年不出門不應州府
辟宋太始中徵通直郎不就晚以母老家貧求
為嶺南小縣性清約獨處一室稀與妻子相見
不通賓客弟子以業傳受尤善左氏春秋太祖
為領軍素好此學送春秋五經康之手自點定
并得論禮記十餘條上甚悅寶愛之遺詔以經
本入玄宮宋末卒
何求字子有廬江灊人也祖尚之宋司空父鑠
宜都太守元嘉末為宋文帝挽郎解褐著作郎

中軍衞軍行佐太子舍人平南參軍撫軍主簿太子洗馬丹陽吳郡丞清退無嗜欲又除征北參軍事司徒主簿太子中舍人泰始中妻亡還吳葬舊墓除中書郎不拜仍住吳居波若寺足不踰戶人莫見其面明帝崩出奔國哀除爲司空從事中郎不就乃除永嘉太守求時寄住南澗寺不肯詣臺乞於寺拜受見許一夜忽乘小船逃歸吳隱虎丘山復除黃門郎不就永明四年世祖以爲太中大夫又不就七年卒年五

十六初求母王氏爲父所害求兄弟以此無宦情求弟點少不仕宋世徵爲太子洗馬不就隱居東離門卞望之墓側性率到鮮狎人物建元中褚淵王儉爲宰相點謂人曰我作齊書已竟云淵既世族儉亦國華不賴舅氏遑卹外家儉欲候之知不可見乃止永明元年徵中書郎豫章王命駕造門點從後門逃去竟陵王子良聞之曰豫章王尚不屈非吾所議遺點嵇叔夜酒杯徐景山酒鎗以通意點常自得遇酒便醉交

遊宴樂不隔也永元中京師頻有軍寇點欲結裳爲袴與崔慧景共論佛義其語默之迹如此點弟胤有儒術亦懷隱遁之志所居宅名爲小山隆昌中爲中書令以皇后從叔見親寵明帝即位胤賣園宅將遂本志建武四年爲散騎常侍巴陵王師聞其與太守謝朏致仕慮後之於是奉表不待報而去隱會稽山上大怒令有司奏彈胤然發優詔焉永元二年徵散騎常侍太常卿

劉虬字靈預南陽涅陽人也舊族徙居江陵虬少而抗節好學須得祿便隱宋太始中仕至晉平王驃騎記室當陽令罷官歸家靜處斷穀餌朮及胡麻建元初豫章王爲荊州教辟虬爲別駕與同郡宗測新野庾易並遺書禮請虬等各修牋答而不應辟命永明三年刺史廬陵王子卿表虬及同郡宗測宗尚之庾易劉昭五人請加蒲車束帛之命詔徵爲通直郎不就竟陵王子良致書通意虬答曰虬四節卧病三時營灌

暢餘陰於山澤託暮情於魚鳥寧非唐虞重恩周邵宏施虬進不研機入玄無洙泗稷館之辯退不凝心出累非冢間樹下之節遠澤既灑仁規先著謹收樵牧之嫌薄加軾盧之義虬精信釋氏衣麤布衣禮佛長齋注法華經自講佛義以江陵西沙洲去人遠乃徙居之建武二年詔徵國子博士不就其冬虬病正晝有白雲徘徊檐戶之內又有香氣及磬聲其日卒年五十八劉昭與虬同宗州辟祭酒從事不就隱居山中

庾易字幼簡新野新野人也徙居屬江陵祖玫巴郡太守父道驥安西參軍易志性恬隱不交外物建元元年刺史豫章王辟爲驃騎參軍不就臨川王映臨州獨重易上表薦之餉麥百斛易謂使人曰民樵採麋鹿之伍終其解毛之衣馳騁日月之車得保自耕之祿於大王之恩亦已深矣辭不受永明三年詔徵太子舍人不就以文義自樂安西長史袁彖欽其風通書致遺易以連理机竹翹書格報之建武二年詔復徵爲司徒主簿不就卒

宗測字敬微南陽人宋徵士炳孫也世居江陵測少靜退不樂人間歎曰家貧親老不擇官而仕先哲以爲美談余竊有惑誠不能潛感地金冥致江鯉但當用天道分地利孰能食人厚祿憂人重事乎州舉秀才主簿不就驃騎豫章王徵爲參軍測答府召云何爲謬傷海鳥橫斤山木母喪身負土植松柏豫章王復遣書請之辟爲參軍測答曰性同鱗羽愛止山壑眷戀松筠

輕迷人路縱宕嚴流有若狂者忽不知老至而今鬢已白豈容課虛責有限魚慕鳥哉永明三年詔徵太子舍人不就欲遊名山乃寫祖炳所畫尚子平圖於壁上測長子官在京師知父此旨便求祿還爲南郡丞付以家事刺史安陸王子敬長史劉寅以下皆贈送之測無所受齎老子莊子二書自隨子孫拜辭悲泣測長嘯不視遂往廬山止祖炳舊宅魚復侯子響爲江州厚遺贈遺測曰少有狂疾尋山採藥遠來至此量

腹而進松术度形而衣薜蘿淡然已足豈容當此橫施子響命駕造之測避不見後子響不告而來奄至所住測不得已巾褐對之竟不交言子響不悅而退尚書令王儉餉測蒲褥頃之測送弟喪還西仍留舊宅永業寺絕賓友唯與同志庾易劉虯宗人尚之等往來講說刺史隨王子隆至鎭遣別駕宗哲致勞問測笑曰貴賤理隔何以及此竟不答建武二年徵爲司徒主簿不就卒測善畫自圖阮籍遇蘇門於行障上坐

臥對之又畫永業佛影臺皆爲妙作頗好音律善易老續皇甫謐高士傳三卷又嘗遊衡山七嶺箸衡山廬山記尚之字敬文亦好山澤與劉虯俱以驃騎記室不仕宋末刺史武陵王辟贊府豫章王辟別駕並不就永明中與劉虯同徵爲通直郎和帝中興初又徵爲諮議並不就壽終

杜京產字景齊吳郡錢唐人杜子恭玄孫也祖運爲劉毅衛軍參軍父道鞠州從事善彈棊世傳五斗米道至京產及子栖京產少恬靜閑意

宋官頗涉文義專修黃老會稽孔覬清剛有峻節一見而爲款交郡召主簿州辟從事稱疾去除奉朝請不就與同郡顧歡同契始寧東山開舍授學建元中武陵王曄爲會稽太祖遣儒士劉瓛入東爲曄講說京產請瓛至山舍講書傾資供待子栖躬自屣履爲瓛生徒下食其禮賢如此孔稚珪周顒謝瀹並致書以通殷勤永明十年稚珪及光祿大夫陸澄祠部尚書虞悰太子右率沈約司徒右長史張融表薦京產曰

竊見吳郡杜京產潔靜爲心謙虛成性通和發於天挺敏達表於自然學遍玄儒博通史子流連文藝沈吟道奧泰始之朝掛冠辭世遁捨家業隱于太平葺宇窮巖採芝之幽澗耦耕自足薪歌有餘確爾不羣淡然寡欲麻衣藿食二十餘載雖古之志士何以加之謂宜釋巾幽谷結組登朝則巖谷含懽薜蘿起抃矣不報建武初徵員外散騎侍郎京產曰莊生持釣豈爲白璧所回辭疾不就年六十四永元元年卒會稽孔

道徵守志業不仕京産與之友善永明中會稽鍾山有人姓蔡不知名山中養鼠數十頭呼來即來遣去便去言語狂易時謂之謫仙不知所終

沈驎士字雲禎吳興武康人也祖膺晉太中大夫驎士少好學家貧織簾誦書口手不息宋元嘉末文帝令尚書僕射何尚之抄撰五經訪舉學士縣以驎士應選尚之謂子偃曰山東故有奇士也少時驎士稱疾歸鄉更不與人物通養孤兄子義著鄉曲或勸驎士仕答曰魚縣獸檻

天下一契聖人玄悟所以每履吉先吾誠未能景行坐忘何為不希企日損乃作玄散賦以絕世太守孔山士辟不應宗人徐州刺史曇慶侍中懷文左率勃來候之驎士未嘗答也隱居餘不吳差山講經教授從學者數十百人各營屋宇依止其側驎士重陸機連珠每為諸生講之征北張永為吳興請驎士入郡驎士聞郡後堂有好山水乃往停數月永欲請為功曹使人致意驎士曰明府德履沖素留心山谷民是以被褐負杖忘其疲病必欲飾渾沌以蛾眉冠越客於文冕走雖不敏請附高節有蹈東海而死爾永乃止昇明末太守王奐上表薦之詔徵為奉朝請不就永明六年吏部郎沈淵中書郎沈約又表薦驎士義行曰吳興沈驎士英風夙挺峻節早樹貞粹稟於天然綜博生乎篤習家世孤貧藜藿不給懷書而耕白首無倦挾琴採薪行歌不輟長兄早卒孤姪數四攝尪鞠稚吞苦推甘年踰七十業行無改元嘉以來聘召仍疊

王質踰潔霜操日嚴若使聞政王庭服道槐掖必能孚朝規於邊鄙播聖澤於荒垂詔又徵為太學博士建武二年徵著作郎永元二年徵太子舍人並不就驎士負薪汲水并日而食守操終老篤學不倦遭火燒書數千卷驎士年過八十耳目猶聰手以反故抄寫火下細書復成二三千卷滿數十篋時人以為養身靜嘿之所致也著周易兩繫莊子內篇訓注易經禮記春秋尚書論語孝經喪服老子要略數十卷以楊王

孫皇甫謐深達生死而終禮矯僞乃自作終制
年八十六卒同郡沈儼之字士恭徐州刺史曇
慶子亦不仕徵太子洗馬永明元年徵中書郎
三年又詔徵前南郡國常侍沈顗爲著作郎建
武二年徵太子舍人永元二年徵通直郎顗字
處默宋領軍寅之兄孫也
吳苞字天蓋濮陽鄄城人也儒學善三禮及老
莊宋泰始中過江聚徒教學冠黃葛巾竹麈尾
蔬食二十餘年隆昌元年詔曰處士濮陽吳苞

棲志窮谷秉操貞固沈情味古白首彌厲徵太
學博士不就始安王遙光右衛江祏於蔣山南
爲立館自劉瓛卒後學者咸歸之以壽終會國
孔嗣之字敬伯宋世與太祖俱爲中書舍人並
非所好自廬陵郡去官隱居鍾山朝廷以爲太
中大夫建武三年卒
徐伯珍東陽太末人也祖父並郡掾史伯珍少
孤貧書竹葉及地學書山水暴出漂溺宅舍村
鄰皆奔走伯珍累牀而坐讀書不輟叔父璠之

與顏延之友善還祛蒙山立精舍講授伯珍往
從學積十年究尋經史游學者多依之太守琅
邪王曇生吳郡張淹並加禮辟伯珍應召便退
如此者凡十二焉徵士沈儼造膝談論申以素
交吳郡顧歡擿出尚書滯義伯珍訓答甚有條
理儒者宗之好釋氏老莊兼明道術歲常旱伯
珍筮之如期雨澍舉動有禮過曲木之下趨而
避之早喪妻晚不復重娶自比曾參宅南九里
有高山班固謂之九巖山後漢龍丘萇隱處也

山多龍鬚檉柏望之五采世呼爲婦人巖二年伯
珍移居之門前生梓樹一年便合抱館東石壁
夜忽有赤光洞照俄爾而滅白雀一雙栖其戶
牖論者以爲隱德之感焉永明二年刺史豫章
王辟議曹從事不就家甚貧窶兄弟四人皆白
首相對時人呼爲四皓建武四年卒年八十四受
業生凡千餘人同郡樓幼瑜亦儒學著禮捃遺
三十卷官至給事中又同郡樓惠明有道術居
金華山禽獸毒螫者皆避之宋明帝聞之敕出

住華林園除奉朝請固乞不受求東歸永明三年忽乘輕舟向臨安縣衆不知所以尋而唐寓之賊破郡文惠太子呼出住蔣山又求歸見許世祖勅爲立館

史臣曰顧歡論夷夏優老而劣釋佛法者理寂乎萬古迹兆乎中世淵源浩博無始無邊宇宙之所不知數量之所不盡盛乎哉真大士之立言也探機扣寂有感必應以大苞小無細不容若乃儒家之教仁義禮樂仁愛義宜禮從樂和而已今則慈悲爲本常樂爲宗施舍惟機低舉

成敬儒家之教憲章祖述引古證今於學易悟今樹以前因報以後果業行交酬連璅相襲陰陽之教占氣步景授民以時知其利害今則耳眼洞達心智他通身爲奎井豈俟甘石法家之教出自刑理禁姦止邪明用賞罰今則十惡所墜五及無間刃樹劒山焦湯猛火造受自貽罔或差貳墨家之教遵上儉薄磨踵滅頂且猶非吝今則膚同斷瓠目如井星授子捐妻在鷹庇

鴿從横之教所貴權謀天口連環歸乎適變今則一音萬解無待户説四辯三會咸得吾師雜家之教兼有儒墨今則五時所宣于何不盡農家之教播植耕耘善相五事以藝九穀今則鬱單稉稻已異閻浮生天果報自然飲食道家之教執一虛無得性亡情凝神勿擾今則波若無照萬法皆空豈有道之可名寧餘一之可得道俗對校眞假將讎釋理奥藏無往而不有也能善用之即眞是俗九流之設用藉世教刑名道墨乖心異旨儒者不學無傷爲儒佛理玄曠

實智妙有一物不知不成圓聖若夫神道應現之力感會變化之奇不可思議難用言象而諸張米道符水先驗相傳師法祖自伯陽世情去就有此二學僧尼道士矛楯相非非唯重道兼亦殉利詳尋兩教理歸一極但迹有左右故教成先後廣略爲言自生優劣道本虛無非由學至絶聖棄智已成有爲有爲之無終非道本若使本末同無曽何等級佛則不然具縛爲種轉

暗成明梯愚入聖途雖遠而可踐業雖曠而有
期勸慕之道物我無隔而局情淺智鮮能勝受
世途揆度因果二門雞鳴爲善未必餘慶膾肉
東陵曾無厄禍身才高妙鬱滯而靡達器思庸
鹵富厚以終生忠反見遺詭乃獲用觀此而論
近無罪福而業有不定著自經文三報開宗斯
疑頓曉史臣服膺釋氏深信冥緣謂斯道之莫
貴也

贊曰含貞抱樸履道敦實[illegible]

列傳第三十五　南齊書五十四

列傳第三十六

孝義　臣蕭[illegible]

崔懷愼
公孫僧遠
吳欣之
韓係伯
孫淡
華寶

韓靈敏
封延伯
吳達之
王文殊
朱謙之
蕭叡明
樂頤
江泌
杜栖

陸絳

子曰父子之道天性也君臣之義也人之含孝稟義天生所同淳薄因心非俟學至遲遇爲用不謝始庶之法驕慢之性多慚水菽之享夫色養盡力行義致身甘心壟畝不求聞達斯即孟氏三樂之辭仲由負米之歎也通乎神明理縁感召情澆世薄方表孝慈故非內德者所以寄心懷仁者所以摽物矣理名韞節鮮或昭著紀夫事行以列于篇

崔懷慎清河東武城人也父邪利魯郡太守宋元嘉中没虜懷慎與妻房氏篤愛聞父陷没即日遣妻布衣蔬食如居喪禮邪利後仕虜中書戒懷慎不許如此懷慎得書更號泣懷慎從叔模爲滎陽太守亦同没虜模子雖居處改節而不廢婚宦大明中懷慎宗人冀州刺史元孫北使虜問之曰崔邪利模並力屈歸命二家子姪出處不同義將安在元孫曰王尊驅驥王陽回車欲令忠孝並弘臣子兩節泰始初淮北陷没界上流奔者多有去就懷慎因此入北至桑乾邪利時已卒懷慎絕而後蘇載喪還青州徒跣冰雪土氣寒酷而手足不傷時人以爲孝感喪畢以弟在南建元初又逃歸而弟亦已亡懷慎孤貧獨立宗黨哀之日斂給其升米永明中卒

公孫僧遠會稽剡人也治父喪至孝事母及伯父謹節年穀饑貴僧遠省飡減食以供母伯弟亡無以葬身販貼與隣里供斂送之費躬負土手種松柏兄姊未婚嫁乃自賣爲之成禮名聞

郡縣太祖即位遣兼散騎常侍虞炎十二部使行天下建元三年表列僧遠等二十三人詔並表門閭蠲租稅

吳欣之晉陵利城人也宋元嘉末弟尉之爲武進縣戍隨王誕起義太祖遣軍主華欽討之吏民皆散尉之獨留見執將死欣之詣欽乞代弟命辭淚哀切兄弟皆見原建元三年有詔蠲表

永明初廣陵民章起之二息犯罪爭死太守劉悛表以聞

韓係伯襄陽人也事父母謹孝襄陽土俗隣居
種桑樹於界上爲誌係伯以桑枝蔭妨他地遷
界上開數尺隣畔隨復侵之係伯輒更改種久
之隣人慙愧還所侵地躬往謝之建元三年蠲
租稅表門閭以壽終
孫淡太原人也居長沙事母孝母疾不眠食以
差爲期母哀之後有疾不使知也豫章王嶷湘
州辟驃騎行參軍建元三年蠲租稅表門閭卒
于家華寶晉陵無錫人也父豪義熙末戍長安

寶年八歲臨別謂寶曰須我還當爲汝上頭長
安陷虜豪歿寶年至七十不婚冠或問之者輒
號慟彌日不忍答也同郡薛天生母遭艱菜食
天生亦菜食母未免喪而死天生終身不食魚
肉與弟有恩義又同郡劉懷胤與弟懷則年十
歲遭父喪不絮帛不食鹽菜建元三年並表門
閭韓靈敏會稽剡人也早孤與兄靈珍並有孝
性尋母又亡家貧無以營凶兄弟共種苽半畝
朝採苽子暮已復生以此遂辦葬事靈珍亡無

子妻卓氏守節不嫁慮家人奪其志未嘗告歸
靈敏事之如母晉陵吳康之妻趙氏父亡弟幼
值歲饑母老病篤趙詣鄉里自賣言辭哀苦鄉
里憐之人人分升米相救遂得以免嫁康之少
時夫亡家欲更嫁誓死不許義興蔣雋之妻黃
氏夫亡不重嫁逼之欲赴水自殺乃止建元三
年詔蠲租賦表門閭永明元年會稽永興倪翼
之母丁氏少喪夫性仁愛遭年荒分衣食以飴
里中饑餓者隣里求借未嘗違同里陳穰父母

死孤單無親戚丁氏收養之及長爲營婚娶又
同里王禮妻徐氏荒年客死山陰丁爲買棺器
自往斂葬元徽末大雪商旅斷村里比屋饑餓
丁自出鹽米計口分賦同里左僑家露四喪無
以葬丁爲辦塚槨有三調不登者代爲輸送丁
長子婦王氏守寡執志不再醮州郡上言詔表
門閭蠲租稅又廣陵徐靈禮妻遭火救兒與兒
俱焚死太守劉悛以聞又會稽人陳氏有三女
無男祖父母年八九十老耄無所知父篤癃病

陽郡道福竝累世同爨建武三年明帝詔表門
閭蠲調役
吳達之義興人也嫂亡無以葬自賣爲十夫客
以營冢槨從祖弟敬伯夫妻荒年被略賣江北達
之有田十畝貨以贖之與之同財共宅郡命爲主
簿固以讓兄又讓世業舊田與族弟亦不受弟
田遂閑廢建元三年詔表門閭河南辛普明僑
居會稽自少與兄共處一帳兄亡以帳施靈座夏月
多蚊普明不以露寢見色兄將葬隣人嘉其義
賻助甚多普明初受後皆反之贈者甚怪普明曰
本以兄墓不周故不逆來意今何忍亡者餘物以
爲家財後遭母喪幾至毀滅揚州刺史豫章王辟
爲義曹從事年五十卒又有何伯璵弟幼璵俱
厲節操養孤兄子及長爲婚推家業盡與之安
貧枯槁誨人不倦鄉里呼爲人師郡守下車莫不
修謁永明十一年伯璵卒幼璵少好佛法翦落
長齋持行精苦梁初卒兄弟年並八十餘
王文殊吳興故鄣人也父沒虜文殊思慕泣血

蔬食山谷三十餘年太守謝瀹板爲功曹不就
永明十一年太守孔琇之表曰文殊性挺五常
心符三教以父沒獯庭抱終身之痛專席恒居
銜恤極之哀服紵縞以經年餌蔬菽以俟命婚
義滅於天情官序空於素抱儻降甄異之恩牓
其閭里鬱林詔牓門改所居爲孝行里
朱謙之字處光吳郡錢唐人也父昭之以學解
稱於鄉里謙之年數歲所生母亡昭之假葬田
側爲族人朱幼方燎火所焚同産姊密語之謙
之雖小便哀戚如持喪年長不婚娶永明中手
刃殺幼方詣獄自繫縣令申靈勗表上別駕孔
稚珪兼記室劉璡司徒左西掾張融牋與刺史
豫章王曰禮開報仇之典以申孝義之情法斷
相殺之條以表權時之制謙之揮刃斬冤既申
私禮繫頸就死又明公法今仍殺之則成當世
罪人宥而治之即爲盛朝孝子殺一罪人未足
弘憲活一孝子實廣風德張緒陸澄是其鄉舊
應具來由融等與謙之並不相識區區短見深

陽郝道福並累世同爨建武三年明帝詔表門
閭蠲調役
吳達之義興人也嫂亡無以葬自賣爲十夫客
以營冢槨從祖弟敬伯夫妻荒年被略賣江北達
之有田十畝貨以贖之與之同財共宅郡命爲主
簿固以讓兄又讓世業舊田與族弟亦不受弟
田遂閑廢建元三年詔表門閭河南辛普明僑
居會稽少與兄共處一帳兄亡以帳施靈座夏月
多蚊普明不以露寢見色兄將葬隣人嘉其義
賻助甚多普明初受後皆反之贈者甚怪普明曰
本以兄墓不周故不逆來意今何忍亡者餘物以
爲家財後遭母喪幾至毀滅楊州刺史豫章王辟
爲義曹從事年五十卒又有何伯璵弟幼璵俱
厲節操養孤兄子及長爲婚推家業盡與之安
貧枯槁誨人不倦鄉里呼爲人師郡守下車莫不
修謁永明十一年伯璵卒幼璵少好佛法翦落
長齋持行精苦梁初卒兄弟年並八十餘
王文殊吳興故鄣人也父沒虜文殊思慕泣血

蔬食山谷三十餘年太守謝瀹板爲功曹不就
永明十一年太守孔琇之表曰文殊性挺五常
心符三教以父沒獯庭抱終身之痛專席恒居
銜恤極之卹服紵縞以經年餌蔬菽以俟命婚
義滅於天情官序空於素抱儻降甄異之恩牓
其閭里鬱林詔牓門改所居爲孝行里
朱謙之字處光吳郡錢唐人也父昭之以學解
稱於鄉里謙之年數歲所生母亡昭之假葬田
側爲族人朱幼方燎火所焚同產姊密語之謙
之雖小便哀戚如持喪年長不婚娶永明中手
刃殺幼方詣獄自繫縣令申靈勗表上別駕孔
稚珪兼記室劉璡司徒左西掾張融牋與刺史
豫章王曰禮開報仇之典以申孝義之情法斷
相殺之條以表權時之制謙之揮刃斬冤既申
私禮繫頸就死又明公法今仍殺之則成當世
罪人宥而治之即爲盛朝孝子殺一罪人未足
弘憲活一孝子實廣風德張緒陸澄是其鄉舊
應具來由融等與謙之並不相識區區短見深

有悢然豫章王言之 世祖時吳郡太守王慈太
常張緒尚書陸澄並表論其事世祖嘉其義慮
相復報乃遣謙之隨曹虎西行將發幼方子惲
於津陽門伺殺謙之謙之之兄選之又刺殺惲
有司以聞世祖曰此皆是義事不可問悉赦之
吳興沈顗聞而歎曰弟死於孝兄殉於義孝友
之節萃此一門選之字處林有志節著辯相論
幼時顧憘見而異之以女妻焉官至江夏正
參軍

蕭叡明南蘭陵人領軍將軍諶從祖兄弟也父
孝孫左軍叡明初仕員外殿中將軍少有至性
奉親謹篤母病躬禱夕不假寐及亡不勝哀而
卒永明五年世祖詔曰龍驤將軍安西中兵參
軍松滋令蕭叡明愛敬淳深色養盡禮喪過乎
哀遂致毀滅雖未達聖教而一至可愍宜加榮
命以矜善人可贈中書郎
樂頤字文德南陽涅陽人世居南郡少而言行
和謹仕爲京府參軍父在郢州病亡頤忽思父

涕泣因請假還中路果得父凶問頤便徒跣號
咷出陶家後渚遇商人附載西上水漿不入口數
日嘗遇病與母隔壁忍痛不言齧被至碎恐母
之哀已也湘州刺史王僧虔引爲主簿以同僚
非人棄官去吏部郎庾杲之嘗往候頤爲設食
枯魚菜葅而已杲之曰我不能食此母聞之自
出常膳魚羹數種杲之曰卿過於茅季偉我非
郭林宗仕至郢州治中卒弟豫亦孝父臨亡執
其手以託郢州行事王奐豫悲國悶絕吐血數

升遂發病官至驃騎録事隆昌末豫謂丹陽尹
徐孝嗣曰外傳籍籍似有伊周之事君蒙武帝
殊常之恩荷託付之重恐不得同人此舉人笑
褚公至今齒冷孝嗣心甚納之建武中爲永世
令民懷其德卒官有一老嫗行擔斛蔌若將詣
市聞豫死棄擔號泣廌門解仲恭亦僑居南郡
家行敦睦得纖豪財利輒與兄弟平分母病經時
不差入山採藥遇一老父語之曰得丁公藤病立
愈此藤近在前山際高樹垂下便是也忽然不

見仲恭如其言得之治病毋即差至今江陵人猶有識此藤者

江泌字士清濟陽考城人也父亮之員外郎泌少貧晝日斫屧夜讀書隨月光握卷升屋性行仁義衣弊虱饑死乃復取置衣中數日間終身無復虱母亡後以生闕供養遇鮭不忍食食菜不食心以其有生意也歷仕南中郎行參軍所給募吏去役得時病莫有舍之者吏扶杖投泌泌親自隱䘏吏死泌爲買棺無僮役兄弟共輿

埋之領國子助教乘牽車至染烏頭見老翁步行下車載之躬自步去世祖以爲南康王子琳侍讀建武中明帝害諸王後泌憂念子琳詣誌公道人問其禍福誌公覆香鑪灰示之曰都盡無所餘及子琳被害泌往哭之淚盡繼之以血親視殯葬乃去時廣漢王侍讀嚴桓之亦哭王盡哀泌尋卒泌族人兗州治中泌黃門郎念子也與泌同名世謂泌爲孝江泌以別之

杜栖字孟山吳郡錢唐人徵士京産子也同郡張融與京産相友每相造言論栖常在側融指栖曰昔陳太丘之召元方方之爲劣以今方古古人何貴栖出京師從儒士劉瓛受學善清言能彈琴飲酒名儒貴遊多敬待之中書郎周顒與京産書曰賢子學業清標後來之秀嗟愛之懷豈知云已所謂人之英彥若已有之也刺史豫章王聞其名辟議曹從事仍轉西曹佐竟陵王子良數致禮接國子祭酒何胤治禮又重栖以爲學士掌婚冠儀以父老歸養怡情壠畝

栖肥白長壯及京産疾旬日間便皮骨自支京産亡水漿不入口七日晨夕不能哭不食鹽菜每營買祭奠身自看視號泣不自持朔望節歲絕而復續吐血數升時何胤謝朏並隱東山遺書敦譬誡以毀滅至祥禫暮夢見其父慟哭而絕初胤兄點見栖歎曰卿風韻如此雖獲嘉譽不永年矣卒時年三十六當世咸嗟惜焉建武二年剡縣有小兒年八歲與母俱得赤斑病母死家人以小兒猶惡不令其知小兒疑之問云母嘗

歎間我病昨來覺聲羸今不復聞何謂也因自投下牀匍匐至母尸側頓絶而死鄉隣告之縣令宗善才求表廬事竟不行

陸絳字魏卿吳郡人也父閑字遐業有風槩與人交不苟合少爲同郡張緒所知仕至揚州別駕明帝崩閑謂所親曰宮車晏駕百司將聽於冢宰主王地重才弱必不能振難將至矣乃感心疾不復預州事刺史始安王遙光反事敗閑以綱佐被召至杜姥宅尚書令徐孝嗣啓閑不

預逆謀未及報徐世摽令殺之絳時隨閑抱閑頸乞代死遂并見殺

史臣曰澆風一起人倫毀薄抑引之教徒聞珪璋之璞罕就若令事長移忠儻非行舉蕢桂辛酸容遷本質而旌閭蠲里問饋存牢不過鮮寡齊矜力田等勸其於扶奬名教未爲多也

贊曰孝爲行首義實因心白華秉節寒木齊心

列傳第三十六　　南齊書五十五

列傳第三十七　　南齊書五十六

臣蕭子顯　撰

倖臣

紀僧真

劉係宗

茹法亮

呂文顯

呂文度

有天象必有人事焉倖臣一星列于帝座經禮

立教亦著近臣之服親倖之義其來已久爰自衰周侯伯專命桓文霸主至于戰國寵用近習不乏於時矣漢文幸鄧通雖錢遍天下位止郎中孝武韓嫣霍去病遂至侍中大司馬迄于魏晉世任權重才位稍爽而信倖唯均中書之職舊掌機務漢元以令僕用事魏明以監令專權及在中朝猶爲重寄陳准歸任上司荀勗恨於失職晉令舍人位居九品江左置通事郎管司詔誥其後郎還爲侍郎而舍人亦稱通事元帝

用琅邪劉超以謹愼居職宋文世秋當周糾竝
出寒門孝武以來士庶雜選如東海鮑照以才
學知名又用會郡巢尚之江夏王義恭以爲非
選帝遣尚書二十餘牒宣敕論辯義恭乃歎曰
人主誠知人及明帝世胡母顥阮佃夫之徒專
爲倖倖矣齊初亦用久勞及以親信關讞表啓
發署詔敕頗涉辭翰者亦爲詔文侍郎之局復
見侵矣建武世詔命殆不關中書專出舍人省
內舍人四人所置四省其下有主書令史舊用

武官宋改文吏人數無員莫非左右要密天下
文簿板籍入副其省萬機嚴秘有如尚書外司
領武官有制局監內器仗兵役亦用寒人被恩
幸者今立倖臣篇以繼前史之末云

紀僧眞丹陽建康人也僧眞少隨逐征西將軍
蕭思話及子惠開皆被賞遇惠開性苛僧眞以
微過見罰既而委任如舊及罷益州還都不得
志僧眞事之愈謹惠開臨終歎曰紀僧眞方當
富貴我不見也乃以僧眞託劉秉周顒初惠開
在益州土反被圍危急有道人謂之曰城圍尋
解檀越貴門後方大與無憂外賊也惠開密謂
僧眞曰我子弟見在者竝無異才政是諱耳僧
眞憶其言乃請事太祖隨從在淮陰以閑書題
令荅遠近書疏自寒官歷至太祖冠軍府參軍
主簿僧眞夢蒿艾生滿江驚而白之太祖曰詩
人採蕭蕭即艾也蕭生斷流卿勿廣言其見親
如此元徽初從太祖頓新亭拒桂陽賊蕭惠朗
突入東門僧眞與左右共拒戰賊退太祖命僧

眞領親兵遊邏城中事寧除南臺御史太祖領
軍功曹上將廢立謀之袁粲褚淵僧眞啓上曰
今朝廷猖狂人不自保天下之望不在袁褚明
公豈得默已坐受夷滅存亡之機仰希熟慮太
祖納之太祖欲度廣陵起兵僧眞又啓曰主上
雖復狂釁虐加萬民而累世皇基猶固盤石今
百口北度何必得俱縱得廣陵城天子居深宮
施號令目明公爲逆何以避此如其不勝則應
北走胡中竊謂此非萬全策也上曰卿顧家豈

能逐我行邪僧真頓首稱無貳昇明元年除員外郎帶東武城令尋除給事中邵陵王參軍太祖坐東府高樓望石頭城僧真在側上曰諸將勸我誅袁劉我意不欲便耳及沈攸之事起從太祖入朝堂石頭反夜太祖遣衆軍掩討宮城中望石頭火光及叫聲甚盛人懷不測僧真謂衆曰叫聲不絶是必官軍所攻火光起者賊不容自燒其城此必官軍勝也尋而啓石頭平上出頓新亭使僧真領千人在帳內初上在領軍

府令僧真學上手迹下名至是報荅書疏皆付僧真上觀之笑曰我亦不復能别也初上在淮陰治城得一錫鉄大數尺下有篆文莫能識者僧真曰何須辨此文字此自大遠之物九錫之徵也太祖曰卿勿妄言及上將拜齊公已剋日有楊祖之謀於臨軒作難僧真更請上選吉辰尋而祖之事覺上曰無卿言亦當致小狼狽此亦何異呼沲之冰轉齊國中書舍人建元初帶東燕令封新陽縣男三百戶轉羽林監加建威

將軍遷尚書主客郎太尉中兵參軍令如故復以本官兼中書舍人太祖疾甚令僧真典遺詔永明元年寧喪起爲建威將軍尋除南泰山太守又爲舍人本官如故領諸王第事僧真容貌言吐雅有士風世祖嘗目送之笑曰人何必計門戶紀僧真常貴人所不及諸權要中最被眄遇除越騎校尉餘官如故出爲建武將軍建康令還除左右郎將泰山太守加先驅使尋除前軍將軍遭母喪開冢得五色兩頭蛇世祖崩僧

真號泣思慕明帝以僧真歷朝驅使建武元年除游擊將軍兼司農待之如舊欲令僧真治郡僧真啓進其弟僧猛爲鎮蠻護軍晉熙太守永泰元年除司農卿明帝崩掌山陵事出爲廬陵長史年五十五卒宋世道人楊法持與太祖有舊元徽末宣傳密謀昇明中以爲僧正建元初罷道爲寧朔將軍封州陵縣男三百戶二年虜圍朐山遣法持爲主領支軍救援永明四年坐役使將客奪其鮭稟削封卒

劉係宗丹陽人也少便書畫爲宋竟陵王誕子景粹侍書誕舉兵廣陵城內皆死敕沈慶之赦係宗以爲東宮侍書泰始中爲主書以寒官累遷至勳品元徽初爲奉朝請兼中書通事舍人員外郎封始興南亭侯食邑三百七十戶帶秣陵令太祖廢蒼梧明日呼正直舍人虞整醉不能起係宗歡喜奉命太祖曰今天地重開是卿盡力之日使寫諸處分敕令及四萬書疏使主書七人書吏二十人配之事皆稱旨除羽林監轉步兵校尉仍除龍驤將軍出爲海鹽令太祖即位除龍驤將軍建康令永明元年除寧朔將軍令如故尋轉右軍將軍淮陵太守兼中書通事舍人母喪自解起爲寧朔將軍復本職四年白賊唐寓之起宿衛兵東討遣係宗隨軍慰勞遍至遭賊郡縣百姓被驅逼者悉無所問還復民伍係宗還上曰此段有征無戰以時平蕩百姓安怗甚快也賜係宗錢帛上欲脩治白下城難於動役係宗啓謫役東民丁隨寓之爲逆者

上從之後車駕講武上履行白下城曰劉係宗爲國家得此一城永明中虜使書常令係宗題答祕書省局皆隸之再爲少府遷游擊將軍魯郡太守鬱林即位除驍騎將軍仍除寧朔將軍宣城太守係宗久在朝省閑於職事明帝曰學士不堪治國唯大讀書耳一劉係宗足持如此輩五百人其重吏事如此建武二年卒官年七十七

茹法亮吳興武康人也宋大明世出身爲小史歷齊幹扶孝武末年作酒法鞭罰過度校獵江右選白衣左右百八十人皆面首富室從至南州得鞭者過半法亮憂懼因緣啓出家得爲道人明帝初罷道結事阮佃夫用爲兗州刺史孟吹陽典籤累至太祖冠軍府行參軍元徽初除殿中將軍爲晉熙王郢州典籤除長兼殿中御史世祖鎭盆城須舊驅使人法亮求留爲上江州典籤除南臺御史帶松滋令法亮便辟解事善於承奉稍見委信從還石頭建元初度東宮

主書除奉朝請補東宮通事舍人世祖即位仍爲中書通事舍人除員外郎帶南濟陰太守永明元年除龍驤將軍明年詔曰茹法亮近在盆城頻使銜命内宣朝旨外慰三軍義勇齊奮人百其氣險阻艱難心力俱盡宜沾茅土以甄忠績封望蔡縣男食邑三百户轉給事中羽林監七年除臨淮太守轉竟陵王司徒中兵參軍巴東王子響於荆州殺僚佐上遣軍西上使法亮宣旨慰勞安撫子響法亮至江津子響呼法亮法亮疑畏不肯往又求見傳詔法亮又不遣故

子響怒遣兵破尹略軍事平法亮至江陵刑賞處分皆稱敕斷決軍還上悔誅子響法亮被責少時親任如舊鬱林即位除步兵校尉延興元年爲前軍將軍延昌殿爲世祖陰室藏諸御服二少帝竝居西殿高宗即位住東齋開陰室出世祖白紗帽防身刀法亮歔欷流涕除游擊將軍建武舊人鮮有存者法亮以主署文事故不見疑位任如故永泰元年王敬則事平法亮復

受敕宣旨慰出法亮爲大司農中書勢利之職法亮不樂去固辭不受既而代人已致法亮垂涕而出年六十四卒官

呂文顯臨海人也初爲宋孝武齋幹直長昇明初爲太祖録尚書省事累位至殿中侍御史羽林監帶蘭陵丞令龍驤將軍秣陵令封劉陽縣男永明元年除寧朔將軍中書通事舍人本官如故文顯治事以刻覈被知三年帶南清河太守與茹法亮等迭出入爲舍人竝見親倖四方

餉遺歲各數百萬竝造大宅聚山開池五年爲建康令轉長水校尉歷帶南泰山南譙太守尋爲司徒中兵參軍淮南太守直舍人省累遷左中郎將南東莞太守右軍將軍高宗輔政以文顯守少府見任使歷建武永元之世尚書右丞少府卿卒

呂文度會稽人宋世爲細作金銀庫吏竹局匠元徽中爲射雉典事隨監莫脩宗上郢世祖鎮盆城拒沈攸之文度仍留伏事知軍隊雜役以

此見親從還都爲石頭城監仍度東宮世祖即
位爲制局監位至員外郎帶南濮陽太守殿内
軍隊及發遣外鎮人悉闗之甚有要勢故世傳
越州嘗缺上覔一直事人往越州文度啓其所
知費延宗合旨上即以爲刺史永明中敕親近
不得輒有申薦人士免官寒人鞭一百上性尊
嚴呂文顯嘗在殿側咳聲高上使茹法亮訓詰
之以爲不敬故左右畏威承意非所隸莫敢有
言也時茹法亮掌雜驅使簿及宣通密敕呂文

顯掌穀帛事其餘舍人無別任虎賁中郎將潘
敞掌監功作上使造禪靈寺新成車駕臨視甚
悅敞喜要呂文顯私登寺南門樓上知之繫敞
上方而出文顯爲南譙郡久之乃復濟陽江瞿
曇吳興沈徽孚等以士流舍人通事而已無權
利徽孚粗有筆札建武中文詔多其辭也官至
黄門郎
史臣曰中世已來宰御天下萬機碎密不闗外
司尚書八座五曹各有恒任係以九卿六府事
存副職咸皆冠冕搢紳任疎人貴伏奏之務既
寢趨走之勞亦息闗宣所寄屬當有歸通驛内
外切自音旨若夫環纓斂笏俯仰晨昏瞻幄座
而竦躬位蘭檻而高眄探求恩色習覩威顔遷
蘭變鮑久而彌信因城社之固執開壅之機長
主君世振裘持領賞罰事殷能不踰漏宮省咳
唾義必先知故能窺盈縮於望景獲驪珠於龍
睡坐歸聲勢卧震都鄙賄賂日積苞苴歲通富
擬公侯威行州郡制局小司專典兵力雲陛天

居亘設蘭錡羽林精卒重屯廣衛至于元戎啓
轍式候還麾遮迾清道神行案轡督察來往馳
騖輦轂驅役分部親承几案領護所攝示總成
規若徵兵動衆大興民役行留之儀請託在手
斷割牢廩賣弄文符捕叛追亡長戍遠謫軍有
千齡之壽室無百年之鬼害政傷民於此爲蠹
況乎主幼時昏其爲讒慝[illegible]
贊曰恩澤而侯親倖爲舊[illegible]富
列傳第三十七 南齊[illegible]

臣蕭[illegible]撰

魏虜

魏虜匈奴種也姓托跋氏晉永嘉六年并州刺
史劉琨爲屠各胡劉聰所攻索頭猗盧遣子曰
利孫將兵救琨於太原猗盧入居代郡亦謂鮮
卑被髮左衽故呼爲索頭猗盧孫什翼犍字鬱
律旃後還陰山爲單于領匈奴諸部泰元元年
符堅遣僞并州刺史符落代犍破龍庭禽犍還

長安爲立宅教犍書學分其部黨居雲中等四郡
諸部主帥歲終入朝并得見犍差稅諸部以給
之堅敗子珪字涉圭隨舅慕容垂據中山還領
其部後稍彊盛隆安元年珪破慕容寶於中山
遂有并州僭稱魏年號天瑞追謚犍烈祖文平
皇帝珪死謚道武皇帝子木末立年號太常死
謚明元皇帝子燾字佛貍代立年號太平眞君
宋元嘉中僞太子晃與大臣崔氏寇氏不睦
崔寇譖之玄高道人有道術晃使祈福七日七

夜佛貍夢其祖父並怒手刃向之曰汝何故信
讒欲害太子佛貍驚覺下僞詔曰王者大業纂
承爲重儲宮嗣紹百王舊例自今已往事無巨
細必經太子然後上聞晃後謀殺佛貍見殺燾
死謚太武皇帝立晃子濬字烏雷直勤年號和
平追謚晃景穆皇帝濬死謚文成皇帝子弘字
萬民立年號天安景和九年僞太子宏生改年
爲皇興什翼珪始都平城猶逐水草無城郭木
末始土著居處佛貍破梁州黃龍徙其居民大

築郭邑截平城西爲宮城四角起樓女墻門不
施屋城又無壍南門外立二土門內立廟開四
門各隨方色凡五廟一世一間瓦屋其西立太
社佛貍所居雲母等三殿又立重屋居其上飲
食廚名阿眞廚在西皇后可孫恒出此廚求食
初姚興以塞外虜赫連勃勃爲安北將軍領五
部胡屯大城姚泓敗後入長安佛貍攻破勃勃
子昌娶勃勃女爲皇后義熙中仇池公楊盛表
云索虜勃勃匈奴正胤是也可孫昔妾媵之殿西

鎧仗庫屋四十餘間殿北絲綿布絹庫土屋一十餘間僞太子宮在城東亦開四門瓦屋四角起樓妃妾住皆土屋婢使千餘人織綾錦販賣酤酒養猪羊牧牛馬種菜逐利太官八十餘窖窖四千斛半穀半米又有懸食瓦屋數十間置尚方作鐵及木其袍衣使宮内婢爲僞太子別有倉庫其郭城繞宮城南悉築爲坊坊開巷坊大者容四五百家小者六七十家每南坊搜檢以備姧巧城西南去白登山七里於山邊別立

父祖廟城西有祠天壇立四十九木人長丈許白幘練裙馬尾被立壇上常以四月四日殺牛馬祭祀盛陳鹵簿邊壇奔馳奏伎爲樂城西三里刻石寫五經及其國記於鄴取石虎文石屋基六十枚皆長丈餘以充用國中呼内左右爲直真外左右爲烏矮真曹局文書吏爲比德真檐衣人爲樸大真帶仗人爲胡洛真通事人爲乞萬真守門人爲可薄真僞臺乘驛賤人爲拂竹真諸州乘驛人爲咸真殺人者爲契害真爲

主出受辭人爲折潰真貴人作食人爲附真三公貴人通謂之羊真佛狸置三公太宰尚書令僕射侍中與太子共決國事殿中尚書知殿内兵馬倉庫樂部尚書知伎樂及角史伍伯駕部尚書知牛馬驢騾南部尚書知南邊州郡北部尚書知北邊州郡又有俟懃地何比尚書莫堤比刺史郁若比二千石受別官比諸侯諸曹府有倉庫悉置比官皆使通虜漢語以爲傳驛蘭臺置中丞御史知城内事又置九豆和官宮城

三里内民戶籍不屬諸軍戍者悉屬之其車服有大小輦皆五層下施四輪三二百人牽之四施絙索備傾倒軺車建龍旂尚黑妃后則施雜綵幰無幢絡太后出則婦女著鎧騎馬近輦左右虜主及后妃常行乘銀鏤羊車不施帷幔皆偏坐垂脚轅中在殿上亦跂據正殿施流蘇帳金博山龍鳳朱漆畫屏風織成幌坐施氍毹褥前施金香鑪琉璃鉢金椀盛雜食器設客長盤一尺御饌圓盤廣一丈爲四

輪車元會日六七十人牽上殿蜡日逐除歲盡城門磔雄雞葦索桃梗如漢儀自佛狸至萬民世增雕飾正殿西築土臺謂之白樓萬民禪位後常遊觀其上臺南又有伺星樓正殿西又有祠屋琉璃爲瓦宮門稍覆以屋猶不知爲重樓竝設削泥采畫金剛力士胡俗尚水又規畫黑龍相盤繞以爲厭勝泰始五年萬民禪位子宏自稱太上皇宏立號延興元年至六年萬民死謚獻文皇帝改號爲承明元年是歲元徽四年也祖母馮

氏黃龍人助治國事初佛狸母是漢人爲木末所殺佛狸以乳母爲太后自此以來太子立輙誅其母一云馮氏本江都人佛狸元嘉二十七年南侵略得馮氏濬以爲妾獨得全焉明年丁巳歲改號太和宋明帝末年始與虜和好元徽升明之世虜使歲通建元元年僞太和三年也宏聞太祖受禪其冬發衆遣丹陽王劉昶爲太師寇司豫二州明年詔遣衆軍北討宏遣大將郁豆眷段長命攻壽陽及鍾離爲豫州刺史垣

崇祖右將軍周盤龍徐州刺史崔文仲等所破宏又遣僞南部尚書托跋等向司州分兵出兗青界十萬衆圍朐山戍主玄元度嬰城固守青冀二州刺史盧紹之遣子奐領兵助之城中無食紹之出頓州南石頭亭隔海運粮柴供給城內虜圍斷海道緣岸攻城會潮水大至虜淬溺元度出兵奮擊大破之臺遣軍主崔靈建楊法持房靈民萬餘人從淮入海船艦至夜各舉兩火虜衆望見謂是南軍大至一時奔退初元度

自云臂上有封侯志宋世以示世祖時世祖在東宮青與元度曰努力成臂上之相也虜退上議加封爵元度歸功於紹之紹之又讓故竝見寢上乃擢紹之爲黃門郎鬱州呼石頭亭爲平虜亭紹之字子緒范陽人自云盧諶玄孫宋大明中預攻廣陵勳上紹之拔迹自投上以爲州州治中受心腹之任官至光祿大夫永明八年卒二年領軍將軍李安民八左軍將軍孫文顯與虜軍戰於淮陽大敗之初虜寇至緑淮驅略江

北居民猶慾佛狸時事皆驚走不可禁止乃於
梁山置二軍南置三軍慈姥置一軍洌州置二
軍三山置三軍白沙洲置一軍蔡州置五軍長
蘆置三軍菰浦置二軍徐浦置一軍內外悉班
階賞以示威刑僞昌黎王馮莎向司州荒人桓
天生說莎云諸蠻皆響應莎至蠻竟不動莎大
怒於淮邊獵而去及壽春摧敗朐山不拔虜主
出定州大治道路聲欲南行不敢進造與僞梁
郡王計曰兵出彭泗間無復鬭志要當一兩戰

得還歸既於淮陽被破一時奔走青徐間赴義
民先是或抄虜運車更相殺掠往往得南歸者
數千家上未遑外略以虜既摧破且欲示以威
懷遣後軍參軍車僧朗北使虜問僧朗曰齊輔
宋日淺何故便登天位僧朗曰虞夏登庸親當
革禪魏晉匡戰貽厥子孫豈二聖促促於天位
兩賢謙虛以獨善時宜各異豈得一揆苟曰事
宜故屈已應物虜又問齊主悉有何功業僧朗
曰主上聖性寬仁天識弘遠少為宋文皇所器

遇入參禁旅泰始之初四方寇叛東征劉子房張
淹北討薛索兒兼掌軍國豫司顧命宋桂陽逆
平二王阻兵內侮一麾殄滅蒼梧王反道敗德有
過桀紂遠遵伊霍行廢立之事袁粲劉秉沈攸
之同惡相濟又秉旄杖鉞大定凶黨戮力佐時
四十餘載經綸夷險十五六年此功此德可謂
物無異議虜又問南國無復齊土何故封齊僧
朗曰營丘表海實為大國宋朝光啓土宇謂是
呂尚先封今淮海之間自有青齊非無地也又問

蒼梧何故遂加斬戮僧朗曰蒼梧暴虐書契未聞
武王斬紂懸之黃鉞共是所聞何傷於義昇明中
北使殷靈誕苟昭先在虜聞太祖登極靈誕謂虜
典客曰宋魏通好憂患是同宋今滅亡魏不相救
何用和親及虜寇豫州靈誕因請為劉昶司馬不
獲僧朗至北虜置之靈誕下僧朗立席言曰靈
誕昔是宋使今成齊民實希魏主以禮見處靈
誕交言遂相忿詈謂虜曰使臣不能立節本
朝誠自慙恨劉昶賂客解奉君於會刺殺僧朗

虜即收奉君誅之殯斂僧朗送喪隨靈誕等南歸厚加贈賻世祖践阼昭先具以啓聞靈誕下獄死贈僧朗散騎侍郎永明元年冬遣驍騎將軍劉纘前軍將軍張謨使虜明年冬虜使李道固報聘世祖於玄武湖水步軍講武登龍舟引見之自此歲使往來疆場無事三年初令鄰里黨各置一長五家爲鄰五鄰爲里五里爲黨四年造戶籍分置州郡雍州涼州秦州沙州涇州華州岐州河州西華州寧州陝州洛州荆州郢

州北豫州東荆州南豫州西兖州東兖州南徐州東徐州青州齊州濟州二十五州在河南湘州懷州秦州東雍州肆州定州瀛州朔州并州冀州幽州子州司州十三州在河北凡分魏晉舊司豫青兖冀并幽秦雍涼十州地及宋所失淮北爲三十八州矣明年邊人桓天生作亂虜遣步騎萬餘人助之至比陽爲征虜將軍戴僧靜等所破荒人胡丘生起義懸瓠爲虜所擊戰敗南奔僞安南將軍 遼東公平南將軍上谷

公又攻舞陰舞陰戍主輔國將軍殷公愍拒破之六年虜又遣衆助桓天生與輔國將軍曹虎戰大敗於隔城至七年遣使邢產侯靈紹復通好先是劉纘再使虜太后馮氏悅而親之馮氏有計略作皇誥十八篇僞左僕射李思沖稱史臣注解是歲馮氏死八年世祖還隔城所俘獲二千餘人佛狸已來稍僭華典胡風國俗雜相揉亂宏知談義解屬文輕果有遠略遊河北至比干墓作弔比干文云脫非武發封墓誰因嗚

呼介士胡不我臣宏以己巳歲立圓丘方澤置三夫人九嬪平城南有干水出定襄界流入海去城五十里世號爲索干都土氣寒凝風砂恒起六月雨雪議遷都洛京九年遣使李道固蔣少游報使少游有機巧密令觀京師宮殿楷式清河崔元祖啓世祖曰少游臣之外甥特有公輸之思宋世陷虜處以大匠之官今爲副使必欲模範宮闕豈可令氈鄉之鄙取象天宮臣謂且留少游令使主反命世祖以非和通意不許少游

安樂人虜宮室制度皆從其出初佛狸討及胡
於長安殺道人且盡及元嘉南寇獲道人以鐵
籠盛之後佛狸感惡疾自是敬畏佛教立塔寺
浮圖宏父弘禪位後黃冠素服持戒誦經居石
窟寺宏太和三年道人法秀與苟兒王阿辱瑰
王等謀反事覺囚法秀加以籠頭鐵鏁無故自
解脫虜穿其頸骨使咒之曰若復有神當令穿
肉不入遂穿而殉之三日乃死偽咸陽王復欲
盡殺道人太后馮氏不許宏尤精信粗涉義理

宮殿內立浮圖宏既經古洛是歲下偽詔尚書
思慎曰夫覆載垂化必由四氣運其功曦曜望
舒亦須五星助其暉仰惟聖母睿識自天業高
曠古將稽詳典範日新皇度不圖罪逆招禍掩
丁窮罰追惟罔極永無逮及思遵先旨勑造明
堂之樣卿所制體含六合事越中古理圓
義備可軌之千載信是應世之材先固之器也
羣臣瞻見模樣莫不僉然欲速造朕以寡昧亦
思造盛禮卿可即於今歲停宮城之作營

建此構興皇代之奇制遠成先志近副朕懷又
詔公卿參定刑律又詔罷臈前儺唯年一儺又
詔季冬朝賀典無成文以袴褶事非禮敬之謂
若置寒朝服徒成煩濁自今罷小歲賀歲初一
賀又詔王爵非庶姓所僭伯號是五等常秩
烈祖之胄仍本王爵其餘王皆為公轉為侯
侯即為伯子男如舊雖名易於本而品不異昔
公第一品侯第二品伯第三品子第四品男第
五品十年上遣司徒參軍蕭琛范雲北使宏西

郊即前相天壇處也宏與偽公卿從二十餘騎
戎服繞壇宏一周公卿七匝謂之蹋壇明日復
戎服登壇祠天宏又繞三匝公卿七匝謂之繞
天以繩相交絡紐木枝帳覆以青繒形制平圓
下容百人坐謂之為繖一云百子帳也於此下
宴息次祠廟及布政明堂皆引朝廷使人觀視
每使至宏親相應接申以言義甚重齊人常謂
其臣下曰江南多好臣偽侍臣李元凱對曰江
南多好臣歲一易主江北無好臣而百年一主

宏大懟出元凱爲雍州長史俄召復職世祖初
治白下謂人曰我欲以此城爲上頓處後於石
頭造露車三千乘欲步道取彭城形迹頗著先
是八年北使顏幼明劉思斅反命僞南部尚書
李思沖曰二國之和義在庇民如聞南朝大造
舟車欲侵淮泗推心相期何應如此幼明曰王
上方弘大信於天下不失臣妾既與輯和何容
二三其德疆埸之言差不足信且朝廷若必恭
恕使守在外亦不近相淮瀆思沖曰我國之疆

經略淮東何患不蕩海東岳政存於信誓耳且
和好既結豈可復有不信昔華元子反戰伐之
際尚能以誠相告此意良慕也幼明曰卿未
有子反之急詎來登床之請是後宏亦欲南
侵徐豫於淮泗間大積馬芻十一年遣露布
并上書稱當南寇世祖發揚徐州民丁廣設
召募北地人支酉聚數千人於長安城北西
山起義遣使告梁州刺史陰智伯秦州人王度
人起義應酉攻獲僞刺史劉藻秦雍間七州民

皆響震衆至十萬各自保壁望朝廷救其兵宏
遣弟僞河南王幹尚書盧陽烏擊秦雍義軍幹
大敗酉迎戰進至咸陽北濁谷圍僞司空長洛
王繆老生合戰又大破之老生走還長安梁州
刺史陰智伯遣軍主席德仁張弘林等數千人
應接酉等進向長安所至皆靡會世祖崩宏聞
關中危急乃稱聞喪退師太和十七年八月
使持節安南大將軍都督徐青齊三州諸軍
事南中郎將徐州刺史廣陵侯府長史帶淮

陽太守鹿樹生移齊兖州府長史府奉被行所
尚書符騰詔皇師雷舉搖旆南指誓清江稷志
廓衡霍以去月下旬濟次河洛會前使人邢巒
等至審知彼有大艾以春秋之義聞喪寢伐
爰勑有司輟鑾止軔休馬華陽戢戈嵩北便
肇經周制光宅中區永皇基于無窮恢盛業
乎萬祀辰居重正鴻化增新四海承休莫不
銘慶故以往示如律令并遣使弔國諱遣僞
大將楊大眼張聰明等數萬人攻酉酉廣等

竝見殺隆昌元年遣司徒叅軍劉斅東騎參軍
沈宏報使至北宏稱字玄覽其夏虜平北將
軍魯直清率衆降以爲督洛州軍事領平戎
校尉征虜將軍洛州刺史是歲宏徙都洛陽
改姓元氏初匈奴女名托跋妻李陵胡俗以
毋名爲姓故虜爲李陵之後虜甚諱之有言
其是陵後者輒見殺至是乃改姓焉宏聞高
宗踐阼非正既新移都兼欲大示威力是冬
自率大衆分寇豫徐司梁四州遣僞荆州刺

史薛眞度尚書郗祁阿婆出南陽向沙堨築壘
開溝爲南陽太守房伯玉新野太守劉思忌
所破建武二年春高宗遣鎮南將軍王廣之
出司州右僕射沈文季出豫州左衛將軍崔慧
景出徐州宏自率衆至壽陽軍中有黑氊行殿
容二十人坐輦邊皆三郎曷刺眞槊多白眞毦
鐵騎爲羣前後相接步軍皆烏楯槊綴接以黑
蝦蟆幡牛車及驢駱駝載軍資妓女三十許
萬人不攻城登八公山賦詩而去别圍鍾離城

徐州刺史蕭惠休輔國將軍申希祖拒守出兵
奮擊宏衆敗多赴淮死乃分軍據邵陽州柵斷
水路夾築二城右衛將軍蕭坦之遣軍主裴叔業
攻二城拔之惠休又募人出燒虜攻城車虜力
竭不能剋王奐之誅子肅奔虜宏以爲鎮南將
軍南豫州刺史遣肅與劉昶號二十萬衆圍義
陽司州刺史蕭誕拒戰虜築圍塹柵三重燒居
民淨盡并力攻城城中負楯而立王廣之都督
救援虜道三萬餘人逆攻太子右率蕭季敞於

下梁季敞戰不利司州城內告急王廣之遣軍
主黄門侍郎梁王閒道先進與太子右率蕭誄
輔國將軍徐玄慶荆州軍主魯休烈據賢首
山出虜不備城內見援軍至蕭誕遣長史王
伯瑜及軍主崔恭祖出攻虜柵因風放火梁
王等衆軍自外擊之昶肅棄圍引退追擊
破之輔國將軍桓和出西陰平僞魯郡公鄭城
戍主帶莫樓僞東海太守江道僧設伏路側
和與合戰大敗之青徐民降者百餘家青冀

二州刺史王洪範遣軍主崔延攻虜紀城竝拔
之宏先又遣僞尚書盧陽烏華州刺史韋靈智
攻赭陽城北襄城太守成公期拒守虜攻城百
餘日設以鉤衝不捨晝夜期所殺傷數千人臺
又遣軍主桓歷生蔡道貴救援陽烏等退官軍
追擊破之夏虜又攻司州櫟城二戍戍主魏
僧岷朱僧起拒敗之僞安南將軍梁州刺史魏
郡王元英十萬餘人通斜谷寇南鄭梁州刺史
蕭懿遣軍主姜山安趙超宗等數軍萬餘人分

據角弩白馬沮水拒戰大敗英進圍南鄭土山
衝車晝夜不息懿率東從兵二千餘人固守拒
戰隨手摧却英攻城自春至夏六十餘日不下
死傷甚衆軍中粮盡擣麴爲食畜菜葉直千錢
懿先遣軍主韓嵩等征獠回軍援州城至黃牛
川爲虜所破懿遣氐人楊元秀還仇池說氐起
兵斷虜運道氐即舉衆攻破虜歷城睪蘭駱谷
仇池平洛蘇勒六戍僞尚書北梁州刺史辛黒
未戰死英遣軍副仇池公楊靈珍據泥

公山武興城主楊集始遣弟集朗與歸國氐楊
馥之及義軍主徐曜甫迎戰於黃亘大敗奔歸
時梁州土豪范凝梁季羣於家請英設會伏兵
欲殺英事覺英執季羣殺之凝竄走英退保
濁水間氐衆盛與楊靈珍復俱退入斜谷會
天大雨軍馬含漬截竹煮米於馬上持炬炊
而食英至下辨靈珍弟婆羅阿卜珍反襲擊
英衆散射中英頰僞陵江將軍悅楊生領鐵
騎死戰救之得免梁漢平武都太守杜靈瑗

奮武將軍望法憘寧朔將軍望法泰州治中
皇甫耽竝拒虜戰死追贈靈瑗法憘羽林監
法泰積射將軍時僞洛州刺史賈異寇甲口
爲上洛太守李靜所破三年虜又攻司州櫟
城爲戍主魏僧岷所拒破秋虜遣軍襲漣口東
海太守鄭延祉棄西城走東城猶固守臺遣冠
軍將軍兗州刺史徐玄慶救援虜引退延祉伏
罪初僞太后馮氏兄昌黎王馮莎二女大馮美而
有疾爲尼小馮爲宏皇后生僞太子詢後大馮

疾差宏納爲昭儀宏初從都詢意不樂思歸桑
乾宏制衣冠與之詢竊毁裂解髮爲編服左衽
大馮有寵日夜譖詢宏出鄴城馬射詢因是欲
叛北歸密選宫中御馬三千疋置河陰渚皇后
聞之召執詢馳使告宏宏從詢無皐城在河橋
北二里尋殺之以庶人禮葬立大馮爲皇后便
立僞太子恪是歲僞太和二十年也僞征北將
軍恒州刺史鉅鹿公伏鹿孤賀鹿渾守桑乾宏
從叔平陽王安壽戍懷柵在桑乾西北渾非宏

任用中國人與僞定州刺史馮翊公目鄰安樂
公托跋阿幹兒謀立安壽分據河北期久不遂
安壽懼告宏殺渾等數百人任安壽如故先是
僞荆州刺史薛眞度尚書郗祁阿婆爲房伯玉
所破宏怒以南陽小郡誓取滅之四年自率軍
向雍州宏先至南陽房伯玉嬰城拒守宏從數
萬騎罝黄纖去城一里遣僞中書舍人公孫雲
謂伯玉曰我今蕩一六合與先後行異先行冬
去春還不爲停久今誓不有所剋終不還北停此

或三五年卿此城是我六龍之首無容不先攻
取遠一年中不過百日近不過一月非爲難殄
若不改迷當斬卿首梟之軍門闔城無貳幸可
改禍爲福但卿有三罪今令卿知卿先事武帝
蒙在左右不能盡節前主而盡節今主此是一
罪前歲遣偏師薛眞度暫來此郷卿遂破傷此是
二罪武帝之胤悉被誅戮初無報効而反爲今
主盡節違天召理此是三罪不可容恕聽卿三
思勿令闔城受苦伯玉遣軍副樂稚柔答曰承

欲見攻圍期於必剋卑微常人得抗大威眞可
謂獲其死所先蒙武帝採賜預左右犬馬知
恩寧容無感但隆昌延興昏悖違常聖明纂業
家國不殊此則進不負心退不愧幽前歲薛眞
度道誘邊氓遂見陵突既荷國恩聊耳撲掃回
已而言應略此責宏引軍向城南寺前頓止
從東南角溝橋上過伯玉先遣勇士數人着斑
衣虎頭帽從伏竇下忽出宏人馬驚退殺數
人宏呼善射將原靈度射之應弦而倒宏

乃過宏時大舉南寇偽咸陽王元憘彭城王
元勰常侍王元嵩寶掌王元麗廣陵侯元燮
都督大將軍劉昶王肅楊大眼奚康生長孫稚
等三十六軍前後相繼衆號百萬其諸王軍朱
色鼓公侯綠色鼓伯子男黑色鼓並有鞞角吹
脣沸地宏留偽咸陽王憘圍南陽進向新野新
野太守劉思忌亦拒守臺先遣軍主直閤將軍
胡松助北襄城太守成公期守赭陽城軍主鮑
舉助西汝南北義陽二郡太守黃瑤起戍舞陰

城宏攻圍新野城戰鬬不息遣人謂城中曰房
伯玉已降汝南為獨自取糜碎思忌令人對曰
城中兵食猶多未暇從汝小虜語也雍州刺史
曹虎遣軍至均口不進永泰元年城陷縛思忌
問之曰今欲降未思忌曰寧為南鬼不為北臣
乃死贈冠軍將軍梁州刺史於是沔北大震湖
陽戍主蔡道福赭陽城主成公期及軍主胡松
舞陰城主黃瑤起及軍主鮑舉從陽太守席謙
並棄城走虜追軍獲瑤起 王肅募人臠食其

肉追贈冠軍將軍兗州刺史數曰房伯玉以城
降伯玉清河人既降虜以為龍驤將軍伯玉不
肯受高宗知其志月給其子希哲錢五千米二
十斛後伯玉就虜求南邊一郡為馮翊太守生
子幼便教其騎馬常欲南歸永元末希哲入虜
伯玉大怒曰我力屈至此不能死節猶望汝在
本朝以報國恩我若從心亦欲間關求反汝何
為失計遂卒虜中虜得沔北五郡宏自將二十
萬騎破太子率崔慧景等於鄧城進至樊城臨

沔水而去還洛陽聞太尉陳顯達經略五郡圍
馬圈宏復率大衆南攻破顯達而死喪還未至
洛四百餘里稱宏詔徵偽太子恪會魯陽恪至
勰以宏偽法服衣之始發喪至洛乃宣布州郡
舉哀制服謚孝文皇帝是年王肅為虜制官品
百司皆如中國凡九品品各有二肅初奔虜自
說其家被誅事狀宏為之垂涕以第六妹偽彭
城公主妻之封肅平原郡公為宅舍以香塗壁
遂見信用恪立號景明元年永元二年也豫州

刺史裴叔業以壽春降虜先是僞東徐州刺史沈陵率部曲降陵吳興人初以失志奔虜大見任用宏既死故南歸頻授徐越二州刺史時王肅僞征南將軍豫州都督朝廷既新失大鎮荒人往來詐云肅欲歸國少帝詔以肅爲使持節侍中都督豫徐司三州右將軍豫州刺史西豐公邑二千戶虜既得淮南其夏遣僞冠軍將軍南豫州刺史席法友攻北新蔡安豐二郡太守胡景略於建安城死者萬餘人百餘日朝廷無救城陷虜執景略以歸其冬虜又遣將桓道福攻隨郡太守崔士招破之後僞咸陽王禧以恪年少與氐楊集始楊靈祐乞佛馬居及虜大將支虎李伯尚等十餘人請會濛池陂因恪出北芒獵襲殺之禧猶豫不能發欲更剋日馬居說禧曰殿下若不至北芒便可回師據洛城閉四門天子聞之必走向河北走桑乾仍斷河橋爲河南天子隔河而治此時不可失也禧又不從靈祐疑禧反已即馳告恪禧聞事敗欲走渡河

而天雨暗迷道至孝義驛恪已得洛城遣弟廣平王領數百騎先入宮知無變乃還遣直衛三郎兵討禧執殺之虜法謀反者不得葬棄尸北亡王肅以執卒

史臣曰齊虜分江南爲國歷三代矣華夏分崩舊京幅裂觀釁阻兵事興東晉二庾藉元舅之盛自許專征元規臨邾城以覆師稚恭至襄陽而反旆褚裒以徐兗勁卒壹沒於鄒魯殷浩驅楊豫之衆大敗於山桑桓溫弱冠雄姿因平蜀之聲勢步入咸關野戰洛鄴既而鮮卑固於負海羌虜割有秦代自爲敵國情險勢分宋武乘機故能以次而行誅滅及魏虜兼并河南失境兵馬土地非復曩時宋文雖得之知已未能料敵故師帥無功每戰必殆泰始以邊臣外叛遂亡淮北經略不振乃議和親太祖創命未及圖遠戎塵先起侵暴方牧淮豫剋捷青海摧奔以逸待勞坐微百勝自四州淪沒民戀本朝國祚惟新歌奉威德提戈荷甲人自爲鬬深壘結防

想望南旗天子習知邊事取亂而授兵律若前師指日遠掃臨彭而督將逗留援接稽晚向義之徒傾巢盡室既失事機朝議北寢偃武脩文更思後會永明之世據已成之策職問往來關禁寧靜疆埸之民並安堵而息窺覦百姓附農桑而不失業者亦由此而已也夫荆棘所生用武之弊寇戎一犯傷痍難復豈非此之驗乎建武初運獯雄南逼豫徐彊鎮嬰高城蓄士卒不敢與之校武胡馬蹈藉淮肥而常自戰其地梯衝之害鼓掠所亡建元以來未之前有兼以穹廬華徙即禮舊都雍司北部親近許洛平塗數百通驛車軌漢世馳道直抵章陵鑣案所驚晨往暮返虜懷兼弱之威挾廣地之計彊兵大衆親自淩殄於鼓彌年矢石不息朝規儒屈莫能救禦故南陽覆壘新野頹隍民户墾田皆爲狄保雖分遣將卒俱出淮南未解沔北之危已深渦陽之敗征賦内盡民命外殫比屋騷然不聊生矣夫休尻之數誠有天機得失之迹各歸人

事豈不由將率相臨貪功昧賞勝敗之急不相救讓號令不明固中國之所短也

贊曰天立勍胡竊有帝圖即安諸夏連難構孤齊民急病并邑焚刳

列傳第三十八　南齊書五十七

列傳第三十九　　南齊書五十八

臣蕭子顯撰

蠻

東南夷

蠻種類繁多言語不一咸依山谷布荆湘雍郢司等五州界宋世封西陽蠻梅蟲生爲高山侯田治生爲威山侯梅加羊爲扞山侯太祖即位有司奏蠻封應在解例參議以戎夷疏爵理章列代酋豪世襲事炳前葉今宸曆改物舊

冊杓降而梅生等保落奉政事須繩總恩命升贊有異常品謂宜存名以訓殊俗詔特留以治生爲輔國將軍虎賁中郎轉建寧郡太守將軍侯如故建元二年虜侵豫司蠻中傳虜已近又聞官盡發民丁南襄城蠻秦遠以郡縣無備寇灌陽縣令焦文度戰死司州蠻引虜攻平昌戍戍主苟元賓擊破之秦遠又出破臨沮百方砦殺略百餘人北上黃蠻文勉德寇汶陽太守戴元孫孤城力弱慮不自保棄戍歸江陵荆州刺史豫

章王遣中兵參軍劉伾緒領千人討勉德至當陽勉德請降收其部落使戍汶陽所治城子令保持商旅付其清通遠遂逃竄汶陽本臨沮西界二百里中水陸迂狹魚貫而行有數處不通騎而水白田甚肥腴桓溫時割以爲郡西北接梁州新城東北接南襄城南接巴巫二邊並山蠻凶盛據險爲寇賊宋泰始以來巴建蠻向宗頭反刺史沈攸之斷其鹽米連討不剋晉天興三年建平夷王向弘向瓌等詣臺求拜除尚書郎張

亮議夷貊不可假以軍號元帝詔特以弘爲折衝將軍當平鄉侯並親晉王賜以朝服宗頭其後也太祖置巴州以威靜之其武陵酉溪蠻田思飄寇抄內史王文和討之引軍深入蠻自後斷其粮豫章王遣中兵參軍莊明五百人將湘州鎮兵合千人救之思飄與文和拒戰中弩矢死蠻衆以城降永明初向宗頭與黔陽蠻田豆渠等五千人爲寇巴東太守王圖南遣府司馬劉僧壽等斬山開道攻其砦宗頭夜燒砦退走三年

湘川蠻陳雙李答寇掠郡縣刺史呂安國討之不克四年刺史栁世隆督衆征討乃平五年雍司州蠻與虜通助荒人桓天生爲亂六年除督護北遂安左郡太守田駟路爲試守北遂安左郡太守前寧朔將軍田驢王爲試守新平左郡太守皆郢州蠻也九年安隆内史王僧旭發民丁遣寛城戍主萬民和助八百丁村蠻伐千二百丁村蠻爲蠻所敗民和被傷失馬及器仗有司奏免官西陽蠻田益宗沈攸之時以功勞得

將領遂爲臨川王防閤叛投虜虜以爲東豫州刺史建武三年虜遣益宗攻司州龍城戍爲戍主朱僧起所破蠻俗衣布徒跣或椎髻或剪髮兵器以金銀爲飾虎皮衣楯便弩射皆暴悍好寇賊焉

東夷高麗國西與魏虜接界宋末高麗王樂浪公高璉爲使持節散騎常侍都督營平二州諸軍事車騎大將軍開府儀同三司太祖建元元年進號驃騎大將軍三年遣使貢獻乘舶汎海使驛常通亦使魏虜然彊盛不受制虜置諸國使邸齊使第一高麗次之永明七年平南參軍顔幼明冗從僕射劉思斆使虜虜元會與高麗使相次幼明謂僞主客郎裴叔令曰我等銜銜上華來造卿國所爲抗敵在乎一魏自餘外夷理不得望我鑣塵況東夷小貊臣屬朝廷今日乃敢與我躡踵思斆謂僞南部尚書李思沖曰我聖朝處魏使未嘗與小國列卿亦應知思沖曰實如此但主副不得升殿耳此間坐起

甚高足以相報思斆曰李道固昔使正以衣冠致隔耳魏國必纓冕而至豈容見黜幼明又謂虜主曰二國相亞唯齊與魏邊境小狄敢躡臣蹤高麗俗服窮袴冠折風一梁謂之幘知讀五經使人在京師中書郎王融戲之曰服之不衷身之災也頭上定是何物荅曰此即古弁之遺像也高璉年百餘歲卒隆昌元年以高麗王樂浪公高雲爲使持節散騎常侍都督營平二州諸軍事征東大將軍高麗王樂浪公建武三年

原闕

報功勞勤實存名列假行寧朔將軍臣姐瑾等
四人振竭忠効攘除國難志勇果毅等威名將
可謂扞城固蕃社稷論功料勤宜在甄顯今依
例輒假行職伏願恩愍聽除所假寧朔將軍面
中王姐瑾歷贊時務武功竝列今假行冠軍將
軍都將軍都漢王建威將軍八中侯餘古弱冠
輔佐忠効夙著今假行寧朔將軍阿錯王建威
將軍餘歷忠款有素文武列顯今假行龍驤將
軍邁盧王廣武將軍餘固忠効時務光宣國政

今假行建威將軍弗斯侯牟大又表曰臣所遣行
建威將軍廣陽太守兼長史臣高達行建威將
軍朝鮮太守兼司馬臣楊茂行宣威將軍兼參
軍臣會邁等三人志行清亮忠款夙著往泰始
中比使宋朝今任臣使冒涉波險尋其至効宜
在進爵謹依先例各假行職且玄澤靈休萬里
所企況親趾天庭乃不蒙賴伏願天監特愍除
正達邊効夙著勤勞公務今假行龍驤將軍帶
方太守茂志行清壹公務不廢今假行建威將

軍廣陵太守萬執志周密屢致勤效今假行廣
武將軍清河太守詔可並賜軍號除太守爲使
持節都督百濟諸軍事鎮東大將軍使兼謁者
僕射孫副策命大襲亡祖父牟都爲百濟王曰
於戲惟爾世襲忠勤誠著遐表滄路肅澄要貢
無替式循彝典用纂顯命往欽哉其敬膺休業
可不慎歟制詔行都督百濟諸軍事鎮東大將
軍百濟王牟大今以大襲祖父牟都爲百濟王
即位章綬等王銅虎竹符四其拜受不亦休乎

是歲魏虜又發騎數十萬攻百濟入其界牟大
遣將沙法名贊首流解禮昆木干那率衆襲擊
虜軍大破之建武二年牟大遣使上表曰臣自昔
受封世被朝榮忝荷節鉞剋攘列辟往姐瑾等
並蒙光除臣庶咸泰去庚午年獫狁弗悛舉兵
深逼臣遣沙法名等領軍逆討宵襲霆擊匈梨
張惶崩若海蕩乘奔追斬僵尸丹野由是摧其
銳氣鯨暴韜凶今邦宇謐靜實名等之略尋其
功勳宜在褒顯今假沙法名行征虜將軍邁羅

王贊首流爲行安國將軍辟中王解禮昆爲行
武威將軍弗中侯木干那前有軍功又拔臺舫
爲行廣威將軍面中侯伏願天恩特愍聽除又
表曰臣所遣行龍驤將軍樂浪太守兼長史臣
慕遺行建武將軍城陽太守兼司馬臣王茂兼
參軍行振武將軍朝鮮太守臣張塞行揚武將
軍陳明在官忘私唯公是務見危授命蹈難弗
顧今任臣使冒涉波險盡其至誠實宜進爵各
假行署伏願聖朝特賜除正詔可並賜軍號

加羅國三韓種也建元元年國王荷知使來獻
詔曰量廣始登遠夷洽化加羅王荷知款關海
外奉贄東遐可授輔國將軍本國王
倭國在帶方東南大海島中漢末以來立女王
土俗已見前史建元元年進新除使持節都督
倭新羅任那加羅秦韓六國諸軍事安東大將
軍倭王武號爲鎮東大將軍
南夷林邑國在交州南海行三千里北連九德
秦時故林邑縣也漢末稱王晉太康五年始貢

獻宋永初元年林邑王范楊邁初産母夢人以
金席藉之光色奇麗中國謂紫磨金夷人謂之
楊邁故以爲名楊邁死子咄立慕其父復改名
楊邁林邑有金山金汁流出於浦事尼乾道鑄
金銀人像大十圍元嘉二十二年交州刺史檀
和之伐林邑楊邁欲輸金萬斤銀十萬斤銅三
十萬斤還日南地大臣𦍯僧達諫不聽和之進
兵破其北界犬戎區粟城獲金寳無筭毁其金
人得黄金數萬斤餘物稱是和之後病死見胡
神爲祟孝建二年始以林邑長史范龍跋爲揚
武將軍楊邁子孫相傳爲王未有位號夷人范
當根純攻奪其國簒立爲王永明九年遣使貢
獻金簟等物詔曰林邑雖介在遐外世服王化
當根純乃誠款到率其僚職遠績克宣良有可
嘉宜沾爵號以弘休澤可持節都督緣海諸軍
事安南將軍林邑王范楊邁子孫范諸農率種
人攻當根純復得本國十年以諸農爲持節都
督緣海諸軍事安南將軍林邑王建威二年進

號鎮南將軍永泰元年諸農入朝海中遭風溺
死以其子文款爲假節都督緣海軍事安南將
軍林邑王晋建興中日南夷帥范稚奴文數商
賈見上國制度教林邑王范逸起城池樓殿王
服天冠如佛冠身被香纓絡國人凶悍習山川
善鬬吹海𧕋爲角人皆裸露四時暄暖無霜雪
貴女賤男謂師君爲婆羅門群從相姻通婦先
遣娉求婿女嫁者迦藍衣横幅合縫如井闌首
戴花寳婆羅門牽婿與婦握手相付呪願吉利
居喪剪鬢謂之孝燔尸中野以爲葬遠界有靈鷲
鳥知人將死集其家食死人肉盡飛去乃取骨
燒灰投海中水葬人色以黒爲美南方諸國皆
然區粟城建八尺表日影度南八寸自林邑西
南三千餘里至扶南
扶南國在日南之南大海西灣中廣袤三千餘里
有大江水西流入海其先有女人爲王名柳葉又
有激國人混塡夢神賜弓一張教乘舶入海混塡
晨起於神廟樹下得弓即乘舶向扶南柳葉見舶

率衆欲禦之混填舉弓遥射貫船一面通中人柳葉怖遂降混填娶以爲妻惡其裸露形體乃疊布貫其首遂治其國子孫相傳至王槃況死國人立其大將范師蔓蔓病姊子旃篡立殺蔓子金生十餘年蔓少子長襲殺旃以刃鑱旃腹曰汝昔殺我兄今爲父兄報汝旃大將范尋又殺長國人立以爲王是呉晉時也晉宋世通職貢宋末扶南王姓僑陳如名闍耶跋摩遣商貨至廣州天竺道人那伽仙附載欲歸國遭風至林邑掠其財物皆盡

那伽仙間道得達扶南具說中國有聖主受命永明二年闍耶跋摩遣天竺道人釋那伽仙上表稱扶南國王臣僑陳如闍耶跋摩叩頭啓曰天化撫育感動靈祇四氣調適伏願聖主尊體起居康御皇太子萬福六宮清休諸王妃主內外朝臣普同和睦隣境士庶萬國歸心五穀豐熟災害不生土清民泰一切安穩臣及人民國土豐樂四氣調和道俗濟濟並蒙陛下光化所被咸荷安泰又曰臣前遣使齎雜物行廣州貨易

天竺道人釋那伽仙於廣州因附臣舶欲來扶南海中風漂到林邑國王奪臣貨易并那伽仙私財具陳其從中國來此仰序陛下聖德仁治詳議風化佛法興顯衆僧殷集法事日盛王威嚴整朝望國軌慈愍蒼生八方六合莫不歸伏如聽其所說則化隣諸天非可爲喻臣聞之下情踊悅若蹔奉見尊足仰慕慈恩澤流小國天垂所感率土之民並得皆蒙恩祐是以臣今遣此道人釋那伽仙爲使上表問訊奉貢微獻呈

臣等赤心并別陳下情但所獻輕陋愧懼唯深伏願天慈曲照鑒其丹款賜不垂責又曰臣有奴名鳩酬羅委臣逸走別在餘處構結凶逆遂破林邑仍自立爲王永不恭從違恩負義叛主之愆天不容載伏尋林邑昔爲檀和之所破久已歸化天威所被四海彌伏而今鳩酬羅守執奴凶自專很彊且林邑扶南隣界相接親又是臣奴猶尚逆去朝廷遥遠豈復遵奉此國屬陛下故謹具上啓伏聞林邑頃年表獻簡絶便

欲永隔朝廷豈有師子坐而安大鼠伏願遣軍
將伐凶逆臣亦自効微誠助朝廷翦撲使邊海
諸國一時歸伏陛下若欲別立餘人爲彼王者
伏聽勑旨脫未欲灼然興兵伐林邑者伏願特
賜勑在所隨宜以少軍助臣乘天之威殄滅小
賊伐惡從善平蕩之日上表獻金五婆羅今輕
此使送臣丹誠表所陳啓不盡下情謹附那伽
仙并其伴口具啓聞伏願愍所啓并獻金鏤龍
玉坐像一軀白檀像一軀牙塔二軀古貝二雙

瑠璃蘇鉝二口瑇瑁檳榔柈一枚那伽仙詣京師
言其國俗事摩醯首羅天神神常降於摩耽
山土氣恒暖草木不落其上書曰吉祥利世間
感攝於羣生所以其然者天感化緣明仙山名
摩耽吉樹敷嘉榮摩醯首羅天依此降尊靈國
土悉蒙祐人民皆安寧由斯恩被故是以臣歸情
菩薩行忍慈本迹起凡基一發菩提心二乘非
所期歷生積功業六度行大悲勇猛超劫數
財命捨無遺生死不爲猒六道化有緣具脩於

十地遺果度人天功業既已定行滿登正覺萬
善智圓備惠日照塵俗衆生感緣應隨機授
法藥佛化遍十方無不蒙濟擢皇帝聖弘道興
隆於三寶垂心覽萬機威恩振八表國土及城
邑仁風化清皎亦如釋提洹衆天中最超陛下
臨萬民四海共歸心聖慈流無疆被臣小國深詔
報曰具摩醯降靈流施彼土雖殊俗異化遙深
欣讚知鳩酬羅於彼背叛竊據林邑聚凶肆掠
殊宜翦討彼雖介遐休舊脩蕃貢自宋季多難

海譯致壅皇化惟新習迷未革朕方以文德來遠
人未欲便興干戈王既款列忠到遠請軍威今
詔交部隨宜應接伐叛柔服寔惟國典勉立殊
效以副所期那伽仙屢銜邊譯頗悉中土闊狹
令其具宣上報以絳紫地黃碧綠紋綾各五匹扶
南人黠惠知巧攻略傍邑不賓之民爲奴婢貨
易金銀綵帛大家男子截錦爲橫幅女爲貫頭
貧者以布自蔽鍛金鐶鏆銀食器伐木起屋國
王居重閣以木柵爲城海邊生大箬葉長八九尺

編其葉以覆屋人民亦爲閣居爲船八九丈廣裁六七尺頭尾似魚國王行乘象婦人亦能乘象鬭鷄及猪爲樂無牢獄有訟者則以金指鐶若雞子投沸湯中令探之又燒鎖令赤著手上捧行七步有罪者手皆燋爛無罪者不傷又令没水直者入即不沈不直者即沈也有甘蔗諸蔗安石榴及橘多檳榔鳥獸如中國人性善不便戰常爲林邑所侵擊不得與交州通故其使空至交州斗絶海島控帶外國故恃險數不賓宋泰始初刺史張牧

卒交阯人李長仁殺牧北來部曲據交州叛數年病死從弟叔獻嗣事號令未行遣使求刺史宋朝以南海太守沈煥爲交州刺史以叔獻爲煥寧遠司馬武平新昌二郡太守叔獻得朝命人情服從遂發兵守險不納煥煥停鬱林病卒太祖建元元年仍以叔獻爲交州刺史就安慰之叔獻受命既而斷割外國貢獻寡少世祖欲討之永明　年以司農劉楷

爲交州刺史發南康廬陵始興郡兵征交州叔獻聞之遣使願更申數年獻十二隊純銀兜鍪及孔雀毦世祖不許叔獻懼爲楷所襲間道自湘川還朝六年以始興太守房法乘代楷法乘至鎮屬疾不理事專好讀書長史伏登之因此擅權改易將吏不令法乘知録事房季文白之法乘大怒繫登之於獄十餘日登之厚賂法乘妹夫崔景叔得出將部曲襲州執法乘謂之曰使君既有疾不宜勞因之别室法乘無事復就

登之求書讀登之曰使君静處猶恐動疾豈可看書遂不與乃啓法乘心疾動不任視事世祖仍以登之爲交州刺史法乘還至嶺而卒法乘清河人升明中爲太祖驃騎中兵至左中郎將性方簡身長八尺三寸行出人上常自俯屈青州刺史明慶符亦長與法乘等朝廷唯此二人

史臣曰書稱蠻夷猾夏蓋總而爲言矣至於南夷雜種分嶼建國四方珍怪莫此爲先藏山隱海瓌寶溢目商船遠屆委輸南州故交廣富實牣積

王府九斥之事差微聲教之道可被若夫用德
以懷遠其在此乎
贊曰司雍分壇荊及衡陽參錯州部地有蠻方
東夷海外碣石扶桑南域憬遠極泛溟滄非要
乃貢並亦來王
列傳第三十九　南齊書五十八

量廣始登 疑

列傳第四十　南齊書五十九

臣蕭　子顯　撰

芮芮虜

河南氐羌

芮芮虜塞外雜胡也編髮左衽晉世什翼圭入
塞內後芮芮逐水草盡有匈奴故庭威服西域
土氣早寒所居爲穹廬氈帳刻木記事不識文
書馬畜丁肥種衆殷盛常與魏虜爲讎敵宋世
其國相希利垔解星筭數術通胡漢語常言南

方當有姓名齊者其人當興昇明二年太祖輔
政遣驍騎將軍王洪軌使芮芮剋期共伐魏虜
建元元年八月芮芮主發三十萬騎南侵去平
城七百里魏虜拒守不敢戰芮芮主於燕然山
下縱獵而歸上初踐阼不遑出師二年三年芮
芮主頻遣使貢獻貂皮雜物與上書欲伐魏虜
謂上足下自稱吾獻師子皮袴褶皮如虎皮色白
毛短時有賈胡在蜀見之云此非師子皮乃扶
拔皮也國相邢基祇羅迴奉表曰夫四象稟政

二儀攺度而萬物生焉斯蓋虧盈迭襲曆數自
然也昔晉室將終楚桓竊命寔賴宋武匡濟之
功故能扶衰定傾休否以泰祚流九葉而國嗣
不繼今皇天降禍於上宋室猜亂于下臣雖荒
遠粗闚圖書數難以來星文攺度房心受變虛
危納祉宋滅齊昌此其驗也水運遘屯木德應
運子年垂刈劉穆之記嶠嶺有不衽之山京房讖
云卯金十六草肅應王歷觀圖緯休徵非一皆
云慶鍾蕭氏代宋者齊會有使力法度及　此國

使反採訪聖德彌驗天縱之姿故能挾隆皇祚
光權定之業翼亮天功濟悖主之難樹勳京師
威振海外杖義之功侔蹤湯武冥績既著寶命
因歸受終之曆歸于有道況夫帝無常族有德
乘龍之運計應符革祚久已踐極荒裔傾戴莫
不引領設未龍飛不宜沖挹上違天人之心下
乖黎庶之望皇芮承緒肇自二儀拓土載民地
越滄海百代一族大業天固雖吳漢殊域義同

曆齒方欲克期中原龔行天罰治兵繕甲俟時
大舉振霜戈於并代鳴和鈴於秦趙掃殄凶醜
梟剪元惡然後皇輿還幸光復中華永敦隣好
侔蹤齊魯使四海有奉蒼生咸賴荒餘歸仰豈
不盛哉永明元年王洪軌還京師經途三萬餘
里洪軌齊郡臨淄人為太祖所親信建武中為青
冀二州刺史私占丁侵虜境奔敗結氣卒芮芮
王求醫工等物世祖詔報曰知須醫及織成錦
工指南車漏刻並非所愛南方治疾與北土不

同織成錦工並女人不堪涉遠指南車漏刻此
雖有其器工匠久不復存不副為恨自芮芮居
匈奴故廷十年丁零胡又南攻芮芮得其故地
芮芮稍南徙魏虜主元宏以其侵逼遣偽平元
王駕鹿渾龍驤將軍楊延數十萬騎伐芮芮大
寒雪人馬死者衆先是益州刺史劉悛遣使江
景玄使丁零宣國威德道經鄯善于闐鄯善為
丁零所破人民散盡于闐尤信佛法丁零僧稱
天子勞接景玄使反命芮芮常由河南道而抵

益州

河南匈奴種也漢建武中匈奴奴婢亡匿在涼州界雜種數千人虜名奴婢爲貲一謂之貲虜鮮卑慕容廆庶兄吐谷渾爲氏土在益州西北亘數千里其南界龍涸城去成都千餘里大戍有四一在清水川一在赤水一在澆河一在吐屈眞川皆子弟所治其王治慕駕川多畜逐水草無城郭後稍爲宮屋而人民猶以氈廬百子帳爲行屋地常風寒人行平沙中沙礫飛起行迹皆滅肥地則有雀鼠同穴生黃紫花瘦地輒有鄣氣使人斷氣牛馬得之疲汗不能行宋初始受爵命至宋末河南王吐谷渾拾寅爲使持節散騎常侍都督西秦河沙三州諸軍事車騎大將軍開府儀同三司領護羌校尉西秦河二州刺史建元元年太祖即本官進號驃騎大將軍宋世遣武衛將軍王世武使河南是歲隨拾寅使來獻詔答曰皇帝敬問使持節散騎常侍都督西秦河沙三州諸軍事車騎大將軍開府

儀同三司領護羌校尉西秦河二州刺史新除驃騎大將軍河南王寶命革授爰集朕躬猥當大業祗惕兼懷夏中增感王世武至得元徽五年五月二十一日表聞之濕熱想比平安又卿乃誠遙著保寧遐壃今詔升徽號以酬忠款遣王世武銜命拜授又仍使王世武等往芮芮想即資遣使得時達又奏所上馬等物悉至今往別牒錦絳紫碧綠黃青等紋各十匹拾寅子易度侯好星文嘗求星書朝議不給寅卒三年以河南王世子吐谷渾易度侯爲使持節都督西秦河沙三州諸軍事鎮西將軍領護羌校尉西秦河二州刺史河南王永明三年詔曰易度侯守職西蕃綏懷允緝忠績兼舉朕有嘉焉可進號車騎大將軍遣給事中丘冠先使河南道并送芮芮使至六年乃還得玉長三尺二寸厚一尺一寸易度侯卒八年立其世子休留茂爲使持節督西秦河沙三州諸軍事鎮西將軍領護羌校尉西秦河二州刺史復遣振武將軍丘冠

先拜授并行弔禮冠先至河南休留茂逼令先
拜冠先厲色不肯休留茂恥其國人執冠先於
絕巖上推墮深谷而死冠先字道玄吳興人晉
吏部郎傑六世孫也上初遣冠先示尚書令王
儉儉荅上曰此人不啻堪行乃再銜命及死世
祖敕其子雄曰卿父受使河南秉忠守死不辱
王命我甚賞惜喪屍絕域不可復尋於卿後宦
塗無妨甚有高比賜錢十萬布三十匹
氐楊氏與苻氏同出略陽漢世居仇池地號百
頃建安中有百頃氐王是也晉世有楊茂搜後
轉彊盛事見前史仇池四方壁立自然有樓櫓
卻敵狀高並數丈有二十二道可攀緣而升東
西二門盤道可七里上有岡阜泉源氐於上平
地立宮室菓園倉庫無貴賤皆為板屋土牆所
治處名洛谷宋元嘉十九年龍驤將軍裴方明
等伐氐剋仇池後為魏虜所攻失地氐王楊難
當從兄子文德聚眾茄蘆宋世加以爵位文德
死從弟僧嗣文慶傳代之難當族弟廣香先奔

虜元徽中為虜攻殺文慶以為陰平公茄蘆鎮
主文慶從弟文弘為白水太守屯武興朝議以
為輔國將軍北秦州刺史武都王仇池公太祖
即位欲綏懷異俗建元元年詔曰昔絕國入貢
美稱前冊殊俗內款聲流往記偽虜茄蘆鎮主
陰平郡公楊廣香怨結同族釁起親黨宋之
世遂舉地降敵茄蘆失守華陽暫驚近單使先
馳宣揚皇威廣香等追其遠世之誠仰惟新之
化肉袒請附復地千里氐羌雜種咸同歸從宜
時領納厚加優卹廣香翻迷反正可特量所授
部曲酋豪隨名酬賞以廣香為督沙州諸軍事
平羌校尉沙州刺史尋進號征虜將軍梁州刺
史范柏年被誅其親將李烏奴懼奔叛文弘納
之烏奴率亡命千餘人攻梁州為刺史王玄邈
所破復走還氐中荊州刺史豫章王嶷遣兵討
烏奴檄梁州能斬送烏奴首賞本郡烏奴田宅
事業悉賜之與廣香書曰夫廢興無謬逆順有
恒古今共貫賢愚同察梁州刺史范柏年懷挾

詭態首鼠兩端旣已被伐盤桓稽命遂潛遣李
烏奴叛楊文弘扇誘邊疆荒雜柏年今已梟禽
烏奴類被摧破計其餘燼行自消夷今遣參軍
行晉壽太守王道寶參軍事行北巴西新巴二
郡太守任湜之行宕渠太守王安會領銳卒三
千遡塗風邁浮川電掩又命輔國將軍三巴校
尉明惠照巴郡太守魯休烈南巴西太守柳弘
稱益州刺史傅琰並簡徒競騖選甲爭馳雍州
水步行次魏興并山東僑舊會于南鄭或泝舟

墊江或飛旆劍道腹背飆騰表裏震擊文弘容
納叛戾專爲淵藪外侮皇威內凌國族君弈世
忠款深識理順想卽起義應接大軍共爲掎角
討滅烏奴剋建忠勤茂立誠節沈攸之資十年
之積權百旅之衆師出境而城潰兵未戰而自
屠朝廷無遺鏃之費士民靡傷痍之斃況蕞爾
小豎方之蔑如其取殲殄豈延漏刻忝以寡昧
分陜司蕃淸氛蕩穢諒惟任職此府器械山積
戈旗林聳士卒剽勁蓄銳權威除難剿寇豈俟衡

習但以剪伐萌菌弗勞洪斧撲彼蚊蚋無假多
力皇上聖哲應期恩澤廣被罪止首惡餘無所
問賞罰之科具寫如別使道寶步出魏興分軍
泝墊江俱會晉壽太祖以文弘背叛進廣香爲
持節都督西秦州刺史廣香子北部鎭將軍郡
事炅爲征虜將軍武都太守以難當正胤楊後
起爲持節寧朔將軍平羌校尉北秦州刺史武
都王鎭武興卽文弘從兄子也三年文弘歸降
復以爲征西將軍北秦州刺史先是廣香病死

氐衆半奔文弘半詣梁州刺史崔慧景文弘遣
從子後起進據白水白水居晉壽上流西接涪
界東帶益路北連陰平茄蘆爲形勝之地晉壽
太守楊公則啓經略之宜上答曰文弘罪不可
恕事中政應且加恩耳卿若能襲破白水必加
厚賞世祖卽位進後起號冠軍將軍永明元年
以征虜將軍炅爲沙州刺史陰平王將軍如故
二年八座奏後起勤彰款塞忠著邊城進號征
虜將軍四年後起卒詔曰後起奄至殞逝惻愴

于懷綏禦邊服宜詳其選行輔國將軍北秦州刺史武都王楊集始幹局沈亮乃心忠款必能緝境寧民宣揚聲教可持節輔國將軍北秦州刺史平羌校尉武都王後起弟後明爲龍驤將軍白水太守集始弟集朗爲寧朔將軍五年有司奏集始驅狐剪棘仰化邊服母以子貴宜加榮寵除集始母姜氏爲太夫人假銀印九年八座奏楊炅嗣勤西牧馳款內昭宜增戎章用輝遐外進號前將軍十年集始反率氐蜀雜衆寇

漢川梁州刺史陰智伯遣軍主寧朔將軍桓盧奴梁季羣宋王士隆等千餘人拒之不利退保白馬賊衆萬餘人緣兵火攻其城柵盧奴拒守死戰智伯又遣軍主陰仲昌等馬步數千人救援至白馬城東千溪橋相去數里集始等悉力攻之官軍內外奮擊集始大敗十八營一時潰走殺獲數千人集始奔入虜界隆昌元年以前將軍楊炅爲使持節督沙州諸軍事平西將軍平羌校尉沙州刺史集始入武興以城降虜氐

人苻幼孫起義攻之建武二年氐虜寇漢中梁州刺史蕭懿遣前氐王楊後起弟子元秀收合義兵氐衆響應斷虜運道虜亦遣僞南梁州刺史仇池公楊靈珍據泥山以相拒格元秀病死苻幼孫領其衆高宗詔曰仇池公楊元秀氐王苗裔乃心忠勇醜虜凶逼血誠彌厲宣播朝威招誘戎種萬里齊契響然歸從誠効顯著宜有可嘉不幸殞喪悽愴于懷夫死事加恩陽秋明義宜追覃榮典以弘勸奬贈仇池公持歸國

氐楊馥之聚義衆屯沮水關城白馬北集始遣弟集朗率兵迎拒州軍於黃亘戰大敗集始走下辯馥之據武興虜軍尋退馥之留弟昌之守武興自引兵據仇池詔曰氐王楊馥之世纂忠義率厲部曲樹績邊城克殄姦醜復內奠朝律外撫戎荒款心式昭朕甚嘉之以爲持節督北秦雍二州諸軍事輔國將軍平羌校尉北秦州刺史仇池公沙州刺史楊炅進號安西將軍三年炅死以炅子崇祖爲假節督沙州軍事征虜

將軍平羌校尉沙州刺史陰平王四年僞南梁州刺史楊靈珍與二弟婆羅阿卜珍率部曲三萬餘人舉城歸附送母及子雙健阿皮於南鄭爲質梁州刺史陰廣宗遣中兵參軍猷王思考率衆救援爲虜所得婆羅阿卜珍戰死靈珍攻集始於武興殺其二弟集同集衆集始窮急請降以靈珍爲持節督隴右軍事征虜將軍北梁州刺史仇池公武都王永元二年復以集始爲使持節督秦雍二州軍事輔國將軍平羌校尉

北秦州刺史靈珍後爲虜所殺自虜陷仇池以後或得或失宋以仇池爲郡故以氐封焉

宕昌羌種也各有酋豪領部衆㳺隴間宋末宕昌王梁彌機爲使持節督河涼二州安西將軍東羌校尉河涼二州刺史隴西公建元元年太祖進號鎮西將軍又征虜將軍西涼州刺史羌王像舒彭亦進爲持節平西將軍後叛降永明元年八座奏前使持節都督河涼二州軍事鎮西將軍東羌校尉河涼二州刺史隴西公宕昌王梁彌機前使持節平北將軍西涼州刺史羌王像舒彭並著勤西垂寧安邊境可復先官爵詔又可以隴右都帥羌王劉洛羊爲輔國將軍機卒三年詔曰行宕昌王梁彌頡忠款內附著績西服宜加爵命式隆蕃屏可使持節督河涼二州諸軍事安西將軍東羌校尉河涼二州刺史隴西公宕昌王頡卒六年以行宕昌王梁彌承爲使持節督河涼二州諸軍事安西將軍東羌校尉河涼二州刺史宕昌王使求軍儀及伎

雜書詔報曰知須軍儀等九種並非所愛但軍器種甚多致之未易內伎不堪涉遠祕閣圖書例不外出五經集注論今特敕賜王各一部俗重虎皮以之送死國中以爲貨

史臣曰氐胡獷盛乘運迭起秦趙僭差相係覆滅餘類蠢蠢被西疆而奄比際芮芮地窮幽都戎馬天隔氐楊密邇華夷分民接境信犯漢漾浸逼狼狐壃埸之心窺望威德梁部多難於斯爲梗殘羌遺種　肇昌燕隴憑河遠通南驛

據國稱蕃並受職命晉氏衰故中朝淪覆滅餘
四夷庶雪戎禍授以兵杖外進軍麾後代因仍
貪廣聲教綏外懷遠先名後實貿易有無開
邊利羽毛齒革无損於我若夫九種之事有
至於此也
贊曰芮芮河南同出胡種稱王僭帝擅彊専權
氐羌孽餘散出河隴來賓往叛放命承宗

列傳第四十　　南齊書五十九

崇文院
嘉祐六年八月十一日
勑節文宋書齊書梁書陳書後魏書北齊書後
周書見今國子監並未有印本宜令三館祕閣
見編校書籍官員精加校[illegible]旨選
擇楷書如法書寫板樣依[illegible]送杭
州開板
治平二年六月　日

跋

右宋刊南齊書江安傅沅叔同年所藏卷末有崇文院治平二年六月牒文中稱宋書齊書梁書陳書後魏書北齊書後周書國子監未有印本宜精加校勘書寫板樣送杭州開板晁公武郡齋讀書志又稱治平中鞏校定南齊梁陳三書上之劉恕等上後魏書王安國上周書政和中始皆畢頒之學官民間傳者尚少未幾遭靖康丙午之亂中原淪陷此書幾亡紹興十四年井憲孟爲四川漕始檄諸州學官求當日所頒本時四川五十餘州皆不被兵書頗有在者然往往亡缺不全收合補綴因命眉山刊行是刻宋諱避至構愼二字當是紹興蜀中重刊之本

通體僅有元補而無一明刻志第七之第三葉列傳第十六之第十葉第二十五之第六葉第三十九之第五葉明南北監本汲古閣本武英殿本皆闕而前之二葉是本猶巋然獨存眞海內秘笈矣卷末校語凡十則北監本殿本各存其二南監本汲古閣本亦僅存其六其餘四則則唯是本獨有之本紀第一之難滅星謀句殿本作日蝕星隕列傳第二十之或有徐令上文長者句殿本作或有身病而求歸者列傳第三十之虜井兵攻司州除青右出軍句殿本除作徐右作詔不知宋本固有校語指爲疑義南監本校語已失其二而正文猶存至萬曆重刻北監本時此三則已全佚疑爲刊本訛誤遽加改竄武英殿校刊諸臣僅見監本無怪其沿訛襲謬也不寧惟是本紀第一秉弟遐坐通嫡母殷氏養女殷舌中血出衆疑行毒害南監本汲古閣本均作殷言中血出不可通然僅僅舌中血出亦何足以云毒害不知宋本原作殷亡口中血出證以宋書長沙景王道憐傳義宗子遐字彥道與嫡母殷養女雲敷私通殷每禁之殷暴病卒未大斂口鼻流血之語宋本當不誤北監本以南監言字爲不可解臆改舌字殿本仍之兩者互較其情節之輕重相去不可以道里計矣殿本志第六越州齊隆郡注先屬交州中改爲闕永泰元年改爲齊隆還屬闕州按是本並無兩闕字原文漫漶不可辨南監本同汲古閣

本各空一格北監本則各注闕字殿本遂誤闕爲關郡名豈有改稱爲關之理而當時更無所謂關州又列傳第二十七州西曹苟平遺秀之交知書殿本北監本汲古閣本均作苟平而是本則作茍丕南監本同按下文丕字凡六見兩字形極相近印墨稍濇筆畫易致合併然細認均可辨別且第二筆形勢亦顯有殊異南史列傳第三十二豫章文獻王傳有潁川茍丕獻王書又與長史王秀尙書令王儉書與本傳所載辭意悉合茍苟傳寫偶訛丕平音義無別必爲一人無疑而殿本考證絕未之及又州郡志上南徐州南平昌郡安丘下是本有新樂東武高密三縣越州齊寧郡開城下是本有延海新邑

建初三縣南北監本汲古閣本均有之而殿本獨佚是則校勘諸臣難辭疏忽之咎也校印既竟因述其大要如右海鹽張元濟

南齊跋　三